MW01267691

© 2000 Edizioni Polistampa Firenze
Via S. Maria, 27/r - 50125 Firenze
Tel. 055.233.77.02 - 055.22.94.10 - Fax 055.229430
http: www.polistampa.com - e-mail: polistampa@iol.it

I.S.B.N. 88-8304-155-0

MINISTERO PER I BENI E LE ATTIVITÀ CULTURALI

SOPRINTENDENZA AI BENI ARCHEOLOGICI DELLA TOSCANA

SOPRINTENDENZA AI BENI ARCHITETTONICI,
AMBIENTALI, ARTISTICI, STORICI DI PISA, LIVORNO, LUCCA E MASSA CARRARA

REGIONE TOSCANA

AMMINISTRAZIONE PROVINCIALE DI PISA

COMUNE DI PISA

Le navi antiche di Pisa

The ancient ships of Pisa

Ad un anno dall'inizio delle ricerche
After a year of work

a cura di
Stefano Bruni

testi di
*Marta Abbado, Elisabetta Abela, Marco Benvenuti, Carlotta Bigagli, Angelo Bottini, Stefano Bruni
Teresa Caruso, Paola Cillo, Mario Cygielman, Armando De Vuono, Zelia Di Giuseppe
Barbara Ferrini, Fabio Fiesoli, Marco Firmati, Fabrizio Gennai, Gianna Giachi, Debora Giorgi
Giuditta Grandinetti, Pier Giovanni Guzzo, Roberta Iardella, Simona Lazzeri, Paolo Machetti
Guglielmo Malchiodi, Francesco Mallegni, Francesco Manzi, Stefania Mazzocchin
Federica Mennuti, Stefano Paci, Pasquino Pallecchi, Maurizio Paoletti, Marcella Giulia Pavoni
Stefania Pesavento Mattioli, Antonella Romualdi, Elena Rossi, Mario Sagri, Rosalba Settesoldi
Claudio Sorrentino, Daniela Stiaffini*

Con il patrocinio della
FEDERAZIONE ITALIANA DEGLI AMICI DEI MUSEI

Ⴔ

EDIZIONI POLISTAMPA

LE NAVI ANTICHE DI PISA
The ancient ships of Pisa

Operazioni di scavo
Direzione tecnico-scientifica
Stefano Bruni
Assistenti
Giuliana Guidoni, Elia Vargiu
(Soprintendenza Archeologica per la Toscana)
Direzione tecnica e coordinamento cantiere
per Co.Idra
e Tecnostudio 77
Cecilia Camici, Debora Giorgi, Paolo Machetti
Responsabili per il cantiere
Giuseppe Barsicci,
Giuditta Grandinetti, Elena Rossi *(Co.Idra)*
per i materiali
Marta Abbado, Barbara Ferrini *(Co.Idra)*
Archeologi
Marta Abbado, Carlotta Bigagli, Paola Cillo,
Maria D'Andrea, Massimo Evangelista, Barbara Ferrini,
Giuditta Grandinetti, Roberta Iardella, Francesco Leprai,
Giovanni Maccioni, Federica Mennuti,
Alessandro Palchetti, Elena Rossi, Rosalba Settesoldi,
Paolo Sorice, Chiara Tarantino, Barbara Zamagni *(Co. Idra)*
Si ringraziano inoltre
Gaia Borghi, Silvia Martinelli e i volontari
delle scuole di Specializzazione in Archeologia delle Università
di Padova e di Bologna.
Elisabetta Abela, Sonia Casaburo, Fabio Fabiani impegnati
nello scavo del sottopassaggio della stazione di Pisa San Rossore.
Armando Barsotti, Roberto Venturi e tutti i volontari
del Gruppo Archeologico Pisano.

Operazioni di restauro
Comitato scientifico
Angelo Bottini *Soprintendente archeologo della Toscana*
Stefano Bruni *Archeologo - Soprintendenza Archeologica per la Toscana*
Mario Cygielman *Direttore del Centro di Restauro - Soprintendenza Archeologica per la Toscana*
Gianna Giachi *Centro di Restauro - Soprintendenza Archeologica per la Toscana*
Pasquino Pallecchi *Centro di Restauro - Soprintendenza Archeologica per la Toscana*
Roberto Petriaggi *Archeologo - Istituto Centrale per il Restauro*
Costantino Meucci *Istituto Centrale per il Restauro*
Claudio Mocchegiano Carpano *Archeologo - Servizio Tecnico per l'Archeologia Subacquea - Ministero dei Beni Culturali*
Restauri
Reperti organici
Fabio Fiesoli, Fabrizio Gennai *(Centro di Restauro - Soprintendenza Archeologica per la Toscana)*
Reperti ceramici, metallici, vitrei etc.
Ulisse Lazzeri *(Centro di Restauro - Soprintendenza Archeologica per la Toscana)*, Elena Rossi,
Annalisa Balsini, Alessia Fusi, Sergio Neri

Indagini analitiche
Coordinamento analisi
Gianna Giachi, Pasquino Pallecchi *(Soprintendenza Archeologica per la Toscana)*
Indagini sedimentologiche
Marco Benvenuti, Mario Sagri *(Università di Firenze)*
Pasquino Pallecchi *(Soprintendenza Archeologica per la Toscana)*
Identificazione delle specie legnose e studio del degrado chimico del legno
Gianna Giachi *(Soprintendenza Archeologica per la Toscana)*
Stefano Berti, Anna Gambetta, Simona Lazzeri,
Nicola Macchioni, Francesca Martena,
Giuseppe Staccioli *(Istituto per la Ricerca sul Legno - C.N.R., Firenze)*
Stefano Chimichi, Francesca Bettazzi *(Università di Firenze)*
Analisi dei materiali
Gianna Giachi, Pasquino Pallecchi *(Soprintendenza Archeologica per la Toscana)*
Emilio Castellucci, Alessandra Perardi, Angela Zoppi *(Laboratorio europeo di spettroscopie non lineari, Firenze)*
Analisi palinologiche
Marta Mariotti *(Dipartimento di Biologia Vegetale - Firenze)*
Stefano Paci
Indagini carpologiche e studio delle foglie
Paolo Emilio Tomei, Andrea Bertacchi *(Università di Pisa)*
Indagini dendrocronologiche
Leone Fasani
Studio del cordame
Giuseppe Scala
Analisi faunistiche
Claudio Sorrentino *(Università di Pisa)*
Analisi antropologiche
Francesco Mallegni *(Università di Pisa)*
Indagini paleoambientali
Giovanni Finzi Contini *(Università di Firenze)*
Fotointerpretazione
Marcello Cosci *(Università di Siena)*

Rilievi
Coordinamento
Paolo Machetti *(Tecnostudio 77)*
Marta Abbado, Carlotta Bigagli, Francesco Leprai,
Silvia Martinelli, Federica Mennuti, Alessandro Palchetti,
Paola Petretti, Rosalba Settesoldi, Emilio Trinci *(Co.Idra)*
Amerigo Blosi, Armando De Vuono, Francesca Martella,
Giovanni Rossi, Francesco Tioli, Orietta Verdiani
(Tecnostudio 77)
Restituzione grafica e informatizzazione
Simone Abbado, Francesca Martella,
Francesco Tioli, Orietta Verdiani *(Tecnostudio 77)*
Fotografia
Luigi Miccinesi *(Soprintendenza Archeologica
per la Toscana)*
Francesco Arese, Roberta Iardella, Alessandro Palchetti,
Paolo Sorice *(Co.Idra)*
Francesca Martella *(Tecnoctudio 77)*
Fausto Gabrielli *(Dipartimento di Scienze Archeologiche
dell'Università di Pisa)*

© delle illustrazioni: *Soprintendenza Archeologica per la
Toscana*, riproduzione interdetta senza autorizzazione.

Mostra
Direzione Scientifica
Stefano Bruni
Organizzazione
Phoenix s.r.l. - Ricerca e innovazione per l'archeologia.
Coordinamento
Debora Giorgi, Paolo Machetti.
Si ringraziano: Paolo Caiani, Silvia Ferranti, Giuseppe
Mariottini, Bruno Michelucci, Vinicio Pianigiani, Grazia
Ugolini, e il personale tutto del Museo Archeologico
Nazionale di Firenze.
Progetto di allestimento
Debora Giorgi, Paolo Machetti, Paola Petretti.
Ideazione e realizzazione dei pannelli
Marta Abbado, Carlotta Bigagli, Federica Mennuti,
Francesco Tioli, Orietta Verdiani.
Elaborazione fotomosaici
Orietta Verdiani
Allestimento dei reperti
Marta Abbado, Alessandro Palchetti, Elena Rossi.
Versione offline del sito web
Giorgio Verdiani, con la collaborazione di:
Carlotta Bigagli, Federica Mennuti.
Ufficio Stampa
Mariarita Meucci (MICOS Eventi).

Realizzazione tecnica dell'allestimento
Tommaso Turchi
Trasporti
CI-ERRE Consegne Rapide
La mostra, che usufruisce del patrocinio della Federazione
Italiana degli Amici dei Musei (FIDAM), è stata realizzata
con il contributo di
Banca Toscana
Gruppo Teseco s.p.a.
Phoenix s.r.l.
Bresciani Materiali e Attrezzature per il Restauro
Azienda di Promozione Turistica di Pisa

Catalogo
Curatore Stefano Bruni
Coordinamento e redazione
Carlotta Bigagli, Federica Mennuti
Disegni dei materiali
Marta Abbado, Carlotta Bigagli, Francesco Leprai,
Federica Mennuti, Alessandro Palchetti, Emilio Trinci,
Orietta Verdiani.
Le anfore della nave B sono state studiate da
Stefania Pesavento Mattioli,
Stefania Mazzocchin, Marcella Giulia Pavoni
(Università di Padova e di Verona)

Traduttori
Cynthia Maria Lutz, Elea Maria Makepeace,
Scriptum - Rome, Ronald Lacy (Revisione)

*Catalogo: progetto grafico, elaborazioni immagini,
redazione e stampa*
Edizioni Polistampa

*Un ringraziamento particolare per l'operosa e sempre attiva
collaborazione dimostrata dagli Amici dei Musei
e Monumenti Pisani.*

In copertina
Sarcofago, Roma, Catacombe di Protestato,
Museo, inv. 925

*Si ringraziano, per la fattiva collaborazione e per l'entusiasmo
trasmesso anche nei momenti di maggior sconforto, tutti gli amici
e colleghi delle Università di Pisa e di Firenze, il gruppo degli
amici di Pisa, nonché i membri del Gruppo Archeologico Pisano.*

**La pubblicazione è stata resa possibile grazie
al contributo dell'Amministrazione Provinciale di Pisa.**

ANGELO BOTTINI
Soprintendente Archeologo della Toscana

A poco più di un anno dalla scoperta di una prima struttura in legno, destinata a rivelarsi ben presto parte di una grande nave da carico romana, il Museo Archeologico Nazionale di Firenze ospita la mostra dedicata allo scavo di un lembo dell'ampio bacino portuale che si apriva in antico a poche centinaia di metri da quello che sarebbe diventato il cuore monumentale di Pisa.

Già presentandone la precedente versione, allestita nel corso del 1999 a Pisa, in quei medesimi ambienti degli Arsenali Medicei destinati ad ospitare in futuro il museo che conserverà ed illustrerà il complesso dei rinvenimenti, si aveva avuto modo di osservare come il cantiere di San Rossore ponga (e continuerà a proporre nei prossimi anni) al Ministero per i Beni e le Attività Culturali, che inizia in questi giorni a gestirlo in maniera del tutto autonoma, avendo rilevato l'area dalle Ferrovie dello Stato, una sfida impegnativa su più fronti.

Alle difficoltà di uno scavo di estrema delicatezza che si svolge in un contesto ambientale non certo favorevole, si sommano infatti i molteplici problemi legati alla necessità di provvedere da subito alla sopravvivenza nel tempo di una mole eccezionalmente ampia e multiforme di manufatti dei più diversi materiali, sia del tipo più consueto in contesti di età romana – sono già ad esempio migliaia le anfore da trasporto pertinenti ai diversi carichi tornate in luce – che organici, dal legno al cuoio, dal vimini all'osso, così come quelli derivanti dalla raccolta e dalla elaborazione di una quantità altrettanto impegnativa di dati conoscitivi, di natura tecnica (si pensi a quanto relativo alla struttura stessa dei diversi scafi) come più latamente storica.

Di tutto questo complesso di esigenze e delle conseguenti attività ed iniziative al momento in corso, l'esposizione intende dar conto: una mostra di cantiere dunque, costruita dai medesimi archeologi e tecnici di tutte le diverse professionalità impegnati nelle ricerche così come nelle rilevazioni o negli interventi di restauro, convinti della necessità di continuare a fornire a tutti un'informazione puntuale ed aggiornata a proposito di quella che è stata definita – crediamo non a torto – *una Pompei del mare*.

Little over a year after the discovery of that first wooden structure that would soon turn out to be part of a large Roman merchant ship, the National Archaeological Museum of Florence hosts an exhibition on the excavation of one bit of the great port that in antiquity stretched to a only few hundred metres from what would become the monumental centre of Pisa.

In 1999 I presented its Pisan predecessor, an exhibition held in the same spaces within the Medici Dockyards destined to house the museum that will preserve and display these finds; and it already became clear that the ongoing work at the San Rossore site represented – and would represent for some years – a major challenge for the Ministry of National Heritage, which is now beginning to assume full organizational responsibility having taken the area over from the state railway system.

Besides the extreme delicacy of the field work required both by the material and by its context, numerous problems arise from the urgent need to ensure the long-term survival of so exceptionally large and diverse a body of artefacts in the most varied of materials. Some finds are those normally encountered in sites of the Roman period, for example the thousands of transport amphoras with their varied contents which have already come to light; others, however, are in such organic materials as wood, leather, wicker and bone; but consider also the vast body of technical, and in some sense historical, data to be accumulated and interpreted, such as those concerning the structure of the ships themselves.

This exhibition seeks to present just this series of challenges and the manifold work now in under way to deal with them; a work-in-progress exhibition, then, assembled by the same archaeologists and technicians, thus the full range of expertise, deployed for this project, from excavation to measurement and conservation, each of us still committed to presenting a correct and up-to-date picture of what has been called – not inappropriately – a maritime Pompeii.

FRANCO CAZZOLA

Assessore alla Cultura e Spettacolo, Trasparenza e Sistema Informativo della Regione Toscana

L'attesissima mostra che si sta per inaugurare risponde in pieno alle aspettative suscitate dai numerosi ritrovamenti avvenuti a partire dal novembre 1998, ognuno dei quali rilevante e, nel complesso, di portata eccezionale.

È quindi doveroso, oltre che gradito, esprimere un plauso al Soprintendente ed ai funzionari della Soprintendenza archeologica per la Toscana che hanno saputo, nel volgere di appena un anno, non soltanto studiare una notevole mole di reperti diversi per tipologia e per datazione, ma anche metterne i primi risultati a disposizione del pubblico.

Non minore entusiasmo ed efficacia ha saputo esprimere il complesso delle Istituzioni territorialmente competenti: dall'impegno della Regione Toscana, che con una legge *ad hoc* approvata il 2 giugno 1999, immediatamente esecutiva, ha apportato un significativo contributo finanziario, a quello di Comune e Provincia che, con l'individuazione degli arsenali medicei come contenitore, ne hanno avviato tempestivamente la fase, complessa e difficoltosa, del restauro e recupero ai fini museali.

Cosicché si è realizzata concretamente e fluidamente quella convergenza che viene spesso invocata per il superamento di pastoie burocratiche e di *émpasses* tecniche: le sinergie si sono attivate naturalmente, senza costruzioni teoriche. Merito del carattere eccezionale del ritrovamento? Può darsi. Quel che è certo è che nel pieno rispetto delle rispettive competenze e sulla condivisione di valori indiscutibili si è coagulata una collaborazione che nell'immediato si è rivelata proficua e che non mancherà di portare frutti nel prosieguo di un lavoro lungo e paziente come le nostre navi esigono. Le nostre navi: anche in questo va registrata una condivisione, nella convinzione comune che la salvaguardia e la valorizzazione di reperti archeologici di tale importanza possa e debba essere perseguita *in situ*, nel luogo stesso del ritrovamento.

La consapevolezza che questo è un primo punto fermo nell'*iter* – che si prospetta necessariamente lungo e complesso – sia degli studi da effettuare, sia della musealizzazione dei reperti, non inibisce la soddisfazione per i risultati fin qui raggiunti e per il positivo collaudo di un metodo di lavoro dagli esiti così incoraggianti.

The long-awaited exhibition which is now about to open will fully satisfy the expectations aroused by the striking finds made since November of 1998 and by the extreme importance of these discoveries taken as a whole. It is therefore as much my pleasure as it is my duty to applaude the efforts of the *Soprintendente* and the staff of the *Soprintendenza Archeologica per la Toscana* who, in just one year, have been able not only to study a vast amount of material of the most varied types and dates, but also to make the first fruits of these efforts available to the public.

No less were the enthusiasm and efficiency shown by regional and local authorities. The *Regione Toscana* made a significant and immediate financial contribution with the *ad hoc* law of 2 June 1999. By designating the Medici Dockyard as home to the material, the municipal (*Comune*) and Provincial (*Provincia*) governments have set in motion the complex and problematic phase of conservation and preparation for museum display.

The result was nothing less than that joining of institutional forces so often invoked as a remedy for burocratic stumbling blocks and technical impasses. This synergy was spontaneous and not the result of some theoretic construct. Is this due to the extraordinary nature of the finds? Perhaps, but one thing is certain: grounded in the complete respect for the responsibilities and prerogatives of each partner, this cooperative venture has proved effective in the short run and will not fail to bear fruit as the long and painstaking work these ships of ours demand continues.

These ships of ours: the very phrase implies cooperation in the common conviction that to safeguard and to enhance the value of such important archaeological finds they should remain *in loco*, where they were found. Our awareness that this is but a firm first step in the necessarily long and complex enterprise of studying the finds and giving them a worthy home in no way qualifies our satisfaction with the results achieved so far or with a modus operandi whose outcome has been so encouraging.

GINO NUNES
Presidente della Provincia di Pisa

La recente scoperta archeologica di quello che è stato felicemente definito il "porto delle meraviglie", in grado di raccontare un periodo lunghissimo e lontanissimo di storia pisana, ma felicemente conservato e rappresentato da questa "flotta" di 16 navi già individuate, ripropone il tema, importantissimo, di una adeguata valorizzazione del patrimonio culturale del territorio e della funzione che detto patrimonio, musealizzato e non, può svolgere per le esigenze di conoscenza scientifica degli esperti, ma anche di curiosità e godimento estetico e di crescita culturale dei meno esperti, appartenenti al pubblico potenziale, anch'esso titolare di un diritto costituzionalmente garantito. La scoperta evidenzia la ricchezza "nascosta" che va ad aggiungersi a quella già conosciuta e messa a disposizione del pubblico, del nostro territorio. Ai poteri pubblici spetta ora il compito di stabilire "come" valorizzare, nel senso di rendere visibile, fruibile e appetibile questo nuovo patrimonio, inserendolo in un circuito virtuoso ed in un percorso museale con vari punti di eccellenza, in grado di trasformare il pubblico potenziale in un pubblico reale.

È certo che ci troviamo di fronte a scoperte che, per essere adeguatamente conosciute e visibili, richiedono consistenti investimenti, un'attenzione e un intervento potenziato dai poteri pubblici, il cui impegno progettuale può, però, essere sostenuto anche da soggetti privati, essi pure interessati dalle capacità attrattive di tale patrimonio e dalla positività di un investimento capace di provocare una concreta ricaduta sociale e culturale sul territorio. Il patrimonio archeologico, storico e artistico che il nostro territorio racchiude, e in parte nasconde, può rappresentare una risorsa inesauribile, capace di riflessi positivi non solo sul versante culturale. Per questo riteniamo utile che anche i soggetti privati debbano essere concretamente coinvolti in questa operazione di conservazione e valorizzazione della ricchezza storico-culturale del territorio. La tutela del patrimonio culturale è un'operazione che richiede risorse, ma che è capace anche di produrre ricchezza.

È importante, per massimizzare i risultati nei due versanti, una compartecipazione di soggetti pubblici e privati sia sul versante della conservazione sia su quello della gestione. Pisa ha legato molto della sua storia più importante al mare. L'immagine di questa città che emerge dai ritrovamenti degli scavi della stazione di San Rossore, che grazie all'impegno straordinario della Soprintendenza Archeologica cominciamo ad intravedere, ci servono per ricostruire un'identità storico-culturale e naturale ai fruitori abituali e una attrazione fortissima per quelli occasionali. Il "museo del mare" sarà un'occasione importante per sviluppare, anche sotto il profilo gestionale, una proposta organica di percorsi museali in grado

Recent archaeological excavations have so far brought to light a providentially preserved "fleet" of eleven vessels in what has been aptly described as the "harbour of marvels", thus making it possible to reconstruct a very long and very remote period of Pisa's history. This discovery also focuses attention on the crucial issue of how to make the most of the area's cultural heritage, and how museums and other cultural structures should be organized to serve both specialists' need for scientific data and the curiosity, aesthetic enjoyment and cultural growth of non-specialists belonging to a potential public endowed with their own constitutionally guaranteed rights.

The discovery highlights the "hidden" wealth that can now be added to the area's "known" assets already on display to the public.

Public servants are now faced with the task of deriving the maximum benefit from these new riches by making them a visible, accessible and enticing element of an effective system of cultural fruition and in particular a museum system with numerous excellent facilities and collections, systems capable of turning a potential public into actual visitors.

There can be no doubt that if these archaeological finds are to be appreciated fully, substantial investment and careful attention will be required on the part of the public administration, whose efforts can, however, be supported by private companies interested in the general appeal of the new finds and the potential benefits of an investment that will have a concrete social and cultural impact on the area.

The archaeological, historical and artistic heritage contained and partly concealed in Pisan territory could constitute an inexhaustible resource with potential benefits which are not solely cultural. For this reason we believe that private companies should also be actively involved in operations for the preservation and appreciation of the area's historical and artistic heritage. Safeguarding a cultural heritage is an operation that entails investment, but can also create wealth.

The joint participation of public and private organizations is crucial if we are to obtain the best possible results as regards both the preservation and the management of our cultural heritage.

Much of Pisa's history is bound up with the sea. The discoveries made at the excavations on the site of the San Rossore railway station thanks to the extraordinary efforts of the *Soprintendenza Archeologica* will make it possible to reconstruct a historical, cultural and environmental picture of the city of great interest and appeal for both habitual and occasional visitors.

The maritime museum will provide an important opportunity to develop an integrated museum system capable of attract-

di soddisfare, ma anche di "meravigliare" e quindi attrarre e trattenere quel flusso di visitatori che riescono solo ad "assaporare" una parte della ricchezza che questa città e questo territorio può offrire.

Per questo obiettivo di "visibilità" del nostro patrimonio, la Provincia è da anni impegnata a trasmettere a livello internazionale un'immagine del territorio in grado di "sedurre" il pubblico straniero, ricercando con i comuni la giusta e naturale collaborazione per dare all'impegno programmatico le necessarie garanzie di successo.

ing, satisfying and indeed astonishing a flow of visitors able to sample just some of the riches that the city and the province of Pisa have to offer.

For many years now the Provincial Council has endeavoured to ensure the "visibility" of our cultural heritage by establishing a worldwide image of the area that is capable of "seducing" foreign visitors and seeking fruitful cooperation with local town councils to ensure that the project is as successful as possible.

PAOLO FONTANELLI
Sindaco di Pisa

La mostra *Le Navi Antiche di Pisa* fa seguito alla esposizione tenutasi a Pisa, con grande successo di pubblico, dal giugno all'ottobre del 1999 e ripropone in forma più ampia, sia per il numero di reperti che per l'approfondimento degli studi nel frattempo intervenuti, una vasta gamma dei materiali dell'eccezionale scoperta.

Lo fa ad un anno dal ritrovamento, ormai noto in tutto il mondo, del porto urbano etrusco e romano durante i lavori nella località pisana di San Rossore di una nuova ed importante struttura delle Ferrovie dello Stato. L'intervento della Soprintendenza ai Beni Archeologici della Toscana confermò all'epoca la straordinaria valenza della scoperta e garantì, grazie anche alla collaborazione della Soprintendenza ai B. A. A. A. S. di Pisa, degli Enti locali, del Ministero dei Beni Culturali e delle stesse Ferrovie dello Stato, l'immediato avvio degli scavi e della catalogazione dei reperti.

Da allora sono stati fatti ulteriori e importanti passi avanti. La visita al cantiere del "porto delle meraviglie" da parte del Ministro Giovanna Melandri, del Presidente del Consiglio dei Ministri Massimo D'Alema, del primo Ministro inglese Tony Blair e di numerose altre personalità del mondo delle istituzioni, della cultura e del giornalismo, italiano e straniero, ha promosso nel mondo l'incredibile tesoro di memoria e di storia che il territorio pisano ha restituito ai contemporanei. Nel frattempo gli scavi sono proseguiti, e con loro l'opera analitica sui ritrovamenti, mentre è stato individuato il luogo dove procedere al vero e proprio restauro, in particolare quello delle navi e varie imbarcazioni, che potrà trovare la sua naturale collocazione presso gli Arsenali Medicei della città di Pisa, strutture storicamente destinate alle attività navali della città e della Toscana. Tutto ciò mentre si concordava con le Ferrovie dello Stato una diversa sistemazione del nuovo impianto tecnologico e, conseguentemente, del cantiere.

La mostra, illustrata sapientemente in questo volume, ricostruisce questo itinerario, segnato dalla collaborazione dei vari Enti e sostenuto dalla volontà di avviare in tempi rapidissimi il completamento del recupero degli Arsenali, per ospitarvi il futuro Museo, al centro di un'area destinata a diventare la "porta di accesso" alla città storica, al suo sistema museale ed ai suoi monumenti. Essa ci permette di fare il punto della situazione ad un anno da una scoperta che ha pochi eguali nel mondo e rappresenta una ulteriore, e suggestiva, occasione per farla conoscere e offrire al godimento del pubblico.

Le Navi Antiche di Pisa (The Ancient Ships of Pisa) follows the highly successful exhibition held in Pisa from June to October 1999 with a still larger display of items and information on this exceptional discovery made possible by the more advanced stage of investigation reached in the meantime.

The exhibition comes one year after the discovery, now famous throughout the world, of the Etruscan and Roman urban harbour during important construction work for the Italian state railway system in the San Rossore area of Pisa. The extraordinary importance of the discovery was confirmed at the time by intervention on the part of the *Soprintendenza ai Beni Archeologici della Toscana*, which worked together with the *Soprintendenza ai B.A.A.A.S. di Pisa*, the local government, the Ministry of National Heritage and the Italian Railways to ensure the immediate commencement of excavation and cataloguing of finds.

Further important steps have been taken since then. Visits paid to the "port of marvels" by Giovanna Melandri, the Minister of National Heritage, Massimo D'Alema, the Italian Premier, Tony Blair, and the British Prime Minister, as well as numerous other institutional and cultural figures and journalists from Italy and abroad have made the incredible wealth of historical material restored to the modern world by Pisan territory known throughout the world. In the meantime, excavation has continued together with the analysis of finds. It has also been decided that the work of full-fledged restoration, in particular of the various ships and boats, will take place in the natural setting of Pisa's *Arsenali Medicei* or Medici dockyards, structures historically associated with the naval activities of the city and of Tuscany as a whole. Agreement has also been reached with the State Railways on moving the site of the new technological centre to another location.

Superbly illustrated in this volume, the exhibition traces the various stages of these events and the role played by the co-operation of the various organizations involved. Underpinning the whole has been a determination to complete the restoration of the *Arsenali* in the shortest time possible so as to house the future museum in the middle of an area designed to become the "gateway" providing access to the city's historical sights, monuments and museums. The exhibition is also a splendid opportunity to take stock of the situation one year after a discovery that has few equals in the world, and to make the riches unearthed available for the enjoyment of the public.

CARLA GUIDUCCI BONANNI
Presidente della Federazione Italiana degli Amici dei Musei

Quella di Pisa è una delle conferme più autorevoli – e più recenti – di come André Chastel avesse visto giusto definendo l'Italia "museo naturale". Non solo: l'eccezionale – ed unico al mondo – ritrovamento delle antiche navi (dal III sec. a.C. al V d.C.) nell'area del porto fluviale "delle Conche" ci consente di integrare ed arricchire la definizione dell'insigne storico francese con quella di "museo in divenire".

La nostra terra, il nostro mare, il sottosuolo ci riservano quotidianamente nuove e continue sorprese: dal rinvenimento di opere d'arte fino a ieri ignorate, a quello di giacimenti di reperti sui fondali marini, per arrivare alla scoperta di antichi – seppure già tramandati dalla tradizione, come nel caso pisano – siti archeologici. Questo, se da un lato rende la nostra stratificazione storica un *unicum* sul pianeta, dall'altro però pone continuamente nuove esigenze di recupero, conservazione, gestione e sicurezza. Ed è proprio a tali necessità che cercano di far fronte – pur con i limiti delle risorse del volontariato e, comunque, sempre a fianco delle istituzioni – gli Amici dei Musei d'Italia: migliaia di volontari al servizio del nostro immenso patrimonio. Anche con iniziative apparentemente marginali, quali quella di patrocinare la pubblicazione di questo catalogo, ma che tali non sono, se si collegano all'impegno concreto – in questo caso della federata Associazione degli Amici dei Musei e Monumenti pisani – per la sensibilizzazione di enti ed istituzioni alla sua sponsorizzazione. "*Nullum est sine nomine saxum*": non c'è pietra senza nome, con Lucrezio. Angelo Bottini, Soprintendente Archeologico per la Toscana, e Stefano Bruni, di quella Soprintendenza Ispettore – insieme al loro *staff* – hanno contribuito in maniera determinante a restituire un nome ed un significato non solo ad un tratto importante della storia antica di Pisa, ma della più lontana storia della nostra terra e della sua socialità. È iniziata – per Pisa, orgogliosa Regina del Mare, e più in generale per tutta l'archeologia – un'avventura affascinante ed appassionante, di cui non è dato ancora di intravedere i confini. Non potevano, da tale avventura, restare assenti gli Amici dei Musei, il cui contributo per la conoscenza, la promozione, la sensibilizzazione sono certa sarà significativo. L'importante, ora, è lavorare tutti insieme, con impegno e coerenza, perché di questo tesoro sia completato il rinvenimento ed esso abbia la migliore conservazione e collocazione. La gratitudine della Federazione Italiana degli Amici dei Musei, in questo senso, va dunque a tutti coloro che hanno voluto e consentito questa mostra che – nella prestigiosa sede del Museo Archeologico Nazionale di Firenze – sarà il più idoneo palcoscenico del "porto delle meraviglie" ritrovato a Pisa, dei suoi contenuti, delle sue prospettive e, anche, dei suoi problemi, misteri ed interrogativi.

A "natural museum" – no Italian city better fits André Chastel's description of Italy than Pisa. Now, however, the spectacular – and unique – discovery of numerous ancient ships dating from the 3rd century BC to the 5th century AD in the river port dubbed *delle Conche* enables us to extend and enrich the definition given by the illustrious French historian with that of a "museum in the making".

Our lands, the sea nearby and the earth below are a constant source of surprises: works of art hitherto unknown, deposits of ancient material on the sea bottom, and new – though often historically attested – archaeological sites.

However, what makes our "cultural stratification" the only one of its kind on Earth also necessitates the constant availability of new methods of recovery, conservation, management and protection, and it is to just these needs that the association gli *Amici dei Musei d'Italia* – despite the limitations facing any volunteer organization – attempts to respond, always in conjunction with the pertinent public institutions, thousands of volunteers at the service of an immense heritage. Even seemingly marginal initiatives such as sponsoring the publication of this catalogue are not so marginal if one considers their results. Thus the affiliated local *Associazione dei Musei e Monumenti Pisani* was responsible for arousing the interest and sponsorship of other organizations.

Nullum est sine nomine saxum: "no stone is without a name", as Lucretius reminds us. Angelo Bottini, *Soprintendente archeologico per la Toscana*, Stefano Bruni, *ispettore* for Pisa, and the other staff members have all made a vital contribution to giving a name and a meaning to an important feature not only of the ancient history of Pisa but also of the remotest history of our land and of its society.

A fascinating and exhilarating adventure has begun for Pisa, proud Queen of the Sea – and for archaeology – and no one can yet say just where it will lead us. *Gli Amici dei Musei* could not participate in this adventure, and I am certain that their knowledge as well as their promotional and educational activities will make a significant contribution. What counts now is the cooperation, committment and coherence of everyone involved to bring the whole of this treasure to light, ensure its optimal conservation and create a worthy permanent setting for it.

The *Federazione degli Amici dei Musei* thanks all those who have supported and facilitated this exhibition housed in the prestigious National Archaeological Museum of Florence, which will provide an ideal setting for the "port of marvels" discovered in Pisa, its (bumper) harvest of artefacts and its prospects, but also the problems posed, the questions unanswered and the mysteries unfathomed.

STEFANO BRUNI

"chi non conosce la verità è soltanto uno sciocco;
ma chi, conoscendola, la chiama bugia, è un malfattore!"
Bertold Brecht, *Vita di Galileo*, scena IX

"He who does not know the truth is only a fool;
but he who knows the truth and calls it a lie is a criminal!"
Bertold Brecht, *The Life of Galileo*, scene IX

Definito lo "scavo delle meraviglie" o con un'immagine più suggestiva, ma forse fuorviante, "la Pompei del mare", il cantiere di scavo che è venuto, prima ad affiancarsi e poi progressivamente a sostituirsi a quello che le Ferrovie dello Stato avevano impiantato nell'area del complesso ferroviario di "Pisa-San Rossore" in vista della realizzazione di una nuova grande infrastruttura, fin quasi dal suo inizio ha interessato l'opinione pubblica. E molto – nel bene e nel male – è stato scritto in relazione a questa scoperta.

Se nell'intenzione degli archeologi era presente soprattutto il desiderio di chiarire al più vasto pubblico le motivazioni di uno degli ormai troppi ritardi nella realizzazione di un'opera pubblica, a cui, nonostante la forzata abitudine, con sempre maggiore difficoltà si è disposti a sottostare, ben presto il mondo dei *media* ha cercato di impadronirsi quasi quotidianamente dell'evolversi delle scoperte, talora distorcendone il senso in forme ancor più spettacolari di quanto la stessa realtà dei fatti non presentasse.

Come sempre succede nei casi di ritrovamenti archeologici in aree urbane – e il recente caso romano del Gianicolo rappresenta un esempio di questi ultimi mesi tristemente noto a tutti – dopo le prime scoperte non sono mancate critiche e sollecitazioni di varia natura per accelerare o abbandonare le indagini. Tuttavia se il progetto pisano delle Ferrovie dello Stato è di estrema importanza sia per una più razionale gestione dei traffici dell'intera area tirrenica sia per gli interessi economici della città, la ricerca archeologica, che richiede, come ognun sa, tempi e modi adeguati, ha esigenze che non possono comunque essere in alcun modo trascurate: infatti se da un lato qualunque oggetto di scavo perde gran parte del suo interesse e del suo valore se non è accompagnato da una precisa e puntuale documentazione, dall'altro le indagini hanno bisogno di tempi che difficilmente possono conciliarsi con quelli previsti per un normale cantiere edile.

Il cantiere delle navi, come è stato subito riduttivamente, ma icasticamente battezzato, per quanto nato come intervento imprevisto e d'urgenza, è stato fin dall'inizio impostato come laboratorio di ricerca con caratteristiche rigorose e severe e comunque tali – almeno nelle intenzioni di chi opera sul campo – che lo scavo sia documentazione storica e non rapina e distruzione di un segno irripetibile. Pur nella laica consapevolezza che la capacità di commettere errori o omissioni è connaturata alla stessa natura umana, si è cercato

The excavation site defined as the "port of marvels" or with a more suggestive name, even if a little misleading, the "Pompeii of the Sea", was initially located alongside, then gradually replaced, the one which the *Ferrovie dello Stato* had set up in the railway complex of "Pisa-San Rossore", until a larger infrastructure took its place, and this, from the beginning, aroused public interest. Much – both good and bad – has been written about this discovery.

The archaeologists intended, in the first place, to clarify to the vast majority of the public the motivations behind yet another delay in the realisation of a public project Despite the fact that the public have grown accustomed to these delays, they are finding them more and more difficult to accept. Sure enough the media, almost on a daily basis, were on the spot grabbing as much news regarding the discoveries as possible, often distorting and enlarging the facts out of all proportion.

As sometimes occurs when archaeological remains are discovered within urban centres – the recent Roman case of the Janiculum is an example sadly known to all – after the first discovery, criticisms and requests poured in urging us to either accelerate or abbandon the investigations. The project of the *Ferrovie dello Stato* for Pisa is extremely important, both for a more efficient management of the entire Tyrrhenian rail system area and for the economy of the city of Pisa. However, archaeological research, as most people know, requires time and appropriate measures which can for no reason be overlooked. Furthermore, if on the one hand, any one artefact found on a site loses a great deal of its interest and its value when it is not accompanied by precise and accurate documentation, on the other, research takes a considerable amount of time which cannot in any way be compared to the amount of time needed on a normal construction site.

The "shipyard", as it was superficially but effectively christened, though created in great haste in response to an unforseen emergency, was planned from the beginning as a rigorously and strictly run research laboratory qualified to put the excavation – or at least that was our intention – at the service of historical documentation rather than the plundering destruction of such an irreplacable relic of the past. Unfortunately, "to err is human", even though we have tried to work to the best of our abilities and the comments of

di lavorare con la massima onestà e correttezza; e i commenti e l'invito a proseguire nel non facile percorso intrapreso che colleghi ed amici che hanno visitato in questi mesi il cantiere, da Mario Torelli a Francis Haskell, da Barbara Pferdehirt a David Blackmann, da Jean Paul Vernant a Salvatore Settis, da Giuseppe Nenci a Giovannangelo Camporeale, da Alain Schnapp a Michael Vickers, da Adriano Maggiani a Raffaella Pierobon, da Riccardo Di Donato a François Lissarague, da Gemma Sena Chiesa a Lisa Fentress, da Francesca Boitani a Riccardo Francovich, da Fede Berti a Luigi Fozzati, per non citarne che alcuni, ci hanno confortato di essere su una strada corretta.

Non minore attenzione e supporto, non solo dal punto di vista strettamente crematistico, sono venuti dai vertici del Ministero per i Beni e le Attività Culturali, sia con l'appoggio personale del Ministro, On. Giovanna Melandri, sia attraverso l'interessamento costante del Dr. Mario Serio, Direttore Generale per i Beni A. A. S., nonché dall'ambiente politico toscano, dai Presidenti della Regione e dell'Amministrazione Provinciale di Pisa, dal Sindaco e dall'intero Consiglio comunale di Pisa, nella comune intenzione di affrontare da subito sia i problemi dello scavo che quelli assai più complessi, ma comunque intimamente connessi a quelli della ricerca sul terreno, della conservazione e del restauro dei fragili ed instabili relitti.

È così successo che le Ferrovie dello Stato, valutando serenamente la situazione e comprendendo che i ritrovamenti che si andavano facendo costituiscono un evento di straordinaria importanza non solo per la ricostruzione del passato più antico della città e dell'intero mondo mediterraneo, ma anche per gli sviluppi futuri che questa scoperta può avere nel quadro sociale economico e culturale di Pisa, hanno deciso di trasferire in altra area il nuovo fabbricato in costruzione, lasciando campo libero agli archeologi e unendosi anch'esse al coro di quanti hanno sostenuto e sostengono la priorità dell'interesse scientifico e della collettività nazionale nella tutela del patrimonio archeologico di contro agli interessi di mercato.

Lo scavo ha posto e pone tuttora molti problemi a cui si è cercato di dare risposte adeguate, compatibilmente con le forze e le capacità di cui dispone ognuno dei componenti l'équipe che opera quotidianamente sul cantiere e che comprende oltre settanta ricercatori, non tutti apparentemente visibili all'interno del palancolato che delimita l'area di scavo all'interno del complesso ferroviario di "Pisa – San Rossore". Se non sta all'autore di queste poche righe, che ha avuto la ventura di coordinare l'intero gruppo di lavoro, esprimere giudizi di merito, preme comunque sottolineare come ciascun componente l'équipe, dal più esperto archeologo al più umile operaio, dal più celebrato ingegnere al più giovane restaura-

those who visited us on the site, namely Mario Torelli, Francis Haskell, Barbara Pferdehirt, David Blackmann, Jean-Paul Vernant, Salvatore Settis, Giuseppe Nenci, Giovannangelo Camporeale, Alain Schnapp, Micheal Vivkers, Adriano Maggiani, Raffaella Pierobon, Riccardo Di Donato, François Lissarague, Gemma Sena Chiesa, Lisa Fentress, Francesca Boitani, Riccardo Francovich, Fede Berti and Luigi Fozzati to mention a few, have reassured us that we are on the right track.

Similar support and attention – and not only strictly material, have come from the highest echelons of the *Ministero per i Beni e le Attività Culturali*, together with the personal support of the *Ministro*, the Hon. Giovanna Melandri, and the constant interest shown by Dr. Mario Serio, *Direttore Generale per i Beni A.A.A.S*, as well as Tuscan political circles (the Presidents of the *Regione Toscana* and of the *Provincia di Pisa*, and the entire *Consiglio Comunale* of Pisa) each intent on solving the problems facing any excavation, but also those posed by such delicate fieldwork, and the conservation and restoration of such fragile and delicate artefacts.

The *Ferrovie dello Stato*, after having carefully considered the situation, realised that the discovery was becoming an extraordinarily important contribution to the reconstruction of the ancient history of the city and of the entire Mediterranean area, but also recognised the future potential importance of thisdiscovery for the social, economical and cultural growth of Pisa. On the strength of this they decided to transfer the building under construction to another area, leaving the archaeologists in charge and joining all those who supported the scientific interests and the national interest for the safeguard of our archaeological patrimony rather than short-term profit.

The excavation has caused problems, and is still causing problems, which each member of the team has tried to overcome within their possibilities and with the materials available. Hidden behind the wooden fence surrounding the site, a team of over seventy researchers is at work every day at the Pisa-San Rossore facility. If it is not for the author, whose task it has been to coordinate these efforts, to pass judgement. However, it is important to stress that each member of the team – from the expert archaeologist to the humblest worker, from the most renowned engineer to the youngest conservator, the illustrious anthropologist to the many chemists, biologists and botanists, and the various architects and photographers – have worked with an enthusiasm rarely witnessed on an excavation site, and quite unimmaginable under extreme conditions sometimes testing the limits of human tollerance, such as during the cold, humid winter months or during the torrid heat and blazing sun of summer.

tore, dall'illustre antropologo alla lunga serie di chimici, biologi e botanici, dai vari architetti ai fotografi, abbia affrontato il lavoro con un entusiasmo e una vivacità quali raramente si possono vedere su un cantiere di scavo e soprattutto inimmaginabili in una situazione logistica talora al limite dell'umana sopportazione sia durante i freddi ed umidi mesi invernali sia durante le assolate e assordanti calure estive.

Essendo ben consci della responsabilità di fronte alla comunità scientifica e più in generale nei confronti della società civile che il partecipare ad una ricerca quale questa pisana comporta, si è cercato di dare conto delle scoperte e di rispondere per quanto le nostre forze a disposizione lo permettevano alle varie domande che ponevano colleghi e, più in generale, le persone che a centinaia sono venute in questi mesi a visitare il cantiere, nella convinzione di dover mettere a disposizione di tutti ed il prima possibile quello che si andava scoprendo senza chiudere in inaccessibili segrete i dati che la ricerca così abbondantemente viene restituendo.

In questa prospettiva si è così realizzata allo scorcio del mese di giugno del 1999 una prima piccola esposizione "da campo" nei locali degli Arsenali Medicei di Pisa, dove secondo le indicazioni del Ministero troveranno, in un futuro che si spera non troppo lontano, definitiva sistemazione i relitti ed i reperti riportati in luce. La mostra, destinata soprattutto al grande pubblico dei pisani e degli appassionati, voleva essere un primo saggio di quello che lo scavo andava restituendo e non era esente, come è ovvio, da difetti e mancanze, che colleghi troppo fiduciosi nei confronti delle nostre capacità non hanno mancato di fare notare e di sottolineare. Tuttavia gli oltre quindicimila visitatori che in quattro mesi sono andati a vederla hanno di gran lunga ripagato delle inevitabili amarezze procurate dalla personale certezza circa le manchevolezze dell'esposizione e dai commenti meno lusinghieri di alcuni colleghi. Ma "il premio che si spera è che ciascun si sta da canto [...] dicendo mal di ciò che vede o sente", come ha detto Machiavelli, e non sono mancate, specialmente da parte di persone scarsamente informate o che conoscono la realtà dei fatti solo indirettamente, anche critiche e giudizi negativi sull'intera operazione, sui modi e i mezzi della ricerca ed anche sugli stessi ricercatori che compongono l'équipe. Ciò nonostante, evitando di innescare inutili e sterili polemiche, si è cercato di far tesoro dei suggerimenti proposti, valutandone l'opportunità in relazione alla delicata situazione del cantiere.

Lo scavo non è ancora concluso – anzi può dirsi ancora quasi all'inizio e molto si potrà discutere quando sarà concluso e tutti i dati saranno disponibili.

Tuttavia a poco più di un anno dall'inizio delle operazioni di scavo e recupero della straordinaria serie di monumenti che il caso, elemento che di norma governa le scoperte

Being fully aware of the responsiblity involved in participating in a research project like the one in Pisa, and the reponsabilities we have towards the scientific comunity and towards society, we have attempted to account for the findings and to answer, as far as possible, all the various questions put to us by our colleagues and more generally by the public who have visited the site by the hundreds over the past months. It is our firm belief that the public should be informed of the finds as they are being made and have access to the abundant data produced. With this in mind, a small preliminary exhibition was set up towards the end of June 1999, in the Medici shipyards in Pisa, which according to the Ministry would become the permanent seat for the unearthed wrecks and artefacts, in the not too distant future. The exhibition was intended mainly for the people of Pisa and archaeology buffs, and aimed to provide a first glimpse of what the excavation had brought to light. Obviously it was not perfect, as our too trusting colleagues did not fail to notice and underline. However, the other fifteen thousand visitors to theexhibition over the past four months, have abundantly repaid us and the bitterness we felt on account of the imperfections of the exhibition and the less flattering comments made by some of our colleagues. But as Machiavelli said *il premio che si spera è che ciascun si sta da canto [...] dicendo mal di ciò che vede o sente*. Furthermore other people, and especially those uninformed or having a limited knowledge of the reality of the facts, have not spared us from criticisms either on the whole operation, on the methods and measures taken or on the researchers who make up the team. However, as it is not our intention to enter into vain and irrelevent disputes, we have attempted to take account of their suggestions evaluating them in relation to the delicate situation of the site.

The excavation is not yet finished: in fact it is just beginning, and a lot of discussion will follow when all the data are made available.

Nevertheless, it is only a year since excavation began of this extraordinary series of monuments found by pure chance – an element which often accompanies archeological finds – on the site of the Pisa-San Rossore railway station. We have considered it necessary and appropriate to present in detail some of the observations, made by the various people working on the site, observations developed as excavation progressed.

As in the case of last June's Pisa exhibition, there were many, and perhaps too many, of the faults and imperfections typical of this sort of temporary presentation. But again, one must bear in mind that research is still in a preliminary stage, and not one ship has been completely unearthed, (this is the reason why those persons who are studying the

archeologiche, ha permesso di recuperare nell'area del complesso ferroviario di "Pisa – San Rossore" si è ritenuto opportuno e necessario offrire in una forma più definita alcune delle riflessioni che le persone impegnate a vario titolo sul cantiere sono andate maturando parallelamente al procedere delle scoperte.

Come nel caso della manifestazione pisana dello scorso giugno molte, forse ancora troppe sono le assenze e le manchevolezze che caratterizzano questa presentazione provvisoria. Ma come si ricordava poc'anzi, la ricerca può considerarsi solo all'inizio e di nessuna imbarcazione è stato completato lo scavo (da qui la rinuncia da parte di chi ha in corso lo studio dei relitti da un punto di vista ingegneristico di presentare in questa occasione dati parziali).

Tuttavia se i dati qui presentati debbano, *pour cause*, essere considerati suscettibili di ulteriori verifiche ed approfondimenti che solo il completamento delle indagini, del restauro dei materiali e del relativo studio definitivo potrà fornire, era nelle intenzioni degli autori offrire solamente una prima preliminare panoramica dei problemi che lo scavo pone e delle prospettive che la ricerca apre per la conoscenza del mondo antico. Se questa intenzione può apparire una bizzarria, come Gianni Schicchi tutti siamo disposti ad andare all'inferno, ma come l'eroe pucciniano, con licenza dei più critici censori ve ne chiediamo umilmente l'attenuante.

wrecks from an engineering point of view present only a part of the data). These data necessarily await further research and consideration, and consequently the completion of the excavations, the conservation of the material and its definitive study.

Accordingly, the authors wish to present no more than a preliminary picture of the excavation and its problems and such insights into the ancient world as their work affords. But although this may appear bizarre, we are all like Gianni Schicchi, prepared to go to hell; but like Puccini's hero, the most critical of our censors permitting, we humbly ask for a milder verdict.

PLANIMETRIA GENERALE DELL'AREA DI SCAVO
GENERAL PLAN OF THE EXCAVATIONS AREA

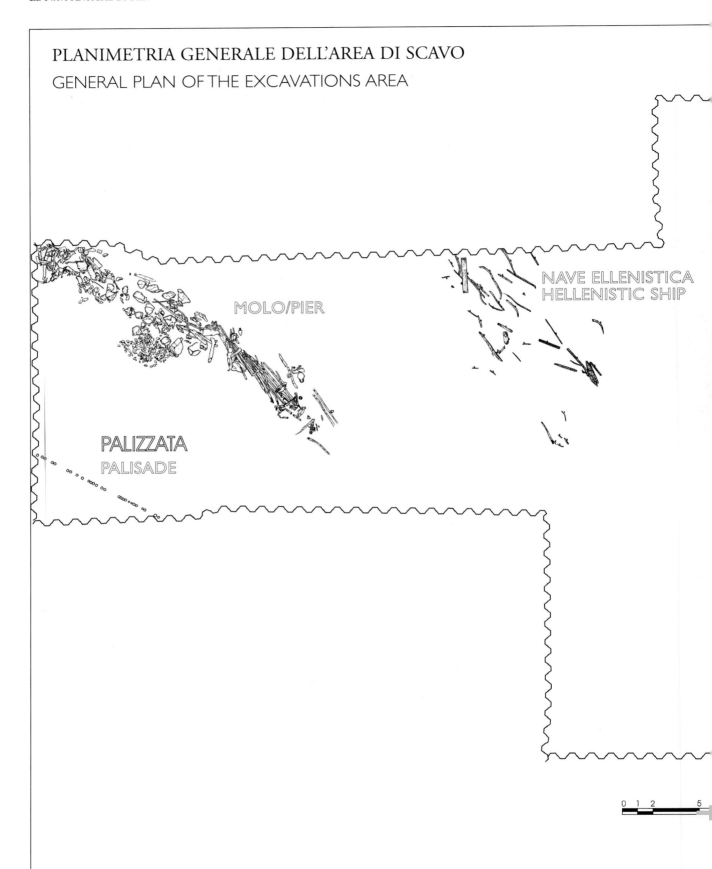

NAVE ELLENISTICA
HELLENISTIC SHIP

MOLO/PIER

PALIZZATA
PALISADE

0 1 2 5

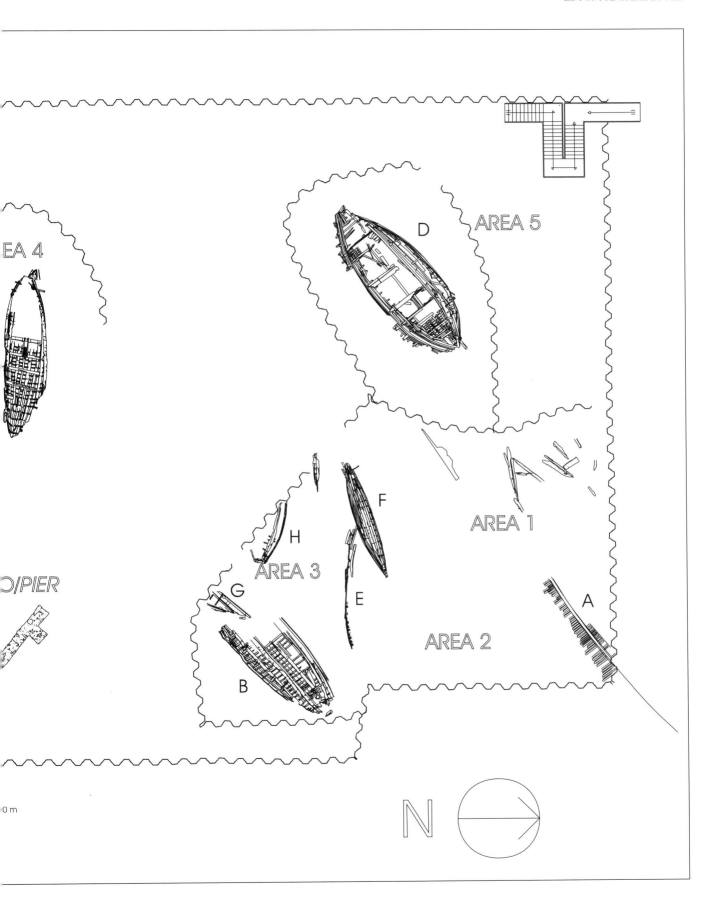

Stefano
Bruni

Il porto urbano di *Pisae* e i relitti del complesso ferroviario di "Pisa-San Rossore"

Primi dati (molto) preliminari

Se una celebre canzone napoletana di inizio secolo, ammiccando, concludeva che non c'era bisogno di ricorrere alle arti divinatorie di una zingara per sapere come era fatto l'oggetto delle amorose attenzioni di uno spasimante, certamente non è necessario ricorrere ad un'astrologa per sapere che Pisa e il sistema dei suoi porti costituivano nell'antichità un polo d'attrazione di straordinario rilievo nel quadro del Mediterraneo e dei traffici che attraverso le sue acque vi si svolgevano.

Infatti se gli straordinari capolavori che si innalzano dal prato della piazza del Duomo costituiscono un imperituro ricordo della grandezza della luminosa stagione della Repubblica marinara di età medioevale e gli Arsenali dell'area della Cittadella rappresentano il segno tangibile del ruolo di Pisa nella politica marittima del Granducato mediceo, la ricerca archeologica e le scoperte hanno da tempo evidenziato come l'insediamento alle foci dell'Arno trovi, fin dalle origini, una sua compiuta collocazione in una dimensione squisitamente marittima e tirrenica.

Lasciando da parte i materiali del tardo eneolitico-prima età del bronzo, alcuni dei quali trovano significativi confronti con quelli dell'isola d'Elba[1], lo straordinario complesso monumentale recuperato tra il 1992 e il 1998 nell'area della necropoli etrusca nei terreni

The urban harbour of *Pisae* and the wrecks discovered at the Pisa-San Rossore railway station

Initial and (highly) provisional data

A celebrated Neapolitan song from the turn of the century suggests that there is no need to call upon a gypsy's divinatory powers in order to find out what the object of a lover's amorous attentions is. Similarly, there is certainly no need to consult an astrologer in order to learn that in ancient times Pisa and its system of harbours constituted an extraordinarily important focal point in the context of the Mediterranean and the traffic that took place in its waters.

While the extraordinary masterpieces rising from the grassy surface of the Piazza del Duomo bear imperishable witness to the greatness of this maritime republic in the Middle Ages, and the dockyards in the area of the citadel are concrete evidence of Pisa's role in the maritime policy of the Medici Grand Duchy, archaeological research and discoveries have established the essentially seafaring and Tyrrhenian nature of the role played by the settlement at the mouth of the Arno from the very outset.

In addition to the late Copper Age and early Bronze Age materials, some of which bear significant similarities to those from the island of Elba[1], the extraordinary monumental complex brought to light between 1992 and 1998, in the area of the Etruscan necropolis in Via San Jacopo,

di via San Jacopo ha aperto uno spiraglio nella più antica storia della città, restituendoci la tomba di un grande principe la cui *aristeia* si caratterizza con una serie di eloquenti segni che marcano e sottolineano il suo legame con il mare e gli aspetti marinari del suo potere[2]. In parallelo gli autori antichi hanno più volte ricordato il ruolo marittimo di Pisa, attribuendo ad uno dei suoi mitici fondatori, *Piseus*, l'invenzione di un fondamentale elemento dell'ingegneria navale, i *rostra* (PLINIO, *Nat. Hist.*, VII, 56, 201) e ricordando, seppur indirettamente, la fiorente attività degli arsenali della città (STRABONE, V, 5, 2).

In questo quadro nuovi, importanti elementi vengono adesso del tutto inaspettatamente dalla zona ad occidente delle mura medioevali, dove nel corso dei lavori per la realizzazione delle fondazioni del nuovo centro direzionale relativo alla Linea Tirrenica delle Ferrovie dello Stato, nell'area del complesso ferroviario della stazione di "Pisa-San Rossore", a poco più di cinquecento metri in linea d'area dalla piazza del Duomo, nei primi giorni di dicembre del 1998 sono stati riportati in luce i resti del porto urbano della città etrusca e romana (fig. 1).

Una serie di circostanze casuali, come la presenza di una copiosa acqua di falda superficiale e l'assenza di ossigeno nei livelli sabbiosi, da un lato, e dall'altro le difficoltà che in antico si erano frapposte al recupero delle varie imbarcazioni che per differenti motivi ed in epoche diverse erano affondate in questo bacino, hanno permesso ad una rilevantissima serie di monumenti di giungere fino a noi.

Non è certo la prima volta che il caso viene in aiuto degli archeologi; né tanto meno è la prima volta, in questi ultimi anni, che il sottosuolo di Pisa rivela la presenza di straordinarie vestigia del passato più antico della città. Tuttavia non è azzardato dire che le scoperte che a partire dai primi giorni dell'inverno del 1998 *l'équipe* della Soprintendenza ai

affords a glimpse into the city's earliest history through the tomb of a great prince, whose *aristeia* is characterized by a series of eloquent tokens that indicate and underline his links with the sea and the maritime aspects of his power[2]. Ancient authors also make repeated references to Pisa's maritime role and attribute the invention of the *rostrum*, a key element of naval engineering, to Piseus, one of the city's mythical founders (PLINY, *Naturalis Historia*, VII, 56, 201). Mention is also made, albeit indirectly, of the flourishing activities of the city's dockyards (STRABO, V, 5, 2).

New and important elements are now being added quite unexpectedly to this picture by the area to the west of the medieval city walls. The remains of the urban harbour of the Etruscan and Roman city were in fact unearthed early in December 1998, during work to lay the foundations of a new headquarters of the Tyrrhenian line of the Italian state railways in the area of the Pisa-San Rossore railway station, less than five hundred metres from the area of the Piazza del Duomo (fig. 1).

The very important monuments discovered owe their survival to a series of fortuitous circumstances. On the one hand, there is the presence of abundant groundwater at the surface and the absence of oxygen in the sandy layers; on the other, the difficulties that, in ancient times, prevented the salvage of various vessels that sank in the harbour in different periods and for different reasons. This is certainly not the first time that luck has come to the archaeologist's aid. Still less is it the first time in recent years that the ground beneath Pisa has revealed the presence of extraordinary remains from the city's earliest history. It is, however, quite reasonable to state that the discoveries made since the beginning of winter 1998 by the team from the Soprintendenza ai Beni Archeologici della Toscana (SAT) in the area around the Pisa-San Rossore rail-

Beni Archeologici della Toscana sta facendo nell'area a ridosso della stazione ferroviaria di "Pisa-San Rossore" rientrano tra quelle più importanti di questo scorcio di secolo, non solo per la storia più remota della città, ma più in generale per la conoscenza del mondo antico.

Va comunque ricordato che se il caso – elemento imponderabile e ineludibile della ricerca sul terreno – ha avuto un ruolo non secondario in tutta la vicenda, consentendo per una serie di accidenti occasionali che un'ingentissima messe di elementi sia giunta fino a noi in uno straordinario stato di conservazione, non minore incidenza deve riconoscersi all'attività di tutela del patrimonio storico-archeologico di Pisa esercitata dalla Soprintendenza, che nel 1992 ha sottoposto a vincolo l'intera area. Infatti è stato grazie a questo semplice – ma tanto ingiustamente temuto e vituperato – strumento di tutela che è stato possibile intervenire preventivamente ai grossi lavori che le Ferrovie dello Stato avevano in animo di mettere in atto in quest'area[3].

La scoperta, come si diceva, è di quelle che fanno la gioia degli archeologi e che inevitabilmente provocano notevole clamore sia nell'ambiente degli addetti ai lavori, dove fanno sorgere anche invidie e gelosie di alcuni colleghi meno fortunati, sia nel più vasto ambito degli appassionati e dei cultori di cose archeologiche. Tuttavia se per quanto riguarda l'ambiente dell'ufficialità accademica non sono mancati incoraggiamenti e pressanti richieste di informazioni, a cui si è cercato di volta in volta di rispondere per quanto le nostre capacità lo permettevano, i tradizionali mezzi di informazione hanno quasi quotidianamente assolto il compito di rendere noto il susseguirsi delle scoperte, talora non senza distorcere in senso più o meno spettacolare le notizie secondo una non mai troppo esecrata abitudine a cui questi ultimi tempi ci stanno ahimé abituando[4]. Lo scavo non è ancora concluso. Tuttavia per il clamore che questa scoperta ha destato, e non solo per gli aspetti più strettamente

way station are among the most important made in this part of the century as regards our knowledge not only of the city's earliest history but also of the ancient world in general.

In any case, it should be pointed out that while chance an imponderable and unavoidable element of investigations in the field has played a major part in this episode as a whole, making it possible for an enormous wealth of material to reach us in an extraordinary state of preservation through a whole series of fortuitous circumstances, an equally important role has been played by the action taken to safeguard Pisa's historical and archaeological heritage by the SAT, which made the whole area a protected site in 1992. It is indeed thanks solely to this simple but so unjustly feared and denigrated protective measure that it was possible to take preventive action prior to the large-scale works planned by the Italian state railways for this area[3].

As we were saying, the discovery is one of those that delight archaeologists and inevitably cause a great stir both in professional circles, where they can give rise to envy and jealousy on the part of less fortunate colleagues, and in the broader sphere of archaeological enthusiasts. While there has been no lack in official academic circles of encouragement and pressing requests for information, which we have sought to satisfy to the best of our ability, the media have performed the task of keeping the public informed of the successive discoveries practically on a day-by-day basis. Their coverage has, however, been marred on occasion by varying degrees of sensationalism and distortion of the facts in accordance with a deplorable trend to which we are unfortunately becoming accustomed of late[4].

Although the excavations are not yet completed, the stir caused by the discovery, not only because of its more strictly historical and archaeological aspects, has made it advisable to offer a

storici e archeologici, si è ritenuto opportuno offrire, pur con tutti i limiti che l'incompletezza della ricerca inevitabilmente pone, una prima anticipazione su alcuni dei risultati finora raggiunti.

Può pertanto sembrare tautologico ricordare come i dati e le ipotesi, che questi hanno fatto nascere, debbano quindi essere intese come provvisorie e preliminari, nonché necessariamente soggette a verifica e come, solo a scavo completato, sarà possibile porre il problema delle strutture, della tecnica e della costruzione delle singole imbarcazioni a partire dallo studio diretto degli scafi, affrontando sia gli aspetti più strettamente connessi all'archeologia navale sia quelli di etnografia navale, che gli elementi finora acquisiti lasciano intravedere complessi ed articolati.

Essendosene occupata, anche troppo diffusamente e con eccessivo clamore, la stampa e la televisione, è noto che fino ad oggi sono stati individuati i resti di almeno sedici imbarcazioni ed alcune strutture relative agli apparati del porto.

Al di là dell'indubbio alto interesse che la scoperta riveste dal punto di vista della ricostruzione della stessa fisionomia dei traffici e dell'ingegneria navale di età romana, si tratta, come è facile immaginare, di un rinvenimento che viene a gettare nuova luce sulla stessa fisionomia del paesaggio antico in cui sorse e si sviluppò la città di Pisa.

Il paesaggio di Pisae

Il quadro ambientale e geografico dell'area su cui sorse e si sviluppò l'insediamento di Pisa etrusca e romana risulta oggi notevolmente diverso rispetto a quello antico. Se gli

preview of some of the results obtained so far, albeit with all the limitations inevitably entailed by the incomplete nature of the investigations. It may appear tautological to stress that the data and the hypotheses they have given rise to must therefore be seen as provisional, preliminary, and necessarily subject to verification, and that it will be possible only upon completion of the excavations to address the problem of the structures, technique and construction of individual vessels on the basis of direct examination. It will then be possible to tacke the aspects most closely connected both with naval archaeology and with naval ethnography, which would appear to be rich and complex to judge from the evidence gathered so far.

As a result of the somewhat excessive and sensationalistic coverage provided by the press and television, it is common knowledge that the remains of at least sixteen vessels have been identified so far together with a number of structures connected with the harbour.

Apart from the unquestionably great interest attaching to the discovery as regards the reconstruction of naval engineering and traffic in the Roman era, it obviously casts new light on the ancient geographical setting in which the town of Pisa was born and developed.

The geographical setting of Pisae

The environmental and geographical nature of the area in which the settlement of Etruscan and Roman Pisa was born and developed is now very different from what it was in ancient times. As a result of the accumulated alluvial deposits of the Arno, the coast is now at a considerable dis-

apporti alluvionali dell'Arno hanno nel tempo allontanato, e non di poco, la linea di costa, il progressivo impaludamento della zona, dovuto all'abbandono delle difese idriche legate al sistema centuriato, unitamente all'innalzamento del livello del mare e al degrado idrologico conseguente alla crisi politica, economia e demografica che la città conobbe in età tardoantica, nonché le successive intense opere di bonifica realizzate a partire dall'età medioevale, hanno apportato significative modifiche alle caratteristiche del paesaggio.

Le ricerche finora effettuate con prospettive e metodologie diversificate hanno, tuttavia, permesso di ricostruire un panorama di una città sorta a ridosso di un complesso sistema lagunare costiero, in una regione segnata dalla presenza di due fiumi, l'Arno e l'ora scomparso Auser, oltre che da canali e corsi e d'acqua minori, in un quadro che può ricordare, pur con le dovute differenze, quello di Venezia e delle foci del Malamocco[5].

Sull'idrografia dell'intero territorio pisano si hanno, tuttavia, assai scarse informazioni e se lo sviluppo dell'Auser in età antica può essere intravisto solo in filigrana grazie ad una serie di indagini geo-morfologiche e alla fotointerpretazione, lo stesso corso dell'Arno differiva in larga misura da quello odierno.

Dei tre rami cui accenna Strabone (V, 5, 2) è possibile riconoscere, oltre ovviamente a quello che coincide con l'attuale percorso, solo quello più meridionale, verosimilmente ancora esistente durante l'alto Medioevo, dal momento che un documento del 983 ricorda un corso d'acqua nella zona di Stagno, a sud di Coltano[6] ed è forse da riconoscere nel *fl[uvius] Arnu* della Tabula Peutingeriana[7].

Il percorso settentrionale, su cui si attestò l'insediamento di Pisa, aveva un andamento molto più sinuoso dell'attuale, formando una serie di anse sia a monte sia a valle della città. Per quanto riguarda il tracciato inferiore a valle di Pisa, che più direttamente interessa

tance, and the characteristics of the surrounding countryside have been significantly altered by the gradual expansion of marshland. This is due to the abandonment of the defences connected with the centuriate system, the rising sea level, and the hydrological deterioration produced by the political, economic and demographic crisis undergone by the city in late ancient times, as well as subsequent radical reclamation projects undertaken from the Middle Ages onwards.

The studies carried out hitherto with diversified methodologies and perspectives have, however, made it possible to reconstruct the birth of the city near a complex coastal lagoon system in a region characterized by the presence of two rivers, the Arno and the no longer existing Auser, as well as minor watercourses and canals in a setting that, for all its differences, resembles that of Venice and the mouth of the Malamocco[5].

Little information is, however, available on the hydrography of the Pisan area as a whole. While glimpses of the course of the Auser in ancient times are offered solely by a series of geomorphologic surveys and photographic interpretation, that of the Arno differed substantially from its present situation. Of the three branches mentioned by Strabo (V, 5, 2), apart from the one coinciding with the present course, it is possible to identify only the southernmost branch. A reference found in a document of 983 to a watercourse in the Stagno area to the south of Coltano[6] suggests that this branch was probably still in existence during the early Middle Ages, and can perhaps also be identified as the *fl[uvius] Arnu* referred to in the Tabula Peutingeriana[7]. The northern branch, upon which the settlement of Pisa was founded, followed a far more winding course than at present and formed a series of loops both upstream and downstream of the city. As regards the lower branch downstream of Pisa, which is of more direct interest for our

nell'economia del nostro discorso, sappiamo che il fiume, lasciata la città all'incirca all'altezza della Terzana di età medioevale, formava una curva volta con l'estremità del suo arco verso sud (in parte ricalcata dal percorso della via di Quarantola), risalendo verso nord-ovest nell'area di Barbaricina con un meandro molto più ampio, tagliato nel 1771 nel corso dei lavori di bonifica voluti da Pietro Leopoldo. Proseguiva, poi, sinuoso piegando verso sud-ovest secondo il percorso in larga misura ricalcato dalla strada della Vettola, che venne rettificato nel 1338, quando la Repubblica Pisana modificò il tracciato inferiore dell'Arno. La foce di questo ramo, che andrà considerata all'interno del quadro degli apparati deltizi del fiume, doveva trovarsi in età antica all'altezza della zona di San Piero a Grado[8].

La linea di costa era molto più arretrata rispetto all'attuale[9] e l'area che dalla città, che stando alle notizie fornite da Strabone (fig. 2) (V, 5, 2) distava dal mare circa 20 stadi (poco meno di quattro chilometri), si estendeva fino alla costa, era coperta da ampie sacche lagunari che raggiungevano il fianco occidentale del cordone sabbioso di San Guido, lasciando vaste dune emerse, dove fin dalle età più antiche sono documentate tracce di presenze umane caratterizzate da forme stabili[10].

Porti e approdi di Pisae

Le indagini sul terreno hanno confermato l'esistenza di un articolato sistema di porti ed approdi minori direttamente collegati alla città o da questa in qualche misura controllati, distribuiti lungo la costa del Tirreno dalla foce del Fine a Sud fino all'area più a Nord dove attorno al 177 a.C. venne fondata la città di Luni. A fianco di alcuni piccoli approdi minori,

present purposes, it is known that the river headed away from the city approximately at the point of the medieval Terzana to form a bend with the tip of its arc facing south (as is partly reflected in the line of Via di Quarantola). It then headed northwest into the Barbaricina area to form a much larger meander that was cut in 1771 during the land reclamation work carried out by Pietro Leopoldo. It then continued its winding course in a southwest direction coinciding largely with the present-day Strada della Vettola. This was rectified in 1338, when the Republic of Pisa redirected the course of the lower stretch of the Arno. The mouth of this branch, which will be examined in the context of the river's delta, must have been located in ancient times in the area of San Piero a Grado[8].

The coastline was located much further inland than it is today[9], and the area stretching from the city to the coast, which Strabo (V, 5, 2) (fig. 2) describes as lying about 20 *stadia* (just under four kilometres) from the sea, was covered with large lagoons extending up to the western flank of the sand bar of San Guido. Massive dunes were left standing above the water, where permanent forms of human settlement are documented stretching right back to the earliest times[10].

The harbours and landing places of Pisae

On-site investigations have confirmed the existence of a complex system of harbours and smaller landing places linked directly to the city or controlled by it to some extent. These were distributed along the Tyrrhenian coast from the mouth of the Fine in the south to the more north-

le indagini sul terreno hanno permesso di intravedere fin dall'età arcaica un quartiere portuale nella zona della basilica altomedioevale di San Piero a Grado, presso la foce del ramo più settentrionale dell'Arno, sito che sembra aver conservato, seppur con alterne ed in parte ancora oscure vicende, il carattere di primo scalo delle rotte tirreniche connesse con Pisa fino in età romana, tanto che una tradizione che risale all'età carolingia fissa in quest'area lo sbarco dell'apostolo Pietro diretto verso Roma nel 42 o nel 61 d.C.[11]

Le ricerche condotte a più riprese (1919-1925; 1950-1960; 1965-1967) all'interno della chiesa presso il cosiddetto altare di San Pietro ed all'esterno nell'area della distrutta facciata, pur con le limitazioni dovute alla scarsa sensibilità stratigrafica nella loro esecuzione e nell'incertezza dell'interpretazione dei dati raccolti, hanno permesso di individuare una complessa sistemazione monumentale di questo settore dell'area precedentemente all'edificazione dell'attuale basilica, impiantatasi sui resti di un edificio che, ampliato e modificato nel tempo, risale, verosimilmente, al I secolo d.C.[12]

Se l'interpretazione di questo complesso resta ancora altamente ipotetica, risulta indubbio che questi resti debbano porsi in relazione con le tracce di un edificio di età augustea dotato di pavimenti musivi con tessere bianche, nere e azzurre, che ricerche di superficie hanno individuato nei terreni posti immediatamente ad est della strada che dal viale G. D'Annunzio conduce alla basilica[13], che sembra inserirsi, a sua volta, in un complesso ed articolato sistema urbano che si sviluppa fin verso l'Arno, riconosciuto a grandi linee grazie ad una serie di indagini geo-fisiche[14].

Se non sono stati finora rinvenuti elementi archeologici idonei a rivelare l'antica organizzazione dell'insediamento, ricerche di superficie hanno individuato una complessa stratificazione databile dal VII al III-II sec. a.C., che una prima campagna di scavi effet-

ern area where the town of Luni was founded around 177 B.C. Alongside some of the smaller landing places, on-site investigations have made it possible to glimpse the existence of a harbour district from archaic times onwards in the area of the early medieval basilica of San Piero a Grado at the mouth of the northernmost branch of the Arno. Despite its varied and to some extent still obscure fortunes, this site appears to have retained its function as the first harbour of the Tyrrhenian routes connected with Pisa up to Roman times. A tradition dating back to Carolingian times even identifies this as the area where the apostle Peter disembarked on his way to Rome in 42 or 61 A.D.[11]

For all the limitations arising from insufficient stratigraphical sensitivity and uncertainty in the interpretation of the data obtained, the investigations carried out in different periods (1919-1925; 1950-1960; 1965-1967), inside the church at the so-called altar of St. Peter and outside in the area of its destroyed façade, have made it possible to identify a complex monumental construction on this site prior to the erection of the present basilica. This stands on the remains of a building that was subsequently enlarged and modified, but probably dates from the first century A.D.[12]. While the interpretation of this complex is still very hypothetical, there is no doubt that these remains are connected with those of a building of the Augustan era with mosaic floors of white, black and blue tesserae, identified by surface investigations in the area lying immediately east of the road leading to the basilica from Viale G. D'Annunzio[13]. This in turn appears to form part of a complex and structured urban system stretching towards the Arno, the general layout of which is known thanks to a series of geo-physical surveys[14].

While no archaeological elements revealing how the settlement was organized in ancient times have yet been found, surface investigations have pinpointed a complex stratification dat-

tuata nell'estate del 1995 ha riconosciuto come relativa ad un grande edificio a pianta quadrangolare con muri *in opus craticium* su fondazioni in pietra e copertura con tegole e
coppi, databile, provvisoriamente, nel corso del VI secolo a.C.

L'abbondante ceramica di importazione, massimamente attica, ma anche laconica e
greco-orientale, unitamente al recupero di un minuto frammento di scultura in marmo
sembrerebbero consentire l'ipotesi di una destinazione cultuale dell'edificio[15], che un
sondaggio in profondità ha evidenziato essersi impiantato sui livelli di distruzione di una
serie di strutture capannicole, conservate al solo livello di fondazione, databili in via
provvisoria nel corso dell'età del Bronzo[16]. Resta ancora senza riscontri sul terreno la presenza di impianti per la lavorazione del ferro, di cui non poche scorie sono state recuperate nell'area, assieme a nuclei di argilla vetrificata, portati in superficie dalle arature, unitamente a numerosi frammenti di bucchero e ad alcuni lacerti di ceramica etrusco-corin-
zia, che comunque testimoniano una fase precedente databile nel corso della seconda metà
del VII sec. a.C.[17]

L'esistenza di un porto nell'area di San Piero a Grado è, peraltro, attestata da un
portolano contenuto in un passo del cosiddetto *Itinerarium maritimum Antonini Imperatoris*,
databile all'età di Caracalla, in cui è ricordato uno scalo alla foce dell'Arno (*Pisae fluvius*)
distinto da un successivo *Portus Pisanus*, da cui dista nove miglia e localizzabile nel-
l'insenatura fra l'attuale sbocco del Calambrone, Santo Stefano ai Lupi e il promontorio di
Livorno[18].

Se alcuni materiali di età arcaica, verosimilmente relativi ad un piccolo sepolcreto, recuperati nel secolo scorso e detti provenire da Santo Stefano ai Lupi[19] possono indicare l'esistenza
di un insediamento della fine del VII-inizi del VI sec. a.C. in quest'area, allineando questo cen-

ing from the period from the seventh to the third or second centuries B.C. An initial excavation
campaign carried out in the summer of 1995 identified this as a large tetragonal building with walls
in opus craticium, stone foundations, and a roof of pan and cover tiles, provisionally dated to the
sixth century B.C. Together with the discovery of a minute fragment of marble sculpture, the
abundance of imported pottery, mainly Attic but including some Lakonian and eastern Greek,
makes it possible to suggest that the building served as a place of worship[15]. Deep excavation
has shown that it rests on destruction levels associated with a series of hut-like structures, of
which the foundations alone are preserved, provisionally dated to the Bronze Age[16]. While no
iron-working structures have yet been identified on the site, numerous iron residues have been
unearthed as well as lumps of vitrified clay brought to the surface during ploughing together with
numerous potsherds of bucchero and some fragments of Etrusco-Corinthian pottery. The latter
in any case document a previous phase that can be dated as falling within the second half of the
seventh century B.C.[17]

The existence of a harbour in the area of San Piero a Grado is also attested by a *portolano*
contained in a passage from the *Itinerarium maritimum Antonini Imperatoris*, dating from the age of
Caracalla, which refers to a port at the mouth of the Arno (*Pisae fluvius*). This is described as lying
at a distance of nine miles from the subsequently mentioned *Portus Pisanus*, and its location can
be identified as the bay between the present mouth of the Calambrone, Santo Stefano ai Lupi,
and the promontory of Livorno[18].

Material from the archaic period, probably associated with a small burial ground and found
in the last century, reportedly at Santo Stefano ai Lupi[19], suggests the existence of a settlement

tro alla serie dei piccoli approdi della costa livornese settentrionale e ponendolo, forse, in relazione con l'insediamento di cui recentemente sono state rinvenute tracce sul promontorio di Livorno, nella zona della cosiddetta Torre di Matilde all'interno dell'area della Fortezza Vecchia[20], al pari di quest'ultimo è solo a partire dalla tarda età ellenistica che si sviluppa un secondo porto con il relativo insediamento nell'area della Gronda dei Lupi, alla periferia settentrionale dell'attuale città di Livorno[21]. La struttura è fiorente ancora in età tardoantica, se attorno al volgere del secondo decennio del V sec. Rutilio Namaziano ammira il porto "*quem fama frequentat | Pisarum emporio divitiisque maris*"[22].

Da vaghe ed imprecise notizie fornite da Raffaello Roncioni nelle sue *Istorie Pisane* scritte sul finire del Cinquecento si ha inoltre memoria di un altro porto, noto come "Porto delle Conche", formato da un ramo secondario dell'Auser, che "torcendo a destra [rispetto al ramo che si immetteva in Arno presso l'area degli Arsenali della Repubblica marinara], faceva un piccolo laghetto vicino al mare; il quale ritiene il nome antico, ed oggidì ancora si domanda il Porto delle Conche, poco lontano dal quale detto fiumicello sboccava al mare…"[23].

Di questo laghetto non si hanno altre notizie, se non quella dello stesso Roncioni che nel ricordare le origini mitiche di Pisa, individuate nella leggenda erudita della fondazione ad opera di Pelope, inserisce un inciso in cui ricorda come "questo Porto delle Conche è lontano da Pisa due miglia a misura" e come nei pressi di questo Porto nel secondo decennio del XVI secolo Palla Rucellai e Raffaello Roncioni, avo dell'autore delle *Istorie Pisane*, avevano recuperato non pochi materiali di età imperiale[24]. Per quanto l'indicazione sia piuttosto generica e le variazioni della topografia di questo settore del territorio pisano siano ancora ben lungi dall'essere chiarite in tutti i loro aspetti, questo Porto delle Conche viene

in this area at the end of the seventh century B.C. and the beginning of the sixth. It would thus form part of the series of small landing places on the northern coast of Livorno, and possibly have some connection with a settlement of which traces have recently been discovered on the Livorno promontory in the Torre di Matilde sector of the area of the Fortezza Vecchia[20]. As in the latter case, however, it was not until the late Hellenistic era that a second harbour and settlement developed in the area of Gronda dei Lupi on the northern outskirts of the present-day city of Livorno[21]. That the structure was still flourishing in late ancient times is demonstrated by the fact that around the second decade of the fifth century Rutilius Namazianus described it admiringly as the port *quem fama frequentat|Pisarum emporio divitiisque maris*[22].

The vague and imprecise information provided by Raffaello Roncioni in his *Istorie Pisane*, written at the end of the sixteenth century, also refers to another harbour, known as the *Porto delle Conche*. This was formed by a secondary branch of the Auser that "turning right [with respect to the branch that flowed into the Arno in the area of Pisa's dockyards], created a small lake near the sea, which retains its old name and is still known today as the Porto delle Conche, at a short distance from which the small river flowed into the sea…"[23].

The only other reference to this lake comes once again from Roncioni. In recalling the mythical origins of Pisa as related in the erudite legend of its foundation by Pelops, he adds a digression mentioning that this Porto delle Conche is two miles from Pisa and that in its vicinity Palla Rucellai and Raffaello Roncioni, ancestor of the author of the *Istorie Pisane*, discovered a substantial amount of material from the Imperial age in the second decade of the sixteenth century[24]. Although the reference is somewhat vague and the variations in the topography of this area of

concordemente ubicato nell'area della cosiddetta "Selva del Tombolo" dove nel quadro delle lotte tra papato e impero del tardo XI sec. venne fondato il monastero di San Rossore, la cui titolatura è rimasta a individuare l'area più settentrionale di questa zona che si estendeva *"a faucibus veteris Sircli usque ad fauces Arni"*[25]. Tuttavia in mancanza di altre indicazioni, molti sono gli interrogativi che rimangono aperti per la puntuale localizzazione di questo approdo, che alcune osservazioni del Roncioni sembrano confermare strutturato come un vero e proprio porto.

Se la sopravvivenza di alcuni toponimi e una serie di dati recuperati nel corso di ricerche di superficie hanno fatto ipotizzare la localizzazione dell'area di questo porto nei pressi di Isola di Migliarino[26], in connessione con il corso del Tubra, forse il più misterioso dei vari corsi d'acqua che marcavano il territorio a Nord di Pisa, la ricostruzione dell'idrografia antica dell'area della città (fig. 3), solo da poco pazientemente ricostruita grazie ad una serie di sofisticate immagini telerilevate, ha evidenziato come il tratto terminale dell'Auser si dividesse in due nei pressi dell'attuale curva Sud-Est dell'Arena Garibaldi: un ramo andava con un percorso sinuoso ad immettersi in Arno, mentre l'altro piegando verso Nord e passando nell'area dell'Ospedale di età medioevale sfociava direttamente in mare, non senza prima aver formato una relativamente vasta area lacustre nella zona della stazione ferroviaria di Pisa-San Rossore[27].

Se questa circostanza può in qualche modo giustificare il chiarimento proposto per quell'incerto "torcendo a destra" del passo di Raffaello Roncioni prima ricordato, una carta della seconda metà del XVII sec. segnala ancora per quest'epoca l'esistenza in quest'area di un canale[28] (fig. 4), verosimilmente realizzato in età medioevale per regolare le acque presenti in questa zona, di cui, peraltro, vari tratti sono stati individuati nel corso degli scavi,

Pisan territory are still far from having been clarified in all respects, this *Porto delle Conche* is unanimously regarded as located in the area of the Selva del Tombolo. This is where the monastery of San Rossore was founded against the backdrop of the conflict between the papacy and the Holy Roman Empire in the late eleventh century, and its name is still used to identify the northernmost part of this area, which stretched *a faucibus veteris Sircli usque ad fauces Arni*[25]. In the absence of any other evidence, however, there is still a great deal of uncertainty as to the precise location of this landing place, which some remarks by Roncioni appear to describe as a full-scale harbour.

The survival of certain toponyms and a series of elements established in the course of surface investigations suggest that this harbour may have been situated in the vicinity of Isola di Migliarino[26] in connection with the course of the Tubra, perhaps the most mysterious of the various watercourses that once characterized the area to the north of Pisa (fig. 3). At the same time, however, the patient reconstruction of the ancient hydrography of the city area, recently achieved on the basis of a series of sophisticated remote-sensing images, shows that the final stretch of the Auser split into two branches in the vicinity of the present-day southeast end of the Arena Garibaldi. While one branch followed a winding course before flowing into the Arno, the other turned north through the area of the medieval hospital and flowed directly into the sea, but not before it formed a comparatively large lacustrine area in the vicinity of the Pisa-San Rossore railway station[27].

While this fact can to some extent justify the interpretation proposed for the vague expression turning right in the passage from Raffaello Roncioni quoted above, a map from the second half of the seventeenth century still shows the existence in this area of a canal[28], (fig. 4) probably constructed in the medieval period to regulate the waters present in this section. Various stretches

che a più riprese a partire dalla metà degli anni Ottanta sono stati condotti in quest'area. Nel corso dell'altomedioevo la zona, infatti, sembra presentare i caratteri di un paesaggio di palude, come traspare dal toponimo *palus Auseris* o *Paludozeri* che fin dal tardo periodo longobardo viene usato per designare l'area che lambiva il limite occidentale della città e che ancora nel 1139 in un diploma rilasciato dall'imperatore Corrado III all'arcivescovo di Pisa Baldovino viene ancora denominata "Palude Pisana"[29].

Non vi sono elementi per identificare in questo bacino il Porto delle Conche di Raffaello Roncioni, che secondo il parere di alcuni storici potrebbe anche essere, in questa forma, un'invenzione erudita di età rinascimentale; si ricordi, comunque, come alla metà del Cinquecento Leandro Alberti nella sua *Descrittione* di tutta l'Italia ricordi l'esistenza di un "laghetto" tra l'Arno e il Serchio, descritto già nella pianta del piano di Pisa disegnata da Leonardo da Vinci nel 1503 e tramandataci dal secondo manoscritto di Madrid[30] (fig. 5) e nella carta stampa di Geronimo Bellarmato del 1536[31] (fig. 6).

La collocazione del porto individuato con gli scavi nell'area del complesso ferroviario di "Pisa-San Rossore" pone questo approdo, che andrà valutato all'interno del sistema di porti e approdi che caratterizzò la proiezione di Pisa sul mare in età antica, direttamente in rapporto con l'insediamento urbano fin dai primi momenti della sua esistenza. Non a caso attorno ad esso sembrano svilupparsi le prime forme dello stanziamento dell'età del Ferro, noto nella zona immediatamente ad occidente del bacino, con le aree sepolcrali poste oltre la riva nord[32].

Spostatosi a partire dal VII sec. a.C. il baricentro dell'insediamento verso l'altro ramo dell'Auser che immetteva direttamente in Arno nella zona degli Arsenali medioevali, l'area portuale venne a trovarsi all'estrema periferia occidentale dove nel settore meridio-

of this have been identified during the different excavations carried out in this area since the middle of the 1980s. During the early Middle Ages the area appears to have been a marsh, as indicated by the toponym *palus Auseris* or *Paludozeri* used from the late Longobard period onwards to designate the area bordering on the western boundary of the city. It is still referred to as the *Palude Pisana* or Pisan marsh as late as 1139, in a diploma bestowed by Emperor Conrad III on Baldovino, Archbishop of Pisa[29].

There is no evidence to identify this location as Raffaello Roncioni's Porto delle Conche, which some historians regard as a possible erudite invention of the Renaissance era. It should, however, be borne in mind that halfway through the sixteenth century Leandro Alberti's *Descrittione di tutta l'Italia* mentions the existence of a *laghetto* or small lake between the Arno and the Serchio. This is also shown in the map of Pisa drawn by Leonardo da Vinci in 1503, which survives in the second Madrid manuscript[30] (fig. 5) and in Geronimo Bellarmato's printed map of 1536[31] (fig. 6).

The location of the harbour identified by the excavations in the area of the Pisa-San Rossore railway station which will have to be assessed in relation to the system of harbours and landing places that characterized Pisa's seaward projection in ancient times places it in a direct relationship with the urban settlement from the very outset. It is no coincidence that the first structures of the Iron Age settlement appear to have developed around it in the area immediately to the west of the lake, with the burial grounds situated on the other side of the north bank[32]. From the seventh century B.C. onwards, the core of the settlement shifted towards the other branch of the Auser flowing directly into the Arno in the area of the medieval dockyards. The harbour area thus came to occupy a position on its westernmost outskirts, in the southern sector of which a district

nale si colloca nel corso dell'età arcaica un quartiere a vocazione artigianale con almeno un'officina ceramica e impianti per la lavorazione del ferro[33]. Per quanto i dati finora noti siano piuttosto limitati, il bacino sembra avere dimensioni relativamente grandi, se – come sembra – sono da riferire alle installazioni portuali alcuni resti rimessi in luce nel 1969 durante lavori edili in via Vecchia di Barbaricina a circa trecento metri in linea d'area dalle mura medioevali[34].

Verosimilmente esistevano in città anche altre darsene[35], tuttavia l'approdo sul ramo occidentale dell'Auser doveva costituire il porto urbano di Pisa, che già allo scorcio del V sec. a.C., in significativa coincidenza con un momento particolarmente vivace nella vita della città, venne dotato di apprestamenti in muratura per l'attracco dei navigli. Peraltro è appena il caso di ricordare che l'esistenza di uno scalo urbano gravitante sull'Auser e non sull'Arno è, in qualche misura, adombrata dalle stessa descrizione di Pisa offerta da Strabone (V. 2. 5)[36], che ricorda come l'Arno, alla cui foce si collocava *l'epineion* di San Piero a Grado, fosse difficile da risalire, circostanza quest'ultima, che unitamente ad altre connesse con le correnti e la particolare esposizione ai venti della foce dell'Arno nel XVI secolo, costrinse Cosimo e i suoi successori ad aprire un canale artificiale, il cosiddetto Canale dei Navicelli, per collegare gli scali cittadini con il porto di Livorno[37].

Se da un lato la scoperta consente adesso di impostare su più certi ed oggettivi elementi il problema – invero non secondario nella più generale questione della ricostruzione della vicenda pisana dei suoi secoli più remoti – dell'ubicazione del porto urbano di Pisa, dall'altro il ritrovamento risulta di estremo interesse anche per la ricostruzione della fisionomia della vita delle strutture portuali di una grande città antica e dei traffici mediterranei dagli ultimi decenni del V sec. a.C. fino al V sec. dell'era cristiana.

of craftsmen developed in the archaic period with at least one pottery workshop and iron-working facilities[33]. While the data known at present are somewhat limited, the basin would seem to have been comparatively large if as appears to be the case the remains brought to light in 1969 during building work in Via Vecchia di Barbaricina, roughly three hundred metres from the medieval city walls, are to be identified as harbour installations[34]. While there were probably other docks in the city[35], the landing place on the western branch of the Auser must have served as Pisa's harbour. Towards the end of the fifth century B.C., at a time coinciding significantly with a particularly dynamic period in the life of the city, it was fitted with masonry structures for the docking of ships. Moreover, it is hardly necessary to point out that the existence of an urban harbour on the Auser rather than the Arno is to some extent suggested in the description of Pisa furnished by Strabo (V. 2. 5)[36], which mentions the difficulty involved in sailing up the Arno, at whose mouth the *epineion* of San Piero a Grado was located. Together with problems regarding the currents and the fact that the mouth of the Arno was particularly exposed to winds in the sixteenth century, this circumstance led Cosimo and his successors to build a canal (the *Canale dei Navicelli*) to connect the city's harbours with the port of Livorno[37].

The present discovery now makes it possible to address the problem of the location of Pisa's urban harbour by no means a minor question within the larger context of reconstructing Pisa's history in the earliest centuries on the basis of more reliable and objective evidence. At the same time, it is also of the utmost interest as regards reconstruction of the life of the harbour structures of a great ancient city and traffic on the Mediterranean, from the closing decades of the fifth century B.C. to the fifth century of the Christian era.

Il porto urbano

Al momento mancano elementi per collocare in una dimensione cronologica l'inizio di utilizzo di questo porto, che si situa all'interno di un'area insediativa che rimonta almeno alla fine del IX sec. a.C.; al contrario numerosi materiali, tra cui alcune anfore tipo Keay XXV e XXVI verosimilmente cadute in acqua durante le operazioni di scarico[38], consentono di collocare l'esaurirsi dell'utilizzo del porto – o perlomeno di questo settore – nel corso dell'avanzato V sec. o agli inizi del VI sec., in significativa coincidenza con il tracollo del sistema urbano romano[39].

Non a caso nei livelli più superficiali relativi alla vita di questo bacino sono stati recuperati non pochi resti di pavimenti in mosaico, pareti affrescate, stucchi e membrature architettoniche di marmo, oltre ad una piccola statua in marmo (fig. 7) con evidenti tracce di restauri antichi, il cui abbandono nell'area del porto è verosimilmente connesso con l'opera di demolizione di alcuni edifici della città di età imperiale. Appare assai probabile, anche in considerazione della sua vicinanza, che questi edifici debbano essere individuati in quelli della zona della piazza del Duomo, dove gli scavi effettuati in occasione dei lavori per il consolidamento del Campanile hanno evidenziato come a partire dal V-VI sec. quest'area della città veda i principali edifici crollati e l'impianto di una vasta area cimiteriale[40].

Lo scavo ha tuttavia evidenziato come questo settore del bacino portuale abbia conosciuto in età antica una serie di fenomeni che hanno interessato il sistema ecologico di quest'area, con un progressivo interramento del settore più meridionale dell'area al momento interessata dalle indagini. Se la situazione stratigrafica è particolarmente complessa in quest'area con l'alternanza di sedimenti terrestri e marini e rende estremamente difficile deter-

The urban harbour

At present there is insufficient evidence to pinpoint chronologically the period in which use was first made of this harbour, which is situated within an area of settlement dating back at least to the end of the ninth century B.C. On the other hand, there is an abundance of material, including a number of Keay XXV and XXVI amphorae that probably fell into the water while being unloaded[38], making it possible to suggest that the harbour or at least this sector of it fell into disuse at the end of the fifth century or the beginning of the sixth, which coincides significantly with the collapse of the Roman urban system[39].

It is no coincidence that the uppermost levels associated with the life of the basin have yielded abundant remains of mosaic floors, frescoed walls, plasterwork and marble architectural elements as well as a small marble statue (fig. 7) with evident traces of ancient restoration work, whose abandonment in the harbour area is probably connected with the demolition of a number of buildings from the Imperial era. It appears highly probable, also in view of its proximity, that these buildings should be recognized in those in the area of the Piazza del Duomo, where excavations carried out during work to consolidate the bell tower have revealed the collapse of the major buildings in this area beginning in the fifth to sixth century and the creation of a vast burial ground[40].

The excavations have also shown that in ancient times this sector of the harbour basin was subjected to a series of phenomena which affected the ecological system of the area and led to the progressive silting up of the southernmost sector of the zone now under investigation. The

minare la riva del porto, lo scavo ha, infatti, rilevato come al di sopra dei livelli relativi al bacino portuale – almeno per quanto riguarda la parte più meridionale dell'area di scavo (cosiddetto "ampliamento sud") – sia stato impiantato nel corso della prima età imperiale il sistema centuriato.

A questo proposito è da sottolineare come la cronologia dell'impianto del catasto in questo settore sembri collocarsi nel corso dei decenni centrali del I sec. d.C., confermando in qualche modo quanto già affermato in altra sede che la deduzione della colonia in età augustea non doveva aver comportato sostanziali modifiche alla forma urbana di Pisa[41], e venendosi significativamente ad allineare la trasformazione delle campagne con la realizzazione di grandi imprese edilizie in città, con la costruzione delle terme presso Porta a Lucca e del teatro o anfiteatro nell'area di San Zeno, nonché con le trasformazioni degli edifici a carattere privato (?) documentate dagli scavi del 1992-1993 nell'area a Nord-Est della Torre pendente[42].

Le strutture portuali etrusche

Nell'area dell'ampliamento Sud, al di sotto dei livelli relativi alla centuriazione di età imperiale, sono stati rinvenuti alcuni apprestamenti delle strutture del porto della città etrusca. Nell'angolo orientale è stata individuata parte di una palizzata frangiflutti (fig. 8), rinvenuta ancora in posto, costituita da una serie di tronchi diritti di non grande diametro (attorno ai cm. 18\20) infissi verticalmente nel sedimento sabbioso. Parallela a questa struttura e distante circa m. 8 si trova, inoltre, una poderosa banchina, orientata sud-ovest/nord-est, che si sviluppa

stratigraphical situation is particularly complex in this area because of the alternation of terrestrial and marine sediments, thus making it extremely difficult to locate precisely the bank of the harbour. Excavation has, however, revealed that the centuriate system was established in the early Imperial age above the levels associated with the harbour basin at least as regards the southernmost part of the excavation area (referred to here as the south extension).

In this connection it should be stressed that building in this sector appears to have been concentrated in the middle decades of the first century A.D. In some respects this bears out the assertion made elsewhere that the founding of the Roman colony in the Augustan era involved no substantial change in the urban layout of Pisa[41]. The transformation of the countryside was also significantly accompanied by large-scale urban construction work including the baths at Porta a Lucca, the theatre or amphitheatre in the area of San Zeno, and the modification of the private (?) buildings documented by the excavations of 1992-1993, in the area northeast of the Leaning Tower[42].

The Etruscan harbour structures

Some remains of the harbour structures of the Etruscan city have been found in the south extension of the excavation, below the levels associated with the centuriate system of the Imperial age.

Part of a palisade acting as a breakwater was discovered in situ in the east corner (fig. 8). This consists of a series of straight tree trunks of small diameter (about 18-20 cm.) embedded verti-

dall'angolo sud-ovest dell'area di scavo per una lunghezza di oltre m. 16. La struttura, collassata in antico, era realizzata con un poderoso muro rettilineo, largo circa m. 1,70, costruito con grandi blocchi messi in opera a secco, a cui verso l'estremità si addossava un avancorpo di forma quadrangolare costruito con pietre più piccole, da cui si sviluppava una palizzata, rinvenuta in stato di crollo (figg. 9-10). Alcuni sondaggi in profondità effettuati in quest'area hanno dato esito negativo, evidenziando come questa banchina sia stata costruita su un livello di sabbie uniforme. Non pochi materiali precipitati sul fondo sono stati addossati dal moto delle acque a questa struttura collassata: vasi frammentari a vernice nera, tra cui una *kylix* della serie Morel 4115 di fabbrica volterrana[43], uno *skyphos* suddipinto, alcuni vasi di impasto, alcune anfore di tipo greco-italico piuttosto antico[44]. Il fondo di una coppa di argilla depurata con un'iscrizione etrusca graffita (fig. 11), due *plumpekannen* (fig. 12) della serie degli impasti nella tradizione del bucchero[45] e i resti di un cratere a colonnette etrusco a figure rosse (fig. 13) della stessa mano di un esemplare conservato nel Museo Guarnacci di Volterra della fine del V-inizi del IV sec. a.C. e appartenente al Gruppo dello Stamnos Bologna 824[46], recuperati nei livelli di crollo della banchina, consentono di datare la distruzione di questa struttura negli anni attorno al 400 a.C.

Non si hanno elementi per poter determinare la causa che provocò la distruzione di questa banchina, la cui area risulta, comunque, interrata già nel corso della piena età ellenistica. Allo stesso modo sorprende l'assoluta assenza di materiali più antichi in tutta questa zona, circostanza quest'ultima che può verosimilmente dipendere da operazioni di dragaggio del fondale, che forse andranno viste all'interno di quelle opere di ingegneria idraulica che i Pisani avevano messo in opera per contenere le piene dell'Arno e dell'Auser, adombrate dalla leggenda ricordata da Strabone (V, 5, 2). In questo stesso ambito andrà inserita

cally in the sandy sediment. A massive wharf was also discovered lying parallel to this structure at a distance of 8 metres. It runs southwest-northeast and extends from the southwest corner of the excavation area for a length of over 16 metres. The structure, which collapsed in ancient times, consists of a massive, straight wall about 1.7 metres in width built of large blocks laid without mortar. The end of this abutted a tetragonal structure (*avant-corp*) made of smaller stones from which another palisade, found in a state of collapse, extended (figs. 9-10).

The negative results obtained from a number of in-depth investigations carried out in this area suggest that the wharf was built on a level of uniform sand. Quite a few items that had fallen to the bottom were deposited against this collapsed structure by the movement of the waters: fragments of black-glazed ware, including a *kylix* of the Morel 4115 series produced at Volterra[43], a painted *skyphos*, some impasto pots, and a number of fairly early amphorae of the Greco-Italic type[44]. The destruction of this structure can be dated to around the year 400 B.C., on the basis of various items found in its levels of collapse. These include the base of a fineware cup with an incised Etruscan inscription, (fig. 11) two *plumpekannen* (fig. 12) from the series of impasto wares in the bucchero tradition[45], and the remains of an Etruscan red-figured (fig. 13) column krater painted by the same hand as a piece in the Museo Guarnacci at Volterra, dating from the late fifth to early fourth century B.C. and belonging to the Group of Stamnos Bologna 824[46].

There is no evidence to determine what led to the destruction of this wharf, which proves to have been buried as long ago as the height of the Hellenistic age. Equally surprising is the total absence of earlier material throughout this sector, which may well be the result of dredging in con-

anche l'attività edilizia finalizzata alla realizzazione di strutture portuali artificiali, che non a caso vengono a collocarsi in un momento di particolare significato per la storia della città[47].

Attenuatesi le tensioni esistenti nell'area del Tirreno settentrionale conseguenti alle incursioni siracusane attorno alla metà del V sec. a.C. e all'occupazione dell'Elba, Pisa sembra conoscere allo scorcio del secolo un momento di estrema vivacità politica ed economica: al rinnovato fervore edilizio cittadino, che vede in quegli anni la realizzazione del nuovo tempio nell'area di piazza Dante, che sembra inserirsi nella strategia ideologica della Lega dei *Duodecim Populi Etruriae*[48], corrisponde sul territorio la proiezione di un sistema di *phrouria* o piccoli insediamenti verosimilmente fortificati sui principali rilievi della fascia pedemontana dei Monti Pisani[49] e sullo scacchiere mediterraneo la politica filoateniese contro Siracusa, adombrata dalla leggenda nelide della fondazione della città (Strabone, V, 5, 2), e forse dalla partecipazione alla spedizione etrusca in Sicilia del 413 a.C.[50]. A questo si accompagna al volgere dell'età classica una nuova organizzazione della società pisana, quale sembrerebbe vedersi nell'organizzazione delle forme dello scambio e della tesaurizzazione, con il dotare la città di una serie di monete d'argento, organizzate in un articolato sistema di dracme, didracme e tetradracme che, ad onta dell'esiguità dei pezzi al momento noti, pare indicare una notevole articolazione dell'emissione[51], da un lato, e dall'altro, il carattere "forte" della città e, conseguentemente, del suo ceto dirigente.

Interratasi quest'area e progressivamente avanzata verso nord la linea di riva, nuove strutture portuali devono essere state realizzate. All'estremità di una di queste deve appartenere la porzione di pontile (fig. 14), orientato nord-est/sud-ovest, rinvenuto in parte distrutto circa una decina di metri più a nord (fig. 15). Questo evento, che sembra collocarsi nei primi decenni del II sec. a.C., è stato verosimilmente provocato dal naufragio di

nection with the hydraulic engineering operations carried out by the Pisans to contain the Arno and Auser in flood, as mentioned in the legend referred to by Strabo (V, 5, 2).

This would also form the backdrop to the construction work carried out to build artificial harbour structures, which took place at a time of particular importance in the city's history[47]. With the slackening of the tension created in the northern Tyrrhenian area by Syracusan raids, approximately halfway through the fifth century B.C., and the occupation of Elba, Pisa appears to have experienced a period of intense political and economic activity towards the end of the century. A fresh burst of urban construction included the erection of a new temple in the area of Piazza Dante, apparently in connection with the religious strategy of the League of the *Duodecim Populi Etruriae*[48]. Developments outside the city included the construction of a system of *phrouria* or small and probably fortified settlements at key locations in the foothills of the Monti Pisani[49], a pro-Athenian policy against Syracuse in the Mediterranean, hinted at in the legend that the city was founded by Neleus (Strabo, V, 5, 2), and possibly participation in the Etruscan expedition in Sicily of 413 B.C.[50]. This was accompanied at the end of the classical era by a new ordering of Pisan society, as seen in the organization of trade and the accumulation of wealth. The city was furnished with a series of silver coins forming a system of *drachmae*, *didrachmae* and *tetradrachmae*. Despite the small number of pieces known so far, this appears to indicate a particularly elaborate coinage[51], but also the "power" of the city and hence of its ruling class.

As the bank silted up in this area and shifted gradually northwards, new harbour structures must have been constructed. The portion of a partially destroyed pier (fig. 14) running northeast-southwest discovered about ten metres further north (fig. 15) must belong to the end of one of

una grande nave, che l'attuale estensione dell'area di scavo ha permesso di individuare solo in parte.

Lo scafo, sicuramente di grandi dimensioni a giudicare dalle ordinate (fig. 16) (una, recuperata verosimilmente integra, misura oltre due metri di lunghezza) e dai pezzi di tavole recuperati, deve essere andato ad infrangersi contro una struttura forse ubicata nell'area immediatamente fuori quella di scavo e deve aver conosciuto un momento di particolare dramma, dal momento che nel naufragio sono morti anche alcuni marinai, come sembra di poter ricostruire da alcune ossa umane recuperate frammiste ai resti del carico (fig. 17).

Addossata al pontile è stata recuperata una gran parte degli oggetti di bordo e del carico, costituito da un gran numero di anfore di tipologie diverse, ma relative nella stragrande maggioranza a greco-italiche e ad anfore puniche, nella massima parte conservate intatte o fessurate. Se le prime, verosimilmente di produzione campana e appartenenti a due morfologie differenti, una ovoidale di transizione e una vicina al tipo D distinto da Lyding Will[52], contenevano, come di norma, vino, alcune delle anfore puniche dovevano essere verosimilmente utilizzate come contenitori di pezzi macellati di suino, come sembrano indicare le numerosissime scapole di maiale, alcune con evidenti segni di macellazione, rinvenute frammiste a questo tipo di anfore e il confronto con il caso della laguna di Santa Gilla vicino Cagliari, dove sono state recuperate alcune anfore che contenevano pezzi macellati di ovino e di bovino[53].

Ai corredi di bordo sono invece da riferire i relativamente pochi pezzi di ceramica a vernice nera nella massima parte di produzione volterrana[54], le due lucerne a vernice nera[55], due *lagynoi*[56], alcuni unguentari sia decorati a fasce che acromi[57], due vasi dipinti di fabbrica iberica[58] e quattro *thymiateria* di area punica[59], verosimilmente destinati alle

these. Its destruction, which appears to have taken place in the early decades of the second century B.C., was probably caused by the sinking of a large ship, which the present extension of the excavation area has made it possible to identify only in part.

The vessel, which was certainly large judging from the timbers (fig. 16) (one probably intact specimen measures over two metres in length) and planks recovered, must have crashed into a structure possibly located in the area immediately outside that of the excavations. This would appear to have been a particularly dramatic event as the presence of human bones discovered together with the remains of the cargo suggests that some of the sailors lost their lives (fig. 17).

Much of the on-board equipment and cargo consisting of a large number of amphorae of different types but predominantly Greco-Italic and Punic, most of which are intact or cracked was found and recovered up against the remains of the pier. The Greco-Italic amphorae were probably produced in Campania and belong to two different types, one ovoid and transitional, the other resembling the type D distinguished by Lyding Will[52]. They contained wine, as was customary. Some of the Punic amphorae were probably used to contain pieces of butchered pork. This is suggested both by the very large number of pig shoulder-blades, some bearing evident signs of butchering, found together with these amphorae, and by comparison with the case of the lagoon of Santa Gilla near Cagliari, where amphorae containing butchered pieces of ovine and bovine meat were discovered[53].

The on-board equipment comprises a comparatively small amount of black-glazed pottery, most of which was produced at Volterra[54], two black-glazed lamps[55], two *lagynoi*[56], a few ointment jars both striped and plain[57], two painted vases of Iberian manufacture[58], four *thymiateria* from the

pratiche cultuali dei marinai, nonché il frammento di una grande fibula d'oro di tipologia celtica[60]. L'insieme di questi materiali sembra indicare una cronologia nei primi decenni del II sec. a.C., mentre gli oggetti più intimamente legati a forme ideologiche squisitamente private, quali i *thymiateria*, lasciano ipotizzare che i marinai – e conseguentemente la nave – fossero originari dell'area punica, con ogni probabilità di Cartagine.

Una conferma in questa direzione sembra, inoltre, venire dall'esame dei resti ossei animali rinvenuti frammisti alle anfore[61]. Se alcuni di questi devono riferirsi alle pratiche alimentari dei componenti l'equipaggio, i resti di tre cavalli e quelli di una femmina adulta di leone devono invece essere attribuiti al carico. In particolare il caso del leone, la cui presenza sulla nave possiamo immaginarci attuata secondo quanto illustrato su un più tardo coperchio di sarcofago conservato adesso a Villa Medici a Roma[62] (fig. 18), conferisce consistenza all'ipotesi che la nave sia partita dalle coste africane e che abbia raggiunto Pisa attraverso una rotta che ha toccato verosimilmente le coste della Sicilia e della Campania.

Non è questa la sede per affrontare il problema della presenza di un leone. Tuttavia basti qui accennare al fatto che a partire dall'inizio del II sec. a.C. questo animale veniva utilizzato nel mondo romano per spettacoli gladiatori di particolare significato in occasione di trionfi o altre occasioni pubbliche[63], secondo una pratica verosimilmente nota anche nel mondo etrusco della tarda età ellenistica[64] (fig. 19 a-d) e che la sua presenza a Pisa apre una serie di prospettive per la definizione della fisionomia della città nel corso degli ultimi secoli dell'era pagana. Infatti se la presenza di questo animale su una nave naufragata nel porto urbano lascia ipotizzare che il leone dovesse essere sbarcato a Pisa, risultando meno verosimile che il passaggio per Pisa rappresentasse per la nave solo una tappa in una sua possi-

Punic area[59], probably used by the sailors for religious purposes, and part of a large gold fibula of the Celtic type[60]. While this set of items would suggest a date in the early decades of the second century B.C., the items more intimately connected with exquisitely private practices, such as the *thymiateria*, suggest that the sailors and hence the ship may have been from the Punic area, and in all probability from Carthage itself.

This would also appear to be borne out by the examination of the animal bones found together with the amphorae[61]. While some of these must be connected with food for the crew, the remains of three horses and an adult lioness must instead be regarded as associated with cargo. In particular, the case of the lioness whose presence on board can be imagined in terms of the situation illustrated on a later sarcophagus lid now in the Villa Medici in Rome[62] (fig. 18) supports the hypothesis that the ship set sail from the African coast and reached Pisa by following a route with stops along the coasts of Sicily and Campania.

While this is not the place to address the problem of the presence of the lioness, it can be pointed out that lions were used in the Roman world from the beginning of the second century B.C. in gladiatorial spectacles of particular importance, serving to mark triumphs or other public occasions[63], in accordance with a custom probably also known in late Hellenistic Etruria (fig. 19 a-d)[64]. Furthermore, this opens up a series of perspectives as regards the physiognomy of Pisa during the last centuries of the pagan era. The presence of this animal on a ship sunk in the city's harbour suggests that it was to have been unloaded in Pisa, it being less plausible to suggest that the stop there was simply a stage in the ship's voyage towards another destination[65]. This in turn suggests that some very important public event was planned in the city, of which we would certainly like to

bile rotta verso un altro centro[65], ne consegue che in città dovesse essere prevista una manifestazione di grande rilevanza pubblica di cui sarebbe desiderio conoscere di più e di cui il collegamento con gli avvenimenti delle guerre romano-liguri[66], per quanto seducente, resta sostanzialmente illusorio.

Il porto in età romana

Il progressivo interramento di questo settore del porto deve essere verosimilmente imputato all'improvviso massiccio accumulo di detriti trascinati dalle acque dell'Auser e deve collocarsi nel corso dei decenni centrali del I sec. a.C. Il bacino si era verosimilmente ridotto di parecchi metri e la riva doveva grosso modo collocarsi all'altezza della strozzatura dell'attuale area di scavo, dove all'incirca alla stessa quota dei livelli di distruzione del pontile sono state rinvenuti non pochi pezzi di terra sigillata, tra cui una coppa emisferica bollata Tigr[ani] e decorata da centauri *restrictis ad terga manibus* che avanzano legati al carro di Eracle e Omphale[67].

In conseguenza dell'interramento del settore più meridionale del bacino, in età tiberiana – se non già in età claudia – vennero realizzate nuove strutture portuali, costituite, per la parte indagata, da una banchina realizzata con bozze di pietra di pezzatura diversa ed irregolare legate da malta (fig. 20).

La struttura, che si sviluppa – per la parte rimessa in luce – per oltre otto metri con orientamento sud-est/nord-ovest, è larga alla testata circa m. 1,70 ed è provvista di due avancorpi quadrangolari diametralmente opposti e sfalsati.

know more. Though attractive, the suggestion that this may have been connected with the course of the wars between Rome and Liguria[66] remains substantially ungrounded.

The harbour in Roman times

The gradual silting up of this sector of the harbour was probably due to the sudden massive accumulation of detritus swept along by the waters of the Auser, and must date from the middle decades of the first century B.C. The basin probably shrank by a considerable number of metres, and the bank must have coincided more or less with the bottleneck of the present excavation area. A considerable number of pieces of *terra sigillata* have been found at this point and at approximately the same depth as the destruction levels associated with the pier. They include a hemispherical cup stamped Tigr[ani] and decorated with centaurs *restrictis ad terga manibus* bound to the chariot of Heracles and Omphale[67].

As a result of the silting up of the southernmost part of the basin, new harbour structures were built in the reign of Tiberius, if not indeed in that of Claudius. As regards the part investigated so far, these comprise a wharf built of roughly hewn blocks of stone, of different sizes, held together with mortar (fig. 20). The part of the structure unearthed is over eight metres in length and runs southeast-northwest. It is about 1.70 metres in width and the end is fitted with two staggered tetragonal structures (*avant-corps*), located diametrically opposite one another. The structure lies at a much higher level than the wharf of the classical period and the pier of the Hellenistic har-

Rispetto alla banchina di età classica e al pontile del porto ellenistico la quota di imposta di questa struttura si trova ad un livello notevolmente più alto: se da un lato questa circostanza può essere connessa con l'accumulo di sabbia e detriti continuamente portati dall'Auser e massimamente al fenomeno che aveva provocato l'interramento del settore meridionale del bacino, dall'altro non sembra ininfluente la sua collocazione nell'area più orientale.

Infatti nel corso dello scavo si è costantemente registrato che i vari sedimenti che in momenti diversi nel corso dei secoli si sono sovrapposti sul fondale presentano tutti, pur con le naturali variazioni causate dal moto ondoso e non senza avvallamenti improvvisi e profondi, una forte inclinazione verso nord-ovest, in direzione della linea di costa (fig. 21).

I relitti di epoca imperiale

Nei livelli relativi al bacino di età romana sono state rinvenute in abbondanza ceramiche, anfore e materiali archeologici di ogni genere connessi sia con la vita e i traffici che si svolgevano all'interno di un porto, come cime e sartiame, strumenti per la pesca e le manovre dei navigli, ancore in pietra, in legno e in ferro, ceste e nasse (fig. 22), sia relativi a oggetti che dovevano far parte dei carichi o del corredo dei navigli che frequentavano il porto urbano di Pisa e che per qualche motivo sono caduti a fondo. Tra questi resta ancora inspiegata la presenza di un'anfora databile latamente nel corso del I sec. d.C. che, tagliata in antico al collo, era stata reimpiegata come sarcofago del corpo di un neonato. Tuttavia la scoperta più inattesa all'interno di questo settore del bacino portuale è costituita, oltre che

bour. While this may be connected with the constant accumulation of sand and detritus carried along by the Auser, and especially with the phenomena that caused the southern sector of the basin to silt up, its location in the easternmost area would also appear to have been an important factor. The excavations have, in fact, repeatedly revealed that, with all the natural variations caused by the movement of the waves and with no lack of deep and sudden depressions, the various sediments deposited on top of each other on the bottom of the basin over the centuries are all sharply inclined northwest in the direction of the coastline (fig. 21).

The shipwrecks of the Imperial era

The levels associated with the basin in the Roman era have yielded an abundance of pottery, amphorae and archaeological finds of all types. While some are connected with life and traffic inside the harbour, including ropes and shrouds, equipment for fishing and navigational manoeuvres, anchors of stone, wood and iron, baskets and lobster pots (fig. 22), others must have formed part of the cargoes or equipment of ships that stopped at Pisa's urban harbour and sank there for some reason. Among these it has as yet proved impossible to account for the presence of an amphora dating approximately from the first century A.D. that is cut at the neck and used as a sarcophagus for the body of a baby. Apart from the numerous pieces of planking and timbers from destroyed ships, however, the most unexpected discovery made in this sector of the harbour basin was that of the remains of sixteen vessels eight of which are now undergoing excavation that are

dal rinvenimento di numerosi pezzi di fasciame e di ordinate relativi ad imbarcazioni distrutte, dal ritrovamento dei resti di sedici navi – di cui otto attualmente in corso di scavo – che le particolari condizioni di giacitura hanno consentito di giungere fino a noi in un eccezionale stato di conservazione (figg. 23-24-25).

Si tratta in particolare dei resti di tre navi onerarie e di una imbarcazione a remi, nonché di tre barche verosimilmente destinate alla navigazione fluviale, oltre ai resti di una nave, rinvenuta completamente rovesciata, al di sotto della quale una serie di piccoli saggi hanno permesso di individuare le fiancate di altre due imbarcazioni. Questi navigli presentano caratteristiche ingegneristiche diverse e risultano appartenere, sia in base alla strategia delle indagini, sia – soprattutto – in forza dei materiali associati, a livelli cronologici differenti, datandosi tra lo scorcio del I sec. a.C. e la fine del V - inizio del VI sec.

Non è possibile, al momento, individuare le cause che hanno provocato l'affondamento di queste imbarcazioni, tuttavia la presenza, in alcuni casi, di parte del carico ancora in posto sembra escludere che questo settore del porto dovesse rappresentare una sorta di area cimiteriale per navigli dismessi, come ad esempio è stato ipotizzato per il caso, in qualche misura simile a questo di Pisa, del porto di Claudio a Fiumicino[68].

Verosimilmente le imbarcazioni sono colate a picco per motivi diversi, connessi sia ad errori di manovra che a cattive condizioni atmosferiche o a difficoltà provocate dalle piene del fiume o alla concomitanza di questi o altri motivi similari. Se una cronaca conservata nell'Archivio di Stato di Lucca ricorda come nel 1285 due navi a Porto Pisano per "si tempestoso tempo… ferirono in terra per cativi ormegi da ghumene che vennero meno"[69], offrendo una possibile spiegazione per la situazione di circa un millennio precedente, maggiore imbarazzo provoca il mancato recupero dei materiali dei carichi, anche in considerazione della limitata

extraordinarily well-preserved thanks to the exceptional conditions in which they were found (figs. 23-24-25).

In particular, these comprise the remains of three cargo ships, one oared vessel, three boats probably used on the river, and the remains of a ship discovered in an upside-down position. A series of small in-depth probes carried out underneath the latter have made it possible to identify the sides of two more vessels. The vessels display different engineering features and can be assigned, on the basis both of the investigative strategy adopted and above all of the associated materials, to different chronological levels between the end of the first century B.C. and the late fifth or early sixth century A.D.

While it is not possible at present to determine the reasons why the vessels sank, the presence in some cases of part of the cargo still in situ appears to rule out any possibility of this section of the harbour being used as a kind of cemetery for disused vessels, as has been suggested in the somewhat similar case of the Claudian harbour at Fiumicino[68].

The vessels probably sank for a variety of reasons connected with navigational errors, poor atmospheric conditions and flooding of the river, or any combination of these and other similar factors. A document in the Lucca State Archives tells how two ships ran aground in stormy weather, at Porto Pisano in 1285, when their mooring lines snapped[69], thus offering a possible explanation for the situation roughly one millennium earlier. It is, however, more difficult to account for the failure to salvage the cargoes, especially as the shallowness of the basin would have made it an easy matter for divers to recover the amphorae and other sunken items. Despite the total lack of any documentation whatsoever regarding the presence of urinatores in Pisa, it is very probable that divers did operate in the city's harbours, albeit not associated in a guild. Strange and

profondità dei fondali che con poca difficoltà avrebbe consentito a dei marangoni di calarsi per riportare a terra le anfore e gli altri oggetti affondati.

Sebbene non si abbiano attestazioni di alcun genere circa l'esistenza di *urinatores* a Pisa, è molto verosimile che, per quanto non riuniti in una gilda, sommozzatori dovessero essere attivi nei porti della città e per quanto possa risultare strano, non mancano casi – per noi difficilmente spiegabili – in cui il carico di navi onerarie affondate in mare sia stato recuperato solo in parte, come, ad esempio, nel caso del relitto di La Madrague de Giens degli anni attorno alla metà del I sec. a.C.[70].

Per quanto nessuno dei relitti sia stato, ad oggi, completamente riportato in luce e per quanto le difficoltà che l'indagine incontra quotidianamente, sia in relazione al delicato equilibrio dello stato di conservazione delle carpenterie lignee, sia in considerazione della complessa stratificazione dei relitti stessi che può richiamare l'immagine di uno *shangai*, è tuttavia possibile proporre alcune considerazioni su alcune delle imbarcazioni in corso di scavo, ricordando – se mai ve ne fosse bisogno – che i dati che qui si presentano debbono essere di necessità ritenuti provvisori e suscettibili di verifica anche alla luce degli elementi che il completamento delle ricerche ovviamente apporterà.

Le navi onerarie

Delle tre navi onerarie, quella più vicina alla struttura della banchina è apparentemente il relitto più antico (nave B) (fig. 26). Rimessa in luce al momento per oltre nove metri e mezzo di lunghezza, la nave, larga m. 4,30, risulta adagiata sul fondo sabbioso piegata su

inexplicable though it may seem, however, there are also documented cases in which only part of the cargoes of ships sunk at sea was salvaged, e.g. the *La Madrague de Giens* Wreck, of roughly the mid first century B.C.[70].

Though none of the vessels has yet been completely excavated, and despite the difficulties encountered daily in connection both with the delicate equilibrium of the state of preservation of the wooden items and with the complex stratification of the vessels themselves, which can be likened to a game of jackstraws, it is possible to make some observations on a few of the vessels now undergoing excavation. Needless to say, the data presented here must be regarded as provisional and subject to revision also in the light of the elements that will be established upon completion of the investigations.

The cargo ships

Of the three cargo ships, the one nearest the wharf (Wreck B) (fig. 26) is apparently the oldest. A portion of over nine and a half metres in length has been unearthed so far. The ship, 4.3 metres in width, lies on one side on the sand and retains part of its cargo still *in situ* or shifted only slightly. This comprises a series of amphorae laid in staggered rows one on top of the other (fig. 27)[71]. The amphorae are of different types. Most of the cargo appears to consist of Dressel 6 A and Lamboglia 2 specimens, probably manufactured in the Adriatic area, together with a few Dressel 9 and Haltern 70 specimens[72]. Almost all the Dressel 6 A and Lamboglia 2 specimens have

un fianco e conservava parte del carico ancora in posto – o di poco dislocato – costituito da una serie di anfore, stivate su filari sovrapposti e sfalsati[71] (fig. 27).

Le anfore appartengono a tipologie differenziate: la maggior parte del carico sembra essere composto da Dressel 6 A e da Lamboglia 2 di verosimile produzione adriatica, oltre che da alcuni esemplari di Dressel 9 e di Haltern 70[72]. Quasi tutti gli esemplari di Dressel 6 A e di Lamboglia 2 risultano riutilizzati, contenendo al loro interno alcuni frutta (noci, castagne, pesche, ciliegie e susine), altre olive e, limitatamente ad alcune delle Lamboglia 2, della sabbia. Le analisi effettuate sul contenuto di queste ultime[73] hanno rivelato trattarsi di una sabbia di tipo sanidino-augitico (verosimilmente utilizzata come sgrassante nella realizzazione di ceramiche e/o laterizi, anche se non è possibile escludere una sua utilizzazione nelle palestre) e forse originaria dall'area campana.

Se il variegato panorama del carico trova, in qualche misura, un parallelo nel diverso materiale utilizzato per zeppare le anfore (fig. 28) costituito da piccole pietre tufacee, frammenti di statue marmoree, mattoncini e cubetti di lava vesuviana, e di quello impiegato per realizzare la zavorra vera e propria, che presenta una grande varietà di tipi litologici, la presenza di elementi originari dell'area flegrea sembra indicare un'origine del carico dall'area del Golfo di Napoli. Non pochi sono anche gli oggetti recuperati in diretta connessione con il relitto relativi alla vita di bordo, costituiti da vasi in terra sigillata, alcuni con graffiti di appartenenza sul fondo, o a pareti sottili, lucerne, coppe di vetro, oggetti in cuoio e in legno, monete. Questi materiali, ed in particolare una moneta di Augusto coniata attorno al 7 a.C.[74], rinvenuta tra i grandi ciottoli che costituiscono la zavorra della nave, permettono di datare questa nave nella prima età augustea. L'inclinazione del fondale e conseguentemente dello scafo ha provocato la caduta fuori bordo di parte del carico, che ha, tra l'altro,

proved to be reused items. Some contain fruit and nuts (walnuts, chestnuts, peaches, cherries and plums), others olives, and a few Lamboglia 2 specimens contain sand. The analyses carried out on the content of the latter[73] have identified it as sand of the sanidine-augite type, probably from Campania (used as a degreasing agent in the production of pottery and/or bricks, even though we cannot rule out the possibility of its use in palaestrae).

The diversity of the cargo is reflected to some extent both in the material used to wedge the amphorae, including small pieces of tufa (fig. 28), fragments of marble statues and small blocks and cubes of Vesuvian lava, and in the composition of the ballast itself, which presents a great variety of stones. The presence of elements from the Campi Flegrei area would appear to suggest that the cargo came from the Gulf of Naples.

Many of the recovered items directly connected with the ship are associated with life on board. These include vases in terra sigillata, some with the names of their owners scratched on the base, and thin-walled wares, as well as lamps, glass beakers, leather and wooden objects, and coins. These items, and especially an Augustan coin minted around 7 B.C.[74] discovered amongst the large stones constituting the ship's ballast, make it possible to date the vessel to early in the reign of Augustus.

The inclination of the bed, and consequently of the ship itself, caused part of the cargo to spill outside and partially cover, among other things, the remains of a man who fell into the water after receiving a violent blow to the head, and a dog. Part of the broadside of a second cargo ship (Wreck E) was discovered lying on the sharply inclined bed a few metres from the side of Wreck B (fig. 29). Here too numerous items of the cargo have been recovered both inside and outside the bulwarks.

ricoperto i resti di un uomo, caduto in acqua dopo aver ricevuto un violento colpo in testa, e di un piccolo cane.

A pochi metri di distanza, di fianco alla nave B è stata rimessa in luce parte di una fiancata di una seconda oneraria (nave E), adagiatasi sul fondale fortemente inclinata (fig. 29). Anche in questo caso numerosi materiali pertinenti al carico sono stati recuperati sia all'interno che all'esterno della murata. Il carico sembra costituito per la massima parte da anfore di tipo Dressel 2-4 di produzione tarraconense, da anfore Dressel 7-11 e Dressel 9, nonché da anfore di tipo Beltran II B originarie dell'area betica. Per quanto i dati siano necessariamente parziali, l'insieme di questi materiali sembra cronologicamente coerente ed in particolare la vicinanza di alcune delle Dressel 2-4 con esemplari del relitto del Petit Congloué pare indicare una cronologia del carico nel primo trentennio del I secolo dell'era cristiana, datazione apparentemente confermata anche dai materiali relativi al corredo di bordo[75]. Tra questi ultimi, un nutrito gruppo di boccali di impasto lavorato a mano, che rientrano in una serie nota solo nei centri della costa e dell'entroterra del distretto di Var, ad oriente della foce del Rodano, sembrerebbero indicare un'origine della nave, o quanto meno dell'equipaggio, da quest'area della Gallia meridionale[76] (figg. 30-31).

Per quanto appaia necessario procedere con estrema prudenza nello studio e nell'interpretazione dei vari frammenti, sia strettamente contigui al relitto sia rinvenuti nelle vicinanze, a causa della loro esposizione agli effetti dinamici del moto ondoso che sul fronte nord-occidentale del bassofondo deve aver favorito la dispersione su una vasta superficie degli oggetti del carico, come testimoniano i frammenti di alcune coppe di vetro (fig. 32), appartengono forse al carico di questa nave, piuttosto che a quello della nave B , anche alcuni *dolia*, di cui sono stati recuperati frammenti dei coperchi e delle pareti

The cargo appears to consist primarily of Dressel 2-4 amphorae produced in Tarraconensis, Dressel 7-11 and Dressel 9 amphorae, and amphorae of the Beltran II B type from the Betic area. Although the data are necessarily incomplete, the items appear to form a chronologically consistent set. In particular, the similarity of some of the Dressel 2-4 amphorae to specimens from the *Petit Congloué* Wreck makes it possible to suggest a date for the cargo within the first thirty years of the first century of the Christian era, which is apparently borne out by the items of ship's equipment discovered[75]. These include a large number of hand-made impasto mugs forming part of a series known only in towns on the coast and in the hinterland of the Var area to the east of the mouth of the Rhone, which would suggest that the ship, or at least its crew, was from this part of southern Gaul (figs. 30-31)[76].

Exposure to the dynamic movement of the waves on the northwest side of the bed must have led to items of cargo being scattered over a large area, as is shown by the fragments of a number of glass beakers (fig. 32). It is therefore essential to proceed with the utmost caution in the study and interpretation of the various fragments discovered both adjacent to and in the vicinity of the wreck. Nevertheless, it may be possible to suggest that a number of *dolia*, fragments of the lids and walls of which have been recovered in the area between Wrecks E and B, should be attributed to the cargo of the former rather than the latter. This hypothesis also appears to be borne out by the cases of the wrecks of the *Petit Congloué*, the *Diano Marina* and the *Isola Rossa* in Corsica, where containers of this type are associated with Dressel 2-4 amphorae produced in Tarraconensis[77]. A large wooden anchor, decorated on the shaft with a large heart-shaped leaf in relief and resembling the specimen from the ships of Nemi[78] in size as well as form, should perhaps also

nella zona tra i relitti E e B, come sembra confermare il caso dei relitti del Petit Congloué, di Diano Marina e dell'Isola Rossa in Corsica, dove questo tipo di contenitori è associato ad anfore di tipo Dressel 2-4 di produzione tarraconense[77]. Forse in relazione con questo relitto è da porre una grande ancora in legno, decorata sul fusto da una grande foglia cuoriforme a rilievo, simile, anche per le dimensioni, all'esemplare delle navi di Nemi[78].

La terza oneraria (nave A), è stata finora scavata solo in parte dal momento che la parte restante è posta al di fuori dell'attuale area di cantiere e problemi di ordine logistico, quali la presenza del presidio del palancolato (la cui messa in opera, peraltro, ha tagliato in due il relitto) e la vicinanza al binario della linea tirrenica delle Ferrovie, impediscono al momento un allargamento dello scavo in quella direzione (fig. 33).

La parte rimessa al momento in luce si sviluppa per una quindicina di metri a partire dalla poppa, e benché non sia stata ancora rinvenuta la chiglia è possibile ipotizzare una lunghezza compresa tra i m. 25 e i 30. Sebbene la tipologia dello scavo sia quella delle onerarie, la nave non presenta tracce del carico, che deve essere stato recuperato subito dopo il suo affondamento, secondo una prassi assai diffusa nel mondo antico. Tuttavia, alcuni reperti rinvenuti in diretta connessione con lo scafo, oltre all'esame della stratigrafia dell'area, consentono di datare questo relitto dopo i primi decenni del II secolo.

Le imbarcazioni minori

Piegata di fianco ed in parte sovrapposta alla nave E è stata riportata in luce una barca (nave F) lunga m. 8,20 e larga poco più di un metro (figg. 34-35). La particolare struttura di questa imbarcazione, provvista di fondo piatto, con fiancate rettilinee ed estremità rile-

be attributed to this ship. The third cargo ship (Wreck A) has been only partially excavated so far, as the remaining section lies outside the present area of operations. The extension of excavations in this direction is blocked for the moment by logistical problems, including the presence of sheet piling (the construction of which cut the ship in two) and the proximity of the Tyrrhenian railway line (fig. 33). The section brought to light at present stretches for about fifteen metres starting from the stern. Although the keel has not yet been recovered, it appears possible to suggest an overall length of 25-30 metres. While the ship appears to have been of the same type as the two described above, there is no trace of its cargo, which must have been salvaged immediately after it sank in accordance with a practice that was widespread in the ancient world. A few items directly connected with the vessel and an examination of the stratigraphy of the area make it possible to assign this wreck to the period after the first few decades of the second century.

The smaller vessels

A boat (Wreck F) measuring 8.2 metres in length and just over a metre in width has been unearthed lying on its side and partly on top of Wreck E (figs. 34-35). The particular structure of this craft, which has straight sides and raised ends, appears to indicate that it was used on rivers and lagoons. The few items found so far in the levels of sand covering it and in the immediate vicinity to the extent that such circumstances have any weight in the case of the bed of a harbour basin make it possible to assign the boat to the first decades of the second century. This is borne out

vate, pare indicare un suo uso nel quadro di una navigazione di ambito fluviale e lagunare. I pochi materiali rinvenuti fino adesso sia nei livelli di sabbia che la coprivano sia attorno – per quanto queste circostanze possono valere su un fondale di un bacino portuale – permettono di datare questo naviglio nei primi decenni del II secolo, come pare confermare un asse coniato durante l'impero di Adriano.

In parte sovrapposto alla oneraria B è stato rinvenuto un barchino a fondo piatto (nave G) lungo m. 8, il cui scavo è stato iniziato solo in questi ultimi giorni. Per il momento sono stati riportati in luce la punta, apparentemente sprovvista di pontigiana e le estremità dei matei e delle sponde.

Lo stato iniziale delle indagini non permette di soffermarci sugli aspetti tipologici e tecnici, tuttavia sembra possibile riconoscere in questo barchino, che alcune considerazioni sui materiali recuperati nei livelli superiori sembrano datare nel corso del I-II secolo, uno dei più antichi esempi di un tipo di imbarcazione che pur con varianti locali, si è diffuso nelle zone lacustri interne e costiere della Toscana nordoccidentale che gravitano sui corsi dell'Arno e del Serchio, giungendo fino ai nostri giorni[79].

I resti di un'altra imbarcazione (nave H) sono stati rimessi in luce nei livelli sabbiosi che coprono i materiali dei carichi, confusi, delle onerarie B e E, nello spazio tra i due relitti. Il naviglio, apparentemente di non grandi dimensioni, è stato rinvenuto completamente rovesciato e con parte del fasciame delle fiancate dislocato, forse anche a seguito dell'intervento effettuato in antico di recupero di parte della chiglia, del torello e del controtorello. Per quanto lo scavo di questo relitto sia iniziato da pochi giorni il materiale recuperato nella sabbia che è venuta interrando la fiancata sembra offrire indicazioni per una cronologia analoga a quella proposta per il barchino a fondo piatto G.

by an *as* minted during the reign of Hadrian. Excavation has only just commenced on a small flat-bottomed boat (Wreck G) measuring 8 metres in length and lying partly on top of Wreck B. So far the incomplete point has been excavated. Material recovered from the overlying layers suggest that it may date from the first or second century. While the early stage of investigations makes it impossible to dwell at length on the typological and technical aspects, the vessel appears to be one of the earliest examples of a type of boat commonly used, with local variations, in the internal and the lake country of northwest Tuscany and on the Arno and the Serchio right up to the present day[79].

The remains of another vessel (Wreck H) have been excavated in the sandy layers covering the mixed cargoes of Wrecks B and E in the space between the two wrecks. The vessel, which appears to be of no great size, was found completely upside-down and with the planking of its sides partially displaced, possibly as the result of operations carried out in ancient times to salvage part of the keel, the garboard and the strake. Although excavations have been under way only for a few days, the material found in the sand covering the side of the vessel appears to provide evidence for a dating similar to that proposed for the flat-bottomed boat Wreck G.

The large oared vessel

The remains of another vessel (Wreck C) have been discovered in the southernmost part of the harbour basin about thirteen metres west of the end of the first-century wharf. It appar-

La grande barca a remi

Nella parte più meridionale del bacino, a circa tredici metri ad occidente della testata della banchina del I secolo, è venuto in luce un altro relitto (nave C), apparentemente affondato mentre si trovava ormeggiato ad un grande palo, rinvenuto di lato all'imbarcazione anch'esso collassato, verosimilmente per la forza delle acque del bacino e dei detriti che lo hanno insabbiato, ma con la cima di ormeggio ancora annodata ad un grande anello in ferro presente di lato presso la sommità. La nave, andata a fondo adagiandosi sul fondale seguendone la naturale inclinazione con la prua posta ad una quota sensibilmente più bassa rispetto alla poppa, ha subìto non pochi traumi a seguito dell'urto con il bassofondo; tuttavia nonostante alcune deformazioni meccaniche della struttura e piccoli danni provocati accidentalmente alla poppa dagli operai del cantiere delle Ferrovie dello Stato nei primi giorni di inizio dei lavori quando si ignorava del tutto la reale fisionomia del sito, l'imbarcazione presenta uno stato di conservazione straordinariamente eccellente, essendo ancora presenti sulla fiancata, nella parte di prua, consistenti resti di colore rosso o ocra rossa applicato in antico sopra uno strato di biacca[80].

Il relitto, lungo m. 11,70 e largo nel punto centrale m. 2,80, è relativo ad una grande barca a remi, di cui sono stati finora riportate in luce gran parte dello scafo interno e la prua (figg. 36-37). La barca conserva intatti tutti gli elementi strutturali (chiglia, paramezzale, ordinate, paglioli, cassa di mastra e relativa scassa dell'albero, bordo della murata, bitte di prua, una delle quali ancora con una cima attorcigliata), nonché sei banchi di voga posti ad intervalli regolari. All'esterno la murata sembra essere rinforzata con due cinte accuratamente squadrate che corrono parallele al di sopra dell'opera viva. Alcune aperture lungo la murata, pro-

ently sank while moored to a large post that has been found alongside the vessel in a position of collapse probably due to the powerful movement of the waters of the basin and the detritus built up against it. The mooring line is still secured by a knot to a large iron ring attached to one side of the post near the top.

The vessel settled on the bottom in line with its natural inclination, with the prow at a considerably lower level than the stern, and underwent a substantial shock on impact. It is, however, in an extraordinarily fine state of preservation, apart from some mechanical distortion of the structure and slight damage caused accidentally to the stern by the men working in the construction yard of the Italian state railways during the first few days, when the true nature of the site was still wholly unknown. Large patches of red or red ochre paint applied in ancient times over a coat of white lead still remain on the side at the prow[80]. The Wreck, a large oared vessel, measures 11.7 metres in length and 2.8 metres in width in the middle (figs. 36-37). Much of the inner hull and the prow have been unearthed so far. It retains all its structural elements (keel, kelson, timbers, dunnage, mast partners and step, top of bulwarks and prow bollards, one of which has a rope wrapped around it), as well as six rowing benches set at regular intervals. Externally the bulwarks appear to be reinforced with two precisely squared gunwales running parallel above the quickwork. Originally protected at the edges by leather, secured with numerous bronze rivets, the apertures along the bulwarks were for the oars. A small lead plate is connected with a repair carried out in ancient times in the vicinity of one of the timbers towards the stern. The prow is fitted with a cutwater and presents a structure closely resembling that of the Punic vessel of Marsala[81]. Like the latter, it was probably fitted with a ram or similar metal object, which

tette in origine lungo i margini da cuoio fissato con una fitta serie di ribattini in bronzo, erano destinate ai remi, mentre una piccola lamina di piombo documenta una riparazione in antico in prossimità di una delle ordinate verso poppa. La prua, provvista di tagliaflutti, presenta una struttura assai simile a quella della nave punica di Marsala[81] e verosimilmente, come quest'ultima, doveva essere provvista di uno sperone o di un qualche elemento similare in metallo, con ogni probabilità recuperato in antico.

Non molti sono gli elementi per ancorare ad un livello cronologico preciso questa imbarcazione, tuttavia i pochi materiali recuperati all'interno dello scafo nella parte di prua lasciano ipotizzare una datazione nel corso dell'età augustea o della prima età giulio-claudia, cronologia in parte confermata dalla presenza di anfore Dressel 2-4 di tipo piuttosto evoluto nei livelli che ricoprivano la barca.

La nave tardoantica

Nelle zone circostanti la nave C sono stati rinvenuti moltissimi materiali erratici, sia relativi ad elementi di carichi, sia soprattutto connessi con le attività e le manovre che all'interno del bacino dovevano svolgersi, sia in relazione alla vita dei marinai e del personale che operava nel porto. Tra queste si segnalano, per la loro rarità al di fuori dell'area di produzione, alcuni frammenti di olle di impasto dell'area iberica, note al momento, oltre che nei centri indigeni della Linguadoca occidentale e della Catalogna, solo a Genova[82].

Un'altra zona in cui sembrano quasi concentrarsi questi materiali è il settore nord occidentale dell'area di scavo, dove, peraltro, il fondale del porto sembra caratterizzato da bru-

was most likely salvaged in antiquity. While there are not many elements serving to assign this vessel to a precise chronological period, the few items found inside the hull in the part near the prow suggest a date in the reign of Augustus or the early Julian-Claudian period. This is partly borne out by the presence of Dressel 2-4 amphorae of a quite highly evolved type in the layers covering the vessel.

The wreck from late antiquity

The areas around Wreck C have yielded an abundance of heterogeneous material associated both with cargo and above all with the operations and manoeuvres carried out in the harbour basin, as well as the lives of the sailors and the harbour personnel. Given their rarity outside the area of production, attention should be drawn to the fragments of impasto jars from the Iberian area. Outside the indigenous centres in the western Languedoc region and Catalonia, the presence of such items has thus far been registered only in Genoa[82].

Another area which appears to present a concentration of these materials is the northwest sector of the area of excavations, where the harbour bed seems to be characterized by abrupt and pronounced differences in level in the direction of the coastline. These remains constitute an exceptionally important discovery, on the one hand, toward the reconstruction of Pisa's maritime traffic in the Imperial age, and on the other, because of the opportunity it affords to apply techniques of stratigraphical excavation on land to investigate structures of a type usually exca-

schi e profondi dislivelli in direzione della linea di costa. Se già questi resti rappresentano un ritrovamento eccezionale, da un lato, per la ricostruzione della fisionomia della rete di traffici che interessavano Pisa nel corso dell'età imperiale, e, dall'altro, in considerazione della possibilità di indagare con metodi di una scavo stratigrafico in terra un tipo di strutture solitamente scavato in ambienti sottomarini, con tutte le limitazioni che questo tipo di interventi comporta, permettendo così di recuperare una maggiore quantità di informazioni, non poche sorprese ha riservato l'approfondimento delle indagini in quest'area.

Completamente capovolto e privo di gran parte dell'opera viva è stato rinvenuto un altro relitto (nave D), costruito con legno di quercia[83] (figg. 38-39). Lo scafo si sviluppa per una lunghezza di circa m. 14 e per una larghezza massima di circa m. 6, presentando una struttura complessa, articolata sulle fiancate, in prossimità della poppa e della prua, da coppie di strutture aggettanti, che si sviluppano su mensoloni impostati sopra una doppia serie parallela di tre bagli verosimilmente destinati agli stragli che assicuravano l'albero.

La fiancata, a doppio fasciame, ha la murata esterna rinforzata da una doppia cinta separata da un corso di fasciame sopra la linea di galleggiamento; la prua affusolata conserva ancora resti di un rivestimento in ferro come se l'estremità dovesse essere armata con un rostro o una struttura simile rivestita in metallo.

La porzione centrale della chiglia, il torello e il controtorello, nonché parte del fasciame adiacente devono essere stati recuperati in antico; tuttavia si conserva ancora il boccaporto che consentiva di accedere alla stiva e il ponte, di cui la nave sembra essere provvista solo in corrispondenza della poppa e della prua.

La nave doveva avere un grande albero centrale, di cui è stata individuata la parte inferiore, inserito in un alloggiamento realizzato in uno dei bagli dello scafo ed ancorato con

vated underwater, with all the limitations involved in the latter operations. It is thus possible to obtain a greater amount of information, and investigations in this area have provided quite a few surprises.

Made of oak, Wreck D was found in an upside-down position with most of its quickwork missing (figs. 38-39)[83].

The vessel is about 14 metres in length and has a maximum width of about 6 metres. It has a complex structure, being fitted on the sides in the vicinity of the stem and stern with pairs of projecting structures. These are set on large brackets attached above a double parallel series of three beams, probably connected with the mast-stays. The broadside is characterized by double planking and the external bulwarks are reinforced with a double gunwale separated by a course of planking above the waterline. The slender prow still retains parts of an iron facing suggesting that the tip was armed with a *rostrum* or similar metal-clad structure. The central part of the keel, the garboard, the strake and part of the adjacent planking must have been salvaged in antiquity. The vessel retains the hatchway providing access to the hold and the deck, apparently fitted only at the stern and the prow.

The ship must have had a large central mast the lower part of which has been identified set in a socket made in one of the beams of the hull and anchored with cables to the ends of the lower posts located below the foreparts. A probe carried out in a sector in the centre of one of the broadsides suggests that the part between the two foreparts at stem and stern is fitted with a superstructure a sort of deckhouse consisting of arched planking attached to the top edge of the bulwarks in such a way as to continue its profile towards the interior of the vessel.

funi alle estremità dei pali inferiori che si trovano al di sotto degli avancorpi. Da un saggio praticato in un settore al centro di una delle fiancate, sembra che nella parte compresa tra i due avancorpi di poppa e di prua la nave sia provvista di una sovrastruttura – sorta di tuga o di banda – costituita da un tavolato arcuato fissato sul bordo della sponda della murata in modo da proseguirne il profilo piegandosi verso l'interno della nave. Per quanto lo scavo di quest'ultimo relitto non sia ancora completato, la tipologia di questa nave sembra al momento un *unicum* e solo uno studio comparativo con imbarcazioni di altra epoca permetterà di meglio precisare la funzione di questo naviglio.

Tuttavia se da un lato alcune considerazioni sulla struttura lasciano ipotizzare una sua utilizzazione per il trasporto di derrate entro grandi *dolia* di terracotta – di cui comunque non si è al momento trovata traccia – o altri carichi eccezionali – come ad esempio blocchi di cava –, dall'altro la limitata altezza della stiva (poco più di un metro), la totale assenza di materiali di un eventuale carico, la presenza degli avancorpi sembrano favorire l'ipotesi che l'imbarcazione dovesse avere in origine una utilizzazione diversa, non escluso una di ambito militare, e forse che debba appartenere ad una tradizione navale di altro ambito (area celtica?).

Mancano al momento sicuri riferimenti cronologici per questo relitto, che si differenzia dagli altri anche per la tecnica costruttiva, che non impiega l'usuale sistema antico delle tavole della fiancata assemblate tra loro per mezzo di tenoni posti in mortase inserite nello spessore di ogni tavola e tenuti in opera da un piccolo cavicchio di legno, ma che prevede la messa in opera delle tavole con chiodature in ferro sulla struttura delle ordinate[84].

Si tratta di aspetti tecnici solitamente ritenuti di età tarda: tuttavia se la tecnica con mortase e tenoni appare caratteristica dell'ingegneria navale sia greca che romana, non viene, comunque, escluso l'inizio in epoca romana di altri metodi, sia quello su scheletro che quello

While the excavation of this last vessel is still incomplete, the ship appears to constitute a unique example and only comparative study with vessels from other periods will make it possible to establish its function more precisely. On the one hand, certain structural features suggest it was used to transport foodstuffs in large terracotta *dolia* no trace of which has yet been found or other exceptional cargoes such as blocks of quarry stone. On the other, the restricted height of the hold (just over one metre), the total absence of any items of cargo, and the presence of the foreparts appear to support the hypothesis that it was originally used for other purposes, and may belong to the naval tradition of another sphere (the Celtic area?).

At present there are no reliable chronological points of reference for this vessel, which also differs from the others in terms of building technique. Instead of the customary ancient system whereby the planks of the broadside are held together by means of mortise and tenon joints embedded in each plank and secured with a small wooden pin, the planks are attached to the timbers of the frame by means of iron nails[84].

These techniques are usually regarded as belonging to a late period. While the mortise and tenon system appears to be characteristic of both Greek and Roman naval engineering, this does not rule out the possibility that other methods began to be used in the Roman era, including both the frame and the mixed technique[85]. This appears to be borne out by another buried wreck excavated in the 1960s at Pontano Longarini in southern Sicily and dated around 500 A.D.[86]. A similar technique also appears to have been used for the early fifth-century vessel of Port Vendres[87].

A later dating also appears to be borne out by the use of iron nails (fig. 40)[88]. While Basch and Gianfrotta have demonstrated that the testimony offered by Procopius (*De bello Gothico* IV,

misto[85], come pare confermare, ad esempio, il relitto, anch'esso interrato, scavato negli anni Sessanta a Pontano Longarini nella Sicilia meridionale e datato attorno al 500 d.C.[86]. Una tecnica analoga sembra avere anche il relitto di Port Vendres degli inizi del V secolo[87].

Con una cronologia tarda sembra accordarsi anche la chiodatura in ferro[88] (fig. 40). Infatti se la testimonianza offerta da Procopio (*De bello Gothico* IV, 22), sulla cosiddetta nave di Enea conservata a Roma in un arsenale costruito sulla riva del Tevere presso il Foro Boario sembra, come hanno dimostrato Basch e Gianfrotta, riferirsi ad un imbarcazione della tarda età imperiale e non ad una struttura di età arcaica, come vorrebbe Coarelli[89], chiodi in ferro sono archeologicamente attestati fin dalla metà del I sec. a.C., ad esempio nel relitto di Cap Taillat[90] e in quello Grand Ribaud D[91]. Tuttavia questo sistema non sembra rimpiazzare completamente la chiodatura in bronzo fino alla fine dell'antichità, come documentano il relitto Dramont F della metà del V sec., il relitto Saint-Gervais II e quello di Yassi-Ada I già di VII sec.[92]. Se è forse necessario attendere il completamento dello scavo e delle analisi dendrocronologiche e di altro tipo per poter valutare con minori incertezze gli aspetti cronologici delle tecniche ingegneristiche del relitto[93], il quadro non offre chiarimenti maggiori se esaminiamo i dati offerti dai materiali rinvenuti nell'area dello scafo e in qualche misura associabili al relitto per considerazioni di strategia di scavo.

I materiali riportati finora in luce nei livelli in connessione con lo scafo non offrono, infatti, indicazioni utili, comprendendo ceramiche che vanno dalla prima età augustea fino a dopo l'età antonina. Informazioni di un certo interesse vengono, invece, dai pochi frammenti riportati in luce nei saggi che hanno individuato le due barche che si trovano al di sotto del relitto, in particolare un'anfora di dimensioni ridotte del tipo *spatheia*, che sembrano orientare per una datazione non anteriore all'avanzato V secolo[94].

22) on the so-called ship of Aeneas kept in a dockyard built on the bank of the Tiber at the Forum Boarium appears to refer to a vessel of the later Imperial age rather than the archaic period, as is claimed by Coarelli[89], iron nails are archaeologically documented from halfway through the first century B.C. onwards, for example in the wrecks of Cap Taillat[90] and Grand Ribaud D[91]. This system does not, however, appear to completely supplant the use of bronze nails until the end of antiquity, as is documented by the wrecks of Dramont F (mid-fifth century), Saint-Gervais II and Yassi-Ada I (seventh century)[92].

It may be necessary to wait until the excavations, together with dendrochronological and other analyses, have been completed in order to obtain a more reliable evaluation of the chronological aspects of the shipbuilding techniques used[93]. However, no clarification is obtained by examination of the data provided by the items found in the area of the hull, and regarded on the basis of strategic considerations as being to some extent associated with the vessel.

The items recovered so far from the levels associated with the vessel include pottery ranging from the early Augustan age to after the Antonine era and provide no useful evidence. Information of a certain interest is instead furnished by a few potsherds brought to light by the probes that identified the two boats lying beneath the vessel, especially a small amphora of the *spatheia* type, which appears to suggest a date no earlier than the late fifth century[94].

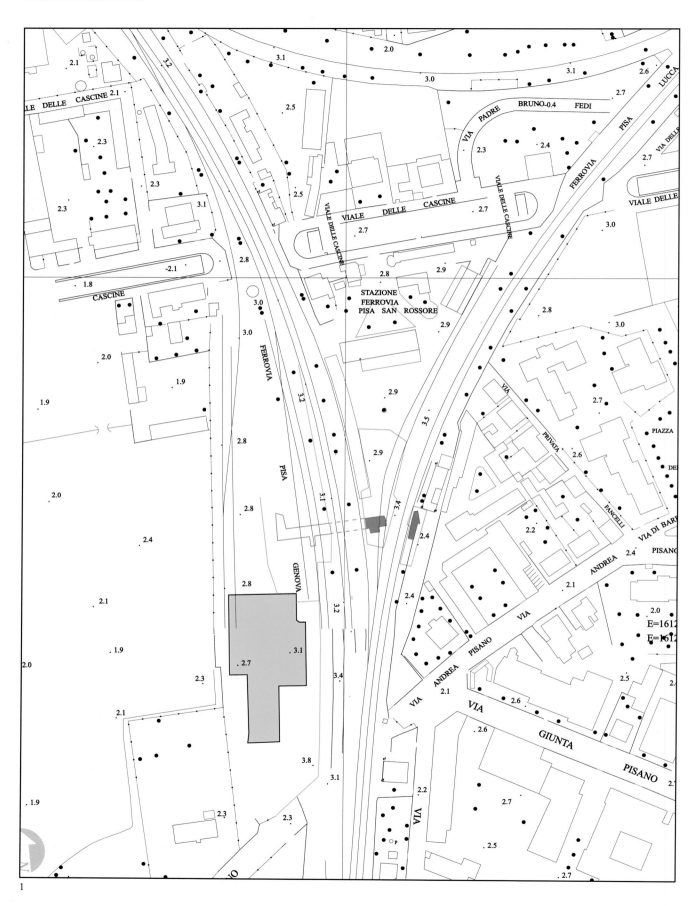

1

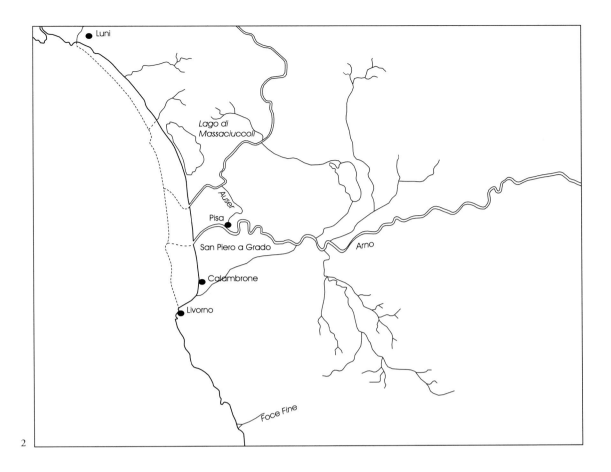

2

Fig. 1
Pianta di Pisa con localizzazione dello scavo.
Map of Pisa indicating the location of the site.

Fig. 2
Il territorio pisano e la linea di costa in epoca romana.
The territory of Pisa and the coastal line in Roman times.

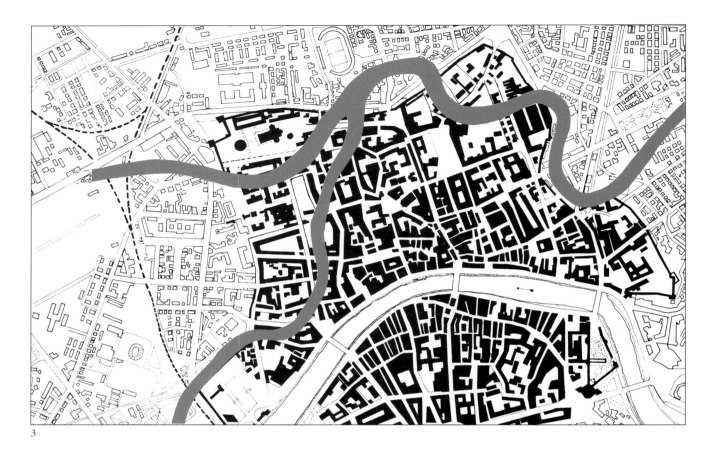

3

4

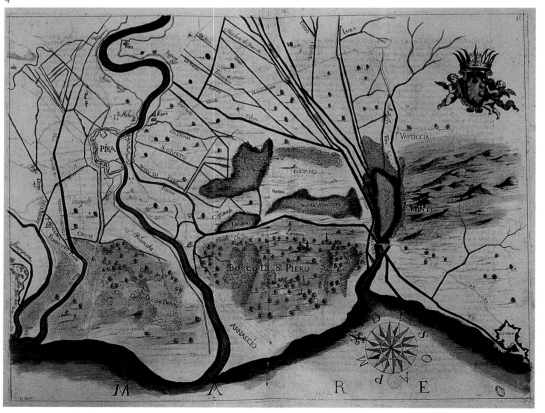

Fig. 3
Ricostruzione del percorso urbano dell'Auser sulla base dell'analisi di foto telerilevate (M. Cosci - S. Bruni).
Reconstruction of the urban course of the Auser based on remote sensing analysis (M. Cosci-S. Bruni).

Fig. 4
Carta tratta da C. Meyer, *L'arte di restituire a Roma la tralasciata navigazione del suo Tevere*, Roma 1683, tav. XLI.
An extract from C. Meyer, *The Art of restoring to Rome the lost navigation of her Tiber*, Rome 1683, table. XLI.

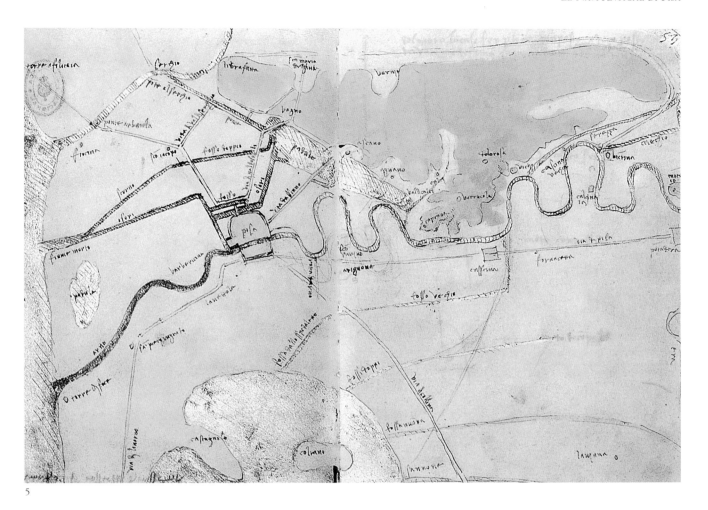

5

6

Fig. 5
Pianta del piano di Pisa
disegnata da Leonardo
da Vinci (1503) Codice
Madrid 8937 (II), cc.52
v.-53 r.
Map of the Plain of Pisa
drawn by Leonardo da
Vinci (1503) Codice Ma-
drid 8937 (II). cc 52 v.-53r

Fig. 6
Carta della Tuscia da
Geronimo Bellarmato
(1536) IGM.
Map of Etruria by Gero-
nimo Bellarmato (1536)
IGM

7

8

9

Fig. 7
La statuetta in marmo durante lo scavo.
The small marble statue during the excavation.

Fig. 8
Palizzata frangiflutti, rinvenuta in loco.
Breakwater palisade recovered still in loco.

Fig. 9
Disegno del molo e palizzata in stato di crollo.
Drawing of the collapsing pier and palisade.

Fig. 10
La palizzata rinvenuta in stato di crollo.
The recovery of the collapsed palisade.

10

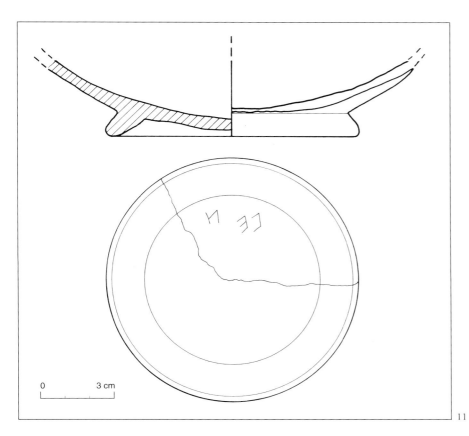

11

12

13

Fig. 11
Fondo di coppa di argilla depurata con iscrizione etrusca graffita.
Bottom of refined clay cup with Etruscan graffita inscription.

Fig. 12
Plumpekanne.

Fig. 13
Frammento di cratere a colonnette etrusco a figure rosse.
Fragment of large bowl with Etruscan little columns and red figures.

Fig. 14
Il pontile in fase di scavo.
The wharf during excavation.

Fig. 15
Rilievo del pontile.
Relief of the Wharf.

Fig. 16
Resti dello scafo della nave ellenistica.
Remains of the Hellenistic ship's hull.

14

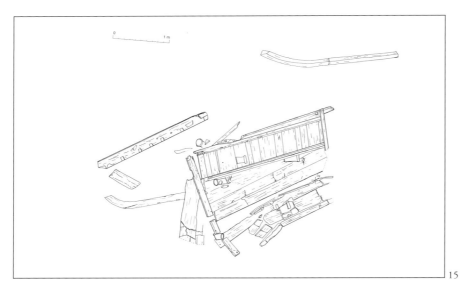

15

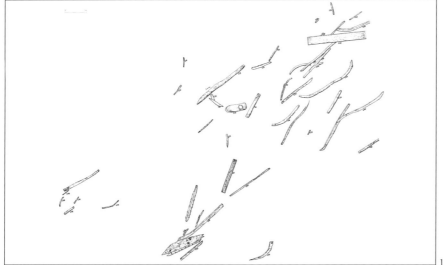

16

Fig. 17
Parte del carico della nave ellenistica.
Part of the Hellenistic ship's cargo.

Fig. 18
Nave che trasporta leoni sul sarcofago di Villa Medici.
Ship carrying lions on the sarcophagus at Villa Medici.

Fig. 19 a-d
Arula etrusca con decorazione di ludi con fiere, Firenze-Museo Archeologico, inv. n. 75376.
Etruscan arula with decorations depicting games and wild beasts, Florence-Archeological Museum, inv. n. 75376.

17

18

19a
19b

19c
19d

Fig. 20
Il molo di età romana.
The Roman Pier.

Fig. 21
Sezione con materiali.
Section with materials.

Fig. 22
Cesto, rinvenuto integro, in fase di scavo.
Basket, recovered intact, during excavation.

20

21

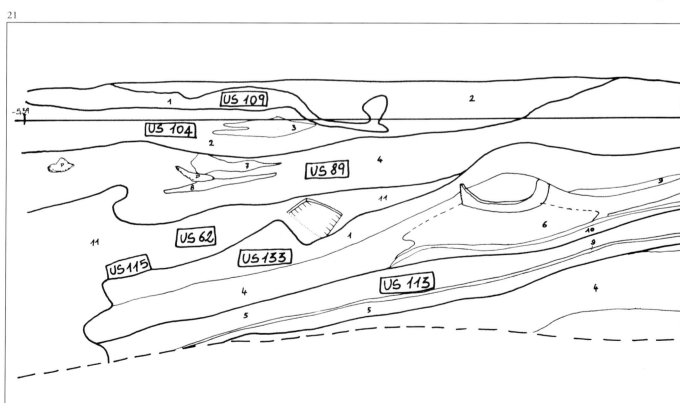

22

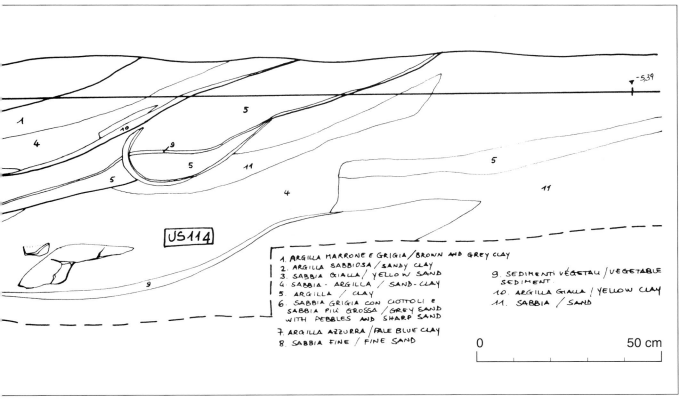

US114

1. ARGILLA MARRONE E GRIGIA/BROWN AND GREY CLAY
2. ARGILLA SABBIOSA/SANDY CLAY
3. SABBIA GIALLA/YELLOW SAND
4. SABBIA - ARGILLA / SAND-CLAY
5. ARGILLA / CLAY
6. SABBIA GRIGIA CON CIOTTOLI E
SABBIA PIÙ GROSSA /GREY SAND
WITH PEBBLES AND SHARP SAND
7. ARGILLA AZZURRA /PALE BLUE CLAY
8. SABBIA FINE / FINE SAND

9. SEDIMENTI VEGETALI /VEGETABLE
SEDIMENT.
10. ARGILLA GIALLA / YELLOW CLAY
11. SABBIA / SAND

0   50 cm

24

Figg. 23-24
Ordinate, anfore e resti di fasciame.
Ordinates, amphoras and remains of planking.

23

Fig. 25
Pianta generale delle imbarcazioni.
General Plan of the ships.

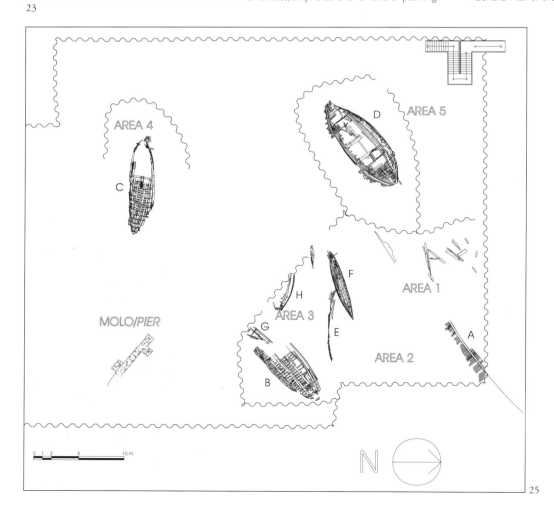

25

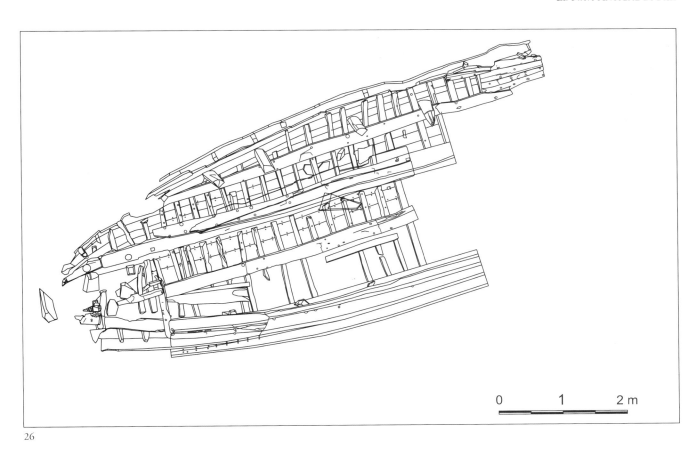

26

Fig. 26
Pianta della nave B.
Map of ship B.

Fig. 27
Anfore della nave B rinvenute in situ.
Amphoras from ship B retrieved in loco

Fig. 28
La nave B con parte della zavorra e del materiale usato per zeppare le anfore.
Ship B with part of the balast and the material used to wedge the amphoras.

27

28

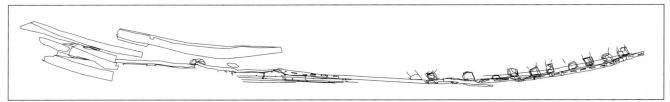

29

30

31

32

Fig. 29
Ppianta della nave E.
Plan of ship E.

Figg. 30-31
Materiale pertinente al carico della nave E.
Material pertaining to the cargo of ship E

Fig. 32
Materiali rinvenuti nella zona tra la nave E e
la nave B.
Materials recovered in the area between ship E
and ship B.

33

Fig. 33
Particolare della nave A.
Detail of ship A.

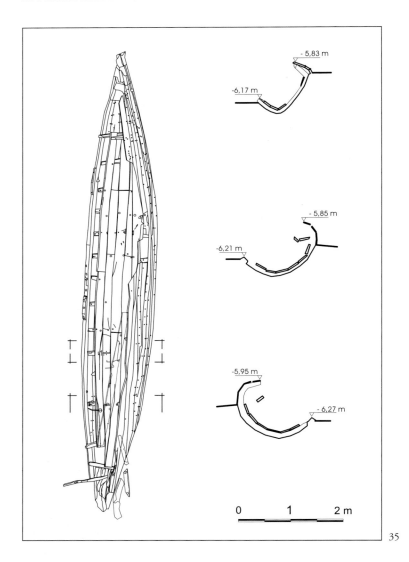

Fig. 34
Pianta della nave F.
Plan of ship F.

Fig. 35
Sezioni della nave F.
Sections of ship F.

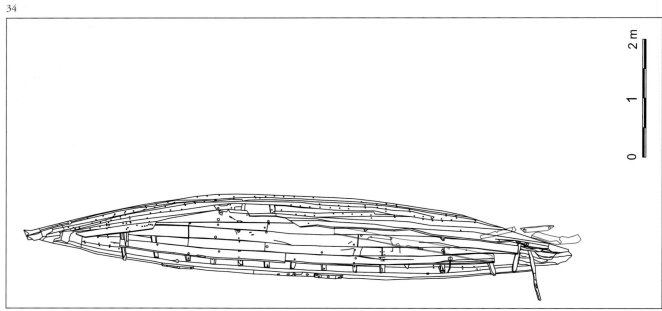

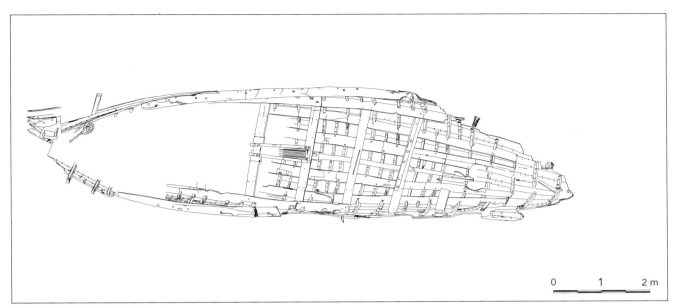

36

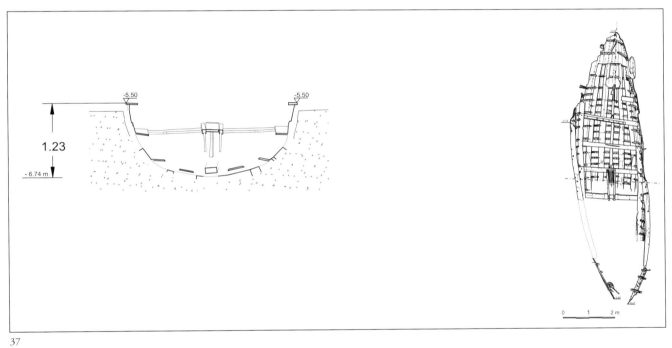

37

Fig. 36
Pianta della nave C.
Plan of ship C.

Fig. 37
Sezione della nave C.
Section of ship C.

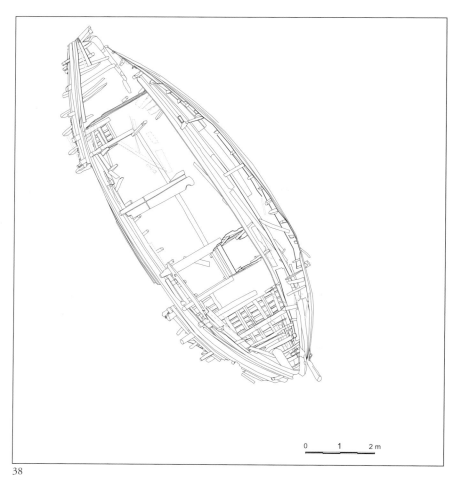

40

Fig. 38
Pianta della nave D.
Plan of ship D.

Fig. 39
Sezione della nave D.
Section of ship D.

Fig. 40
Particolare della chiodatura in ferro.
Detail of the riveting in iron.

0   1   2 m

38
39

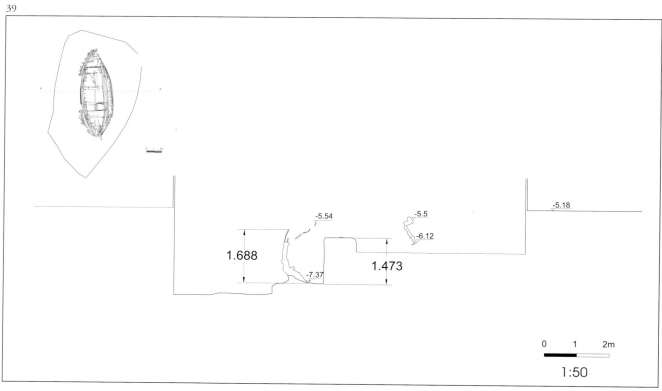

-5.54   -5.5   -5.18

-6.12

1.688   1.473

-7.37

0   1   2m

1:50

NOTE

[1] BRUNI S., *Prolegomena a Pisa etrusca*, in *Pisa, piazza Dante: uno spaccato della storia pisana. La campagna di scavo 1991*, Pontedera 1993, pp. 34 e segg.; IDEM, *Pisa etrusca. Anatomia di una città scomparsa*, Milano 1998, pp. 74 e segg. [d'ora in poi citato: *Pisa etrusca*].

[2] Per ora cfr. *Pisa etrusca*, pp. 105 e segg.

[3] La scoperta è stata provocata dall'intenzione delle Ferrovie dello Stato di realizzare nell'area del complesso ferroviario di "Pisa-San Rossore", già sede della vecchia stazione sabauda di "Pisa Porta Nuova", il nuovo centro direzionale della linea tirrenica. Per amor di cronaca è da ricordare come dopo una articolata serie di saggi di scavo eseguiti nel 1997, che a causa della copiosa acqua di falda superficiale presente in questa zona non avevano potuto raggiungere i livelli più profondi e che si erano limitati ad individuare, al di sotto dello strato antropico moderno, i resti del catasto rinascimentale e – limitatamente al settore più meridionale – consistenti tracce della centuriazione di età imperiale, l'impianto del sistema logistico del

cantiere FF.SS. ha permesso di raggiungere a partire dalla fine del novembre 1998 i livelli più profondi. Si è così giunti nei primissimi giorni del dicembre 1998 alla scoperta del primo relitto, in parte tagliato dal sistema di palancole e *well points* che consente di operare. Lo scavo è quindi proseguito secondo il programma concordato tra la Soprintendenza e le Ferrovie dello Stato, mantenendo, tuttavia, i caratteri di un intervento di emergenza imprevisto, volto a recuperare tutti quei monumenti – ed ovviamente i dati relativi al loro contesto – che la realizzazione del progettato fabbricato avrebbe in qualche misura compromesso. Allo scorcio del mese di aprile nel corso di una visita al cantiere del Ministro per i Beni e le Attività Culturali, On. Giovanna Melandri, e del Presidente delle Ferrovie dello Stato, Dott. Claudio Demattè, era stata nuovamente concordata la strategia dell'intervento, finalizzato al completo recupero della serie di relitti fino ad allora recuperati, stabilendo, altresì, che tutti gli oneri relativi allo scavo sarebbero stati assunti dalle Ferrovie dello Stato, mentre quelli inerenti la conservazione e il restauro dei vari reperti sarebbero stati assunti direttamente dal Ministero per i Beni e le Attività Culturali. L'incalzare, del tutto imprevisto e imprevedibile, della serie delle scoperte, che nel frattempo erano assurte agli onori dei *mass media* quasi quotidianamente e che avevano richiamato l'attenzione di personalità del mondo politico e culturale (si ricordano, tra le tante, le visite al cantiere del Presidente del Consiglio, On. Massimo D'Alema, del Premier britannico, Tony Blair, del Presidente della Regione Toscana, Dott. Vannino Chiti ecc. e per quanto riguarda gli esponenti del mondo culturale, non solo del settore antichistico, oltre ai Maestri Mirella Freni e Nicolai Ghiaurov, dei Proff. Jean Paul Vernant, Alain Schnapp, François Lissarague, Francis Haskell, David Blackmann, Mario Torelli, Riccardo Di Donato, Salvatore Settis, Giuseppe Nenci, Giovannangelo Camporeale, Gemma Sena Chiesa, ecc.) hanno provocato aggiustamenti e correzioni. Nei primi giorni di ottobre le Ferrovie dello Stato, in considerazione dell'importanza delle ricerche e dei tempi che queste necessitano, nonché – ovviamente – dei programmi relativi alla realizzazione del centro

NOTES

[1] BRUNI S., *Prolegomena a Pisa etrusca*, in *Pisa, piazza Dante: uno spaccato della storia pisana. La campagna di scavo 1991*, Pontedera, 1993, pp. 34 ff.; idem, *Pisa etrusca. Anatomia di una città scomparsa*, Milan, 1998, pp. 74 ff. [henceforth *Pisa etrusca*].

[2] For the present, cf. *Pisa etrusca*, pp. 105 ff.

[3] The discovery was prompted by the decision of the Italian state railways to build a new headquarters for the Tyrrhenian line in the area of the Pisa-San Rossore railway junction, formerly the location of the Pisa Porta Nuova station of the Savoyard railways. To be precise, it should be pointed out that the series of trial excavations carried out in 1997 were prevented, by the abundant groundwater present in the area, from reaching the lower levels, and did no more than identify the remains of Renaissance building beneath the modern anthropic layer together with substantial traces of the Imperial age centuriate system in the southernmost sector. Since the end of November 1998, the logistic system of the Italian state railways con-

struction yard has made it possible to reach the lowest levels. The remains of the first wreck, partially cut by the system of sheet piling and well points making it possible to operate, were thus discovered at the very beginning of December 1998. The excavations then continued in accordance with a programme agreed upon by the SAT and the Italian state railways, but retained the nature of an unforeseen emergency intervention designed to recover all the items and of course the data associated with their contexts that the erection of the planned building would have endangered to some degree. At the end of April, during a visit to the site by Giovanna Melandri, the Minister of National Heritage, and Claudio Demattè, President of the Italian state railways, fresh agreement was reached on a new strategy aimed at the complete recovery of the series of vessels brought to light to date. It was also established that the Italian state railways would bear all the costs of the excavation, while those regarding the conservation and restoration of the various finds would be borne directly by the Ministry of National Heritage. Modifications and adjustments were necessitated by the unforeseen and unforeseeable expansion of the series of discoveries, which were given almost day-by-day coverage by the media and attracted the attention of luminaries from the political and cultural spheres. (The numerous visitors to the site include Massimo D'Alema, the Italian Prime Minister, Tony Blair, the British Prime Minister, and Vannino Chiti, the President of the Regional Council of Tuscany, on the political side. The visitors from the cultural sphere are by no means restricted to the sector of antiquities, and include Mirella Freni and Nicolai Ghiaurov together with professors Jean Paul Vernant, Alain Schnapp, François Lissarague, Francis Haskell, David Blackmann, Mario Torelli, Riccardo Di Donato, Salvatore Settis, Giuseppe Nenci, Giovannangelo Camporeale and Gemma Sena Chiesa.) In view of the importance of the investigations, the length of time required, and of course the schedules regarding the construction of the headquarters of the Tyrrhenian line in the broader context of railway construction strategy, the Italian state railways announced

direzionale della linea tirrenica nel più generale quadro della strategia dei lavori ferroviari, hanno comunicato l'intenzione di realizzare l'edificio in altra area presso la Stazione Centrale di Pisa e dal 15 dicembre 1999 il cantiere è passato di mano, anche sotto tutti gli aspetti economico-finanziari, alla Soprintendenza ai Beni Archeologici della Toscana. La circostanza non è senza conseguenze per lo scavo, per la cui prosecuzione, così come per tutte le operazioni relative alla conservazione ed il restauro di tutti i reperti, il Ministero per i Beni e le Attività Culturali ha assicurato la necessaria copertura finanziaria. Le indagini, dopo un rapido periodo di "assestamento" degli aspetti logistici del cantiere – non più cantiere di emergenza, ma ricerca scientifica mirata – proseguiranno, quindi, fino alla completa analisi del settore finora individuato senza le inevitabili e, in qualche misura, comprensibili pressioni che le esigenze delle Ferrovie hanno, seppur educatamente, finora fatto. Per tutte le operazioni portate avanti fino ad oggi e per la fattiva, intelligente collaborazione mi corre obbligo ringraziare gli ingegneri Dott. M. Di Nuzo – M. Corti – A.

Bartoletti – G. Pezzati e i geom. A. Barsanti e R. Boso delle Ferrovie dello Stato-Società ITALFERR S.p.a., il personale tutto della Coop. Sette di Reggio Emilia, nonché tutti i numerosi collaboratori.

[4] A parte i numerosi articoli apparsi a più riprese sulla stampa nazionale ed internazionale, alcune anticipazioni – necessariamente in parte superate dal proseguimento delle indagini e dagli opportuni approfondimenti – sono state offerte dallo scrivente in una relazione presentata alla giornata di studi "I relitti insabbiati" organizzata da Luigi Fozzati e Maria Luisa Stoppioni il 26 agosto 1999 a Cattolica, riproposta il 24 settembre 1999 a Strasburgo al Consiglio d'Europa nell'ambito del colloquio "Preservation du patrimoine culturel: un regard vers le XXIe siècle" organizzato dalla Fédération Européenne des réseaux de coopération scientifique (FER), il Réseau PACT (Sciences et techniques appliquées à l'archéologie) e la Sotto-commissione del patrimonio culturale dell'Assemblea Parlamentare del Consiglio d'Europa, nonché in una comunicazione alla Rassegna Internazionale di Archeologia Subac-

quea svoltasi a Giardini Naxos dal 29 al 31 ottobre 1999 e in una relazione presentata nell'ambito della V Conferenza Internazionale sulla Conservazione e il Restauro organizzata dall'Università degli Studi di Firenze nei giorni 30 novembre-2 dicembre 1999 a Firenze e il successivo 4 dicembre 1999 a Venezia nell'ambito del convegno "Il restauro del mare: recupero e conservazione del legno", nonché in un seminario tenuto a Parigi presso l'École Normale Superieure il giorno 9 dicembre 1999. Si veda anche BRUNI S., *Note preliminari sullo scavo della navi di "Pisa-San Rossore"*, in *Le navi romane ritrovate a Pisa. La dimensione mediterranea del Porto di Pisa nell'antichità*, Atti della tavola rotonda Pisa 23 aprile 1999, Pisa 1999, pp. 13 e segg.; *Le navi di San Rossore*, in *Archeo* anno XV, 4 (170), aprile 1999, pp. 8 e segg.; *Gli archeologi, la fortuna e i vincoli: il caso delle navi di San Rossore*, in *Guida al giugno pisano 1999*, Pisa 1999, pp. 8 e segg.; *Le navi romane a Pisa: una scoperta di eccezionale importanza*, in *Sant'Anna News. Newsletter dell'Associazione degli Ex-Allievi della Scuola Superiore Sant'Anna Pisa*, n. 13, giugno 1999, pp. 16 e segg.; *Nuove*

their intention to build the new HQ in another area in the vicinity of Pisa's Stazione Centrale. On 15 December 1999, the site was handed over to the *Soprintendenza ai Beni Archeologici della Toscana*, which assumes full responsibility also in financial and economic terms. This event is by no means devoid of consequences for the excavation work, and the Ministry of National Heritage has guaranteed the funds required for its continuation as well as all the operations connected with the conservation and restoration of the finds. After a quick revision of the logistic features of the site, now a centre of specifically focused scientific research rather than emergency operations, it will therefore be possible to continue our investigations until the sector identified so far has been thoroughly analyzed without being subjected to the inevitable and to some extent understandable pressure previously exerted, albeit politely, by the Italian state railways. For all the operations carried out so far and for their effective and intelligent cooperation, I should like to thank the engineers M. Di Nuzo, M. Corti, A. Bartoletti and G. Pezzati, the sur-

veyors A. Barsanti and R. Boso of the Ferrovie dello Stato-Società ITALFERR S.p.a., all the personnel of the Coop. Sette of Reggio Emilia, and all those who provided assistance.
[4] In addition to the numerous articles appearing repeatedly in the national and international press, a few preliminary observations which have inevitably been made partially obsolete by the continuation of investigations and verification procedures were made by the present author in a report presented at the one-day conference *I relitti insabbiati*, organized by Luigi Fozzati and Maria Luisa Stoppioni, at Cattolica, on 26 August 1999; repeated on 24 September 1999, at the European Council in Strasburg, within the framework of the colloquium *Preservation du patrimoine culturel: un regard vers le XXIe siè-cle*, organized by the Fédération Européenne des réseaux de coopération scientifique (FER), the Réseau PACT (Sciences et techniques appliquées à l'archéologie) and the European Council parliamentary sub-committee for cultural heritage; in a paper delivered at the *Rassegna Internazionale di Archeologia Subacquea*, held at Giardini Naxos, 29-

31 October 1999; in a report presented within the framework of the *V Convegno Internazionale sulla Conservazione e il Restauro*, organized by the University of Florence and held in Florence from 30 November to 2 December; on 4.12.1999, in Venice, within the framework of the conference *Il restauro del mare: recupero e conservazione del legno*; and at a seminar held at the École Normale Superieure in Paris, on 9 December 1999. See also Bruni S., *Note preliminari sullo scavo delle navi di Pisa-San Rossore*, in *Le navi romane ritrovate a Pisa. La dimensione mediterranea del Porto di Pisa nell'antichità*, Atti della tavola rotonda Pisa 23 aprile 1999, Pisa, 1999, pp. 13 ff.; *Le navi di San Rossore*, in *Archeo*, XV, 4 (170), April 1999, pp. 8 ff.; *Gli archeologi, la fortuna e i vincoli: il caso delle navi di San Rossore*, in *Guida al giugno pisano 1999*, Pisa, 1999, pp. 8 ff.; *Le navi romane a Pisa: una scoperta di eccezionale importanza*, in *SantAnna News. Newsletter dell'Associazione degli Ex-Allievi della Scuola Superiore Sant'Anna Pisa*, no. 13, June 1999, pp. 16 ff.; *Nuove sorprese nel porto antico di Pisa*, in *Archeo*, XV, 7 (173), July 1999, p. 16; *Le navi antiche di San Rossore*,

sorprese nel porto antico di Pisa, in *Archeo* anno XV, 7 (173), luglio 1999, p. 16; *Le navi antiche di San Rossore*, in *Archeologia Viva* anno XVIII, n. 77 n.s., settembre-ottobre 1999, pp. 32 e segg.; nonché il volumetto *Le navi antiche di San Rossore* pubblicato a corredo della piccola esposizione realizzata a Pisa nei locali degli Arsenali Medicei dal 25 giugno al 30 ottobre 1999.

5 Sul paesaggio antico della regione di Pisa si veda il volume, in corso di stampa, con contributi dello scrivente, di REDI F. – COSCI M. eMARCHISIO M., *Problemi di idrografia pisana*.

6 Si veda, per tutta la questione, CECCARELLI LEMUT M.L. – MAZZANTI R. – MORELLI P., *Il contributo delle fonti storiche alla conoscenza della geomorfologia. B.b. il "sistema Arno"*, in MAZZANTI R. (ed.), *La pianura di Pisa e i rilievi contermini. La natura e la storia*, [Memorie della Società Geografica Italiana, vol. L], Roma 1994, pp. 412 e segg.

7 Sulla questione cfr. DEGRASSI N., *La tabula Peutingeriana e l'Etruria settentrionale tirrenica*, in *Rendiconti della Pontificia Accademia Romana di Archeologia* LVII, 1984-1985, pp. 172 e segg.

e nt. 9 con bibliografia precedente. Interpretato dai vari studiosi, che si sono occupati di questa copia di un *itinerarium pictum* romano del IV secolo, come uno dei non pochi errori del copista del XII o del XIII secolo, la sua foce in corrispondenza di Turrita e del *Sinus Pisanus* ben si accorda con il ramo più meridionale del delta dell'Arno; la questione non è tuttavia pacifica.

8 Sulle modifiche del corso dell'Arno e i vari interventi si veda ora BENVENUTI A., *Da Pisa alle foci dell'Arno nel Medioevo*, Pisa 1996, nonché anche IDEM, *Barbaricina e San Rossore dagli ultimi Medici ai Savoia*, Pisa 1987.

9 Per il problema della linea di costa e delle sue variazioni cfr. PASQUINUCCI M. – MAZZANTI R., *The Evolution of the Luni-Pisa Coastline (II Cent. B.C. - Second Half of the XIX Cent.)*, in BIRD E.C.F., FABBRI P. (edd.), *Coastal Problems in the Mediterranean Sea*, Bologna 1983, pp. 47 e segg.; IIDEM, *L'evoluzione del litorale lunense-pisano fino alla metà del XIX secolo*, in *Bollettino della Società Geografica Italiana* 10-11, 1983, pp. 605 e segg.; IIDEM, *La costa tirrenica da Luni a Portus Cosanus*, in *Déplacements des lignes*

de rivage en Méditérranée, Paris 1987, pp. 95 e segg.

10 *Pisa etrusca*, pp. 74 e segg. e bibliografia a pp. 256 e segg.

11 Sulla tradizione dello sbarco di San Pietro cfr. CECCARELLI LEMUT M.L. – SODI S., *Per una riconsiderazione dell'evangelizzazione della Tuscia: la chiesa pisana dalle origini all'età carolingia*, in *Rivista di Storia della Chiesa in Italia*, L, 1996, 1, pp. 9 e segg.

12 Per queste ricerche cfr. SANPAOLESI P., *Il Duomo di Pisa e l'architettura romanica toscana delle origini*, Pisa 1975, pp. 63 e segg.; REDI F., *La basilica di San Piero a Grado: gli scavi e la cronologia*, in *Terre e Paduli. Reperti, documenti, immagini per la storia di Coltano*, catalogo della mostra Pisa 1986, pp. 221 e segg.; SODI S., *La basilica di San Piero a Grado*, Pisa 1989, pp. 13 e segg.

13 I materiali sono stati raccolti, in tempi diversi, dal sig. Fernando Gelichi, che ha segnalato la zona alla Soprintendenza.

14 Ricerche, ancora inedite, effettuate dal Prof. Mario Marchisio e della sua équipe negli anni 1997-1999.

---

in *Archeologia Viva*, XVIII, no. 77 n.s., September-October 1999, pp. 32 ff.; and the booklet *Le navi antiche di San Rossore*, published to accompany a small exhibition held in the Arsenali Medicei, Pisa, from 25 June to 30 October 1999.

5 On the ancient countryside of the Pisa region see REDI F. - COSCI M. - MARCHISIO M., *Problemi di idrografia pisana*, forthcoming, with a contribution by the present author.

6 On this question as a whole, see CECCARELLI LEMUT M.L. - MAZZANTI R. - MORELLI P., *Il contributo delle fonti storiche alla conoscenza della geomorfologia. B.b. il sistema Arno*, in MAZZANTI R. (ed.), *La pianura di Pisa e i rilievi contermini. La natura e la storia*, [Memorie della Società Geografica Italiana, vol. L], Rome, 1994, pp. 412 ff.

7 On this question, cf. DEGRASSI N., *La tabula Peutingeriana e l'Etruria settentrionale tirrenica*, in *Rendiconti della Pontificia Accademia Romana di Archeologia* LVII, 1984-1985, pp. 172 ff. and note 9 together with the preceding bibliography. While the various scholars who have dealt with this copy of a fourth-century Roman *itinerarium pictum* interpret

this as one of the many errors made by the twelfth- or thirteenth-century copyist, the location of the mouth at Turrita and the *Sinus Pisanus* is perfectly compatible with the southernmost branch of the Arno delta. The question is, however, still very much open.

8 On the alterations of the course of the Arno and the various operations carried out, see BENVENUTI A., *Da Pisa alle foci dell'Arno nel Medioevo*, Pisa, 1996, and Idem, *Barbaricina e San Rossore dagli ultimi Medici ai Savoia*, Pisa, 1987.

9 On the problem of the coastline and its variations, cf. PASQUINUCCI M. - MAZZANTI R., *The Evolution of the Luni-Pisa Coastline (2nd cent. B.C. - second half of 19th cent.)*, in BIRD E.C.F. - FABBRI P. (eds.), *Coastal Problems in the Mediterranean Sea*, Bologna, 1983, pp. 47 ff.; Idem, *L'evoluzione del litorale lunense-pisano fino alla metà del XIX secolo*, in *Bollettino della Società Geografica Italiana* 10-11, 1983, pp. 605 ff.; Iidem, *La costa tirrenica da Luni a Portus Cosanus*, in *Déplacements des lignes de rivage en Méditérranée*, Paris, 1987, pp. 95 ff.

10 *Pisa etrusca*, pp. 74 ff. and bibliography pp. 256 ff.

11 On the tradition of St. Peter's landing, cf. CECCARELLI LEMUT M.L. - SODI S., *Per una riconsiderazione dell'evangelizzazione della Tuscia: la chiesa pisana dalle origini all'età carolingia*, in *Rivista di Storia della Chiesa in Italia*, L, 1996, 1, pp. 9 ff.

12 On these investigations, cf. SANPAOLESI P., *Il Duomo di Pisa e l'architettura romanica toscana delle origini*, Pisa, 1975, pp. 63 ff.; REDI F., *La basilica di San Piero a Grado: gli scavi e la cronologia*, in *Terre e Paduli. Reperti, documenti, immagini per la storia di Coltano*, exhibition catalogue, Pisa, 1986, pp. 221 ff.; SODI S., *La basilica di San Piero a Grado*, Pisa, 1989, pp. 13 ff.

13 The materials were collected in different periods by Fernando Gelichi, who brought the area to the attention of the SAT.

14 As yet unpublished studies carried out by Prof. Mario Marchisio and his team in the period 1997-1999.

15 For these studies, cf. for the present *Pisa etrusca*, pp. 153 ff.

16 See, for the present, *Pisa etrusca*, pp. 155 and 82.

17 *Pisa etrusca*, pp. 156 ff., plate 71.

[15] Per queste ricerche cfr. per ora *Pisa etrusca*, pp. 153 e segg.

[16] Si veda, per ora, *Pisa etrusca*, pp. 155 e 82.

[17] *Pisa etrusca*, pp. 156 e segg., tav. 71.

[18] Cfr. p. 80 ed. Cuntz.

[19] BRUNI S., *Prolegomena…*, in *Pisa, piazza Dante…* cit., 1993, p. 49, fig. 15 e p. 53, fig. 20; *Pisa etrusca*, p. 178, tav. 84.

[20] Per l'insediamento della Fortezza Vecchia di età arcaica cfr. *Pisa etrusca*, pp. 177 e segg., tav. 83. Per la fase dell'età del Bronzo cfr. ora MATERAZZI S. – GAMBOGI P., in *Dal Bronzo al Ferro. Il II millennio a.C. nella Toscana centro-occidentale*, catalogo della mostra Livorno 1997, pp. 165 e segg.; per i materiali di età ellenistica cfr. PASQUINUCCI M., GAMBOGI P., *Vada Volaterrana e le problematiche storico-archeologiche della fascia costiera tra portus Pisanus e la foce del Cecina*, in *La cultura di Volterra etrusca fra l'età del Ferro e l'ellenismo, Atti del XIX convegno di Studi Etruschi ed Italici*, (Volterra, 15-19 ottobre 1995), Firenze 1997, p. 228, fig. 3.

[21] BRUNI S., *art. cit.*, in *Pisa, piazza Dante…* cit., 1993, pp. 89 e segg.; *Pisa etrusca*, pp. 202

e segg. Su *Portus Pisanus* cfr. BANTI L., *Pisae*, in *Rendiconti della Pontificia Accademia Romana di Archeologia* VI, I, 1943, pp. 107 e segg.; DEGRASSI N., *art. cit.*, in *Rendiconti della Pontificia Accademia Romana di Archeologia* LVII, pp. 188 e segg. (con bibliografia precedente a nt. 63); nonché LANA I., *Rutilio Namaziano*, Torino 1961, pp. 133 e segg.; DOBLHOFER E., *Rutilius Clauduius Namatianus, De Reditu suo sive Iter Gallicum*. Kommentar, Heidelberg 1977, p. 230. Per gli aspetti strettamente archeologici cfr. CIAMPOLTRINI G. – CIANFERONI G.C. – ROMUALDI A., *La Raccolta Archeologica e Numismatica Enrico Chiellini, il museo Civico Archeologico di Livorno ed i materiali dal Portus Pisanus*, in *Rassegna di Archeologia* 3, 1982-1983, pp. 183 e segg.; VANNI F.M., *Rinvenimenti monetali nella zona di Santo Stefano ai Lupi (Livorno) attraverso le fonti scritte del Settecento e dell'Ottocento, ibidem* 3, pp. 243 e segg.; PASQUINUCCI M. – ROSSETTI G., *The Harbour Infrastructure at Pisa and Porto Pisano from Ancient Times until the Middle Ages*, in *Archaeology of Coastal Changes. Cities on the Sea. Past and Present*, [BAR In-

tern.Series 404], 1988, pp. 137 e segg.; PASQUINUCCI M., *Il territorio livornese in età romana: Portus Pisanus ed altre aree di particolare interesse*, in *Storia del territorio livornese, Atti del seminario*, (Livorno 27 ottobre 1990), Livorno 1992, pp. 29 e segg.; CIAMPOLTRINI G., *Porti dell'Etruria augustea*, in *Athenaeum* LXXXIX, 1991, p. 257. Per *Portus Pisanus* di età medioevale cfr. ROSSETTI G., *Pisa: assetto urbano e infrastruttura portuale*, in *Città portuali del Mediterraneo. Storia e archeologia*, Atti del convegno (Genova 1985), Genova 1989, pp. 263 e segg.; CECCARELLI LEMUT M.L., *Porto Pisano*, in *La pianura di Pisa e i rilievi contermini… cit.*, 1994, pp. 344 segg.; e soprattutto EADEM, *Portus Pisanus e il sistema portuale di Pisa*, in *"Pisani viri in insulis et transmarinis regionibus potentes". Pisa come nodo di comunicazioni nei secoli centrali del medioevo*, Atti del convegno, (Pisa 22-24 ottobre 1998), Pisa in corso di stampa.

[22] *De Reditu suo*, I, 531-532.

[23] RONCIONI R., *Delle Istorie Pisane libri XVI*, a cura di BONAINI F., in *Archivio Storico Italiano* VI, 1846, p. 17.

---

[18] Cf. p. 80 ed. Cuntz.

[19] BRUNI S., *Prolegomena…*, in *Pisa, piazza Dante…* cit., 1993, p. 49, fig. 15 and p. 53, fig. 20; *Pisa etrusca*, p. 178, plate 84.

[20] On the archaic settlement at Fortezza Vecchia cf. *Pisa etrusca*, pp. 177 ff., plate 83. On the Bronze Age phase, cf. MATERAZZI S. – GAMBOGI P., in *Dal Bronzo al Ferro. Il II millennio a.C. nella Toscana centro-occidentale*, exhibition catalogue, Livorno 1997, pp. 165 ff.; on the Hellenistic items, cf. PASQUINUCCI M. – GAMBOGI P., *Vada Volaterrana e le problematiche storico-archeologiche della fascia costiera tra portus Pisanus e la foce del Cecina*, in *La cultura di Volterra etrusca fra l'età del Ferro e l'ellenismo, Atti del XIX convegno di Studi Etruschi ed Italici*, (Volterra, 15-19 October 1995), Florence, 1997, p. 228, fig. 3.

[21] BRUNI S., *art. cit.*, in *Pisa, piazza Dante…* cit., 1993, pp. 89 ff.; *Pisa etrusca*, pp. 202 ff. On the *Portus Pisanus* cf. Banti L., Pisae, in *Rendiconti della Pontificia Accademia Romana di Archeologia* VI, I, 1943, pp. 107 ff.; Degrassi N., *art. cit.*, in *Rendiconti della Pontificia Accademia Romana di Archeologia* LVII, pp. 188 ff. (with bibliography given in note 63); Lana I., *Rutilio Namaziano*, Turin, 1961, pp. 133 ff.; DOBLHOFER E., *Rutilius Clauduius Namatianus, De Reditu suo sive Iter Gallicum*. Kommentar, Heidelberg, 1977, p. 230. For the strictly archaeological aspects, cf. CIAMPOLTRINI G. - CIANFERONI G.C. - ROMUALDI A., *La Raccolta Archeologica e Numismatica Enrico Chiellini, il museo Civico Archeologico di Livorno ed i materiali dal Portus Pisanus*, in *Rassegna di Archeologia* 3, 1982-1983, pp. 183 ff.; VANNI F.M., *Rinvenimenti monetali nella zona di Santo Stefano ai Lupi (Livorno) attraverso le fonti scritte del Settecento e dell'Ottocento, ibidem* 3, pp. 243 ff.; PASQUINUCCI M. - ROSSETTI G., *The Harbour Infrastructure at Pisa and Porto Pisano from Ancient Times until the Middle Ages*, in *Archaeology of Coastal Changes. Cities on the Sea. Past and Present*, [BAR Intern. Series 404], 1988, pp. 137 ff.; PASQUINUCCI M., *Il territorio livornese in età romana: Portus Pisanus ed altre aree di particolare interesse*, in *Storia del territorio livornese, Atti del seminario*, (Livorno, 27 ottobre 1990), Livorno, 1992, pp. 29 ff.; CIAMPOLTRINI G., *Porti dell'Etruria augustea*, in *Athenaeum* LXXXIX, 1991, p. 257. On *Portus Pisanus* in the medieval period, cf. ROSSETTI G.,

Pisa: assetto urbano e infrastruttura portuale, in *Città portuali del Mediterraneo. Storia e archeologia, Atti del convegno* (Genoa 1985), Genoa 1989, pp. 263 ff.; CECCARELLI LEMUT M.L., *Porto Pisano*, in *La pianura di Pisa e i rilievi contermini… cit.*, 1994, pp. 344 ff.; and above all Eadem, *Portus Pisanus e il sistema portuale di Pisa*, in *Pisani viri in insulis et transmarinis regionibus potentes. Pisa come nodo di comunicazioni nei secoli centrali del medioevo, Atti del convegno*, (Pisa, 22-24 October 1998), Pisa, forthcoming.

[22] *De Reditu suo*, I, 531-532.

[23] RONCIONI R., *Delle Istorie Pisane libri XVI*, BONAINI F. (ed.), in *Archivio Storico Italiano* VI, 1846, p. 17.

[24] Roncioni R., *op.cit.*, p. 13, which also gives further information about this harbour, which is skilfully made with great care and craftsmanship; it stretched for over eight hundred *braccia*, and its depth was equal to thirty *braccia*; today it is dilapidated and flooded with water. On the *Porto delle Conche*, see the precise observations of TOLAINI E., *Raffaello Roncioni e il Porto delle Conche*, in *Studi di topografia pisana antica e medioevale*, Pisa, 1987, pp. 7 ff., who

[24] RONCIONI R., *op. cit.*, p. 13, ove sono anche altre notizie su questo porto che "è fatto per arte con molta maestria e diligenza: girava per intorno più di ottocento braccia, e la sua profondità era eguale per tutto da braccia trenta; ed oggi è guasto e ripieno per le inondazioni dell'acque". Su il Porto delle Conche si vedano le rigorose osservazioni di TOLAINI E., *Raffaello Roncioni e il "Porto delle Conche"*, in *Studi di topografia pisana antica e medioevale*, Pisa 1987, pp. 7 e segg., che ha definitivamente fatto chiarezza su un problema finora oggetto di ipotesi, piuttosto azzardate e non sorrette da una rigorosa metodologia di analisi, ricorrenti in certa trattatistica di respiro e diffusione strettamente locale (cfr. ad esempio BORGHI L., *Interrogativi sull'antico porto di Pisa*, Pisa 1968), riproposte anche di recente. Su Roncioni, la cui opera meriterebbe uno studio approfondito, si vedano LONARDO P.M., *Intorno all'anno di nascita del Roncioni e al tempo in cui scrisse le Storie*, in *Studi Storici* IV, 1, 1895, pp. 328 e segg. e CRISTIANI E., *I manoscritti delle "Famiglie Pisane" di Raffaello Roncioni*, in *Bollettino Storico Pisano* XLIX,

1980, pp. 137 e segg. [ora in *Scritti scelti*, Pisa 1997, pp. 423 e segg.].
[25] Sulle vicende di quest'area si veda adesso RONZANI M., *Pisa fra papato e impero alla fine del secolo XI: la questione della "Selva del Tombolo" e le origini del monastero di San Rossore*, in *Pisa e la Toscana occidentale nel Medioevo. 1. A Cinzio Violante nei suoi 70 anni*, Pisa 1991, pp. 180 e segg.; nonché qualche dato in SIMONI D., *San Rossore nella storia*, Firenze 1910².
[26] PASQUINUCCI M., *Il porto di Pisa nell'antichità*, in *Le navi romane…* cit., 1999, p. 23.
[27] Una trattazione più ampia del problema, su cui sono state nel tempo avanzate non poche soluzioni non sempre sufficientemente motivate, è ora in BRUNI S. – COSCI M., *"Alpheae veterem contemptlor originis urbem, quam cingunt geminis Arnus et Ausur aquis". Appunti sull'antica idrografia pisana*, in corso di stampa.
[28] MEYER C., *L'arte di restituire a Roma la tralasciata navigazione del suo Tevere*, Roma 1683, tav. XLI. La carta, assieme ad altre mappe disegnate nel 1610 da C. Antoniacci e nel 1671 dall'ingegnere F. Della Nave, dipende da un rilievo dei primi anni del XVII sec. conservata

tra le carte dei Capitani di Parte dell'Archivio di Stato di Firenze (l 8, cart. IX c. 37): PARDINI P., in *Livorno e Pisa: due città e un territorio nella politica dei Medici*, catalogo della mostra Pisa 1980, p. 50 n. A.IV.4, cfr. anche n. A.IV.5 (carta dell'Antoniacci) e n. A.IV.6 (mappa del Della Nave).
[29] Su tutta la questione cfr. ora GARZELLA G., *L'area ad occidente di Pisa nell'altomedioevo*, in *Le navi romane…* cit., 1999, pp. 31 e segg. Sul problema del Val di Serchio pisano in età medioevale cfr. CECCARELLI LEMUT M., *Portus Pisanus e il sistema portuale di Pisa*, in "*Pisani viri in insulis et transmarinis regionibus potentes". Pisa come nodo di comunicazioni nei secoli centrali del medioevo*, Atti del convegno, (Pisa 22-24 ottobre 1998), in corso di stampa.
[30] *Codice Madrid 8937* (II), cc. 52 v - 53 r. Su queste carte cfr. CALECA A. – MAZZANTI R., *Immagini del territorio pisano: le carte di Leonardo*, in *Livorno e Pisa: due città e un territorio nella politica dei Medici*, catalogo della mostra Pisa 1980, pp. 19 e segg.
[31] *Firenze, Archivio di Stato, Carte Nautiche*, n. 13. Su questa carta, modello per numerose

---

has definitively clarified a problem previously giving rise to somewhat fanciful hypotheses lacking any rigorous methodological grounding, which are a recurrent feature of certain publications of a strictly local character in terms of scope and circulation (cf. for example BORGHI L., *Interrogativi sull'antico porto di Pisa*, Pisa, 1968), and have been put forward again also quite recently. On Roncioni, whose work calls for in-depth study, see LONARDO P.M., *Intorno all'anno di nascita del Roncioni e al tempo in cui scrisse le Storie*, in *Studi Storici* IV, 1, 1895, pp. 328 ff., and CRISTIANI E., *I manoscritti delle Famiglie Pisane di Raffaello Roncioni*, in *Bollettino Storico Pisano* XLIX, 1980, pp. 137 ff. [now in *Scritti scelti*, Pisa, 1997, pp. 423 ff.].
[25] For the history of this area see RONZANI M., *Pisa fra papato e impero alla fine del secolo XI: la questione della Selva del Tombolo e le origini del monastero di San Rossore*, in *Pisa e la Toscana occidentale nel Medioevo. 1. A Cinzio Violante nei suoi 70 anni*, Pisa, 1991, pp. 180 ff.; some information is also available in SIMONI D., *San Rossore nella storia*, Florence, 1910².
[26] PASQUINUCCI M., *Il porto di Pisa nell'antichità*, in *Le navi romane…* it., 1999, p. 23.

[27] A broader treatment of this problem, for which a substantial number of not always sufficiently well-grounded hypotheses have been put forward over the years, is now available in BRUNI S. - COSCI M., *Alpheae veterem contemptlor originis urbem, quam cingunt geminis Arnus et Ausur aquis. Appunti sull'antica idrografia pisana*, forthcoming.
[28] MEYER C., *L'arte di restituire a Roma la tralasciata navigazione del suo Tevere*, Rome, 1683, plate XLI. Together with other maps drawn by C. Antoniacci in 1610 and the engineer F. Della Nave in 1671, this map is based on a survey carried out in the early seventeenth century and held in the records of the Capitani di Parte of the Archivio di Stato di Firenze (l 8, cart. IX c. 37): PARDINI P., in *Livorno e Pisa: due città e un territorio nella politica dei Medici*, exhibition catalog, Pisa, 1980, p. 50 no. A.IV.4, cf. also no. A.IV.5 (Antoniacci map) and no. A.IV.6 (Della Nave map).
[29] On this question as a whole, cf. GARZELLA G., *L'area ad occidente di Pisa nell'altomedioevo*, in *Le navi romane…* cit., 1999, pp. 31 ff. On the problem of the Pisan Val di Serchio in medieval times, cf. CECCARELLI LEMUT M., *Por-

tus Pisanus e il sistema portuale di Pisa*, in *Pisani viri in insulis et transmarinis regionibus potentes. Pisa come nodo di comunicazioni nei secoli centrali del medioevo*, Atti del convegno, (Pisa, 22-24 October 1998), forthcoming.
[30] *Codice Madrid 8937* (II), cc. 52 v - 53 r. For these maps, cf. CALECA A. - MAZZANTI R., *Immagini del territorio pisano: le carte di Leonardo*, in *Livorno e Pisa: due città e un territorio nella politica dei Medici*, exhibition catalogue, Pisa, 1980, pp. 19 ff.
[31] *Firenze, Archivio di Stato, Carte Nautiche*, no. 13. For this map, which served as a model for many others up to the eighteenth century, see MAZZANTI R. - PULT QUAGLIA A.M., *L'evoluzione cartografica nella rappresentazione della pianura di Pisa*, in *Terre e Paduli…* cit., 1986, p. 252, fig. 2.
[32] *Pisa etrusca*, pp. 86 ff. On the previous Bronze Age elements, cf. *ibidem*, p. 78.
[33] *Pisa etrusca*, p. 121.
[34] Details of this discovery, which appears to have brought to light a long wall, possibly a pier, and a wooden palisade, are furnished by Corrado Ferretti, who also collected an abundance of material at the time (black-

carte fino al XVIII sec., si veda MAZZANTI R. – PULT QUAGLIA A.M., *L'evoluzione cartografica nella rappresentazione della pianura di Pisa*, in *Terre e Paduli… cit.*, 1986, p. 252, fig. 2.
[32] *Pisa etrusca*, pp. 86 e segg. Per preesistenze dell'età del Bronzo cfr. *ibidem*, p. 78.
[33] *Pisa etrusca*, p. 121.
[34] Notizie su questo ritrovamento, che sembra aver riportato in luce un lungo muro, forse un molo, e una palizzata in legno sono state offerte dal prof. Corrado Ferretti, che all'epoca raccolse anche numeroso materiale (ceramiche a vernice nera, sigillate, anforacei, chiodi bronzei, ecc.) analogo a quello recuperato nel corso dello scavo in corso. I materiali furono consegnati alla Soprintendenza. Di questi solo un mattone con una lunga iscrizione etrusca è stato finora pubblicato, cfr. CRISTOFANI M., *Rivista di epigrafia etrusca*, in *Studi Etruschi* XXXVIII, 1970, p. 288, tav. 28 ed anche BRUNI S., *art.cit.*, in *Pisa, piazza Dante… cit.*, 1993, p. 24, fig. 1; *Pisa etrusca*, tav. 5.
[35] BRUNI S., *art. cit.*, in *Pisa, piazza Dante… cit.*, 1993, p. 80; *Pisa etrusca*, p. 216.
[36] Sul passo cfr. PASQUINUCCI M., *Strabone e l'Italia centrale*, in *Strabone e l'Italia antica*, Atti del convegno (Acquasparta 1987), Perugia 1988, pp. 52 e segg.
[37] Per le vicende che portarono alla realizzazione del Canale dei Navicelli si veda PARDINI P., in *Livorno e Pisa: due città… cit.*, 1980, p. 58 n. A.IV.16.
[38] Per questi materiali si veda il testo di ABELA E. in questo stesso volume.
[39] Sul problema si vedano, ora, le osservazioni di GELICHI S., *Le mura inesistenti e la città dimezzata. Note di topografia pisana altomedioevale*, in *Archeologia Medioevale* XXV, 1998, pp. 75 e segg. (con bibliografia precedente).
[40] BRUNI S., *Prima dei Miracoli. Aspetti e problemi dell'insediamento antico nell'area della piazza del Duomo*, in *Storia ed arte nella piazza del Duomo*. Conferenze 1992-1993 [Opera della Primaziale Pisana, Quaderno n. 4], Pisa 1995, pp. 171 e segg.
[41] BRUNI S., *art.cit.*, in *Storia ed arte… cit.*, 1995, p. 173.
[42] *Ibidem*, pp. 171 e segg. (con riferimenti).
[43] Per altre attestazioni di vasi della stessa serie da Pisa cfr. BRUNI S., *Materiali per Pisa etrusca. 2. Resti di corredi di età tardoclassica ed ellenistica dalla necropoli occidentale*, in *Contributi della Scuola di Specializzazione in Archeologia dell'Università degli Studi di Pisa* I, 1997, p. 112 nn. 5-6, tav. 4, 1-2 e p. 116 (con altri riferimenti a nt. 79).
[44] Si veda il contributo di ROSSI E. in questo volume.
[45] Per il tipo di ceramica cfr. BRUNI S., *Materiali per lo studio della chora di Pisa etrusca*, in *Bollettino Storico Pisano* LXVI, 1997, pp. 142 e segg. Per la forma si veda l'esemplare recenziore pubblicato in CIAMPOLTRINI G., *L'insediamento etrusco nella Valle del Serchio fra IV e III secolo a.C. Considerazioni sull'abitato di Ponte Gini*, in *Studi Etruschi* LXII, 1996, p. 198, tav. XXVI b.
[46] Per il frammento (ampl. Sud US 63) attribuibile ad un pittore del Gruppo dello Stamnos Bologna 824 si veda ora BRUNI S., *Ceramica a figure rosse*, in *Le navi antiche di San Rossore*, 1999, p. 20. Per il Gruppo cfr. GILOTTA F., *Appunti sulla più antica ceramica etrusca a figure rosse*, in *Prospettiva* 45, 1986, pp. 6 e segg.; BRUNI S., *Ceramiche sovradipinte*

glazed ware, terra sigillata, amphorae, bronze nails, etc.) analogous to the items recovered during the excavations now under way. The items were handed over to the SAT. Only one brick with a long Etruscan inscription has been published so far, cf. CRISTOFANI M., *Rivista di epigrafia etrusca*, in *Studi Etruschi* XXXVIII, 1970, p. 288, plate 28, and BRUNI S., *art. cit.*, in *Pisa, piazza Dante… cit.*, 1993, p. 24, fig. 1; *Pisa etrusca*, plate 5.
[35] BRUNI S., *art. cit.*, in *Pisa, piazza Dante… cit.*, 1993, p. 80; *Pisa etrusca*, p. 216.
[36] On this passage, cf. PASQUINUCCI M., *Strabone e l'Italia centrale*, in *Strabone e l'Italia antica*, Atti del convegno (Acquasparta, 1987), Perugia, 1988, pp. 52 ff.
[37] For the events leading up to the building of the *Canale dei Navicelli* see PARDINI P., in *Livorno e Pisa: due città… cit.*, 1980, p. 58, no. A.IV.16.
[38] For these items, see the article by ABELA E. in this volume.
[39] On this problem, see the observations made by GELICHI S., *Le mura inesistenti e la città dimezzata. Note di topografia pisana altomedioevale*, in *Archeologia Medioevale* XXV, 1998, pp. 75 ff. (together with the preceding bibliography).
[40] BRUNI S., *Prima dei Miracoli. Aspetti e problemi dell'insediamento antico nell'area della piazza del Duomo*, in *Storia ed arte nella piazza del Duomo*. Lectures 1992-1993 [Opera della Primaziale Pisana, Quaderno no. 4], Pisa, 1995, pp. 171 ff.
[41] BRUNI S., *art. cit.*, in *Storia ed arte… cit.*, 1995, p. 173.
[42] *Ibid.*, pp. 171 ff. (with references).
[43] For other jars in the same group from Pisa, cf. BRUNI S., *Materiali per Pisa etrusca. 2. Resti di corredi di età tardoclassica ed ellenistica dalla necropoli occidentale*, in *Contributi della Scuola di Specializzazione in Archeologia dell'Università degli Studi di Pisa* I, 1997, p. 112 notes 5-6, plate 4, 1-2 and p. 116 (with other references to note 79).
[44] See the article by ROSSI E. in this volume.
[45] For the type of pottery, cf. BRUNI S., *Materiali per lo studio della chora di Pisa etrusca*, in *Bollettino Storico Pisano* LXVI, 1997, pp. 142 ff. For the form, see the most recent specimen published in CIAMPOLTRINI G., *L'insediamento etrusco nella Valle del Serchio fra IV e III secolo a.C. Considerazioni sull'abitato di Ponte Gini*, in *Studi Etruschi* LXII, 1996, p. 198, plate XXVI.b.
[46] For the fragment (south extension Layer 63) attributed to a painter of the Group of Stamnos Bologna 824, see BRUNI S., *Ceramica a figure rosse*, in *Le navi antiche di San Rossore*, 1999, p. 20. For the Group, cf. GILOTTA F., *Appunti sulla più antica ceramica etrusca a figure rosse*, in *Prospettiva* 45, 1986, pp. 6 ff.; BRUNI S., *Ceramiche sovradipinte del V secolo nel territorio chiusino: il Gruppo Vagnonville. Una proposta di definizione*, in *La civiltà di Chiusi e del suo territorio*, Atti del XVII convegno di Studi Etruschi ed Italici, (Chianciano Terme, 28 May - 1 June 1989), Florence, 1993, pp. 292 ff. For the Volterra crater, cf. also CATENI G., *Volterra. Museo Guarnacci*, Pisa, [1988], p. 63, plate 21.
[47] For an overview of the city towards the end of the fifth century B.C., cf. *Pisa etrusca*, p. 198 ff. On the significance of the harbour structures, see the observations of TORELLI M., *Le nuove scoperte di Pisa nel quadro dei commerci mediterranei*, in *Le navi romane… cit.*, 1999, pp. 27 ff. For an overview of the situation as regards harbours in ancient times, see

del V secolo nel territorio chiusino: il Gruppo Vagnonville. Una proposta di definizione, in La civiltà di Chiusi e del suo territorio, Atti del XVII convegno di Studi Etruschi ed Italici, (Chianciano Terme, 28 maggio-1 giugno 1989), Firenze 1993, pp. 292 e segg. Per il cratere di Volterra cfr. anche CATENI G., Volterra. Museo Guarnacci, Pisa s.d. [ma 1988], p. 63, tav. 21.

47 Per il quadro della città allo scorcio del V sec. a.C. cfr. ora Pisa etrusca, pp. 198 e segg. Per il significato delle strutture portuali si vedano le osservazioni di TORELLI M., Le nuove scoperte di Pisa nel quadro dei commerci mediterranei, in Le navi romane… cit., 1999, pp. 27 e segg. Per un panorama della situazione dei porti in età antica si veda BLACKMANN D.J., Ancient Harbours in the Mediterranean, in International Journal of Nautical Archaeology 11, 2, 1982, pp. 79 e segg. e 11, 3, 1982, pp. 185 e segg.; nonché per quanto riguarda Marsiglia cfr. GUÉRY R., Le port antique de Marseille, in Marseille grecque et la Gaule, Atti del colloquio, Marsiglia 18-23 novembre 1990, pp. 109 e segg.; HESNARD A., Une nouvelle fouille du port de Marseille, Place Jules-Verne, in Comptes Rendus de l'Académie des Inscriptions et Belles Lettres 1994, pp. 195 e segg.

48 Pisa etrusca, pp. 214 e segg. e riferimenti a p. 276.

49 BRUNI S., Prolegomena… cit., in Pisa, piazza Dante… cit., 1993, pp. 74 e segg.; IDEM, Materiali per Pisa etrusca. 1. Le ceramiche dall'area del Cimitero Ebraico, in Bollettino Storico Pisano LXV, 1996, p. 63 e nt. 7; Pisa etrusca, pp. 204 e segg.

50 Su questo aspetto cfr. BRUNI S., Pisa etrusca e lo scacchiere mediterraneo allo scorcio del V secolo a.C., Discorso pronunziato In die Sancti Sixti il 6 agosto 1999, Pisa 2000. Si veda anche Pisa etrusca, pp. 55 e segg.

51 Pisa etrusca, pp. 216 e segg.

52 Per alcune di queste anfore si veda il testo di ROSSI E. in questo volume. Per il tipo D della Lyding Will cfr. LYDING WILL E., Greco-italic amphoras, in Hesperia, 51, 1982, pp. 339 e segg.

53 SOLINAS E., Uno scavo nell'anfora. Stratificazioni millenarie nei contenitori di Santa Gilla, in Archeologia Viva anno XII, n. 37 n.s., aprile 1993, p. 32. Ossa di maiale macellato sono

state rinvenute anche nel relitto della fine del II - inizi del I sec. a.C. della baia di Cavalière ad est di Lavandou, lungo le coste francesi, che forse non casualmente trasportava, assieme ad esemplari di Lamboglia 2 apuli e Dressel 1 A e 1 C campani, anfore puniche: cfr. CHARLIN G. – GASSEND J.M. – LÉQUEMENT R., L'épave antique de la baie de Cavalière (Le Lavandou, Var), in Archeonautica 2, 1978, pp. 9 e segg.; ed anche L'HOUR M. – LONG L., in Archéologie sous-marine sur les cotes de France. Vingt ans de recherches, catalogo della mostra, Perros-Guirec 1986, pp. 56 e segg.

54 Per alcuni di questi materiali si veda per ora il testo di SETTESOLDI R. in questo volume.

55 Si veda il testo di MENNUTI F. in questo volume.

56 Si veda il contributo di ROMUALDI A. in questo volume.

57 Si veda il testo di IARDELLA R. in questo stesso volume.

58 Per i due kalathoi cfr. per ora BRUNI S., Ceramica iberica, in questo stesso volume e riferimenti alla diffusione di questa classe in area etrusca.

BLACKMANN D.J., Ancient Harbours in the Mediterranean, in International Journal of Nautical Archaeology 11, 2, 1982, pp. 79 ff. and 11, 3, 1982, pp. 185 ff.; on Marseilles, see also GUÉRY R., Le port antique de Marseille, in Marseille grecque et la Gaule, Proceedings of the Colloquium, Marseilles, 18-23 November 1990, pp. 109 ff.; HESNARD A., Une nouvelle fouille du port de Marseille, Place Jules-Verne, in Comptes Rendus de l'Académie des Inscriptions et Belles Lettres, 1994, pp. 195 ff.

48 Pisa etrusca, pp. 214 ff. and references on p. 276.

49 BRUNI S., Prolegomena… cit., in Pisa, piazza Dante… cit., 1993, pp. 74 ff.; Idem, Materiali per Pisa etrusca. 1. Le ceramiche dall'area del Cimitero Ebraico, in Bollettino Storico Pisano LXV, 1996, p. 63 ff. and note 7; Pisa etrusca, pp. 204 ff.

50 On this aspect, cf. BRUNI S., Pisa etrusca e lo scacchiere mediterraneo allo scorcio del V secolo a.C., Address delivered In die Sancti Sixti on 6 August 1999, Pisa 2000. See also Pisa etrusca, pp. 55 ff.

51 Pisa etrusca, pp. 216 ff.

52 On some of these amphorae, see the text by ROSSI E. in this volume. On Lyding Will's type D, cf. LYDING WILL E., Greco-italic amphoras, in Hesperia, 51, 1982, pp. 339 ff.

53 SOLINAS E., Uno scavo nell'anfora. Stratificazioni millenarie nei contenitori di Santa Gilla, in Archeologia Viva, XII, no. 37 special issue, April 1993, p. 32. Bones of butchered pigs were also found in the wreck dating from the late second-early first century B.C. in the bay of Cavalière east of Le Lavandou on the French coast. It may be no coincidence that this was transporting Punic amphorae together with Lamboglia 2 specimens from Apulia and Dressel 1 A and 1 C specimens from Campania: cf. CHARLIN G. - GASSEND J.-M. - LÉQUEMENT R., L'épave antique de la baie de Cavalière (Le Lavandou, Var), in Archeonautica 2, 1978, pp. 9 ff.; see also L'HOUR M. - LONG L., in Archéologie sous-marine sur les côtes de France. Vingt ans de recherches, exhibition catalogue, Perros-Guirec 1986, pp. 56 ff.

54 On some of these items, see the text by SETTESOLDI R. in this volume.

55 See the text by MENNUTI F. in this volume.

56 See the text by ROMUALDI A. in this volume.

57 See the text by IARDELLA R. in this volume.

58 On the two kalathoi, cf. BRUNI S., Iberian ceramic war, in this volume and references to the diffusion of this group in the Etruscan area.

59 See BOTTINI A., Thymiateria, in this volume.

60 Cf. GUZZO P.G., Some observations on the gold fibula, in this volume.

61 Claudio Sorrentino of Pisa University is responsible for the examination of the animal remains. See the preliminary data presented by Sorrentino in this volume.

62 CAGIANO DE AZEVEDO M., Le antichità di Villa Medici, Rome, 1951, pp. 73 ff. no. 61, plate XXXI, fig. 50; Andreae B., Die roemischen Jagdsarkophagen, [Die Sarkophage mit Darstellungen aus dem Menschenleben I, 2], Berlin, 1980, p. 176 no. 196, plate 42.1 (with the preceding bibliography). On this problem, cf. also PIETRANGELI C., La cattura e commercio delle fiere nell'antica Roma in un sarcofago di Villa Medici, in L'Urbe XI, special issue no. 2, March-April 1948, pp. 3 ff. [now reprinted in Scritti scelti, Rome, 1985, pp. 55 ff.].

63 Cf. HOENLE A. - HENZE A., Römische

[59] Su cui cfr. per ora BOTTINI A., *Thymiateria*, in questo stesso volume.

[60] Su cui cfr. per ora GUZZO P.G., *Qualche osservazione sulla fibula d'oro*, in questo stesso volume.

[61] I reperti osteologici animali sono stati affidati per lo studio al dr. Claudio Sorrentino dell'Università degli Studi di Pisa. Si veda per ora i dati preliminari presentati dallo stesso in questo stesso volume.

[62] CAGIANO DE AZEVEDO M., *Le antichità di Villa Medici*, Roma 1951, pp. 73 e segg. n. 61, tav. XXXI, fig. 50; ANDREAE B., *Die roemischen Jagdsarkophagen*, [Die Sarkophage mit Darstellungen aus dem Menschenleben I, 2], Berlin 1980, p. 176 n. 196, tav. 42.1 (con bibliografia precedente). Cfr. anche per il problema che qui interessa PIETRANGELI C., *La cattura e commercio delle fiere nell'antica Roma in un sarcofago di Villa Medici*, in *L'Urbe* XI, n.s. n. 2, marzo-aprile 1948, pp. 3 e segg. [ora ristampato in *Scritti scelti*, Roma 1985, pp. 55 e segg.].

[63] Cfr. HOENLE A., HENZE A., *Römische Amphitheater und Stadien. Gladiatorenkaempfe und Circusspiele*, Zuerich 1981, pp. 13 e segg. (con altri riferimenti).

[64] Per ludi con fiere in Etruria cfr. VAN DER MEER L., *Ludi scenici et gladiatorum munus. A terracotta Arula in Florence*, in *BABesch* 57, 1982, pp. 89 e segg. Si veda anche la raffigurazione su un'urna di Perugia: FERUGLIO A.E., in *Caratteri dell'Ellenismo nelle urne etrusche*, Atti del convegno, (Siena, 28-30 aprile 1976), Firenze 1977, p. 113, fig. 80. Per alcuni giuochi etruschi con animali feroci di età arcaica, che tuttavia non sembrano avere legami diretti con le *venationes* diffuse a partire dalla piena età ellenistica, cfr. JANNOT J.R., *Phersu, Phersuna, Persona. A propos du masque étrusque*, in *Spectacles sportifs et scéniques dans le monde étrusco-italique*, Atti della tavola rotonda, (Roma 3-4 maggio 1991), Roma 1993, pp. 288 e segg. (con bibiografia precedente).

[65] Nel qual caso la nave si sarebbe, con maggior verosimiglianza, attraccata ad una banchina di uno dei porti (San Piero a Grado o *Portus Pisanus*) collocati lungo la costa e l'eventuale parte di carico destinata al mercato pisano sarebbe stata trasportata in città per mezzo di *codicariae*.

[66] Sulle guerre romano-liguri cfr. da ultimo MANSUELLI G.A., *L'ultima Etruria. Aspetti della romanizzazione del paese etrusco. Gli aspetti culturali e sacrali*, Bologna 1988, pp. 88 e segg. e pp. 189 e segg.; cfr. anche *Pisa etrusca*, pp. 237 e segg.

[67] Per il motivo e la sua diffusione nel repertorio delle officine ateiane e perenniane cfr. SALADINO V., *Centauri restrictis ad terga manibus: un'ipotesi sul torso Gaddi*, in *In memoria di Enrico Paribeni*, Roma 1998, pp. 379 e segg. e riferimenti alle ntt. 1-5.

[68] SCRINARI V.S.M., *Le navi del Porto di Claudio*, Roma 1979. Cfr. anche EADEM, *Scavi al porto di Claudio*, in *Archeologia Laziale* VI [Quaderni dell'Istituto per l'Archeologia etrusco-italica del C.N.R. n. 8], Roma 1984, pp. 213 e segg.; EADEM, *Indagini al porto di Claudio*, in *Archeologia laziale* VIII [Quaderni dell'Istituto per l'Archeologia etrusco-italica del C.N.R. n. 14], Roma 1987, pp. 181 e segg.; EADEM, *Guida al Museo delle navi del porto di Claudio a Fiumicino*, Roma 1989.

[69] Lucca, Archivio di Stato, Ms. 54: *Cronaca pisana* (c. 1338-1342), f. 41 r-v. Citato in

---

Amphitheater und Stadien. Gladiatorenkaempfe und Circusspiele, Zürich, 1981, pp. 13 ff. (with other references).

[64] On games with wild animals in Etruria, cf. VAN DER MEER L., *Ludi scenici et gladiatorum munus. A terracotta Arula in Florence*, in *BABesch* 57, 1982, pp. 89 ff. See also the painted urn in Perugia: FERUGLIO A.E., in *Caratteri dell'Ellenismo nelle urne etrusche*, Atti del convegno, (Siena, 28-30 April 1976), Florence, 1977, p. 113, fig. 80. On Etruscan games with wild animals in the archaic period (which do not, however, appear to have any direct links with the *venationes* that became widespread at the height of the Hellenistic period) cf. JANNOT J.R., *Phersu, Phersuna, Persona. A propos du masque étrusque*, in *Spectacles sportifs et scéniques dans le monde étrusco-italique*, Atti della tavola rotonda, (Rome, 3-4 May 1991), Rome, 1993, pp. 288 ff. (with the preceding bibliography).

[65] In which case it is far more likely that the ship would have been moored at a wharf in one of the harbours (San Piero a Grado or *Portus Pisanus*) along the coast, and any part of the cargo intended for the Pisan market would have been transported to the city by means of *codicariae*.

[66] On the Roman-Ligurian wars, cf. most recently MANSUELLI G.A., *L'ultima Etruria. Aspetti della romanizzazione del paese etrusco. Gli aspetti culturali e sacrali*, Bologna, 1988, pp. 88 ff. and pp. 189 ff.; cf. also *Pisa etrusca*, pp. 237 ff.

[67] On this motif and its diffusion in the repertoire of the workshops of Ateius and Perennius, cf. SALADINO V., *Centauri restrictis ad terga manibus: un'ipotesi sul torso Gaddi*, in *In memoria di Enrico Paribeni*, Rome, 1998, pp. 379 ff. and references in notes 1-5.

[68] SCRINARI V.S.M., *Le navi del Porto di Claudio*, Rome, 1979. Cf. also EADEM, *Scavi al porto di Claudio*, in *Archeologia Laziale* VI [Quaderni dell'Istituto per l'Archeologia etrusco-italica del C.N.R. no. 8], Rome, 1984, pp. 213 ff.; Eadem, *Indagini al porto di Claudio*, in *Archeologia laziale* VIII [Quaderni dell'Istituto per l'Archeologia etrusco-italica del C.N.R. no. 14], Rome, 1987, pp. 181 ff.; EADEM, *Guida al Museo delle navi del porto di Claudio a Fiumicino*, Rome, 1989.

[69] Lucca, Archivio di Stato, Ms. 54: *Cronaca*

---

pisana (c. 1338-1342), f. 41 r-v. Cited in TOLAINI E., *Pisano antico. Le parole del mare. Termini volgari e mediolatini attinenti le attività marinare pisane nel medioevo*, Pisa, 1999, p. 124 under the heading *sungitoio*.

[70] TCHERNIA A. - POMEY P. - HESNARD A. et al, *L'épave romaine de La Mandrague de Giens* (Var), XXXIV suppl. *Gallia*, Paris, 1978.

[71] The fact that the excavations are not yet completed and the highly preliminary nature of all the observations put forward as regards the chronology of the different vessels makes it unadvisable here to attempt a detailed analysis of the various items recovered in connection with the individual vessels. Some of these are presented in *Le navi antiche di San Rossore*, 1999, pp. 23 ff. The data furnished here are in any case to be regarded as necessarily provisional. For observations on some sets of items, see the texts in this volume.

[72] For an initial analysis of these amphorae, see the text by PESAVENTO MATTIOLI S., MAZZOCHIN S. and PAVONI M.G. in this volume.

[73] The analysis of the contents of the amphorae was carried out by Dr. Pallecchi

TOLAINI E., *Pisano antico. Le parole del mare. Termini volgari e mediolatini attinenti le attività marinare pisane nel medioevo*, Pisa 1999, p. 124 s.v. "*sungitoio*".

[70] TCHERNIA A. – POMEY P. – HESNARD A. *et alii*, *L'épave romaine de La Mandrague de Giens* (Var), XXXIV suppl. *Gallia*, Paris 1978.

[71] La circostanza che lo scavo non sia stato ancora completato, nonché il carattere assolutamente preliminare di tutte le osservazioni proposte per la cronologia dei vari relitti, consiglia di non addentrarci in questa sede in un'analisi particolareggiata dei vari materiali rinvenuti in associazione con i singoli scafi. Alcuni di essi sono stati presentati in *Le navi antiche di San Rossore*, 1999, pp. 23 e segg.; tuttavia anche i dati qui presentati devono necessariamente considerarsi come preliminari. Per alcune considerazioni su alcune classi di materiali si vedano i testi raccolti in questo volume.

[72] Si veda, per una prima analisi di queste anfore, il testo diPESAVENTO MATTIOLI S. – MAZZOCHIN S. e PAVONI M.G. in questo stesso volume.

[73] Le analisi del contenuto delle anfore sono state affidate al dr.Pallecchi del Centro di Restauro della Soprintendenza Archeologica della Toscana, che ha anticipato alcuni risultati in una relazione tenuta al convegno di Cattolica del 26 agosto 1999. Si veda anche GIACHI G. – PALLECCHI P., *I materiali pertinenti il carico delle imbarcazioni: analisi e indagini conoscitive*, in *Le navi antiche di San Rossore*, 1999, pp. 42 e segg., nonché il testo di GIACHI G. – PALLECCHI P. in questo volume.

[74] L'asse rientra tra quelli coniati dai tresviri monetali *P. Lurius Agrippa, M. Selvius Otho* e *M. Maecilius Tullus*, come indica la *legenda* al R*P.LURIUS.AGRIPPA. III. VIR.A.A.A.F.F.* Cfr.. MATTINGLY H. – SYDENHAM E.A., *The Roman Imperial Coinage. I, Augustus to Vitellius*, London 1923, p. 79.

[75] Per un primo esame delle Dressel 2-4 di questo relitto si veda il testo di FERRINI B. in questo volume.

[76] Per il tipo di questi boccali, di cui un esemplare è noto anche tra i materiali dai recenti scavi di Lucca, come mi segnala Ciampoltrini G., si veda BÉRATO J., *Evolution de la céramique non tournée de la fin de l'Age du Fer à la pèriode gallo-romaine dans le départment du Var*, in *Documents d'Archéologie Méridionale* 16, 1993, p. 331 forme 921, fig. 9 nn. 81-82. Si vedano, comunque, le considerazioni di GRANDINETTI G. in questo volume.

[77] Per questi relitti cfr. CORSI M. – LIOU B., *Les épaves de Tarraconaise à chargement d'amphores Dressel 2-4*, in *Archaeonautica* 5, 1985, pp. 26 e segg., pp. 95 e segg., pp. 108 e segg. e pp. 169 e segg. Per il problema della circolazione dei *dolia*, altrimenti presenti in carichi provenienti dalla Campania in associazione con anfore Dressel 2-4 di produzione medio tirrenica (ad esempio relitto di Ladispoli, Gran Ribaud D, La Garroupe [Antibes]), si veda GIANFROTTA P.A. – HESNARD A., *Due relitti augustei carichi di dolia, quelli di Ladispoli e del Gran Ribaud D*, in *El vi a l'antiquitat. Economia, produciò i comerç al Mediterani occidental*, Monografies Badalonines 9, 1987, pp. 288 e segg. (con bibliografia); GIANFROTTA P.A., *Eracle, Peticio e il commercio marittimo*, in MATTIOCCO E. (ed.), *Dalla Villa di Ovidio al Santuario di Eracle*, Sulmona 1989, pp. 177 e segg. (con altra bibliografia); CIAMPOLTRINI G. – RENDINI P., *Un dolio di P.Ro[cius-*

of the SAT Restoration Centre, who gave a preview of some findings in a report presented at the conference held at Cattolica on 26 August 1999. See also GIACHI G. - PALLECCHI P., *I materiali pertinenti il carico delle imbarcazioni: analisi e indagini conoscitive*, in *Le navi antiche di San Rossore*, 1999, pp. 42 ff., and the text by PALLECCHI P. in this volume.

[74] This *as* was one of those minted by the *tresviri monetali P. Lurius Agrippa, M. Selvius Otho* and *M. Maecilius Tullus*, as is indicated by the inscription R\P.LURIUS.AGRIPPA.III. VIR.A.A.A.F.F. Cf.. MATTINGLY H. - SYDENHAM E.A., *The Roman Imperial Coinage. I, Augustus to Vitellius*, London, 1923, p. 79.

[75] For a preliminary examination of the Dressel 2-4 amphorae from this vessel, see the text by FERRINI B. in this volume.

[76] For beakers of this type, a specimen of which is also included among the items recently excavated at Lucca, as I am informed by Ciampoltrini G., see BÉRATO J., *Evolution de la céramique non tournée de la fin de l'Age du Fer à la pèriode gallo-romaine dans le département du Var*, in *Documents d'Archéologie Méridionale* 16, 1993, p. 331, form 921, fig. 9, notes 81-82. See also the observations by GRANDINETTI G. in this volume.

[77] For these vessels, cf. CORSI M. - LIOU B., *Les épaves de Tarraconaise à chargement d'amphores Dressel 2-4*, in *Archaeonautica* 5, 1985, pp. 26 ff., pp. 95 ff., pp. 108 ff., pp.169 ff. On the problem of the circulation of *dolia*, also present in cargoes from Campania together with Dressel 2-4 amphorae produced in the Tyrrhenian area (e.g. the Ladispoli wreck, the *Gran Ribaud D* and *La Garroupe* [Antibes]), see GIANFROTTA P.A. - HESNARD A., *Due relitti augustei carichi di dolia, quelli di Ladispoli e del Gran Ribaud D*, in *El vi a l'antiquitat. Economia, produciò i comerç al Mediterani occidental*, Monografies Badalonines 9, 1987, pp. 288 ff. (with bibliography); GIANFROTTA P.A., *Eracle, Peticio e il commercio marittimo*, in MATTIOCCO E. (ed.), *Dalla Villa di Ovidio al Santuario di Eracle*, Sulmona 1989, pp. 177 ff. (with further bibliography); CIAMPOLTRINI G. - RENDINI P., *Un dolio di P.Ro[cius-] Pomp. Nuovi ritrovamenti dall'Arcipelago Toscano*, in *Atti del Convegno Nazionale di Archeologia Subacquea*, (Anzio, 30 May - 1 June 1996), Bari, 1997, pp. 55 ff. (with additional references and bibliography).

[78] The preserved portion of the broken shank, currently being treated for conservation, measures 2.85 m. The arms, which are in a perfect state of preservation, show no signs of wear or lead facing on the bills (maximum length at the peak 2.2 m.). The arms are attached to the shank by means of a system of joints and battens secured by four pegs. The anchor, which is of the movable stock type and has no lead fluke, appears to belong to type IV of the classification established by HALDANE D. (*Recent discoveries about the dating and construction of wooden anchors*, in *Thracia Pontica* III, 1986, pp. 416 ff.). On wooden anchors, cf. D'ATRI V., *Un'ancora in legno dal mare di Tarquinia*, in *Archeologia Subacquea. Studi, ricerche e documenti* II, 1997, pp. 89 ff. (with other references). On the Nemi example, cf. UCELLI G., *Le navi di Nemi*, Rome, 1950, p. 242, figs. 275 and 278.

[79] On this type of boat, see BONINO M., *Il barchino di Fucecchio e le barche tradizionali dell'Arno*, in *Erba d'Arno* 66, 1996, pp. 28 ff. (with another bibliography).

] *Pomp. Nuovi ritrovamenti dall'Arcipelago Toscano*, in *Atti del Convegno Nazionale di Archeologia Subacquea*, (Anzio 30 maggio – 1 giugno 1996), Bari 1997, pp. 55 e segg. (con altre segnalazioni e bibliografia).

[78] L'ancora, attualmente in fase di restauro, presenta il fusto, conservato per m. 2,85, spezzato; le marre, perfettamente conservate, non presentano tracce di usura né segni di rivestimenti plumbei sulle unghie (larghezza massima alla punta delle marre m. 2,20). L'assemblaggio delle marre al fusto è assicurato da un sistema di incastri ed assicelle, fermate da quattro caviglie. L'ancora, del tipo a ceppo mobile, è priva della contromarra in piombo e sembra riferibile al tipo IV della tipologia di HALDANE D. (*Recent discoveries about the dating and construction of wooden anchors*, in *Thracia Pontica* III, 1986, pp. 416 e segg.). Per le ancore in legno cfr. ora D'ATRI V., *Un'ancora in legno dal mare di Tarquinia*, in *Archeologia Subacquea. Studi, ricerche e documenti* II, 1997, pp. 89 e segg. (con altri riferimenti). Per l'esemplare di Nemi cfr. UCELLI G., *Le navi di Nemi*, Roma 1950, p. 242, figg. 275 e 278.

[79] Su questo tipo di imbarcazione si veda BONINO M., *Il barchino di Fucecchio e le barche tradizionali dell'Arno*, in *Erba d'Arno* 66, 1996, pp. 28 e segg. (con altra bibliografia).

[80] Si vedano i dati nel contributo di PALLECCHI P. in questo volume, ove è anche il riferimento alla tradizione antica riportata da Plinio (*Nat. Hist.* XXXIV, 54).

[81] FROST H., in *Lilybaeum (Marsala). The Punic Ship: Final Excavation Report*, in *Notizie degli Scavi di Antichità*, supplemento 1976, pp. 267 e segg., fig. 168.

[82] Cfr. MILANESE M., *Genova romana. Mercato e città dalla tarda età repubblicana a Diocleziano dagli scavi del colle di Castello* (Genova – San Silvestro 2), Roma 1993, pp. 181 e segg.

[83] Le analisi delle specie legnose dei vari relitti sono eseguite e coordinate dalla dr.ssa Giachi del Centro di Restauro della Soprintendenza ai Beni Archeologici della Toscana; per alcuni risultati preliminari si veda il contributo di GIACHI G. – LAZZERI S. – PACI S. in questo volume.

[84] POMEY P., *Principes et méthodes de construction en architecture navale antique*, in *Navires et commerces de la Méditerranée antique*, Hom-

mage à J. Rougé, [Cahiers d'histoire n. 33], Paris 1988, pp. 397 e segg.

[85] POMEY P., *Plaute et Ovide architectes navales!*, in *Melanges de l'Ecole Française de Rome*, Antiquité LXXXV, 2, 1973, p. 512.

[86] THROCKMORTON P. e J., *The roman Wreck at Pontano Longarini*, in *International Journal of Nautical Archaeology* 2, 2, 1973, pp. 243 e segg.

[87] CHEVALIER Y., SANTAMARIA C., *L'épave de l'anse Gerbal à Port-Vendres (Pyrénées Orientales)*, in *Rivista di Studi Liguri* XXXVII, 1971, pp. 7 e segg.; CHEVALIER Y. – LIOU B., *L'épave romaine de l'Anse Gerbal à Port-Vendres*, in *Comptes Rendus de l'Académie des Inscriptions et Belles Lettres* 1974, pp. 427 e segg. Per la cronologia del relitto cfr. MANACORDA D., in *Ostia IV. Le Terme del Nuotatore. Scavo dell'ambiente XVI e dell'area XXV*, [Studi miscellanei n. 23], Roma 1977, pp. 140 e segg.

[88] POMEY P., *L'architecture navale romaine et les feuilles sous-marines*, in DUVAL P.H. (ed.), *Recherches d'archéologie celtique et gallo-romaine*, Paris – Génève 1973, p. 50, nt. 38.

[89] BASCH L., *Le navire d'Enée*, in *Neptunia*, n. 158, 1985, 2, pp. 23 e segg.; GIANFROTTA

[80] See the data in the text by PALLECCHI P. in this volume, which also refers to the ancient tradition mentioned by Pliny (*Nat. Hist.* XXXIV, 54).

[81] FROST H., in *Lilybaeum (Marsala). The Punic Ship: Final Excavation Report*, in *Notizie degli Scavi di Antichità*, supplement 1976, pp. 267 ff., fig. 168.

[82] Cf. MILANESE M., *Genova romana. Mercato e città dalla tarda età repubblicana a Diocleziano dagli scavi del colle di Castello* (Genoa - San Silvestro 2), Rome, 1993, pp. 181 ff.

[83] The analyses of the types of wood from the different vessels are being conducted and coordinated by Dr. Giachi of the SAT Restoration Centre. For some preliminary findings, see the text by GIACHI G. *et al* in this volume.

[84] POMEY P., *Principes et méthodes de construction en architecture navale antique*, in *Navires et commerces de la Méditerranée antique*, *Hommage à J. Rougé*, [Cahiers d'histoire no. 33], Paris, 1988, pp. 397 ff.

[85] POMEY P., *Plaute et Ovide architectes navales!* in *Mélanges de l'Ecole Française de Rome*, Antiquité LXXXV, 2, 1973, p. 512.

[86] THROCKMORTON P. e J., *The Roman Wreck at Pontano Longarini*, in *International Journal of Nautical Archaeology* 2, 2, 1973, pp. 243 ff.

[87] CHEVALIER Y. - SANTAMARIA C., *L'épave de l'anse Gerbal à Port-Vendres* (Pyrénées Orientales), in *Rivista di Studi Liguri* XXXVII, 1971, pp. 7 ff.; CHEVALIER Y. - LIOU B., *L'épave romaine de l'Anse Gerbal à Port-Vendres*, in *Comptes Rendus de l'Académie des Inscriptions et Belles Lettres* 1974, pp. 427 ff. For the chronology of the wreck, cf. MANACORDA D., in *Ostia IV. Le Terme del Nuotatore. Scavo dell'ambiente XVI e dell'area XXV*, [Studi miscellanei no. 23], Rome, 1977, pp. 140 ff.

[88] POMEY P., *L'architecture navale romaine et les feuilles sous-marines*, in DUVAL P.H. (ed.), *Recherches d'archéologie celtique et gallo-romaine*, Paris-Geneva, 1973, p. 50, note 38.

[89] BASCH L., *Le navire d'Enée*, in *Neptunia*, no. 158, 1985, 2, pp. 23 ff.; GIANFROTTA P.G., NAVI MITOLOGICHE A ROMA, in *Atti della IV rassegna di archeologia subacquea*, (Giardini Naxos, 13-15 October 1989), Messina, 1991, pp. 85 ff. For the opposing view, see COARELLI F., *Il Foro Boario dalle origini alla tarda repubblica*, Rome, 1988, p. 128. See also BONINO M., *Imbar-

cazioni arcaiche in Italia: il problema delle navi usate dagli Etruschi*, in *Secondo Congresso Internazionale Etrusco* (Florence, 26 May - 2 June 1985) *Atti*, Rome, 1989, III, p. 1532.

[90] JONCHERAY J.-P., *L'épave romaine de Taillat*, in *Cahiers d'archéologie subacquatique* 6, 1987, p. 127.

[91] CARRE M.B. - RIVAL M., in *L'épave romaine Grand Ribaud D* (Hyères, Var), [*Archaeonautica* 8], Paris, 1988, p. 112.

[92] GIANFROTTA P.A. - POMEY P., *Archeologia subacquea. Storia, tecniche, scoperte e relitti*, Milan, 1980, p. 243. On the Dramont F Wreck, cf. JONCHERAY J.-P., *Un épave du Bas Empire: Dramont F*, in *Cahiers d'Archéologie Subacquatique* IV, 1975, p. 125 (plate D of light *terra sigillata* is of an unusual type, Hayes 60, no.1-2, present in Carthaginian contexts of 360-440 and in the Coninbriga destruction levels of 465-468). On the Saint-Gervais II Wreck, cf. JÉZÉGOU M.P., *L'épave byzantino-mérovingienne de Fosse-sur-Mer*, in *Bulletin de liaison de l'Association française d'archéologie mérovingienne* 2, 1980; POMEY P., *Un bateau de l'époque mérovingienne: l'épave Saint-Gervais 2 (VIIe s. ap. J.-C.)*, in *Archéologie sous-marine sur les côtes de*

P.G., *Navi mitologiche a Roma*, in *Atti della IV rassegna di archeologia subacquea*, (Giardini Naxos 13-15 ottobre 1989), Messina 1991, pp. 85 segg. Contra COARELLI F., *Il Foro Boario dalle origini alla tarda repubblica*, Roma 1988, p. 128. Sulla questione già M. BONINO, *Imbarcazioni arcaiche in Italia: il problema delle navi usate dagli Etruschi, in Secondo Congresso Internazionale Etrusco*, (Firenze 26 maggio – 2 giugno 1985), Atti, Roma 1989, III, p. 1532.
[90] JONCHERAY J.-P., *L'épave romaine de Taillat*, in *Cahiers d'archéologie subacquatique* 6, 1987, p. 127.
[91] CARRE M.B. – RIVAL M., in *L'épave romaine Grand Ribaud D (Hyères, Var), [Archaeonautica 8]*, Paris 1988, p. 112.
[92] GIANFROTTA P.A. – POMEY P., *Archeologia subacquea. Storia, tecniche, scoperte e relitti*, Milano 1980, p. 243. Per il relitto Dramont F cfr. JONCHERAY J.-P., *Un épave du Bas*

Empire: Dramont F, in *Cahiers d'Archéologie Subacquatique* IV, 1975, p. 125 (il piatto di sigillata chiara D appartiene ad una forma non comune, Hayes 60, nn. 1-2, presente in contesti di Cartagine del 360-440 e nei livelli di distruzione di Coninbriga del 465-468). Per il relitto di Saint-Gervais II cfr. JÉZÉGOU M.P., *L'épave byzantino-mérovingienne de Fosse-sur-Mer*, in *Bulletin de liaison de l'Association française d'archéologie mérovingienne* 2, 1980; POMEY P., *Un bateau de l'époque mérovingienne: l'épave Saint-Gervais 2 (VIIᵉ s. ap. J.-C.)*, in *Archéologie sous-marine sur les cotes de France. Vingt ans de recherche*, catalogo della mostra Perros-Guirec 1986, p. 134. Per il relitto di Yassi-Ada I cfr. BASS J. – VAN DOORNINCK F.H., *Yassi Ada I. A Seventh Century Byzantine Shipwreck, College Station*, Texas 1982, pp. 55 e segg. e pp. 255 e segg.

[93] Lo studio del relitto è stato affidato al dr. Medas S., a cui si deve l'analisi della nave rinvenuta allo scorcio del 1998 nei pressi del Mausoleo di Teodorico a Ravenna, datata dai materiali associati alla metà del V sec., che presenta caratteristiche ingegneristiche simili a quelle della nave di Pisa. Una prima anticipazione del suo studio sulla nave di Ravenna è stato offerto da Medas S. durante il convegno di Cattolica del 26 agosto 1999.
[94] Le anfore sembrano appartenere al tipo XXV Keay, cfr. KEAY S. J., *Late Roman Amphorae in the Western Mediterranean. A Typology and Economic Studies: The Catalan Evidence*, [*B.A.R.* n. 196], Oxford 1984, pp. 184 e segg. Si vedano, per confronti, gli esemplari piccoli del relitto Dramont E, su cui SANTAMARIA C., in *L'épave Dramont "E" à Saint-Raphael (V siècle ap. J.-C.)*, [*Archaeonautica* 13], Paris 1995, pp. 51 segg.

logue, Perros-Guirec 1986, p. 134. On the Yassi-Ada I Wreck, cf. BASS J. - VAN DOORNINCK F.H., *Yassi Ada I. A Seventh Century Byzantine Shipwreck*, College Station, Texas, 1982, pp. 55 ff. and pp. 255 ff.
[93] The study of the wreck is being conducted by Dr. S. Medas, who is responsible for the analysis of the ship found towards the end of 1998 in the vicinity of the Mau-

soleum of Theodoric at Ravenna, dated to halfway through the fifth century, on the basis of the material found with it, which displays similar engineering features to those of the Pisan vessel. Dr. Medas presented a preview of his findings on the Ravenna ship during the conference held at Cattolica on 26 August 1999.
[94] The amphorae appear to belong to the

Keay XXV type, cf. KEAY S.J., *Late Roman Amphorae in the Western Mediterranean. A Typology and Economic Studies: The Catalan Evidence*, [B.A.R. no. 196], Oxford, 1984, pp. 184 ff. For purposes of comparison, see the small specimens from the Dramont E wreck, SANTAMARIA C., in *L'épave Dramont "E" à Saint-Raphael (V siècle ap. J.-C.)*, [*Archaeonautica* 13], Paris, 1995, pp. 51 ff.

IL LEGNO UTILIZZATO PER LA COSTRUZIONE DELLE IMBARCAZIONI: INDAGINI PRELIMINARI

GIANNA GIACHI

SIMONA LAZZERI

STEFANO PACI

Il ritrovamento di numerosi reperti in legno, e fra questi ha spicco quello delle imbarcazioni antiche, nello scavo del complesso di Pisa-San Rossore, offre attraverso opportune indagini analitiche, l'opportunità di ampliare la nostra conoscenza sullo sfruttamento del legname all'epoca in esame.

L'identificazione della specie legnosa costituente le diverse parti degli scafi ed i diversi manufatti fornisce indicazioni riguardanti le scelte operate in base alla valutazione delle caratteristiche meccaniche e di durabilità delle stesse, scelte comunque influenzate dalla facilità di reperimento del legname.

L'esame di identificazione viene realizzato mediante il confronto delle caratteristiche di ciascuna specie, riportate nei testi specialistici[1] e rapportabili a quelle della collezione microxilotomica dell'Istituto per la Ricerca sul Legno, con quelle evidenziate dall'osservazione di sezioni sottili al microscopio ottico.

Tali sezioni vengono ricavate secondo le tre direzioni anatomiche principali del legno (trasversale, longitudinale tangenziale, longitudinale radiale) per taglio manuale e previo congelamento dei campioni prelevati.

Nel caso delle imbarcazioni antiche di Pisa l'identificazione della specie legnosa è stata iniziata per le navi B, F, C, D ed i risultati preliminari sono riportati rispettivamente nelle tabelle I, II, III, IV. Al momento tali risultati sono pochi rispetto alla totalità dei campioni che, per la relativa facilità di operare, sono stati prelevati singolarmente mano a

WOOD USED IN THE CONSTRUCTION OF THE VESSELS: PRELIMINARY RESULTS

Analyses taken from the numerous finds of wooden objects, including all those from the shipwrecks found in Pisa-San Rossore excavations, have added to our knowledge of the type of timber used during the period under investigation.

Identification of the types of wood used both in various sections of the hulls and in a range of artefacts reveals choices made and the criteria behind them (durability, mechanical characteristics, etc). Choices were, however, also influenced by the more or less ready availability of different timbers.

Woods were identified by comparing the characteristics of each wood-type as mentioned in reports in specialist texts[1] and as documented in the microxilotomic collection of the "Istituto per la Ricerca sul Legno" with the characteristics of samples observed in thin-section under an optical microscope. Such sections were taken following each of the three main anatomical directions of woody tissue (cross, longitudinal tangential, and longitudinal radial sections). Each sample was frozen before use and then hand-cut .

Identification of wood-types began with ships B, F, C and D, and preliminary results are presented in Tables I, II, III and IV, respectively.

At present, when we consider just how much we have in the way of samples, thanks to the relative ease of the operation, our results may seem paltry, but we took them singly, one by one, as the pieces of the hulls were brought to light[2].

mano che le diverse porzioni degli scafi venivano portate alla luce[2]. Per due delle imbarcazioni citate, la C e la D, e soprattutto nel primo caso dove sono già stati osservati 59 campioni, è manifesto come il fasciame sia costituito da conifera e rispettivamente da *Pinus pinaster* Aiton (pino marittimo, figg. 1-2) la prima e da *Pinus pinea* L. (pino domestico o pino da pinoli) la seconda, oltreché, in entrambi i casi, da *Abies alba* Miller (abete bianco).

Le specie indicate forniscono legname poco o per niente durabile rispetto agli attacchi fungini e poco resistente agli attacchi degli insetti, a meno di opportuni trattamenti, come quelli qui riscontrati di copertura con calafataggio[3] ed il legno di abete è poco resistente all'alternarsi di umido ed asciutto, per cui può essere meglio utilizzato nella parte di opera viva[4].

Gli attuali impieghi non sono mirati al campo delle costruzioni navali o marittime[5], mentre ne è riportato l'uso in tal senso nei tempi antichi, sia in fonti latine, che greche[6]. Plutarco dice che il pino domestico era stato dedicato a *Poseidon "perché alligna sulle spiagge del mare e nelle dune e perché è utilissimo alla costruzione navale" (Plutarco Symp. V, 3, 1).*

E così il termine generico "pino" viene riportato da altri autori, anche se è bene notare che tale termine stava spesso ad indicare qualsiasi tipo di albero resinoso.

Certo è che l'abete era comunque e naturalmente ritenuto il migliore per l'arboratura, per le notevoli dimensioni dei fusti, sempre ben dritti[7].

Il fasciame delle navi B e F appare prevalentemente realizzato in legno di quercia. Il legno di quercia (ed in particolare il suo durame) è molto durabile e molto resistente agli attacchi di insetti, ed è indicato, oltre ad altri innumerevoli scopi, alla costruzione di

For C and for D especially, with 59 samples analysed, coniferous wood was used for the planking, *Pinus pinaster* Aiton (cluster pine; figs. 1, 2) in the former, and *Pinus pinea* L. (stone pine) in the latter. Elsewhere in both ships *Abies alba* Miller (silver fir) was used. Because none of these species are significantly resistent to fungi or more than slightly resistent to insect aggression unless properly treated, the vessels had been caulked[3]. Fir is scarcely resistent to the alternation of soaking and drying, so it is best used for quick-work[4].

Nowadays such timbers are not used in naval or maritime construction[5], whereas both Latin and Greek authors record their use for such purposes in antiquity[6]. Plutarch notes that the stone pine was dedicated to *Poseidon "because it grows along the beaches of the sea and dunes and because it is very useful for naval construction" (Symp.* V, 3, 1)

The generic term "pine" is mentioned by several authors. One must bear in mind, however, that any type of resinous tree may have been designated as such. The fact remains, even so, that the fir was naturally considered the best tree for masts, because of its good, straight and exceptionally tall trunk[7].

The planking of ships B and F appears to have been mainly of oak. Oak wood, and in particular its duramen, is very durable and resistant to insects. Along wih many other uses, it is reccommended for ship-building[8] where it is often used to construct the framework, the axis of the keel, the timbers, etc.[9] because of its mechanical characteristics. In ship D holly-oak is present in the frame.

To judge from the data obtained so far, a remarkable variety of timbers seems to have been used in the frames of vessel C: eight items in fig wood, one in olive, one in ash, one in elm and one in holly-oak. This suggests a succession of repairs.

navi[8]. In quest'ultime, in virtù delle notevoli caratteristiche meccaniche, è spesso impiegato nella costruzione dell'ossatura (nella nave D compare il leccio nelle ordinate), o dell'asse di chiglia, o degli scalmi, ecc.[9].

Nell'imbarcazione C le ordinate, per il numero finora indagato, risultano realizzate in una notevole varietà di legname: otto elementi in fico, uno in ulivo, uno in frassino, uno in olmo, uno in leccio, ciò può far pensare anche a rimaneggiamenti successivi.

È comunque curiosa la presenza abbondante (si parla ancora di risultati preliminari) di legno di fico comune (figg. 3-4): questo è tenero, facilmente lavorabile, ma anche facilmente alterabile[10]. Si può pensare al suo utilizzo per fattori legati alla facile reperibilità, fatto che comunque non definisce un settore geografico ristretto per la sua provenienza, essendo questa specie originaria del nord-Africa ma ampiamente diffusa in Italia già in epoca pre-romana per la ricercatezza dei suoi frutti[11].

Viene confermata, infine, come già rilevato in altri relitti, la presenza di rametti di vite (potature) per lo stivaggio del carico[12].

Tutte le specie identificate finora hanno areali di distribuzione comuni e sono generalmente diffuse, anche in associazione, in tutto il bacino del Mediterraneo, soprattutto nelle zone litoranee d'Italia[13]. Queste erano facilmente reperibili nella zona di Pisa, la quale, a detta di Strabone, come porto di mare doveva la sua importanza all'abbondanza di legno per fabbricare, e che per altro, ai suoi giorni[14], non serviva tanto alla costruzione di navi, quanto alla realizzazione di palazzi in Roma[15].

From the preliminary results, it is surprising how much common fig wood is present (figs. 3-4). Fig is a soft wood, easy to carve and easy to alter[10]. It may have been used on account of its ready availability. Even so, this does not pin down the ship's origin to a precise geographical location, as, although this species originated in North Africa, it was already widespread throughout Italy in pre-Roman times on account of its fine fruit[11].

Finally, we have found that, as with other wrecks, vine cuttings (from pruning) were used as padding in the stowage of cargo[12].

Each species of tree identified so far exhibits the same pattern of distribution, being generally widespread throughout the Mediterranean area and especially along the italian coasts[13]. Each would be readily available in the area of Pisa, which as Strabo pointed out, owed its importance as a seaport to the abundant supply of construction timber. Moreover, in those days[14], it was less important for ship-building than for building dwellings in Rome[15].

Tab. I – *Risultati preliminari dell'identificazione della specie dei legni costituenti l'imbarcazione B*

Parte della struttura navale	Specie legnosa costituente	Nome volgare	N. dei campioni esaminati
Fasciame	*Quercus sp.*, gruppo caducifoglie	quercia	4
Corrente	*Abies alba* Miller	abete bianco	1

Tab. II – *Risultati preliminari dell'identificazione della specie dei legni costituenti l'imbarcazione F*

Parte della struttura navale	Specie legnosa costituente	Nome volgare	N. dei campioni esaminati
Fasciame	*Quercus sp.*, gruppo caducifoglie	quercia	11
Estremità	*Alnus* cfr. *glutinosa*	ontano	1

Tab. III – *Risultati preliminari dell'identificazione della specie dei legni costituenti l'imbarcazione C*

Parte della struttura navale	Specie legnosa costituente	Nome volgare	N. dei campioni esaminati
Fasciame	*Pinus pinaster* Aiton	pino marittimo	20
	Abies alba Miller	abete bianco	2
Correnti	*Pinus pinaster* Aiton	pino marittimo	2
	Popolus alba L.	pioppo	2
Ordinate	*Ficus carica* L.	fico	8
	Olea europaea L.	olivo	1
	Fraxinus exelsior L.	frassino	1
	Quercus ilex L.	leccio	1
	Umus cfr. *minor*	olmo	1

Tab. I – *Preliminary results of species identification of wood making up vessel B*

Part of ship's structure	Constituent wood species	Common name	Samples examined
Planking	*Quercus sp.*, (deciduous)	oak	4
beams	*Abies alba* Miller	silver fir	1

Tab. II – *Preliminary results of species identification of wood making up vessel F*

Part of ship's structure	Constituent wood species	Common name	Samples examined
Planking	*Quercus sp.*, (deciduous)	oak	4
prow & stern	*Alnus* cfr. glutinosa	alder	1

Tab. III – *Preliminary results of species identification of wood making up vessel C*

Part of ship's structure	Constituent wood species	Common name	Samples examined
Planking	*Pinus pinaster* Aiton	cluster pine	20
	Abies alba Miller	silver fir	2
Beams	*Pinus pinaster* Aiton	cluster pine	2
	Popolus alba L.	poplar	2
Frames	*Ficus carica* L.	fig	8
	Olea europaea L.	olive	1
	Fraxinus exelsior L.	ash	1
	Quercus ilex L.	holly-oak	1
	Umus cfr. minor	elm	1

Parte della struttura navale	Specie legnosa costituente	Nome volgare	N. dei campioni esaminati
Spinotti	*Olea europaea* L.	olivo	4
	Fraxinus cfr. *excelsior*	frassino	1
	Quercus ilex L.	leccio	1
Tenoni	*Olea europaea* L.	olivo	5
Rametti per lo stivaggio	*Vitis vinifera* L.	vite	10

Tab. IV – *Risultati preliminari dell'identificazione della specie dei legni costituenti l'imbarcazione D*

Parte della struttura navale	Specie legnosa costituente	Nome volgare	N. dei campioni esaminati
Fasciame	*Pinus pinea* L.	pino domestico	4
	Abies alba Miller	abete bianco	1
Ordinate	*Quercus ilex* L.	leccio	1

Part of ship's structure	Constituent wood species	Common name	Samples examined
Eye-bolts	*Olea europaea* L.	olive	4
	Fraxinus cfr. *excelsior*	ash	1
	Quercus ilex L.	holly-oak	1
Tenons	*Olea europaea* L.	olive	5
Twigs for stowage	*Vitis vinifera* L.	vine	10

Tab. IV – *Preliminary results of species identification of wood making up vessel D*

Part of ship's structure	Constituent wood species	Common name	Samples examined
Planking	*Pinus pinea* L.	stone pine	4
	Abies alba Miller	silver fir	1
Frames	*Quercus ilex* L.	holly-oak	1

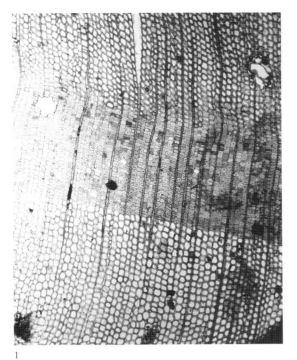

1

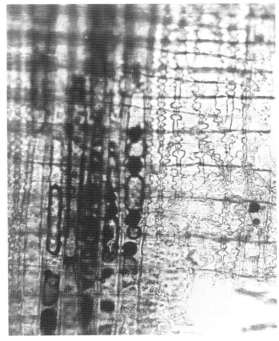

2

Figg. 1-2
Pinus pinaster L.: sezioni trasversale e longitudinale radiale osservate al microscopio ottico (ingrandimenti strumentali, rispettivamente di 66 e 400x).
Pinus pinaster L.: transversal and longitudinal radial sections observed through an optical microscope. (instrumental enlargements, respectively 66 and 400x).

Figg. 3-4
Ficus carica L.: sezioni trasversale e longitudinale tangenziale osservate al microscopio ottico (ingrandimenti strumentali, rispettivamente di 100 e 160x).
Ficus carica L.: transversal and longitudinal tangential sections observed through an optical microscope (instrumental enlargements, respectively 100 and 160x).

3

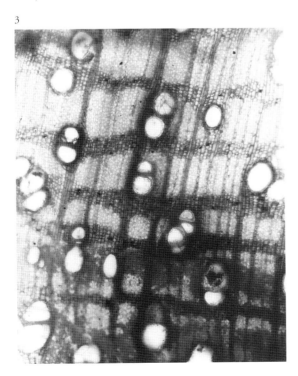

4

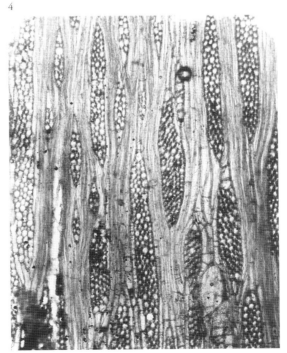

Note

[1] La campionatura verrà comunque completata in laboratorio dopo il trasferimento degli scafi.

[2] Abbate Edlmann *et al.*, 1994; Giordano 1981a, Greguss 1955, 1959; Grosser 1977; Huber-Rouschal, 1954; Jacquiot 1955; Jane 1956; Nardi Berti 1979; Schweingruber 1978, 1990).

[3] Operazione di impermeabilizzazione e protezione del legno con l'applicazione di sostanza peciosa.

[4] Edlmann-Giachi 1988; Di Bérenger 1859-1863.

[5] Giordano 1981b.

[6] Di Bérenger 1859-1863.

[7] Di Bérenger 1859-1863.

[8] AA.VV. 1989; Giordano 1981b.

[9] Di Bérenger 1859-1863.

[10] Abbate Edlmann *et alii* 1994.

[11] Di Bérenger 1859-1863.

[12] Abbate Edlmann *et alii* 1989; Schweingruber 1978, 1990.

[13] Fenaroli-Gambi 1976; Gellini 1975-1985; Giordano 1981.

[14] 63 a.C. - 20 d.C.

[15] Di Bérenger 1859-1863.

Notes

[1] Sampling will however be completed in the laboratory after the transfer of the hull.

[2] Abbate Edlmann *et alii*, 1994; Giordano 1981a, Greguss 1955, 1959; Grosser 1977; Huber-Rouschal, 1954; Jacquiot 1955; Jane 1956; Nardi Berti 1979; Schweingruber 1978, 1990).

[3] Applying pitch in waterproofing and wood-protection operations

[4] Edlmann-Giachi 1988; Di Bérenger 1859-1863

[5] Giordano 1981b.

[6] Di Bérenger 1859-1863.

[7] Di Bérenger 1859-1863.

[8] AA.VV. 1989; Giordano 1981b.

[9] Di Bérenger 1859-1863.

[10] Abbate Edlmann *et alii* 1994.

[11] Di Bérenger 1859-1863.

[12] Abbate Edlmann *et alii* 1989; Schweingruber 1978, 1990.

[13] Fenaroli-Gambi 1976; Gellini 1975-1985; Giordano 1981.

[14] 63 B.C. - 20 A.D.

[15] Di Bérenger 1859-1863.

Marco
Benvenuti

Pasquino
Pallecchi

Mario
Sagri

Cenni sull'evoluzione geomorfologica della pianura pisana

Il ritrovamento delle imbarcazioni di età romana nella bassa pianura pisana pone diversi problemi circa le caratteristiche geomorfologiche e paleoambientali dell'area interessata dallo scavo e gli eventi responsabili della presenza dei relitti. Importanti informazioni a riguardo possono essere ottenute dallo studio delle successioni sedimentarie e dal loro inquadramento evolutivo nell'ambito della pianura costiera di cui esse fanno parte.

Il sito archeologico della Stazione ferroviaria di San Rossore si colloca da un punto di vista geomorfologico entro un'area nota come pianura di Pisa (fig. 1). Questa pianura, nella sua configurazione attuale, è il risultato di processi geologici avvenuti in un lungo intervallo di tempo[1]. Di per sé la pianura è l'espressione della dinamica fluviale (principalmente dei fiumi Arno e Serchio) e costiera esplicatasi negli ultimi millenni a seguito di cambiamenti ambientali sui quali le variazioni climatiche, le fluttuazioni del livello marino e l'impatto antropico hanno esercitato una complessa influenza.

La pianura di Pisa in senso geologico più generale è da intendersi come un bacino sedimentario sviluppatosi a partire dal Miocene Superiore (circa 10 milioni di anni fa) a seguito di fenomeni di sprofondamento tettonico in un area precedentemente caratterizzata dalla formazione e sollevamento dell'Appennino Settentrionale.

In questo bacino si accumularono dal Miocene Superiore sedimenti continentali e marini spessi fino a 2000 metri che possono in parte essere osservati in affioramento nelle zone

Notes on the Geomorphological Evolution of the Pisan Lowlands

The discovery of these Roman vessels in the Pisan lowlands poses several problems concerning the geological and palaeo-environmental characteristics of the area under excavation and the events directly responsible for the presence of such remains. In this regard, important insight may be gained from the analysis of sedimentary successions and their evolution in the context of the coastal plain in which they are located.

The archaeological site of the San Rossore Railway Station lies within the area known as the Pisan lowlands (fig. 1). This area's configuration, is the result of geological processes acting over a long time span[1]. The plain itself was formed by the combined action of rivers (mainly by the Arno and the Serchio) and the sea over the last millennia and were caused by environmental changes. Such changes were in their turn influenced by the complex interplay of climatic changes, sea-level fluctuations and human intervention.

Geologically speaking, the Pisan lowlands are a sedimentary basin whose formation began in the Upper Miocene period (ca. 10 million years ago), following tectonic subsidence in a region previously characterized by the formation and rise of the Northern Apennines.

The two-thousand-meter-deep deposit of continental and marine sediments accumulated in this basin since the Upper Miocene period is partially visible in the hilly terrain between Pisa and Leghorn. In particular, the start of the Quaternary era (the Pleistocene epoch, starting about 1.6 million years ago), a marine intrusion left sandy and silty deposits still visible as an outcrop at the western margins of the plain. This intrusion was followed by a gradual fall in sea-level which produced sandy

limitrofe alla pianura (colline pisano-livornesi). In particolare con l'inizio dell'era Quaternaria (epoca del Pleistocene, da circa 1,6 milioni di anni fa) l'area in oggetto fu interessata da una trasgressione marina che ha lasciato come testimonianza sedimentaria depositi sabbioso-argillosi visibili in affioramento al margine occidentale della pianura. La trasgressione fu poi seguita da un graduale abbassamento relativo marino che lasciò depositi sabbiosi di spiaggia e più in generale di ambienti costieri dove precedentemente vi erano aree marine. Successivamente durante il Pleistocene medio le condizioni diventarono continentali con la deposizione di ciottoli e sabbie fluviali. Dal Pleistocene superiore (ultimi 120.000 anni circa) la pianura pisana vide almeno due importanti fasi di fluttuazione del livello marino regolate da fenomeni di cambiamento eustatico e climatico di significato globale. Tali fasi infatti coincidono con la penultima e ultima glaciazione durante le quali i ghiacci delle calotte polari, soprattutto quella artica, avanzarono verso latitudini più basse e i livelli marini scesero significativamente (fino a 120 metri più bassi del livello del mare attuale nell'ultima fase glaciale). A seguito di ogni caduta del livello è verosimile pensare che le pianure fluviali e costiere, come quella pisana, fossero significativamente diverse dal loro aspetto odierno. Incisione e deposizione fluviale grossolana dominavano in aree attualmente caratterizzate da sedimentazione di materiale fine. Con i successivi miglioramenti climatici, che avvenivano nelle fasi interglaciali, il livello marino risaliva innescando processi diversi nelle pianure costiere. Nella pianura pisana i depositi che segnano il miglioramento climatico dopo la penultima fase glaciale sono sabbie di spiaggia presenti lungo la costa livornese che testimoniano l'innalzamento marino noto come Tirreniano (fig. 1). Dopo l'ultima fase glaciale verificatasi tra i 100.000 e i 10.000 anni fa il livello marino tornò a salire in aree precedentemente subaeree dominate da deposizione fluviale grossolana ed eolica. La risalita fu complessa e discontinua[2] con una prima fase da 13.000

beach deposits and more generally transformed sea beds into coastal environments. Later, during the Middle Pleistocene epoch, the deposition of pebbles and river sands made the environment continental. Since the start of the Upper Pleistocene epoch (i.e. in the last 120,000 years or so) the Pisan lowlands have witnessed at least two major fluctuations in sea-level, determined by global eustatic and climatic events. These coincide with the last two glaciations, when the circumpolar ice sheets expanded especially from the arctic regions toward lower latitudes significant lowering sea level (to 120 m below the present level during the last ice age).

In all probability both of these drops left river and coastal plains such as that around Pisa in conditions significantly different from those now observable. Fluvial cutting and coarse deposition prevailed in areas now characterized by fine sedimentation. With the successively milder climates of the interglacial phases, the sea level rose again triggering a whole series of processes in the coastal plains. In the Pisan lowlands, beach sands along the Leghorn coast reflect the climatic improvement after the penultimate glaciation, and the consequent rise in sea level known as "Tyrrhenian" (fig. 1). After the last ice age, from 100,000 to 10,000 years ago, the sea level rose once again over what had been dry land dominated by wind as well as coarse fluvial sedimentation. This encroachment was complex and fitful[2] with a first stage between 13,000 and 11,000 years ago and a principal second stage stretching from about 10,000 to 5,000 years ago. Patterns of deposition in the Pisan lowlands thus shifted from continental to those of coastal environments (beach, lagoon and lake) and of low-energy fluvial plains. The most recent stage in the environmental evolution of the Pisan lowlands was thus inaugurated. Here, however, consideration of the climatic-eustatic dynamics of the last 13,000 years must be supplemented by examination of the hydrographic history of the area and of the contributions of human activities to environmental change. So far, the data collected from excavation and other subterranean investigations permit a stratigraphic reconstruction of the uppermost 10 meters of sedi-

a 11.000 anni fa e una seconda più importante da 10.000 a circa 5.000 anni fa. La pianura pisana fu quindi interessata dal variare della deposizione da ambienti continentali, durante il periodo glaciale, ad ambienti costieri (spiaggia, laguna e laghi costieri) e di pianura fluviale a bassa energia. Con questa fase si entra nello stadio più recente dell'evoluzione della pianura pisana la cui comprensione tuttavia non può derivare solo dalla dinamica climatico-eustatica degli ultimi 13.000 anni ma va anche cercata nell'evoluzione idrografica dell'area e nell'impatto umano sul cambiamento ambientale.

Allo stato attuale delle indagini, i dati provenienti dagli scavi e dalle altre prospezioni del sottosuolo hanno permesso la ricostruzione stratigrafica dei primi 10 metri dei depositi che interessano l'area nell'intorno dello scavo. Al di sopra di depositi argillosi relativamente spessi si hanno circa tre metri di sabbie, non raggiunte dallo scavo ma note dai sondaggi, per le quali non è ancora possibile un preciso riferimento cronologico e paleoambientale. Seguono circa due metri di alternanze sabbioso-limose, in strati inclinati verso Nord, entro le quali si trovano i relitti e gli altri reperti archeologici. Questo livello tende a diminuire di spessore e di granulometria spostandosi verso Nord. Tali depositi vengono preliminarmente riferiti ad esondazioni causate da eventi di piena eccezionale del fiume Arno che depositavano corpi sabbiosi lenticolari nell'area golenale in riva destra del fiume. Il rimanente spessore è costituito da depositi limoso-argillosi, deposti dalle normali esondazioni fluviali, e da terreni di riporto accumulati in tempi storici.

I dati stratigrafici puntuali del sito uniti a evidenze morfologiche e conoscenze storiche consentono di individuare alcuni caratteri dell'evoluzione paleogeografica della bassa pianura pisana a partire dall'epoca romana. In questo periodo la linea di costa romana si trovava a circa 3-4 km ad Ovest del luogo di rinvenimento dei relitti e testimonianze di un antico porto

ment in the area of the San Rossore site. About three meters of sand rest on relatively thick clay deposits not yet reached by the excavation but known from core samples, whose precise chronology and palaeoenvironmental implications cannot yet be determined. These sands in turn lie under about two meters of alternating sand and silt deposits in the northward-sloping layers containing the shipwrecks and other archaeological deposits. This level tends to diminish in depth and coarseness as one moves northward, and its stratification is tentatively attributed to exceptional flooding of the Arno, which laid down lenticular sand deposits in the dry area between the river and its right bank. The remaining layers of sediment consist of silty-clayey muds from more routine flooding and from backfill dumped in historical times.

The precise stratigraphic data collected on the site together with geomorphological and historical evidence reveal some of the distinctive traits of the palaeogeographic evolution of the Pisan lowlands from Roman times on. In that period the coastline lay about 3-4 km west of the excavation site, and there is evidence of an ancient Roman port near San Piero a Grado, by the mouth of the Arno (fig. 1). It would seem that the area immediately inland from the coast was characterized by channels and stretches of water, some navigable, whose existence is documented by historic sources. A hydraulic map of the Pisan lowlands at the beginning of the 16th century, and generally considered a useful approximation of the ancient situation, was drawn up by Leonardo da Vinci[3]. The San Rossore site most likely coincides with an ancient landing spot along one of these channels, which lay just north the right bank of the Arno.

The nature of the sediments so far observed in the alternating sand and silt deposits which have yielded the ancient material lead one to infer that the area was repeatedly flooded, and sometimes so violently as to move the ships and disperse portions of their cargo, though these events have not yet been dated. The ancient landing site, in fact, lay near the outer extremity of a pronounced bend

romano si trovano nella zona di San Piero a Grado presso lo sbocco dell'Arno in mare (fig. 1). È possibile ipotizzare che la zona a ridosso della costa sia stata interessata in antico da canali e specchi d'acqua, alcuni di questi navigabili, la presenza dei quali è testimoniata dalle fonti storiche. Uno schema dell'assetto idraulico della pianura di Pisa all'inizio del '500, in linea generale considerato approssimare la situazione in tempi più antichi, è stato eseguito da Leonardo da Vinci[3]. Il sito archeologico molto probabilmente corrispondeva ad un approdo ubicato in corrispondenza di uno di questi canali, localizzato immediatamente a Nord dell'argine di destra dell'Arno. I caratteri sedimentologici fin ora osservati nelle alternanze sabbioso-limose entro cui si trovano i reperti archeologici portano a considerare che l'area sia stata interessata da più eventi alluvionali, non ancora inquadrabili cronologicamente, anche di elevata energia (responsabili del movimento di navi, trasporto di parte del loro carico, ecc.) in relazione alla vicina presenza dell'Arno. All'altezza dell'antico approdo il fiume presenta la parte convessa di un meandro dove, durante le piene eccezionali, si potevano verificare rotture degli argini con deposizione di sabbie nell' area golenale.

Dalla documentazione storica sappiamo inoltre che alcuni dei canali a ridosso della costa già sotto Cosimo I, ponevano problemi riguardo il rischio di alluvioni a causa delle mareggiate che formavano ostacoli nello sbocco a mare dei canali stessi o dei fiumi in cui essi si immettevano. Questi problemi, pur trattati per anni da autorevoli scienziati idraulici quali Benedetto Castelli, alla fine del XVI sec., non erano ancora risolti[4].

È possibile quindi supporre che, in periodi caratterizzati da abbondanti ed intense precipitazioni, la zona fosse, anche in antico, soggetta ad alluvioni che però dovevano essere previste e in qualche modo controllate. Gli eventi responsabili dei naufragi delle imbarcazioni, e della loro parziale distruzione, devono essere stati imprevedibili e di particolare intensità.

in the Arno, where particularly violent floods would break levees as well as deposit sand along the river-bed. Moreover, we learn from the historical record that already in the reign of Cosimo I some of the channels by the coast created serious problems of flooding due to sea-storms, whose debris tended to block the mouths of the canals and of the rivers to which the were linked. These problems, despite the sustained efforts of such eminent hydraulic engineers as Benedetto Castelli (at the close of the sixteenth century), had not yet been solved[4].

We may plausibly suggest, then, that in times of particularly frequent and intense rains, the area was already in antiquity prone to floods which called for some form of forecasting and control. It would seem, therefore, that the events responsible for the sinking and partial destruction of the San Rossore ships must have been so exceptional in their violence as to be unpredictable.

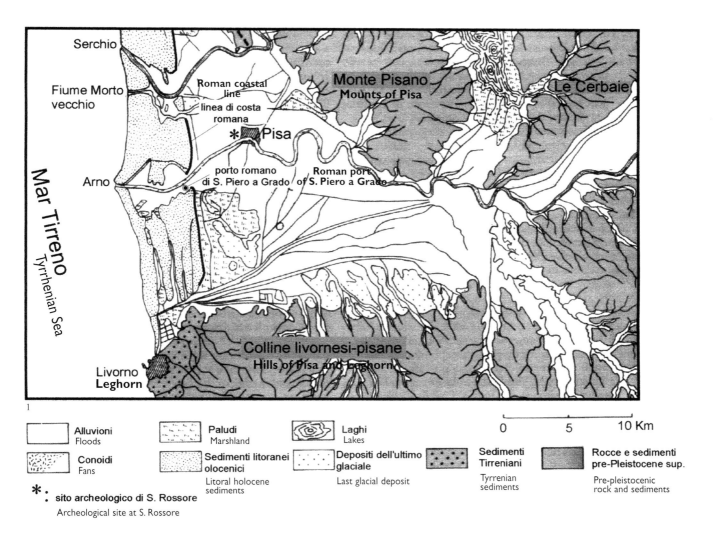

1

	Alluvioni Floods		Paludi Marshland		Laghi Lakes
	Conoidi Fans		Sedimenti litoranei olocenici Litoral holocene sediments		Depositi dell'ultimo glaciale Last glacial deposit

	Sedimenti Tirreniani Tyrrenian sediments		Rocce e sedimenti pre-Pleistocene sup. Pre-pleistocenic rock and sediments

∗ • sito archeologico di S. Rossore
Archeological site at S. Rossore

NOTE

[1] MAZZANTI - PASQUINUCCI, 1982; FANCELLI et al., 1986; DELLA ROCCA et. al., 1987; MAZZANTI - RAU, 1994.
[2] ANTONIOLI et al., 1999.
[3] Codice Madrid 8937 (II), cc. v. 53 r.
[4] BARSANTI - ROMBAI, 1994.

NOTES

[1] MAZZANTI & PASQUINUCCI, 1982; FANCELLI et al., 1986; DELLA ROCCA et al., 1987; MAZZANTI & RAU, 1994.
[2] ANTONIOLI et al., 1999.
[3] Cod. Madrid 8937(II), cc. v 53 r.
[4] BARSANTI & ROMBAI, 1994.

Fig. 1
Carta geomorfologica della pianura di Pisa (da DELLA ROCCA et alii, 1987, modificata).
Geomorphologic map of the plain of Pisa (in DELLA ROCCA et alii, 1987, modified).

ANCORE

CARLOTTA
BIGAGLI

BARBARA
FERRINI

L'ancora costituisce un elemento essenziale nell'armamento navale: ogni imbarcazione doveva averne in dotazione più di una, come indicano le testimonianze letterarie e confermano i relitti, sui quali ne sono state ritrovate in numero variabile, da due a undici.

Benché costituiscano una delle presenze più costanti tra i materiali archeologici rinvenuti in mare, poche possono essere messe in relazione al relitto corrispondente, sia a causa di recuperi clandestini a scopo collezionistico, sia perché esse vengono più spesso rinvenute come reperti singoli, soprattutto in porti ed in zone di mare che offrono un riparo, o nei pressi di secche e quasi ovunque lungo le coste[1]. Sebbene l'ancora, quale ritrovamento singolo, non possa essere datata con certezza soltanto sulla base delle sue caratteristiche tecniche, dato che queste sopravvissero pressoché inalterate per secoli, lo studio della sua tecnica di costruzione ha comunque permesso una classificazione che corrisponde bene allo sviluppo ed alla cronologia di tale oggetto[2].

Nell'area del complesso ferroviario di Pisa San Rossore sono state rinvenute tre ancore di tre diverse tipologie: una litica (n. 848) (fig. 1), la cui identificazione non è del tutto sicura, dal momento che potrebbe trattarsi anche di un peso di zavorra; una grande ancora in legno, di cui si conserva solo il fusto ligneo decorato da una foglia cuoriforme[3] (fig. 2), ed un'ancora in ferro (n. 176) (figg. 3-4), priva della parte superiore, per cui non è possibile specificare se si tratti di un esemplare a ceppo mobile o fisso, ma di cui è ben documentato il contesto stratigrafico di appartenenza. Le prime ancore impiegate dall'uomo erano pietre di nessuna forma definita, sufficientemente pesanti e con strozzature

ANCHORS

The anchor was an essential piece of naval equipment. Each boat must have had more than one, varying from two to eleven, as indicated by literary sources and confirmed by shipwrecks.

Although they are one of the most common archaeological items found in the sea, few may be associated with a corresponding shipwreck, most being clandestine finds for collectors. It is also because they are frequently discovered as a single item, above all in sea ports and areas around the sea that offer shelter, such as the area around sand bars and almost anywhere along the coast[1]. An anchor as a stray find may not be datable with certainty according to its technical characteristics alone, since these characteristics remained practically unaltered for centuries. Nonetheless, the study of the construction techniques has allowed for a classification which corresponds quite well to the development and the chronology of such objects[2].

In the area around the Pisa-San Rossore railway complex, three anchors of various types have been found: a stone anchor (n. 848) (fig. 1), though this identification is not entirely certain, since it could also be ballast; a large anchor in wood, of which only the trunk decorated with a heart shaped leaf remains[3] (fig. 2); and an iron anchor (n. 176) (figs. 3-4). The last piece lacks its upper part, making it impossibile to specify whether it had a moveable or fixed stock, however its stratigraphic context is well documented.

The first anchors were stones whose only common characteristics were sufficient weight and a naturally narrow section where the rope was to be attached. From these first examples evolved a coarsely worked stone rounded, triangular or trapezoidal in form and equipped with a hole at one

naturali attorno alle quali veniva legata la fune; da questi primi esemplari si passò ad una pietra grossolanamente lavorata, di forma arrotondata, triangolare o trapezoidale, munita di un foro ad una delle estremità da cui passava la fune di ormeggio. Questo tipo di ancora era utilizzato unicamente in funzione di peso, senza possibilità di appiglio al fondale, la tappa successiva del suo sviluppo vede perciò una forma maggiormente allungata su cui erano praticati, oltre al foro per la cima di ormeggio, due o più fori in cui venivano inseriti elementi lignei appuntiti, temperati al fuoco per irrobustirli e che avevano lo scopo di far presa sul fondale: in questo modo la semplice ancora a peso divenne un'ancora di pietra a presa[4].

Un ulteriore perfezionamento per giungere all'ancora vera e propria è stato l'attacco ad un ceppo in pietra di forma bislunga di un ramo biforcuto, il cui braccio lungo veniva fissato, tramite legatura, al ceppo in pietra mentre il braccio più corto, data la sua inclinazione verso l'esterno, svolgeva funzione di ancoraggio. È ben verosimile che in seguito con la semplice aggiunta di un secondo ramo biforcuto legato al ceppo in pietra in modo analogo al primo, ma sul lato opposto, si ottenne la prima ancora in legno a due marre. Tale miglioramento tecnico, avvenuto intorno al VII sec. a.C., portò l'ancora alla sua forma definitiva: il ceppo in pietra aveva la funzione di peso per far disporre orizzontalmente sul fondo la trave lignea, di modo che l'una o l'altra delle marre potesse far presa sul fondale[5]. Nessuno di questi esemplari risulta databile oltre il IV sec. a.C.

Un successivo cambiamento, dal IV sec. a.C. in poi, è determinato dalla sostituzione del ceppo in pietra con quello in piombo, che offre maggiore elasticità e flessibilità, resistenza agli urti, alle trazioni e alle torsioni, elevata densità che consentì di produrre ceppi di notevole peso senza aumentarne eccessivamente il volume, facilità di impiego per

end through which the mooring ropes passed. This type of anchor was no more than a weight offering no means of attachment to the sea floor. The next step was to increase the extension. Two or more holes were added for wooden elements sharpened and tempered by fire, and whose purpose was to grip the sea bottom. The simple weight anchor thus became a stone anchor with a grip[4].

A further improvement to arrive at the full-fledged anchor was the attachment of a forked branch to an oblong stone stock with the longer arm of the branch bound to the stock and the shorter arm inclined outwards to find and hold a purchase. It is very likely that afterwards the analogous attachment of a second forked branch on the opposite side led to the first wooden anchor with two flukes. This technical improvement, made around the 7th century B.C., gave the anchor its definitive form: a stone stock as a weight to hold a wooden beam horizontally on the sea bottom so that one of the two flukes might grip the sea floor[5]. None of these can dated before the 4th century B.C.

Another change made in the 4th century B.C. was the replacement of the stone element with a lead stock, which offers: greater elasticity and flexibility, and therefore resistence to collisions, traction and torsion; a higher density, which makes for heavier stocks without an excessive increase in volume; ease of manufacture due to the low melting point; and resistence to marine corrosion[6].

The lead stock may be either fixed or moveable. The better attested fixed type is composed of two arms of equal dimensions and a ring or central box fused to the wooden trunk of the anchor. At the center, the ring is crossed by a bronze pivot that has been poured molten into the trunk. Those stocks without a central pivot could be detached from their original trunk and attached to a new one with the same section. The smaller weight of the moveable type with its

il basso grado di temperatura di fusione e resistenza alla corrosione marina[6]. Il ceppo in piombo può essere di tipo fisso o mobile. Il tipo fisso, più attestato, è costituito da due bracci di uguali dimensioni e da un anello o scatola centrale, saldato al fusto ligneo dell'ancora. Al centro l'anello veniva attraversato da un perno in bronzo che veniva fuso nell'incastro del fusto. L'intercambiabilità da un fusto all'altro era possibile per quei ceppi privi di perno centrale che, tolti dal loro fusto originario, potevano essere applicati ad un altro di sezione analoga. Il ceppo di tipo mobile invece, di minori dimensioni e con bracci più piccoli, era direttamente inserito nello spessore del fusto e bloccato da un'apposita sporgenza del piombo, o da un perno. Di solito ceppi di questo tipo sono in associazione ad ancore in ferro[7].

L'ancora in ferro è il tipo che sembra essere rimasto in uso più a lungo, probabilmente dall'età classica fino ai nostri giorni, pressoché ininterrottamente. Ne è documentato sia l'impiego esclusivo, su navi di varia cronologia, dall'età repubblicana a quella imperiale e bizantina, sia in associazione ad ancore in legno con ceppo di piombo, come per esempio sul relitto di Capo Testa B (prima metà I sec. a.C.)[8] e su quello di Sud-Lavezzi B (fine primo quarto del I sec. d.C.)[9].

Tornando alle ancore rinvenute nel complesso ferroviario di Pisa San Rossore, quella litica conserva tracce di un suo successivo reimpiego, dal momento che i fori, due su un lato presumibilmente convergenti nell'unico più grande sul lato opposto, sono riempiti di piombo e presentano anche tracce di ferro inglobate nella colatura plumbea, quasi a fungere da sostegno ad un ipotetico perno. La funzionalità dell'ancora era garantita dai tre fori convergenti, attraverso i quali doveva passare la cima d'ormeggio ed eventualmente, per meglio farla aderire al fondale, la cima formando un'asola tra i due fori più piccoli,

smaller arms was directly inserted into the trunk and held in place by a special of lead knob or pin. Stocks of this type are usually associated with iron anchors[7].

The iron anchor seems to have been the longest-lived type, probably originating in the Classical period and used more or less continuously up to the present day. Its exclusive use is documented on ships of various dates from the Republican, Imperial and Byzantine periods. Use along with wooden anchors with a stone stock is also attested, for example in the Capo Testa B Wreck (first half of the 1st century B. C.)[8] and of the Sud-Lavezzi B Wreck (end of the first quarter of the 1st Century A. D.)[9].

Returning to the anchors found in the railway complex of Pisa-San Rossore, the stone anchor bears the traces of a subsequent re-use, since the holes, two on one side presumably converging in the one larger hole on the opposite side, are filled with lead containing traces of iron, as if this filling was meant to hold a hypothetical pin in place. The three convergent holes were essential. Through these would have passed the mooring ropes and, to facilitate contact with the sea bed, there might have been a buttonhole between the two smaller holes, thus permitting the insertion of one or more wooden elements to improve its grip of the sea floor.

The iron anchor exhibits similarities of with that of the Dramont D Wreck and with a moveable-stock anchor from Villepey, south of Frejus, the former of the mid 1st century A.D., the latter of the 3rd century A.D. The excavation data suggests a date from the 1st to 2nd century A.D.

poteva permettere l'inserimento di uno o più elementi lignei che garantivano una miglior presa sul fondo.

L'ancora in ferro trova confronti abbastanza puntuali con l'ancora del relitto del Dramont D e con quella, a ceppo mobile, del relitto di Villepey, a sud di Fréjus, datate l'una alla metà del I sec. d.C., l'altra al III sec. d.C. I dati di scavo suggeriscono una datazione al I-II sec. d.C.

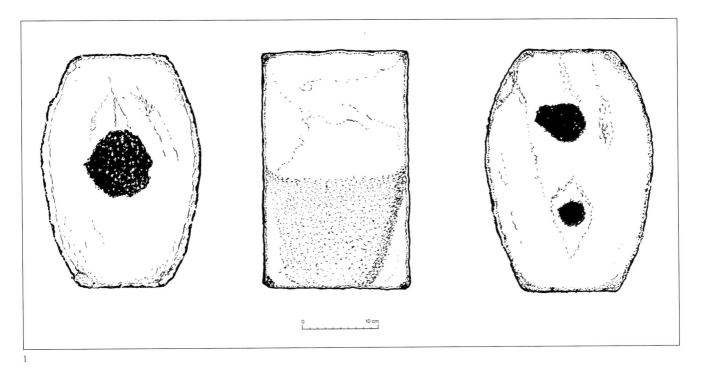

1

Fig.1
N. 848, grande ciottolo calcareo lavorato, probabile ancora litica.
N. 848, large, worked limestone rock, probably lithic anchor.

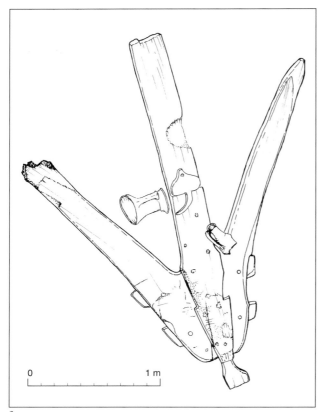

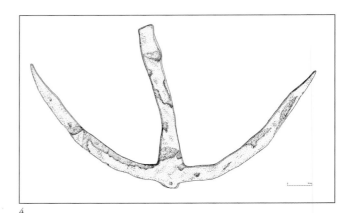

Fig.2
Ancora in legno con fusto decorato.
Anchor in wood with decorated trunk.

Fig.3
N. 176, ancora in ferro al momento del rinvenimento.
N. 176, anchor in iron during recovery.

Fig.4
N. 176, ancora in ferro.
N. 176, anchor in iron.

848. Pisa San Rossore 2 US 5 1998
Grande ciottolo calcareo lavorato di probabile origine fluviale, a forma di parallelepipedo ovalizzato sui lati maggiori. Sulla base superiore è visibile un foro (diametro cm. 8-9), mentre su quella inferiore, di poco più grande, sono due fori più piccoli (diametro rispettivo cm. 5-6 e cm. 3-3,5), presumibilmente collegati tra loro e convergenti nel foro della base superiore. Tutti e tre i fori risultano riempiti di piombo, i due più piccoli recano anche tracce di ferro inglobate nella colatura plumbea.
h cm. 31,5 largh. cm. 20,5 spessore cm. 19

176. Pisa San Rossore 2 area 2 US 78
Ancora in ferro costituita da un fusto a sezione rettangolare, che si allarga in corrispondenza del vertice, e da due marre simmetriche a quarto di cerchio, con unghie appiattite e affilate a scalpello. Priva della parte terminale del fusto; superficie fortemente ossidata.
h cm. 68 lungh. bracci cm. 70
I-II sec. d.C.

NOTE

[1] GIANFROTTA 1980, p. 103; KAPITÄN 1984, p. 1.
[2] KAPITÄN 1984, p. 1.
[3] Si veda il testo di S. BRUNI in questo stesso volume alla nota n. 78.
[4] TUSA 1971, pp. 269-272; GIANFROTTA 1980, p. 104; GIANFROTTA-POMEY 1981, pp. 297-300; KAPITÄN 1984, p. 2; PAPÒ 1989, pp. 17-115; BOETTO 1997, p. 331.
[5] KAPITÄN 1984, p. 2, fig. 2; GIANFROTTA-POMEY 1981, p. 301.
[6] PALLARÉS 1971; TUSA 1971, pp. 272-28; PERRONE MERCANTI 1979; GIANFROTTA 1980, p. 104; GIANFROTTA-POMEY 1981, p. 304; KAPITÄN 1984, pp. 3-7.
[7] GIANFROTTA 1980, pp. 104-106; GIANFROTTA-POMEY 1981, pp. 305-306.
[8] GANDOLFI 1983; GANDOLFI 1985; GANDOLFI 1986.
[9] LIOU-DOMERGUE 1990.

848. Pisa San Rossore 2 layer 5 1998
Large, worked limestone rock, probably from a riverbed, trapezoidal and rounded on the broader sides. On the upper surface there is a hole (diameter 8-9 cm.), on the somewhat broader lower surface two smaller holes (diameter 5-6 cm. and 3-3,5 cm.), presumably connected and convergent with the hole above. All three holes are filled with lead, and the two smaller ones contain traces of iron.
lenght cm. 31,5 width. cm. 20,5
thickness cm. 19

176. Pisa San Rossore 2 area 2 layer 78
Iron anchor composed of a rectangular trunk which widens above and two symmetrical, quarter-circle flukes with flattened hooks sharpened with a chisel. Missing the end of the trunk; surfaces are highly oxidized.
h cm. 68 length of arms cm. 70
1st-2nd century A.D.

NOTES

[1] GIANFROTTA 1980, p. 103; KAPITÄN 1984, p. 1.
[2] KAPITÄN 1984, p. 1.
[3] See text of S. BRUNI in this volume at the note of n. 78.
[4] TUSA 1971, pp. 269-272; GIANFROTTA 1980, p. 104; GIANFROTTA-POMEY 1981, pp. 297-300; KAPITÄN 1984, p. 2; PAPÒ 1989, pp. 17-115; BOETTO 1997, p. 331.
[5] KAPITÄN 1984, p. 2, fig. 2; GIANFROTTA-POMEY 1981, p. 301.
[6] PALLARÉS 1971; TUSA 1971, pp. 272-28; PERRONE MERCANTI 1979; GIANFROTTA 1980, p. 104; GIANFROTTA-POMEY 1981, p. 304; KAPITÄN 1984, pp. 3-7.
[7] GIANFROTTA 1980, pp. 104-106; GIANFROTTA-POMEY 1981, pp. 305-306.
[8] GANDOLFI 1983; GANDOLFI 1985; GANDOLFI 1986.
[9] LIOU-DOMERGUE 1990.

ATTREZZATURE DI BORDO

CARLOTTA
BIGAGLI

Sotto la denominazione generica di attrezzature di bordo sono raccolti tutti gli elementi destinati sia al governo stesso delle imbarcazioni, quali ad esempio i bozzelli, sia gli utensili utilizzati per i lavori di bordo, quali i mezzi marinai, gli aghi o i pesi per le reti. Il recupero di tali reperti è da ricondurre all'eccezionalità del ritrovamento del complesso ferroviario di Pisa San Rossore, che ha permesso la conservazione dell'opera morta delle imbarcazioni, cosa che avviene assai raramente in ambiente marino. Data l'estrema varietà degli elementi recuperati, riteniamo opportuno suddividerli in tre gruppi:
1. elementi destinati alle manovre delle imbarcazioni;
2. utensili destinati alle attività di bordo, quali la pesca;
3. elementi facenti parte dell'arredo di bordo.

Del *primo gruppo* fanno parte in tutto quattro reperti, tra cui un anello in ferro proveniente dall'area 2 (n. 196) che può essere stato utilizzato, fissato alle vele, come passaggio degli imbrogli per ridurre la velatura; un bozzello semplice in legno proveniente dall'area 4, non esposto alla mostra perché in fase di restauro, ma di cui alleghiamo la foto al momento del recupero e due mezzi marinai.

Il bozzello è costituito da una cassa formata da due parti incavigliate e legate con uno stroppo e da una puleggia che gira attorno ad un perno che attraversa la cassa stessa[1] (fig. 1). Questo tipo di bozzello è stato adottato per lungo tempo senza subire sostanziali modifiche, come dimostrano gli esemplari pressoché identici rinvenuti sui relitti di

SHIPS' TACKLE

Under the general heading of ships' tackle all those objects necessary for running the ship are included: blocks, tools used for work aboard ship, and the seaman's kit of needles or weights for nets. While recovering such articles, we have made some remarkable discoveries at the railway complex of Pisa San Rossore including vessels' quickwork - a thing which happens only rarely in marine archaeology.

Considering the vast variety of objects recovered, we have found it helpful to divide them into three categories:
1) articles necessary for navigation;
2) tools necessary for activities aboard ship, such as fishing;
3) objects used for furnishings aboard ship.

Four objects belong to the *first group*: an iron ring, found in Area 2 (no. 196) which may have been used with the rigging, for shortening sail; from Area 4 comes a wooden block, not displayed, as it is still in the process of conservation, but a photograph of its recovery is included; and two sailor's tools.

The block is made up of a box formed by two marlinspikes and strapped to a pulley which turns around a pivot, which crosses over the aforementioned chest (fig. 1)[1].

This variety of block was used over a long period of time without much change in design, as can be seen if it is compared with an almost identical example from the wreckage of the Kyrinia

Kyrinia (fine IV sec. a.C.), della Chrétienne C (prima metà del II sec. a.C.), della Madrague de Giens (60-50 a.C.) e di Valle Ponti (ultimo quarto del I sec. a.C.), solo per citarne alcuni.

Il più caratteristico impiego dei bozzelli, nell'antichità come ai nostri giorni, è da ricondurre alle manovre correnti, ed in particolar modo alla velatura, dove questi sono impiegati per tendere le cime delle vele; un loro utilizzo sulle navi può comunque essere anche connesso agli argani di bordo[2].

Al *primo gruppo* appartengono anche due utensili in ferro, provenienti entrambi dall'area 2 e indicati come mezzi marinai (nn. 83 e 724), utilizzati a bordo delle navi sia come ganci per l'attracco nelle manovre di ormeggio, sia per recuperare le cime in acqua. I due reperti, di cui non abbiamo confronti, sono pressoché simili, eccetto che per la punta, in un caso arcuata e nell'altro piegata verso il basso; sono privi dell'asta, o comunque del manico che, presumibilmente in legno, consentiva l'impugnatura dell'oggetto ed il suo conseguente utilizzo (figg. 2-3).

Gli utensili destinati alle attività di bordo, facenti parte del *secondo gruppo*, sono i più numerosi e sarà pertanto possibile suddividerli, oltre che per aree, anche per carichi. Si tratta essenzialmente di attrezzi da pesca, quali ami, aghi e pesi per le reti, a testimoniare quanto fosse diffusa e praticata questa attività a bordo delle navi, attività che permetteva ai marinai di variare la loro dieta, alternando pesce fresco alla normale alimentazione di bordo, costituita in genere da carni conservate. Per quanto riguarda gli ami, l'area del complesso ferroviario di Pisa San Rossore, ne ha restituito fino ad ora un solo esemplare proveniente dall'area 2 (n. 109), di un tipo rotondo con punta leggermente curvata verso il gambo, di un tipo assai diffuso nell'antichità[3].

(end of Fourth Century B.C.), the Chrétienne C. (first half of Second Century B.C.), the Madrague de Giens (60-50 B.C.) and the Valle Ponti (last quarter of the First Century B.C.) - to name but a few.

Both in days of yore and modern times, blocks are usually used to lead back to the running rigging, especially the sails, when they are tighten the lines. Another of their uses is to join up with the boarding capstan[2].

Also belonging to this first group are two iron tools. Both of them were found in Area 2 and show us what sort of tools sailors used as mooring hooks, when making fast the ship; or for recovering lines in the water. These two exhibits have no comparisons in marine archaeology. They look more-or-less the same, except that one has a curved point and the other is bent downover. Both are without shafts or handles, which, presumably, would have been made of wood, as they require hilts in order to be useable (figs. 2-3).

Our *second group* is concerned with the tools used for work aboard ship. Obviously, these were more numerous and they may be sub-divided both according to the are where they were found, and according to function. First and foremost comes the fishing tackle, including fish-hooks and needles and weights for the nets. These prove to us how important an activity fishing was aboard ship. It was an occupation which gave sailors an opportunity to vary their diet by adding fresh fish to the usual preserved meat.

As regards the fish-hooks, the Pisa San Rossore railway complex area has only produced one in Area 2 (no. 109). It is of a round variety, with the point slightly curved towards the shaft - fairly common in ancient times[3].

Gli aghi, la cui forma è rimasta pressoché invariata nel tempo, sono in tutto nove esemplari, in ferro o in bronzo e di dimensioni assai varie; di questi, cinque sono a doppia cruna (nn. 114, 509, 671, 672, 736), uno a cruna singola (n. 117) e tre frammentari (nn. 113, 515, 644). Gli aghi a cruna semplice risultano ben attestati in siti terrestri come utensili per il cucito in genere[4], mentre quelli a doppia cruna sembrano essere più specificatamente utilizzati per confezionare e riparare le vele e le reti da pesca. L'ago a più crune, dallo stelo dritto o ricurvo, si trasforma infatti in una specie di spoletta, mentre la grandezza della cruna varia in relazione allo spessore del filo passante e le dimensioni del gambo in proporzione allo spessore del tessuto da cucire[5]. Per la riparazione delle reti sono attestati anche piccoli attrezzi in bronzo, chiamati agocelle, provvisti di doppia forcina[6].

Quanto ai pesi fittili, essi sono sette ed hanno tutti forma troncopiramidale (nn. 39, 74, 371, 390, 428, 705), mentre due soltanto sono provvisti di decorazioni sulla base superiore (nn. 73, 390). Tali reperti, assai diffusi in tutta l'antichità, sono stati identificati come pesi da telaio[7], anche se la funzione di tali manufatti è stata lungamente discussa[8]. Un loro uso quali pesi per le reti da pesca, utilizzati per mantenere queste ultime in posizione verticale rispetto al flusso delle onde, è comunque ben attestato[9]. Oltre ai pesi da reti fittili, l'area del complesso ferroviario di Pisa San Rossore ha restituito anche due pesi in piombo, o meglio un peso (n. 595) ed un elemento in piombo che in realtà non sappiamo se si tratti di un peso da rete o di un piccolo scandaglio (n. 598). I pesi da rete in piombo sono stati recuperati su numerosi relitti, tra cui quelli di Yassi Ada, di Spargi, de la Baie de Cavalière e del Grand Congloué[10] solo per citarne alcuni. Anche gli scandagli in piombo, strumenti utilizzati per misurare la profondità delle acque ed eventualmente, negli esemplari più grandi, per portare in superficie un prelievo del fondo, sono

Despite the passage of time, needles have always remained much the same. So far, nine examples have been found altogether, either in iron or bronze. Their dimensions vary a good deal. Five of them are double-eyed (nos. 114, 509, 671, 672 and 736); one has a single eye (no. 117) and the other three are in pieces (nos. 113, 515 and 644). Single-eyed needles are common finds in land-based sites, as are needlework materials in general[4], whereas the double-eyed type seem to have had a more specific use in the manufacture and repair of sails and fishing-nets. These multiple-eyed needles – either straight or curved – can be transformed into a species of spool, with size of eye varied according to thickness of thread passing through it and the size of the shaft proportionate with the type of textile being sewn[5]. Small, double-forked objects, known in Italian as 'agocelle', were used for repairing nets - and some of these have also been found[6].

As for clay weights, seven have been recovered - all of decapitated-pyramid shape (nos. 39, 74, 371, 390, 428 and 705). Only two of them have a simple decoration on their topside (nos. 73 and 390). Such finds are fairly widespread throughout the sites of antiquity and they are classified as frame weights[7], even if that function is debateable[8] and has been so for a long time. One of their uses was for weighing nets in fishing.

There is a good deal of evidence[9] to suggest that they were used to keep the nets in a vertical position with regard to the currents. As well as finding clay net-weights, the Pisa San Rossore railway complex has also recovered two made of lead; although, to be more exact, one is a weight (no. 595) and the other leaden item is of function unknown (no. 598) It may have been either a net weight, or a small lead line for sounding). Lead weights have been found in numerous wrecks: Yassi Ada, Spargi, the Baie de Cavalière and the Grand Congloué[10]. Many lead-lines have also been

ben attestati sui relitti, tra cui quelli del Dramont D, di Sud-Lavezzi B, di Mal di Ventre A e di Capo Testa B[11].

I reperti del *secondo gruppo* appartenenti al carico della **nave ellenistica** comprendono tre pesi fittili per le reti (nn. 39, 73, 74) (fig. 4), un peso da pesca in piombo (n. 595) ed una placchetta in bronzo (n. 594).

Dalla **nave B** proviene un solo peso fittile (n. 428).

Materiali provenienti dalle US 45, 65, 99

Dalle suddette unità stratigrafiche, forse pertinenti al carico della nave E, provengono un peso fittile per uso da pesca (n. 705); due aghi a doppia cruna, di cui uno più piccolo in bronzo (n. 671) ed uno in ferro di maggiori dimensioni (n. 672), l'amo (n. 109) ed un oggetto in ferro non facilmente identificabile (n. 656).

I restanti materiali sono suddivisi per area di provenienza.

Dall'**area 1/2** proviene un solo ago da rete a doppia cruna (n. 736) (fig. 5), mentre l'**area 2** ha restituito il maggior numero di oggetti, nove in tutto, tra cui due pesi fittili (nn. 371, 390) (fig. 6), tre aghi, di cui due hanno la cruna solo parzialmente conservata (nn. 113, 515) (fig. 7) ed uno, di notevoli dimensioni, a doppia cruna (n. 114) (fig. 8), un piccolo scandaglio in piombo (n. 598), una cerniera in bronzo (n. 116) (fig. 9) ed una chiave in ferro (n. 197). Questi ultimi due reperti, che insieme costituiscono il *terzo gruppo* delle attrezzature di bordo, gli elementi d'arredo, provengono oltre che dalla stessa area,

found in wrecks including; Dramont D , Sud-Lavezzi B, Mal de Ventre A and Capo Testa B[11].

They were used to fathom the depths.

Finds in this *second group*, pertaining to the *Hellenistic Ship*, include three weights for nets (nn. 39, 73 and 74) (fig. 4), a lead weight for fishing (n. 595), and a small bronze plate (n. 594).

From Ship B only one clay weight has been retrieved (n. 428).

Material deriving from layers 45, 65 and 99

From the so-called stratigraphic unit, maybe part of the cargo of Ship E, we have a clay weight for fishing (n. 705); two double-eyed needles - a smaller one in bronze (n. 671) and a larger one in iron (n. 672); a fish-hook (n. 109) and a strange iron object. (n. 656).

Remaining material, divided according to area of origin.

Only one double-eyed needle for fishing net work came from **Area 1/2** (n. 736) (fig. 5).

Area 2, on the other hand, produced the largest number of items, nine in all. Among these were two fishing weights (nn. 371 and 390), (fig. 6) three needles, two of which are single-eyed and in pieces (nn. 113 and 515) (fig. 7) and one very large double eyed needle (n. 114) (fig. 8), a small lead line (n. 598), a hinged clasp in bronze (n. 116) (fig. 9) and an iron key (n. 197). Tehse last two finds together make up the *third group* of ships tackle, that of furnishings. As well as coming from the same area, they are also from the same stratigraphic unit. Considering their nature, we believe that they are connected with each other. The key may once have opened the door or the chest

anche dalla stessa unità stratigrafica e ciò, tenuta presente la loro particolare tipologia, induce a pensare che possano essere in qualche modo strettamente correlati, la chiave ad esempio poteva aprire la porta o la cassetta a cui apparteneva la cerniera. Le chiavi erano assai diffuse in tutta l'antichità, specialmente durante l'epoca romana, fabbricate in genere in ferro o in bronzo[12]. Dall'**area 3** proviene infine un solo ago in ferro a doppia cruna (n. 509) (fig. 10).

to which the hinged clasp originally belonged. Keys of both bronze and iron were in widespread use in ancient, especially Roman, times[12] Finally, **Area 3** produced only one iron needle with double eye (n. 509) (fig. 10).

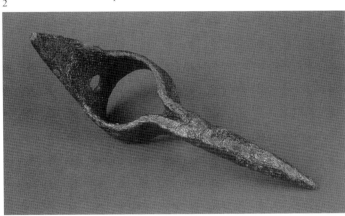

Fig. 1
Bozzello semplice in legno al momento del rinvenimento.
Simple wooden block during recovery.

Fig. 2
N. 83, utensile in ferro, "mezzo marinaio".
N. 83, Iron utensil, boat hook.

Fig. 3
N. 724, utensile in ferro, "mezzo marinaio".
N. 724, Iron utensil, boat hook.

Fig. 4
N. 39, peso fittile troncopiramidale.
N. 39, Fictile, troncopyramidic weight.

Fig. 5
N. 736, ago in bronzo a doppia cruna.
N. 736, Bronze needle with a double eye.

Fig. 6
N. 390, peso fittile troncopiramidale decorato.
N. 390, Decorated, fictile, troncopyramidic weight.

Fig. 7
N. 113, ago in bronzo.
N. 113, bronze needle.

Fig. 8
N. 114, ago in bronzo a doppia cruna.
N. 114, bronze needle with a double eye.

Fig. 9
N. 116, cerniera in bronzo.
N. 116, bronze clasp.

Fig. 10
N. 117, ago in bronzo a cruna singola.
N. 117, Bronze needle with single eye.

Fig. 11
N. 509, ago in ferro a doppia cruna.
N. 509, iron needle with a double eye.

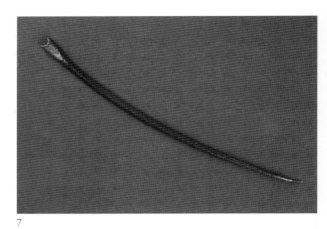

7

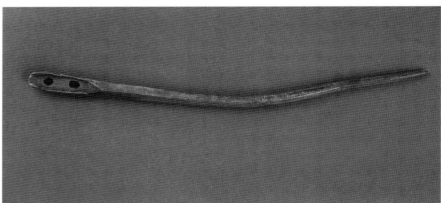

8

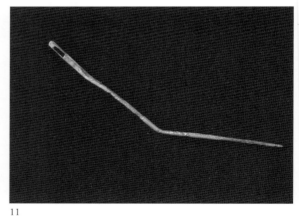

9

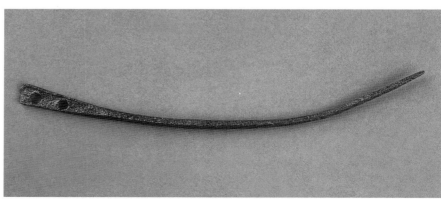

11

10

Pisa San Rossore 2 area 4 US 60
Bozzello semplice in legno costituito da due parti incavigliate che formano la cassa e da una puleggia perfettamente alloggiata ad incastro che ruota intorno ad un asse indipendente. Per permettere un miglior passaggio della cima le maschette risultano sagomate nella parte superiore ed anche la puleggia è scanalata per consentire un più agevole scorrimento della cima. Al momento del recupero il bozzello conservava ancora la cima nella gola esterna fermata superiormente da uno stroppo, mentre mancava la cima corrente sulla puleggia. Nella parte superiore del bozzello ci sono due fori passanti paralleli fra loro, nei quali si inseriva una corda di diametro minore che aveva lo scopo di fissare il bozzello all'alberatura in modo da impedirne l'oscillazione.
lungh. max cm. 14   largh. max cm. 6

83. Pisa San Rossore 2 area 2 US 2/1
Utensile in ferro costituito da una parte metallica che ad un'estremità termina con una punta arcuata, mentre l'altra è provvista di un occhio nel quale si inseriva il manico. Per fissare più saldamente la parte in metallo al manico, nel punto opposto alla punta, vi è

un foro passante per permettere l'inserimento di un chiodo e al di sopra del foro, a fungere da ulteriore fissaggio per i contraccolpi, la lamina si prolunga in una sporgenza sagomata ad accogliere il manico. L'utensile è costituito da un'unica lamina, le cui estremità si uniscono nella parte terminante a punta.
lungh. tot. cm. 15   h cm. 10   d alloggiamento manico cm. 4,7

724. Pisa San Rossore 2 area 2 sez. F-F1 US 78
Utensile in ferro con le stesse caratteristiche del precedente ad eccezione della punta che in questo caso, anziché essere arcuata, è piegata verso il basso. Al di sopra del foro passante la lamina, anche se spezzata in questo punto, conserva comunque un inizio di prolungamento, che fa pensare possa trattarsi di una sporgenza, come nell'esemplare precedente, sagomata ad accogliere al meglio il manico.
lungh. tot. cm. 15,6   h cm. 3,8   d alloggiamento manico cm. 5,1

39. Pisa San Rossore 2 ampl. Sud US 50
Peso fittile troncopiramidale a base qua-

drangolare con foro passante presso l'estremità superiore. L'impasto, di colore arancio-chiaro, è grossolano con frequenti inclusi di medie e grandi dimensioni di colore bianco, grigio e bruno.
h cm. 9,9   base sup. cm. 3,6x3,7   base inf. cm. 6,3x6,6   d foro cm. 0,5/0,8

73. Pisa San Rossore ampliamento Sud settore 1 US 85
Peso troncopiramidale a base rettangolare con foro passante presso l'estremità superiore. Sulla base superiore presenta un motivo decorativo, vi è impresso un cerchio al cui interno è un motivo in rilievo ad "elle" non ulteriormente precisabile. Tale decorazione sembra essere stata impressa tramite un punzone prima della cottura dell'oggetto. Su una delle due facce lunghe del peso non interessata dal foro vi è un incavo, sicuramente accidentale, provocato con qualcosa di appuntito sull'argilla ancora fresca. L'impasto, di colore rosso in frattura e marrone chiaro in superficie, è grossolano con assai frequenti inclusi di colore bianco e bruno di piccole/medie dimensioni.
h cm. 9,8   base sup. cm. 3,6x3,8   base inf. cm. 6,2x7,1   d foro cm. 0,9/1,1

Pisa San Rossore 2 Area 4 Layer 60
Simple block made of wood with two parts fitting together to form a chest and pulley - in perfect alignment, thanks to a mounting which spins around an independent axis. The upper part, pulley and groove have been shaped so as to allow the ropes to pass more easily. When this block was found, a rope was still preserved in its external groove, held from above by a strap, while the running-rope of the pulley was missing. In the block's upper part, there are two holes, which pass parallel to each other, through which a rope of narrower diameter was inserted, to fix the block to the masts, so as to lessen vibration.
max length 14 cm.   max width 6 cm.

83. Pisa San Rossore 2 Area 2 Layer 2/1
The metallic portion of an iron tool, one end of which terminates in a curved point. Its other end is is believed to have terminated with a fitting into which a hilt would have fitted. In order for this metal part to have been fixed more firmly onto the hilt, there are two passage holes, opposite each other, through which a nail could have been driven. fixing the tool externally to its

handle. The tool is made from a single sheet of metal, which has been extended into a moulded projection for containing a shaft. The sides of the single sheet meet each other at the pointed end.
total length 15 cm.   h 10 cm.   d of shaft holder 4.7 cm.

724. Pisa San Rossore 2 Area 2 Section F-F1 Layer 78
Iron tool with the same characteristics as the above, except that in this case the point is bent downwards instead of curved. Above the passage hole, the metal sheet retains an initial lengthening, even though it is split. It is presumed that we are dealing with a projection moulded to contain a shaft, just as we were in the previous example.
total length 15.6 cm.   h 3.8 cm.   d of shaftholder 5.1 cm.

39. Pisa San Rossore 2 Southern extension Layer 50
Decapitated-pyramid-shaped fictile weight with quadrangular base and a passage-hole near the top. Coarse, light orange clay in which there are

frequents patches of white, grey and brown.
h 9.9 cm.   top 3.6x3.7 cm.
bottom 6.3x6.6 cm.   d of hole 0.5/0.8 cm.

73. Pisa San Rossore Southern extension sector I Layer 85
Decapitated-pyramid shaped weight with rectangular base. Passage hole near top side. The top has a decoration of impressed circles inside of which is an L shape in relief. Further precision is not possible. A punch may have been used to press in this decoration prior to firing. One of the long faces has a fault, obviously accidental, made by a sharp object when the clay was still fresh.
The clay is reddish and grogged, but brown on the outer surface with frequent small to medium-sized patches of brown.
h 9.8 cm.   top 3.6x3.8 cm.
bottom 6.2x7.1 cm.   d of hole 0.9/1,1 cm.

74. Pisa San Rossore 2 Southern extension Layer 50
Decapitated-pyramid fictile clay weight with almost square base. Passage hole near the top. Somewhat grogged, orangey-red clay includes

74. Pisa San Rossore 2 ampl. Sud US 50
Peso fittile troncopiramidale a base quadrangolare con foro passante presso l'estremità superiore. L'impasto, di colore arancio-rosato, è mediamente grossolano con inclusi di medie dimensioni di colore bianco e bruno e rari vacuoli di grandi dimensioni dovuti agli elementi vegetali usati come sgrassanti e scomparsi dopo la cottura.
h cm. 6,8   base sup. cm. 3,1x3,3 base inf. cm. 5,8x5,9   d foro cm. 1,1/1,2

595. Pisa San Rossore 2 ampl. Sud settore 1 US 50
Peso in piombo costituito da un unico pezzo più stretto al centro, mentre le due estremità, piatte e larghe, sembrano ribattute ed il piombo, specialmente sui bordi, appare come rifuso e ripiegato su se stesso.
h cm. 1   largh. max cm. 2,7

594. Pisa San Rossore 2 ampl. Sud settore 1 US 50
Placchetta in lamina di bronzo di forma rettangolare con i contorni dei due lati lunghi lineari e quelli dei lati corti a profilo rotondeggiante, sebbene uno dei due sia ripiegato due volte su se stesso. La placchetta ha un foro centrale a sezione quadrangolare, come per l'inserimento di un chiodo, quasi si trattasse di una piastrina decorativa.
h cm. 2,2   largh. max cm. 2,5   d foro cm. 0,3

428. Pisa San Rossore area 3 US 9
Peso fittile troncopiramidale a base rettangolare con foro passante presso l'estremità superiore. Sembra essere stato ricavato dividendo a metà, nel senso della lunghezza, un peso di più grandi dimensioni, tenendo conto che una soltanto delle facce lunghe non interessate dal foro è rastremata verso l'alto, mentre l'altra è verticale e lisciata a stecca. L'impasto, di colore arancio, è mediamente grossolano con inclusi di medie e grandi dimensioni di colore bianco; è poco coerente, soprattutto sulle tre facce non lisciate a stecca, dove si sfalda a scaglie.
h cm. 12,8   base sup. cm. 2,9x4,3 base inf. cm. 4x6,4   d foro cm. 0,9/1

705. Pisa San Rossore area 1/2 US 65 stacco I
Peso fittile troncopiramidale frammentario mancante della parte inferiore con foro passante presso l'estremità superiore. L'impasto, di colore rosso/rosa, è grossolano con numerosi inclusi di piccole dimensioni di colore bianco e rari inclusi di grandi dimensioni di colore grigio, quasi conglomerati di sabbia, abbastanza frequenti anche i vacuoli, alcuni di grandi dimensioni.
h cm. 8,2   base sup. cm. 5x5,8   d foro cm. 1,1/1,2

671. Pisa San Rossore 2 area 2 US 99 (saggio XVII US 15)
Ago in bronzo a sezione quadrangolare, appuntito, ricurvo, a doppia cruna piatta con due fori passanti rotondi.
lungh. cm. 10,5

672. Pisa San Rossore 2 area 2/3 US 45 stacco II
Ago in ferro a sezione quadrangolare, appuntito, ricurvo, a doppia cruna piatta con due fori passanti rotondi.
lungh. cm. 15

109. Pisa San Rossore 2 area 2 US 45
Amo rotondo in bronzo con punta uncinata leggermente curvata verso il gambo terminante a paletta e fornita di ardiglione.
h cm. 1,4

---

patches of white and brown. There are a few large holes, caused by vegetable elements used for degreasing purposes, which were burnt in the firing.
h 6.8 cm.   top 3.1x3.3 cm. bottom 5.8x5.9 cm.   d of hole 1.1/1.2 cm.

595. Pisa San Rossore 2 Southern extension sector 1 Layer 50
Lead weight, made in one piece. Thinner in the centre, while the two ends are wide and flat and seem to have been re-worked. Especially at the edges, the lead seems to have been reworked and soldered onto itself.
h 1 cm.   max width 2.7 cm.

594. Pisa San Rossore 2 Extension of Southern Sector 1 Layer 50
Small plate in sheet bronze. Rectangular. The two long sides are linear and the two short ones are rounded in profile. One of the short sides has been reworked onto itself twice. The plate has a central hole which may have been used as a nail-hole and is quadrangular in section. This is almost like a decorative plaque.
h 2.2 cm.   max width 2.5 cm.   d of hole 0.3 cm.

428. Pisa San Rossore Area 3 Layer 9
Fictile weight with decapitated pyramid shape and rectangular base. Passage hole near the top. It seems to have been made by the long-wise division of a bigger weight, considering that only one of the long faces is tapered upwards while the other is vertical and has been smoothed with a stick. Fairly grogged, orange clay with medium to large patches of white. Not very cohesive. Flaking and chipping on the smoothed surfaces.
h 12.8 cm.   top 2.9x4.3 cm. bottom 4x6.4 cm.   d of hole 0.9/1 cm.

705. Pisa San Rossore Area 1/2 Layer 65 artificial layer 1
Fragment of decapitated 3-sided pyramidal weight, lacking lower part. Hole near top. Reddish-pink grogged clay with white and a few large grey patches. It is almost a sand conglomerate. Frequent airholes, some large.
h 8.2 cm.   top 5x5.8 cm.   d of hole 1.1/1.2 cm.

671. Pisa San Rossore 2 Area 2 Layer 99 (sample XVII Layer 15)
Bronze needle with quadrangular section, pointed, curved with double-eye flat with two round passage holes.
length 10.5 cm.

672. Pisa San Rossore 2 Area 2/3 Layer 45 artificial layer II
Iron needle with square section, pointed, curved, flat double-eye with two round passage holes.
length 15 cm.

109. Pisa San Rossore 2 Area 2 Layer 45
Rounded fish-hook in bronze with pont slightly curved towards the shaft ending in a bolt.
h 1.4 cm.

656. Pisa San Rossore 2 Area 3 Layer 45
Iron object made with two plates. End missing. The thicker part has a circular section like a buttonhole, as if for a stud to fit into.
max length 9.2 cm.   max width 3.9 cm.

736. Pisa San Rossore 2 Area 1/2 Layer 124
Bronze needle. Square section, pointed, curved and with flat double-eye, having two round passage holes.
length 11.5 cm.

656. Pisa San Rossore 2 area 3 US 45
Oggetto in ferro costituito da due lamine di cui non si conservano le estremità, unite tra loro da una parte più spessa a sezione circolare a forma di asola, come per lo scorrimento di una cima.
lungh. max cm. 9,2   largh. max cm. 3,9

736. Pisa San Rossore 2 area 1/2 US 124
Ago in bronzo a sezione quadrangolare, appuntito, ricurvo, a doppia cruna piatta con due fori passanti rotondi.
lungh. cm. 11,5

371. Pisa San Rossore 2 area 2 US 92 stacco II
Peso fittile troncopiramidale frammentario, di cui si conserva soltanto una metà nel senso della lunghezza. L'impasto, di colore arancio-rosato, è mediamente depurato con rari inclusi di colore bianco di piccole dimensioni. Sulla faccia interna di divisione è un grande vacuolo, imputabile probabilmente della divisione a metà del peso.
h cm. 7,2   base sup. cm. 1,3x2,7   base inf. cm. 3x6,7   d foro cm. 0,9/1,2

390. Pisa San Rossore 2 area 2 US 92 stacco I

Peso fittile troncopiramidale a base rettangolare con foro passante presso l'estremità superiore. La faccia superiore è decorata da due tratti obliqui incrociati, incisi sull'argilla ancora fresca. L'impasto, di colore rosso, è grossolano con inclusi di medie e grandi dimensioni di colore bianco, grigio e nero.
h cm. 10,9   base sup. cm. 3,4x5,2   base inf. cm. 5,7x8,2   d foro cm. 0,9/1

113. Pisa San Rossore 2 area 2 US 16
Ago in bronzo a sezione quadrangolare, appuntito, ricurvo, di cui non si è conservata la parte superiore della cruna ma solo l'inizio del foro.
lungh. cm. 11,4

515. Pisa San Rossore 2 area 2 US 29 stacco II
Ago in bronzo a sezione circolare, non appuntito, piegato, formato da una lama ripiegata su se stessa e ribattuta, non si è conservata la parte superiore della cruna; a circa cm. 0,9 dalla punta è una piccola fascetta in metallo larga cm. 0,2.
lungh. cm. 7,3

114. Pisa San Rossore 2 area 2 US 29

Ago in bronzo a sezione quadrangolare, appuntito, pressoché dritto, a doppia cruna piatta con due fori passanti rotondi.
lungh. cm. 22,2

598. Pisa San Rossore 2 area 2 US 2/1
Piccolo scandaglio in piombo a forma di campana con foro passante presso l'estremità superiore; sia l'orlo che il fondo conservano tracce di urti subiti.
h cm. 2,6   d fondo cm. 4

116. Pisa San Rossore 2 area 2 US 29
Cerniera in bronzo a forma di "elle", il cui lato più lungo, piatto, è provvisto di due piccoli ribattini, mentre quello più corto è a sezione circolare cava ed al suo interno rimangono resti di un perno in ferro fissato da un terzo ribattino collocato verso la fine del lato più corto.
h cm. 3,6   largh. cm. 4,4

197. Pisa San Rossore 2 area 2 US 29
Chiave in ferro dal fusto a sezione rettangolare terminante in un anello grazie al quale poteva venir appesa, è fornita di quattro denti che sporgono ad angolo retto dal fusto; l'ultimo dente è ulteriormente pie-

---

371. Pisa San Rossore 2 Area 2 Layer 92 artificial layer II
Fragment of decapitated pyramid shaped fictile weight only half of which (longways on) has been preserved. Somewhat impure orangey-red clay with occasional white patches. On the inside of the division is a big hole, possibly caused by the division.
h 7,2 cm.   top 1,3x2,7 cm.   bottom 3x6,7 cm.   d of hole 0.9/1,2 cm.

390. Pisa San Rossore 2 Area 2 Layer 92 artificial layer I
Clay weight. Decapitated pyramid shape. Rectangular base. Hole near top, which is decorated with two obliquely crossing tracts, pricked out while the clay was still fresh. Red, grogged clay with frequent patches of white, grey and black.
height 10.9 cm.   top 3.4x5.2 cm.   bottom 5.7x8.2 cm. diam of hole 0.9/1 cm.

113. Pisa San Rossore 2 Area 2 Layer 16
Bronze needle. Square section. Pointed and curved. Eye part missing.
length 11.4 cm.

515. Pisa San Rossore 2 Area 2 Layer 29 artificial layer II
Bronze needle with circular section. Not pointed, bent; reworked. The upper part with eye is missing. About 0.9 cm. from the point is a small band of metal about 0.2 cm. wide.
length 7.3 cm.

114. Pisa San Rossore 2 Area 2 Layer 29
Bronze needle with square section. Pointed, almost straight. Double eye is flat with two holes.
length 22.2 cm.

598. Pisa San Rossore 2 Area 2 Layer 2/1
Small, bell-shaped lead line with hole near top. Both edge and base show signs of damage.
h 2.6 cm.   d of base 4 cm.

116. Pisa San Rossore 2 Area 2 Layer 29
L-shaped, bronze hinged clasp, the longest side of which is flat and has two reworkings, while the shortest side is of hollow, circular section and inside it are the remains of an iro hinge fixed to a third reworking located towards the end of the shortest side.
h 3.6 cm.   width 4.4 cm.

197. Pisa San Rossore 2 Area 2 Layer 29
Iron key with stem of rectangular section ending in a ring, by means of which it could be hung up. It has four teeth which are at right angles to the stem. The last tooth is bent further outwards. It is not known if this was done on purpose or resulted from damage.
length 19.8 cm.

117. Pisa San Rossore 2 Layer 2 (fig. 11)
Bronze needle with circular section. Pointed. Bent in the centre. Single eye with elongated rectangular hole.
length 9.4 cm.

509. Pisa San Rossore 2 Area 3 Layer 9/2
Iron needle with square section, pointed, curving with flat double eye having two round passage-holes.
length 16.4 cm.

gato verso l'esterno, non sappiamo se volutamente o a causa di un urto.
lungh. cm. 19,8

117. Pisa San Rossore 2 US 2 (fig. 11)
Ago in bronzo a sezione circolare, appuntito, piegato nella parte centrale, a cruna singola con foro rettangolare allungato.
lungh. cm. 9,4

509. Pisa San Rossore 2 area 3 US 9/2
Ago in ferro a sezione quadrangolare, appuntito, ricurvo, a doppia cruna piatta con due fori passanti rotondi.
lungh. cm. 16,4

NOTE

[1] STACCIOLI 1987, p. 128.
[2] BERTI 1990, p. 43.
[3] UCELLI 1950, pp. 134-135, figg. 142-143; ALMAGRO 1955, p. 46, fig. 1; FROVA 1977, p. 320; GALLIAZZO 1979, p. 207, n. 90; D'ESTE 1984, p. 343; FAMÀ - DE VOS 1985, p. 65, tav. XV, 2; BARRA BAGNASCO 1989, p. 18, tav. IV, 2; AA.VV. 1990, pp. 331-332; BERTI 1990, pp. 114-115; PAVOLINI 1991, p. 51, fig. 11.
[4] DAVIDSON 1952, pp. 173-177, pl. 78; MILITELLO 1961, pp. 346, 359-360; FROVA 1973, p. 325; D'ESTE 1984, p. 344; MERCANDO - ZANDA 1998, pp. 154-155, tav. CVIII, 313-317.
[5] FROVA 1977, p. 320; IZZO 1989, p. 201; PAVOLINI 1991, p. 51, fig. 11; LISTA 1992, pp. 96-96; MAIOLI - DE NICOLÒ 1995, pp. 53, 190-191, figg. 25 e 74.
[6] BARRA BAGNASCO 1989, p. 18; PAVOLINI 1991, fig. 11; LISTA 1992, p. 9.
[7] DAVIDSON 1952, pp. 146-171, pl. 76-77; TUSA 1969, p. 13, tav. VII g, h, i, p. 26, tav. XXVI f; TOMASELLO 1972, p. 579, fig. 40, h, p. 641, fig. 156, A, B, C; CERASUOLO 1984, pp. 255-257; CELUZZA - FAMÀ - DE VOS 1985, p. 69, tav. 17,1; TUSA 1973, p. 36, tav. XIX c, p. 41, tav. XXV a; TUSA 1978, pp. 77-78, tavv. LX, 1, 3 e LXI, pp. 87-88, tav. LXVIII; DOTTA 1989, pp. 185-201, tavv. XXXIX-XL.
[8] MINGAZZINI 1974.
[9] FUGAZZOLA DELPINO 1982, p. 139, fig. 47; STACCIOLI 1987, p. 199; DOTTA 1989, p. 200; BERTI 1990, pp. 114-115; LISTA 1992, p. 93-94.
[10] FIORI-JONCHERAY 1973, pp. 89-90; CHARLIN-GASSEND-LEQUÉMENT 1978, pp. 51-53; PALLARÉS 1986, tav. VIII, b; HESNARD et alii 1988, pp. 93-94, tav. XXX, 0,6-0,7; FIRMATI 1997, p. 72; GIANFROTTA et alii 1997, p. 107.
[11] BOUSCARAS 1964, pp. 287, fig. 33; BENOIT 1971, pp. 397-399; FIORI-JONCHERAY 1973, pp. 86-88 e 94; JONCHERAY 1975a, pp. 10-12; CAVALIER 1985, pp. 79-80; GANDOLFI 1986, p. 88; LIOU-DOMERGUE 1990, pp. 46-47; SALVI 1992, pp. 244-245.
[12] DAVIDSON 1952, pp. 137-140, pl. 70-71; MANNING 1976, pp. 38-39, fig. 23 e 144; GALLIAZZO 1979, pp. 148-153; AA.VV. 1989, pp. 210-217; AA.VV. 1990, pp. 270-271; SMALL 1992, pp. 242 e 370, n. 1953; RAFFAELLI 1996, pp. 67-83.

NOTES

[1] STACCIOLI 1987, p. 128.
[2] BERTI 1990, p. 43.
[3] UCELLI 1950, pp. 134-135, figs. 142-143; ALMAGRO 1955, p. 46, fig. 1; FROVA 1977, p. 320; GALLIAZZO 1979, p. 207, n. 90; D'ESTE 1984, p. 343; FAMÀ-DE VOS 1985, p. 65, table XV, 2; BARRA BAGNASCO 1989, p. 18, table IV, 2; AA.VV. 1990, pp. 331-332; BERTI 1990, pp. 114-115; PAVOLINI 1991, p. 51, fig. 11.
[4] DAVIDSON 1952, pp. 173-177, pl. 78; MILITELLO 1961, pp. 346, 359-360; FROVA 1973, p. 325; D'ESTE 1984, p. 344; MERCANDO-ZANDA 1998, pp. 154-155, table CVIII, 313-317.
[5] FROVA 1977, p. 320; IZZO 1989, p. 201; PAVOLINI 1991, p. 51, fig. 11; LISTA 1992, pp. 96-96; MAIOLI-DE NICOLÒ 1995, pp. 53, 190-191, figs. 25 e 74.
[6] BARRA BAGNASCO 1989, p. 18; PAVOLINI 1991, fig. 11; LISTA 1992, p. 9.
[7] DAVIDSON 1952, pp. 146-171, pl. 76-77; TUSA 1969, p. 13, table VII g, h, i, p. 26, table XXVI f; TOMASELLO 1972, p. 579, fig. 40, h, p. 641, fig. 156, A, B, C; CERASUOLO 1984, pp. 255-257; CELUZZA, FAMÀ, DE VOS 1985, p. 69, table 17,1; TUSA 1973, p. 36, table XIX c, p. 41, table XXV a; TUSA 1978, pp. 77-78, tables LX, 1, 3 e LXI, pp. 87-88, table LXVIII; DOTTA 1989, pp. 185-201, tables XXXIX-XL.
[8] MINGAZZINI 1974.
[9] FUGAZZOLA DELPINO 1982, p. 139, fig. 47; STACCIOLI 1987, p. 199; DOTTA 1989, p. 200; BERTI 1990, pp. 114-115; LISTA 1992, p. 93-94.
[10] FIORI-JONCHERAY 1973, pp. 89-90; CHARLIN-GASSEND-LEQUÉMENT 1978, pp. 51-53; PALLARÉS 1986, tav. VIII, b; HESNARD et alii 1988, pp. 93-94, table XXX, 0,6-0,7; FIRMATI 1997, p. 72; GIANFROTTA et alii 1997, p. 107.
[11] BOUSCARAS 1964, pp. 287, fig. 33; BENOIT 1971, pp. 397-399; FIORI-JONCHERAY 1973, pp. 86-88 e 94; JONCHERAY 1975a, pp. 10-12; CAVALIER 1985, pp. 79-80; GANDOLFI 1986, p. 88; LIOU-DOMERGUE 1990, pp. 46-47; SALVI 1992, pp. 244-245.
[12] DAVIDSON 1952, pp. 137-140, plates 70-71; MANNING 1976, pp. 38-39, figs. 23 e 144; GALLIAZZO 1979, pp. 148-153; AA.VV. 1989, pp. 210-217; AA.VV. 1990, pp. 270-271; SMALL 1992, pp. 242 e 370, n. 1953; RAFFAELLI 1996, pp. 67-83.

GIUDITTA
GRANDINETTI

MANUFATTI IN FIBRE VEGETALI

Le fibre naturali di ogni specie sono estremamente deperibili e la loro conservazione avviene solo in circostanze eccezionali quali la giacitura in zone molto aride, nella sabbia del deserto o in particolari condizioni di umidità come quelle riscontrate nell'antico porto urbano di Pisa dove è stata recuperata una notevole quantità di manufatti in fibre vegetali.

I materiali ritrovati appartengono a due categorie:
– oggetti relativi alla vita di bordo;
– cordame connesso, generalmente, alle attrezzature degli scafi.

È opportuno sottolineare che lo studio di questi materiali ha carattere preliminare in quanto lo scavo è ancora in corso e manca, al momento, la determinazione botanica delle specie utilizzate. Va inoltre precisato che, le seguenti osservazioni sono relative ad una analisi macroscopica dei reperti fatta sia in fase di scavo sia sulla base della documentazione grafica e fotografica poiché questi manufatti subiscono, già in fase di scavo, particolari trattamenti di conservazione che ne impediscono la completa lettura[1]. L'estrema delicatezza di questi oggetti permetterà, di conseguenza, uno studio più approfondito e dettagliato solo dopo il restauro ed il completo consolidamento dei pezzi.

Dal punto di vista tecnico, la lavorazione delle fibre vegetali non ha subito, nel corso del tempo, rilevanti modificazioni; si nota infatti una costante ricorrenza di tecniche comuni anche a distanza di vari secoli. Per questo motivo e per la mancanza di sicure associazioni tra i carichi delle imbarcazioni ed i manufatti in fibra vegetale, questi ultimi vengono esaminati nel loro insieme prescindendo da considerazioni cronologiche. D'altronde gli esemplari recuperati nel carico della cosiddetta "nave del leone" (tre borse, un cesto,

ARTEFACTS MADE FROM VEGETABLE FIBRES

Natural fibres of all types are highly perishable and are preserved only in exceptionally conditions, either dry, such as desert sands; or wet, as in the case of the ancient urban harbour of Pisa, which has, in fact, yielded a considerable number of vegetable-fibre artefacts.

The material found falls into two categories:
– items connected with life on board
– cordage generally associated with the ships equipment.

It should be stressed that the study of these items is at the preliminary stage in that the excavations are still under way and the botanical species utilized have still to be identified. It should also be pointed out that the particular preservation procedures to which the items are subjected at the excavation phase are such as to prevent full interpretation, and that the following observations therefore stem from simple, unassisted examination of the finds carried out both during excavation and on the basis of graphic and photographic documentation[1]. The fragility of the items is such that examination in greater depth and detail will be possible only once they have been treated for conservation and are completely consolidated.

From the technical standpoint, the working of vegetable fibres shows no substantial modification over the years, the constant recurrence of common techniques being observed even after a span of several centuries. For this reason and the lack of firm evidence linking the ships cargoes to the vegetable-fibre artefacts, the latter are examined as a whole with no regard to chronological considerations. Moreover, the specimens found in the cargo of the lion ship (three bags, a basket,

vari frammenti di stuoie ed una grande quantità di resti pertinenti a cordame) non presentano differenze tecniche e morfologiche rispetto a quelle ritrovate nelle vicinanze di imbarcazioni più recenti anche di due o tre secoli.

Le varie aree dello scavo[2] hanno restituito manufatti in fibre vegetali in percentuali diverse: la maggior parte dei contenitori è stata ritrovata nella zona nord est; nella parte centrale è stato recuperato cordame in quantità considerevole, mentre nessun frammento proviene, per il momento, dall'interno e dalle immediate vicinanze della nave D; tra il carico della cosiddetta nave del leone, come già detto, erano compresi solo alcuni oggetti e cordame vario.

Oggetti relativi alla vita di bordo

Gli oggetti finora recuperati ammontano ad una trentina di esemplari integri e comprendono borse, cesti, rivestimenti vari, una nassa, stuoie, alcune scopette ed un bruschino, oltre ad una notevole quantità di frammenti non più riconducibili ad una forma definita. L'esame di questo materiale ha permesso di identificare i seguenti tipi di lavorazione delle fibre vegetali:
1. *intrecciatura a stuoia*, affine alla tessitura prevede una serie di giunchi verticali (ordito) ed un'altra serie analoga, tessuta di traverso (trama). L'intrecciatura può essere ortogonale o diagonale.
2. *su intelaiatura di stecche o fuscelli*, costituita da elementi verticali che formano la struttura, compreso il fondo, e da fuscelli orizzontali che passano all'interno ed all'esterno delle stecche. Le stecche della base possono avere forma a croce o a stella.

various pieces of matting, and a large quantity of remains associated with cordage) present no technological and morphological differences with respect to those found in the vicinity of vessels dating from as much as two or three centuries later. The various areas of excavation[2] have yielded different percentages of vegetable-fibre artefacts. While most of the containers are from the northeast sector and a considerable amount of cordage from the central sector, no remains have yet been found inside or in the immediate vicinity of ship D. As mentioned above, the cargo of the Lion Ship included only a few objects and various pieces of cordage.

Items associated with life on board

The material recovered so far comprises about thirty intact items including bags, baskets, various coverings, a lobster pot, mats, some small brushes and a scrubbing brush as well as a considerable number of fragments no longer identifiable as belonging to any specific type of object. Examination of this material has made it possible to identify the following techniques applied to vegetable fibres:
1. *Matting.* This resembles textile weaving and involves interweaving a series of vertical rushes (the warp) with another series (the woof) orthogonally or diagonally.
2. *Stick - or twig - framed work* composed of vertical elements forming the structure, including the base, and horizontal twigs running inside and outside the sticks. The sticks of the base may have a cross or star shape.

3. *intrecciatura a treccia*, realizzata attraverso la preparazione preliminare di trecce, successivamente cucite tra loro per ottenere la forma desiderata.

4. *intrecciatura attorcigliata*, o a fibre longitudinali affiancate e tenute insieme da sottili legature trasversali. Singoli giunchi o fasci di giunchi vengono sistemati fianco a fianco ed allacciati con fili che passano alternativamente tra i fasci.

Tra gli oggetti rinvenuti, le borse sono da riferirsi all'uso personale, mentre i cesti potevano essere utilizzati come contenitori di riserve alimentari, probabilmente frutta, fresca o secca.

Le borse sono tutte ottenute con la tecnica di lavorazione a treccia. Nella maggior parte dei casi presentano forma emisferica e, più raramente trapezoidale. I manici sono costituiti da un cilindro di legno orizzontale scanalato alle estremità per il fissaggio alla borsa tramite legature. Cordicelle cucite lungo le pareti, che si prolungano oltre il bordo di due esemplari frammentari, suggeriscono la presenza di probabili manici a tracolla. Sulla parete di una borsa è documentato un piccolo rattoppo in cuoio (fig. 1, V21).

I cesti comprendono una serie di contenitori di varie dimensioni generalmente di forma troncoconica o, in rari casi, cilindrica. La tecnica di lavorazione maggiormente utilizzata è quella su intelaiatura di stecche (fig. 2, V10) ma è anche documentata, seppure in misura molto minore, l'intelaiatura su fuscelli. Il fondo, di norma, è piatto con stecche disposte a stella. Due esemplari, di cui uno molto frammentario, presentano una base di legno, a disco, con una serie di fori lungo il perimetro tramite i quali la base veniva fissata alla parete. Di dubbia funzione è la presenza di un foro centrale. È probabile che le legature di fissaggio tra la parete e la base si raccordassero nel foro centrale per dare maggiore solidità alla struttura (fig. 3, V11). Come appare da un esemplare munito di piccole

3. *Braiding*. Braids are first prepared and then stitched together in the desired shape.

4. *Cross-binding*, with longitudinal fibres joined and held together by thin transverse binding. Single rushes or bundles of rushes are placed side-by-side and held together by means of threads twisted alternately between them.

Of the items found, while the bags are for personal use, the baskets may have been used to contain foodstuffs, probably fresh or dried fruit.

The bags were all produced by means of braiding. They are mostly hemispherical, with a few trapezoidal specimens. The handle consists of a horizontal cylinder of wood with a groove at each end for attachment to the bag by means of binding. Pieces of twine stitched along the walls, and extending beyond the edge of the two incomplete specimens, suggest the probable presence of shoulder straps. There is a small leather patch on the wall of one bag (fig. 1, V21).

The baskets include a series of containers of different sizes, generally conical in shape with some rare cylindrical exceptions. While these are generally stick-framed (fig. 2, V10), twigs are also used, albeit to a far lesser degree. The base is normally flat with sticks forming a star-shaped pattern. Two specimens, one of which is very fragmentary, have a disk-shaped wooden base with a series of holes around the edge for attachment to the wall. While the function of the hole in the middle is still uncertain, it is probable that the bindings used to attach the wall to the base met up there to give the structure greater solidity (fig. 3, V11). As a specimen fitted with small cords along the wall suggests, some of these containers were probably suspended or carried on the shoulder (fig. 4, V6).

Particular interest attaches to the discovery of two "coverings" produced by means of a twig-frame. The first has a "wine-flasklike shape" and has lost its base (fig. 5, V28). Its form suggests that

corde lungo la parete, è verosimile che alcuni di questi contenitori fossero sospesi o caricati a spalla (fig. 4, V6).

Particolarmente interessante è il ritrovamento di due "rivestimenti" fabbricati con la tecnica ad intelaiatura su fuscelli. Il primo presenta forma a "fiasco" ed è privo della base (fig. 5, V28). La morfologia del manufatto lo avvicina al rivestimento di un probabile contenitore in vetro. Fino a questo momento non sono però conosciuti, in epoca romana, contenitori in vetro con forma a fiasco. Archeologicamente l'elemento distintivo del fiasco è il fondo convesso che rendeva necessario un rivestimento in fibre vegetali per dare stabilità al recipiente[3]. Attualmente i più antichi ritrovamenti di fondi convessi vitrei risalgono al Medioevo e sono attestati alla Cripta Balbi[4] e nel convento di San Silvestro a Genova[5]; sono inoltre documentati da fonti iconografiche a partire dal XIV secolo[6].

La mancanza di elementi sicuri relativi all'identificazione del contenitore (fondo convesso in vetro) induce alla cautela nel formulare qualsiasi ipotesi ma, anche se l'accostamento può risultare arbitrario, la forma del rivestimento non sembra suggerire altre interpretazioni, pur non escludendole.

L'altro esemplare è un piccolo rivestimento cilindrico con base leggermente arrotondata (fig. 6, Z2). L'intreccio vegetale di questo oggetto appare particolarmente morbido anche se l'esterno è ricoperto da incrostazioni di sabbia. Le dimensioni sembrano adatte a contenere un balsamario in vetro. Questa ipotesi è stata già formulata da D. Stiaffini per i balsamari tubolari a base convessa caratterizzati da una strozzatura alla base del collo (tipo Isings 1957, forma 8)[7]. L'autrice ha ipotizzato la presenza di un rivestimento in fibra vegetale che doveva avvolgere il corpo tubolare del balsamario, fermandosi al di sotto della strozzatura, o ricoprirlo interamente in modo da permettere la stabilità del manufatto

it served as a covering for a glass container, but no such glass-and-straw containers have been documented as yet in the Roman era. In archaeological terms, the distinctive feature of the flask is its convex bottom requiring a covering of vegetable fibres to give the recipient stability[3]. At present the earliest finds of convex-bottomed glassware items date from the Middle Ages and have been recorded at the Crypta Balbi[4] and the convent of San Silvestro in Genoa[5]. There is also documentation from iconographic sources from the fourteenth century onwards[6].

The lack of firm evidence to identify the container (glassware with a convex bottom) makes caution essential in formulating any hypothesis. Arbitrary though the association may appear, however, the shape of the covering suggests no other interpretations, though neither does it rule them out.

The other specimen is a small cylindrical covering with a slightly rounded base (fig. 6, Z2). The interwoven fibres of this item appear to be particularly soft, even though the outside is encrusted with sand. The measurements suggest that it may have served to contain a glass flask for perfumed oil. This hypothesis has already been put forward for cylindrical oil flasks with a convex base characterized by a narrowing at the base of the neck (Isings 1957, form 8) by D. Stiaffini.[7] She suggests that the cylindrical body, whose rounded bottom would make an upright position impossible, must have been covered in vegetable fibre either entirely or up to the narrowing before the neck in order to give it stability. This cylindrical covering of vegetable fibre was found outside ship C. The same layer also yielded a cylindrical oil flask of Isings' 1957 form 8. The discovery of the two artefacts in the same layer may, of course, serve to support the above hypothesis.

conformazione del fondo arrotondato, non poteva stare in piedi. Il rivestimento cilindrico in fibra vegetale proviene dall'esterno della nave C. Nella stessa unità stratigrafica è stato recuperato anche un balsamario tubolare tipo Isings 1957, forma 8. Il ritrovamento dei due manufatti nello stesso strato può, forse, dare più valore all'ipotesi su esposta. Un altro cesto frammentario è stato realizzato con la tecnica a intelaiatura su fuscelli (fig. 7, V1).

All'attività di pesca è da riferire la nassa frammentaria ritrovata nella zona settentrionale dello scavo. Il tipo di lavorazione è a fibre longitudinali affiancate e legate da sottili cordicelle. La struttura appare rinforzata trasversalmente, nei punti di maggiore debolezza, da rametti di legno flessibili e da piccole corde ritorte (fig. 8, V22).

Le stuoie sono tutte frammentarie. Alcune sono fabbricate con la tecnica a fibre longitudinali affiancate e tenute insieme da sottili legature trasversali poste a distanza regolare; altre con la tecnica di intrecciatura a stuoia sia ortogonale che diagonale.

Strettamente connessi alla pulizia delle imbarcazioni sono due scopette ed un bruschino ritrovati nelle immediate vicinanze della nave C. Le scopette hanno impugnatura fermata da cordicelle e fuscelli liberi (fig. 9). Il bruschino è munito di un manico di legno di forma rettangolare con setole di saggina.

Cordame

Il cordame, ritrovato in quantità considerevole, è in maggior parte attribuibile alle attrezzature delle imbarcazioni con diversa tipologia a seconda della destinazione d'uso (cime, gomene, sartie) (fig. 10). Ad un esame macroscopico dei reperti si evidenzia la pre-

Another incomplete basket was produced by weaving over a framework of twigs (fig. 7, V1).

The incomplete lobster pot found in the northern area of the excavations is associated with fishing activities. It is made of longitudinal fibres placed side-by-side and bound together with thin cord. The structure appears to be reinforced transversally at its weakest points by means of small, pliable sticks and small pieces of twisted cord (fig. 8, V22).

The mats are all incomplete. Some are made of longitudinal fibres placed side-by-side and held together transversally with bindings of thin cord at regular intervals, others by means of the matting technique with both orthogonal and diagonal interweaving.

Two small brushes and a scrubbing brush found in the immediate vicinity of ship C are closely connected with on-board cleaning operations. The small brushes consist of loose twigs and a handle secured with twine (fig. 9). The scrubbing brush has a rectangular wooden handle and bristles of sorghum.

Cordage

The abundant cordage recovered is mostly associated with the ships equipment and is typologically differentiated in terms of use (ropes, hawsers and shrouds) (fig. 10). Simple examination of the finds reveals two different techniques, twisting or braiding, associated with different uses.

The basic element of twisted rope is the yarn, a set of coiled elementary fibres. Yarns are combined to form a strand, and strands to form a twisted rope. The strands are normally twisted in the

senza di due differenti modi di lavorazione destinati ad usi diversi: la corda ritorta e quella trecciata.

L'elemento base della corda ritorta è costituito dal trefolo, vale a dire da un insieme di fili elementari ritorti a spirale. L'unione di più trefoli forma un legnolo e, più legnoli formano una corda ritorta. La torsione dei legnoli è di norma opposta a quella dei trefoli per assicurare una maggiore tenuta. Questo tipo di corda, a sezione circolare, rigida e resistente, veniva impiegata per sopportare sollecitazioni notevoli quali ancoraggi o ormeggi (una delle imbarcazioni conserva ancora una cima legata intorno alla bitta di ormeggio).

La corda trecciata, costituita da un'anima di fibra vegetale ricoperta da fili variamente avvolti, ha dimensioni minori, è più piatta e morbida di quella ritorta. Veniva adoperata per gli usi relativi alle attrezzature di bordo. Piccole corde trecciate risultano impiegate per la sospensione di contenitori e per la legatura di intrecci (fig. 11).

Confronti puntuali relativi al cordame ed agli oggetti in fibre vegetali sono riscontrabili con i reperti provenienti dalla nave romana di Comacchio[8].

opposite direction to the yarns to ensure greater torsional stability. This type of rope stiff, hard-wearing and circular in cross section is used to bear high degrees of strain as in the operations of anchorage or mooring (one of the vessels still retains a rope tied to a mooring bollard).

The braided cord consists of threads variously wrapped around a core of vegetable fibre. It is generally smaller in size, flatter and softer than twisted rope, and was used for operations connected with life on board. Small braided cords were used to suspend containers and bind basketry (fig. 11).

These vegetable-fibre cordage and objects are similar to the finds from the Roman ship from Comacchio[8].

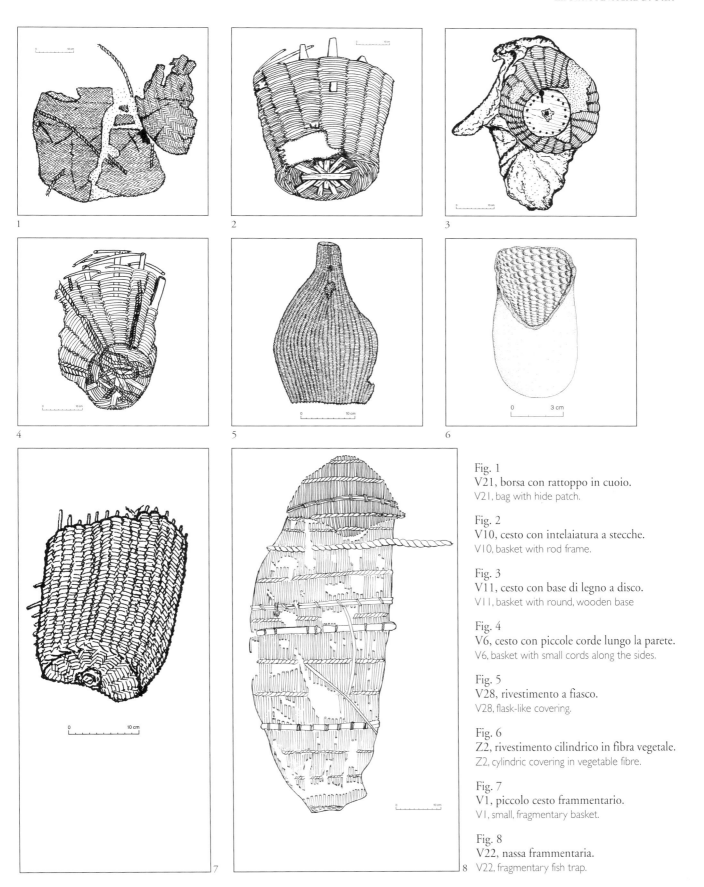

Fig. 1
V21, borsa con rattoppo in cuoio.
V21, bag with hide patch.

Fig. 2
V10, cesto con intelaiatura a stecche.
V10, basket with rod frame.

Fig. 3
V11, cesto con base di legno a disco.
V11, basket with round, wooden base

Fig. 4
V6, cesto con piccole corde lungo la parete.
V6, basket with small cords along the sides.

Fig. 5
V28, rivestimento a fiasco.
V28, flask-like covering.

Fig. 6
Z2, rivestimento cilindrico in fibra vegetale.
Z2, cylindric covering in vegetable fibre.

Fig. 7
V1, piccolo cesto frammentario.
V1, small, fragmentary basket.

Fig. 8
V22, nassa frammentaria.
V22, fragmentary fish trap.

Fig. 9
Z4, scopetta.
Z4, little broom.

Fig. 10
Corde al momento del rinvenimento.
Cords during retrieval.

Fig. 11
Corda con estremità ad occhiello.
Cord with eyelet at extremity.

V1. Pisa San Rossore 2 area 2 US 92 stacco I
Piccolo cesto frammentario.
Corpo cilindrico con fondo piatto. Intelaiatura costituita da circa 20 fuscelli che formano la struttura e da elementi orizzontali ravvicinati che passano alternativamente all'interno ed all'esterno dell'intelaiatura.
lungh. cm. 22   largh. cm. 15

Z4. Pisa San Rossore 2 area 4 US 114
"Scopetta"
Impugnatura di forma leggermente trapezoidale, con estremità arrotondata, fermata a metà del corpo da una cordicella frammentaria avvolta ripetutamente. I fuscelli non sono suddivisi a mazzetti, ma liberi.
lungh. cm. 22   largh. cm. 13

NOTE

[1] FIESOLI - GENNAI in queato catalogo.
[2] La zona NE dello scavo comprende le navi A, B, E, F; la parte centrale, la nave C.
[3] STIAFFINI 1999, pp. 114, 116.
[4] CINI 1985, n. 980 p. 544 tav. 88.
[5] ANDREWS 1977, pp. 167, 170-171.
[6] La più antica testimonianza di un fiasco in vetro è contenuta in un affresco di Tommaso da Modena: Tommaso da Modena, *San Girolamo* (part.). Treviso, chiesa di San Niccolò. Per i problemi iconografici si veda CIAPPI *et alii* 1995.
[7] STIAFFINI - BORGHETTI 1994, p. 52.
[8] BERTI 1990.

V1. Pisa San Rossore 2, Area 2, Layer 92, Artificial layer I
Small incomplete basket.
Cylindrical body with flat bottom. Structure formed by framework of about 20 twigs and closely positioned horizontal elements running alternately inside and outside.
lenght 22 cm.   width 15 cm.

Z4. Pisa San Rossore 2, Area 4, Layer 114
Small brush.
Slightly trapezoidal handle with rounded end, secured halfway along its length by means of a fragment of cord wound repeatedly around it. The twigs are not divided into bunches but loose.
lenght 22 cm.   width 13 cm.

NOTES

[1] FIESOLI - GENNAI in this catalogue.
[2] The NE sector of the site included Wrecks A, B, E, F; the central part, Wreck C.
[3] STIAFFINI 1999, pp. 114 and 116.
[4] CINI 1985, no. 980 p. 544 pl. 88.
[5] ANDREWS 1977, pp. 167, 170-171.
[6] The earliest documented reference to such a glass flask is found in a fresco by Tommaso da Modena: Tommaso da Modena, *St. Jerome* (detail), Treviso, church of San Niccolò. For the iconographical problems, see CIAPPI *et al*, 1995.
[7] STIAFFINI - BORGHETTI 1994, p. 52.
[8] BERTI 1990.

BARBARA
FERRINI

ELENA
ROSSI

LE ANFORE

Le anfore sono il contenitore per eccellenza di trasporti marittimi e fluviali: sono fabbricate e smerciate non tanto per il loro valore intrinseco, ma come contenitori di altri prodotti, in particolare olio, vino, frutta, salse di pesce, pesce salato e molte altre sostanze. Le fabbriche sorgevano in genere in siti collegati con un entroterra agricolo fortemente produttivo, lungo le principali vie di comunicazione, nei pressi di porti di imbarco marittimi o fluviali. In questa ottica assume particolare rilevanza l'individuazione di una di queste fabbriche nell'*ager Pisanus*[1].

Una volta riempite, le anfore venivano sigillate con tappi di terracotta, di legno o di sughero. Sul collo, sulle anse, sull'orlo e sui puntali sono frequenti i bolli, con indicazioni del nome del fabbricante, del nome del commerciante, del contenuto, della qualità e del peso. Quelli impressi a stampo, in genere entro cartiglio rettangolare, sono apposti sull'anfora prima della sua cottura, mentre quelli graffiti o i *tituli picti*, sono applicati in un secondo momento sul prodotto già cotto.

Riempite e sigillate, le anfore erano quindi imbarcate nelle stive delle navi, impilate con grande cura in file sfalsate e sovrapposte, in modo da rendere il carico stabile e il più capace possibile.

Una volta arrivate a destinazione, le anfore costituivano un vuoto a perdere in quanto contenitori (emblematico è il caso del Monte Testaccio a Roma), ma venivano spesso reimpiegate come materiale da costruzione: le loro caratteristiche morfologiche rendevano ottimale un loro utilizzo per opere di drenaggio o di alleggerimento del carico in volte o cupole. La loro forma è indicativa del luogo di produzione, della cronologia e del con-

THE AMPHORAE

Amphorae were the containers *par excellence* for sea and river transport. They were produced and sold not for their intrinsic value, but to hold other products, especially oil, wine, fruit, fish sauces, salted fish, and many other commodities. Generally, workshops were built at locations connected with inland agriculture, along the main roads, at sea and river ports. One particularly important workshop in the *ager Pisanus*[1] deserves mention.

As soon as they were filled, the amphorae were sealed with plugs of terracotta, wood, or cork. Frequently there are marks on the neck, handles and edges, which indicated the name of the maker, the name of the seller, the contents, the quality and the weight. Those made with a stamp, generally within a rectangular cartouche, were impressed on the amphora before firing, while those incised and the *tituli picti*, were added after firing.

After they were filled and sealed, the amphorae were loaded in the stowage area of the ship and placed with great care in alternating rows and on top of one another so as to make the load as stable as possible. Upon arrival at their destination, the amphorae were no longer useful as containers (emblematic is the case of Monte Testaccio in Rome), but often they were re-used as material for construction. Their characteristics made them excellent for drains and to lighten vaults or domes. Their shape is indicative of the location and period of production, and of the contents. Careful study, therefore, can provide a great deal of information about ancient commercial activities and routes.

tenuto: un attento studio può quindi dare molte informazioni sui traffici e sulle rotte commerciali usate dagli antichi.

Al momento, lo scavo del complesso ferroviario di Pisa San Rossore ha restituito oltre un migliaio di esemplari, dei quali una notevole percentuale integri o interamente ricostruibili.

Note

[1] MENCHELLI 1990-1991, pp. 169-184.

Notes

[1] MENCHELLI 1990-1991, pp. 169-184.

ELENA
ROSSI

ANFORE "GRECO ITALICHE"

Nel corso dell'età ellenistica nei trasporti marittimi fu ampiamente utilizzata un tipo di anfora denominata "greco italica" che riflette pienamente nel termine il carattere pan-mediterraneo greco-romano del commercio in questo periodo.

Questi contenitori conservano nella forma alcune caratteristiche delle più antiche anfore greche[1], ma con il restringimento e l'allungamento del corpo iniziano ad avere un aspetto più legato al mediterraneo occidentale.

La loro tipologia era sconosciuta nella classificazione di Dressel[2]; il termine "greco-italiche" fu coniato nel 1954 da Benoit[3] per descrivere un gruppo di anfore del relitto sottomarino del Grand Congloué presso Marsiglia; fu infatti subito evidente il loro legame con il mondo greco ellenistico e allo stesso tempo con quello romano repubblicano.

Successivamente i ritrovamenti di "greco-italiche" sono stati sempre più numerosi nel Mediterraneo ed in particolare in Sicilia[4]. Gli indizi di una provenienza eterogenea non hanno certo facilitato l'individuazione di una sola regione di produzione di questo tipo di anfora, ma la maggioranza degli autori[5], negli studi ad essa dedicati, concordano piuttosto sull'adozione da parte di paesi diversi di una medesima forma di contenitore.

Il primo tentativo di classificazione di questo tipo di anfora è certamente quello effettuato da Lyding Will[6], che suddivide la vasta gamma di variazioni formali delle "greco-italiche" in cinque sottotipi cronologicamente successivi (forme da A ad E)[7], riconoscendo i vari centri di produzione[8] in base all'evoluzione della forma, alla presenza di bolli ed alle attestazioni negli scavi. Questa differenziazione non risulta oggi del tutto soddisfacente e non può ritenersi certo conclusiva.

GRAECO-ITALIC AMPHORAE

During the Hellenistic period widespread use was made in maritime transport of a type of amphora labelled Graeco-Italic, a term that fully reflects the Pan-Mediterranean, Graeco-Roman nature of trade in this period.

While these amphorae retain some of the characteristics of the earliest Greek examples in terms of shape[1], they also begin to take on an appearance more closely linked to the western Mediterranean through their slender, elongated body.

This type is not included in the Dressel classification[2]. The term Graeco-Italic was coined in 1954 by Benoit[3] to describe a group of amphorae from the Grand Congloué wreck found under water near Marseilles, whose links both with the Hellenistic Greek world and with that of the Roman Republic were, in fact, immediately obvious.

Finds of Graeco-Italic amphorae have since become increasingly numerous in the Mediterranean, and especially in Sicily[4].

Evidence of heterogeneous provenance has certainly done little to facilitate the identification of one single area of production for this type of amphora, and most writers on the subject[5] agree that the same form of container was adopted in different countries. The first attempt to classify this type of amphora was certainly made by Lyding Will[6], who divides the vast range of Graeco-Italic variants into five chronologically consecutive subsets (Forms A to E)[7], pinpointing the various centres of production[8] on the basis of morphology, stamps, and archaeological contexts. This classification does not prove wholly satisfactory today, and can certainly not be regarded as definitive.

Una critica alle differenze tipologiche e cronologiche fra la forma A e la D proposte da Will, nonché alle difficoltà della definizione del tipo transizionale B, è ben evidenziata da D. Manacorda[9], il quale ritiene inoltre che il termine di "greco-italiche" abbia ormai terminato il suo "ciclo vitale" e che si debbano sostituire i criteri di valutazione tenendo conto di una produzione che ha interessato molti siti della Magna Grecia e della Sicilia. La sua ipotesi di periodizzazione[10] presenta quattro momenti cronologicamente successivi: 1) partendo dall'ultimo quarto del IV e la metà del III sec. a.C., si diffondono le "greco-italiche" principalmente in Sicilia, Magna Grecia, Etruria e in genere nel bacino occidentale del Mediterraneo, compaiono in ambiti molto ellenizzati e forse il luogo di produzione può essere stato la Sicilia o la Magna Grecia; 2) a partire dalla metà del III sec. a.C. la presenza romana si consolida in Sicilia, e la Campania assume un ruolo politico-economico particolare, può essere questo il momento della diffusione delle prime produzioni in ambito romano; 3) con l'ultimo quarto del III sec. a.C. troviamo la diffusione delle "greco-italiche" tarde, che derivano morfologicamente dalle precedenti ma sono il primo prodotto della cultura romana; 4) nel corso della prima metà del II sec. a.C. è il momento del maggior sviluppo delle "greco-italiche" tarde e l'evoluzione tipologica di queste anfore porterà verso la forma Dressel 1 dopo la metà del II sec. a.C. L'arco di tempo fra la diffusione della forma più antica e quella più tarda è piuttosto ampio e complessa è la ricostruzione degli eventi storici di quegli anni compresi fra la prima e la seconda guerra punica. Manacorda[11] evidenzia il passaggio dopo la seconda guerra punica (fine del III sec. a.C.) come "punto di svolta" nella presenza di relitti meno numerosi nell'epoca precedente, mentre sono sempre più attestati nella prima metà del II sec. a.C., testimoniando la grande espansione politica e commerciale romana.

Criticism of the chronological and typological differences between the Forms A and D proposed by Will and of the difficulty involved in defining the traditional Type B is forcefully expressed by D. Manacorda[9], who also holds that the term Graeco-Italic has by now outlived its usefulness and that the criteria of evaluation should be replaced to take into account production associated with many sites in Magna Graecia and Sicily. He suggests a periodization[10] with four consecutive chronological stages, as follows: 1) From the last quarter of the fourth century B.C. to the mid third, Graeco-Italic amphorae are present mainly in Sicily, Magna Graecia, Etruria and the western Mediterranean in general. They appear in highly Hellenized contexts and they may have been produced in Sicily or Magna Graecia. 2) From the mid third century B.C. onwards, Roman presence is consolidated in Sicily, and Campania assumes a particular political and economic importance. This may coincide with the diffusion of the first types in the Roman sphere. 3) The last quarter of the third century B.C. sees the spread of late Graeco-Italic amphorae, which are morphologically derived from previous types but constitute the first produced by Roman culture. 4) The first half of the second century B.C. sees the greatest development of late Graeco-Italic amphorae, whose typological evolution leads to the Dressel 1 type in the second half of the century. The span of time between the diffusion of the earliest and the latest forms is quite long, and the reconstruction of the historical events of the years between the first and second Punic wars is highly complex. Manacorda[11] indicates the moment after the second Punic war (end of the third century B.C.) as a turning point, in that specimens were less numerous in the preceding period but are increasingly documented in the first half of the second century B.C., thus documenting the political and commercial expansion of Rome in these years.

Ultimo tentativo, in ordine di tempo, di definire questa produzione anforacea è del 1994, Van Der Mersch[12] suddivide 6 gruppi di anfore (MGS I-VI) partendo dalla seconda metà del V sec. a.C. fino alla conquista da parte dei romani di Siracusa avvenuta nel 211 a.C.

Le caratteristiche tipologiche delle anfore "greco-italiche" si possono evidenziare nell'orlo appiattito e inclinato, la forma del collo troncoconico, la spalla carenata piuttosto ampia e appiattita nei tipi più antichi che diventa sempre più arrotondata in quelli più recenti; il corpo ovoidale è più o meno allungato, il puntale termina in genere con un finale conico, mentre le anse curvilinee e leggermente inflesse verso l'interno sono attaccate sotto l'orlo e alla spalla distanti dal collo. Sulle anse, in genere nella parte superiore, sono a volte presenti bolli con nomi in lingua greca o latina[13].

La struttura particolarmente larga all'altezza della spalla, i puntali ancora poco sviluppati e spesso sproporzionati rispetto all'ampiezza del corpo, uniti al fatto che frequentemente le pareti erano molto sottili, rendevano estremamente fragili le "greco-italiche" più antiche e soggette a facili rotture. L'allungamento del corpo e la fabbricazione di puntali più solidi, nei tipi più recenti, rese questi contenitori più facilmente utilizzabili nelle fasi di trasporto e di stoccaggio.

Questo tipo di anfore sembra impiegato unicamente per trasportare vino, infatti sono spesso in associazione con vasellame destinato a servire il vino, come nel caso del relitto del Grand Couglóe 1[14].

L'introduzione graduale su vasta scala di questo tipo di contenitori nel corso del III sec. a.C., testimoniato dai ritrovamenti di relitti sempre più numerosi nel Mediterraneo, può attestare efficacemente il graduale espansionismo politico, militare ed economico di

The most recent classification was put forward in 1994 by Van Der Mersch[12], who identifies six groups of amphorae (MGS I-VI) over a period stretching from the second half of the fifth century B.C. to the Roman conquest of Syracuse in 211 B.C.

The typological characteristics of the Graeco-Italic amphorae include a flattened, oblique rim and conical neck. The offset shoulder is fairly broad and flat in the earliest types but becomes increasingly rounded in the more recent specimens. The ovoid body is fairly elongated. The pointed base generally ends in a cone. The curved and slightly in-turned handles are attached below the rim and on the shoulder at a distance from the neck. Stamps with names in Greek or Latin are sometimes present on the handles, generally the upper part[13].

The pronounced breadth at the shoulder and the still underdeveloped pointed base, often out of proportion to the width of the body, together with the often thin walls made the earliest Graeco-Italic amphorae extremely fragile. The elongated body and greater solidity of the more recent types made these containers more suitable for use in transport and storage.

This type of amphora appears to have been used solely to transport wine, and is indeed often found together with vases used for serving wine, as in the case of the Grand Couglóe I Shipwreck[14]. The gradual large-scale introduction of these containers during the third century B.C., as documented by the increasingly numerous shipwrecks discovered in the Mediterranean, is evidence of the gradual political, military and economic expansion of Rome to take control of the most important markets in the western Mediterranean in the period between the first and second Punic wars. The various attempts to pinpoint the different areas of production of this type of amphora during the time they were in use require further revision and investigation, not least

Roma per il controllo dei principali mercati del Mediterraneo occidentale nel periodo compreso fra la I e la II guerra punica.

I vari tentativi di evidenziare dei luoghi di produzione diversi di questo tipo di anfore nel periodo della loro storia necessitano di ulteriori revisioni e approfondimenti, tenendo conto che spesso pochi sono i cambiamenti formali in periodi anche lunghi, che possono abbracciare più generazioni di produttori e essere adottati da diversi *ateliers*. Ulteriori informazioni possono risultare dalla analisi petrografiche degli impasti condotte su una vasta gamma di esemplari, nonché sull'individualizzazione dei vari sistemi economici che le hanno prodotte.

In questo quadro, piuttosto complesso ed articolato, si colloca il ritrovamento dei numerosi esemplari di "greco-italiche" contraddistinte in diverse varianti, provenienti dall'area del complesso ferroviario di Pisa San Rossore.

Non essendo stata completata l'indagine archeologica, come pure il restauro dei reperti mobili, vengono qui presentati alcuni esemplari con caratteristiche morfologiche e tipologiche differenti.

I dati quantitativi dei reperti evidenziano la presenza di questa forma anforica solo nella zona più meridionale dello scavo, che risulta essere la più antica all'interno del contesto portuale. In particolare nella zona del molo (ampliamento Sud settore 2) sono stati ritrovate "greco- italiche" appartenenti al tipo più antico, databili fra la fine del IV e gli inizi del III sec. a.C., mentre nell'area della nave "ellenistica o del leone" (ampliamento Sud settore 1), situata poco più a Nord della precedente, la maggioranza del carico era costituito da "greco-italiche" più evolute, insieme ad anfore puniche e massaliote tarde, di cui molte intatte con ancora il tappo sigillato.

because there are often few morphological changes over long periods encompassing various generations of producers and different workshops. Further information may come from the petrographic analysis of the fabrics carried out on a vast range of specimens and from identification of the various economic activities for which they were produced.

This complex situation forms the background to the discovery of numerous and varied specimens of Graeco-Italic amphorae in the area of the Pisa-San Rossore railway station.

As neither the archaeological investigations nor the restoration of the movable finds are as yet completed, we shall confine ourselves to presenting some specimens with a variety of morphological and typological characteristics. The quantitative data of the finds indicate that this type of amphora is present only in the southernmost sector of the excavation area, which proves to be the oldest part of the harbour. In particular, while the area of the pier (South extension, Sector 2) has yielded Graeco-Italic amphorae belonging to the earliest type (late fourth to early third century B.C.), in the area of the Hellenistic or "Lion" Ship (South extension, Sector 1) located further north, the bulk of the cargo consists of more evolved Graeco-Italic types together with late Massalian and Punic amphorae, many of which are intact and still sealed.

South extension, Sector 2

The southernmost sector of the excavations has yielded the remains of a pier built of large blocks of stone laid without mortar, and which collapsed sometime around 400 B.C.; and a series

Ampliamento Sud settore 2

Nel settore più meridionale dell'area di scavo, fra i materiali ritrovati addossati alla struttura del molo, collassato intorno al 400 a.C., costituito da grandi blocchi posti in opera a secco e da una serie di pali crollati che presumibilmente costituivano una palizzata, si possono distinguere due anfore (nn. 801 e 800), identificabili come "greco-italiche" antiche, riconducibili al tipo A della WILL[15] da noi solo provvisoriamente utilizzata (fig. 1). Le due anfore, mancanti del puntale, presentano caratteristiche analoghe, sia nella forma, nell'impasto e nell'ingubbiatura; ma un'analisi più attenta fa notare che la n. 800 ha il corpo meno compresso, ed è leggermente più alta (n. 800 h max conservata cm. 72; n. 801 h max conservata cm. 64), mentre la massima espansione del corpo, subito al di sotto della spalla, rimane per entrambe di cm. 35, il collo e le anse sono più slanciate nel n. 800. Anche l'impasto è piuttosto simile, si presenta a tessitura fine di colore arancio (n. 801) e marrone rosato (n. 800) con piccolissimi inclusi; il colore dell'ingubbiatura è per entrambe di colore beige tendente al grigio. Le numerose conchiglie attaccate alla superficie ci documentano una lunga permanenza in acqua. La presenza di residui di pece indica l'utilizzo come contenitori per il trasporto del vino, utilizzo più volte confermato per questo tipo di anfore[16]. Confronti piuttosto incisivi sono da ricercare nelle "greco-italiche" della Collezione Gasparri di Populonia provenienti dalla necropoli[17] e nel relitto della Secca di Capistello di Lipari[18]. La datazione si pone tra la fine del IV e gli inizi del III sec. a.C. Per l'ambito produttivo nelle pubblicazioni degli ultimi anni si parla di linee di produzione che interessano l'Italia meridionale e in modo specifico la Sicilia ma anche la Campania e il Golfo di Napoli[19].

of fallen poles that presumably formed a palisade. The items found against the collapsed pier include two amphorae (nos. 801 and 800), identifiable as early Graeco-Italic and as belonging to type A of the Will's classification[15], which is being used only provisionally (fig. 1).

The two amphorae, which have lost their pointed bases, are similar in shape, fabric and slip. Closer analysis reveals that no. 800 has a less compressed body and is slightly taller (no. 800, max. preserved h. 72 cm.; n. 801 max. preserved h. 64 cm.). The maximum width of the body, as measured immediately below the shoulder, is 35 cm. for both. The neck and handles of no. 800 are more slender.

The fabric is also quite similar, being fine-grained with very small inclusions (orange in the case of no. 801, pinkish-brown in no. 800). The slip is beige tending towards grey in both cases. The numerous shells attached to the surface indicate a long period spent under water. The presence of pitch residues indicates that they were used as containers to transport wine, as is abundantly documented for this type of amphora[16].

Fairly precise terms of comparison are offered by the Graeco-Italic specimens in the Gasparri Collection at Populonia, discovered in the necropolis[17], and by those from the wreck from Secca di Capistello, Lipari[18]. These are dated to between the late fourth and early third century B.C. As regards area of production, works published in recent years refer to southern Italy, Sicily in particular, but also to Campania and the Gulf of Naples[19].

The chronology put forward makes it possible to suggest that both amphorae fell into the water in this area of the harbour basin near the bank, probably during unloading and possibly from the same ship from southern Italy, and then settled against the structure of the already collapsed

La cronologia avanzata ci permette di ipotizzare che entrambe le anfore siano cadute in acqua in questa zona del bacino portuale prossima alla riva, probabilmente in una fase di scarico, forse dalla stessa nave, proveniente dal Sud dell'Italia, addossandosi alla struttura del molo già collassato. Viene così dimostrato che questa zona del porto era ancora agibile alla fine del IV inizi III sec. a.C.

Ampliamento Sud settore 1

Nel settore poco più a Nord rispetto al molo, sono state rinvenute diverse ordinate di notevoli dimensioni e parti di fasciame, molto probabilmente appartenenti ad una grande nave distrutta in un naufragio particolarmente violento. Notevole è il numero dei reperti recuperati, comprendenti oggetti di bordo e del carico. Il materiale era in gran parte sovrapposto con un andamento N-E/S-W, costituito da anfore puniche, massaliote e da molte "greco-italiche" di tipo evoluto. Insieme a queste ultime si segnala la presenza di alcuni esemplari di un tipo con il corpo ancora marcatamente ovoidale ed il puntale non ben definito. L'anfora n. 563 (US 50), frammentaria nella parte superiore, presenta un corpo ovoidale allungato, con avvio del collo troncoconico e puntale poco pronunciato e irregolare. L'altezza massima conservata di cm. 70, ci porta a considerare il tipo integro più slanciato rispetto alle "greco-italiche" antiche descritte precedentemente. In via del tutto preliminare si può proporre di definire questo tipo come di "transizione", anche se la mancanza dell'orlo, del collo e delle anse è sicuramente penalizzante per la sua definizione. Un confronto indicativo solo in base alla forma del corpo può essere fatto con i

pier. This demonstrates that the area of the harbour in question was still in use in the late fourth- to early third century B.C.

South extension, Sector 1

The sector just to the north of the pier has yielded various timbers of considerable size and sections of planking, probably belonging to a large ship that was destroyed in a particularly violent shipwreck. The numerous finds include on-board equipment and cargo. Largely one on top of the other in a mass oriented NE-SW, the material includes Punic and Massalian amphorae together with a large number of fairly advanced Graeco-Italic specimens including some with the body still markedly ovoid and the pointed base lacking definition.

Amphora no. 563 (Layer 50), the upper section of which is fragmentary, has an elongated ovoid body, the beginning of a conical neck and an irregular pointed base that is not very pronounced. The maximum preserved height of 70 cm suggests that an intact specimen would be taller and more slender than the early Graeco-Italic specimens described above. In wholly provisional terms, this can be described as a transitional type, even though the absence of the rim, neck and handles unquestionably makes definition difficult. Material from Gela[20] provides parallels but based solely on the shape of the body.

In any case, the bulk of the Graeco-Italic amphorae, which very probably formed part of the cargo of the Lion Ship, can be assigned to the advanced type, elegant in shape and unquestionably

materiali provenienti da Gela[20]. In ogni caso la parte più considerevole delle "greco-itali-che", che molto probabilmente facevano parte del carico della nave "del leone", si posso-no ascrivere al tipo evoluto, eleganti nella forma e sicuramente più maneggevoli e facil-mente impilabili delle più antiche. Le due anfore, n. 167 e 169, riconducibili al tipo D della Will[21], sono integre e con le stesse caratteristiche morfologiche (fig. 2). Il corpo è più slanciato ed equilibrato, l'altezza varia fra i cm. 75 (n. 167) e i cm. 98 (n. 169), l'orlo è meno inclinato rispetto al tipo più antico, il collo è più allungato, le anse a sezione ovale con il caratteristico profilo sinuoso. La massima espansione del corpo sotto la spalla varia fra i cm. 32-35 e quindi rimane sostanzialmente uguale alle precedenti. Il puntale più solido è armonicamente collegato al graduale restringimento della parte inferiore del corpo. Poche sono le informazioni circa la loro misura di capacità, ma sembra che questo tipo potesse contenere il doppio del suo peso. Queste anfore sicuramente conobbero un periodo di notevole espansione nella prima metà del II sec. a.C. e molti sono i ritrova-menti specie in Sicilia, in Spagna, sulle coste meridionali della Francia, a Cartagine ed in Grecia[22]. Morfologicamente questi esemplari ci portano a proporre dei confronti con le anfore "greco-italiche" ritrovate nell'isola di Lavezzi in Corsica[23] e nel relitto della Chretienne C a Saint Raphael[24]. Le principali linee di produzione sono situate nel litora-le tirrenico fra Cosa e Napoli, anche se non mancano attestazioni di altre fabbriche in varie parti del sud Italia (Metaponto, Taranto, Naxos, Kamarina)[25].

La grande quantità dei materiali ritrovati nell'area del complesso ferroviario di Pisa San Rossore, è oggetto di analisi petrografiche condotte su una vasta gamma di esempla-ri, i loro risultati potranno sicuramente offrire molti dati su cui basare uno studio accu-rato degli impasti per individuare le specifiche aree di produzione.

easier to handle and stack than the earlier type. Amphorae nos. 167 and 169, corresponding to Will's type D[21], are intact and display the same morphological characteristics (fig. 2). The body is more slender and balanced. The height ranges from 75 cm. (no. 167) to 98 cm. (no. 169). The rim is less inclined than in the earlier type. The neck is longer. The handles have an oval cross section and the characteristic sinuous profile.

The maximum width of the body below the shoulder is 32-35 cm., and thus remains much the same as for the earlier type. The pointed base is more solid and is harmoniously connected to the gradual tapering of the lower part of the body. While little information can be obtained as regards the measurement of capacity, this type appears to hold twice its own weight. These amphorae certainly underwent a period of marked expansion in the first half of the second cen-tury B.C., and many specimens have been found, especially in Sicily and Spain, on the coasts of southern France, in Carthage and in Greece[22].

Morphological considerations lead us to suggest that these specimens can be compared with the Graeco-Italic amphorae found on the island of Lavezzi in Corsica[23] and in the wreck of the Chretienne C at Saint Raphael[24]. While the main centres of production are located on the Tyrrhenian coast between Cosa and Napoli, there is also evidence of production in various parts of southern Italy (Metaponto, Taranto, Naxos and Kamarina)[25].

The large amount of material discovered in the area of the Pisa-San Rossore railway station is now undergoing petrographic analysis on a vast range of specimens. The findings will certainly fur-nish abundant data upon which to base a thorough study of fabrics in order to identify the speci-fic areas of production.

801. Pisa San Rossore ampliamento Sud settore 2 US 63

Anfora "greco-italica" antica, ricomposta da vari frammenti e priva del puntale. Orlo molto inclinato a sezione triangolare, collo troncoconico verso l'alto, spalla larga e appiattita con lieve depressione all'altezza dell'attacco delle anse, corpo "a trottola" con la massima espansione al di sotto della spalla. Anse a sezione ovale poste lontano dal collo con all'attacco profonde impressioni. All'interno residui del rivestimento di pece. Argilla: arancio con piccoli inclusi; ingubbiatura beige-grigio.
Area di produzione: Sicilia-Magna Grecia.
h. max cm. 64   d corpo cm. 35
d orlo esterno cm. 16   d orlo interno cm. 11
spessore parete cm. 1,3
Fine IV - inizi III sec. a.C.
Cfr.: Populonia Collezione Gasparri (Sheperd-Lambrou 1989, p. 597, tav. II, 3) e Secca di Capistello Lipari (Blanck 1978, pp. 93-97, fig. 3).

167. Pisa San Rossore ampliamento Sud settore 1

Anfora "greco-italica" evoluta integra. Orlo obliquo a sezione triangolare, collo troncoconico verso l'alto, spalla arrotondata, corpo affusolato e rastremato verso il fondo, anse rettilinee con attacco superiore sotto l'orlo e inferiore sulla spalla; puntale cilindrico. Argilla: arancio chiaro; ingubbiatura crema.
Area di produzione: Campania
h max cm. 73   d corpo cm. 32
d orlo esterno cm. 18
d orlo interno cm. 12
spessore parete cm. 1,6
Cfr.: Isola di Lavezzi, Corsica (Benoit 1961, p. 37, pl. II,6); relitto di Chretienne C a Saint Raphael (Joncheray 1976, pl. III, 32; Sciallano-Sibella 1994).

Fig. 1
N. 801, anfora greco-italica antica.
N. 801, ancient graeco-italic amphora.
Fig. 2
N. 167, anfora greco-italica evoluta.
N. 167, graeco-italic amphora of advanced type.   1

801. Pisa San Rossore, South extension, Sector 2, Layer 63

Early Graeco-Italic amphora reconstructed from various fragments and missing the point. Sharply inclined rim triangular in section, conical neck tapering upwards, shoulder broad and flattened with slight depression where the handles are attached, "top-like" body with maximum width below the shoulder. Handles with oval section attached, leaving deep impressions, at a distance from the neck. Residues of pitch coating inside. Clay: orange with small inclusions; slip: beige-grey.
Area of production: Sicily-Greece.
max h 64 cm.   d body 35 cm.   ext. d rim 16 cm.
int. d rim 11 cm.   th. walls 1.3 cm.
Late fourth-early third cent. B.C.
Cf. Populonia, Collezione Gasparri (Sheperd-Lambrou 1989, p. 597, pl. II, 3) and Secca di Capistello Lipari (Blanck 1978, pp. 93-97, fig. 3).

167. Pisa San Rossore, South extension, Sector 1

Graeco-Italic amphora of advanced type. Complete. Slanting rim with triangular section, conical neck tapering upward, rounded shoulder, slender body tapering towards the bottom, straight handles with upper point of attachment at rim and lower on shoulder; cylindrical pointed base. Clay: light orange; slip: cream.
Area of production: Campania
max h 73 cm.   d body 32 cm.   ext. d rim 18 cm.
int. d rim 12 cm.   th. wall 1.6 cm.
Cf.: Isola di Lavezzi, Corsica (Benoit 1961, p. 37, pl. II, 6); wreck Chretienne C at Saint Raphael (Joncheray 1976, pl. III, 32; Sciallano-Sibella 1994).

2

NOTE

[1] Per la definizione delle caratteristiche provenienti dal mondo greco cfr. BENOIT 1961, p. 36-48.

[2] DRESSEL 1899 pl. II.

[3] BENOIT 1956; 1961.

[4] Nel 1953 fu ritrovato un grande deposito di questo tipo di anfore negli scavi terrestri di Gela, cfr. LYDING WILL 1982, pp. 338-356.

[5] LAMBOGLIA 1955, pp. 264-265; BELTRAN LLORIS 1970, pp. 338-348; MANACORDA 1986, pp. 581-586; MANACORDA 1989, pp. 443-463; EMPEREU - HESNARD 1987, pp. 24-33; HESNARD et alii 1989, pp. 21-65; VAN DER MERSCH 1995, pp. 59-92.

[6] Una classificazione preliminare era stata fatta da GRACE nel 1963 basandosi sui materiali dell'Agorà Ateniese, comprendente reperti provenienti da diversi siti del Mediterraneo.

[7] LYDING WILL 1982, pp. 341-356, tav. 85.

[8] Per la forma A si suppone uno sviluppo dall'area egea, diffusosi poi in Sicilia; per la forma B produzione forse Italiana; per la forma C, forse a Cosa; per la forma D, fra Cosa e Pompei; per la forma E, la Spagna.

[9] MANACORDA 1986, p. 581, nota 2.

[10] MANACORDA 1989, p. 443, nota 2.

[11] MANACORDA 1986, p. 586.

[12] VAN DER MERSCH 1994, pp. 59-92.

[13] Per i bolli più frequenti cfr. MANACORDA 1986, pp. 581-586; MANACORDA 1989, pp. 443-463; VAN DER MERSCH 1994, pp. 59-92; GAROZZO 1997, pp. 819-821.

[14] VAN DER MERSCH 1994, p. 86 ricorda inoltre alcuni esemplari del tipo MGS VI prodotte a sud della Sila e provenienti da zone di mercati del pesce, proponendo come ipotesi il loro utilizzo anche per il trasporto di conserve di pesce.

[15] LYDING WILL 1982, pp. 341-344 suddivide il tipo A in due varianti A1 e A2, con poche differenze e una cronologia leggermente più recente della seconda rispetto alla prima.

[16] L'anfora n. 800 ha sulla parte superiore di un'ansa un bollo in cartiglio rettangolare con lettere a rilievo. Si segnala inoltre la presenza di un'altra anfora frammentaria (n. G143) proveniente dall'area della nave "del leone" (US 67), di cui si conserva solo la parte superiore, riconducibile alle "greco-italiche" più antiche; sulla spalla sono riconoscibili lettere e numerali graffiti.

[17] SHEPERD-LAMBROU 1989, p. 597, tav. II, 3.

[18] BLANCK 1978, pp. 93-97, fig. 3.

[19] VAN DER MERSCH 1994, pp. 78-80.

[20] ORLANDINI 1957, p. 169, fig. 69 e 74,3; BENOIT 1961, p. 40, fig. 36.

[21] Anche in questo caso utilizzata solo provvisoriamente.

[22] LYDING WILL 1982, pp. 348-353.

[23] BENOIT 1961, p. 37, pl. II, 6.

[24] JONCHERAY 1976, pl. III, 32; SCIALLANO - SIBELLA 1991.

[25] VAN DER MERSCH 1994, pp. 84-86.

NOTES

[1] For definition of the characteristics of specimens from the Greek world, cf. BENOIT 1961, pp. 36-48.

[2] DRESSEL 1899 pl. II.

[3] BENOIT 1956; 1961.

[4] In 1953 a large deposit of amphorae of this type was found in the excavations at Gela, cf. LYDING WILL 1982, pp. 338-356.

[5] LAMBOGLIA 1955, pp. 264-265; BELTRAN LLORIS 1970, pp. 338-348; MANACORDA 1986, pp. 581-586; MANACORDA 1989, pp. 443-463; EMPEREU-HESNARD 1987, pp. 24-33; HESNARD et alii 1989, pp. 21-65; VAN DER MERSCH 1995, pp. 59-92.

[6] A preliminary classification was devised by GRACE in 1963 on the basis of material from the Athenian Agorà and including finds from various sites in the Mediterranean.

[7] LYDING WILL 1982, pp. 341-356, p. 85.

[8] It is assumed that Form A developed in the Aegean area and then spread to Sicily; that form B may have been produced in Italy; Form C at Cosa; Form D at Cosa and Pompeii; Form E in Spain.

[9] MANACORDA 1986, p. 581, note 2.

[10] MANACORDA 1989, p. 443, note 2.

[11] MANACORDA 1986, p. 586.

[12] VAN DER MERSCH 1994, pp. 59-92.

[13] For the most frequent stamps, cf. MANACORDA 1986, pp. 581-586; MANACORDA 1989, pp. 443-463; VAN DER MERSCH 1994, pp. 59-92; GAROZZO 1997, pp. 819-821.

[14] VAN DER MERSCH 1994, p. 86, also mentions some specimens of the MGS VI type produced to the south of Sila and found in the vicinity of fish markets. He suggests that they were also used to transport preserved fish products.

[15] LYDING WILL 1982, pp. 341-344 subdivides Type A into the two variants A1 and A2, which display few differences, the latter being slightly more recent than the former.

[16] On the upper part of one handle, amphora no. 800 bears a stamp in a rectangular cartouche with embossed letters. Attention is also drawn to another fragmentary amphora (no. G143) from the area of the wreck of the Lion Ship (Artificial layer 67), of which only the upper part remains. This can be identified as belonging to the earlier Graeco-Italic type, and bears recognizable letters and numbers scratched on its shoulder.

[17] SHEPERD-LAMBROU 1989, p. 597, pl. II, 3.

[18] BLANCK 1978, pp. 93-97, fig. 3.

[19] VAN DER MERSCH 1994, pp. 78-80.

[20] ORLANDINI 1957, p. 169, figs. 69 and 74, 3; BENOIT 1961, p. 40, fig. 36.

[21] Once again used only provisionally.

[22] LYDING WILL 1982, pp. 348-353.

[23] BENOIT 1961, p. 37, pl. II,6.

[24] JONCHERAY 1976, pl. III,32; SCIALLANO-SIBELLA 1991.

[25] VAN DER MERSCH 1994, pp. 84-86.

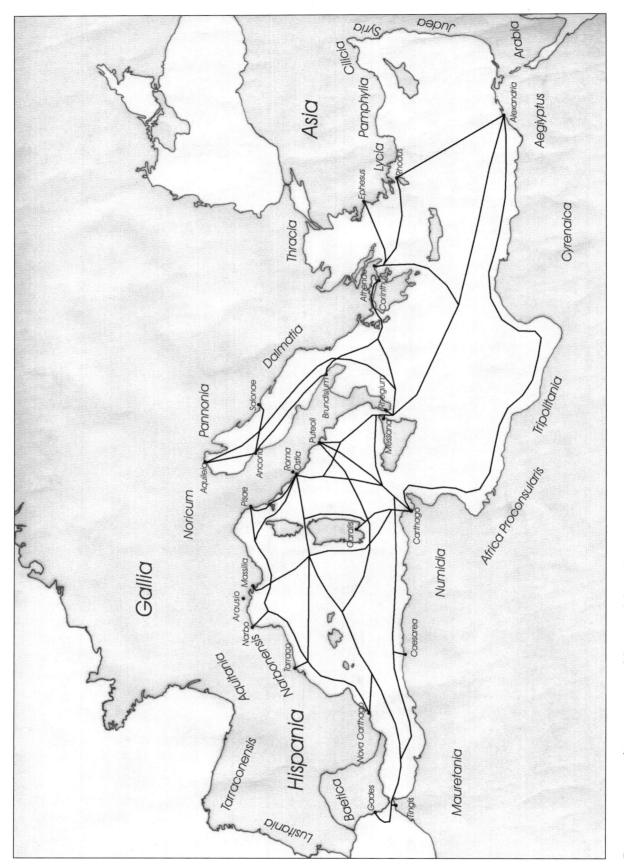

Rotte commerciali marittime nel bacino del Mediterraneo in epoca romana.
Maritime trade routes in the Mediterranean Sea in Roman times.

STEFANIA
PESAVENTO
MATTIOLI

STEFANIA
MAZZOCCHIN

MARCELLA
GIULIA
PAVONI

ANFORE DELLA NAVE B

Pur se l'analisi complessiva del carico di anfore trasportate dalla nave, in rapporto con la rotta seguita, non può prescindere dallo studio globale dei frammenti recuperati dallo scavo, si possono fin da ora anticipare alcune osservazioni sui contenitori che, posti negli strati inferiori della stiva, si sono mantenuti integri ed hanno in parte permesso il riconoscimento del prodotto in essi conservato. Si tratta di un campione molto limitato, costituito da una ventina di anfore, per la maggior parte fabbricate lungo il versante adriatico dell'Italia e originariamente destinate al trasporto del vino; alcuni esemplari sono di provenienza dalla Penisola Iberica ed in essi viaggiavano prodotti della lavorazione del pesce o vini trattati in modo particolare.

Proprio l'eterogeneità del carico impedisce, in attesa del quadro fornito dall'insieme dei materiali, di avanzare ipotesi sugli scali di imbarco delle merci prima dell'arrivo a Pisa: è sembrato opportuno tuttavia presentare brevemente e in termini molto generali le problematiche relative ai due gruppi di anfore ed alle derrate in esse commercializzate, quale introduzione agli esemplari più significativi esposti in mostra.

I vini e le anfore dell'Italia adriatica

All'interno delle testimonianze sulla produzione vinaria italica desumibili dagli autori antichi, anche se il ruolo di maggior rilievo dal punto di vista della fama dei vini è svolto dal versante tirrenico, non mancano attestazioni riferibili all'Italia settentrionale ed al

AMPHORAE OF VESSEL B

While the general study of the items excavated at the site constitutes an essential prerequisite for an overall analysis of the cargo of amphorae carried by the ship, some preliminary observations can be made on the amphorae that were placed in the lower levels of the hold and have remained intact, thus making it possible in some cases to identify the commodities they contained. This small sample comprises about twenty amphorae, most of which were produced along the Adriatic coast of Italy and were originally used to transport wine. There are also some examples from the Iberian Peninsula, which held specially treated wines or fish products.

Until a complete picture of the material becomes available, it is precisely the heterogeneous nature of the cargo that makes it impossible to put forward hypotheses as regards the ports at which the goods were loaded before arriving at Pisa. Nevertheless, it seems useful to present a short and very general overview of the problems regarding the two groups of amphorae and their marketed contents as an introduction to the most significant of the examples on display in this exhibition.

The wines and amphorae of Adriatic Italy

While the information on Italic wine production to be drawn from ancient sources gives pride of place to the Tyrrhenian coast, there is no lack of references to northern Italy and the Adri-

versante adriatico. Dalle fonti emerge una grande diffusione della viticoltura nella Cisalpina in generale: in particolare sono citati le uve ed i vini di Alba, di Novara, di Milano, di Padova, di Aquileia con la vicina zona del *Pucinum*, dell'Istria e dell'Emilia con Rimini, Cesena, Faenza, Modena e Ravenna; per la qualità è segnalato il vino *Raeticum* (Verona-Trento), per l'abbondanza i vini emiliani. Più a sud erano prodotti quei vini di pregio (*Praetutianum, Palmense, Hadrianum*) che nell'editto di Diocleziano (301 d.C.) furono riuniti sotto il nome di *Picena*; ancora più a meridione i vigneti ed i vini dell'*Apulia* completavano la ricchezza agraria della regione[1].

Per quanto riguarda le anfore destinate alla conservazione ed al trasporto dei vini dell'Italia adriatica, esse vanno riconosciute, per l'età repubblicana, nelle Lamboglia 2, i contenitori individuati per la prima volta dal Lamboglia[2] nel carico del relitto di Albenga; rispetto all'ipotesi iniziale che il loro contenuto fosse olio apulo, si ritiene oggi infatti, dopo l'analisi sui residui di un esemplare rinvenuto nel relitto della Madrague de Giens[3] e dopo la constatazione della frequente presenza di impeciatura interna, che esse fossero anfore vinarie. Le Lamboglia 2 presentano un orlo a fascia dal profilo triangolare, nettamente distinto dal collo cilindrico; le anse, leggermente flesse, hanno sezione circolare od ovale, la spalla è carenata, il corpo ha forma ovoidale e termina in un puntale troncoconico, mediamente allungato e pieno. Numerose sono le varianti morfologiche, che riguardano soprattutto l'orlo ed il corpo: se ne è ricavata una suddivisione in vari gruppi, senza tuttavia possibilità di seriazione, se non per grossi tagli cronologici, a seconda della maggiore vicinanza alle greco italiche, che le precedettero, o alle Dressel 6A, che le seguirono[4] (fig. 1).

All'originaria ipotesi, che ne circoscriveva la fabbricazione alla sola *Apulia*, si è sostituita oggi la certezza che la mappa dei luoghi in cui le Lamboglia 2 furono prodotte sia

atic coast. The sources indicate widespread viticulture throughout the Cisalpine area, and reference is made in particular to the grapes and wines of Alba, Novara, Milan, Padua, Aquileia (together with the nearby area of *Pucinum*), Istria and Emilia (Rimini, Cesena, Faenza, Modena and Ravenna). *Raeticum* wine (Verona-Trento) is distinguished for its quality, Emilian wines for their abundance. The high-quality wines (*Praetutianum, Palmense, Hadrianum*) grouped together in the edict of Diocletian (301 A.D.) under the name *Picena* were produced further south, and the vineyards and wines of Apulia further south again completed the agricultural wealth of the region[1].

The amphorae used for the storage and transportation of wines coming from Adriatic Italy in the Republican period are those classified as Lamboglia 2, a class first identified by Lamboglia[2] in the cargo of the Albenga Shipwreck.

While these were originally thought to contain Apulian oil, it is now held, on the basis of the analysis of residues from a specimen found in the Madrague de Giens Wreck[3] and the frequent presence of an internal coating of pitch, that they were in fact used to contain wine. Lamboglia 2 amphorae have a flattened rim with a triangular profile sharply distinguished from the cylindrical neck. The slightly bent handles are circular or oval in section. The shoulders are offset. The body is ovoid and ends in a solid, conical pointed base of average length. There are many morphological variants, above all as regards rim and body. The material has been divided into various groups but seriation has proved possible only for very large chronological spans in terms of greater or lesser proximity to the preceding Graeco-Italic types or the subsequent Dressel 6A type[4] (fig. 1).

The original hypothesis that manufacture was confined to Apulia has now been replaced by certainty that the map of the places in which Lamboglia 2 amphorae were produced is in fact much

in realtà ben più vasta[5]; la scoperta di fornaci a Locavaz presso Aquileia, a Sala Baganza nel Parmense, a Cologna Marina nel Piceno e forse a Maranello nel Modenese, ha portato infatti ad estenderla a parte della Cisalpina, al Piceno e a tutto il litorale adriatico fino alle Venezie. Non è esclusa inoltre la possibilità di una produzione anche sulla costa adriatica orientale, in Dalmazia e in Albania, come sembra potersi dedurre da alcune testimonianze epigrafiche[6] o sul versante tirrenico dell'Italia, stando alla notizia di una loro presenza nella fornace di Montelupo Fiorentino[7].

Di scarso aiuto per la ricostruzione di produzioni particolari è la bollatura: pur essendo frequenti, i bolli, posti sia sull'orlo sia sulle anse che sul corpo, non sono infatti molto eloquenti, poiché compaiono per lo più nomi di origine grecanica, riconducibili a personaggi di rango schiavistico[8].

Il periodo di produzione delle Lamboglia 2 va dalla fine del II sec. a.C. agli ultimi decenni del I sec. a.C.[9]: in tale arco cronologico esse conobbero una grande diffusione non solo nella Cisalpina e sul versante adriatico dell'Italia, ma anche sul litorale dalmata; nel bacino del Mediterraneo orientale, dove le Lamboglia 2 rappresentavano il carico di ritorno delle navi impegnate a trasportare in Italia dall'Egeo schiavi, marmi e opere d'arte, le attestazioni maggiori sono ad Atene, Delo ed Alessandria[10]; se limitate infine sono le presenze sul versante tirrenico dell'Italia, numerosi sono i rinvenimenti lungo le coste francesi e spagnole, dove spesso tali anfore fanno parte del carico di navi affondate[11] (fig. 2).

Dalle Lamboglia 2 derivarono sul piano morfologico e per identità di contenuto vinario, (come si deduce da una serie di iscrizioni dipinte e dalle tracce di impeciatura) le anfore che corrispondono alla forma contrassegnata con il numero 6 dal Dressel, il quale

larger[5]. The discovery of kilns at Locavaz near Aquileia, at Sala Baganza in the Parma area, at Cologna Marina in the Piceno area, and perhaps at Maranello in the Modena area has in fact led to the map being extended to part of the Cisalpine region, to the Picene lands, and to the whole of the Adriatic coast up to Venetia.

Nor can we rule out the possibility of manufacture also on the eastern Adriatic coast, in Dalmatia and Albania, as epigraphic evidence would seem to suggest[6], or on the Tyrrhenian coast of Italy, as suggested by finds made at the kiln at Montelupo Fiorentino[7].

Though frequently present on the rim, handles and body, stamps provide little help in pinpointing particular areas of output, as the names that appear are mostly of Greek origin as is typical of slaves[8].

Lamboglia 2 amphorae were produced from the end of the second century B.C. to the closing decades of the first century B.C.[9]. During this period they were widespread not only in the Cisalpine region and on the Adriatic coast of Italy but also on the Dalmatian coast. In the eastern Mediterranean, where Lamboglia 2 amphorae constituted the return cargo for ships used to carry slaves, marble items and works of art to Italy from the Aegean, their presence is primarily documented at Athens, Delos and Alexandria[10]. Few specimens have been found in the Tyrrhenian area of Italy, but a large number along the French and Spanish coasts, where they often form part of the cargo of wrecked ships[11] (fig. 2).

The amphorae corresponding to the form designated number 6 by Dressel, the first to classify them[12], are derived from Lamboglia 2 on the basis both of morphological similarities and of their analogous contents (as deduced from a series of painted inscriptions and traces of pitch coating). Sub-

per primo le classificò[12]; denominate successivamente dal Baldacci forma II[13], furono infine indicate come Dressel 6A dal Buchi[14] per distinguerle dalla forma simile delle Dressel
6B, semplificando in questo modo la terminologia.

Anche questi contenitori presentano molte varianti che interessano in modo particolare l'orlo: questo si presenta a volte con una conformazione a fascia rastremata verso il
basso, oppure più verticale, corta e ingrossata; in altri casi il profilo è decisamente svasato verso l'esterno, il collo è cilindrico; le anse, a sezione ovale o circolare hanno di solito
un profilo flesso; la spalla è obliqua e carenata; il corpo, dal caratteristico profilo piriforme, termina in un puntale troncoconico lungo e pieno.

Inizialmente ritenute di produzione istriana le Dressel 6A furono in realtà fabbricate in una zona ben più ampia comprendente la Cisalpina, in particolar modo Aquileia ed
il Veneto orientale, l'Emilia Romagna ed il Piceno[15]. Proprio al Piceno si può ricondurre
l'origine di un insieme abbastanza omogeneo di Dressel 6A, molte delle quali bollate dalla
famiglia degli *Herenni*, da *Safinia Picena/Picentina* e da *L. Tarius Rufus* (fig. 3). Una fabbricazione in area veneta ed emiliana è invece avvalorata dalla presenza su un nucleo di
contenitori, diffusi quasi esclusivamente in Italia settentrionale e caratterizzati da dimensioni minori e da orli a fascia inclinata verso l'esterno, di bolli di *officinatores* di rango servile associati a personaggi riconducibili a famiglie ben attestate nell'epigrafia cisalpina[16].

Per quanto concerne l'arco cronologico di produzione, le Dressel 6A comparvero
nell'ultimo trentennio del I sec. a.C. a sostituzione delle Lamboglia 2 e proseguirono fino
alla metà del I sec. d.C.[17]. La loro diffusione interessò innanzitutto la Cisalpina e le coste
occidentale e orientale dell'Adriatico, ma molti esemplari raggiunsero anche i paesi tran-
salpini e Cartagine; non mancano attestazioni in Grecia e sulla costa tirrenica fino ad

sequently labelled Form II by Baldacci[13], they were finally classified as Dressel 6A by Buchi[14] to distinguish them from the similar form Dressel 6B, thus simplifying the terminology.

These containers also display a large number of variations, especially as regards the rim. This can
be sloping, shorter, thicker and more vertical, or sharply flaring. The neck is cylindrical. The handles have
an oval or circular cross section and are generally bent in profile. The shoulder is sloping and offset.
The characteristically tapering body terminates in a long, solid, conical point.

Dressel 6A amphorae were initially thought to have been produced in Istria, but they were actually manufactured over a much wider area including the Cisalpine region (especially Aquileia and eastern Venetia), Emilia Romagna and Piceno[15].

The Piceno area is in fact the origin of a fairly homogeneous set of Dressel 6A amphorae, many
of which bear the stamp of the *Herenni* family, *Safinia Picena/Picentina* and *L. Tarius Rufus* (fig. 3). Manufacture in Venetia and Emilia is indicated by the presence of stamps of *officinatores* of servile rank
associated with figures identifiable as members of families that are well documented in Cisalpine epig-
raphy[16] on a group of amphorae present almost exclusively in northern Italy and characterized by
their smaller size and an everted flattened rim.

As regards the chronological horizon of production, Dressel 6A appeared in the last thirty years
of the first century B.C. to replace Lamboglia 2 and continued until halfway through the first century
A.D.[17]. While these were present above all in the Cisalpine area and on the eastern and western
shores of the Adriatic, many specimens have also been found in transalpine countries and in
Carthage. Their presence is also documented in Greece and on the Tyrrhenian coast as far as Ostia,
but is limited in Gaul and Spain. In general terms it can be stated that Dressel 6A amphorae followed

Ostia, mentre modeste sono le presenze in Gallia ed in Spagna. In generale si può affermare che le Dressel 6A ricalcarono le direttrici percorse dalle Lamboglia 2 anche se il loro commercio presenta caratteristiche interregionali più spiccate[18] (fig. 4).

Dalla fine del I sec. a.C., sempre per il trasporto del vino dell'Italia settentrionale e del litorale adriatico, alle Dressel 6A si affiancarono le Dressel 2-4[19], cioè quei contenitori che, derivati dall'anfora di Cos e nati inizialmente per i vini di pregio dell'Italia tirrenica, furono largamente imitati in Gallia, nella Penisola Iberica e nel Mediterraneo orientale; in molti casi la produzione contemporanea dei due tipi, il cui significato non è chiaro, è confermata dalla presenza in entrambi degli stessi bolli[20]. Le Dressel 2-4 settentrionali e adriatiche si differenziano dalle altre per l'impasto rosato chiaro, a volte con ingobbio nocciola chiaro, e per il notevole grado di depurazione.

A partire dal II sec. anche sul versante adriatico i recipienti vinari assunsero una nuova forma, caratterizzata dal fondo piatto e dalle piccole dimensioni. Tale "rivoluzione morfologica"[21], che si attuò solo nelle officine occidentali, non sembra in relazione con la migliore qualità del vino, ma piuttosto con l'evoluzione del gusto; un consumo più veloce e l'eliminazione dei travasi al momento della vendita favorirono probabilmente l'adozione di un contenitore più piccolo.

Inoltre a determinare il mutamento della forma nel II sec. intervenne anche la profonda trasformazione del sistema di distribuzione: ad un mercato vasto, quasi continentale, se ne sostituì uno di tipo locale o regionale, che privilegiava le vie fluviali ed il piccolo cabotaggio rispetto alle grandi traversate transmarine. Le officine, abbandonati i siti costieri, si trasferirono più all'interno, vicino alle zone di produzione agricola ed ai mercati[22]. Lungo il versante adriatico e soprattutto in area emiliana fornaci per anfore con

the same paths of diffusion as Lamboglia 2, even though their trade displays more distinctive interregional characteristics[18] (fig. 4).

From the end of the first century B.C., Dressel 2-4 amphorae[19] came to be used alongside Dressel 6A types to transport wine from northern Italy and the Adriatic coast. Derived from the amphorae of Kos and initially produced for high quality wines from the Tyrrhenian area of Italy, these were imitated on a large scale in Gaul, the Iberian Peninsula and the eastern Mediterranean. In many cases the simultaneous production of the two types, the significance of which is unclear, is confirmed by the presence of the same stamped impressions on both[20]. Dressel 2-4 amphorae from northern Italy and the Italian Adriatic are distinguished from the others by their light pink fabric, sometimes with a light hazel-colored slip, and a high degree of purity.

In the second century the wine containers of the Italian Adriatic coast assumed a new shape characterized by a flat base and small size. This morphological revolution[21], which took place only in the western centres of production, appears to be connected with a change in taste rather than an improvement in the quality of the wine.

The adoption of a smaller container was probably fostered by increased speed of consumption and the elimination of decanting at the moment of sale. The change in shape that came about in the second century was also affected by the radical transformation of the distribution system. A vast and almost continental market gave way to local or regional markets focusing on river traffic and small-scale coastal trade rather than long sea crossings. The workshops moved inland away from the coasts to locations nearer both to agricultural zones and to markets[22]. Kilns for flat-based amphorae have been identified along the Adriatic shore and above all in Emilia, at Forlimpopoli, Sant'Arcangelo di

fondo piatto sono state individuate a Forlimpopoli, Sant'Arcangelo di Romagna, Rimini e Riccione[23], ma è anche nota una particolare produzione a Spello, in Umbria, e nel Piceno meridionale[24]. Per quanto riguarda l'Italia nordorientale una nuova variante è data dalle anfore con fondo piatto che non rientrano nelle tipologie codificate: questi contenitori, presenti già in contesti della metà del I sec. d.C., sarebbero i primi con fondo piatto attestati. Tale situazione, precedente di almeno cinquant'anni alla piena affermazione delle anfore tipo Forlimpopoli, induce ad ipotizzare che precocemente il mercato locale, almeno per lo smercio al minuto, si avvalesse di piccoli contenitori, come le anforette[25].

In conclusione l'abbondanza e la diffusione delle anfore e l'esistenza di una produzione articolata, avvalorata dal ricco apparato epigrafico, confermano il ruolo economico e commerciale svolto dal vino di produzione italo-settentrionale e adriatica soprattutto tra il I sec. a.C. ed il I d.C.; la sua circuitazione, pur non raggiungendo l'ampiezza e la capillarità di quella dei vini tirrenici, copre comunque quasi tutto il Mediterraneo, con naturali direttrici preferenziali verso la parte orientale, oltre che verso il consumo dell'Urbe[26].

I prodotti della lavorazione del pesce e le anfore della Betica

Tra i prodotti che conobbero un'amplissima diffusione in epoca romana, vanno ricordati quelli derivati dalla lavorazione dei pesci, consistenti sia in pesci conservati mediante la salagione (*salsamenta*), sia in salse derivate dalla loro fermentazione. L'uso di queste ultime tanto in campo medico che nell'alimentazione è largamente descritto dalle fonti, che ne ricordano diversi tipi che ne illustrano le tecniche di fabbricazione. Il pro-

Romagna, Rimini and Riccione[23], together with a particular form of production at Spello, in Umbria, and in the southern Piceno area[24]. A new variant is found in northeastern Italy in the shape of flat-based amphorae that match no established typology. Their presence in contexts as early as halfway through the first century A.D. makes them the first documented flat-based types. This situation precedes full diffusion of amphorae of the Forlimpopoli type by at least fifty years, which suggests that the local market made use of small vessels such as *amphoriskoi*[25] at a very early stage, at least for retail trade.

In conclusion, the abundance and widespread diffusion of amphorae and the existence of a varied output, as documented by a wealth of epigraphic material, confirm the economic and commercial role played by wine produced in the northern and Adriatic areas of Italy, above all from the first century B.C. to the first century A.D. While its distribution was never as widespread and generalized as that of Tyrrhenian wines, it did cover virtually the whole of the Mediterranean, with particular emphasis on the eastern Mediterranean and Rome[26].

Fish products and amphorae from the Baetica area

The products enjoying vast circulation in Roman times include fish preserved through salting (*salsamenta*) and sauces derived from fermented fish. The use of the latter both in the medical field and for consumption as food is abundantly described in the sources, which mention different types and outline their production techniques. The primary product was *garum*, a clear liquid, often mixed with

dotto primario era il *garum*, un liquido chiaro, spesso in unione con vino, erbe o spezie, che veniva ottenuto in seguito alla macerazione al sole, più o meno prolungata, di sale, di erbe aromatiche e di infinite varietà di pesci (sgombri, sardine, tonni… ma anche piccoli crostacei); il denso e scuro deposito derivante dalla produzione del *garum* era chiamato *hallec*, mentre *liquamen* e *muria* probabilmente erano il risultato di differenti e successivi momenti del medesimo processo di filtrazione, al quale veniva sottoposta la mistura di pesce e sale fermentata al sole[27].

Presenti in quasi tutte le ricette di Apicio, ma deprecate da alcuni autori sia per il loro costo che per il loro sapore, tali salse dovettero essere prodotte, secondo metodi che sono ancora oggi in uso (ad esempio per il Nuoc-mam vietnamita) lungo quasi tutte le coste del Mediterraneo; la zona in cui la lavorazione dei pesci appare meglio documentata e dove è stato possibile indagare a fondo i resti di impianti manifatturieri, è tuttavia quella parte della Spagna meridionale (*Baetica*) che si affaccia sullo stretto di Gibilterra e sulla baia di Cadice[28]. Qui venivano fabbricati anche diversi tipi di anfore destinati alla commercializzazione della salsa di pesce, tra i quali quelli indicati dal Dressel[29] con i numeri dal 7 all'11; la presenza frequente di *tituli picti* su di esse informa sul loro contenuto, attestandone la qualità e gli anni di invecchiamento, e sull'organizzazione dei traffici che avvenivano prevalentemente per via marina (fig. 5).

Con la denominazione generica di Dressel 7-11 si indica dunque un insieme di anfore che, sebbene presentino marcate variazioni morfologiche, costituiscono nel complesso un gruppo tipologicamente omogeneo. Esse sono caratterizzate da un orlo molto svasato verso l'esterno, spesso sagomato, impostato su un lungo collo; le anse ad andamento verticale, hanno una sezione a nastro e sono percorse da una o due scanalature lon-

wine, herbs or spices, and obtained from the prolonged fermentation of a vast variety of fish (including mackerel, sardines and tuna but also small crustaceans) in the sun together with salt and aromatic herbs. The thick, dark residue derived from the production of *garum* was known as *hallec*. *Liquamen* and *muria* were probably the result of distinct later stages in the filtering of this mixture of sun-fermented fish and salt[27].

Present in nearly all the recipes of Apicius, but deprecated by some authors because of both their cost and their smell, these sauces must have been produced practically all around the Mediterranean by means of techniques still in use today (e.g. to produce Vietnamese *nuoc mam*). The area in which fish processing appears to be best documented, and where it has been possible to conduct a thorough investigation of the remains of production facilities, is the part of southern Spain (*Baetica*) overlooking the Strait of Gibraltar and the Bay of Cadiz[28]. Various types of amphorae were also produced here for the marketing of fish sauce, including Types 7-12[29]. These frequently bear *tituli picti* indicating their content, giving details of its quality and aging, and providing information about the organization of this trade, which was carried out primarily by sea (fig. 5).

The general term Dressel 7-11 is therefore used to indicate a set of amphorae that display marked morphological variations but constitute a typologically homogeneous group. They are characterized by a sharply outward-flaring rim that is often moulded and set on a long neck. The vertical handles have a strap-like cross section and display one or two longitudinal grooves. The body is generally ovoid in the earlier specimens but nearly pyriform in the more recent ones. It ends in a long, hollow, conical pointed base. While Dressel 7-11 amphorae were produced primarily on both the Mediterranean and the Atlantic shores of Baetica, a more limited output is also docu-

gitudinali. Il corpo ha un profilo generalmente ovoidale negli esemplari più antichi, mentre assume una conformazione quasi piriforme in quelli più recenti; termina in un lungo puntale conico e vuoto. Se le anfore Dressel 7-11 furono prodotte soprattutto nella Betica, sia sul versante mediterraneo sia su quello atlantico, una produzione più modesta è comunque documentata anche in Lusitania, nella Spagna Tarraconense e, in misura minore, in Gallia[30].

La produzione della Dressel 7-11, il cui inizio si colloca nei primi anni dell'età augustea[31] raggiunse il culmine durante l'epoca giulio-claudia, per declinare tra la fine del I e l'inizio del II sec. d.C., quando sui mercati comparvero nuovi tipi di anfore da *garum*.

L'area di diffusione delle Dressel 7-11 è molto vasta e testimonia l'importanza del ruolo che la Spagna ricoprì nei commerci del I sec. d.C.; esse sono attestate in Europa centrale e nel bacino del Mediterraneo, in particolare oltre che in Spagna e in Gallia, nella regione reno-germanica, in Inghilterra e nella penisola italica, soprattutto sulla costa tirrenica[32]; giunsero numerose anche ai porti dell'Adriatico settentrionale, da dove si inoltrarono verso la pianura padana ed i centri dell'interno lungo le vie fluviali[33].

Un contenuto particolare: il caso delle Haltern 70

Tra il materiale augusteo di Haltern[34] fu identificato un tipo di anfora non riportata nella tavola del Dressel, che forse la confuse con la sua forma 10, cui rassomiglia. Essa presenta orlo svasato, lievemente modanato, collo cilindrico, anse verticali a sezione ovale, con una profonda scanalatura mediana, corpo ovoidale; il puntale è troncoconico, allun-

mented in Lusitania, Tarraconensis and, to a lesser degree, Gaul[30]. The production of Dressel 7-11 amphorae began in the early years of the Augustan age[31], peaked in the Julian-Claudian era, and declined in the late first and early second century A.D. with the appearance of new *garum* amphorae on the market.

The area of diffusion of Dressel 7-11 amphorae is in any case very large and attests to the important role played by Spain in trade during the first century A.D. Their presence is documented in central Europe and the Mediterranean area, in Spain, Gaul, the Rhineland, England and the Italian peninsula, especially the Tyrrhenian coast[32]. They also arrived in large quantities at ports in the northern Adriatic and then made their way towards the Po valley and inland towns along the rivers[33].

A particular form of content: the case of the Haltern 70 amphorae

The Haltern material from the Augustan period[34] includes a type of amphora that is not included in the classification established by Dressel, who may have confused it with his own (rather similar) Form 10. It has a slightly moulded, flaring rim, cylindrical neck, vertical handles with an oval cross section and a deep central groove, and an ovoid body. The pointed base is conical, elongated and solid, and there is always a small sphere of clay inside (fig. 6).

Haltern 70 amphorae have been identified as containers produced in Baetica on the basis of their presence on the same commercial circuits as Dressel 7-11, with which they are often linked by

gato e pieno, e all'interno vi è sempre un caratteristico globetto d'argilla (fig. 6). La presenza delle Haltern 70 sugli stessi circuiti commerciali delle Dressel 7-11, cui sono spesso associate nei medesimi relitti, le caratteristiche morfologiche e la composizione del corpo ceramico hanno indotto a riconoscervi dei contenitori prodotti nella Betica; la loro diffusione in tutto l'Occidente romano è molto ampia, dal momento che sono attestate lungo il *limes* renano, in Bretagna, in Francia e nei relitti lungo la costa narbonese, a Cartagine, a Roma, a Pompei, a Ostia e naturalmente in Spagna[35].

Tituli picti apposti sulle Haltern 70 documentano che esse trasportavano *defrutum*, un vino ottenuto dalla concentrazione del mosto con la cottura, che era consumato come bevanda o utilizzato in ricette culinarie e serviva spesso a tagliare i vini o a conservare le olive[36] (fig. 7). Nelle anfore Haltern 70 si può dunque identificare uno dei recipienti nei quali sono stati trasportati i prodotti dei vigneti della Betica dall'età augustea fino all'ultimo terzo del I sec. d.C.

Osservazioni sulle anfore della nave B

Della ventina di anfore prese in esame (fig. 8), dodici furono prodotte lungo il versante adriatico dell'Italia in un arco cronologico che si può ipotizzare esteso dal 30 a.C. circa, fase finale della produzione delle Lamboglia 2, rappresentate da sette esemplari nella variante più tarda, agli inizi del I sec. d.C., cui sembrano riferibili le cinque Dressel 6A presenti. Originariamente tali contenitori erano destinati alla commercializzazione del vino; i contenuti diversi (sabbia, frutta ecc.) di alcuni esemplari sembrano essere indizio

the wrecks in which they are found, their morphological characteristics, and the composition of the fabric. They were widespread throughout the Roman West, as is demonstrated by the specimens found along the *limes* of the Rhine as well as in Brittany, France, wrecks along the coast of Narbonne, Carthage, Rome, Pompeii, Ostia and of course Spain[35].

Tituli picti on Haltern 70 amphorae indicate that they held *defrutum*, a wine obtained by concentrating must through heating, and which served as a beverage or a cooking ingredient. It was often mixed with wine or used to preserve olives[36] (fig. 7).

Haltern 70 amphorae can thus be identified as containers used to transport products from the vineyards of Baetica over a period stretching from the Augustan period to the last third of the first century A.D.

Observations on the amphorae from wreck B

Of the twenty-odd amphorae examined, twelve were produced along the Italian Adriatic coast over a period probably stretching from about 30 B.C. (the final phase of Lamboglia 2 production, represented here by 7 specimens of the last variant) to the beginning of the first century AD (the probable date of the 5 Dressel 6A specimens present). These amphorae were originally used in the marketing of wine. The other materials (sand, fruit, etc.) found in some specimens would appear to indicate subsequent re-use, which could also account for the presence of amphorae produced in different periods on the same ship.

di un successivo riutilizzo, che può spiegare anche la presenza nella stessa nave di anfore prodotte in momenti non contemporanei.

Nonostante le anfore adriatiche siano comunemente tra le più bollate, solo tre esemplari recano un marchio. Su due Lamboglia 2 (fig. 9) compare lo stesso bollo, *C(ai) Iuli Zoeli*, riferibile ad un personaggio di probabile origine libertina (*Zoilus/Zoelus* è nome di origine grecanica che riconduce ad un rango schiavistico[37]), bollo che trova confronti in due esemplari frammentati di Cartagine di cui consente una più precisa lettura[38]. Molto meglio conosciuto è il bollo *L(uci) Salvi*; apposto su una Dressel 6A (fig. 10): esso infatti, presente sia su Lamboglia 2 che su Dressel 6A in Italia settentrionale (Aquileia, Padova, Verona, Modena, Ivrea), compare su ben sette anfore al Magdalensberg, l'emporio commerciale del Norico; anfore così bollate furono rinvenute anche sulla costa orientale dell'Adriatico, in Italia meridionale e a Fos presso Marsiglia. Il bollo è un prezioso indice cronologico: la sua presenza sia su Lamboglia 2 che su Dressel 6A, dimostrando una continuità di produzione tra i due tipi di anfore, non può portare oltre la fine del I sec. a.C., dato confermato dal fatto che a Verona[39] e a Modena[40] i contesti di rinvenimento sono di età augustea.

Per quanto riguarda il personaggio ricordato dal bollo, pur se la *gens Salvia* è abbastanza diffusa, le ipotesi di lavoro possono indirizzarsi verso la zona di Venosa in *Apulia*, dove il gentilizio è noto e dove un *Lucius Salvius Luci filius* fu duoviro nell'età di Augusto[41], o verso il Piceno, dove la *gens Salvia* è attestata a Urbisaglia[42]; un aiuto per individuare la zona di produzione potrà forse venire dalle analisi archeometriche in corso.

Le altre anfore identificate nel relitto sono di provenienza spagnola: si tratta di due contenitori Dressel 9 (fig. 11) destinati alla commercializzazione delle conserve e delle

Although Adriatic amphorae are normally among those most often stamped, only three of these specimens are (figs. 8-9-10). Two Lamboglia 2 amphorae bear the same stamp, *C(ai) Iuli Zoeli*, a name suggesting descent from a freedman (*Zoilus/Zoelus* is Greek name thus suggesting slave origins[37]). The links between this stamp and two fragmentary specimens from Carthage make more precise interpretation possible[38].

The stamp *L(uci) Salvi* found on a Dressel 6A amphora is far better known, as it appears on both Lamboglia 2 and Dressel 6A specimens in northern Italy (Aquileia, Padua, Verona, Modena, Ivrea), on no fewer than seven amphorae from Magdalensberg, the commercial emporium Noricum, and on amphorae found on the eastern coast of the Adriatic, in southern Italy, and at Fos near Marseilles. The stamp is a precious chronological marker. Its presence on both Lamboglia 2 and Dressel 6A specimens demonstrates a continuity of production between the two types but does not extend beyond the end of the first century B.C., a date confirmed by the Augustan contexts at Verona[39] and Modena[40].

As regards the person referred to in the stamp, although the *gens Salvia* is quite widely distributed, working hypotheses point towards the area of Venosa in Apulia, where this noble family is documented and where a *Lucius Salvius Luci filius* was *duumvir* during the reign of Augustus[41], or towards Piceno, where the *gens Salvia* is documented at Urbisaglia[42]. The archeometric analyses now under way may help to pinpoint the area of production.

The other amphorae identified in the wreck are of Spanish origin, and include Dressel 9 specimens (fig. 11) used to contain preserved fish and fish sauces, products from the coasts of the Strait of Gibraltar in the province of Baetica that enjoyed large-scale distribution in markets throughout the

salse di pesce che, prodotte lungo le coste dello stretto di Gibilterra nella provincia della Betica, conobbero una grande diffusione su tutti i mercati del mondo romano. Le altre due (fig. 12), pure di provenienza betica (Haltern 70), generalmente trasportavano, stando almeno alle iscrizioni che vi compaiono più frequentemente, *defrutum*, cioè un vino cotto, nel quale potevano essere conservate olive. La produzione di entrambi i tipi iniziò alla fine del I sec. a.C.

Roman world. The other two specimens (fig. 12) are again from Baetica (Haltern 70). The inscriptions most commonly found on such amphorae indicate that they were generally used to contain *defrutum*, a specially treated wine that could be used to preserve olives. The production of both types began at the end of the first century B.C.

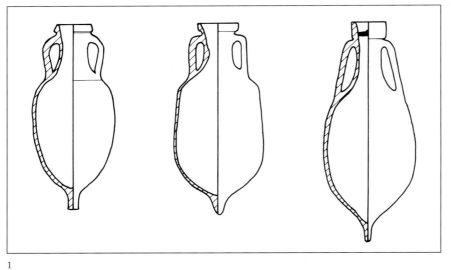

1

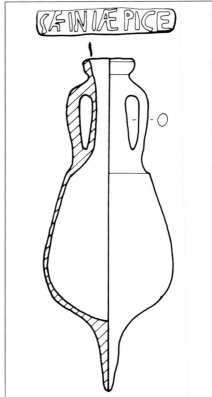

Fig. 1
Evoluzione morfologica delle anfore Lamboglia 2: 1. Lamboglia 2 / greco-italica; 2. Lamboglia 2; 3. Lamboglia 2 / Dressel 6A. (Cipriano-Carre 1994, fig. 2).
Morphological evolution of the Lamboglia 2 amphorae: 1. Lamboglia 2 / Graeco-Italic; 2. Lamboglia 2; 3. Lamboglia 2 / Dressel 6A (Cipriano-Carre 1994, fig. 2).

Fig. 2
Carta di diffusione delle Lamboglia 2.
Map of diffusion of the Lamboglia 2.

Fig. 3
Dressel 6A di produzione picena.
Dressel 6A from a picene workshop.

3

2

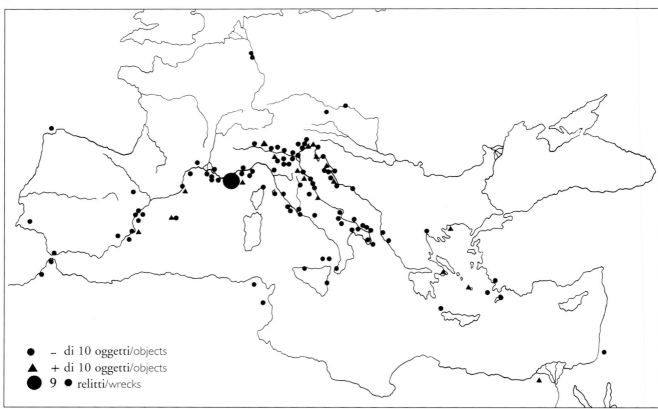

● − di 10 oggetti/*objects*
▲ + di 10 oggetti/*objects*
● 9 ● relitti/*wrecks*

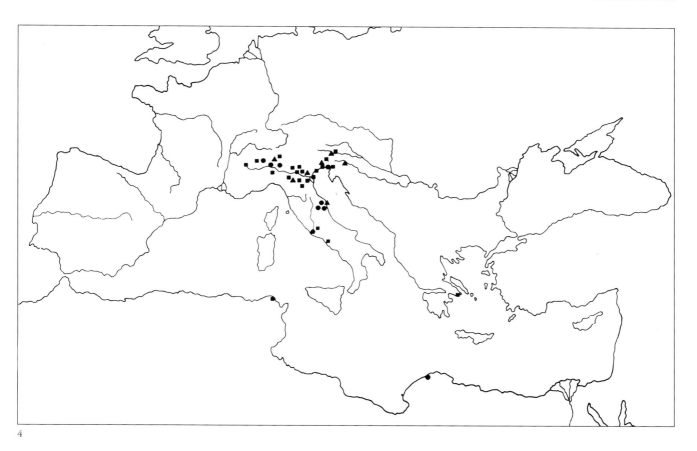

4

Fig. 4
Carta di diffusione delle Dressel 6A di pro-
duzione picena. (*Anfore romane a Padova*,
1992, tav. 8)
Distribution of Dressel 6A amphorae produced in
Picenum (*Anfore romane a Padova*, 1992, pl. 8)

Fig. 5a
Principali tipi di anfore da salsa di pesce. (Garcia Vargas 1998, figg. 3-7)
Main types of amphorae for fish sauce. (García Vargas 1998, figs. 3-7)

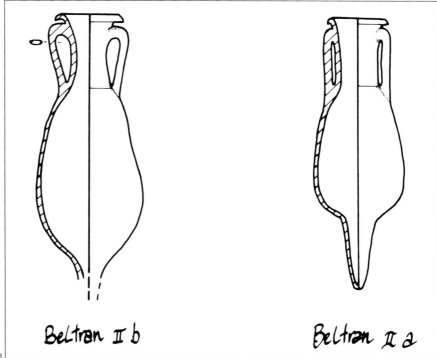

5a

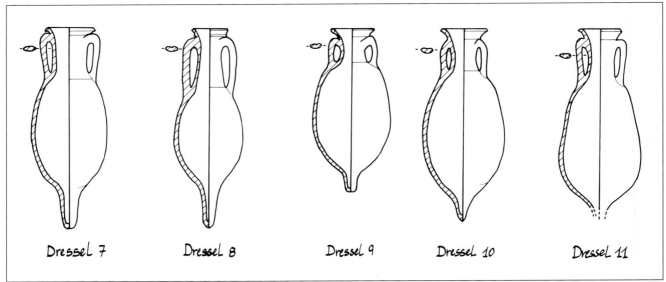

5b

Fig. 5b
Principali tipi di anfore da salsa di pesce. (Garcia Vargas 1998, figg. 3-7)
Main types of amphorae for fish sauce. (Garcia Vargas 1998, figs. 3-7)

Fig. 6
Haltern 70 dal relitto di Port-Vendres II. (Colls *et alii* 1977, fig. 13).
Haltern 70 amphora from the Port-Vendres II wreck (Colls *et alii* 1977, fig. 13).

Fig. 7
Titulus pictus che ricorda il *defrutum* su Haltern 70 dal relitto di Port-Vendres II (Colls *et alii* 1977, fig. 29).
Titulus pictus for *defrutum* on a Haltern 70 amphora from the Port-Vendres II wreck (Colls *et alii* 1977, fig. 29).

Nella pagina a fianco / *front page*
Fig. 8
N. 168, anfore del carico della nave B in situ.
N. 168, amphorae from the cargo of Ship B *in situ*.

Fig. 9
Anfora Lamboglia frammentaria con bollo.
Fragmenteary stamped Lamboglia amphora.

Fig. 10
N. 809, anfora Dressel 6A.
N. 809, Dressel amphora 6A.

Fig. 11
N. 859, anfora Dressel 9.
N. 859, Dressel amphora 9.

Fig. 12
N. 860, anfora Haltern 70.
N. 860, Haltern amphora 70.

6

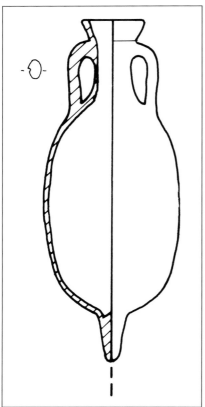

7

9

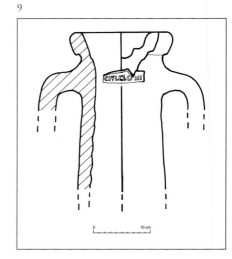

8

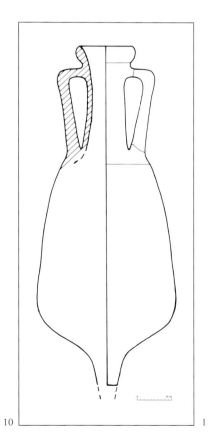

10

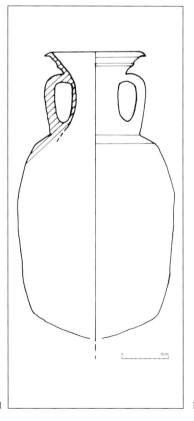

11

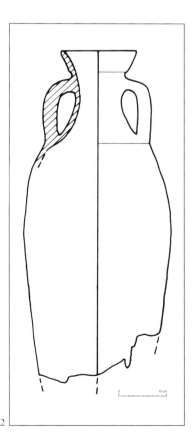

12

168. Pisa San Rossore 2 area 3 US 9 (A4) Anfora Lamboglia 2, integra. Orlo a fascia; collo troncoconico; spalla con carena poco accentuata; anse verticali a sezione circolare; corpo ovoidale; puntale troncoconico, allungato; corpo ceramico: beige. Apparato epigrafico: bollo in cartiglio rettangolare (cm. 7 x 2) e lettere a rilievo (h cm. 1,3) sulla parte superiore del collo, *C.IVLIZOELI* (con Z retrograda), *C(ai) Iuli Zoeli*.
Area di produzione: costa medio e alto adriatica; contenuto: vino.
h cm. 98   d max cm. 40   d orlo cm. 14
Cfr. per il bollo: Cartagine (*CIL,* VIII, 21637, 54); Cartagine (MARTIN KILCHER 1993, p. 279, fig. 4, 133).

89 + 866. Pisa san Rossore 2 area 3 US 9 (A16) Anfora Lamboglia 2, integra. Orlo a fascia; collo troncoconico; spalla con carena poco accentuata; anse verticali a sezione circolare; corpo ovoidale; puntale troncoconico, allungato; corpo ceramico: beige. Apparato epigrafico: bollo in cartiglio rettangolare (cm. 7 x 2) e lettere a rilievo (h cm. 1,3) sulla parte superiore del collo, *C.IVLIZOELI* (con Z retrograda), *C(ai) Iuli Zoeli*.

Area di produzione: costa medio e alto adriatica; contenuto: vino.
h cm. 110   d max cm. 38   d orlo cm. 11,5
Cfr. per il bollo: Cartagine (*CIL,* VIII, 21637, 54); Cartagine (MARTIN KILCHER 1993, p. 279, fig. 4, 133).

809. Pisa San Rossore 2 area 3 US 9 (A20) Anfora Dressel 6A frammentaria restaurata. Orlo a fascia verticale; collo cilindrico; anse verticali a sezione ellittica; spalla con carena poco accentuata; corpo ovoidale; puntale troncoconico, pieno, allungato; corpo ceramico: giallo chiaro, inclusi medi e piccoli di *chamotte*, a frequenza bassa e distribuzione non uniforme. Apparato epigrafico: bollo in cartiglio rettangolare e lettere a rilievo (cm. 8,5x2 h lettere cm. 1,7) sulla parte inferiore del collo, *L.SALVI, L(uci) Salvi*.
Area di produzione: costa adriatica; contenuto: vino.
h cm. 100   d orlo cm. 18   d max cm. 40
Cfr. per il bollo: su Lamboglia 2, Fos (AMAR - LIOU 1984, n. 57, p. 158, tav. 4); Magdalensberg (MAIER - MAIDL 1992, p. 100); su Dressel 6A, Verona (*CIL,*V, 8112, 73 = BUCHI 1967, n. 9, p. 28); (PESAVENTO MATTIOLI 1998, p. 318, n. 21-22);

Modena (CARRE *et alii* 1998, n. 875, p. 134); Peripato (Taranto) (CARRE *et alii* 1998, n. 876, p. 134); su anfore non definite: Aquileia (ZEVI 1967, p. 26); Ivrea (*CIL,* V, 8112, 75); Baggiovara (Modena) (*CIL,* XI, 6695, 83); Lomello (Padova) (BALDACCI 1967-1968, n. 50, p. 32); Padova (PESAVENTO MATTIOLI 1992, p. 26); Narona (BALDACCI 1967-1968, n. 50, p. 32).

859. Pisa San Rossore 2, Area 3, US 9 (A12)
Anfora Dressel 9 frammentaria restaurata. Orlo estroflesso con superficie interna convessa ed esterna concava; collo cilindrico, spalla arrotondata; anse verticali a sezione ellittica; corpo ovoidale; corpo ceramico: superficie esterna gialla chiara; superficie interna nocciola; frattura nocciola chiaro, inclusi da molto grandi a piccoli di calcite e *chamotte*, a frequenza bassa.
Area di produzione: Betica; contenuto: salse di pesce.
h cm. 63   d max cm. 35   d orlo cm. 23

860. Pisa San Rossore 2 area 3 US 87 (B34) Anfora Haltern 70 frammentaria restaurata. Orlo estroflesso con superfici piane; collo

---

168. Pisa San Rossore 2, Area 3, Layer 9 (A4) Lamboglia 2 amphora. Complete. Flattened rim; conical neck; slightly offset shoulder; vertical handles circular in section; ovoid body; conical, elongated, pointed base. Fabric: beige. Stamp in rectangular cartouche (7x2 cm.) with letters in relief (h 1,3 cm.) on upper part of neck, *C.IVLIZOELI* (with reversed Z), *C(ai) Iuli Zoeli*.
Area of manufacture: central and northern Adriatic coast. Contents: wine.
h 98 cm. max   d 40 cm.   d rim 14 cm.
Cf. for stamp: Carthage (*CIL,* VIII, 21637, 54); Carthage (MARTIN KILCHER 1993, p. 279, fig. 4, 133).

89+866. Pisa San Rossore 2, Area 3 layer 9 (A16)
Lamboglia 2 amphora. Complete. Flattened rim; conical neck; slightly offset shoulder; vertical handles circular in section; ovoid body; conical, elongated, pointed base. Fabric: beige. Stamp in rectangular cartouche (7x2 cm.) with letters in relief (h 1,3 cm.) on upper part of neck, *C.IVLIZOELI* (with reversed Z), *C(ai) Iuli Zoeli*.
Area of manufacture: central and northern Adriatic coast. Contents: wine.

h 10 cm.   max d 38 cm.   d rim 11,5 cm.
Cf. for stamp: Carthage (*CIL,* VIII, 21637, 54); Carthage (MARTIN KILCHER 1993, p. 279, fig. 4, 133).

809. Pisa San Rossore 2, Area 3, Layer 9 (A20) Dressel 6A amphora. Fragmentary, restored. Vertically flattened rim; cylindrical neck; vertical handles elliptical in section; slightly offset shoulder; ovoid body; solid, elongated, conical, pointed base. Fabric: light yellow, with sparse and sporadic small and medium-sized inclusions of *chamotte*. Stamp in rectangular cartouche with letters in relief (8.5x2 cm. h. letters 1.7 cm.) on lower part of neck, *L.SALVI, L(uci) Salvi*.
Area of manufacture: Adriatic coast. Contents: wine.
h 100 cm.   max d 40 cm.   d rim 18 cm.
Cf. for stamp: on Lamboglia 2, Fos (AMAR-LIOU 1984, no. 57, p. 158, plate 4); Magdalensberg (MAIER-MAIDL 1992, p. 100); on Dressel 6A, Verona (*CIL,*V, 8112, 73 = BUCHI 1967, no. 9, p. 28 PESAVENTO MATTIOLI 1998, p. 318, no. 21-22); Modena (CARRE *et alii* 1998, no. 875, p.134); Peripato (Taranto) (CARRE *et alii* 1998, no. 876, p.134); on unclassified amphorae; Aquileia (ZEVI

1967, p. 26); Ivrea (*CIL,* V, 8112, 75); Baggiovara (Modena) (*CIL,* XI, 6695, 83); Lomello (Padova) (BALDACCI 1967-1968, no. 50, p. 32); Padua (PESAVENTO MATTIOLI 1992, p. 26); Narona (BALDACCI 1967-1968, no. 50, p. 32).

859. Pisa San Rossore 2, Area 3, Layer 9 (A12) Dressel 9 amphora. Fragmentary restored. Flaring rim with inner surface convex and outer concave; cylindrical neck; rounded shoulder; vertical handles elliptical in section; ovoid body. Fabric: outer surface light yellow; inner surface hazel; at fresh break, light hazel, sparse inclusions of calcite and *chamotte* ranging from very large to small.
Area of manufacture: Baetica. Contents: fish sauce.
h 63 cm.   max. d 35 cm.   d rim 23 cm.

860. Pisa San Rossore 2, Area 3, Layer 87 (B34) Haltern 70 Amphora. Fragmentary, restored. Flaring with flat surfaces; conical neck; vertical strap-handles with central groove; rounded shoulder. Fabric: outer surface light hazel, inner surface brown.
Area of manufacture: Baetica. Contents: *defrutum*.
h 75 cm.   max d 30 cm.   d rim 16 cm.

troncoconico; anse verticali con scanalatura centrale, con sezione a nastro; spalla arrotondata; corpo ceramico: superficie esterna nocciola chiaro, superficie interna marrone. Area di produzione: Betica; contenuto: *defrutum*.

h cm. 75   d orlo cm. 16   d max cm. 30

NOTE

[1] Per una completa rassegna delle fonti, cfr. TCHERNIA 1986, pp. 338-341; BUCHI 1996.
[2] LAMBOGLIA 1952, pp. 164-165.
[3] FORMENTI *et alii* 1978, pp. 95-100.
[4] CIPRIANO 1994, pp. 205-207; BRUNO 1995, pp. 47-82.
[5] CIPRIANO - CARRE 1989, pp. 80-85.
[6] BRUNO 1995, p. 285.
[7] BRUNO 1995, p. 90.
[8] CIPRIANO 1994, pp. 210-213.
[9] CIPRIANO - CARRE 1989, p. 82; BRUNO 1995, p. 27.
[10] TCHERNIA 1986, pp. 70-74.
[11] PANELLA 1998, pp. 549-550.
[12] CIL, XV, 2, tav. 1.
[13] BALDACCI 1967-1968, pp. 11-15.
[14] BUCHI 1973, pp. 547-553; BUCHI 1974-1975, coll. 431-438.
[15] CIPRIANO - CARRE 1989, pp. 85-97.
[16] PESAVENTO MATTIOLI a (in corso di stampa).
[17] CIPRIANO - CARRE 1989, pp. 83-84.
[18] CIPRIANO - CARRE 1989, pp. 99-100 e 88.
[19] CIPRIANO - CARRE 1989, pp. 91-92.
[20] PESAVENTO MATTIOLI a (in corso di stampa).
[21] PANELLA 1989, p. 157.
[22] PANELLA 1989, p. 160.
[23] STOPPIONI 1993, pp. 145-154.
[24] PANELLA 1989, p. 147.
[25] CIPRIANO *et alii* 1997, pp. 105-106.
[26] TCHERNIA 1986, pp. 166-174.
[27] CURTIS 1991, pp. 6-37; SCIALLANO 1997, pp. 25-39.
[28] CURTIS 1991, pp. 46-64; SCIALLANO 1997, pp. 43-45.
[29] CIL, XV, 2, tav. I.
[30] LAUBENHEIMER 1989, pp. 122-126; BELTRAN LLORIS 1990, pp. 220-226.
[31] ZEVI 1966, p. 239.
[32] BELTRAN LLORIS 1977, pp. 106-111.
[33] PESAVENTO MATTIOLI b (in corso di stampa).
[34] Da cui la denominazione di Haltern 70; cfr. LOESCHCKE 1909, pp. 256-257.
[35] COLLS *et alii* 1977, pp. 33-38; TCHERNIA 1986, p. 142.
[36] COLLS *et alii* 1977, pp. 86-91; TCHERNIA 1986, pp. 141-142.
[37] Cfr. SOLIN 1982, p. 817.
[38] CIL, VIII, 22637, 54; MARTIN KILCHER 1993, p. 279, fig. 4, 133.
[39] PESAVENTO MATTIOLI 1998, p. 318, n. 22.
[40] SCOTTI 1988, pp. 91-93.
[41] CAMODECA 1982, p. 147.
[42] DELPLACE 1993, pp. 50-51.

NOTES

[1] For a complete review of the sources, cf. TCHERNIA 1986, pp. 338-341; BUCHI 1996.
[2] LAMBOGLIA 1952, pp. 164-165.
[3] FORMENTI *et alii* 1978, pp. 95-100.
[4] CIPRIANO 1994, pp. 205-207; BRUNO 1995, pp. 47-82.
[5] CIPRIANO-CARRE 1989, pp. 80-85.
[6] BRUNO 1995, p. 285.
[7] BRUNO 1995, p. 90.
[8] CIPRIANO 1994, pp. 210-213.
[9] CIPRIANO-CARRE 1989, p. 82; BRUNO 1995, p. 27.
[10] TCHERNIA 1986, pp. 70-74.
[11] PANELLA 1998, pp. 549-550.
[12] CIL, XV, 2, pl. 1.
[13] BALDACCI 1967-1968, pp. 11-15.
[14] BUCHI 1973, pp. 547-553; BUCHI 1974-1975, coll. 431-438.
[15] CIPRIANO-CARRE 1989, pp. 85-97.
[16] PESAVENTO MATTIOLI a (forthcoming).
[17] CIPRIANO-CARRE 1989, pp. 83-84.
[18] CIPRIANO-CARRE 1989, pp. 99-100 and 88.
[19] CIPRIANO-CARRE 1989, pp. 91-92.
[20] PESAVENTO MATTIOLI a (forthcoming).
[21] PANELLA 1989, p. 157.
[22] PANELLA 1989, p. 160.
[23] STOPPIONI 1993, pp. 145-154.
[24] PANELLA 1989, p. 147.
[25] CIPRIANO *et alii* 1997, pp. 105-106.
[26] TCHERNIA 1986, pp. 166-174.
[27] CURTIS 1991, pp. 6-37; SCIALLANO 1997, pp. 25-39.
[28] CURTIS 1991, pp. 46-64; SCIALLANO 1997, pp. 43-45.
[29] CIL, XV, 2, pl. I.
[30] LAUBENHEIMER 1989, pp. 122-126; BELTRAN LLORIS 1990, pp. 220-226.
[31] ZEVI 1966, p. 239.
[32] BELTRAN LLORIS 1977, pp. 106-111.
[33] PESAVENTO MATTIOLI b (forthcoming).
[34] Hence the name Haltern 70; cf. LOESCHCKE 1909, pp. 256-257.
[35] COLLS *et alii* 1977, pp. 33-38; TCHERNIA 1986, p. 142.
[36] COLLS *et alii* 1977, pp. 86-91; TCHERNIA 1986, pp. 141-142.
[37] Cf. SOLIN 1982, p. 817.
[38] CIL, VIII, 22637, 54; MARTIN KILCHER 1993, p. 279, fig. 4, 133.
[39] PESAVENTO MATTIOLI 1998, p. 318, no. 22.
[40] SCOTTI 1988, pp. 91-93.
[41] CAMODECA 1982, p. 147.
[42] DELPLACE 1993, pp. 50-51.

Appunti preliminari sulle anfore Dressel 2-4

Barbara
Ferrini

I dati quantitativi dei reperti, benché parziali ed ancora in corso di studio evidenziano una panoramica estremamente interessante per quello che riguarda la presenza di anfore di tipo DRESSEL 2-4, sia nella versione italica che in quella provinciale. Queste risultano essere infatti la forma anforica percentualmente più rappresentata, non tanto numericamente quanto in senso 'topografico': con maggiore o minore incidenza sono presenti in tutti i settori dello scavo, ad esclusione dell'area del molo, la più antica, e praticamente in tutti gli strati. Il dato non deve comunque stupire, all'interno di un contesto portuale come quello pisano: questo tipo di anfora, a partire dalla metà circa del I sec. a.C., e per tutto il II secolo d.C. costituisce, in tutto il bacino occidentale del Mediterraneo, il contenitore vinario per eccellenza[1]. Rispetto al modello precedente, la DRESSEL 1, il nuovo tipo offre notevoli vantaggi per il trasporto e lo stoccaggio, essendo più leggero e meno voluminoso. Morfologicamente si ispira a modelli di origine greca, in particolare alle anfore di Kos, adibite al trasporto di vino, anche se commercialmente non entrarono mai in concorrenza[2]: il breve orlo arrotondato, il lungo collo cilindrico, la pronunciata carenatura fra spalla e corpo, e soprattutto le anse bifide, a doppio bastoncello, la rendono immediatamente identificabile[3]. Il corpo, cilindrico, rastremato inferiormente, può variare le dimensioni, a seconda delle aree di produzione: a Pisa si contano per lo più esemplari di forma elegantemente affusolata, con altezze che variano da un massimo di 110 centimetri (n. 851) ad un minimo di 94 (n. 183). Per quello che riguarda le aree di produzione, in Italia sono attestate fabbriche in Campania, Lazio area adriatica ed Etruria

Dressel 2-4 Amphorae

Although our data are still incomplete and investigations are still under way, an extremely interesting picture emerges concerning the Dressel Type 2-4 amphorae, of provincial as well as Italic manufacture. In fact of all the amphorae found at the San Rossore site (excepting the earliest deposits, those of the all wharf area) – these are the most frequent. This is not surprising. From the mid 1st century B.C. through the 2nd century A.D. this was the wine container *par excellence* throughout the Mediterranean[1]. Unlike the earlier Dressel Type1, this model is better suited to transportation and stowage, being lighter and less bulky. Its form was inspired by Greek models, especially those made on the island of Kos, also used for carrying wine though never in competition with the Dressel types[2]. The low, rounded rim; the long, cylindrical neck; the pronounced swelling between shoulder and body; and in particular the double handles make them easily identifiable[3], even though the size of the tapering, cylindrical body varies according to the place where it was produced. Most of the examples at Pisa are very elegantly tapered, and their height varies from a maximum of 110 cm. (no. 851) to a minimum of 94 cm. (no. 183). Concerning the area of production, we have evidence that there were workshops in Campania, Latium, the Adriatic area, and in both southern and northern Etruria[4]. During the Augustan period, but especially in the early to high Empire, these central Italian products were beginning to be imitated by provincial workshops, especially in Gaul[5] and the Iberian peninsula[6]. Initially both regions produced amphorae similar to the Italian models, but with time they developed their own identifying features and were distinguishable by their fabric, surface treatment and production techniques. The San Rossore excava-

meridionale e settentrionale[4]; a partire dall'età augustea, ma soprattutto nel corso della prima e media età imperiale, i prodotti centroitalici iniziano ad essere imitati dalle officine provinciali, soprattutto in Gallia[5] e nella penisola iberica[6] che producono manufatti simili nella forma ai modelli originali, ma che ben presto si distinguono con caratteristiche loro proprie per un diverso colore delle paste, del rivestimento delle superfici e per la tecnica utilizzata. Nell'area del complesso ferroviario di Pisa San Rossore, sono da ascriversi ad aree di produzione spagnola, ed in particolare tarraconense un notevole numero di esemplari di DRESSEL 2-4, alcuni dei quali con bollo impresso[7], ben riconoscibili per il caratteristico colore rosso bruno dell'impasto, ricco di inclusi micacei[8]. I settori di scavo dove la presenza di questi contenitori risulta percentualmente più elevata, nella proporzione di 2 a 1 rispetto agli esemplari italici sono l'area 4 (fig. 1) e l'area 2 dove le anfore, rinvenute in prossimità della 'piroga', sono però probabilmente pertinenti all'imbarcazione E, ancora in corso di scavo. In entrambe i casi le DRESSEL 2-4 tarraconensi risultano stratigraficamente associate ad esemplari anforacei di tipologia DRESSEL 7-11, DRESSEL 9, BELTRAN II B[9], anch'esse di produzione spagnola, betica in particolare, e cronologicamente coeve (figg. 2-3).

Rispetto al tipo precedente questo risulta più affusolato, e trova confronti con esemplari recuperati sul relitto del Petit Congloué (Dressel 2-4 della Spagna del nord) datato al 10-30 d.C.[10].

tions have yielded a remarkable number of Spanish, specifically Tarragonese, Dressel 2-4 amphorae, some stamped[7]. These are particularly distinctive, with their red-brown fabric rich in micaceous inclusions[8]. Some also have a factory stamp. There is, for example, an amphora neck from Area 4 with a stamp MV in a rectangular border. These containers are most in evidence – sometimes in a ratio of 2:1 to their Italian counterparts – in Areas 4 (fig. 1) and 2, close to the "canoe", but more likely connected to Ship E, which is still being excavated. In both these areas the Tarragonese Dressel 2-4 amphorae are associated stratigraphically with the following other types: Dressel 7-11, Dressel 9 and Beltram IIB[9], another Spanish, and specifically Baetic, product from the same period (figs. 2-3).

This version tapers more strongly than the previous type and is paralleled by finds from the Petit Congloué Wreck (North Spanish Dressel 2-4) dated to 10-30 A.D.[10].

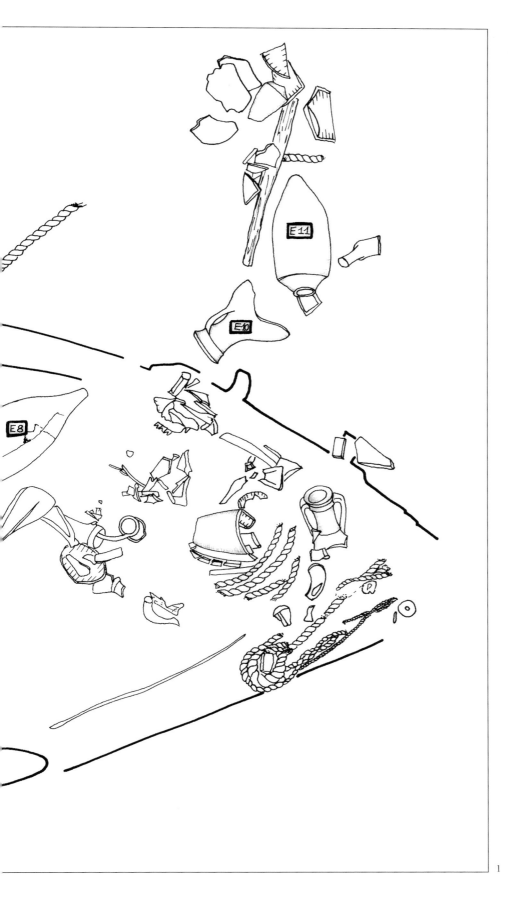

Fig. 1
Area 4, anfore Dressel 2-4 al momento del rinvenimento.
Area 4, Dressel 2-4 amphorae *in situ*.

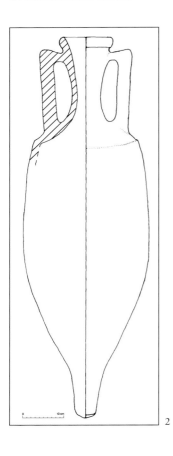

2

183. Pisa San Rossore 2 area 4 US 66 (E8)
Anfora Dressel 2-4 tarraconense. Argilla e superficie rosso scuro con inclusi micacei. Ricomposta da numerosi frammenti. Orlo arrotondato, lungo collo cilindrico, ampia spalla carenata, corpo allungato, rastremato inferiormente, puntale cilindrico, anse bifide con gomito accentuato. Fornita di tappo di sughero.
h cm. 94   d bocca cm. 14

85. Pisa San Rossore 2 area 2 US 99 stacco I (B99)
Anfora Dressel 2-4 tarraconense. Argilla e superficie rossa. Integra; tre strisciate di bitume applicate orizzontalmente appena al di sotto della spalla intersecano altre tre strisciate ad andamento verticale. Orlo arrotondato, lungo collo cilindrico, rastremato inferiormente, spalla carenata, stretto corpo cilindrico, rastremato inferiormente, puntale troncoconico; anse bifide a gomito accentuato.
h cm. 110   d bocca cm. 16,5

Fig. 2
N.183, anfora Dressel 2-4 tarraconense.
N. 183, Tarragonese Dressel 2-4 amphora.

Fig. 3
N. 851, anfora Dressel 2-4 tarraconense.
N. 851, Tarragonese Dressel 2-4 amphora.

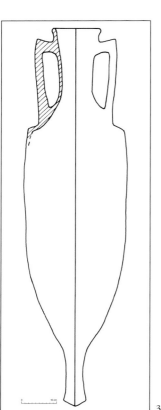

3

183. Pisa San Rossore 2, Area 4, Layer 66 (E8)
Tarragonese Dressel 2-4 amphora. Dark red fabric and surface; micaceous inclusions. Recomposed from numerous fragments. Rounded rim; long cylindrical neck; broad offset shoulder. Elongated body tapering to a cylindrical point. Bent handles with thickened, pointed elbow. With a cork stopper.
h 94 cm.   d rim. 14 cm.

85. Pisa San Rossore 2, Area 2, Layer 99, Artificial layer 1 (B99)
Tarragonese Dressel 2-4 amphora. Fabric and surface red. Complete. Three stripes of bitumen applied horizontally just below the shoulders intersect with three vertical stripes. Rounded rim and long cylindrical neck. Elonfated body tapering to a conical point. Bent thickened, pointed elbow.
h 110 cm.   d rim. 16.5 cm.

NOTE

[1] Anche se, finché non saranno resi noti i risultati delle analisi effettuate su campioni prelevati all'interno delle anfore, non possiamo a priori escludere un diverso contenuto, peraltro altrove attestato, come frutta o salse di pesce: Cfr. HASSAL-TOMLIN 1984, n. 344 (LIQUAMEN); JONCHERAY 1972, pp. 21-48.

[2] PANELLA 1986a; PANELLA 1989, pp. 139-178; HESNARD 1980, pp. 141-156.
[3] PANELLA 1977; FACCHINI 1989; DESBAT - SAVAY GUERRAZ 1990.
[4] Una di queste fabbriche è stata individuata anche nell'*ager Pisanus* (MENCHELLI 1990-1991).
[5] DESBAT-SAVAY GUERRAZ 1990, pp. 203-250.
[6] TCHERNIA 1971; KEAY - JONES 1982.

[7] Dall'area 4 proviene ad esempio un collo di anfora con impresso *MV* in cartiglio rettangolare.
[8] TCHERNIA 1971; TCHERNIA-ZEVI 1972, pp. 35-67.
[9] Non tutti come contenitori di salse di pesce, anche se vale anche per queste la considerazione espressa alla nota 1.
[10] SCIALLANO-SIBELLA 1994.

NOTES

[1] Although, since test results are not yet available for the samples taken inside the amphora, we cannot *a priori* exclude such contents as fruit or fish sauce sometime attested elsewhere: Cf. HASSAL-TOMLIN 1984, n. 344 (LIQUAMEN); JONCHERAY 1972, pp. 21-48.

[2] PANELLA 1986a; PANELLA 1989, pp. 139-178; HESNARD 1980, pp. 141-156.
[3] PANELLA 1977; FACCHINI 1989; DESBAT-SAVAY GUERRAZ 1990.
[4] One such workshop has been identified in the *ager Pisanus* (MENCHELLI 1990-1991).
[5] DESBAT-SAVAY GUERRAZ 1990, pp. 203-250.
[6] TCHERNIA 1971; KEAY-JONES 1982.

[7] From Area 4, e.g., came the neck of an amphora stamped *MV* in a rectangular border.
[8] TCHERNIA 1971; TCHERNIA-ZEVI 1972, pp. 35-67.
[9] Not all were containers for fish sauce, even if the views expressed in note 1 are equally true here.
[10] SCIALLANO-SIBELLA 1994.

Anfore africane di età tarda

Elisabetta
Abela

Nell'area settentrionale dello scavo, in particolare tra i settori 1-2-5, è stata recuperata una serie di anfore di provenienza africana, prodotte nelle province romane della Zeugitana e Bizacena, l'odierna Tunisia, databili tra la metà del III ed il V sec. d.C. È proprio a partire dall'età severiana che le province dell'Africa Settentrionale assunsero un ruolo egemone nell'economia dell'Impero, divenendo una delle principali fonti di approvvigionamento di beni alimentari, soprattutto olio, grano e conserve di pesce, per Roma e per l'intero bacino del Mediterraneo occidentale; numerosissime le attestazioni lungo le coste iberiche, provenzali e tirreniche[1].

A causa delle particolari condizioni in cui si è formato il deposito archeologico e delle continue sollecitazioni da esso subite, pochi sono gli esemplari in buone condizioni di conservazione, e ancora più rari quelli completamente ricostruibili. Tra questi ultimi è da segnalare un'anfora cilindrica di grandi dimensioni (n. 710), dall'orlo a profilo convesso, ad anello, impostato sul collo troncoconico basso, sul quale sono attaccate le caratteristiche piccole anse a nastro ingrossato con solcature verticali; il corpo cilindrico si conclude con un puntale pieno, corto e a profilo sagomato con il fondo piano (fig. 1). L'esemplare rientra nel gruppo delle anfore "africane grandi" classificate sulla base delle evidenze archeologiche delle Terme del Nuotatore di Ostia come tipo IIA, caratterizzate dal capiente corpo cilindrico[2]; alcuni caratteri morfologici come la particolare lavorazione dell'orlo ad anello estroflesso con leggero gradino esterno sembrano includerla in una variante del tipo, nota come Keay V.5, anche se la sagomatura del puntale appare più frequente nel

African amphorae of the late empire

The northern part of the excavation, and especially sectors 1, 2 and 5, has yelded a series of amphorae manufactured in the North African provinces of Zeugitana and Bizacena, modern Tunisia, and can be dated to between the mid third and the fifth Century A.D. It is precisely from the Severan period on that the North African provinces become central to the economy as one of the primary sources of foodstuff, and especially oil, wheat and preserved fish for Rome and for the whole eastern Mediterranean basin, leaving plentiful along the Iberian, French and Tyrrhenian seabords[1].

Because of the particular conditions under which this material at San Rossore was deposited and the forces to which this area has been suject, few of these amphorae are well-preserved and fewer still can be entirely recomposed of these, however one is of special interest. It is a very long, cylindrical amphora (Area 2, Layer 13) with a rounded rim, low conical neck and the characteristic small, thick strap handles with vertical grooves. Its cylindrical body ends with a solid point with a moulded profile and a flat base. This example (no. 710) (fig. 1) is one of the "Great African" group of amphorae – classified on the basis of evidence from the Terme del Nuotatore at Ostia as Type II A, characterised by its capacious, cylindrical body[2]. Such details as the everted ring rim with its slightly stepped exterior, would seem to make it a variant of Type II A known as Keay V 5 – even though the moulding of the point often appears to indicate the more specific denomination V bis[3].

One characteristic of these containers is their pinkish-red fabric with fine white inclusions and often with greyish veins. The exterior often bears a coating whose light yellow hue was given by brack-

gruppo più ristretto delle V *bis*[3]. Caratteristica di questi contenitori africani è l'argilla di colore rosso-rosato, con inclusi minuti bianchi e frequenti venature grigie; l'esterno è spesso rivestito da una ingobbiatura chiara, dal tono giallo chiaro, ottenuta con l'uso di acqua salmastra nell'impasto dell'argilla del rivestimento[4]. L'anfora è stata recuperata in frammenti, priva di tracce del contenuto, durante lo scavo di un saggio operato per l'asportazione di un trave ligneo, situato tra le aree 2 e 5, pertanto al momento non è possibile metterla in relazione con i carichi dei relitti sottoposti ad indagine; i confronti con contenitori analoghi rinvenuti nei relitti africani di Monaco, dell'Isola d'Elba (Punta Cera), dell'Isola del Giglio (Giglio Porto) e di Capo Plemmiro, in Sicilia, indicano una datazione non posteriore alla metà del III sec.[5], confermata anche da ritrovamenti in ambito pisano (ad esempio nei territori di Coltano e Vecchiano[6]) quindi è anche difficilmente associabile al resto delle presenze africane, più tarde, rinvenute nella stessa area.

Tra queste ultime occupano una posizione preminente i contenitori cilindrici di medie dimensioni, particolarmente funzionali per la forma e lo spessore delle pareti al trasporto navale. Iniziano ad essere prodotti alla fine del III sec. e continuano la loro diffusione, con modeste varianti, per tutto il IV ed il V sec., divenendo uno dei contenitori tipici della tarda età imperiale; collocabili tipologicamente tra la serie nota come "africana grande" e i più capienti contenitori cilindrici del tardo V-VI sec., erano destinati al trasporto della salsa di pesce, del pesce conservato e dell'olio[7].

Data l'ampia diffusione marittima, questo tipo di anfore è testimoniato in contesti sottomarini, in relitti o come ritrovamenti sporadici, lungo le rotte di collegamento tra l'Africa e l'Italia, in particolare lungo la costa tirrenica centro-settentrionale, nell'area compresa tra Talamone, Cosa, l'Isola del Giglio, la Sardegna e la Corsica e in Spagna e Francia meridionale[8].

ish water used in the slip[4]. This amphora was recovered in pieces without any trace of its contents, a wooden beam in a trench dug in Areas 2 and 5 to remove. Unfortunately so far we have not been able to reach any conclusions about the cargoes of the wrecks in this area.

These containers are similar to those from wrecked African freighters from Monaco, the Isle of Elba (Punta Cera) and the Island of Giglio (Giglio Porto) and from Capo Plemmiro, in Sicily, which indicates a date for them as later than the mid third century A.D.[5]; a date confirmed by finds in the Pisa area (eg in the areas of Coltano and Vecchiano[6]). It is thus very difficult to associate this amphora with the later African contacts documented by other material from the same area.

Among these African containers, the most usual shape is cylindrical; the most usual size, medium. The shape and width make them extremely useful for the exigencies of marine transportation. Their production was begun at the end of the third century, and continued throughout the fourth and fifth centuries, becoming one of the most typical containers of the Late Empire. They can be classified as "large African". As the most capacious type of containers during the late fifth and sixth centuries, they were used to transport fish sauce, preserved fish and oil[7].

Given their widespread maritime use, evidence of them from shipwrecks and stray finds from the waters all along the routes connecting Africa and Italy, especially along the central and northern Tyrrhennian coasts, in an area including Talamone, Cosa, the Island of Giglio, Sardinia and Corsica, as well as off the coasts of Spain and the southern France[8]. Among the best preserved examples that we have recovered are two amphorae of the Keay type XXV (nos. 852-853), recovered in the outer strata of alluvial deposits over Ships E and F, (Area 2, Layers 29 and 33). This Keay type has a characteristically high, slender neck, the rim either "beaked" (no. 852) or tall and convex (no. 707) (fig. 3),

Tra gli esemplari recuperati in migliore stato di conservazione vi sono due anfore del tipo Keay XXV (nn. 852-707), rinvenute in strati alluvionali superficiali depositatisi sopra le navi E ed F (area 2, US 29 e 33). Sono caratterizzati dall'alto collo slanciato, terminante con l'orlo "a becco" (n. 852) (fig. 2) o ingrossato a nastro (n. 707) (fig. 3), sotto il quale sono impostate le due anse con leggera costolatura mediana; presentano la superficie esterna schiarita rispetto al colore rosato dell'impasto e segnata da fitte steccature verticali.

Sono state recuperate in frammenti e parzialmente ricomposte, con l'esclusione delle parti inferiori purtroppo non conservate; ancora in posto erano invece i tappi di sughero, di diverso spessore e ben visibili le tracce del contenuto interno che indicherebbero l'olio come merce di trasporto. Altri contenitori analoghi (Keay XXV C ed E) provengono da un carico individuato nell'area 1 (US 139), a ovest della prima nave scavata (nave A), che ha restituito anche *spatheya* (n. 805) e piccole anfore a corpo emisferico inseribili nel complesso gruppo delle Keay LII. Insieme al carico, attualmente in corso di scavo, sono stati recuperati laterizi e pietre di zavorra, oltre a parti lignee, fasciame e ordinate, pertinenti ad un relitto, ancora non identificato nel suo complesso, ma che attualmente non sembra da correlare alla nave A. Tra gli *spatheya* quello in migliore stato di conservazione è un esemplare trovato privo della parte superiore (n. 805), che presenta il caratteristico corpo molto affusolato, prolungato, dallo stretto puntale, definito "a fittone", simile nella forma alle anfore cilindriche tardo-imperiali, ma con dimensioni molto ridotte (fig. 4); data l'omogeneità morfologica di questa serie, l'esemplare doveva essere provvisto di anse a maniglia, con profilo sinuoso, impostate sul lungo collo, terminante con bordo alto ed espanso. Oltre ai caratteri formali, anche il tipo di impasto e il trattamento delle superfici in-

and below which the two handles with their slight, central ribbing are fixed. Their surfaces are paler than the pinkish biscuit, .and they have sharp vertical strips. They were discovered in pieces and partly reassembled, minus their lower sections, which unfortunately have not survived. Their cork stoppers were, however, still in place. They were of various diameters, and this time we had clear traces of their contents: they had been used in the oil trade.

Other, similar containers (Keay Type XXV C and E) come from a cargo found in Area 1 (Layer 139) to the west of the first ship to be excavated (Ship A). Ship A also yelded a *spatheya* (no. 805) and some small amphorae with hemispherical bodies which may be classified in the complex group Keay LII; together with the cargo, which is still being excavated, were were found bricks and rocks used as ballast, along with wooden elements, plants and timbers, from a still unidentified wreck which would seem to be distinct from Ship A. Among the *spatheya*, the best preserved example it lacks its upper part, (no. 805) but exhibits the characteristic of elongated body tapering to the slim point, a form designated "tap-root". It is similar to late Imperial amphorae, only much smaller (fig. 4).

Given the morphological homogeneity of this series, this example should have had sinuous handles attached to a long neck with a tall, thick rim. Besides shape, the fabric and the slip and vertical scoring make the *spatheya*, or *spathia*, analogous to the containers of Keay Type XXV, whose area of distribution they share[9]. Absent from contexts earlier than the fourth century, they were most widely used from the mid fourth on through the fifth century and throughout the western Mediterranean[10] both in an urban contexts, for example Rome[11], and underwater, for example the french Wrecks Dramont B, E and F[12], or re-used in building, for example the Baptistry in Albenga and the

gobbiate e steccate verticalmente, avvicina gli *spatheya* o *spathia*, ai contenitori tipo Keay XXV, con i quali condividono anche le aree di distribuzione[9]. Assenti in ambiti anteriori al IV sec., mostrano la massima diffusione tra la metà del IV ed il V sec. in tutto il Mediterraneo occidentale[10], sia in contesti urbani, quali Roma[11], sia in recuperi sottomarini, come nei relitti francesi del Dramont B-E-F[12] o reimpiegati in strutture architettoniche quali le volte del battistero di Albenga e nel cosiddetto mausoleo di Galla Placidia a Ravenna; frequenti anche le testimonianze lungo il litorale tirrenico settentrionale, da Luni all'agro cosano nel corso del V sec., con restituzioni modeste, ma significative anche nell'entroterra lucchese, in particolare lungo la Valle del Serchio[13] e nello stesso territorio pisano, ad esempio all'Isola di Migliarina[14] e nella vicina Vada Volaterrana[15]. La produzione di *spatheya* si protrae comunque fino a tutto il VI e l'inizio del VII sec. con modeste varianti concernenti aspetti dimensionali, come documentano sia rinvenimenti in contesti tombali, quali quelli merovingi, nella Valle del Rodano e quelli delle necropoli longobarde di Casteltrosino[16] o in aree del Mediterraneo orientale, come a Gortina[17] e nel relitto di Yassi Ada, in Turchia, datato al 625-626 d.C[18].

Per quanto concerne il caso pisano, altri *spatheya* sono stati recuperati nella zona settentrionale in settori scavati in tempi diversi, ma vicini tra loro: alcuni esemplari provengono ad esempio da due saggi profondi, situati a nord della nave D (area 5, US 81), ma la particolare pendenza della stratigrafia, da est verso ovest, non esclude l'ipotesi che si tratti della dispersione dello stesso carico individuato nell'area 1, contenente l'esemplare n. 805. Altri, di cui si conservano solo i puntali, sono stati recuperati in uno strato alluvionale posto a sud della nave D (US 137), nell'area di poppa, insieme a una grande quantità di sigillata africana chiara, e di ceramica comune africana da cucina, attualmente in

so-called Mausoleum of Galla Placidia in Ravenna. Frequent along the north Tyrrhenian coast, from Luni to the area of Cosa, in the fifth century, they also appear sporadically but significantly in the hinterland of Lucca, particularly along the Serchio Valley[13], and in the territory of Pisa itself, for example at the Island of Migliarino[14] and around Vada Volerterrana[15]. The production of *spatheya* continued throughout the sixth and on into the seventh centuries with slight variations in size. This is documented in the context of tombs, such as the Merovingian tombs in the Rône Valley and the Lombard necropolis at Casteltrosino[16]. In the eastern Mediterranean *spatheya* have been found at Gortyna[17] and in the Yassi Ada Wreck, in Turkey, dating to 625-626 A.D.[18].

In Pisa itself other *spatheya* have been recovered in the northern area, at sites excavated at various times, but close together. A few of these come from two deep trenches, situated to the north of Ship D (Area 5, Layer 18), but the stratigraphic clone from east to west does not preclude their belonging to the cargo identified in Area 1, which included amphora no. 805.

Others, of which only the points are complete, have been recovered in an alluvial stratum to the south of Ship D (Layer 137), around its stern, along with a large quantity of African light terra sigillata and African utility ware which is still being excavated. The sstratigraphy would seem to exclude the possibility of any direct relationship with Ship D, making this deposit subsequent to the wreck.

It should thus belong with another, as yet unidentified, wreck and it is not unlikely that a glass chalice of the fifth century A.D. and found nearby but at a higher level belongs to the same group.

corso di scavo. La sequenza stratigrafica sembra escludere una relazione diretta con la nave D, relegando piuttosto la deposizione dello strato ad un momento successivo al naufragio della nave stessa, e quindi da associare ad un altro relitto non ancora individuato. Non è improbabile che anche il calice vitreo di V sec. d.C, recuperato isolato a poca distanza, ma ad una quota superiore[19], possa appartenere al medesimo contesto.

Nella pagina a fianco / Opposite page

Fig. 1
N.710, anfora africana II A-Keay V.5.
N. 710, African amphora II A-Keay V5.

Fig. 2
N.852, anfora africana Keay XXV E.
N. 852, African amphora Keay XXV E.

Fig. 3
N.707, anfora africana Keay XXV V.
N. 707, African amphora Keay XXV V.

Fig. 4
N.805, spatheyon al momento del rinvenimento.
N. 805, spatheyon *in situ*.

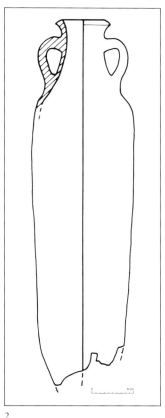

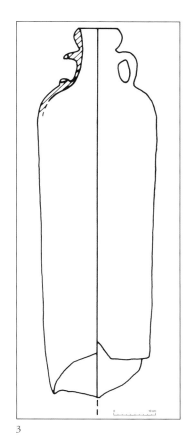

1

2

3

4

710. Pisa San Rossore 2 area 2 US 13
Anfora africana IIA-Keay V.5 priva di porzioni del corpo, orlo ingrossato, estroflesso ad anello, con leggero gradino esterno, collo troncoconico basso dove sono impostate brevi anse a nastro con ispessimento mediano e solcature verticali, il corpo cilindrico si conclude con un puntale pieno, corto e a profilo sagomato con il fondo piano, argilla rosata, superficie giallo chiaro, origine: Tunisia.
h cm. 103   d bocca cm. 14   d max cm. 46
prima metà del III sec. d.C.

852. Pisa San Rossore 2 area 2 US 29
Anfora africana Keay XXV E priva della parte inferiore, orlo estroflesso a becco, collo troncoconico alto sul quale sono impostate le anse a nastro a sezione ovale, corpo cilindrico, fornita di tappo di sughero, argilla rosata, superficie giallo chiaro, origine: Tunisia.
h max cm. 90   d bocca cm. 16   d max cm. 27
fine IV-V sec. d.C.

707. Pisa San Rossore 2 area 2 US 33
Anfora africana Keay XXV V priva della parte inferiore, orlo ingrossato a profilo convesso, collo troncoconico alto sul quale sono impostate le anse a nastro con ispessimento centrale, corpo cilindrico con steccature verticali, fornita di tappo di sughero, argilla rosata, superficie giallo chiaro, origine: Tunisia.
h max cm. 95   d bocca cm. 13   d max cm. 28
fine IV-V sec. d.C.

805. Pisa San Rossore 2 area 1 US 139
Spatheyon privo della parte superiore, collo troncoconico alto, corpo cilindrico con steccature verticali, stretto puntale a fittone, con fondo distinto, argilla rosata, superficie giallo chiaro, origine: Tunisia.
h max cm. 73   d max cm. 12
fine IV-V sec. d.C.

NOTE

[1] PANELLA 1986, pp. 251-272.
[2] *Ostia* III 1973, pp. 460-633.
[3] KEAY 1984, pp. 114-116.
[4] PEACOCK - WILLIAMS 1986, pp. 68-71.
[5] RENDINI 1991, pp. 117-134.
[6] MENCHELLI 1986, p. 176.
[7] PANELLA 1986, p. 358, gruppo 1.
[8] CIAMPOLTRINI - RENDINI 1989, p. 520; RENDINI 1991b, pp. 106-108.
[9] *Ostia* IV 1978, pp. 216-217.
[10] Aggiornamenti sulla loro distribuzione in KEAY 1998.
[11] MARTIN 1989.
[12] JONCHERAY 1975; SANTAMARIA 1995, p. 51.
[13] CIAMPOLTRINI *et alii* 1991, pp. 713-714.
[14] VAGGIOLI 1988, pp. 145-146.
[15] PASQUINUCCI *et alii* 1998, pp. 619-620.
[16] BALDASSARRE 1967, pp. 162-163.
[17] RENDINI 1989, p. 649.
[18] VAN DOORNINCK 1971, p. 24, fig. 24.
[19] Cfr. STIAFFINI, in questo volume, cat. n. 42.

710. Pisa San Rossore 2 Area 2 Layer 13
African amphora type IIA Keay V.5 lacking part of body. Enlarged rim with low outer ring and some external texture. Low, frustum neck on which was fixed short, braceletted pot holders of medium thickness. Cylindrical body with vertical markings which ends in a short, full ferrule. Moulded profile. Flat base. Reddish clay with light yellow surface. Place of origin - Tunisia.
h 103 cm.   d of rim 14 cm.   max d 46 cm.
First half of Third Century A.D.

852. Pisa San Rossore 2 Area 2 Layer 29
African amphora of Keay type XXV. Lower portion missing. Low ringed, beked rim. Frustum; high neck onto which holders are fixed. Cylindrical body. Cork stopper present. Reddish clay with light yellow surface. Place of origin, Tunisia.
h 90 cm.   d of rim 16 cm.   max d 27 cm.
End of Fourth to Fifth Century A.D.

707. Pisa San Rossore 2 Area 2 Layer 33
African Amphora type Keay XXV with lower portion missing. Enlarged rim with convex profile. Trustum neck to which potholders are attached. Cylindrical body with vertical markings. Complete with cork stopper. Reddish clay, bright yellow on the surface. From Tunisia.
max h 95 cm.   d of rim 13 cm.   max d 28 cm.
End of Fourth to Fifth Century A.D.

805. Pisa San Rossore 2 Area 1 Layer 139
Spatheyon lacking upper portion. High frustum neck, Cylindrical body with vertical markings. Decorated ferrule with very distinct base. Red clay with light yellowish surface. Place of origin: Tunisia.
max h 73 cm.   max d 12 cm.
End of Fourth to Fifth century A.D.

NOTES

[1] PANELLA 1986, pp. 251-272.
[2] *Ostia* III 1973, pp. 460-633.
[3] KEAY 1984, pp. 114-116.
[4] PEACOCK - WILLIAMS 1986, pp. 68-71.
[5] RENDINI 1991, pp. 117-134.
[6] MENCHELLI 1986, p. 176.
[7] PANELLA 1986, p. 358, gruppo 1.
[8] CIAMPOLTRINI - RENDINI 1989, p. 520; RENDINI 1991b, pp. 106-108.
[9] *Ostia* IV 1978, pp. 216-217.
[10] Up-date on their distribution in Keay 1998.
[11] MARTIN 1989.
[12] JONCHERAY 1975; SANTAMARIA 1995, p. 51.
[13] CIAMPOLTRINI *et alii* 1991, pp. 713-714.
[14] VAGGIOLI 1988, pp. 145-146.
[15] PASQUINUCCI *et alii* 1998, pp. 619-620.
[16] BALDASSARRE 1967, pp. 162-163.
[17] RENDINI 1989, p. 649.
[18] VAN DOORNINCK 1971, p. 24, fig. 24.
[19] Cfr. STIAFFINI, in this volume, cat. n. 42.

STEFANIA
PESAVENTO
MATTIOLI

L'EPIGRAFIA DELLE ANFORE

Le iscrizioni che venivano apposte sulle anfore, sia al momento della loro fabbricazione, sia nelle diverse tappe della circuitazione commerciale delle derrate alimentari trasportate, sono spesso di grande aiuto per riconoscerne la cronologia e l'area di produzione, per individuarne il contenuto, per ricostruire il complesso degli aspetti economici di una diffusione che interessò l'intero mondo romano.

I bolli

Prima della cottura dei contenitori, sull'argilla ancora fresca, potevano venire impressi mediante un punzone dei marchi, posti prevalentemente sulle anse o sull'orlo, ma anche sulla spalla o sul fondo; in essi compaiono per lo più delle indicazioni onomastiche, espresse talvolta in modo esplicito (*tria nomina*, gentilizio o *cognomen*), talvolta in forma abbreviata alle sole iniziali; frequente è l'associazione nello stesso bollo o in due bolli della medesima anfora, di personaggi di rango libero con servi o liberti alla loro dipendenza.

La bollatura, rapportandosi al momento della fabbricazione delle anfore, doveva riguardare i contenitori stessi, piuttosto che la merce in essi trasportata; diverse tuttavia sono le problematiche che restano aperte relativamente al suo significato, problematiche che qui si sintetizzano, rinviando per un'analisi più approfondita all'ampio quadro fornito recentemente da Daniele Manacorda e Clementina Panella[1]. Innanzitutto, se è probabile che i bolli servissero in certo modo a garantire la qualità del manufatto e la sua rispon-

THE AMPHORAE: EPIGRAPHY

The inscriptions placed on the amphorae at the time of manufacture and during the various stages in the commercial distribution of the foodstuffs contained are often of great help in establishing chronology and area of production, identifying content, and reconstructing the various economic s of a system of exchange that involved the entire Roman world.

Stamps

Before the vessels were fired, stamps could be impressed on the still wet clay, primarily on the handles and rim but also on the shoulder or bottom. They generally contain onomastic references, which can be expressed explicitly (*tria nomina*, name of noble family or *cognomen*) or abbreviated using only initials. Persons of citizen rank are often associated with the slaves or freedmen working for them either in the same stamp or in two stamps on the same amphora.

The stamps, made at the time of manufacture, should regard the vessels themselves rather than the goods transported in them. In any case, a number of questions are still open. We need only briefly summarize these problems, since a thorough treatment is now to be found in the general study by Daniele Manacorda and Clementina Panella[1]. First of all, while the stamps probably in some way served to guarantee the quality of the item and its compliance with certain standard measurements, it is not clear why stamps are so inconsistent both over time and in space"[2]. Not only is the practice constant

denza a precise norme metrologiche, non sono chiare le ragioni della "mancanza di siste-
maticità della bollatura nel tempo e nello spazio"[2]: non solo infatti in alcune aree tale pratica è costante (ad esempio nelle produzioni adriatiche della tarda età repubblicana e della
prima età imperiale), mentre in altre totalmente assente (come nelle produzioni orientali-
li), ma sembra che non tutte le anfore prodotte dalla stessa officina e nel medesimo periodo venissero bollate. Altrettanto oscuri sono poi i rapporti tra bollatura e destinazione
commerciale delle anfore e quelli tra i bolli e l'eventuale committenza da parte dei produttori delle derrate commercializzate[3]. Sfugge infine il grado di coinvolgimento a livello
produttivo dei personaggi che bollano, «siano essi schiavi-manager, *liberti* o gli stessi
domini, rappresentanti dei ceti dirigenti municipali o urbani, quando non addirittura
membri della domus Augusta»[4].

Nonostante i limiti appena esposti, l'analisi dei bolli, consentendo l'identificazione
delle anfore provenienti da una medesima officina (pur se talvolta questa resta arealmen-
te imprecisata), sta recando notevoli impulsi alla ricostruzione della diffusione di deter-
minate produzioni e può favorire una sempre più puntuale datazione non solo delle anfore stesse, ma anche dei contesti in cui esse compaiono.

I tituli picti

Durante l'utilizzo delle anfore per la conservazione e il trasporto delle derrate alimentari potevano venirvi dipinte, in colore rosso o nero, con scrittura più o meno accu-
rata e in dimensioni diverse, varie iscrizioni relative alla loro circuitazione commerciale.

in some areas (e.g. Adriatic ware from the late Republican and early Imperial periods) and totally absent
in others (e.g. eastern wares), it even appears that not all the amphorae produced in the same workshop in a given period were stamped. Equally obscure is the relationship of the stamps to the particular use to which they were to be put, but also to orders placed by the producers of the foodstuffs
to be marketed[3]. The extent to which this was the responsability of managerial slaves, *liberti* and/or the
domini themselves, i.e. the municipal or urban ruling class and even members of the *domus Augusta*[4].

Despite the limitations outlined above, analysis of the stamps has made it possible to identify
amphorae produced by the same workshop (though its location may remain uncertain), thus providing
considerable impetus in the reconstruction of the distribution of certain goods, and can contribute to
more accurate dating both of the amphorae themselves and of the contexts in which they appear.

Tituli picti

In the course of the working life of an amphora, various inscriptions could be painted on it in
red or black, and in hands varying in precision and size. These may include dates, expressed in terms
of the two consuls, weights, and indications of the goods transported.

The *tituli picti* on amphorae from Baetica prove particularly abundant. In addition to stamps on
the handles (sometimes on both handles, at the base of a handle, or on the belly), which refer to the
manufacture of the vessel; Dressel 20 oil jars present a variety of *tituli picti*: on the neck, with numbers indicating the weight of the empty vessel; on the upper part of the belly, with the names of mer-

Poteva trattarsi di date, espresse attraverso la coppia consolare, di indicazioni ponderali o della caratterizzazione della merce trasportata.

Particolarmente ampi risultano i *tituli picti* delle anfore della Betica. Nelle olearie Dressel 20 infatti, oltre alla bollatura sull'ansa (talvolta su entrambe, o alla base dell'ansa, o sulla pancia), riferibile alla produzione del contenitore, i *tituli picti* sono in più righe: α, sul collo, con indicazioni numeriche relative al peso dell'anfora vuota, β sulla parte superiore della pancia, con il nome dei commercianti (*negotiatores, mercatores, diffusores*), γ obliqua lungo l'ansa, con i nomi dei *fundi* dove veniva prodotto l'olio e dei loro proprietari, δ verso il centro della pancia, ancora con numeri relativi al peso dell'olio contenuto[5]. Nelle anfore destinate al trasporto di salse di pesce, i *tituli picti* si riferiscono al tipo di contenuto (*garum, hallec, muria, liquamen*…), talvolta al tipo di pesce da cui era ricavato, alla sua qualità (*flos*, prima scelta, *optimum, excellens*…), agli anni di invecchiamento prima della commercializzazione; infine compare spesso il nome del commerciante o del destinatario.

È attraverso i *tituli picti* che si sono acquisite le magggiori informazioni circa le derrate trasportate dalle anfore e che, fin dal Dressel[6], è stato possibile associare a una forma specifica precisi contenuti. Nuove prospettive si stanno aprendo tuttavia anche in questo campo, legate a quelle "etichettature" che menzionano un contenuto anomalo rispetto alla forma delle anfore: è il caso ad esempio del vino campano *massicum* ricordato in anfore galliche[7], del Falerno in Dressel 2-4 orientali[8] e probabilmente del *garum* in anfore vinarie Dressel 6A[9]. Si tratta quasi certamente di un riutilizzo delle anfore per merci giunte nei luoghi di smistamento in contenitori diversi, riutilizzo che, proprio in quanto per il consumatore doveva essere immediata l'associazione forma dell'anfora-contenuto, meritava una esplicita e immediata segnalazione.

chants (*negotiatores, mercatores, diffusores*); slanting along the handle, with the names of the estates producing the oil and their owners; and in the middle of the belly, with numbers indicating the weight of the oil contained[5]. The *tituli picti* on amphorae used to transport fish sauce refer to the type of product contained (*garum, hallec, muria, liquamen*, etc.), sometimes to the type of fish used, to its quality (*flos*, premium quality, *optimum, excellens*, etc.), and to the years of ageing before marketing. The name of the merchant or buyer is also frequent.

It is the *tituli picti* that have provided the bulk of information about the foodstuffs transported in amphorae, making it possible, together with Dressel's classification[6], to associate specific contents with specific shapes. New information, however, is promised by "labels" identifying contents not conventionally associated with the shape in question. For example, the Campanian wine *Massicum* specified on Gallic amphorae, wine from Falerno[7] in eastern Dressel 2-4 shapes[8], and probably *garum* in Dressel 6A wine amphorae[9]. These are almost certainly cases where amphorae were reused for goods that had arrived for distribution in different containers. Explicit indication of such reuse was required because customers must have immediately associated various types of amphorae with specific contents (figs. 1-2).

Incised inscriptions

Before or, more commonly, after firing a pointed tool could be used to make inscriptions referring to any phase of the container's working life. These normally consist of marks, more or less abbre-

I graffiti

Prima della cottura delle anfore, o più comunemente dopo, potevano essere apposti, mediante uno strumento appuntito, dei graffiti: essi si riferiscono a tutte le fasi di vita e di uso dei contenitori e sono costituiti normalmente da segni, nomi personali più o meno abbreviati, numeri[10]. Questi ultimi corrispondono in genere a indicazioni ponderali, con sottinteso il temine *libra*, anche se non si può escludere, nel caso di numeri bassi, un rapporto con l'ordine e la disposizione delle anfore nei magazzini o con gli anni di invecchiamento del prodotto. Spesso compare la sigla in nesso *TP*, scioglibile, anche in base a controlli eseguiti, come *testa pondo*, quindi come indicazione del peso del vaso vuoto, cioè della tara[11].

Note

[1] Manacorda - Panella 1993.
[2] Manacorda - Panella 1993, p. 61.
[3] Manacorda - Panella 1993, pp. 62-63.
[4] Manacorda - Panella 1993, p. 63.
[5] Liou - Tchernia 1994.

[6] Dressel 1879; Zevi 1966.
[7] Liou 1987, n. F108, p. 74.
[8] Desbat, *et alii* 1987, n. SRG 2, p. 162.
[9] Pesavento Mattioli a (in corso stampa).
[10] Manacorda - Panella 1993, p. 56.
[11] Buchi 1973, pp. 617-619.

viated personal names and numbers[10]. While the numerals generally indicate weight, with the term *libra* understood, low numbers may also have indicated warehouse position and order of arrangement or years of ageing. The oft-encountered initials "TP" are rightly interpreted – as tests also indicate – as standing for *testa pondo* and hence indicating the weight of the empty vessel[11].

Notes

[1] Manacorda-Panella 1993.
[2] Manacorda-Panella 1993, p. 61.
[3] Manacorda-Panella 1993, pp. 62-63.
[4] Manacorda-Panella 1993, p. 63.
[5] Liou-Tchernia 1994.

[6] Dressel 1879; Zevi 1966.
[7] Liou 1987, n. F108, p. 74.
[8] Desbat, Lequement, Liou 1987, n. SRG 2, p. 162.
[9] Pesavento Mattioli a (in press).
[10] Manacorda-Panella 1993, p. 56.
[11] Buchi 1973, pp. 617-619.

MARCO
FIRMATI

DOLIA

Distribuiti in un'area abbastanza estesa, intorno al relitto E (UUSS 29, 45, 65, 92) sono stati recuperati alcuni coperchi di *dolia* che verosimilmente potevano essere trasportati dalla stessa nave.

Nel relitto in corso di scavo manca ancora la piena evidenza dei *dolia* (solo pochi frammenti di pareti tra i relitti B ed E), ma già la diffusa presenza di anfore Dressel 2-4 di origine tarraconese nell'area di probabile dispersione del carico della nave E, potrebbe essere un indizio per riconoscervi una nave con *dolia*.

L'associazione tra anfore Dressel 2-4 di produzione tarraconese e *dolia* è infatti documentata da tre relitti (Petit Congloué, Diano Marina e Ile Rousse)[1] dei soli sei noti di questo genere di navi-cisterna. Esse testimoniano, insieme ai contemporanei relitti di navi con anfore Dressel 2-4 campane e *dolia* (Ladispoli, Grand Ribaud, La Garoupe)[2], un fenomeno commerciale che si sviluppa in un arco di tempo ben definito, tra la piena età augustea e l'età neroniana. In Italia, nella regione costiera tra Lazio e Campania, si armano navi, attrezzate con *dolia* di fabbricazione locale, che trasportano vino italico in Gallia e nella Spagna del Nord e che nel percorso inverso – in direzione di Roma – importano vino di qualità inferiore prodotto nella Tarraconese e nel Nord della Spagna[3].

Finora l'area del complesso ferroviario di San Rossore fornisce, quali elementi indiziari per ipotizzare l'esistenza di un relitto di nave con *dolia*, sei coperchi e la loro associazione con anfore tarraconesi Dressel 2-4. I coperchi pisani, però, rimandano per dimensioni, per decorazione e – in un caso – anche per il bollo ad altri esemplari rinvenu-

DOLIA

Dolia lids were recovered from the rather large area around Wreck E (Layers 29, 45, 65, 92) over which the cargo of that vessel would seem to have been dispersed. The wreck itself, still under investigation, has still yielded no direct evidence of *dolia* (only a few body fragments from between Wrecks B and E), however the fragments of Dressel 2-4 amphoras produced in Tarragon and found dispersed over this area could be taken to indicate that this was a ship laden with *dolia*.

The connection between Dressel 2-4 amphoras of Tarragonese production, and *dolia* is in fact documented by three of the six known wrecks of such ancient "tankers" (Petit Congloué, Diana Marina and Ile Rousse)[1]. These, along with the contemporary wrecks with Campanian Dressel 2-4 amphoras and *dolia* (Ladispoli, Grand Ribaud, La Garoupe)[2], document a particular traffic characteristic of a specific period stretching from mid-Augustan through Neronian times. In coastal Latium and Campania ships were equipped with locally made *dolia* to transport Italian wine to Gaul and Spain and would return toward Rome carrying wine of inferior quality produced in the area Tarragonese and in northern Spain[3].

So far the San Rossore railway facility has yielded, as evidence for a ship with a cargo of *dolia*, six lids and their association with Tarragonese Dressel 2-4 amphoras. The size, decoration and one stamp of the Pisan lids, however, correspond to those of other lids found in shipwrecks with *dolia*. The finger-mark decoration of some lids, for example, creates patterns analogous to those on the lids from the Diana Marina[4], Ile Rousse[5] and La Garoupe[6] Wrecks.

ti su relitti di navi con *dolia*. La decorazione dei coperchi con impressioni digitali, per e-sempio, segue motivi già riscontrati sui coperchi dei relitti di Diano Marina,[4] dell'Ile Rousse[5] e di La Garoupe[6].

Inoltre potrebbe non essere casuale la ricorrenza sull'unico bollo pisano della formu-la onomastica *Tert[i Papi]* documentata su un coperchio dal relitto della nave con *dolia* del Grand Ribaud D[7] e su un'anfora Dressel 2-4 di Falerno rinvenuta nel golfo di Fos[8].

Poiché in tutti e sei i relitti di navi-cisterna scavati, i *dolia* hanno gli stessi bolli con nomi di liberti e schiavi della *gens* dei *Piranii* o con nomi diversi ma associabili agli stessi *Piranii*[9], anche la ricorrenza di un medesimo nome su due coperchi – di San Rossore e del Grand Ribaud D – potrebbe essere indizio di un rapporto consolidato tra produttori di *opus doliare*, nonostante la maggiore mobilità dei coperchi rispetto ai *dolia*. In questa sede ancora preliminare di presentazione dei dati di uno scavo ancora in corso di esecuzione non è comunque opportuno indugiare in semplici suggestioni che meritano ben più attenta disamina (figg. 1-7 a-c).

Moreover, it may not be coincidental that the onomastic formula *Tert[i Papi]* of the one Pisan stamp also appears on a lid from the Grand Ribaud D[7] Shipwreck with *dolia*, and on a Dressel 2-4 amphora from Falerno discovered in the Gulf of Fos[8].

Since all the *dolia* from the six tankers which have been explored bear the same stamps nam-ing freedmen and slaves of the *gens Piranii* or persons with other names but associated the *Piranii*[9], even the one name found on a lid from San Rossore and on another from the Grand Ribaud D wreck can be taken as evidence of stable relations amongst the *opus doliare* workshops, despite the greater mobility of lids with respect to *dolia*. This preliminary presentation of data from an excavation still in progress is, however, not the place to explore ideas that deserve much more careful consideration (figs. 1-7 a-c).

Fig. 1 a-b
N. 408, coperchio di dolio integro.
N. 408, Complete dolium *lid.*

1a

1b

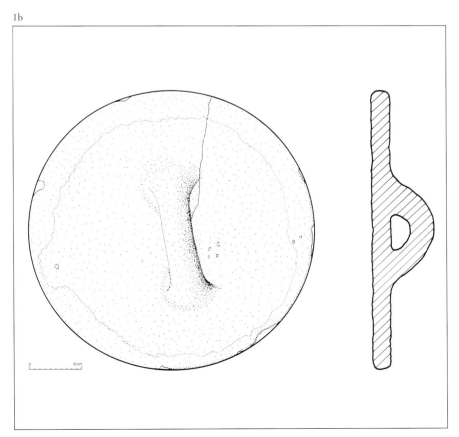

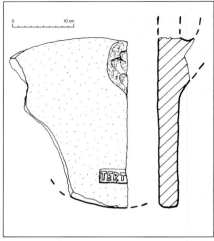

Fig. 2 a-b
N. 844, frammento di coperchio di dolio con bollo.
N. 844, Fragment of stamped *dolium* lid.

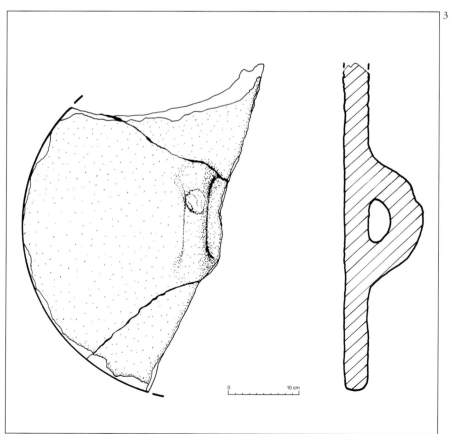

Fig. 3
N. 845, coperchio frammantario di dolio.
N. 845, Fragment *dolium* lid.

4a

4b

Fig. 4 a-b
N.846, coperchio frammentario di dolio con decorazione digitale.
N. 846, Fragmentary *dolium* lid with finger-mark decoration.

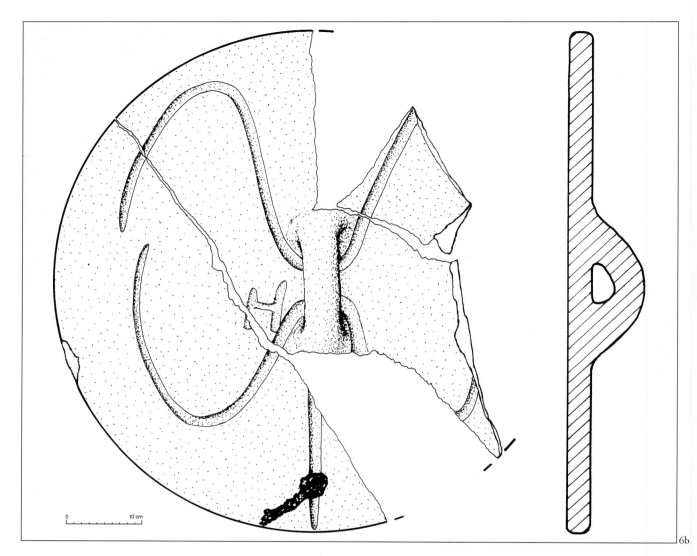

6b

6a

Fig. 6 a-b
N. 857, coperchio frammentario di dolio con
decorazione digitale e chiodo di ferro concrezionato.
N. 857, Fragmentary dolium lid with finger-mark
decoration and partially embedded iron nail.

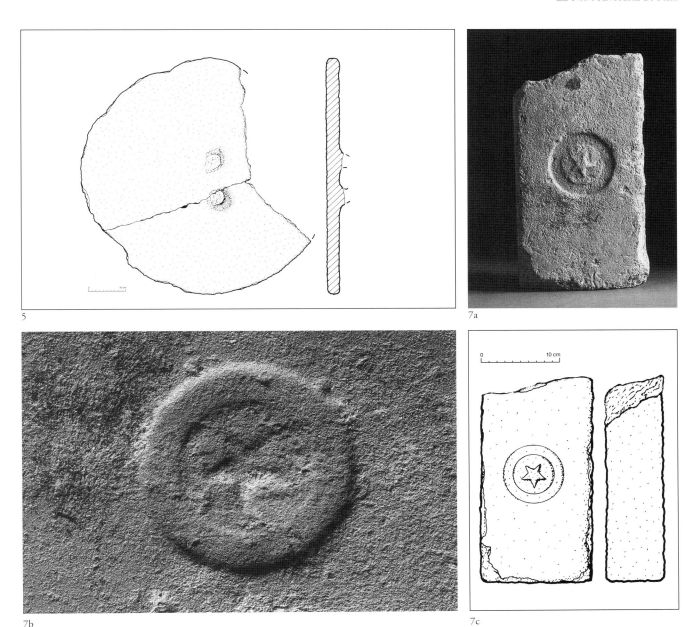

5

7a

7b

7c

Fig. 5
N.847, coperchio frammentario di dolio.
N. 847, Fragmentary *dolium* lid.

Fig. 7 a-c
N. 840, mattone frammentario con bollo anepigrafe.
N. 840, Fragmentary brick with anepigraphic
stamp.

408. Pisa San Rossore 2 area 2 US 92 stacco III
Coperchio di dolio, circolare, con presa centrale in forma di ansa a bastone. Integro, ma fratturato. Lungo il margine si osserva una fascia irregolare di larghezza variabile tra cm. 1 e 5, in cui la superficie appare più erosa: forse è stata prodotta dalla caduta di un'originaria patina di rivestimento (ingobbio o resina?).
d cm. 54   spessore cm. 3,5

844. Pisa San Rossore 2 area 2/3 US 45
Frammento di coperchio di dolio, circolare, con presa centrale in forma di ansa a bastone. L'ansa manca e nel punto di attacco presenta una cavità in cui era alloggiata una delle due estremità: sul fondo si distinguono le impronte delle dita che hanno prodotto la cavità stessa.
d non ricostruibile   spessore cm. 6.
In prossimità del margine è presente un bollo, lacunoso, con cartiglio rettangolare: *Tert[i Papi]*.
L'integrazione della lacuna è suggerita dal confronto con un coperchio di dolio dal relitto del Grand Ribaud D[10]. Il bollo entro cartiglio rettangolare *Terti Papi* presenta un segno divisorio e le lettere *a* e *p* in nesso, così come quelli presenti su alcune tegole rinvenute a Luni[11].
Un confronto pure significativo – data la contemporaneità e la pertinenza al medesimo flusso commerciale – potrebbe essere stabilito con il bollo *Tert(i)* in cartiglio rettangolare apposto sul piede di un'anfora Dressel 2-4 di Falerno, rinvenuta nel golfo di Fos[12].

845. Pisa San Rossore 2 area 1/2 US 65
Coperchio frammentario di dolio, circolare, con presa centrale in forma di ansa a bastone. Parzialmente ricomposto da tre frammenti; lacuna di oltre metà.
d cm. 49   spessore cm. 3,3-3,5

846. Pisa San Rossore 2 area 2/3 US 29
Coperchio frammentario di dolio, circolare, con presa centrale in forma di ansa a bastone. Lacuna di quasi metà dell'intero. Prima della cottura sulla superficie del coperchio, già provvisto dell'ansa, sono state tracciate con le dita alcune linee: descrivono un profilo bilobato strozzato al di sotto dell'ansa e due tratti che dagli attacchi delle anse si dirigono verso il margine del coperchio. All'interno di uno dei due lobi è tracciato, ancora con un dito, un segno di forma assimilabile ad una F.
d cm. 58   spessore cm. 3,3-3,5.
Per le dimensioni e per la decorazione digitale (ad eccezione del segno F) il coperchio è strettamente assimilabile a quelli detti di tipo A del relitto con *dolia* de La Garoupe[13]. Lo stesso motivo decorativo compare anche su coperchi del relitto di Diano Marina[14] e dell'Ile Rousse[15].
Sul significato dei segni incisi la Pallarés suggerisce che – dal momento che ricordano una rappresentazione schematica di viscere – essi potessero avere un valore apotropaico[16], che certo sarebbe stato motivato dall'incerto e rischioso commercio marittimo in cui erano impiegati. D'altra parte la funzione di magica protezione è del tutto esplicita nei *phalli* che con una certa frequenza sono impressi accanto ai bolli dei fabbricanti sui *dolia*[17]. Non è tuttavia da escludere che i motivi tracciati a mano siano una sorta di marchio del fabbricante[18], tra i quali un particolare valore identificativo sembrano avere i segni alfabetici (qui, *F*; nel n. 857, *H*).

408. Pisa San Rossore 2, Area 2, Layer 92, Artificial layer III
Dolium lid. Round, with central rounded handle. Complete but broken. At the edge an irregular band, width 1-5 cm., where the surface is worn, perhaps with the loss of an original coating (engobe or resin?).
d. 54 cm.   th. 3.5 cm.

844. Pisa San Rossore 2, Area 2/3, Layer 45
Fragment of *dolium* lid. Round, with central rounded handle. Missing the handle, but a cavity where one of its two ends was attached bears impressions of the fingers which produced it.
d. of whole not clear; th. 6 cm.
Near the edge an incompletely preserved stamp, within a rectangular scroll: *Tert [i Papi]*.
The lacuna is filled by a *dolium* lid from the Grand Ribaud D[10] Wreck. The mark within the scroll *Tert Papi* presents a dividing sign and the letters *a* and *p* in nexus, like the ones present on tiles found at Luni[11].
A significant comparison – since they are contemporary and belong to the same particular line of commercial exchange – can also be made with the stamp *tert(i)* in a rectangular scroll on the foot of a Dressel 2-4 amphora from Falerno retrieved from the Gulf of Fos[12].

845. Pisa San Rossore 2, Area 1/2, Layer 65
Fragmentary *dolium* lid. Round, with central rounded handle. Partially recomposed from three fragments; more than half missing.
d 49 cm.   th. 3.3-3.5 cm.

846. Pisa San Rossore 2, Area 2/3, Layer 29
Fragmentary *dolium* lid. Round, with central rounded handle. Nearly half missing. Before firing but with the handle attached a series of lines were drawn with the fingers. These describe a two-lobed profile with a tight narrowing below the handle, with two strokes extending from the bases of the handle toward the edge. Within one of the lobes, a finger-drawn mark comparable to an F.
d 58 cm.   th. 3,3-3,5 cm.
The dimensions and the finger-drawn decorations (except for the F) make our lid closely comparable to those classified as Type A from the La Garoupe Shipwreck[13] with *dolia*. The same decorative pattern also appears on the lids from the Diano Marina[14] and Ile Rousse[15] Wrecks.
Concerning the meanings of these signs, Pallarés suggests that, given the (highly schematic) resemblance to the bowels, they could have an apotropaic function[16], something entirely appropriate to the uncertain and risky maritime trade for which they were made. In fact the function of magical protection is explicit in the *phalli* which were often impressed next to the trade-marks on *dolia*[17]. We cannot exclude, nonetheless, that these finger-marks could actually be manufacturer's trade-marks[18] with the letters of the alphabet apparently being some sort of sign of identification (here an "*F*"; in no. 857 an "*H*").

847. Pisa San Rossore 2, Area 2, Layer 92, Artificial layer V
Fragmentary *dolium* lid. Round, with central rounded handle. Partially recomposed from two fragments; approximately a third missing; handle missing; chipped along the edge.
d 64 cm.   th. 3,5 cm.

857. Pisa San Rossore 2, Area 2/3, Layer 45
Fragmentary *dolium* lid. Round, with central rounded handle. Partially recomposed from

847. Pisa San Rossore 2 area 2 US 92 stacco V
Coperchio frammentario di dolio, circolare, con presa centrale in forma di ansa a bastone. Parzialmente ricomposto da due frammenti; lacuna di circa un terzo; privo della presa e scheggiato lungo il margine.
d cm. 64   spessore cm. 3,5

857. Pisa San Rossore 2 area 2/3 US 45
Coperchio frammentario di dolio, circolare, con presa centrale in forma di ansa a bastone. Parzialmente ricomposto da tre frammenti e integrato; lacune per circa un terzo. Solidale al coperchio, perché concrezionato su di esso, si conserva un chiodo di ferro.
Prima della cottura sulla superficie del coperchio ormai provvisto dell'ansa, sono state tracciate alcune linee con le dita: esse descrivono una profilo bilobato strozzato al di sotto dell'ansa ed una semplice linea che da un attacco dell'ansa, sullo stesso asse, raggiunge il mergine del coperchio. All'interno di uno dei due lobi è tracciato ancora con un dito un segno in forma di *H*.
Per le dimensioni e per la decorazione digitale (ad eccezione del segno *H*) il coperchio

è strettamente assimilabile a quelli detti di tipo A del relitto con *dolia* de La Garoupe[19]. Lo stesso motivo decorativo compare anche su coperchi del relitto di Diano Marina[20] e dell'Ile Rousse[21].
d cm. 68   spessore cm. 3,3

840. Pisa San Rossore 2 ampliamento Sud, sbancamento con la ruspa
Mattone frammentario. Su una faccia è presente un bollo anepigrafe raffigurante una stella a cinque punte in rilievo entro un cerchio.
lungh. incompleta cm. 26,5
largh. cm. 13,5   spessore cm. 7,5

three fragments and restored; approximately one third missing. Belonging with the lid, being partially embedded in it, is an iron nail.
Before firing but with the handle attached a series of lines were drawn with the fingers. These describe a two-lobed profile with a tight narrowing below the handle, and a simple line extending from one of the handle's bases, and continuing its axis, to the edge. Within one of the lobes, a finger-drawn mark comparable to an *H*. The dimensions and finger-mark decorations (except for the letter *H*), make our lid closely comparable to those classified as Type A from the La Groupe Shipwreck[19] with *dolia*. The same decorative pattern also appears on the lids from the Diana Marina[20] and Ile Rousse[21] Wrecks.
d 68 cm.   th. 3.3 cm.

840. Pisa San Rossore 2, South extention, excavation with bulldozer
Fragmentary brick. On one side an anepigraphic stamp represents a five-pointed star in relief within a circle.
length (incomplete) 26,5 cm.   width 13,5 cm.   th. 7,5 cm.

NOTE

[1] Petit Congloué: CORSI SCIALLANO - LIOU 1985, pp. 26-43; Diano Marina: PALLARÉS 1996 (con bibliografia precedente); Ile Rousse: CORSI SCIALLANO - LIOU 1985, pp. 108-118.
[2] Ladispoli: GIANFROTTA - HESNARD 1987; Grand Ribaud: HESNARD 1988; La Garoupe: FIORI 1972, GIANFROTTA, HESNARD 1987, p. 288.
[3] CORSI SCIALLANO - LIOU 1985, p. 170 e segg.; LIOU 1987a, p. 277; GIANFROTTA - HESNARD 1987, p. 297; GIANFROTTA 1989; PALLARÉS 1989, p. 305.
[4] PALLARÉS 1981, p. 92, fig. 18 e p. 97; *Navigia* 1983, p. 83, n. 2, p. 84, n. 3.
[5] CORSI SCIALLANO - LIOU 1985, pp. 114-115, fig. 91.
[6] FIORI 1972, p. 37, p. 38 tipo A, p. 43, foto 5.
[7] Vedi oltre la scheda relativa al coperchio n. 844.
[8] AMAR - LIOU 1989; *Recueil II*, p. 109, n. 798.
[9] GIANFROTTA 1989, p. 178 s.
[10] HESNARD 1988, p. 41 e tav. XIX, D. 20.
[11] Si tratta di cinque esemplari: *CIL* XI, 6689$_{237}$.

NOTES

[1] Petit Congloué: CORSI SCIALLANO - LIOU 1985, pp. 26-43; Diano Marina; PALLARÉS 1996 (with previous bilbliography) Ile Rousse: CORSI SCIALLANO - LIOU 1985, pp. 108-118.
[2] Ladispoli: GIANFROTTA - HESNARD 1987: Grand Ribaud: HESNARD 1988. La Garoupe: FIORI 1972. GIANFROTTA - HESNARD 1987, p. 288.
[3] CORSI SCIALLANO - LIOU 1985, p. 170 ff.; LIOU 1987a, p. 277; GIANFROTTA - HESNARD 1987, p. 297; PALLARÉS 1989, p. 305.
[4] PALLARÉS 1981, p. 92, fig. 18 and p. 97; *Navigia* 1983, p. 83, no. 2, p. 84, no. 3.
[5] CORSI SCIALLANO - LIOU 1985, pp. 114-115, fig. 91.
[6] FIORI 1972, p. 37, p. 38 Type A, p. 43, photo 5.
[7] See also our Cat no. 844.
[8] AMAR - LIOU 1989; *Recueil II*, p. 109, no. 798.
[9] GIANFROTTA 1989, p. 178 f.
[10] HESNARD 1988, p. 41 and pl. XIX, D. 20.
[11] For the five examples: *CIL* XI, 6689$_{237}$.
[12] AMAR - LIOU 1989; *Recueil II*, p. 109, no. 798.
[13] FIORI 1972, p. 37, p. 38 Type A, p. 43, photo 5.
[14] PALLARÉS 1981, p. 92, fig. 18 and p. 97; *Navigia* 1983, p. 83, n. 2, p. 84, n. 3.

[12] AMAR - LIOU 1989; *Recueil II*, p. 109, n. 798.

[13] FIORI 1972, p. 37, p. 38 tipo A, p. 43, foto 5.

[14] PALLARÉS 1981, p. 92, fig. 18 e p. 97; *Navigia* 1983, p. 83, n. 2, p. 84, n. 3.

[15] CORSI SCIALLANO - LIOU 1985, pp. 114-115, fig. 91.

[16] *Navigia* 1983, pp. 83 e segg.

[17] Tanto i *dolia* imbarcati nelle navi-cisterna, quanto quelli che rimanevano in terraferma erano strumenti preziosi da tutelare anche con immagini apotropaiche (Grand Ribaud D. HESNARD 1988, p. 41, D. 14 e 16, tav. XIX; recupero occasionale al largo di Ostia: GIANFROTTA - HESNARD 1989, p. 289) e da mantenere con cura come testimoniano le frequenti riparazioni con grappe di piombo.

[18] *Navigia* 1983, p. 83 e segg.; CORSI SCIALLANO - LIOU 1985, p. 102.

[19] FIORI 1972, p. 37, p. 38 tipo A, p. 43, foto 5.

[20] PALLARÉS 1981, p. 92, fig. 18 e p. 97; *Navigia* 1983, p. 83, n. 2, p. 84, n. 3.

[21] CORSI SCIALLANO - LIOU 1985, pp. 114-115, fig. 91.

[15] CORSI SCIALLANO - LIOU 1985, pp. 114-115, fig. 91.

[16] *Navigia* 1983, pp. 83 ff.

[17] Whether stowed aboard tankers or left ashore, *dolia* were precious objects to safeguard even with apotropaic images (Grand Ribaud D. HESNARD 1988, p. 41, D. 14 and 16, pl. XIX; stray find off Ostia: GIANFROTTA - HESNARD 1989, p. 289) and deserving careful upkeep, as frequent repairs using lead cramps testify.

[18] *Navigia* 1983, p. 83 ff.; CORSI SCIALLANO - LIOU 1985, p. 102.

[19] FIORI 1972, p. 37, p. 38 Type A, p. 43, photo 5.

[20] PALLARÉS 1981, p. 92, fig. 18 and p. 97; *Navigia* 1983, p. 83, no. 2, p. 84, no. 3.

[21] CORSI SCIALLANO - LIOU 1985, pp. 114-115, fig. 91.

Rosalba
Settesoldi

Ceramica a vernice nera

È stata operata in questa sede solo una scelta preliminare dei reperti in ceramica a vernice nera, i più significativi e meglio conservati ai fini di un primo inquadramento cronologico, essendo tuttora in corso sia le ricerche, che gli interventi di restauro sull'ingente mole di materiale.

Se si esclude un'esigua quantità di frammenti, la maggior parte dei reperti sono stati recuperati nel settore più meridionale dello scavo ove le indagini stratigrafiche hanno messo in luce da una parte i resti delle antiche infrastrutture portuali consistenti in una palizzata frangiflutti e un molo crollato intorno al 400 a.C., dall'altra gli avanzi di una grande nave di età ellenistica. Proprio nelle adiacenze di un pontile distrutto erano concentrati gli oggetti in esame; il numero relativamente esiguo e la diversa tipologia inducono a supporre che facessero parte della suppellettile di bordo, quindi destinati alla vita di tutti i giorni, e non del carico della nave distrutta.

All'interno del gruppo prevale la ceramica di produzione volterrana, di buona qualità, limitata a forme come l'*oinochoe* a becco Serie Morel 5731 che insieme alla *kylix* Serie Morel 4115 (fig. 1) risulta ampiamente documentata in tutta l'Etruria e in ambito padano, cui si affiancano l'olletta tipo Morel 722202 e le due pissidi serie Morel 7544.

Ad una stessa officina o comunque ad un medesimo centro di produzione, probabilmente dell'Etruria centrosettentrionale, rimanda una nutrito gruppo di bottiglie monoansate serie Morel 5281 che presentano caratteristiche tecniche molto simili, e per quanto attiene l'argilla e per il tipo della vernice limitata alla sola porzione superiore.

Black-glazed pottery

This paper deals only with a preliminary selection of the black-glazed pottery, that is the best-preserved and most chronologically diagnostic, since the study and restoration of this considerable mass of material is still in progress.

With the exception of a small quantity of fragments, most of the finds were recovered in the southernmost part of the excavation site, where stratigraphic investigation has brought to light both the remains of the ancient infrastructures of the harbour, consisting of a breakwater palisade and a wharf that collapsed around 400 B.C., and those of a large ship of the Hellenistic age. The objects under examination were concentrated precisely in the vicinity of a collapsed pier. The relatively small number of finds and the varied typology suggest that they formed part of the ship's equipment for everyday use rather than of the cargo.

Within the group there is a prevalence of relatively fine pieces produced at Volterra in a limited number of shapes, including the spouted *oinochoe*, Morel Series 5731, abundant throughout Etruria and in the Po Valley, together with the Morel Series 4115 *kylix* (fig. 1), the small Morel 722202 jar, and the two *pyxides* belonging to Morel Series 7544.

A single workshop, or at least a single area of production, probably north-central Etruria, is also responsible for a sizeable group of Morel Series 5281 one-handled bottles very similar in both fabric and glaze, which is confined to the upper portion.

There are even pieces from Campania, represented for the moment by a Morel 3221b1 cup

Non mancano neppure le produzioni campane rappresentate per ora da una coppa tipo Morel 3221b1 (fig. 2) e una *lekythos* ariballica serie Morel 5422, entrambe inquadrabili nella prima metà del II sec. a.C.

La cronologia dei materiali sembra compresa, allo stato attuale delle ricerche, tra il III e la metà/terzo quarto del II sec. a.C.

L'esemplare trova un puntuale confronto in una coppa recuperata sul relitto di Punta Scaletta all'isola di Giannutri, datata intorno al 140-130 a.C.[1]

Definita da Lamboglia come una variante più evoluta della forma 49[2], la forma fu redatta quasi esclusivamente in Campana A ed è ampiamente attestata all'interno del bacino del Mediterraneo principalmente nella prima metà del II sec. a.C. Al 190 a.C. possiamo ricondurre infatti i numerosi esemplari rinvenuti a bordo del Grand Congloué[3] mentre al secondo quarto del II sec. a.C. risalgono le coppe di Napoli e di Palermo citate da Morel[4].

Un solo frammento proviene dagli scavi di Luni in area ligure[5] mentre attestazioni del tipo si hanno anche ad Ampurias ove la forma si colloca intorno alla metà del II sec. a.C.[6]

La cronologia è compresa tra il secondo quarto e la metà/terzo quarto del II sec. a.C.

La forma in esame venne prodotta in un'ampia gamma di varianti morfologiche di lieve entità inerenti principalmente la tipologia del labbro e il profilo della vasca[7]. Gli esemplari più antichi sarebbero caratterizzati, secondo Maggiani, da una vasca tondeggiante ed anse quasi anulari che progressivamente diventano più complesse negli esemplari più recenti, accompagnandosi ad una parete discretamente carenata[8].

Il tipo conobbe una distribuzione areale e cronologica piuttosto ampia. Da Volterra[9],

(fig. 2) and an aryballoid *lekythos*, Morel Series 5422, both from the first half of the second century B.C.

On the basis of the studies carried out so far, the material should be dated between the third century B.C. and the middle to third quarter of the second.

This cup closely resembles one from the Punta Scaletta Wreck off the island of Giannutri, dated ca. 140-130 B.C.[1]

Defined by Lamboglia as a more advanced variant of Shape 49[2], this type is associated almost exclusively with Campana A ware and widely documented in the Mediterranean area, especially in the first half of the second century B.C. The numerous specimens found on the Grand Congloué Wreck[3] can be dated to 190 B.C., while the cups from Naples and Palermo cited by Morel are from the second quarter of the second century B.C.[4]

Though only one fragment comes from the excavations at Luni, in Liguria[5], some examples have been found at Ampurias, where the shape is documented around the mid second century B.C.[6]

Its chronology ranges from the second to the mid third quarter of the second century B.C.

The type in question was produced in a wide range of variants, with slight morphological differences, mainly in the type of lip or the shape of the body[7].

According to Maggiani, the earlier specimens are characterized by a roundish body and nearly ring-shaped handles, which gradually become more complex in later specimens, which have a fairly distinct shoulder[8].

ove fu prodotto da varie fabbriche locali e dal suo comprensorio[10], si propagò tramite la valle dell'Arno nell'Etruria settentrionale interna[11], ma anche nella fascia costiera pisano-versiliese[12] penetrando profondamente in territorio ligure[13].

In tale ambito le importazioni ceramiche volterrane mostrano un repertorio formale piuttosto ristretto, che risulta limitato, soprattutto intorno alla metà del III sec. a.C., alle forme Morel 2536 e 4115[14], alle quali si aggiunge in alcuni casi l'olpe di piccole dimensioni di forma Pasquinucci 155[15]. Scarsi sono invece i frammenti recuperati negli strati inferiori di Luni risalenti ai decenni iniziali del II sec. a.C.[16] e che, unitamente a quelli di Bolsena e dell'Acropoli di Volterra forniscono il termine inferiore della datazione[17].

La cronologia corrente di questo tipo di *kylix*, III-II sec. a.C.[18], è stata recentemente rialzata in base ai contesti funerari cisalpini e veneti, dove la coppa risulta documentata già a partire dalla fine del IV sec. a.C.[19] Numerosi sono anche i ritrovamenti nel modenese[20], a Rimini[21] e in Lombardia[22]. Si tratta di prodotti esportati da Volterra e per lo più smistati dagli empori di Adria e di Spina, dove furono imitati anche localmente, come stanno a dimostrare i tipi di argilla e di vernice che non rientrano nelle produzioni etrusche finora individuate[23].

Non mancano attestazioni anche in ambito chiusino[24], nelle Marche[25], a Perugia[26], ad Aleria[27] e Sovana[28].

Ad una mediazione di Populonia invece, dove queste *kylikes* sono presenti in ambito funerario e non[29], è da ascrivere la circolazione di questo vasellame in territori gravitanti attorno al Golfo di Follonica[30].

La necropoli del Calvario di Tarquinia rappresenta il termine più meridionale della sua espansione: la coppa è associata qui ad altro materiale di fabbrica volterrana in un con-

The type is widely distributed geographically and chronologically. From Volterra[9], where it was produced in various workshops in the town and its environs[10], it spread along the Arno Valley to inland northern Etruria[11], along the coast from Pisa to Versilia[12] and deep into Liguria[13].

Within this sphere the morphological range of pottery exported from Volterra was rather narrow, being restricted to Morel's Forms 2536 and 4115, above all around the mid third century B.C.[14], along with some small *olpai* of Pasquinucci Type 155[15]. A very few fragments dating from the first decades of the second century B.C. have come from the lower levels at Luni[16], and these, together with those from Bolsena and the acropolis of Volterra, provide their earliest chronological horizon[17].

The accepted date for this type of *kylix* to the third to second century B.C.[18] has recently been modified on the basis of burials in the Cisalpine region and Venetia, where the vessel is documented as early as the end of the fourth century B.C.[19]. There have also been numerous finds in the area of Modena[20], at Rimini[21] and in Lombardy[22]. These are products exported from Volterra and generally distributed through the emporia of Adria and Spina, where they were also imitated locally, as is shown by examples with types of clay and paint that are not associated with Etruscan production as it is currently known[23].

There are also specimens from the area of Chiusi[24], the Marches[25], Perugia[26], Aleria[27] and Sovana[28].

The circulation of this type of ware in the areas around the Gulf of Follonica[29] is attributed to the mediation of Populonia, where these *kylikes* are present in funerary and non-funerary con-

testo di fine IV, inizi III-metà II sec. a.C.[31]. Il fondo interno di queste *kylikes* risulta spesso caratterizzato da una decorazione stampigliata consistente solamente in alcuni giri di striature a rotella e cerchi incisi o, nei casi più elaborati, da un'alternanza di palmette e fiori di loto compresi tra rotellature e cerchi incisi.

La cronologia del tipo si pone tra la fine del IV e gli inizi del II sec. a.C.

Di forma piuttosto elegante e slanciata, l'*oinochoe* a becco schiacciato (fig. 3) ebbe grandissima fortuna nella produzione volterrana che la redasse quasi esclusivamente nel tipo locale D[32], in cui rientra anche il nostro esemplare. Oltre a quelli conservati nel Museo Guarnacci di Volterra, se ne possono annoverare altri provenienti da contesti tombali volterrani inquadrabili in un arco cronologico che va dalla fine del IV, agli inizi del II sec. a.C.[33].

Da Volterra la forma fu largamente esportata nel suo comprensorio: verso nord a Terricciola e Legoli, tra la Val d'Era e la Val d'Egola[34] e in ambito senese, a Siena stessa, a Casole d'Elsa, Monteriggioni, a San Gimignano e ad Asciano[35]. Ad una fabbrica volterrana sono da ricondurre anche gli esemplari rinvenuti nell'agro chiusino, a Perugia e quello conservato nel Museo Faina di Orvieto[36], mentre più arduo risulta stabilire se siano d'importazione i vasi provenienti dall'Etruria meridionale le cui caratteristiche tecniche rimandano comunque a Volterra[37].

In Italia settentrionale, ove la forma è presente ancora in contesti della seconda metà del II sec. a.C., troviamo *oinochoai* sia d'importazione, sia imitazioni locali che divergono dall'originale, oltre che per il tipo dell'argilla e la qualità scadente della vernice, anche per piccoli dettagli morfologici[38]. La forma compare, sempre nel tipo D della Pasquinucci, a Luni[39] e a Fiesole[40], mentre nel bacino del Mediterraneo occidentale, l'unico esemplare

texts[30]. At the Calvario necropolis of Tarquinia, which constitutes the southernmost limit of its distribution, this cup is associated with other material produced in Volterra between the late fourth to early third century and the mid second century B.C.[31]. The interior bottom of these *kylikes* is often decorated with only of a few wheel-incised loops and incised circles or, in more elaborate examples, with a lotus and palmette pattern between wheel-incised grooves and incised circles.

The chronology of the type ranges from the end of the fourth to the beginning of the second century B.C.

The elegantly slender flat-spouted *oinochoe* (fig. 3) was extremely popular at Volterra, almost exclusively in the local Type D[32], which this piece exemplifies. Besides those in the Museo Guarnacci at Volterra, others come from tombs around Volterra ranging from the late fourth century to the early second century B.C.[33].

This type was exported in large quantities from Volterra to neighboring areas: northwards to Terricciola and Legoli between Val d'Era and Val d'Egola[34] and, in the area of Siena, to Siena itself, Casole d'Elsa, Monteriggioni, San Gimignano and Asciano[35].

A Volterran workshop produced those found in the countryside around Chiusi and in Perugia, and those now in the Museo Faina at Orvieto[36]. It is more difficult to establish whether pieces found in southern Etruria whose technical characteristics are similar to those of Volterra are imported[37].

In northern Italy, where the type was still present in the second half of the second century

conosciuto è quello recuperato a bordo del relitto del Grand Congloué, sulla direttrice commerciale per Marsiglia[41].

La cronologia del tipo risulta compresa tra la fine del IV e il II sec. a.C.

La serie comprende un numero piuttosto consistente di olle di modeste dimensioni e di produzione tipicamente volterrana che rientrano nella variante **b** della forma Pasquinucci 134 (fig. 4)[42].

I ritrovamenti interessano di conseguenza l'*ager* volterrano[43] e anche l'ambito pisano[44] con estensioni anche a nord, ad Adria ed Este in particolare, ove l'importazione di forme del genere incrementò una vasta produzione in loco che interessò non solo la ceramica a vernice nera, ma anche quella grigia e a vernice rossa[45].

Ad una produzione invece laziale o volsiniese sono probabilmente da ascrivere i due esemplari conservati nel Museo Faina di Orvieto[46].

La cronologia è compresa nell'ambito del III-II sec. a.C.

Derivata da prototipi attici[47], la forma Lamboglia 3[48] risulta ampiamente diffusa tra le varie fabbriche a vernice nera dell'Italia in generale nell'arco di tempo compreso tra il II e il I sec. a.C.

Le caratteristiche tecniche dei due esemplari (figg. 5-6) come la granulometria e il colore chiaro dell'argilla, nonché la tonalità della vernice talora tendente al bluastro, permettono di ascrivere i due reperti al tipo locale D identificato dalla Pasquinucci per i vasi di produzione volterrana[49].

La studiosa individua tra le pissidi conservate nel Museo Guarnacci di Volterra almeno due varianti: una a pareti quasi verticali, la seconda, nella quale rientrano anche i nostri esemplari, con pareti leggermente svasate[50]. Secondo Michelucci le forme più tarde sareb-

B.C., we find both imported *oinochoai* and local imitations that differ from the original in the type of clay and in the poor quality of the glaze, as well as in minor details of shape[38].

Examples of Pasquinucci Type D have been found at Luni[39] and Fiesole[40], while in the western Mediterranean the only known specimen is the one from the Grand Congloué Wreck on the trade route to Marseilles[41]. The chronology of this type ranges from the end of the fourth century to the second century B.C. The series includes a considerable number of small vessels typical of Volterran ware and belonging to variant b of Pasquinucci Shape 134[42] (fig. 4). The finds thus concern the Volterran *ager*[43] and the area of Pisa[44], with some specimens found further north at Adria and Este in particular, where imports of vessels of this type joined the vast local output of both black-glazed pottery and grey and red-glazed wares[45].

The two specimens in the Museo Faina of Orvieto, on the other hand, are probably to be ascribed to a Latial or Volsinian workshop[46].

The chronology ranges from the third to the second century B.C.

Derived from Attic prototypes[47], the Lamboglia 3 type[48] was produced in large quantities by the various workshops making black-glazed ware in Italy between the second and first centuries B.C.

The technical characteristics of the two specimens (figs. 5-6), e.g. the grain and light hue of the biscuit and the bluish glaze, allow us to assign these two finds to the local Type D identified by Pasquinucci for Volterran wares[49].

Among the *pyxides* in the Museo Guarnacci at Volterra, Pasquinucci identifies at least two

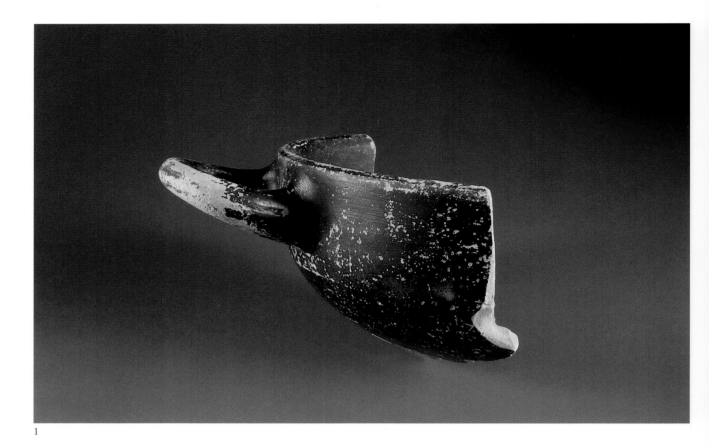

1

2

Fig. 1
N. 212, *kylix* con anse "non ripiegate ad orecchia".
N. 212, black-glazed *kylix* with "non ear-shaped handles".

Fig. 2
N. 157, coppa.
N. 157, black-glazed cup.

3

4

Fig. 3
N.64, *oinochoe* a becco.
N. 64, black-glazed beaked *oinochoe*.

Fig.4
N.63, olletta.
N. 63, black-glazed jar.

Fig. 5
N. 213, pisside.
N. 213, black-glazed *pyxis*.

Fig. 6
N. 214, pisside.
N. 214, black-glazed *pyxis*.

5

6

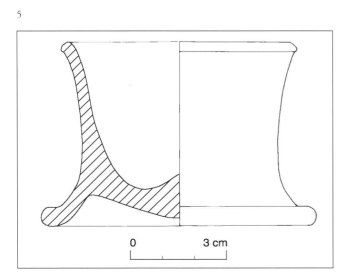
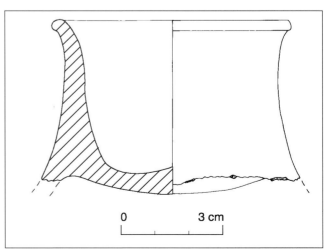

bero caratterizzate da un progressivo irrigidimento delle pareti che diventano pressoché verticali come è possibile rilevare anche negli esemplari a vernice rossa cronologicamente più recenti[51].

La distribuzione delle pissidi di fabbrica volterrana segue l'intero corso dell'Arno[52] per poi raggiungere Lucca[53], Luni[54] e soprattutto l'Etruria padana[55] dove la forma fu replicata in un'ampia gamma di varianti dalle varie fabbriche locali[56]. Numericamente più cospicue le attestazioni in Campana B[57] mentre più rari risultano gli esemplari in Campana A[58].

variants: one with almost vertical walls, the other including our specimens with slightly flaring walls[50]. According to Michelucci, the walls of the later pieces gradually straighten to become nearly vertical, as we can also see in later red-glazed specimens[51].

The distribution of *pyxides* made in Volterra follows the entire course of the Arno[52] and then reaches Lucca[53], Luni[54] and above all the Etruscan Po valley[55], where the shape was copied, with many variants, by local workshops[56]. Campana B versions[57] prove more abundant than Campana A[58].

157. Pisa San Rossore 2 ampl. Sud sett. 1 US 50 stacco II
Coppa Tipo Morel 3221b 1
Argilla depurata di colore rossiccio, leggermente granulosa, con fessurazioni.
Vernice nera coprente e aderente, opaca.
Ricomposta da nove frammenti; priva di parte dell'orlo e della vasca; alcune malformazioni sul piede; vernice con frequenti scheggiature ed abrasioni.
Labbro svasato, orlo arrotondato; spalla carenata; vasca a profilo troncoconico; ansa ad anello impostata subito sotto l'orlo e sulla spalla; alto piede a profilo obliquo; piano di posa, piatto; fondo esterno, convesso. Piede internamente verniciato con impronte di presa; sul fondo interno, disco 'd'empilement' parzialmente impresso tendente al bruno.
h cm. 9   d orlo ric. cm. 14,2
d piede cm. 6,2
Produzione Campana A

212. Pisa San Rossore 2 ampl. Sud sett. 1 US 67
Kylix con anse 'non ripiegate ad orecchia' Serie Morel 4115
Argilla depurata di colore beige rosato con sfumature grigie, dura, compatta, a frattura netta.
Vernice nera coprente e aderente con riflessi bluastri.
Vernice abrasa sull'ansa con frequenti piccole scheggiature.
Labbro verticale, orlo leggermente ingrossato ed arrotondato; vasca a profilo convesso; ansa 'non ripiegata ad orecchia' a sezione circolare; sul fondo interno resti della decorazione formata da quattro giri di striature a rotella.
h cm. 5,7   largh. max cm. 13,2
d orlo ric. cm. 15,6
Produzione volterrana

64. Pisa San Rossore 2 ampl. Sud sett. 1 US 50
Oinochoe a becco Serie Morel 5731
Argilla di colore beige rosato, dura e compatta.
Vernice nera coprente e aderente con riflessi bluastri.
Priva della bocca e dell'ansa; scheggiata sulla spalla e sul piede; collo a profilo concavo; spalla arrotondata; corpo ovoidale; piede a profilo obliquo interamente verniciato con impronte di presa; fondo esterno a profilo concavo; interno verniciato almeno fino ove è visibile.
h cm. 9,8   d piede cm. 3,4
d max cm. 5,8
Produzione volterrana

63. Pisa San Rossore 2 ampl. sud sett. 1 US 50 stacco II
Olletta Tipo Morel 7222a2
Argilla depurata di colore beige rosato.
Vernice nera coprente e aderente, opaca, con riflessi bluastri.
Ricomposta da quattro frr.; orlo e piede lacunosi; alcune scheggiature sulla vernice.
Labbro estroflesso, orlo arrotondato; breve gola a profilo concavo; corpo ovoide; piede a disco; fondo interno con ombelico di tornitura; esterno del piede verniciato con impronte di presa; piano di posa risparmiato con scolature di vernice; interno risparmiato ad eccezione dell'orlo e con evidenti segni di tornitura.
h cm. 8,1   d orlo cm. 6,2
d piede cm. 3,5
Produzione volterrana.
III-II sec. a.C.

213. Pisa San Rossore 2 ampl. Sud sett. 1

---

157. Pisa San Rossore 2, South extension Sector I, Layer 50 Artificial layer II
Cup. Morel Type 3221b 1.
Levigated reddish clay, slightly granular, with cracks.
Covered with dull black glaze.
From nine fragments; lacking part of rim and body; base a bit distorted; glaze often chipped and worn.
Flaring lip, rounded rim; offset shoulder; conical body; ring handle attached just below the rim and at the shoulder; high foot with oblique profile, flat resting surface, and convex bottom.
The foot's glazed underside bears impressions made in handling; the *disque d'empilement* of the inner bottom is partially impressed and brownish in colour.
h 9 cm.   d recomposed rim 14.2 cm.   d base 6.2 cm.
Campanian A ware.

212. Pisa San Rossore 2, South extension Sector I, Layer 67
Kylix with "non ear-shaped" handles Morel Series 4115
Fine pinkish-beige clay with grey overtones; hard, compact fabric breaking cleanly.
Covered with black glaze with bluish sheen.
Glaze worn on handle and often bearing tiny chip marks.
Vertical lip, rim slightly thickened and rounded; convex body; "non ear-shaped" handle circular in section; in interior bottom the remains of decoration consisting of four wheel-incised loops.
h 57 cm.   max width 13.2 cm.   d recomposed rim 15.6 cm.
Volterran workshop.

64. Pisa San Rossore 2, South extension Sector I, Layer 50
Spouted *oinochoe*, Morel Series 5731
Pinkish-beige clay; fabric hard and compact.
Covered with black glaze with bluish sheen.
Lacking mouth and handle; chipped at shoulder and foot; concave neck; rounded shoulder; ovoid body; foot, with oblique profile and concave underside, entirely glazed, bears impressions of handling; interior glazed at least as far as it is visible.
h 9.8 cm.   d base 3.4 cm.   max d 5.8 cm.
Volterran workshop.

63. Pisa San Rossore 2, South extension Sector I, Layer 50, Artificial layer II
Small jar Morel Type 7222a2
Fine pinkish-beige clay.
Covered with black glaze with bluish sheen.
From four fragments; rim and base incomplete; some chipping of glaze.
Everted lip, rounded rim; very low, concave neck; ovoid body; disk foot; interior bottom with navel-like residue of throwing process; exterior surface of base glazed impressions from handling; reserved resting surface with drips of glaze; underside reserved except for rim and with clear signs of throwing process.
h 8.1 cm.   d rim 6.2 cm.   d base 3.5 cm.
Volterran workshop.
3rd to 2nd cent. B.C.

213. Pisa San Rossore 2, South extension Sector I, Layer 50, Artificial layer I
Pyxis Morel Series 7544
Fine beige clay with greyish patches due to interment.
Evenly covered with smooth, thick black glaze.
Lacking part of rim; badly chipped on rim and base; calcareous deposits on interior surface.

US 50, stacco I
Pisside Serie Morel 7544
Argilla depurata di colore beige con sfumature grigie dovute alla giacitura. Vernice nera spessa, coprente e aderente, omogenea e liscia.
Priva di parte dell'orlo; fortemente scheggiata sull'orlo e sul piede; incrostazioni calcaree sulla superficie interna.
Labbro obliquo, orlo arrotondato, distinto; piede svasato con bordo arrotondato; fondo esterno a profilo convesso; fondo interno concavo con ombelico di tornitura; esterno ed interno completamente verniciati.
h cm. 5,8   d orlo cm. 7,4
d piede cm. 4,6
Produzione volterrana

214. Pisa San Rossore 2 ampl. Sud sett. 1
US 82
Pisside Serie Morel 7544
Argilla depurata di colore beige rosato.
Vernice bluastra, coprente e aderente, liscia, con aloni metallici.
Ricomposta da due frr.; priva del piede e di parte dell'orlo.
Labbro obliquo, orlo arrotondato, distinto; piede svasato con bordo arrotondato; fondo esterno a profilo convesso; fondo interno concavo con ombelico di tornitura; esterno ed interno completamente verniciati.
h cm. 5,1   d bocca cm. 7,1
d piede non ric.
Produzione volterrana

Oblique lip with rounded, offset rim; flaring base with rounded edge; exterior underside convex; interior bottom concave with navel-like residue of throwing process; entirely glazed inside and out.
h 5.8 cm.   d rim 7.4 cm.   d base 4.6 cm.
Volterran workshop.

214. Pisa San Rossore 2, South extension Sector 1, Layer 82
Pyxis Morel Series 7544
Fine pinkish-beige clay. Covered with smooth bluish glaze with metallic highlights.
From two fragments; lacking foot and part of rim.
Oblique lip and rounded offset rim; flaring foot with rounded edge; base externally convex, internally concave with navel-like residue of throwing process; entirely glazed inside and out.
h 5.1 cm.   d mouth 7.1 cm.   d base not reconstructed.
Volterran workshop.

NOTE

[1] MOREL 1981, p. 256, tav. 91, con precisazioni sulla cronologia del relitto a p. 63; LAMBOGLIA 1964, p. 248.

[2] LAMBOGLIA 1964, p. 248, forma 49 A; per la forma 49 sempre LAMBOGLIA 1952, p. 195.

[3] BENOIT 1961, p. 80, tav. Va; LAMBOGLIA 1961, pp. 146 e segg.

[4] MOREL 1981, p. 256, tav. 91.

[5] CAVALIERI MANASSE 1977, pp. 98 e segg., tav. 73.3, fr. Residuo rinvenuto nello strato B del saggio sotto il vano c.

[6] SANMARTI GREGO 1978, pp. 133 e segg., nn. 306-307, tav. 24 n. 308.

[7] Cfr. Tipi Morel 4115 da 'a1' a 'f1', tav. 117 (MOREL 1981, p. 290).

[8] MAGGIANI 1979, p. 91.

[9] PASQUINUCCI 1972, pp. 364 e segg., sedici esemplari nei tipi D ed E del Museo Guarnacci; CRISTOFANI - MARTELLI 1972, p. 508; CRISTOFANI 1973a, p. 258, n. 3, fig. 176-C3, dalla tomba C della necropoli del Portone con decorazione sul fondo interno.

[10] Molteplici risultano i ritrovamenti del comprensorio. Per Poggio Pinci (Asciano), cfr.

NOTES

[1] MOREL 1981, p. 256, pl. 91, with details of the date of the wreck on p. 63; LAMBOGLIA 1964, p. 248.

[2] LAMBOGLIA 1964, p. 248, Shape 49 A; for Shape 49 cf. LAMBOGLIA 1952, p. 195.

[3] BENOIT 1961, p. 80, plate Va; LAMBOGLIA 1961, pp. 146 ff.

[4] MOREL 1981, p. 256, plate 91.

[5] CAVALIERI MANASSE 1977, pp. 98 ff., plate 73.3, residual fragment found in Layer B of the excavation under room c.

[6] SANMARTI GREGO 1978, pp. 133 ff., nos. 306-307, pl. 24 no. 308.

[7] Cf. Morel types 4115 from "a1" to "f1", pl. 117 (MOREL 1981, p. 290).

[8] MAGGIANI 1979, p. 91.

[9] PASQUINUCCI 1972, pp. 364 ff., sixteen specimens of Types D and E from the Museo Guarnacci; CRISTOFANI-MARTELLI 1972, p. 508; Cristofani 1973a, p. 258, no. 3, fig. 176-C3, from tomb C of the Portone necropolis with decoration on the inner bottom.

[10] There are many finds in the area. For Poggio Pinci (Asciano), cf. MANGANI 1983, p. 26, nos. 17-

MANGANI 1983, p. 26, nn. 17-19, dalla tomba II frequentata dalla metà del V al I sec. a.C.; p. 76, nn. 17-19, dalla tomba III di fine IV-metà III sec. a.C. e p. 84, nn. 2 e 3, tomba IV, con la stessa datazione della precedente per la prima fase di utilizzo. Un altro esemplare proviene dalla I deposizione di una tomba a camera di Chianni databile tra la fine del III e il primo quarto del II sec. a.C. (MICHELUCCI 1980, p. 10, n. 3, figg. 6-7), mentre due *kylikes* sono state rinvenute nella tomba IV di Orli, presso Casole d'Elsa, in un contesto inquadrabile tra la fine del IV e gli inizi del II sec. A.C. (CIMINO 1988, p. 55, nn. 55-56). Una coppa del genere si annovera anche tra i materiali di S. Martino ai Colli (GOGGIOLI 1984, p. 72, n. 60, tav. I, p. 20).

[11] Attestazioni si hanno anche a Bagno a Ripoli (PALERMO 1988, p. 23, n. 14), Dicomano (CAPECCHI 1975, p. 20, nn. 22 - inv. DG24, 23 - inv. DG29 e 24 - inv. DG61, tav. IX, fondi pertinenti a coppe provenienti da una raccolta di superficie della zona di Frascole); Artimino (ALDERIGHI 1987, p. 114, n. 107, fig. 83); Montereggi (ALDERI-

GHI 1985, p. 32, n. 35; p. 44, nn. 121-122; p. 56, n. 194, da saggi vari nell'abitato); Certaldo (DE MARINIS 1977, p. 148, tav. V, CETO III 54, da una tomba su Poggio del Boccaccio).

[12] Per l'ambito pisano si veda STORTI 1989, p. 51, nn. 364-367 e tav. II.24-26; per la Versilia, PARIBENI 1990, p. 176, n. 6, fig. 99, esemplare dalla fase ellenistica di S. Rocchino (Massarosa) e p. 200, n. 14, fig. 113, dall'abitato di Bora dei Frati (Pietrasanta); VAGGIO-LI 1990, p. 184, nn. 8-9, fig. 100, due *kylikes* rispettivamente tipo Morel 4115 a1 e 4115 f1 e nn. 10-22, frr. vari di orlo e di anse tutti da Castellaccio (Massarosa).

[13] DURANTE 1982, p. 159, tomba 11 di Ameglia, esemplari associati a ciotole dell'Atelier des Petites Estampilles" e ad uno *skyphos* sovradipinto del "Phantom Group", che potrebbero appartenere ad una fase iniziale della produzione (la cronologia della necropoli è fine IV-inizi III sec. a.C.); inoltre DURANTE 1985, p. 200, n. 10, fig. 261, *kylix* dalla tomba 7 della necropoli di Cafaggio di Ameglia, datata fine IV-inizi III sec. a.C.; p.201, fig. 262, tomba 29 e p. 202, fig. 263, tomba 32, dalla

medesima necropoli.

[14] MOREL 1981, pp. 180 e 290.

[15] PASQUINUCCI 1972, p. 488; inoltre MAGGIANI 1979, pp. 90-91.

[16] CAVALIERI MANASSE 1977, p. 100.

[17] BALLAND 1969, p. 127; CRISTOFANI 1973, p. 68.

[18] PASQUINUCCI 1972, p. 365; MOREL 1981, p. 290.

[19] VITALI 1983, p. 204, n. 15, necropoli di Monte Tamburino (Monte Bibele-Monterenzio), tomba 14, il cui corredo si data all'ultimo trentennio del IV sec. a.C.; sempre per Monte Tamburino, cfr. VITALI 1987, p. 343, n. 8; p. 228, dalla tomba 101, *kylix* associata a materiali che concorrono a datare l'intero corredo alla fine del IV sec. a.C.; p. 345, n. 4, fig. 229, coppa dalla tomba 103, la cui cronologia è fissata dalla presenza di uno a decorazione fitomorfa incisa della fine del IV sec. a.C.; p. 348, n. 8, fig. 230, tomba 116, di fine IV-inizi III sec. a.C. A Monterenzio la *kylix* è presente anche in contesto abitativo: cfr. Ad esempio PARMEGGIANI 1981, p. 13, n. 7, fig. 10 e p. 18, n. 5, fig. 10, entrambe dall'area esterna dell'abitato; inoltre ALEOTTI *et alii*

19, from Tomb II used from the mid fifth to the 1st century B.C.; p. 76, nos. 17-19, from tomb III, late 4th-mid third century B.C. and p. 84, nos. 2 and 3, tomb IV, with the same date as the previous Tomb for the first phase of its use. Another specimen comes from the first deposition of a chamber Tomb in Chianni dating from between the end of the 3rd and the first quarter of the 2nd century B.C. (MICHELUCCI 1980, p. 10, no. 3, figs. 6-7), while two *kylikes* were found in tomb IV at Orli, near Casole d'Elsa, dated between the end of the 4th and the beginning of the 2nd century B.C. (CIMINO 1988, p. 55, nos. 55-56). A cup of this type was also found among the materials at S. Martino ai Colli (GOGGIOLI 1984, p. 72, no. 60, plate I, p. 20).

[11] There are also specimens at Bagno a Ripoli (PALERMO 1988, p. 23, no. 14), Dicomano (CAPECCHI 1975, p. 20, nos. 22-inv. DG24, 23-inv. DG29 and 24-inv. DG61, plate IX, remains of cups from surface finds in the area of Frascole); Artimino (ALDERIGHI 1987, p. 114, no. 107, fig. 83); Montereggi (ALDERIGHI 1985, p. 32, no. 35; p. 44, nos. 121-122; p. 56, no. 194, from various trenches in the habitation area); Certaldo (DE MARINIS 1977, p. 148, plate V, CETO III 54, from

a tomb on Poggio del Boccaccio).

[12] For Pisa see STORTI 1989, p. 51, nos. 364-367 and plate II.24-26; for Versilia, PARIBENI 1990, p. 176, no. 6, fig. 99, specimen from the Hellenistic phase of S. Rocchino (Massarosa) and p. 200, no. 14, fig. 113, from the settlement of Bora dei Frati (Pietrasanta); VAGGIOLI 1990, p. 184, nos. 8-9, fig. 100, two Morel 4115 a1 and 4115 f1 *kylikes*, respectively, and nos. 10-22, various fragments of rim and handles all from Castellaccio (Massarosa).

[13] DURANTE 1982, p. 159, Tomb 11 in Ameglia, specimens similar to bowls from the Atelier des Petites Estampilles and to a glazed *skyphos* of the Phantom Group, which could belong to the initial phase of the production (the date of the necropolis is late 4th to early 3rd century B.C.); also DURANTE 1985, p. 200, no. 10, fig. 261, *kylix* from Tomb 7 of the necropolis of Cafaggio di Ameglia, late 4th-early 3rd century B.C.; p. 201, fig. 262, Tomb 29 and p. 202, fig. 263, Tomb 32, from the same necropolis.

[14] MOREL 1981, pp. 180 and 290.

[15] PASQUINUCCI 1972, p. 488; also MAGGIANI 1979, pp. 90-91.

[16] CAVALIERI MANASSE 1977, p.100.

[17] BALLAND 1969, p. 127; CRISTOFANI 1973, p. 68.

[18] PASQUINUCCI 1972, p. 365; MOREL 1981, p. 290.

[19] VITALI 1983, p. 204, no. 15, necropolis of Monte Tamburino (Monte Bibele-Monterenzio), tomb 14, whose grave goods can be dated to the last thirty years of the 4th century B.C.; on Monte Tamburino, cf. VITALI 1987, p. 343, no. 8; p. 228, from Tomb 101, *kylix* similar to materials which allow us to date the grave goods to the end of the 4th century B.C.; p. 345, no. 4, fig. 229, cup from Tomb 103, whose date can be established thanks to the presence of an incised floral decoration from the end of the 4th century B.C.; p. 348, no. 8, fig. 230, Tomb 116, late 4th to early 3rd century B.C. In Monterenzio the *kylix* is also present in habitation deposits: cf. for example PARMEGGIANI 1981, p. 13, no. 7, fig. 10 and p. 18, no. 5, fig. 10, both from the periphery of the inhabited area; also ALEOTTI *et al* 1983, p. 149; pp. 156-157, nos. 9-10, fig. p. 154 and p. 159, no. 18, fig. p. 160; for Bologna, VITALI 1982, p. 324, *kylikes* from Tombs 959 and 958 of the Benacci cemetery of the late 4th to early 3rd century B.C. For the Veneto region, cf. FOGOLARI-FREY 1965, plate 65/b and b1, BOLDÙ-

1983, p. 149; pp. 156-157, nn. 9-10, fig. p. 154 e p. 159, n. 18, fig. p. 160; per Bologna, VITALI 1982, p. 324, *kylikes* provenienti dalle tombe 959 e 958 del sepolcreto Benacci di fine IV-inizi III sec. a.C. Per l'ambito veneto, cfr. FOGOLARI - FREY 1965, tav. 65/b e b1, tomba Boldù-Dolfin 52/53, databile alla fine del IV-inizi III sec. a.C. per la presenza di uno *skyphos* del Gruppo Ferrara T 585; GAMBA 1983, pp. 41-42, nn. 13-15, fig. 3, esemplare dall'area ex Pilsen a Padova associato a materiali di fine IV-inizi III sec. a.C.; inoltre GAMBA 1987a, p. 142-144, nn. 686-687, fig. 275, rispettivamente dalla tomba 229 di Ricovero (Este) e dalla tomba Boldù-Dolfin già citata con bibliografia anche per il territorio veronese e vicentino.

[20] MALNATI 1984, p. 30, figg. 20-21, *kylix* di probabile produzione locale (MOREL 1988, p. 128) proveniente da una tomba di Saliceta S. Giuliano la cui cronologia è fissata intorno alla metà del III sec. a.C.

[21] MAIOLI 1987a, p. 405, n. 12, fig. 271; l'esemplare è stato rinvenuto nello strato d'incendio dell'insediamento presso l'ex Convento di S. Francesco insieme ad un frammento di una *kelebe* volterrana a figure rosse e frammenti di *skyphoi* sovradipinti del Gruppo Ferrara T 585 inquadrabili tra la fine del IV e gli inizi del III sec. a.C.; GIOVAGNETTI 1991, p. 92, nn. 12-13, fig. 4, tav. XXIX, porzioni di coppe dall'ex Palazzo Buonadrata. Attestazioni si hanno anche nel territorio forlivese: per Tontola cfr. PRATI 1987a, p. 390, nn. 4-5, fig. 261, da una sepoltura manomessa per la quale si propone una datazione agli inizi del III sec. a.C. e per Sarsina, ORTALLI 1988, p. 163, fig. 20.3.

[22] Nel IV-III sec. a.C. la concentrazione maggiore di ceramica a vernice nera di produzione etrusco-settentrionale si ha solo nel Mantovano dove le forme più rappresentate risultano appunto la *kylix* Morel 4115 e la ciotola Morel 2538 (in particolare per il Castellazzo della Garolda cfr. FRONTINI 1987, pp. 190-192). Per ulteriori attestazioni di *kylikes* del genere, anche di produzione locale, ma prive di associazioni stratigrafiche o di corredi, MOREL 1987, p. 128, nota 71 e FRONTINI 1987, p. 136.

[23] MANGANI 1980, p. 127; FAVARETTO 1982, p. 141, n. 119; *Faenza* 1993, p. 185, n. 317.

[24] MINETTI 1992, p. 53, n. 91, tav. XVII, fr. di fondo dall'insediamento di Casa al Vento e FIRMATI 1992, p. 13, n. 12, tav. II, dal sacello in loc. Pantanelli e p. 17, nn. 11-12, tav. IV, dall'insediamento di III-II sec. a.C. in loc. I Poggi.

[25] LOLLINI 1978, p. 193, n. 522, dalla tomba a fossa n. 10 di Serra S. Quirico data nella prima metà del III sec. a.C.

[26] LIPPOLIS 1984, p. 24, tav. XII, n. 7, dalla necropoli del Palazzone di Perugia.

[27] JEHASSE 1973, p. 416, nn. 1615-1616, tav. 115, tomba 86, data 310-280 a.C. e p. 134, n. 62, tav. 116, tomba 5 del 300-275 a.C. In entrambe i casi si parla di *kylix* "protocampana".

[28] PASQUINUCCI 1971, p. 127, n. 2, figg. 47 e 75, tomba 23, di Monte Rosello inquadrabile nei decenni iniziali del III sec. a.C.; per il territorio adiacente si veda inoltre MICHELUCCI 1981, p. 186, n. 450, coppa di probabile produzione volterrana.

[29] FEDELI 1983, p. 144, nota 54. Per ulteriori attestazioni in ambito populoniese, cfr. anche ROMUALDI 1984-85, pp. 47-48, n. 141, fig. 41, di produzione volterrana, dalla tomba

---

DOLFIN Tomb 52/53, datable to the late 4th to early 3rd century B.C. due to the presence of a *skyphos* of the Ferrara T 585 Group; GAMBA 1983, pp. 41-42, nos. 13-15, fig. 3, specimen from the ex-Pilsen area in Padua similar to material from the late 4th to early 3rd century B.C.; also GAMBA 1987a, p. 142-144, nos. 686-687, fig. 275, from Tomb 229 at Ricovero (Este) and from the aforementioned Boldù-Dolfin Tomb with bibliography for the Verona and Vicenza areas as well.

[20] MALNATI 1984, p. 30, figs. 20-21, *kylix*, probably of local production, (MOREL 1988, p. 128) from a tomb in Saliceta S. Giuliano dated to around the middle of the 3rd century B.C.

[21] MAIOLI 1987a, p. 405, no. 12, fig. 271; the specimen was found in the burn layer of the settlement in the former Convento di S. Francesco together with a fragment of a *kelebe* from Volterra red-figured and fragments of glazed *skyphoi* from the Ferrara T 585 Group datable to between the end of the 4th and the beginning of the 3rd century B.C.; GIOVAGNETTI 1991, p. 92, nos. 12-13, fig. 4, plate XXIX, portions of cups from the former Palazzo Buonadrata. There are also examples in the area of Forlì: for Tontola cf. Prati 1987a, p. 390, nos. 4-5, fig. 261, from a disturbed tomb, for which the date suggested is the beginning of the 3rd century B.C., and for Sarsina, ORTALLI 1988, p. 163, fig. 20.3.

[22] In the 4th to 3rd centuries B.C., a greater concentration of black-glazed pottery of northern Etruscan production is found only in the Mantua area, where the most common shapes are the Morel 4115 *kylix* and the Morel 2538 bowl (for the Castellazzo della Garolda in particular cf. FRONTINI 1987, pp. 190-192). For other *kylikes* of this sort, also of local production but without stratigraphic associations or grave goods, see MOREL 1987, p. 128, note 71 and FRONTINI 1987, p. 136.

[23] MANGANI 1980, p. 127; FAVARETTO 1982, p. 141, no. 119; *Faenza* 1993, p. 185, no. 317.

[24] MINETTI 1992, p. 53, no. 91, plate XVII, fragment of base from the Casa al Vento settlement, and Firmati 1992, p. 13, no. 12, plate II, from the sacellum in the Pantanelli locality, and p. 17, nos. 11-12, plate IV, from the 3rd to 2nd century B.C. settlement at the I Poggi.

[25] LOLLINI 1978, p. 193, no. 522, from *fossa* no. 10 at Serra S. Quirico, first half of the 3rd century B.C.

[26] LIPPOLIS 1984, p. 24, plate XII, no. 7, from the Palazzone necropolis near Perugia.

[27] JEHASSE 1973, p. 416, nos. 1615-1616, plate 115, Tomb 86, dated 310-280 B.C. and p. 134, no. 62, plate 116, Tomb 5 from 300-275 B.C. In both cases the term proto-Campanian *kylix* is used.

[28] PASQUINUCCI 1971, p. 127, no. 2, figs. 47 and 75, Tomb 23, at Monte Rosello from the early decades of the 3rd century B.C.; for the neighbouring area see also Michelucci 1981, p. 186, no. 450, cup probably from Volterra.

[29] FEDELI 1983, p. 144, n. 54. On other examples from the Populonia area, cf. also ROMUALDI 1984-85, pp. 47-48, no. 141, fig. 41, produced in Volterra, from Tomb 3 of the Grotte and ROMUALDI 1992, p. 132, figs. 67-68.

[30] PARIBENI 1993, pp. 51-52, two *kylikes* found in Tomb 4 at "I Poggetti S. Laura". The grave goods are late 4th to early 3rd century B.C.

[31] CAVAGNARO VANONI 1986, p. 319, no. 774, fig. 323. On the hypothesis regarding a branch of a Volterra workshop in Tarquinia, cf. PIANU 1986, pp. 344 ff.; ROMUALDI 1992, p. 132, and note 40.

[32] The catalogue compiled by Pasquinucci, inclu-

3 della necropoli delle Grotte e ROMUALDI 1992, p. 132, figg. 67-68.

[30] PARIBENI 1993, pp. 51-52, due *kylikes* rinvenute nella tomba a fossa n. 4 in loc. 'I Poggetti S. Laura'. Il corredo si pone alla fine del IV-inizi III sec. a.C.

[31] CAVAGNARO VANONI 1986, p. 319, n. 774, fig. 323. Per l'ipotesi di una filiale di una fabbrica volterrana a Tarquinia, cfr. PIANU 1986, pp. 344 e segg.; ROMUALDI 1992, p. 132, e *infra* nota 40.

[32] Nel catalogo eseguito dalla Pasquinucci, un solo esemplare risulta del tipo E (PASQUINUCCI 1972, p. 455, inv. 215).

[33] Per gli esemplari del Museo Guarnacci di Volterra, cfr. PASQUINUCCI 1972, pp. 454-464; per i contesti tombali, si vedano CRISTOFANI 1973a, p. 253, n. 69, che menziona frr. pertinenti a due *oinochoai* rinvenuti nelle tombe A-A' della necropoli del Portone con materiali che vanno dalla fine del IV agli inizi del II sec. a.C. e FIUMI 1972, p. 57, n. 11, fig. 10c, tomba 60/B della necropoli di Badia, con deposizioni databili nell'arco del III sec. a.C.; p. 75, n. 3, per tre *oinochoai* dalla tomba 61/A datata tra il 220/210 e il 150 a.C. per la presenza di vasellame a vernice rossa, un semiasse onciale emesso intorno al 200, un *kantharos* di forma Lamboglia 48 e l'urna funeraria che non scende oltre l'ultimo quarto del III sec. a.C.

[34] MICHELUCCI 1979, p. 84, nn. 1-3, tavv. XXVI.1.2.3, XXXI, fig. 1, nn. 1-2, primo gruppo di materiali che vanno dal pieno III sec. a.C. alla metà del II, e MICHELUCCI 1979a, p. 96, n. 2, tav. XXXII, donazioni Gotti ed Unis del Mattaccio, prive di contesti di scavo.

[35] Cfr. per Siena, MUGNAI 1979, pp. 32 e segg., nn. 4-8, fig. 4, dalla necropoli di Campansi con materiale dislocabile nell'arco del III-II sec. a.C.; per Casole d'Elsa, SCAMUZZI 1940, p. 355, tav. XXVII, n. 8.1 e GREGORI 1985, p. 67, n. 11, fig. 55, da una tomba in località 'Le Grazie' datata tra la metà del III e i primi decenni del II sec. a.C. con presenza di ceramica presigillata; per Monteriggioni, BIANCHI BANDINELLI 1928, p. 156, n. 10, tav. XXXI, dalla tomba 'Calini Sepus'; per Asciano, MANGANI 1983, p. 28, nn. 24-28, dalla tomba II utilizzata dalla seconda metà del V sec. a.C. fino a tutto il I; per S. Gimignano, MERLI 1991, p. 37, fig. 38, dalla necropoli di Ripa di Cellole con corredo inquadrabile fra la seconda metà del IV e il II sec. a.C.

[36] MICHELUCCI 1977, p. 97, n. 3, cella A, della tomba della Barcaccia con materiali che attestano il suo utilizzo negli anni dal 235 al 210 a.C.; LIPPOLIS 1984, p. 27, nn. 16 e 17, tavv. VI e XV, dalla necropoli del Palazzone di Perugia; per l'esemplare del Museo Faina di Orvieto, SCHIPPA 1990, p. 96, n. 83, figg. p. 96.

[37] PASQUINUCCI 1972, p. 454; tre esemplari provengono dalla tomba 221 della necropoli della Banditaccia, Laghetto di Cerveteri (ZAMPIERI 1991, p. 159, nn. 101-104 con ampia bibliografia); sempre per Cerveteri, cfr. un esemplare dalla tomba 116 (MENOTTI 1980, p. 237, n. 3) e un altro dalla tomba 118 (MENOTTI 1980a, p. 245, n. 1) entrambi dalla necropoli della Bufolareccia; per Tarquinia, CAVAGNARO VANONI 1986, p. 319, n. 770, fig. 323 dalla tomba 5580, di fabbrica sempre volterrana. Pianu ipotizza (PIANU 1986, pp. 344 e segg.) che il cospicuo numero di vasi appartenenti a questa fabbrica

---

des only one example of Type E (PASQUINUCCI 1972, p. 455, inv. 215).

[33] For the cups at the Museo Guarnacci at Volterra, cf. PASQUINIUCCI 1972, pp. 454-464; for the tomb contexts, see CRISTOFANI 1973a, p. 253, no. 69, which mentions fragments of two *oinochoai* found in Tombs A-A' of the Portone necropolis with material from the late 4th to the early 2nd century B.C., and FIUMI 1972, p. 57, no. 11, fig. 10c, Tomb 60/B of the necropolis of Badia, with material datable to the 3rd century B.C.; p. 75, no. 3, for three *oinochoai* from Tomb 61/A dated between 221/210 and 150 B.C. due to the presence of red-glazed pottery, semias minted around 200 B.C., a *kantharos* of Lamboglia Shape 48, and the funeral urn from no later than the last quarter of the 3rd century B.C.

[34] MICHELUCCI 1979, p. 84, nos. 1-3, plates XXVI.1.2.3., XXXI, fig. 1, nos. 1-2, first group dating from the late 3rd century to the mid 2nd century B.C., and MICHELUCCI 1979a, p. 96, no. 2, plate XXXII, Gotti and Unis del Mattaccio donations, without excavation contexts.

[35] Cf. on Siena, MUGNAI 1979, pp. 32 ff., nos. 4-8, fig. 4, from the necropolis of Campansi with material datable to the 3rd to 2nd century B.C.; on Casole d'Elsa, SCAMUZZI 1940, p. 355, plate XXVII, no. 8.1 and GREGORI 1985, p. 67, no. 11, fig. 55, from a tomb at "Le Grazie" dated to between the middle of the 3rd and the early decades of the 2nd century B.C. with the presence of pre-sigillata ware; on Monteriggioni, BIANCHI BANDINELLI 1928, p. 156, no. 10, plate XXXI, from "Calini Sepus" Tomb; on Asciano, MANGANI 1983, p. 28, nos. 24-28, from Tomb II used from the second half of the 5th century B.C. to the end of the 1st century B.C.; on S. Gimignano, MERLI 1991, p. 37, fig. 38, from the necropolis of Ripa di Cellole with grave goods datable to between the second half of the 4th and the 2nd century B.C.

[36] MICHELUCCI 1977, p. 97, no. 3, cell A, of the Barcaccia tomb with materials which testify to its use in the years from 235 to 210 B.C.; LIPPOLIS 1984, p. 27, nos. 16 and 17, plates VI and XV, from the Palazzone necropolis near Perugia; on the piece in the Museo Faina at Orvieto, SCHIPPA 1990, p. 96, no. 83, figs. p. 96.

[37] PASQUINUCCI 1972, p. 454; three specimens come from Tomb 221 of the Banditaccia necropolis, Laghetto di Cerveteri (ZAMPIERI 1991, p. 159, nos. 101-104 with extensive bibliography); on Cerveteri, cf. a specimen from Tomb 116 (MENOTTI 1980, p. 237, no. 3) and another from Tomb 118 (MENOTTI 1980a, p. 245, no. 1) both from the Bufolareccia necropolis; on Tarquinia, CAVAGNARO VANONI 1986, p. 319, no. 770, fig. 323 from Tomb 5580, again produced in Volterra. Pianu claims (Pianu 1986, pp. 344 ff.) that the large number of vessels from this workshop found in Tarquinia can be explained by the existence in the city either of a branch or of a rival workshop with similar characteristics. It is not impossible, however, that these reflect the relations, including marriages, between Volterra and Tarquinia (Romualdi 1992, p. 132). For southern Etruria, cf. the specimen in the Rossi Dainelli Collection (Emiliozzi 1974, p. 181, no. 250, plate CXXXV) and also Colonna Di Paolo-Colonna 1978, p. 259, plate CCCLIV, tomb PA 5 of Norchia from the first half of the 3rd century B.C.

[38] Pieces imported from Volterra have been found at Rimini (MAIOLI 1987, p. 408, no. 22, fig. 272); at Adria (DALLEMULLE-MARZOLA 1977, p. 23, no. 34, fig. 9 and no. 34 bis from Tomb 45 of Ca' Cima from the first half of the 2nd century B.C.; MANGANI 1980, p. 130 and MANGANI 1982,

rinvenuti a Tarquinia, sia da imputare all'esistenza in città di una filiale o di una fabbrica concorrenziale con caratteristiche simili. Non è da escludere però che tali esemplari si debbano ai rapporti, anche di natura matrimoniale, che intercorrevano tra Volterra e tale località (ROMUALDI 1992, p. 132). Sempre per l'Etruria meridionale, cfr. l'esemplare della Collezione Rossi Dainelli (EMILIOZZI 1974, p. 181, n. 250, tav. CXXXV) ed anche COLONNA DI PAOLO-COLONNA 1978, p. 259, tav. CCCLIV, tomba PA 5 di Norchia della prima metà del III se a.C.

[38] Esemplari d'importazione volterrana li ritroviamo a Rimini (MAIOLI 1987, p. 408, n. 22, fig. 272); ad Adria (DALLEMULLE - MARZOLA 1977, p. 23, n. 34, fig. 9 e n. 34 bis dalla tomba 45 di Ca' Cima datata alla prima metà del II sec. a.C.; MANGANI 1980, p. 130 e MANGANI 1982, p. 47, n. 31, fig. 51h, tomba 26 e p. 70, nn. 41 e 42, fig. 50, tomba 38 dalla necropoli di Ca' Garzoni della seconda metà del II sec. a.C.; un altro esemplare proviene dalla tomba 3 della stessa necropoli (MANGANI 1982, p. 13, n. 21, figg. 6 e 51g) datata nella seconda metà del II sec. a.C.

[39] CAVALIERI MANASSE 1977, p. 101, n. 6 - CM 5255/1, tav. 74, strato D.

[40] PALERMO 1990, p. 110.

[41] BENOIT 1961, p. 84, n. 7, tav. VII.4 e anche JOLIVET 1980, pp. 696-697, con precisazioni sulla datazione del relitto da parte di Lamboglia (LAMBOGLIA 1961, pp. 145 e segg.).

[42] PASQUINUCCI 1972, p. 412.

[43] Per Volterra, HOLWERDA 1936, p. 21, n. 210, tav. II, fig. 3; PASQUINUCCI 1972, p. 412, fig. 6, esemplari del Museo Guarnacci; FIUMI 1972, p. 65, n. 6, fig. 11C, due esemplari della tomba 60/D la cui datazione rientra nella prima metà del II sec. a.C. (cfr. anche MARTELLI 1977, p. 88) e p. 57, n. 17, due ollette dalla tomba 60/B del III sec. a.C., tutte dalla necropoli di Badia. Per il comprensorio, PHILLIPS 1965, p. 20, figg. 12f, 16b, 'vasetto grezzo' da Papena e un esemplare inedito proveniente da una necropoli di Vescovado di Murlo.

[44] Per Pisa, STORTI 1989, p. 51, n. 368, tav. 11.28, ollette di produzione nord-etrusca inquadrabili nel II sec. a.C.; per S. Miniato di Pisa, CIAMPOLTRINI 1980, p. 126, n. 4, tav. I, 4, olletta proveniente dalla loc. Fonte Vivo, presso S. Miniato basso. L'Autore so-

stiene che la ceramica a vernice nera di Fonte Vivo dipende totalmente dalle officine volterrane e che tale località costituì un nodo di smistamento per questo tipo di ceramica tra Volterra e gli insediamenti liguri tramite la valle del Serchio.

[45] Assai simile al nostro è l'esemplare a vernice nera citato dalla Fiorentini (FIORENTINI 1963, p. 37, fig. 21, n. 6) proveniente da Adria. Sempre per Adria, MANGANI 1980, pp. 129-130 e MANGANI 1982, p. 13, n. 19, figg. 6 e 52g, olletta di imitazione dalla tomba 3, necropoli di ca' Garzoni data nella seconda metà del II sec. a.C. e p. 85, n. 5, fig. 63, esemplare sempre di imitazione dalla tomba 44 della seconda metà del II sec. a.C. Per Este, GAMBA 1987, ollette imitate in ceramica a vernice rossa (p. 254, n. 6, fig. 14, tomba H) e in ceramica grigia (p. 256, n. 1, fig. 15, n. 5) della fine del II sec. a.C.; FAVARETTO 1982, p. 164, n. 163, esemplare a vernice nera e p. 169, n. 171, olletta parzialmente dipinta di rosso.

[46] SCHIPPA 1990, p. 104, n. 91, fig. p. 105 e p. 104, n. 92, fig. p. 105.

[47] SPARKES TALCOTT 1970, pp. 136 e segg.

---

p. 47, no. 31, fig. 51h, Tomb 26 and p. 70, nos. 41 and 42, fig. 50, Tomb 38 from the necropolis of Ca' Garzoni from the second half of the 2nd century B.C.; another comes from Tomb 3 in the same necropolis (Mangani 1982, p. 13, no. 21, figs. 6 and 51g) from the second half of the 2nd century B.C.

[39] CAVALIERI MANASSE 1977, p. 101, no. 6-CM 5255/1, plate 74, layer D.

[40] PALERMO 1990, p. 110.

[41] BENOIT 1961, p. 84, no. 7, plate VII.4 also Jolivet 1980, pp. 696-697, with details of Lamboglia's dating of the wreck (LAMBOGLIA 1961, pp. 145 ff.).

[42] PASQUINUCCI 1972, p. 412.

[43] On Volterra, HOLWERDA 1936, p. 21, no. 210, plate II, fig. 3; PASQUINUCCI 1972, p. 412, fig. 6, examples from the Museo Guarnacci; FIUMI 1972, p. 65, no. 6, fig. 11C, two specimens from Tomb 60/D of the first half of the 2nd century B.C. (cf. also MARTELLI 1977, p. 88) and p. 57, no. 17, two small *ollai* from Tomb 60/B of the 3rd century B.C., all from the necropolis of Badia. On the area, PHILLIPS 1965, p. 20, figs. 12f, 16b, "small coarseware" from Papena and an unpublished piece from a necropolis in Vescovado di Murlo.

[44] On Pisa, STORTI 1989, p. 51, no. 368, plate 11.28, small *olla* of northern Etruscan production from the 2nd century B.C.; on S. Miniato di Pisa, CIAMPOLTRINI 1980, p. 126, no. 4, plate I,4, small *olla* of the Fonte Vivo locality, near lower S. Miniato basso. The author claims that the black-glazed pottery from Fonte Vivo comes entirely from Volterran workshops and that Fonte Vivo was a hub for the transportation of this type of pottery between Volterra and the Ligurian settlements along the valley of the Serchio.

[45] A very similar black-glazed specimen is cited by Fiorentini (FIORENTINI 1963, p. 37, fig. 21, no. 6), from Adria. For Adria, Mangani 1980, pp. 129-130 and MANGANI 1982, p. 13, no. 19, figs. 6 and 52g, small imitation, *olla* from Tomb 3, necropolis of ca Garzoni from the second half of the second century B.C. and p. 85, no. 5, fig. 63, another imitation *olla* from Tomb 44 of the second half of the 2nd century B.C. For Este, GAMBA 1987, small imitation *ollai* of red-glazed pottery (p. 254, no. 6, fig. 14, tomb H) and grey pottery (p. 256, no. 1, fig. 15, no. 5) from the end of the 2nd century B.C.; FAVARETTO 1982, p. 164, no. 163, a black-glazed spe-

cimen, and p. 169, no. 171, a small partially red-glazed *olla*.

[46] SCHIPPA 1990, p. 104, no. 91, fig. p. 105 and p. 104, no. 92, fig. p. 105.

[47] SPARKES TALCOTT 1970, pp. 136 ff.

[48] LAMBOGLIA 1952, pp. 145, 158 and 166; on the function of the vessel, which is still not entirely clear, cf. Morel 1981, pp. 409 ff.

[49] PASQUINUCCI 1972, p. 275.

[50] PASQUINUCCI 1972, Shape 3, pp. 306 ff., fig. 1, nos. 171 and 169.

[51] MICHELUCCI 1981, p. 98, no. 172.

[52] On Fiesole, PALERMO 1990, p. 110, no. 38; on Bagno a Ripoli, PALERMO 1988, p. 21, nos. 18 and 19, fig. 27; on Montereggi, ALDERIGHI 1985, p. 44, no. 118, Area I.

[53] MAGGIANI 1979, p. 92.

[54] CAVALIERI MANASSE 1977, p. 85. This area has a predominance of Campana B specimens, with very few imports from Volterra and only one example of Campana A.

[55] Some fragments come from the excavations of the Roman theatre at Bologna (ORTALLI 1986, p. 126, fig. 112.2) and from Rimini (MAIOLI 1987, p. 391, fig. 7.2). The shape is also present at Adria (MANGANI 1980, p. 128).

[48] LAMBOGLIA 1952, pp. 145, 158 e 166; sulla funzione del vaso, ancora non del tutto chiara, cfr. MOREL 1981, pp. 409 e segg.

[49] PASQUINUCCI 1972, p. 275.

[50] PASQUINUCCI 1972, forma 3, pp. 306 e segg., fig. 1, nn. 171 e 169.

[51] MICHELUCCI 1981, p. 98, n. 172.

[52] Per Fiesole, PALERMO 1990, p. 110, n. 38; per Bagno a Ripoli, PALERMO 1988, p. 21, nn. 18 e 19, fig. p. 27; per Montereggi, ALDERIGHI 1985, p. 44, n. 118, Area I.

[53] MAGGIANI 1979, p. 92.

[54] CAVALIERI MANASSE 1977, p. 85. Prevalgono in questa località gli esemplari in Campana B; scarse le importazioni volterrane, un solo esemplare in Campana A.

[55] Alcuni frr. provengono dagli scavi del teatro romano di Bologna (ORTALLI 1986, p. 126, fig. 112.2) e da Rimini (MAIOLI 1987, p. 391, fig. 7.2). La forma è presente anche ad Adria (MANGANI 1980, p. 128).

[56] Frontini individua all'interno dei contesti funerari della Lombardia due tipi di pisside di produzione locale: uno cronologicamente più antico e affine agli esemplari importati dall'area etrusco-settentrionale con profilo a linea continua, e un secondo, più tardo, con profilo a linea interrotta dell'orlo e del piede. Ad Adria la forma è documentata nelle produzioni locali sia in vernice nera (cfr. ad es. MANGANI 1982, p. 101, da contesti funerari inquadrabili nella seconda metà del II sec. a.C.; DALLEMULLE - MARZOLA 1977, p. 19, n. 25 dalla tomba 45 di Ca' Cima del II sec. a.C.) che in vernice rossa (cfr. ancora DALLEMULLE - MARZOLA 1977, tomba 38 di Ca' Cima datata alla metà del I sec. a.C.).

[57] Per Luni, CAVALIERI MANASSE 1977, pp. 85 e segg. e *supra* nota 59; sempre per l'area ligure, MILANESE 1993, p. 320, n. 4, figg. 99 e 121.4, pisside proveniente dagli scavi di Genova inquadrabile nel primo quarto del II sec. a.C. Trattandosi di una forma a larga esportazione marittima è frequente sia a bordo di relitti (per il Grand Congloué, cfr. BENOIT 1961, p. 96, tav. XIII.4; per Filicudi, CAVALIER 1985, p. 118; per Spargi, PALLARES SALVADOR 1979, p. 158, fig. 10) che negli empori più importanti del Mediterraneo (per Ampurias, cfr. ad es. MOREL 1981, p. 411, Tipo 7514 a 1.

[58] LAMBOGLIA 1952, p. 166.

[56] Frontini identifies two types of locally-produced *pyxides* in tombs in Lombardy: an older type similar to these imported from the northern Etruscan area, and a later type with interrupted profile from rim to base. At Adria locally-produced specimens of the shape have been documented both in black-glazed (cf. for example MANGANI 1982, p. 101, from tombs datable to the second half of the 2nd century B.C.; DALLEMULLE-MARZOLA 1977, p. 19, no. 25 from Tomb 45 at Ca' Cima of the 2nd century B.C.) and in red-glazed (cf. again Dallemulle-Marzola 1977, Tomb 38 at Ca' Cima from the mid-1st century B.C.).

[57] On Luni, CAVALIERI MANASSE 1977, pp. 85 ff. and n. 59; on the Liguria area, MILANESE 1993, p. 320, no. 4, figs. 99 and 121.4, *pyxis* from the excavations in Genoa, of the first quarter of the 2nd century B.C. Since the form was exported widely by sea, it is frequent both on wrecks (on the Grand Congloué, cf. BENOIT 1961, p. 96, plate XIII.4; on Filicudi, CAVALIER 1985, p. 118; on Spargi, PALLARES SALVADOR 1979, p. 158, fig. 10) and in the most important Mediterranean emporia (on Ampurias, cf. for example MOREL 1981, p. 411, Type 7514 a 1.

[58] LAMBOGLIA 1952, p. 166.

CERAMICA IBERICA

Stefano
Bruni

Tra i materiali recuperati a ridosso del pontile distrutto nel corso della media età ellenistica e relativi al carico della nave naufragata sono stati rinvenuti anche due *kalathoi*
dipinti appartenenti alla classe di ceramiche di produzione iberica nota come "*sombreri de
copa*" (figg. 1-2).

Si tratta di una classe, tipica dell'area iberica e dei centri della Linguadoca occidentale, dove deve collocarsi un altro centro di produzione, che ha conosciuto, assieme alla
serie delle cosidette "brocchette ampuritane" una discreta fortuna anche nell'area tirrenica. Vasi di questa classe, verosimilmente importati per il loro contenuto, la cui determinazione ancora sfugge (pesce essiccato, miele, altro?), sono noti tra il III e il II sec. a.C.,
oltre che in numerosi centri dell'area ligure, a Luni, a Pisa, a Castiglioncello, a Riparbella,
a Belora, a Populonia, all'Elba, ad Aleria, a Vetulonia, a Roselle, a Talamone, a Vulci, a Tarquinia, a Pyrgi ed a Cerveteri. I due esemplari recuperati nell'area del porto urbano di Pisa
appartengono a tipi diversi e quello più piccolo sembra riferibile con certezza ad una fabbrica ampuritana attiva tra la fine del III e il II sec. a.C.

IBERIAN POTTERY

Among the material found close to the pier destroyed during the mid Hellenistic age and
included in the cargo of the wrecked ship were two painted *kalathoi* of the class of pottery of Iberian manufacture known as "*sombreros de copa*" (figs. 1-2).

This is a class typical of the Iberian region and of the centres of western Languedoc, where there
must have been another workshop, and which, together with the series of so-called "Ampuritan jugs",
also became popular in Tyrrhenian lands. Jars of this class, which were probably imported for their contents, which have not yet been identified (dried fish? honey? other things?), were in use between the
3rd and 2nd century B.C., in many Ligurian centres, as well as at Luni, Pisa, Castiglioncello, Riparbella,
Belora, Populonia, Elba, Aleria, Vetulonia, Roselle, Talamone, Vulci, Tarquinia, Pyrgi and in Cerveteri. The
two items found in the area of the port of Pisa are of different types and the smaller one appears
certainly to have been manufactured in an Ampuritan workshop active between the end of the 3rd
and the 2nd century B.C.

42. Pisa San Rossore 2 ampl. Sud US 50
Sombrero de copa
Argilla giallo verdastra; vernice bruno nerastra.
Resta parte dell'orlo e della parete, ricomposta da numerosi frammenti.
Decorato da una serie di gruppi di semicerchi concentrici, penduli.
h max cons. cm. 13,5   d orlo cm. 24

43. Pisa San Rossore 2 ampl. Sud US 50
Sombrero de copa
Argilla arancio nocciola; vernice rosso brunastra.
Lacunoso il fondo.
Orlo a tesa orizzontale, corpo cilindroide leggermente rastremato verso il fondo, piatto.
Decorato sul corpo da due serie di gruppi di semicerchi concentrici, penduli separate da un'ampia fascia orizzontale compresa tra due filettature.
h cm. 16,5   d orlo cm. 18
d fondo cm. 13

42. Pisa San Rossore 2, South extension, Layer 50
Sombrero de copa
Greenish-yellow clay; blackish-brown paint.
Part of the rim and of the wall have been recomposed from numerous fragments. Decorated by a series of groups of pendant concentric semicircles.
max preserved h 13.5 cm.   d rim 24 cm.

43. Pisa San Rossore 2, South extension, Layer 50
Sombrero de copa
Orangish-light brown clay; brownish-red paint.
Base incomplete. Rim with horizontal brim, cyndrical body tapering slightly towards the flat base. Decorated on the body with two series of groups of pendant concentric semicircles separated by a broad horizontal band between two stripes.
h 16.5 cm.   d rim 18 cm.   d base 13 cm.

1

2

Fig. 1
N. 42, *sombrero de copa.*
N. 42, sombrero de copa.

Fig. 2
N. 43, *sombrero de copa.*
N. 43, sombrero de copa.

ANTONELLA
ROMUALDI

LAGYNOI

I due *lagynoi* rinvenuti nell'area del complesso ferroviario di Pisa San Rossore ben documentano sia la varietà delle fabbriche che producevano questa caratteristica bottiglia dal collo lungo e stretto e dal corpo fortemente carenato, sia la vasta circolazione di questi vasi e, presumibilmente anche del loro contenuto, nel bacino del Mediterraneo tra il II ed il I sec. a.C.

Secondo quanto riportano gli autori greci che a vario titolo ed in varie epoche hanno affrontato il problema, il *lagynos* è un vaso destinato a contenere il vino, che veniva utilizzato durante i banchetti e che doveva corrispondere ad una unità di misura[1]. Alcune fonti, come la favola che Plutarco attribuisce ad Esopo o la favola raccontata da Fedro, pur nella genericità delle descrizioni, sono state utilizzate per individuare la forma[2]. Nei due racconti infatti tutto è imperniato sulla differenza dei recipienti presentati dalla volpe (il piatto, *plateia*) e dalla gru (una brocca dal collo molto stretto, *lagynìs*), o dalla cicogna nel caso di Fedro, per impedire con l'astuzia all'avversario di mangiare. La corrispondenza fra il nome testimoniato dalle fonti greche ed il vaso che oggi convenzionalmente chiamiamo con questo nome non è affatto certa e sembra costituire ancora un problema aperto anche se studi recenti riconoscono nel *lagynos* un vaso collegato ai rituali di alcune feste dionisiache fondate ad Alessandria alla fine del III sec. a.C. ed in seguito mutuate in ambito magno-greco ed etrusco[3].

Il *lagynos* n.146 presenta un orlo leggermente ingrossato all'esterno, il collo lungo dalle pareti a profilo concavo, la spalla obliqua, il corpo fortemente carenato che si restringe nella parte inferiore, il piede ad anello con il margine esterno a profilo convesso, l'an-

LAGYNOI

The two *lagynoi* found in the area of the Pisa San Rossore railway station provide excellent evidence both of the variety of workshops producing this characteristic vessel with a long narrow neck and strongly carinated body, and of the widespread circulation of such vessels, and presumably their contents, in the Mediterranean area in the second and first centuries B.C.

The Greek authors who have addressed this problem for various purposes and in different periods over the years suggest that the *lagynos* is a vessel designed to contain wine, was used during banquets, and corrisponding to a standard unit of measurement[1]. Despite their generic nature, sources such as the fable attributed by Plutarch to Aesop and the fable as told by Phaedrus have been used to identify the form[2].

Both in fact hinge on the difference between the containers presented – a *plateia*, or plate, in the case of the fox, and a *lagynìs*, or jug with a very narrow neck, in the case of the crane (or stork in the version by Phaedrus) – as a cunning ploy to prevent each animal's respective adversary from eating. It is by no means certain that the name documented in the Greek sources corresponds to the vessel to which the name is now conventionally given, and the problem is apparently still open, despite recent studies identifying the *lagynos* as a vessel connected with the rites of certain Dionysian festivals established in Alexandria at the end of the third century B.C. and subsequently adopted in Magna Graecia and Etruria[3].

Lagynos no. 146 presents a rim that is slightly thickened outwards, a long neck with concave profile, a slanting shoulder, and a markedly carinated body tapering downwards. The outer edge of

sa a bastoncello impostata sotto l'orlo e nel punto di massima espansione del corpo (fig. 1). Sulla spalla sembrano graffiti alcuni tratti verticali, di difficile lettura, forse da interpretare come numerali, che necessitano ulteriori approfondimenti. Se per la forma trova confronto fra gli altri in un esemplare attico a vernice nera, prodotto ad imitazione dei *lagynoi* a fondo bianco di importazione, rinvenuto nell'Agorà di Atene all'interno di un contesto datato entro il secondo quarto del II sec. a.C.[4], mentre in ambito etrusco può essere avvicinata al tipo II della classificazione di Cristofani[5], per l'argilla grigia con cui è fabbricato il *lagynos* da San Rossore costituisce finora un *unicum* all'interno della classe. Le ceramiche tardo-ellenistiche di argilla grigia, rinvenute anche ad Atene, in genere sono attribuite, in via di ipotesi, ad officine collocabili lungo le coste dell'Asia Minore o nelle isole vicine la cui fisionomia peraltro è ancora largamente sconosciuta[6]. Considerando la vastità e l'entità dei traffici intercorsi tra le città etrusche del distretto settentrionale e la Grecia orientale intorno alla metà del II sec. a.C., documentati tra l'altro dai materiali del relitto del Pozzino a Populonia[7], è assai probabile che il *lagynos* debba essere riferito ad una produzione di quell'area. Il *lagynos* frammentario n. 541, per quanto privo della parte superiore presenta non pochi elementi di notevole interesse che contribuiscono ad arricchire il quadro del commercio marittimo nel bacino del Mediterraneo nell'ambito del II sec. a.C. La forma del corpo fortemente biconica con la base larga (fig. 2), richiama da vicino il *lagynos* rinvenuto nella necropoli tardo-ellenistica impiantata sopra i forni fusori di Val Fucinaia a Campiglia Marittima[8], che presenta sull'ingubbiatura bianca una decorazione a fasce a vernice bruna sopra la spalla e alla base del piede. Per la forma e per la decorazione l'esemplare di Val Fucinaia, che trova puntuale riscontro in un *lagynos* rinvenuto all'Isola d'Elba nella necropoli di Casa del Duca[9], può essere riferito ad una offi-

the ring base has a convex profile, the rounded handle is attached below the rim and to the widest point of the body (fig. 1). The shoulder appears to bear a number of scratched vertical lines, which are hard to make out and can perhaps be interpreted as numerals, further investigation being required. Vessels similar in shape include a black-glazed Attic specimen produced in imitation of imported white-ground *lagynoi* found in the *Agora* at Athens, in a context dating from the second quarter of the second century B.C.[4] and Type II of the Cristofani's typology[5], however Etruria. The grey fabric make the San Rossore *lagynos* a unique specimen within the class. Late Hellenistic grey ware, found also at Athens, is generally attributed on a hypothetical basis to workshops located along the coast of Asia Minor or on the nearby islands, whose precise configuration is, however, still largely unknown[6]. Given the vast scale and volume of the traffic between the northern Etruscan cities of and East Greece around the mid second century B.C., as documented among other things by material from the Pozzino Wreck at Populonia[7], it is highly probable that our *lagynos* was produced in that area.

Though lacking its upper part, the incomplete *lagynos* no. 541 displays various elements of considerable interest that contribute towards our picture of maritime trade in the Mediterranean during the second century B.C. The markedly biconical shape of the body and broad base (fig. 2) closely resembles the *lagynos* found in the late Hellenistic necropolis located on top of the kilns at Val Fucinaia, Campiglia Marittima[8], which has a white slip decorated with bands of brown paint above the shoulder and at the bottom of the base of the foot. As regards shape and decoration, the Val Fucinaia specimen, which is very similar to a *lagynos* found on the island of Elba in the Casa del Duca necropolis[9], may have been produced at a workshop on Cyprus, as is suggested by comparison with

cina di Cipro come sembra indicare il confronto con frammenti dello stesso tipo documentati in Spagna[10] e con un vaso rinvenuto nell'Agorà di Atene[11]. L'assenza di qualsiasi benché minima traccia della decorazione sul vaso da San Rossore lascia comunque aperto il problema dell'individuazione della fabbrica: si deve sottolineare il fatto che anche le caratteristiche tecniche dell'argilla rimandano sicuramente all'area orientale dove comunque è testimoniata una notevole varietà di fabbriche[12].

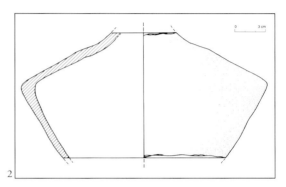

fragments of the same type documented in Spain[10], and with a vessel found in the *Agora* at Athens[11].

The absence of even the slightest trace of decoration on the vessel from San Rossore leaves the problem of identifying the workshop. It must be stressed that the technical characteristics of the clay are also definitely associated with the East, where a considerable variety of workshops is documented[12].

Fig. 1
Lagynos.

Fig. 2
Lagynos.

146. Pisa San Rossore 2 ampl. Sud US 50
Lagynos; ricomposta da frammenti. Alto collo cilindroide, spalla appiattita, corpo troncoconico, piede ad anello. Argilla grigia ben depurata leggermente farinosa al tatto.
h cm. 21,7   d orlo cm. 3,7   d piede cm. 7,5

541. Pisa San Rossore ampl. Sud sett. 1 US 67
Lagynos; resta parte del corpo, ricomposta da frammenti. Corpo troncoconico, spalla fortemente appiattita. Argilla nocciola, rossiccia in frattura, con molti inclusi bianchi e micacei, piccoli e piccolissimi. La superficie molto lisciata e fluitata non conserva apparentemente tracce dell'ingubbiatura.
h max. conservata cm. 13.

Note

[1] Crf. Pierobon 1979, pp. 27-50; Rotroff 1997, pp. 127 e segg. e 225-229.
[2] Pierobon 1979, pp. 31-33.
[3] Bruni 1999, p. 149 con bibliografia.
[4] Rotroff 1997, p. 127, fig. 37, n. 496.
[5] Cristofani 1975, p. 20, fig. 15, n. 37. Per la forma del corpo cfr. un *lagynos* a fondo bianco rinvenuto in una tomba tardo-ellenistica presso Piombino: Fedeli 1989, pp. 201 e segg., fig. 2, 1. Un confronto generico può essere istituito con un esemplare rinvenuto nel 1930 in una tomba di Legoli che presenta il collo più svasato verso il fondo: Bruni 1999, pp. 143-144, fig. 132, n. 6.
[6] Rotroff 1997, p. 235.
[7] Romualdi 1998, pp. 184-186.
[8] Minto 1937, p. 341, tav. XXXII, 2. Il *lagynos* ha il numero di inventario 112926. Diametro sup. cm. 3,5; h cm. 17,7; diametro inf. cm. 12,5.
[9] Zecchini 1978, p. 105, fig. 18,2.
[10] Ballester - P. Cabrera Bonet y Nieves Pelàez 1980, pp. 155-164.
[11] Rotroff 1997, fig. 90, n. 1527, 229; cfr. un esemplare sul mercato antiquario: Semenzato 1990, n. 280.
[12] Rotroff 1997, pp. 225-226.

146. Pisa San Rossore 2, South extension, Layer 50
Lagynos. Recomposed from fragments. Long, more or less cylindrical neck; flattened shoulder; conical body; ring base. Fine grey fabric, slightly mealy to the touch.
h 21.7 cm.   d rim 3.7 cm.   d. base 7.5 cm.

541. Pisa San Rossore, South extension, Sector 1, Layer 67
Lagynos. Part of the body recomposed from fragments. Conical body, very flat shoulder. Hazel-coloured fabric, reddish at breaks, with many small and tiny white and micaceous inclusions. Surface highly burnished with no apparent trace of slip.
max preserved h 13 cm.

Notes

[1] Cf. Pierobon 1979, pp. 27-50; Rotroff 1997, pp. 127 ff. and 225-229.
[2] Pierobon 1979, pp. 31-33.
[3] Bruni 1999, p. 149 with bibliography.
[4] Rotroff 1997, p. 127, fig. 37, no. 496.
[5] Cristofani 1975, p. 20, fig. 15, no. 37. For the shape of the body, cf. a white-ground *lagynos* found in a late Hellenistic grave near Piombino: Fedeli 1989, pp. 201 ff., fig. 2,1. General comparisons can be made with a specimen found in 1930 in a grave at Legoli, the neck of which shows greater flaring towards the base: Bruni 1999, pp. 143-144, fig. 132, no. 6.
[6] Rotroff 1997, p. 235.
[7] Romualdi 1998, pp. 184-186.
[8] Minto 1937, p. 341, pl. XXXII, 2. The *lagynos* bears the inventory number 112926. Upper diameter 3.5 cm., h 17.7 cm., lower diameter 12.5 cm.
[9] Zecchini 1978, p. 105, fig. 18,2.
[10] Ballester - P.Cabrera Bonet y Nieves Pelàez 1980, pp. 155-164.
[11] Rotroff 1997, fig. 90, N. 1527, 229; cf. a specimen on the antique market: Semenzato 1990, n. 280.
[12] Rotroff 1997, pp. 225-226.

ROBERTA
IARDELLA

BALSAMARI CERAMICI

I balsamari ceramici rinvenuti a Pisa San Rossore, pur essendo tra loro molto diversi, sono riferibili principalmente ai due tipi fusiforme e piriforme con fondo piatto. Il primo tipo, derivato da forme di V e IV sec. a.C., conosce un'ampia diffusione sia geografica che cronologica, con il conseguente sviluppo di numerose varianti, distinte tra loro per la diversità della forma e delle dimensioni di collo, corpo e piede. Le ultime produzioni tendono ad un sempre maggiore assottigliamento del piede, per arrivare, verso la metà del I sec. a.C., alla sua completa atrofizzazione nelle forme del secondo tipo[1], a fondo piatto, definito anche "a bulbo". Nello stesso periodo (metà del I sec. a.C.) compaiono anche i primi balsamari in vetro soffiato, dai quali deriverebbero per imitazione alcune forme di piccoli balsamari ceramici a bulbo, con collo corto e sottile e corpo con diametro massimo vicino al fondo[2]. La produzione in vetro soffiato, che si diffonde largamente dal I sec. d.C., soppianterà, già a partire dalla fine di questo secolo, quella ceramica.

Gli esemplari venuti alla luce a Pisa San Rossore, per un totale di venti, sono per la maggior parte frammentari: ciò comporta, in molti casi, la difficoltà di risalire alla loro forma completa e pone, di conseguenza, problemi di attribuzione cronologica puntuale, in modo particolare per i balsamari di tipo fusiforme per i quali differenze morfologiche anche lievi possono caratterizzare produzioni in periodi e luoghi specifici.

Inoltre, per quanto riguarda i luoghi di produzione, le analisi degli impasti e dei contenuti ancora in corso, oltre alle analisi sugli altri materiali rinvenuti negli stessi contesti (soprattutto nel caso dei carichi delle navi), potranno fornire informazioni più precise.

CERAMIC BALSAM OIL FLASK

While the ceramic oil flasks for scented oil discovered at Pisa San Rossore look very different from one another, they can be broadly classified into two types: one "spindle-shaped", with an elongated body tapering downward to a tall foot, the other squat, with a more sagging, pear-shaped profile and flat base. The form of the first type derives from the 5th and 4th Centuries B.C., but is both long-lived and widespread, spawning numerous variants distinguished by the shape and size of neck, belly and foot. Late flsks tend to feature less and less substantial feet until the second, flat-footed type, also called "bulb-flasks" (a bulbo). It was at this same time that the first perfume flasks in blown glass made their appearance, derived by imitation from the small, bulbous ceramic ones and either short-necked, or slender, and with their maximum dimensions towards their base[2].

These blown glass oil flasks became widespread during the First century A.D. and by the end of the century begin to supplant their ceramic pedecessors.

The twenty pieces brought to light at Pisa San Rossore are mostly fragmentary. In many cases this has led to difficulties in reconstructing their original form, and this has led to problems in dating them, especially the spindle-shaped ones, whose attribution, chronological and geographic, rests on slight details.

With regard to the 'where', however, the investigations presently being carried out will help us to gain more precise information -espacially about the ships' cargoes. However, the analysis of fabrics and contents as well as the study of the material from the same contexts (especially cargoes) will furnish more precise information concerning the places of manufacture.

NAVE B

Dalla nave oneraria B provengono due soli unguentari frammentari, (figg. 1-2) uno di tipo fusiforme rinvenuto nel carico (US 9), l'altro, piriforme a fondo piatto, nella zavorra ad esso sottostante (US 49).

Il primo trova confronto, tra gli altri, con esemplari più antichi a Vibo Valentia[3] (seconda metà III sec. a.C.), con un tipo dalla necropoli di El Cigarralejo (Murcia)[4], datato tra il 125 ed il 75 a.C., e con altri dalla tomba a sepoltura multipla n. 105 di Tarquinia[5], tra i materiali riferibili al II-I sec. a.C. Un esempio molto vicino proviene da Vico Equense[6], purtroppo fuori contesto.

Il secondo tipo è assai diffuso in contesto sia funerario sia di abitato dalla seconda metà del I sec. a.C. alla metà del I sec. d.C.[7] e non offre, pertanto, puntualizzazioni cronologiche.

Si noti, comunque, che ad Argo, Corinto e Stobi i due tipi fusiforme e a bulbo sono stati rinvenuti associati in tombe a sepoltura singola datate, in tutti e tre i casi, alla seconda metà del I sec. a.C.[8], e a Luni[9] si ritrovano ambedue in contesti del I sec. a.C. e della prima metà del I d.C.

AMPLIAMENTO SUD

Dall'area dell'ampliamento Sud proviene l'unico esemplare di balsamario *"lekythoide"*[10] presente: (fig. 3) si tratta di un unguentario di forma simile alla bottiglia e di dimen-

SHIP B

Only two fragmentary perfume pots come from the freighter Ship B (figs. 1-2). One of these, of the tapering variety, was found in the cargo (Layer 9). the other, a flat-based bulb flasks was found among the ballast (Layer 49).

The first is paralleled, for example, by older examples from Vibo Valentia[3] (second half of the 3rd century B.C.; one from the necropolis of El Cigarralejo (Murcia)[4], dated between 125 and 75 B.C.; and others from Tomb 105, with multiple burials, at Tarquinia[5] with material attributed to the 2nd to Ist Century B.C. A closely similar example comes from Vico Equense[6] but unfortunately has no context.

The second type was widespread both in funerary and habitation contexts between the second half of the Ist century B.C. and the mid Ist Century A.D.[7] and thus cannot give more precise chronological indications. Note however, that at Argos, Corinth and Stobi, both spindle and bulb types have been found together in tombs with single burials, each dated to the second half of the Ist Century B.C.[8] At Luni[9] both occur in contexts of the Ist Century B.C. and the first half of the Ist Century A.D.

SOUTHERN EXTENSION

The one example of a *lekythoid*[10] oil flask (fig. 3) comes from southern extension. Bottle like in shape, it is also bigger than the others found, so far, at Pisa, being almost thirty centimeters

sioni maggiori rispetto a quelle degli altri finora rinvenuti a Pisa (raggiunge infatti i 30 centimetri circa di altezza). Confronti pertinenti possono essere trovati, ad esempio, a Tarquinia[11], nella tomba a sepoltura multipla n.35 con materiale datato dal III sec. agli inizi del I sec. a.C. e a Norchia (320-240 a.C.)[12].

Quest'area ha restituito, inoltre, tre balsamari a corpo fusiforme, di forma che può avere parallelo ad Ampurias[13] e a Taranto con esempi rispettivamente di III e II sec. a.C.[14] (fig. 4).

Un unguentario a bulbo è stato, infine, rinvenuto nel Settore 4.

Aree 2-2/3-3

Da queste aree tra loro correlate provengono sei balsamari, tra i quali due fusiformi, quattro a bulbo di dimensioni differenti (tra i quali l'unico rinvenuto integro) ed un balsamario troncoconico a fondo piatto (fig. 5). Uno degli esemplari fusiformi (n. 392) si differenzia da quelli fino ad ora descritti per il collo breve, il corpo allungato, rastremato verso il fondo, la mancanza di piede e l'attacco di due piccole anse sulla spalla. Questo tipo può essere confrontato con un esempio da Pompei[15] definito, però, di incerta classificazione.

Il balsamario troncoconico (n. 349) (fig. 6), invece, trova puntuale confronto ai Magazzini di Ostia[16] con una serie di contenitori assimilati ai balsamari, ma che per la loro forma inusuale e le loro particolarità di realizzazione ricorderebbero recipienti da conserva e/o da trasporto per oli profumati piuttosto che recipienti di consumo[17]. Questo

in height. Useful comparisons can be made with finds from Tarquinia[11], from the multiple Tomb no. 35 with material dated to the 3rd to early 1st century B.C. and from Norchia (320-240 B.C.)[12].

This area has also produced three tapeing oil flasks, whose shape has parallels with finds from Ampurias[13] and Taranto, from, respectively, the 3rd and 2nd centuries B.C.[14]. Finally a pear-shaped perfume pot (fig. 4).

Areas 2-2/3-3

These related areas have yielded six oil flasks, two spindle-shaped and four bulb flasks of varying sizes (but including the only one found whole) and one flat-bottomed conical perfume pot (fig. 5). One of the tapering examples (no. 392) differs from those so far described on account of its short neck, elongated body, tapering towards the base, lack of a foot and two small handles attached at the shoulders. This is comparable to oil flasks from Pompeii[15] presented as of uncertain classification.

The conical oil flask (no. 349) (fig. 6), on the other hand, is closely comparable with a series from the storerooms of Ostia[16]. Identifiable as perfume pots, their unusual shape and technical characteristics suggest storage and/or transport of perfumed oils rather than personal use[17]. The shape finds parallels, it seems, with discoveries made almost exclusively in the Latium and perhaps Campania in the early Imperial period.

tipo di balsamario sembra trovare paralleli morfologici con rinvenimenti quasi esclusivamente dell'area laziale e, forse, campana nella prima età imperiale.

AREA 5

Un solo esemplare di unguentario proviene dall'area 5, di morfologia diversa da quella dei balsamari rinvenuti nelle restanti aree (fig. 7): si tratta di un unguentario di forma biconica con tracce di pittura scura sul collo frammentario.

Vasetti ovoidi e piriformi

Sono numerosi i vasetti rinvenuti a Pisa San Rossore riferibili ad una categoria di oggetti genericamente definiti "vasetti ovoidi e piriformi" sulla base della loro forma[18], non essendone spesso chiara la funzione.

Si tratta di vasetti di varia morfologia, ma riferibili a due tipi principali: ovoidi, di dimensioni variabili tra i 7 e i 9 cm. circa (fig. 8), e piriformi, di dimensioni tra i 10 ed i 16 cm. circa (figg. 9-10). Entrambi i tipi sono caratterizzati dalla strozzatura del collo, dall'espansione della pancia, dall'assenza di anse e da un piede di dimensioni ridottissime, tale da non consentire, nella maggior parte dei casi, un appoggio stabile. Essi sono di fattura e di impasto piuttosto grossolani e molti esemplari presentano sul ventre e sul collo una serie di scanalature a spirale più o meno profonde.

AREA 5

Only one oil flask has been found in Area 5 (fig. 7). Its biconical shape makes it unique to the site, and it bears traces of dark paint on its fragmentary neck.

Small ovoid and bulbuous pots

Numerous small pots have been recovered at Pisa San Rossore which are generally classified as "small ovoid and bulbuous pots", on account of their shape[18]. since their function is often unclear.

The shapes vary but fall into two main types: ovoid and squat or bulbuous.

The ovoid pots vary in size between about 7-9 cm. (fig. 8) and the "bulb pots" between about 10 and 16 cm. (figs. 9-10). Both types have narrow necks; swollen bellies, no handles and a very small foot, which generally does not provide a stable base. Workmanship as well as fabric are coarse, and many have a more or less pronounced spiral fluting at the belly and neck.

None of these pots was in the cargo of any of the ships. Most were from Area 2, and there is only one example from Area 1, one from Area 1/2 and one from Area 4.

The distinctive shape of these pots, and the fact that only in rare cases are they discovered in places where we can work out what they were used for, suggests that they must have had a multiplicity of uses. The most common explanation is that were used in sealing amphorae. Inserted

Nessun vasetto è stato rinvenuto tra i materiali del carico delle imbarcazioni; essi provengono in gran parte dall'area 2, un solo esemplare dall'area 1, uno dall'area 1/2, ed uno dall'area 4.

La particolarità della forma di questi vasetti ed il fatto che soltanto in rarissimi casi essi siano stati rinvenuti in posizione tale da farne comprendere l'utilizzo, hanno fatto sì che le ipotesi sulla loro funzione fossero molteplici. La più comune è quella secondo la quale essi venivano usati a chiusura delle anfore: inseriti rovesciati nei tappi di sughero, legno o altro materiale, essi dovevano servire per facilitare l'estrazione del tappo; oppure, inseriti con il piede in basso, dovevano andare ad incastrarsi nel collo stesso, per garantire la chiusura dei contenitori. Questa funzione sarebbe testimoniata, però, soltanto da un ritrovamento *in situ* nella villa romana di Saint-Cyr-sur-Mer[19], e da alcuni ritrovamenti effettuati nel relitto di Albenga, in cui tre pigne si trovavano fissate nel collo di tre anfore, sopra al turacciolo di sughero[20], con lo stesso scopo dei vasetti (fig. 11a).

Collegata alla precedente, è la teoria di uso dei vasetti, collocati all'interno dei colli d'anfora, come *cucurbitula*[21], cioè ventose, per aspirare l'aria dalle anfore e consentire la conservazione dei contenuti sotto vuoto.

Un'altra ipotesi prevede il loro l'utilizzo come *fritilli* o bossoli per il gioco dei dadi: già ipotizzato da studi precedenti[22], tale uso viene confermato dal rinvenimento nella necropoli romana di Bevagna[23], in Umbria, di due di tali bossoli, uno con un dado in osso incastrato all'interno, l'altro con un dado simile nei pressi (fig. 11b).

In vari edifici di Pompei, alcuni vasetti a forma di campana erano stati usati come elementi costruttivi per scaricare il peso delle volte; la tecnica di utilizzo di tubi fittili per la costruzione delle volte permane fino al tardo Medioevo, e i vasetti usati potevano esse-

upside down in the plugs of cork, wood or other materials, they would have facilitated the removal of the stoppers. On the other hand, inserted the right side up, it would have lodged itself in the amphora's neck ensure that the container was properly sealed. This, however, is attested only at the Roman villa at Saint-Cyr-sur-Mer[19], by finds from the Albenga wreck, where three pine cones had been fitted into the necks of amphorae over cork stoppers[20] (fig. 11a), with the same purpose as the pots.

Linked to this previous interpretation is the theory that these jars, set in amphora's neck were used as *cucurbitula*[21], that is, section cups to draw up the air out of the amphorae, allowing their contents to be preserved in a vacuum.

Yet another hypothesis envisages their use as fritilli, or shakers for dice games. This has already been suggested in earlier studies[22], and such use has been confirmed by discoveries of two such dice shakers in the Roman necropolis of Bevagna[23] in Umbria, one of them with a bone dice still trapped inside it; the other with a similar dice close by it (fig. 11b). In various buildings at Pompei, small bell-shaped pots were used for construction purposes, to lighten vaults. The use of slender tubes for such purposes, persisted into the Middle Ages, and the pots used were of various shapes[24], some similar to examples found at Pisa San Rossore.

And, finally, we cannot rule out their use as unguent or perfume containers, despite the lack of a proper base on which they could stand. It is possible, for example, that they had special stands to hold them upright. In the specific case of the ships at Pisa, where not one of the pots was found in a position that could shed and light on its function, the building-trade use suggested above would seem to be excluded, but any of the other theories could be valid, either with reference to the ships'

re di varia forma[24], anche simile a quella degli esemplari rinvenuti a Pisa San Rossore.

Infine, non si può escludere il loro uso come unguentari o portaprofumi, nonostante la mancanza di un piede atto a sostenerli: è possibile, ad esempio, che essi venissero tenuti in piedi da appositi sostegni.

Nel caso specifico delle imbarcazioni di Pisa, nelle quali la posizione di nessun vasetto può chiarire i dubbi sulla loro utilizzazione, se lo scopo edilizio sembrerebbe da escludere, le altre teorie di cui sopra potrebbero tutte essere valide, o in riferimento al carico delle navi, o in relazione al corredo personale dell'equipaggio. È vero comunque che il numero dei vasetti rinvenuti è di gran lunga inferiore al quantitativo di anfore ritrovate anche intere; il fatto che in nessuna delle anfore conservatesi integre con il rispettivo tappo in sughero o legno fosse incastrato un vasetto, farebbe piuttosto propendere per il loro uso in altro modo. Non è da escludere, ad esempio, che anche il gioco dei dadi, con il relativo utilizzo dei bossoli, venisse praticato, nonostante il mancato rinvenimento fino ad oggi, di dadi. La presenza, però, di pedine da gioco in osso ci fornisce informazioni su alcune delle pratiche di gioco dei marinai sulle navi e ci consente di ipotizzarne altre.

Per quanto riguarda la loro datazione, il tipo ovoide (n. 345)[25] trova confronti, in un ampio spettro cronologico, ad esempio, nella Tomba Torres n. 3 di Ampurias[26] datata all'età tiberiana, nel relitto B di Punta Ala[27] riferibile alla prima metà del II sec. d.C., nelle Terme del Nuotatore di Ostia[28] del III sec. d.C.

Il tipo piriforme (n. 351)[29] si ritrova ad Albintimilium[30] e Pollentia[31] in contesti di I sec. d.C., a Portorecanati[32] e Bevagna[33] in tombe datate tra la fine del I ed il II sec. d.C.

La stessa datazione viene proposta per il tipo piriforme allungato (n. 56), rinvenuto, tra l'altro, nel relitto di Procchio, Isola d'Elba[34], datato tra la fine del I e gli inizi II sec.

cargoes or to the crews' personal effects. It is true, however, that the number of pots retrieved falls well short of the number of amphorae found whole. The fact that not one of the amphorae which was preserved complete with its respective cork or wood stopper was closed up with a pot suggests that they were used in some other way. We cannot exclude use as shakers in dice games, even though no dice have been found so far. The game, itself, still goes on today, despite the lack of discoveries. The presence of a bone game piece gives does tell us something of games played by the sailors on the ships, and permits us to hypotesize others.

Regarding the dating of the pots, the ovoid type (no. 345)[25] is paralled across a wide chronological spectrum, for example: Torres Tomb no. 3 at Ampurias[26], dated to the reign of Tiberius; wreck B at Punta Ala[27], from the first half of the 2nd Century A.D.; and the Terme del Nuotatore at Ostia[28] from the 3rd century A.D.

The bulbuous type (no. 351)[29] has been recovered at Albintimilium[30] and Pollentia[31] in contexts of the 1st Century A.D., and at Portorecanati[32] and Bevanga[33] in tombs dated between the end of the 1st and the 2nd Century A.D. The same date may be suggested for the elongated bulb type (no. 56), found, among other places, in the Procchio Wreck, off the Isle of Elba[34], dated between the end of the 1st and the start of the 2nd Century A.D.; and for the bulbuous type with flattened globular body[35].

Finally, regarding the workshops and place of origin of these objects, it is still somewhat premature to come to any firm conclusion, as analyses of both clay and contents are still in progress.

One could perhaps speculate that they originate from certain lekythoidi belonging to the Spanish - Punic traditions with teir swollen body, narrow neck and small foot. Among the little pots

d.C., e per il tipo piriforme con corpo globulare schiacciato[35]. Riguardo infine, alla produzione e alla provenienza di questi oggetti, è ancora prematuro trarre conclusioni, essendo le analisi sia degli impasti sia dei contenuti ancora in corso.

È forse, però, possibile ipotizzare una loro origine da alcune forme di balsamari *lekithoidi* di tradizione ispano-punica, caratterizzati anch'essi dall'espansione del corpo, dalla strozzatura del collo e dalla presenza di un piccolo piede.

Tra i vasetti sopra descritti non vengono compresi quelli che non hanno la caratteristica strozzatura del collo e presentano un piede di dimensioni più proporzionate al resto del corpo (nn. 338 e 346) (figg. 12-13). Essi, infatti, possono essere considerati come piccoli contenitori variamente utilizzati o bicchieri. Oggetti simili a quelli di Pisa San Rossore si ritrovano, ad esempio, ad Ercolano[36].

Infine, si inseriscono in questa classe di materiali anche tre vasetti miniaturistici (due acromi, uno di impasto) di forma ovoide e cilindrica, con orlo everso e basso piede, tutti provenienti dall'unico carico costituito dalle UUSS 45-65 e 99 probabile carico della nave E (fig. 14).

described above, we have not included those without characteristically narrow neck and with a foot more in proportion to the rest of the body (nos. 338 and 346) (figs. 12-13). These can, in fact, be considered small containers with various uses or beakers for drinking. Items similar to these from Pisa San Rossore have, for example, been found at Herculaneum[36].

Finally, this class of material also includes three miniature pots (two of unpainted fineware and one impasto) whith ovoid or cylindrical bodies, everted lips brims and low feet. All come from the same cargo in Layers 45-65 and 99, probably that of Ship E (fig. 14).

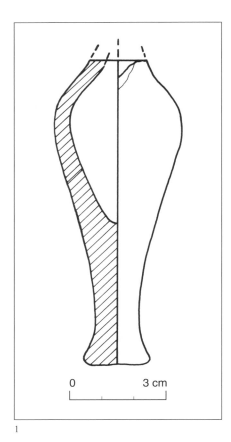

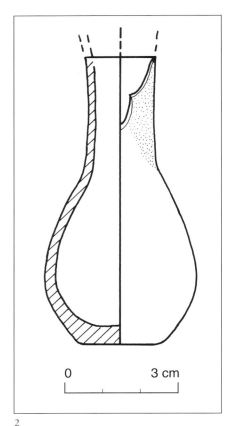

Fig. 1
N. 14, balsamario fusiforme frammentario.
N. 14, Fragmentary spindle flask.

Fig. 2
N. 16, balsamario piriforme frammentario.
N. 16, Fragmentary bulb flask.

Fig. 3
N. 67, balsamario lekithoide decorato a fasce.
N. 67, Lekythoid oil flask decorated with painted band.

Fig. 4
N. 19, balsamario fusiforme acromo frammentario.
N. 19, Fragmentary, plain spindle flask.

Fig. 5
N. 17, balsamario piriforme con tracce di pittura.
N. 17, bulb flask with traces of paint.

Fig. 6
N. 349, balsamario troncoconico con tracce di pittura.
N. 349, conical oil flask with traces of paint.

Fig. 7
N. 15, balsamario biconico acromo frammentario
N. 15, Fragmentary plain biconical acromic oil flask.

Fig. 8
N. 345, vasetto ovoide con solcature orizzontali.
N. 345, small ovoidal pot with horizontal fluting.

Fig. 9
N. 351, vasetto piriforme.
N. 351, small bulb pot.

Fig. 10
N. 56, vasetto piriforme allungato.
N. 56, small elongated bulb pot.

6

7

8

9

10

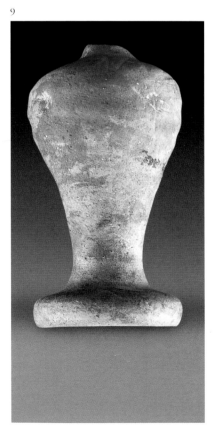

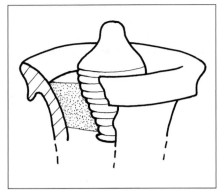

11a

Fig. 11
Ipotesi di utilizzo dei vasetti ovoidi e piriformi.
a: tappo di anfora (da *Anforas Romanas-Anfo-riscos de tierra cocida*, fig. 27).
b: *fritillus* per il gioco dei dadi (da Egidi 1983, tav V. XL, XLI).
Hypothetical use of the small ovoid
and bulb pots
a: amphora plug. (from *Anforas Romanas-Anforiscos de tierra cocida* , fig. 27)
b: *fritillus* for the dice games.
(from Egidi 1983, pls. V, XL, XLI).

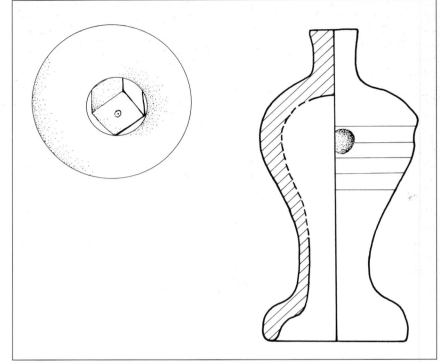

11b

Fig. 12
N. 338, vasetto ovoide.
N. 338, small ovoid pot.

Fig. 13
N. 346, vasetto ovoide con scanalature a spirale.
N. 346, small ovoid pot with spiral fluting.

Fig. 14
N. 340, vasetto cilindrico.
N. 340, small, cylindrical pot.

12

13

14

14. Pisa San Rossore 2 area 2 US 9
Balsamario fusiforme. Frammentario.
Spalla alta arrotondata, corpo espanso, piede allungato fuso al corpo senza soluzione di continuità, strombato verso il basso.
Mancano il collo e l'orlo.
Acromo, con tracce di pittura all'interno.
h max cm. 9,9   d max cm. 3,9
spessore cm. 0,5

16. Pisa San Rossore 2 area 2 US 49
Balsamario piriforme a fondo piatto con tracce di pittura sul collo. Frammentario.
Collo allungato, corpo ovoide, fondo piatto.
Presenta tracce di pittura bruna sul collo.
Manca la parte superiore del collo con l'orlo.
Impasto depurato di colore rosato, superfici annerite e con tracce di lavorazione a tornio.
h max cm. 7,9   d max cm. 4,1
spessore cm. 0,3

67. Pisa San Rossore 2 ampl. Sud US 50
Balsamario *lekithoide* decorato a fasce.
Balsamario *lekithoide* con corpo troncoconico. Collo cilindrico allungato ben distinto dal corpo, con orlo svasato e bordo sagomato, corpo arrotondato con spalla arrotondata, piccolo piede sagomato fuso al corpo.

Dipinto con vernice scura a fasce sulla spalla e sul collo e decorato sul collo da una freccia, anch'essa in vernice scura, rivolta verso l'alto.
Impasto depurato di colore beige-rosato con frequenti inclusi bianchi e neri e vacuoli.
Presenta su tutto il corpo tracce di bruciatura e di lavorazione a tornio.
h cm. 30,5   d max cm. 12,4
d orlo cm. 5,1   spessore cm. 0,4

19. Pisa San Rossore 2 ampl. Sud US 50
Balsamario fusiforme acromo. Frammentario.
Collo molto sottile e allungato, corpo espanso a curvatura costante, piede troncoconico sottile di media lunghezza con base sagomata.
Manca la parte superiore del collo con l'orlo.
Impasto depurato di colore rossiccio sul collo e arancio sul piede, con frequenti inclusi di colore grigio scuro.
h max cm. 17,2   d max cm. 5,2
spessore cm. 0,2

17. Pisa San Rossore 2 area 3 US 9/2
Balsamario piriforme a fondo piatto con tracce di pittura.
Orlo estroflesso a fascetta, collo troncoco-

nico molto allungato e distinto dal corpo piriforme, fondo piatto.
Presenta tracce di pittura bruna su tutto il corpo sia all'esterno che all'interno.
Impasto mediamente depurato di colore rosato, con frequenti inclusi bianchi e neri sul corpo. Presenta tracce di ingubbiatura color beige-nocciola sul ventre e tracce di bruciatura su tutto il corpo.
h max cm. 9,9   d max cm. 3,9
spessore cm. 0,3

349. Pisa San Rossore 2 area 2 US 78
Balsamario troncoconico
Orlo estroflesso sagomato, breve collo cilindrico, lievemente insellato, corpo troncoconico con spalla arrotondata, fondo piatto.
Presenta tracce di pittura rossa sul collo e sul corpo e una serie di scanalature a spirale piuttosto profonde su tutto il corpo.
Manca parte dell'orlo.
Impasto mediamente depurato di colore bruno-rossiccio con frequenti inclusi di colore nero e frequenti vacuoli; presenta tracce di ingubbiatura di colore beige e tracce di bruciatura e di lavorazione a tornio su tutto il corpo.
h cm. 14,8   d max cm. 6
spessore cm. 0,5

14. Pisa San Rossore 2, Area 2, Layer 9
Spindle-shaped oil flask. Fragmentary. High rounded shoulders, swelling expansive body, elongated foot continuing the profile of the body and flaring to the base. Lacking neck and rim. Plain fineware with traces of paint inside.
max h 9.9 cm.   max d 3.9 cm.   th 0.5 cm.

16. Pisa San Rossore 2, Area 2, Layer 49
Flat based bulbous oil flask with traces of glaze around neck. Fragmentary. Elongated neck, ovoid body and flat base. Traces of brown paint at neck. Missing upper neck and rim. Fine pinkish fabric; parts of surface blackened; traces of throwing process.
max h 7.9 cm.   max d 4.1 cm.   w 0.3 cm.

67. Pisa San Rossore 2, South extension, Layer 50
Lekythoid oil flask with band decoration
Lekythoid oil flask with conical body, elongated cylindrical neck distinct from the body, with flaring mouth and moulded rim. Rounded body and shoulder. Small moulded foot continuing the profile of the body. Bands

of dark glaze around shoulder and at neck. On the neck an arrow in dark glaze pointing upwards.
Fine pinkish-buff fabric with numerous white and black inclusions air holes. Burn stains and traces of throwing process.
h 30.5 cm.   max d 12.4 cm.   d of rim 5.1 cm.
th 0.4 cm.

19. Pisa San Rossore 2, South extension; Layer 50
Plain spindle-shaped oil flask. Fragmentary. Very slender elongated neck. Swelling body with continuous curving. Slender conical foot of medium length with moulded base.
The upper part of neck and rim are missing. Fine fabric, reddish at the neck and orange on foot, with numerous dark grey inclusions.
max h 17.2 cm.   max d 5.2 cm.   th 0.2 cm.

17. Pisa San Rossore 2, Area 3, Layer 9/2
Bulbuous oil flask with flat base and traces of paint. Everted flattened rim, very elongated conical neck, distinct from the body. Flat base. Traces of brown paint are present throughout the body, both inside and out. Moderate fine

pinkish fabric with numerous white and black intrusion. Traces of beige to nut coloured slip on the belly and traces of burning all over the body.
max h 9.9 cm.   max d 3.9 cm.   th 0.3 cm.

349. Pisa San Rossore 2, Area 2, Layer 78
Conical oil flask.
Moulded, everted rim. Conical body with round shoulder. Flat base. Traces of red paint present on the neck and body. On body fairly deep spiral fluting. Part of the rim is missing.
Moderately fine brownish-red fabric with numerous black inclusions. Some traces of beige slip, burning and of the throwing process.
h 14.8 cm.   max d 6 cm.   th 0.5 cm.

15. Pisa San Rossore 2, Area 5, Layer 72
Plain biconical fineware oil flask. Fragmentary. Elongated biconical body. Traces of paint on the neck. The upper part of the neck and the stem are both missing. Moderately fine fabric. Occasional brown inclusions. Shows traces of throwing process and traces of burning all over its body.
max h 7.9   max d 3.4 cm.   th 0.35 cm.

15. Pisa San Rossore 2 area 5 US 72
Balsamario biconico acromo. Frammentario.
Balsamario a forma biconica con corpo allungato. Presenta tracce di pittura sul collo.
Mancano la parte superiore del collo e il piede.
Impasto abbastanza depurato di colore bruno, con rari inclusi di colore bianco di piccole dimensioni. Presenta tracce di lavorazione con tornio e tracce di bruciatura su tutto il corpo.
h max cm. 7,9   d max cm. 3,4
spessore cm. 0,35

345. Pisa San Rossore 2 area 2 US 92
Vasetto ovoide.
Orlo a calice unito al corpo da una linea continua, collo largo, corpo ovoide allungato, piccolo piede troncoconico allargato alla base. Presenta su tutto il corpo solcature orizzontali non molto profonde.
Impasto mediamente depurato di colore bruno rosato, con inclusi di colore grigio e bianco frequentissimi e vacuoli. Presenta tracce di bruciatura sul corpo.
h cm. 9,2   d max cm. 4,7
d orlo cm. 4,4   spessore cm. 0,3

351. Pisa San Rossore 2 area 2 US 78
Vasetto piriforme.
Orlo estroflesso con bordo arrotondato, nettamente distinto dal corpo, collo sottile, corpo piriforme allungato, piccolissimo piede troncoconico frammentario.
Impasto mediamente depurato di color senape con frequenti inclusi di colore bianco e grigio e frequenti vacuoli; presenta tracce di ingubbiatura di colore grigio chiara e tracce di bruciatura su tutto il corpo.
h cm. 10,4   d max cm. 5,4
d orlo cm. 5,1   spessore cm. 0,4

56. Pisa San Rossore 2 area 2 US 29
Vasetto piriforme allungato.
Vasetto piriforme a corpo molto allungato, con collo assottigliato e orlo nettamente distinto dal corpo, leggermente ingrossato in basso; piede cilindrico di dimensioni assai ridotte.
Presenta una frattura sull'orlo e solcature orizzontali ben marcate su tutto il corpo.
Impasto mediamente depurato di colore giallastro con probabili tracce di bruciatura.
h max cm. 16   d max cm. 5,6
d orlo cm. 5   spessore cm. 0,4

338. Pisa San Rossore 2 area 2 US 90
Vasetto ovoide.
Vasetto con corpo ovoide schiacciato. Orlo estroflesso con bordo arrotondato, largo collo, corpo ovoide con massima espansione alla base, basso piede cilindrico.
Impasto di colore bruno-arancio, con tracce di ingubbiatura grigio scura e frequenti inclusi grigi e vacuoli. Presenta tracce di lavorazione al tornio su tutta la superficie.
h cm. 8,4   d max cm. 6,1   d orlo cm. 5,3
d piede cm. 3,3   spessore cm. 0,4

346. Pisa San Rossore 2 area 2 US 92
Vasetto ovoide.
Orlo estroflesso con bordo arrotondato, separato da una piccola gola dal corpo ovoide con punto di massima espansione alla spalla, bassissimo piede troncoconico svasato alla base.
Presenta su tutto il corpo scanalature a spirale marcate.
Impasto poco depurato di colore arancio con inclusi di colore bianco, grigio e nero molto frequenti e frequenti vacuoli.
h cm. 9,7   d max cm. 6,5
d orlo cm. 6,3   spessore cm. 0,6

---

345. Pisa San Rossore 2, Area 2, Layer 92
Ovoid pot
Chalice-like rim continuing the profile of the body. Broad neck, elongated ovoid body, small conical foot widening at base. Shallow, horizontal fluting on body. Moderately fine brownish red fabricr, with numerous grey and white inclusions. Burn marks present on body.
h 9.2 cm.   max d 4.7 cm.   diam of brim 4.4 cm.   th 0.3 cm.

351. Pisa San Rossore 2 Area 2 Layer 78
Bulbuous pot.
Rounded everted rim ring distinct from body. Slender neck. Elongated bulbuous body. Tiny fragmentary conical foot.
Moderately fine mustard yellow. Mustard coloured fabric with numerous white and grey inclusionand airholes. Traces of light grey slipand of burn marks on body.
h 10.4 cm.   max d 5.4 cm.   d of brim 5.1 cm.   th 0.4 cm.

56. Pisa San Rossore 2, Area 2, Layer 29
Elongated bulbuous pot.
Very much elongated body, slenderish neck and rim distinct from body, and slightly thickened below. Cylindrical stem of much reduced dimensions. Cracked rim; fluted body.
Moderately fine yellowish fabric with probable burn marks.
max h 16 cm.   max d 5.6 cm.   d brim 5 cm.   th 0.4 cm.

338. Pisa San Rossore 2 Area 2 Layer 90
Ovoid pot
Pot with flattened, ovoid body. Rounded everted rim, wide neck, ovoid body widening to base. Low cylindrical foot. Brownish-orange fabric, with traces of dark grey slip, and numerous grey inclusion and airholes. Traces of the throwing process are present throughout the surface.
h 8.4 cm.   max d 6.1 cm.   d of rim 5.3 cm.   d at base 3.3 cm.   th 0.4 cm.

346. Pisa San Rossore 2, Area 2, Layer 92
Ovoid pot.
Rounded everted rim, separated from ovoid body by a low neck. Maximum diameter at the shoulder; very low conical foot flaring below.
Fluting throughout the body, spiral fluting. Moderately fine orange fabric with very numerous white grey and black inclusions.
h 9.7 cm.   max d 6.5 cm.   d of brim 6.3 cm.   th 0.6 cm.

340. Pisa San Rossore 2 Area 2 Layer 65
Cylindrical pot
Strongly everted, rounded rim, separated from cylindrical body by a low neck. Very low conical foot, flat base.
Moderately fine buff fabric with numerous gray and inclusions and airholes. Traces of burning on the body.
h 4.1 cm.   d 2.8 cm.   d of rim 3.5 cm.   th 0.2 cm.

340. Pisa San Rossore 2 area 2 US 65
Vasetto cilindrico.
Orlo molto estrloflesso con bordo arrotondato distinto dal corpo cilindrico da una piccola gola, piede troncoconico molto basso, fondo piatto.
Impasto mediamente depurato di colore beige con frequenti inclusi di colore grigio e vacuoli. Presenta tracce di ingubbiatura rosata e di bruciature sul corpo.
h cm. 4,1   d cm. 2,8
d orlo cm. 3,5   spessore cm. 0,2

NOTE

1 CAMILLI 1999, p. 33.

2 ANDERSON - STOJANOVIC 1987, pp. 111-113.

3 CRIMACO - PROIETTI 1989, p. 801.

4 CUADRADO 1977-78, p. 394.

5 SERRA RIDGWAY 1987, tav. CLX, n. 58.

6 CAMILLI 1999, p. 90 e tav. 22, B.31.1.7.

7 Si citano, per tutti, Lipari (BERNABÒ BREA - CAVALIER 1965), Tarquinia (SERRA RIDGWAY 1996), Torres (ALMAGRO 1955), Pompei (BONGHI JOVINO 1984), la *Fortuna Maris* di Comacchio (BERTI 1990).

8 ANDERSON - STOJANOVIC 1987, p. 110.

9 FROVA 1973, p. 355.

10 Viene qui utilizzata la terminologia proposta in CAMILLI 1999, p. 30, per indicare quei balsamari derivati come forma dalle *lekithos* di ambito greco e con funzioni ad esse simili.

11 SERRA RIDGWAY 1996, p. 54.

12 CAMILLI 1999, p. 62.

13 ALMAGRO 1955.

14 DE JULIIS 1984.

15 BONGHI JOVINO 1984, p. 192 e tav. 111, n. 21.

16 COLETTI - PAVOLINI 1996, p. 395.

17 CAMILLI 1999, p. 34.

18 PAVOLINI 1980, p. 993.

19 BENOIT 1952, p. 281 e Bebko, 1977, p. 24.

20 LAMBOGLIA 1952, p. 155.

21 RODRIGUEZ - ALMEIDA 1974.

22 BONI 1907, p. 397 e ANNECCHINO 1976.

23 EGIDI 1983.

24 BERGAU 1867, ARSLAN 1965, LOGLI 1968.

25 PAVOLINI 1980, tipo 1a; BELTRÀN LLORIS 1970, tipo A.

26 ALMAGRO 1955, p. 141.

27 POGGESI - RENDINI 1998, p. 121.

28 *Ostia* II 1970, p. 35.

29 PAVOLINI 1980, tipo 17 c; BELTRÀN LLORIS 1970, tipo E.

30 LAMBOGLIA 1950, fig. 107, n. 18.

31 VEGAS 1973, pp. 147-148.

32 MERCANDO 1974, p. 330.

33 EGIDI 1983.

34 ZECCHINI 1982, p. 167.

35 BELTRÀN LLORIS 1970, tipo F, datato tra il I sec. e la metà del II d.C.

36 DE CAROLIS 1996, p. 124, n. 8.

NOTES

1 CAMILLI 1999, p. 33.

2 ANDERSON - STOJANOVIC 1987, pp. 111-113.

3 CRIMACO - PROIETTI 1989, p. 801.

4 CUADRADO 1977-78, p. 394.

5 SERRA RIDGWAY 1987, pl. CLX, n. 58.

6 CAMILLI 1999, p. 90 and pl. 22, B.31.1.7.

7 Mentioning here, especially, Lipari (BERNABÒ BREA - CAVALIER 1965), Tarquinia (SERRA RIDGWAY 1996), Torres (ALMAGRO 1955), Pompeii (BONGHI JOVINO 1984), la *Fortuna Maris* di Comacchio (BERTI 1990).

8 ANDERSON - STOJANOVIC 1987, p. 110.

9 FROVA 1973, p. 355.

10 Here we use the terminology suggested in CAMILLI 1999, p. 30, to indicate those oil flasks whose form descends from the Greek *lekythos* and had a similar function.

11 SERRA RIDGWAY 1996, p. 54.

12 CAMILLI 1999, p. 62.

13 ALMAGRO 1955.

14 DE JULIIS 1984.

15 BONGHI JOVINO 1984, p. 192 and pl. 111, n. 21.

16 COLETTI - PAVOLINI 1996, p. 395.

17 CAMILLI 1999, p. 34.

18 PAVOLINI 1980, p. 993.

19 BENOIT 1952, p. 281 and BEBKO, 1977, p. 24.

20 LAMBOGLIA 1952, p. 155.

21 RODRIGUEZ - ALMEIDA 1974.

22 BONI 1907, p. 397 and ANNECCHINO 1976.

23 EGIDI 1983.

24 BERGAU 1867, ARSLAN 1965, LOGLI 1968.

25 PAVOLINI 1980, type 1a; BELTRÀN LLORIS 1970, type A.

26 ALMAGRO 1955, p. 141.

27 POGGESI - RENDINI 1998, p. 121.

28 *Ostia* II 1970, p. 35.

29 PAVOLINI 1980, type 17c; BELTRÀN LLORIS 1970, type E.

30 LAMBOGLIA 1950, fig. 107, n. 18.

31 VEGAS 1973, pp. 147-148.

32 MERCANDO 1974, p. 330.

33 EGIDI 1983.

34 ZECCHINI 1982, p. 167.

35 BELTRÀN LLORIS 1970, Type F, dating to between the 1st and the mid 2nd cent. A.D.

36 DE CAROLIS 1996, p. 124, n. 8.

THYMIATERIA

Angelo
Bottini

Nell'area dell'ampliamento Sud del complesso ferroviario di Pisa San Rossore, in connessione con un ammasso di anfore greco-italiche e puniche, probabile carico di una nave andata del tutto distrutta, sono stati rinvenuti tre esemplari piuttosto ben conservati di *thymiateria* (bruciaprofumi) fittili e parte di un quarto.

Si tratta di piccoli busti femminili che reggevano alla sommità della testa un'apposita vaschetta, andata perduta ma non senza lasciare tracce evidenti del suo punto di attacco. La tecnica produttiva adottata ha comportato in tutti i casi l'impiego di una matrice per la parte anteriore, mentre quella posteriore è stata trattata in modo solo sommario: ovunque sono evidenti tracce della spatola.

Nell'esemplare migliore (A) (figg. 1-2), i particolari sono stati rifiniti a mano, usando la punta del medesimo strumento: il volto ha così assunto una forza ed una vivacità espressiva che contrasta vistosamente con l'aspetto atono ed indefinito degli altri due, conseguenza dell'impiego di uno stampo ormai consunto e dall'assenza di ritocchi.

Al di là dell'ampiezza della porzione di busto compresa (da sotto la linea dei seni alla base del collo), il tipo riprodotto è in sostanza il medesimo: una figura muliebre con i capelli ondulati scriminati al centro della fronte, raccolti all'indietro e trattenuti dal velo, appena accennato, dotata di gioielli. Se nell'esemplare C a stento si riconosce la presenza di una collana, in quello B possiamo osservare più giri di vaghi ed una coppia di pesanti orecchini "a grappolo" (fig. 3) ed in quello A compare infine un girocollo a cercine, reso dalla fitta serie di fori. Sempre in quest'ultimo, due bottoni fermano sulle spalle la veste,

THYMIATERIA

In the South extention of the Pisa-San Rossore railway site, in association with a mass of Graeco-Italic and Punic amphorae, probably a cargo whose ship has left no traces, three rather well-preserved moulded terracotta incense burners, or *thymiateria*, and part of a fourth have been found.

These are small female busts topped with the requisite receptacle, whose loss has left marks clearly indicating its point of attachment. Whereas the front was moulded, the back was only crudely shaped with a spatula, whose traces are conspicuous.

In the best example (A) (figs. 1-2) details are rendered by hand using the pointed end of the spatula; the face thus assumes a force and expressive liveliness that contrast strikingly with the dull and vaguely defined aspect of the other two, the consequence of a worn-out mold used without touching up.

Aside from the amount of the body included in the bust (from under the chest to the base of the neck), the type reproduced is essentially the same: a female figure with wavy hair parted at the center, gathered behind and held in place by a partially rendered veil, and wearing jewelry.

In Bust C a necklace is barely perceptible; in B various strands are visible as well as a pair of heavy cluster earrings (fig. 3); and in A a choker necklace is rendered by a dense pattern of holes, and two buttons on the shoulder hold the garment in place creating fan-like folds that open to expose the arms.

The formal iconography and the antiquarian character of some details belie a Hellenistic model. More precisely, these items take after a series of late classical, and primarily Sicilian Greek, busts.

di cui sono marcate le pieghe aperte a ventaglio che lasciano scoperte le braccia. Sia gli schemi formali adottati, che gli elementi di carattere antiquario, sono di evidente matrice ellenistica; in modo più preciso, questi manufatti si collocano nella scia di una produzione tardo-classica soprattutto siceliota di busti; essa è stata tuttavia rielaborata da artigiani appartenenti ad una diversa tradizione formale; prima ancora del decisivo confronto con esemplari analoghi provenienti da siti punici, che dovrà essere approfondito in corso di studio, la fa comprendere la resa complessiva del volto dell'esemplare A, stilisticamente lontano dal gusto greco.

The scheme has nontheless been re-elaborated by craftsmen belonging to a different formal tradition. The decisive comparsion with analogous examples from Punic sites will be developed in the course of study, but this formal shift is already visible in the face of Bust A, stylistically alien to Greek taste.

1

2

3

Figg. 1-2
N. 241, esemplare A.
N. 241, example A.

Fig. 3
N. 242, esemplare B.
N. 242, example B.

PIER
GIOVANNI
GUZZO

QUALCHE OSSERVAZIONE SULLA FIBULA D'ORO

Nell'area del complesso ferroviario di Pisa San Rossore è stata rinvenuta una fibula d'oro di cui si conserva solo poca parte del settore posteriore dell'arco, la molla e l'ago (fig. 1). È notevole l'uso dell'oro, metallo che non pare frequente nella costruzione di fibule, in specie rispetto al bronzo, al ferro ed all'argento. Si ricorda una fibula, ma di forma diversa, da Este, in bronzo ricoperto d'oro, datata alla seconda metà del III sec[1]. Lo stato assai ridotto di conservazione rende difficoltoso l'inquadramento tipologico. La costruzione generale è tuttavia avvicinabile a quella delle fibule della classe *epsilon*, documentata peraltro esclusivamente da esemplari di bronzo[2]: in particolare, i tipi più vicini al nostro reperto sono il I ed il II: manca comunque la costruzione ad alette appuntite, mentre la solcatura sull'arco, ma differente per composizione, si riscontra nell'esemplare

1

SOME OBSERVATIONS ON THE GOLD FIBULA

From the Pisa-San Rossore railway facility comes a gold fibula of which only a small portion of the bow, the spring and the pin (fig. 1) survive.

The material is striking, since gold is not frequently used for fibulae, which are generally made of bronze, iron or silver. A gilded bronze fibula from Este, is dated to the second half of the third century[1], but it differs in shape. The poor state of preservation makes it difficult to classify our piece. Its overall structure, however, resembles that of the fibulae of the *epsilon* class, which are attested exclusively in bronze[2], and those closest to the San Rossore fibula are Types I and II. However, these lack the pointed "winglets" whereas the grooved bow, though different in composition, can be found in example no. I of Type II, from Perugia, whose exact findspot is unknown. The form can be linked to that of the "Jezerine" type[3], which however appears to be later. The spring with symmetrical coils and

Fig. 1
La *fibula* d'oro.
The gold fibula.

n. 1 del tipo II, proveniente da Perugia ma senza contesto di ritrovamento. La forma si può collegare a quella, che sembra più recente, del tipo "*Jezerine*"[3].

La molla da avvolgimenti simmetrici, con filo di raccordo interno (come qui) oppure anche esterno, è tipica di fibule pertinenti alla cultura materiale celtica: dalla quale, peraltro, si diffonde nell'uso e, si può supporre, anche nella produzione a quelle ad essa contigue, dalla venetica all'etrusca. La mancata conservazione della staffa e del raccordo tra questa e l'arco impedisce una collocazione del reperto nel generale sviluppo della forma, così da non poterlo apprezzare in pieno. Altrettanto vale per un'ipotesi di localizzazione della fabbrica, resa ancora più incerta dall'uso dell'oro, come già anticipato.

La costola longitudinale dell'arco, ma secondo modelli diversi dal nostro e, comunque, senza le alette laterali estreme, può paragonarsi ad esemplari in uso dalla Svizzera[4] alla Spagna[5], indicando così un tratto diffuso, e quindi non particolarmente diagnostico della produzione celtica del periodo La Tène medio-tardo.

inner (as here) or outer connecting wire is typical of the fibulae belonging to Celtic material culture, from whence the use and presumably production of such pieces spread to their Venetic and Etruscan neighbours.

The lack of the catchplate and its connection to the bow excludes placement within the general development of the form, thus a fully appreciation. The same applies to locating the precise site of its manufacture, which is made even more uncertain by the use of gold.

The longitudinal rib of the bow can be compared to examples in use from Switzerland[4] to Spain[5], though with differing treatments and lacking the lateral winglets, thus indicating a widespread and not particularly diagnostic feature of the Celtic fibulae of the mid to late La Tène period.

245. Pisa San Rossore 2 ampliamento Sud settore 1 US 50 stacco II
Si conserva poca parte del settore posteriore dell'arco, la molla, l'ago. L'arco è a sezione appiattita, con una costola longitudinale segnata ai margini da una linea incavata; l'estremità posteriore è arrotondata, con due alette appuntite laterali. La molla è a quattro avvolgimenti, simmetrici rispetto all'ago; il filo di collegamento è interno e coperto dall'arco. L'ago, rettilineo, sembra conservare la lunghezza originaria, a giudicare dall'estremità appuntita.

NOTE

[1] *I Celti* 1991, p. 224.
[2] GUZZO 1972, pp. 61-62 e 135-136, tav. XIX.
[3] ENDRIZZI - MARZATICO 1997, p. 487, nn. 1111-1112.
[4] *I Celti* 1991, p. 256.
[5] *I Celti* 1991, p. 735, n. 443D, p. 773.

245. Pisa San Rossore 2 South extension Sector 1, Layer 50, Artificial layer II
A small part of the end of the bow, the spring and the pin are preserved. The bow has a flattened cross section with a longitudinal rib defined by lateral grooves; the end is rounded with two small pointed lateral winglets. The spring has four coils which are symmetrical with respect to the pin; the connecting wire is internal and covered by the bow. The straight pin seems to be preserve its original length judging from the pointed tip.

NOTES

[1] *I Celti* 1991, p. 224.
[2] GUZZO 1972, pp. 61-62 and 135-136, pl. XIX.
[3] ENDRIZZI - MARZATICO 1997, p. 487, nos. 1111-1112.
[4] *I Celti* 1991, p. 256.
[5] *I Celti* 1991, p. 735, no. 443D, p. 773.

LUCERNE

Federica
Mennuti

Le prime lucerne, nate nell'antichità essenzialmente come fonti artificiali di illuminazione, sono rappresentate da un semplice contenitore ceramico aperto nel quale veniva fatto bruciare olio o sego tramite uno stoppino appoggiato all'orlo; la lucerna ha conosciuto, però, un'articolata evoluzione tipologica, soprattutto nella Roma antica dove, partendo inizialmente dai modelli ellenistici importati qui dall'Italia meridionale, si è passati a produrre esemplari dapprima al tornio (III-II sec. a.C.), e poi, a partire dalla seconda metà del II sec. a.C., anche a matrice. Con quest'ultimo tipo di realizzazione, che riduceva i tempi di fabbricazione, inizia la produzione in serie delle lucerne romane; ciò ha comportato da una parte il fiorire di laboratori artigianali locali, dall'altra una maggiore disponibilità e diffusione delle lucerne e soprattutto una loro utilizzazione non più strettamente limitata alla funzionalità: esse divengono anche oggetto di dono, *ex voto*, ed assumono quindi anche un valore decorativo.

Queste nuove esigenze si riflettono nell'evoluzione tipologica che la lucerna romana ha conosciuto a partire dal I sec. a.C., cambiamenti formali che diverranno sostanziali e segneranno quella che è la vera differenza tra la produzione romana e quella greca.

Gli elementi componenti la lucerna maggiormente interessati da questi cambiamenti sono il disco e il beccuccio; in particolar modo il disco, ingrandito, viene ad accogliere decorazioni in rilievo dai soggetti più vari [lucerne a volute e a disco]; al tempo stesso sul fondo iniziano a comparire i sigilli, le sigle o i nomi per esteso che le officine locali appongono per distinguere i loro prodotti.

OIL LAMPS

The earliest oil lamps took the form of simple, open, ceramic containers holding oil or tallow, with of a wick set against the rim.

Such lamps were, however subject to a complex typological evolution, especially in Rome, which imported Hellenistic models from southern Italy before 3rd - 2nd century B.C. and then producing their own, first on the wheel by the second half of the 2nd century B.C., and then using moulds. This latest technique cut production time and inaugurates the mass production of Roman oil lamps. This led on the one hand to the proliferation local workshops and on the other to a greater availability and diffusion of lamps, and especially for purposes that were not strictly functional, as gift, an *ex voto*, and thus a primarily decorative object.

This new development conditioned the typological evolution of the Roman oil lamp developed from the 1st Century B.C. on. The conseuqnt modifications are substantial come to present the real differences led on to noticeable changes and signalled real differences between Roman and Greek lamps production. Those elements which underwent the most significant changes were the spout and the disc; especially the latter, enlarged to accomodate reliefs with the most varied of subjects. At the same time, such details as seals, initials or names added by local workshops to distinguish their products.

The demand for decorated lamps also led to the production of figural forms such as helmets, masks, animals' heads or sandalled feet (1st and 2nd centuries A.D.) until, at the beginning of the 3rd Century A.D., when decorated oil lamps goes into decline and workmanship becomes less refined.

Il gusto per la lucerna decorativa ha portato anche alla produzione di esemplari configurati per esempio ad elmo, a maschera, a testa di animale o a piede calzato da sandalo (I-II sec. d.C.), finché, all'inizio del III sec. d.C., la lucerna decorata subisce una decadenza e lo stile diviene meno raffinato.

Lo scavo nell'area del complesso ferroviario di Pisa-San Rossore ha finora restituito varie tipologie di lucerne, quali quelle a vernice nera di ispirazione ellenistica, le *Vogelkopflampen*, con beccuccio decorato da due teste di uccello a rilievo opposte tra loro, le lucerne a volute, che presentano per lo più motivi decorativi riconducibili all'età augustea, quelle a disco, più vicine alla produzione di età imperiale, le *ear lamps* con prese laterali e le lucerne a canale tipo *Firmalampen*. Siamo di fronte, quindi, ad un'ampia gamma di tipologie appartenenti ad epoche diverse, dagli esemplari più raffinati a quelli dalle forme più essenziali, probabilmente alcuni trasportati a scopo commerciale, ma la maggior parte sicuramente facenti parte del corredo di bordo dell'equipaggio, data l'alta frequenza dell'annerimento dell'estremità del beccuccio, evidente segno d'uso. Della produzione di età repubblicana fanno parte due lucerne a **vernice nera** riconducibili ad un periodo compreso tra la fine del III sec. a.C. / prima metà del II sec. a.C. e l'età augustea, una piccola lucerna d'impasto grossolano in ceramica acroma dal corpo cilindrico (n. 44, II sec. a.C. - I sec. a.C.) rinvenuta nell'area 3, e le *Vogelkopflampen*, restituite dalle aree 2 e 4 e dall'ampliamento sud, riconducibili alla seconda metà del I sec. a.C. Tra le **lucerne a volute** sono attestati sia il tipo a beccuccio lungo, dall'estremità ogivale e largo foro per lo stoppino, anche bilicne, con il disco decorato da motivi figurativi o semplicemente da modanature concentriche, tipico dell'età augustea [Tipo Dressel 11], e tra esse è presente anche un esemplare con ansa plastica a crescente lunare [Tipo Dressel - Lamboglia 13] che perdurerà per tutto il I sec. d.C.,

The excavation at the Pisa - San Rossore railway station has recovered various sorts of lamp such as the black glazed lamps, inspired by Greek models; the *Vogelkopflampen*, with their spouts decorated with two opposed birds' heads in relief; the volute lamps, with decorative motifs largely of Augustan origin; the typically imperial disc lamps, the *ear lamps*, with their side handles, and the *Firmalampen* type, with its channel. Thus we are faced with a vast assortment of oil lamps from various ages: some elaborate in their refinement and others fairly basic. While some may have been being transported for commercial reasons, most are certainly part of the crew's kit and in regular use, judging so many of them have burn marks around the tips of their nozzles. Among those lamps produced during the Republican period are two black-glaze lamps which can be assigned to between the end of the 3rd Century B.C. or first half of the 2nd Century B.C. and the Augustan period; a small plain lamp of coarse impasto with a cylindrical body (no. 44. 2nd Century B.C. - 1st Century B.C.) discovered in area 3; the *Vogelkopflampen* unearthed in Areas 2 and 4 and in the South extension, and the dated to the second half of the 1st century B.C.

The volute lamps include the long-nozzled type with ogival tip and a large hole for the wick: the *bilykne* with its disc bearing figural decoration or simply concentric mouldings, typical of the Augustan period (Dressel Type), one with a plastica handle in the form of a crescent moon (Dressel-Lamboglia Type 13) which will persist through the 1st century A.D. Short-nozzled types, which end at an obtuse angle with figure-decorated discs (Loeschke Type 1a). Tese fall between the second half of the 1st Century B.C. and the first half of the 1st Century A.D. (Areas 1;1/2; 4). Examples of the *simple volute* and *disc-body* type (Dressel Type 15; Loeschcke Type V) produced in the Imperial period, are attested in Area 2 (nos. 4, 250 and 449), that which yelded the greatest quan-

sia il tipo dal beccuccio corto, terminante ad angolo ottuso, con il disco figurato [Tipo Loeschcke I A], attribuibile ad un periodo compreso tra la seconda metà del I sec. a.C. e la prima metà del I sec. d.C. (aree 1; 1/2; 4). Gli esemplari del **tipo a volute semplici e corpo a disco** [Tipo Dressel 15; Loeschcke tipo V], prodotti in età imperiale, sono attestati solamente nell'area 2 (nn. 4, 250, 449), quella che ha restituito la maggior quantità di lucerne in assoluto; e sempre dall'area 2 sono stati restituiti gli unici tre esemplari del **tipo a disco** (nn. 11, 12, 248), [Tipo Loeschcke VIII, L I; Dressel tipo 20 e Dressel tipo 17], databili tra la seconda metà del I sec. d.C. e il II sec. d.C., e le *ear lamps* attestate tra la prima metà del I sec. d.C. e gli inizi del II sec. d.C. Tra gli esemplari della produzione più tarda rientrano anche due lucerne del tipo a canale (*Firmalampen*) restituite dalle aree 1 e 2: una di esse, praticamente integra, conserva sul fondo il marchio di fabbrica *FORTIS* che ne denuncia la produzione da parte di una nota fornace modenese [Tipo Loeschcke X] la cui attività è collocata tra la II metà del I sec. d.C. a tutto il II sec. d.C[1]. Anche un altro frammento di lucerna che conserva il fondo con il marchio *NERI* (n. 140, rinvenuto nell'area 2), è riferibile a questo tipo, ed è prodotto anch'esso da una fabbrica dell'Italia settentrionale[2].

Le lucerne appartenenti ai carichi

Nave B

Al carico della nave B appartiene una lucerna a volute (fig. 1) attribuibile all'età augustea in base all'iscrizione impressa sul fondo relativa ad un'officina già nota che lavorò

tity of lamps. Also from Area 2 come the only 3 examples of the *disc type* so far unearthed (nos. 11,12 and 248 Loeschcke Type VIII, LI ; Dressel Type 20; Dressel Type 17), which date to around the second half of the First Century A.D. and the Second Century A.D.; and the *ear lamps*, from between the first half of the First Century and the beginning of the Second Century A.D. Among the later examples are two channel-type lamps (*Firmalampen*) turn up again. They were uncovered in Areas 1 and 2. One of them is more-or-less complete and the maker's mark 'FORTIS' is still on its base, proving that it originated in a famous Modena workshop (Loeschcke Type X) active between the second half of the First Century A.D. and throughout the whole of the Second Century A.D[1]. There is also a fragment of a lamp with the trademark NERI on its base (no. 140, dug up in area 2). It is of the same type and was also produced in a northern Italian factory[1].

Oil lamps from the cargo

Ship B

Among Ship B's cargo is a volute oil lamp (no. 182) dating to the Augustan period. On its base is stamped an inscription refering to a known workshop active in Italy between the end of the First Century B.C. and the beginning of the First Century A.D[3]: it is in terra sigillata and its disc bears a shell motif often found on oil lamps and other objects from all over the Empire and for many centuries (fig. 1).

in Italia tra la fine del I sec. a.C. e gli inizi del I sec. d.C.[3]: è in terra sigillata e presenta sul disco una decorazione a valva di conchiglia, motivo molto diffuso sia sulle lucerne che su altre classi di oggetti trovati da tutte le parti dell'Impero ed attraverso vari secoli.

LA NAVE ELLENISTICA

Tra i reperti attribuibili al carico della nave ellenistica sono inclusi gli unici due esemplari di lucerne in ceramica a vernice nera rinvenuti nell'intero scavo. Si tratta di due lucerne di dimensioni piuttosto ridotte le cui caratteristiche trovano confronti con tipici esemplari, prodotti a partire dal III sec. a.C., classificati come lucerne dell'Esquilino, fabbricati al tornio e spesso caratterizzati dal beccuccio ad incudine (figg. 2-3); in particolar modo una di esse (n. 9) sembra riconducibile al tipo Esquilino I la cui produzione si concentra tra il 180 ed il 50 a.C.[4], mentre l'altra trova confronti con esemplari datati tra la fine del III sec. a.C. e la prima metà del II sec. a.C.[5].

Le lucerne dell'area 4

Dall'area 4 provengono in tutto cinque lucerne, due restituite dall'US 66 (nn. 13, 246), tre dall'US 114 (nn. 252, 414, 533). Di esse due sono bilicni in terra sigillata, entrambe del tipo a volute con lunghi beccucci dall'estremità ogivale e largo foro per lo stoppino, di un tipo ampiamente attestato fin dall'età augustea e per tutto il II sec. d.C.[6]

THE HELLENISTIC SHIP

Among finds attributed to the Hellenistic ship's cargo are the only two examples of black-glazed lamps from the site.

These rather small pieces are comparable to those types produced from the beginning of the 3rd Century B.C. on and classified as Esquilin Lamps, thrown on a wheel, and often with anvil-shaped nozzles (figs. 2-3). One of them (no. 9) particularly resembles the Esquiline Type I, which was largely produced between 180-50 B.C.[4], while the other ressembles examples dating to the end of the 3rd Century B.C. and the first half of the 2nd Century B.C.[5].

The oil lamps from Area 4

A total of five oil lamps comes from Area 4. Two were recovered from Layer 66 (nos. 13 & 246), three from Layer 114 (nos. 252, 414 & 533). Of these, two are bilyknos in terra sigillata and of the volute type, with long nozzles with ogival tips and wide openings for the wick.

This type is well-documented from the Augustan period through the 2nd Century A.D. (fig. 4)[6]. The others are two volute lamps with decorated disks and one Vogelkopflampe. The latter (no. 246) (fig. 5) is plain-surfaced an anvil-shaped nozzle, decorated with two opposed bird's heads in relief. Five examples of this type have been found at San Rossore, in three different areas[7], each of the second half of the 1st Century B.C.[8]. Of the two volute lamps with decorated (figs. 6-7) discs; one shows a motif well-attested in various versions[9]: a bird on a branch with a berry and spear shaped leaf (per-

(fig. 4). Le altre sono due esemplari a volute con disco decorato ed una *Vogelkopflampe*; quest'ultima (n. 246) (fig. 5) è del tipo in ceramica acroma con beccuccio ad incudine decorato con due teste di uccello in rilievo opposte tra loro, tipo rappresentato qui a San Rossore da cinque esemplari, provenienti da tre aree diverse[7], tutti riconducibili alla seconda metà del I sec. a.C.[8].

Delle due a volute con il disco decorato, (figg. 6-7) una presenta un motivo ampiamente attestato[9] in varie versioni: un uccellino su un ramo con bacca e foglie lanceolate, forse un melograno (n. 252); l'altra (n. 414), invece, presenta un motivo dionisiaco, che è anch'esso molto attestato, ma che in questa versione più complessa ha trovato un unico confronto, tanto preciso da far pensare di trovarsi in presenza dell'uso della stessa matrice, con un esemplare di Berlino[10] datato alla prima metà del I sec. d.C.

L'area 2

Gli esemplari restituiti dalle UUSS 45 e 65

Le UUSS 45 e 65, forse pertinenti al carico della nave E, hanno restituito in totale dieci lucerne la maggior parte delle quali sono del tipo a volute (nn. 5, 448, 450, 451, 519, 7, 704), una lucerna a disco (n. 248), una *Vogelkopflampe* (n. 6) ed un frammento di disco decorato (n. 524). Tra quelle a volute particolare interesse rivestono due esemplari (nn. 451, 519) di dimensioni diverse, ma che conservano la medesima decorazione del disco (fig. 8); l'importanza sta nel fatto che il motivo sembra essere piuttosto raro e noto

haps pomegranate) (no. 252). The other (no. 414) shows a Dionysian motif, which is also very common, but this version is more complex, however, and there is only one other comparable example, in Berlin[10], with a likeness so precise that we are led to the conclusion that both came from the same mould and dating to the first half of the 1st Century A.D.

Area 2

Examples recovered from Layers 45 and 65

Examples recovered from Layers 45 and 65 amount to a total of ten lamps. Most of them are of the volute type (nos. 5, 448, 450, 451, 519, 7 and 704). There is one disc lamp (no. 248), one *Vogelkopflampe* (no. 6), and a fragment of a decorated disc. Among the volute lamps, the most interesting are the two examples 451 and 519. They are of differing sizes, but have the same design on their discs (fig. 8). This design is extremely rare and known only in this one version[11]. Yet here it is present on two lamps both with hemisherical bodies and short nozzles tapering to a triangular tip, and consequently dated to the 2nd half of the First Century B.C. (Loeschcke Type 1A). The lamp no. 448 (fig. 9) seems to belong to a period immediately after this one. (end of 1st Century B.C. to first half of 1st Century A.D.) not only because it is of the volute type and because of its short, triangular beak, but especially because of its disc decoration, which most closely resembles a piece from Aquileia[12]. The quadriga is, in fact, a recurrent design, but these two cases give a particularly distinctive version.

solamente in questa versione[11], e qui è presente su due lucerne a volute, entrambe dal corpo emisferico e dal corto beccuccio rastremato all'estremità che è triangolare, pertanto tipologicamente riconducibili alla seconda metà del I sec. a.C. [Tipo Loeschcke I A].

Ad un periodo immediatamente successivo (fine I sec. a.C. / prima metà I sec. d.C.) sembra attribuibile la lucerna n. 448 (fig. 9), sia per il tipo a volute e corto becco triangolare, sia soprattutto per il decoro del disco che trova il confronto più puntuale in un esemplare proveniente da Aquileia[12]: la quadriga è infatti un motivo ricorrente, ma in questi due casi ci troviamo di fronte ad una variante ben individuata, con i cavalli rampanti verso sinistra con le teste tutte allineate eccetto l'ultima e con l'auriga nell'atto di frustarli con il braccio destro piegato ed alzato sopra la testa.

Un altro esemplare sempre appartenente a questo gruppo è la n. 248, una grande lucerna a disco con larga spalla spiovente verso l'esterno decorata con ovoli impressi e il beccuccio molto frammentario che doveva sporgere poco dal corpo; conserva sul fondo il bollo HERM in *planta pedis* affiancato da una V in rilievo posta orizzontalmente. Sulla base della limitazione del becco quest'ultima lucerna è collocabile in un periodo compreso tra la fine del I sec. d.C. e tutto il II sec. d.C. [Dressel tipo 17; Loeschcke tipo VIII, L2][13].

LE ALTRE LUCERNE DELL'AREA 2

L'area 2 è quella che ha restituito il maggior numero di lucerne di varie tipologie, attribuibili cronologicamente ad un arco di tempo che va dalla seconda metà del I sec. d.C. alla prima metà del II sec. d.C. Tra esse le più significative sono tre lucerne a volute

The rampant horses are moving towards the left. Their heads are all aligned, except for the last one. The charioteer is in the act of whipping the horses, his right arm bent and raised above his head. Another example belonging to this same group is no. 248 a large disc impressed lamp with a broad shoulder sloping outwards and decoratied with *ovuli* stamped onto it. Its fragmentary nozzle holder is so fragmentary that oil would have had to be poured in near the body. It has retained the stamp HERM on its base in *planta pedis,* next to a V shown in relief and positioned horizontally. Based on the shortness of its wick-holder, this lamp may be linked with the period between the end of the 1st Century A.D. and the 2nd Century A.D. (Dressel Type 17; Loeschcke Type VIII, L2)[13].

THE OTHER LAMPS FROM AREA 2

Area 2 is that which has restored to us the greatest number and assortment of lamps. They span a period of time covering the second half of the First Century B.C. to the first half of the Second Century A.D. Among these lamps, the most important are three simple volute lamps with disc bodies. One has ear-like side handles (ear lamp) (no. 522) . Among other volute lamps of interest there is one model with moulded handles (shown by nos 2, 10, 249 and 253) and one disc lamp (no. 11)

The three examples with simple volute and disc body have decorated discs (figs. 10-11-12-13). One has nothing with which it can be compared (no. 250), while the other two show popular[14] designs, no. 449 and another one both retain an inscription, stamped on the base, which reads

semplici e corpo a disco, due *ear lamps*, alcune lucerne a volute, tra cui una con ansa plastica (nn. 2, 10, 249, 253) ed una a disco (n. 11).

I tre esemplari a volute semplici e corpo a disco (figg. 10-11-12-13) hanno tutti il disco figurato, per uno di essi, però, non sono stati trovati confronti (n. 250), mentre gli altri due presentano motivi molto diffusi[14]; tra l'altro il n. 449 conserva sul fondo un'iscrizione impressa *L'MVNSVC* già attestata su una lucerna dell'Africa del nord[15].

L'area 2 ha restituito anche gli unici due esemplari di *ear lamps*, lucerne con prese laterali 'ad orecchietta', generalmente attestate, tra la prima metà del I sec. d.C. e gli inizi del II sec. d.C., oltre che in Italia, anche in area africana, in quella egeo-orientale, in Gallia e in Bretagna[16]. Oltre che le due prese laterali le lucerne di Pisa presentano la spalla spiovente terminante sul becco con un taglio dritto, tipo che trova confronti più precisi con esemplari attestati ad Aquileia[17] ed Urbino[18] (fig. 14).

Sempre da quest'area provengono gli unici esemplari con ansa plastica restituiti finora da Pisa; si tratta di due frammenti di anse a crescente lunare, uno di essi con un cerchiello ad 'occhio di dado' impresso al centro, e di una lucerna a volute con lungo beccuccio ed ansa sempre a crescente lunare dal profilo delimitato da una solcatura, collocabile in età imperiale[19] (fig. 15).

Le altre lucerne del tipo a volute di quest'area presentano i dischi decorati con motivi più o meno diffusi; tra queste sono da segnalare la n. 249, decorata con una scena erotica (*symplegma*) in una versione ben nota e attestata su esemplari datati al I sec. d.C.[20]; la n. 520, databile alla prima metà del I sec. d.C. sulla quale vi è raffigurato un cane a pelo lungo visto di profilo e rivolto verso sinistra[21], e la n. 2, decorata da un motivo particolarmente elegante costituito da due grifi correnti verso un cervo in composizione circola-

"L'MVNSVC" already attested of this trademark on a North African lamp[15]. The only two examples of *ear-lamps* have also been recovered from Area 2. Such lamps generally date back to between the first half of the First century A.D. and the start of the 2nd Century. They are found in parts of Africa, the Eastern Aegean, Gaul and Britain as well as Italy[16]. In addition to the two lateral handler, these oil lamps from Pisa have sloping shoulders ending in a straight-cut beak, a type with direct parallels from Aquileia[17] and Urbino (fig. 14)[18]. From the same area, come the only examples recovered so far with modelled handlers. There are two fragments of crescent-moon handles, one of which has a little circle impressed in its centre. It is from a long-beaked volute lamp with crescent-moon handles whose profile is marked by grooves, and dating back to the Imperial age (fig. 15)[19].

The other volute-type lamps in this area have disc decorations; both usual and unusual. Among the most interesting is no. 249, decorated with a very well-known version of an erotic scene (symplegma), shown also on other examples dating from the 1st Century A.D.[20]; no. 520 can also be dated from the 1st Century A.D. and it shows a shaggy-haired dog in profile facing left[21]. No. 2 is decorated with a particularly elegant circular design of two griffins running towards a deer. This may also be from the 1st Century A.D. (figs. 16-17-18)[22].

The lamps from Area 1

So far, only one open-channelled oil lamp of the *Firmalampen* variety has been recovered from Area 1. It is among the later examples of this type of product, and it can be dated back to between the

re, anch'essa probabilmente databile attorno alla metà del I sec. d.C.[22] (figg. 16-17-18).

La lucerna dell'area 1

L'area 1 ha finora restituito un'unica lucerna del tipo a canale aperto (*Firmalampe*) che rientra tra gli esemplari della produzione più tarda essendo databile tra la II metà del I sec. d.C. ed il II sec. d.C.[23] (fig. 19). Si tratta di un esemplare praticamente integro prodotto da una fornace modenese di cui conserva il marchio di fabbrica sul fondo (*FORTIS*) rinvenuto all'interno della nave A, il cui beccuccio fortemente annerito ne denuncia l'uso quale utensile di bordo.

Le lucerne dell'area 3

L'area 3 ha restituito in tutto solamente tre esemplari, tra cui quello inerente al carico della nave B[24]; gli altri due sono rappresentati da una piccola lucerna acroma di impasto grossolano databile al II sec. a.C. - I sec. a.C.[25], e da una lucerna a volute, databile invece alla prima metà del I sec. d.C., decorata da un motivo piuttosto diffuso[26] (fig. 20).

second half of the 1st Century A.D. and the 2nd Century A.D.[23] (fig. 19) It is an almost complete example, fired in a Modena kiln, whose trademark, FORTIS, it bears on its base. It was recovered from inside Ship A and its nozzle is strongly blackened, suggesting that it was being used aboard ship.

The oil lamps from Area 3

Only three examples have been recovered from Area 3, one of which was found among the cargo of Ship B[24]. Of the other two, one is small plain impasto lamp, dating to the 2nd Century B.C. to 1st Century B.C.[25]. The other is a volute lamp, dating from the first century A.D. and decorated with a commonly used motif[26] (fig. 20).

1

Fig. 1
N. 182, lucerna in T.S.I.
N. 182, oil lamp in T.S.I.

Fig. 2
N. 8, lucerna a vernice nera.
N. 8, black-glazed oil lamp.

Fig. 3
N. 9, lucerna a vernice nera.
N. 9, black-glazed oil lamp.

2

3

4

5

6

Fig. 4
N. 13, lucerna bilicne.
N. 13, *bilykne* oil lamp.

Fig. 5
N. 246, *Vogelkopflampe*.
N. 246 *Vogelkopflampe*.

Fig. 6
N. 252, lucerna a volute.
N. 252, oil lamp with volute.

7

8

9

10

11

12

Nella pagina a fianco / Front page
Fig. 7
N. 414, lucerna a volute.
N. 414, oil lamp with volute.

Fig. 8
N. 451, lucerna a volute.
N. 451, oil lamp with volute.

Fig. 9
N. 448, lucerna a volute.
N. 448, oil lamp with volute.

Fig. 10
N. 250, lucerna a volute semplici.
N. 250, oil lamp with simple volute.

In questa pagina / In this page

Fig. 11
N. 4, lucerna a volute semplici.
N. 4, oil lamp with simple volute.

Figg. 12-13
N. 449, lucerna a volute con iscrizione
impressa sul fondo.
N. 449, oil lamp with volute and an inscription
impressed on the bottom.

13

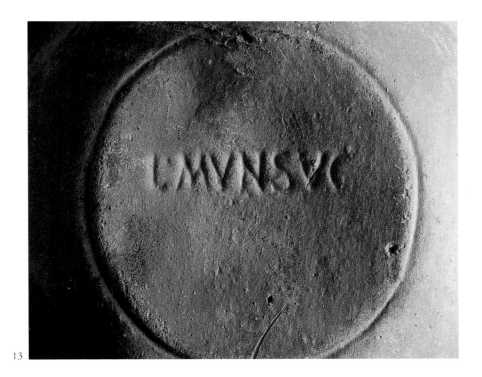

14

15

16

17

Fig. 14
N. 522, *ear lamp*.
N. 522, *ear lamp*.

Fig. 15
N. 253, lucerna con ansa plastica.
N. 253, oil lamp with plastic handle.

Fig. 16
N. 249, lucerna a volute.
N. 249, oil lamp with volute.

Fig. 17
N. 520, lucerna a volute.
N. 520, oil lamp with volute.

18

19

20

Fig. 18
N. 2 lucerna a volute.
N. 2, oil lamp with volute.

Fig. 19
N. 730, *Firmalampe*.
N. 730, *Firmalampe*.

Fig. 20
N. 1, lucerna a volute.
N. 1 oil lamp with volute.

182. Pisa San Rossore 2 area 3 US 9
Lucerna a volute frammentaria, in terra sigillata, con corpo emisferico, spalla leggermente spiovente verso l'interno, vasca distinta da tre modanature, disco decorato con una valva di conchiglia, lungo beccuccio mancante dell'estremità, ansa sormontante frammentaria opposta al beccuccio, fondo piatto distinto da basso anello con iscrizione incisa: FAVSTI. Superfici leggermente deteriorate.
d vasca cm. 8,3   d base cm. 4,7
h cm. 3,5   lungh. max cm. 13,2

8. Pisa San Rossore 2 ampl. Sud US 50
Lucerna frammentaria a vernice nera, corpo globulare, spalla arrotondata, vasca leggermente concava indistinta, beccuccio arrotondato, fondo leggermente concavo su piede circolare; sulla vasca a lato della spalla conserva una piccola borchia circolare, mentre all'estremità del beccuccio sulla parete esterna in corrispondenza del foro per lo stoppino, conserva una piccola depressione.
d vasca cm. 5,5   d base cm. 4,1
h cm. 3,5   lungh. max cm. 7,3

9. Pisa San Rossore 2 ampl. Sud US 50

252. Pisa San Rossore 2 area 4 sezione W
Lucerna a volute frammentaria con corpo troncoconico rovescio a pareti concave, larga spalla pressoché rettilinea, vasca distinta da tre modanature, disco concavo decorato con un uccello, rappresentato di profilo e rivolto verso sinistra, su un ramo con foglie lanceolate e bacca; si conserva l'attacco del beccuccio; il fondo è piatto distinto da una solcatura. Impasto chiaro, tracce di vernice bruna, superfici molto deteriorate.
d vasca cm. 7,5   d base cm. 4,5
h cm. 2,4   lungh. max cm. 15

414. Pisa San Rossore 2 area 4 US 114 stacco II [E20]
Lucerna a volute con corpo troncoconico rovescio a pareti leggermente concave, vasca

concava distinta da tre scanalature, disco decorato con un motivo dionisiaco: una pantera, rappresentata di profilo con la zampa destra alzata e con la testa rivolta in alto e all'indietro verso un tralcio di vite, incede verso sinistra ed è affiancata a sinistra da un tirso, a destra da un *kantharos*. Beccuccio frammentario con piccolo forellino nel punto d'innesto al corpo, fondo piatto distinto da un basso anello. Impasto chiaro, superfici deteriorate, tracce di vernice bruno rossastra.
d vasca cm. 7,5   d base cm. 4,3
h cm. 2,7   lungh. max cm. 9

451. Pisa San Rossore 2 area 2/3 US 45 stacco I
Lucerna a volute, frammentaria, con corpo probabilmente emisferico, spalla rettilinea decorata con tre modanature, vasca concava, disco decorato con una figura maschile seduta su una roccia, il braccio destro appoggiato alla gamba destra piegata, che tiene in mano un bastone poggiato a terra; beccuccio con estremità triangolare, fondo mancante. Impasto chiaro, superfici deteriorate, vernice rossa.
d vasca cm. 7,1   h max cm. 3,2
lungh. cm. 9,9
II metà I sec.a.C. [15-10 a.C.]

182. Pisa San Rossore 2, Area 3, Layer 9
Fragment of volute oil lamp with trademark stamped in terra sigillata. Hemisperical body, shoulders sagging slightly inwards, distinct from its bowl which has three mouldings. Disc decorated with mollusk shell design. Long wick-holder, with end missing. A fragment of the handle is mounted opposite the wick. The flat base is distinguised by a ringed bottom with the incised inscription FAVSTI. Surfaces somewhat deteriorated.
d of bowl 8.3 cm.   d of base 4.7 cm.
h 3.5 cm.

8. Pisa San Rossore 2 Southern extension Layer 50
Fragments of lamp with black glaze, globular body, rounded, slightly concave shoulders, indistinguishable bowl, on circular stem. On the bowl, to the side of the shoulder, still conserved, is a small circular metal disc. At the end of the wick, on its external edge, it retains a slight depression, corresponding to the hole for the wick.
d of bowl 5.5 cm.   d of base 4.1 cm.
h 3.5 cm.   max length 7.3 cm.

9. Pisa San Rossore 2, Southern extension, Layer 50
Black glazed oil-lamp with biconical body, small disc, fragmentary anvil-wick, hadle mounted opposite the wick. Decorated with longitudinal ribbing. Flat base on circular stem.
d of bowl 5.7 cm.   d of base 4.5 cm. (diam at base of disc 3 cm.)   h 3.9 cm.   h including handle 5.4 cm.   length 10.5 cm.

252. Pisa San Rossore 2, Area 4, western section.
Fragmentary oil lamp with reversed frustum body and concave sides. Large, almost rectilinear shoulders. Distinct bowl with three mouldings. Concave disc decorated with a bird, shown in profile, looking leftwards, on a twig with lanceolate leaf and berry. The wick attachment has been preserved; the base is flat and distinguised by a furrow. Smooth texture. Traces of brown glaze. Surfaces much deteriorated.
d of bowl 7.5 cm.   d of base 4.5 cm.
h 2.4 cm.   max length 15 cm.

414. Pisa San Rossore 2, Area 4, Layer 114, Artificial layer II (E20)
Volute oil lamp with reverse frustum body and

slightly concave bowl with three grooves. Disc decorated with a Dionysian design: a panther is shown in profile with right paw raised and head lifted high, looking back over its shoulder to a grapevine.It is walking towards the left, flanked by a thyrsus on its left and a kantharos on its right. The wick area is in fragments with a slight fork where it meets the body. Flat base with low basal ring. Smooth texture. Surface deterioration; Traces of brownish-red glaze.
d of bowl 7.5 cm.   d of base 4.3 cm.   h 2.7 cm.   max length 9 cm.

451. Pisa San Rossore 2, Area 2/3, Layer 45, Artificial layer I
Fragments of volute oil lamp which probably had hemispherical body, rectilinear shoulders decorated with three mouldings, concave bowl. The disc is decorated with a male figure, sitting on a rock with his right arm placed on his bent right knee.He is holding a stick in his hand. Its ither end is planted on the ground.The wick has a triangular end. The base is missing. Smooth texture. Suferficial deterioration. Red glaze.
d of bowl 7.1 cm.   max h 3.2 cm.   length 9.9 cm.
Second half of 1st Century B.C. (15-10 B.C.)

250. Pisa San Rossore 2 area 2 US 92
Lucerna a volute semplici, con corpo a disco, larga spalla spiovente verso l'esterno decorata nel punto d'innesto del beccuccio da due cerchielli ad 'occhio di dado', vasca distinta da due modanature, disco decorato con un erote eretto, con corpo di prospetto e volto di profilo, che volgendosi a sinistra sembra reggere un candelabro a treppiede affiancato da un rametto di palma; il foro per l'alimentazione è spostato verso destra. Corto beccuccio dall'estremità arrotondata; ansa ad anello sovrastante opposta al beccuccio, fondo piatto distinto da una solcatura. Impasto chiaro, superfici molto deteriorate, vernice bruno scura.
d vasca cm. 9   d base cm. 4,5   h cm. 3,3
h con ansa cm. 5,5   lungh. cm. 13,5
I metà II sec. d.C.

4. Pisa San Rossore 2 area 2 US 78
Lucerna a volute semplici frammentaria, con corpo a disco, larga spalla spiovente verso l'esterno, vasca distinta da due modanature, disco lievemente concavo decorato con la testa di Mercurio rappresentata di prospetto con caduceo, petaso e borsa, beccuccio frammentario con estremità arro-

tondata, ansa ad anello sormontante opposta al beccuccio, fondo piatto distinto da una leggera solcatura. Impasto rossastro, superfici molto deteriorate.
d vasca cm. 7   d base cm. 3,7   h cm. 2,3
h con ansa cm. 4,3   lungh. max cm. 11,3
II metà I sec. d.C. - I metà II sec. d.C.

449. Pisa San Rossore 2 area 2 US 78
Lucerna a volute, corpo troncoconico rovescio schiacciato con spalla larga spiovente verso l'esterno, vasca distinta da una solcatura, disco decorato con due gladiatori con elmo crestato, schinieri, scudo rettangolare, spada corta e perizoma, rappresentati uno di schiena e l'altro di prospetto; corto beccuccio, decorato da basse volute, dall'estremità ogivale e grosso foro per lo stoppino; fondo piatto distinto da una solcatura con iscrizione impressa *L'MVNSVC*. Impasto rosso, superfici deteriorate, tracce di vernice bruna.
d vasca cm. 8,5   d base cm. 4,5
h cm. 2,7   lungh. cm. 11,4

730. Pisa San Rossore 2 area 1 US 145
Lucerna a canale aperto (*Firmalampe*), acroma, corpo troncoconico rovescio, spalla

larga spiovente verso l'esterno e decorata da due borchie rettangolari disposte sull'asse trasversale, beccuccio dall'estremità arrotondata e annerita da tracce di fumo, fondo piano distinto da basso anello, marchio di fabbrica in rilievo: *FORTIS*. Impasto rosato, superfici deteriorate.
d vasca cm. 5,8   d base cm. 3   h cm. 3
lungh. cm. 8

1. Pisa San Rossore 2 area 3 US 59
Lucerna a volute frammentaria con corpo troncoconico rovescio a pareti concave, spalla spiovente verso l'interno, vasca distinta da tre modanature, disco concavo decorato con scena erotica rappresentante un satiro e una ninfa, corto beccuccio mancante dell'estremità, fondo leggermente convesso distinto da basso anello. Impasto chiaro, superfici deteriorate, vernice rossa.
d vasca cm. 7,6   d base cm. 4,8
h cm. 3,2   lungh. max cm. 9,1

250. Pisa San Rossore 2, Area 2, Layer 92
Oil lamp with simple volute, disked body, large, shaping shoulders. External decoration. At the point where the wick is retained, there is a decoration of two, small, dice-eyed circles. The bowl is distinct, with two mouldings. The disc is decorated with erotica. A man is shown, full-frontal, having an erection. His face is in profile and looking leftwards, seemingly towards a triple candelabra beside a palm-leaf. The lamp's lubrication opening is to the right. It has a short wick-attatchment, rounded at the tip. A ring-shaped handle is superimposed opposite the wick.
The base is flat and marked with a furrow. Smooth texture. Much surface deterioration. Dark brown glaze.
d of bowl 9 cm.   d of base 4.5 cm.   h 3.3 cm.
h with handle 5.5 cm.
length 13.5 cm.
First half of 2nd Century A.D.

4. Pisa San Rossore 2, Area 2, Layer 78
Fragmented oil lamp with simple volute and disc-shaped bowl. Broad shoulders, hunching outwards. The bowl has two distinct mouldings. Its disc is slightly concave and decorated

with the head of Mercury, full-faced, with herald's wand, petasus and bag. Wick holder in pieces with rounded edge. Ringed handle, positioned opposite the wick. Flat, distinct base, with furrow marking. Reddish glaze. Surface much deteriorated.
d of bowl 7 cm.   d of base 3.7 cm.   h 2.3 cm.
h including handle 4.3 cm.   max length 11.3 cm.
Second half of 1st Century A.D. - first half of 2nd Century A.D.

449. Pisa San Rossore 2, Area 2, Layer 78
Volute oil lamp. with flattened, upturned frustum body, broad shoulders, distinct, furrowed bowl. Disc decorated with two gladiators in crested helments, back-flaps, rectangular shields, short swords and scabbards. The back-view of one is shown; and the front view of the other.Short wick-holder. Lower volute decorated. Pointed edge and large, full hole for the stopper.The bowl is flat, and distinguished by a marking with the inscription L'MVNSVC impressed on it. Red surface. Deterioration. Traces of brown glaze.
d of the bowl is 8.5 cm.   d of base 4.5 cm.
h 2.7 cm.   length 11.4 cm.

730. Pisa San Rossore 2, Area 1, Layer 145
Open-channelled oil lamp (*Firmelampe*) Uncoloured. Of reversed frustum shaped body large out-stooped shoulders. Decorated with two rectangular knobs, placed on the transverse axis. Wick holder has rounded end and smoke-stains. Base is flat with sitict basal ring.
Factory mark FORTIS in relief. Pinkish clay. Surface deterioration.
d of bowl 5.8 cm.   d of base 3 cm.   h 3 cm.
length 8 cm.

1. Pisa San Rossore 2, Area 3, Layer 59
Fragments of an oil lamp with reversed frustum body and concave sides. Shoulders stooping inwards. Bowl has three distunct mouldings.Concave disc, decorated with an erotic scene showing a satyr and a nymph. Short wick holder with missing end. The base is slightly convex and has a distict basal ring.
Light clay, deterioration to surface, red glaze.
d of bowl 7.6 cm.   d of base 4.8 cm.
h 3.2 cm.   max length 9.1 cm.

NOTE

[1] GUALANDI GENITO 1977, pp. 158 e segg., nn. 437, 466-469.

[2] GUALANDI GENITO 1977, pp. 158 e segg., nn. 474, 475.

[3] BAILEY 1980, Q757, Q850, pp. 84, 154; *CIL XIII*, 10001; *CIL XV*, 6436; GUALANDI GENITO 1977, nn. 255, 267; LARESE - SGREVA 1997, I, n. 49, p. 71; MLASOWSKY 1993, n. 266, p. 259.

[4] DI FILIPPO BALESTRAZZI *et alii,* 1979, p. 15; LARESE - SGREVA 1997, I, n. 12 p. 52; MLASOWSKY 1993, n. 18 p. 29; ZACCARIA RUGGIU 1980, n. 46 b, p. 43.

[5] DI FILIPPO BALESTRAZZI 1988, tav. I, n. 5; GUALANDI GENITO 1977, p. 41, nn. 555, 556.

[6] MENZEL 1969, n. 85.

[7] Area 2, area 4, ampliamento sud.

[8] GIOVAGNETTI 1985, p. 23, n. 9; GUALANDI GENITO 1977, n. 117, p. 76; LARESE - SGREVA 1997, II, n. 48, p. 70; RICCI 1973, figg. 19, 20, 21.

[9] BAILEY 1963, tav. 7 (k), n. 709; BAILEY 1975-1980, Q2422-2423; DI FILIPPO BALESTRAZZI 1988, tav. 115, n. 744, motivo III.b.4.4; HELLMANN 1987, n. 98; GUALANDI GENITO 1977, n. 287.

[10] DI FILIPPO BALESTRAZZI 1988, II, motivo III.a.2.1.; HERES 1972, tav. 17, n. 126.

[11] DI FILIPPO BALESTRAZZI 1988, II, motivo II.a.I.3, p. 68; tav. 28, n. 191.

[12] DI FILIPPO BALESTRAZZI 1988, II, motivo II.e.1.1, tav. 114, n. 721.

[13] GUALANDI GENITO 1977, pp. 135 e segg., gruppo II A.

[14] GUALANDI GENITO 1977, nn. 223,313; BAILEY 1980 fig. 8, Q1301.

[15] BALIL 1968, p. 56.

[16] BAILEY 1988, Q1567, pl. 4; GUALANDI GENITO 1977, p. 67; DI FILIPPO BALESTRAZZI 1988.

[17] DI FILIPPO BALESTRAZZI 1988, tav. 138, nn. 919-920, tipo B.II.f.I.

[18] MERCANDO 1982, fig. 225.

[19] GIOVAGNETTI 1985, p. 28, n. 13; HERES 1972, tav. 3, n. 8; MENZEL 1969, tav. 26,4 n. 89; SAPELLI 1979, tav. XV, n. 145.

[20] BAILEY 1980, p. 66, fig. 69, Q887; BAILEY 1988, p. 64, fig. 79, Q1512; DI FILIPPO BALESTRAZZI 1988, nn. 551, 628.

[21] DI FILIPPO BALESTRAZZI 1988, motivo III.a.10.5.

[22] HERES 1972, tav. 66, n. 663.

[23] GUALANDI GENITO 1977, pp. 158 e segg., nn. 437, 466-469.

[24] Vedi sopra n. 182, fig. 1.

[25] GUALANDI GENITO 1977, n. 103, pp. 65-66; DI FILIPPO BALESTRAZZI 1988, II, tav. 4, 21.

[26] HELLMANN 1987, tav. VI, 49; MLASOWSKY 1993, n. 78, p. 89.

NOTES

[1] GUALANDI GENITO 1977, pp. 158 & following, nos. 437, 466-469.

[2] GUALANDI GENITO 1977, pp. 158 & following, nos. 474, 475.

[3] BAILEY 1980, Q757, Q850, pp. 84, 154; *CIL XIII*, 10001; *CIL XV*, 6436; GUALANDI GENITO 1977, nos. 255, 267; LARESE 1997, I, n. 49, p. 71; MLASOWSKY 1993, n. 266, p. 259.

[4] DI FILIPPO BALESTRAZZI *et al.* 1979, p. 15; LARESE 1997, I, n. 12 p. 52; MLASOWSKY 1993, n. 18 p. 29; ZACCARIA RUGGIU 1980, n. 46 b, p. 43.

[5] DI FILIPPO BALESTRAZZI 1988, table I, n. 5; GUALANDI GENITO 1977, p. 41, nos. 555, 556.

[6] MENZEL 1969, n. 85.

[7] Area 2, area 4, southern extension

[8] GIOVAGNETTI 1985, p. 23, n. 9; GUALANDI GENITO 1977, n. 117, p. 76; LARESE 1997, II, n. 48, p. 70; RICCI 1973, figs. 19-20-21.

[9] BAILEY 1963, table 7 (k), n. 709; BAILEY 1975-1980, Q2422-2423; DI FILIPPO BALESTRAZZI 1988, table 115, n. 744, motif III.b.4.4; HELLMANN 1987, n. 98; GUALANDI GENITO 1977, n. 287.

[10] DI FILIPPO BALESTRAZZI 1988, II, motif III.a.2.1.; HERES 1972, table 17, n. 126.

[11] DI FILIPPO BALESTRAZZI 1988, II, motif II.a.I.3, p. 68; table 28, n. 191.

[12] DI FILIPPO BALESTRAZZI 1988, II, motif II.e.1.1, table 114, n. 721.

[13] GUALANDI GENITO 1977, p. 135 & following, group II A.

[14] GUALANDI GENITO 1977, nos. 223, 313; BAILEY 1980 fig. 8, Q1301.

[15] BALIL 1968, p. 56.

[16] BAILEY 1988, Q1567, plate 4; GUALANDI GENITO 1977, p. 67; DI FILIPPO BALESTRAZZI 1988.

[17] DI FILIPPO BALESTRAZZI 1988, table 138, nos. 919-920, type B.II.f.I.

[18] MERCANDO 1982, fig. 225.

[19] GIOVAGNETTI 1985, p. 28, n. 13; HERES 1972, table 3, n. 8; MENZEL 1969, table 26,4 n. 89; SAPELLI 1979, table XV, n. 145.

[20] BAILEY 1980, p. 66, fig. 69, Q887; BAILEY 1988, p. 64, fig. 79, Q1512; DI FILIPPO BALESTRAZZI 1988, nos. 551, 628.

[21] DI FILIPPO BALESTRAZZI 1988, motif III.a.10.5.

[22] HERES 1972, table 66, n. 663.

[23] GUALANDI GENITO 1977, pp. 158 & following, nos. 437, 466-469.

[24] See above.

[25] GUALANDI GENITO 1977, n. 103, pp. 65-66; DI FILIPPO BALESTRAZZI 1988, II, table 4, 21.

[26] HELLMANN 1987, table VI, 49; MLASOWSKY 1993, n. 78, p. 89.

MAURIZIO
PAOLETTI

SIGILLATA

Pisa, il porto e le fabbriche di terra sigillata

Pisa assume un ruolo di grande rilievo nella produzione della terra sigillata italica sul finire del I sec. a.C., quando l'"industria" di *Cn. Ateius* vi apre un'importante succursale rifornita da vari impianti, alcuni disposti nell'immediata periferia settentrionale della città, lungo il corso dell'Auser, altri poco più a Nord nell'*ager Pisanus*, ma sempre a breve distanza dalla città. La nascita della nuova sede sulla costa tirrenica, in una posizione favorevolissima alla commercializzazione e all'esportazione transmarina dei prodotti, comportò di fatto il ridimensionamento o per meglio dire la chiusura delle strutture manifatturiere legate alla "casa-madre".

Questa ricostruzione di stampo modernista, che taglia fuori le nostre persistenti incertezze circa la reale organizzazione interna delle *figlinae* di terra sigillata, ha tutti i difetti della sintesi estrema[1]. Non vi è dubbio però – come ha mostrato Philip M. Kenrick nel suo *"Cn. Ateius - the inside story"* – che svariati elementi sembrano avvalorare questa tesi[2].

L'officina di *Ateius* ad Arezzo, sulla base dello scarico di Via Nardi, non supera l'ultimo decennio, o al massimo quindicennio, del I sec. a.C. Invece, la sigillata pisana è assente sul *limes* renano nei *castra* di Oberaden e Dangstetten, rispettivamente abbandonati intorno al 9 a.C. e prima del 10/9 a.C.[3], mentre è sicuramente esportata nella Germania *Superior* già appena qualche anno dopo, essendo testimoniata all'incirca nel 5 a.C. a *Mogontiacum* (l'odierna Mainz)[4].

SIGILLATA

Pisa, the port and the terra sigillata factories

Pisa assumes a significant role in the production of Italic terra sigillata at the end of 1st century B.C., when the "industry" of *Cn. Ateius* opens an important branch there which is served by various plants, some situated in the northern outskirts of the city along the Auser and others further north, in the *ager Pisanus* but only a short distance. The birth of the new works on the Tyrrhenian coast, in a favourable position for marketing and overseas export, brought about the "down-sizing", or better still the closing down, of production sites linked to the headquarters.

The reconstruction in modern terms, which sidesteps the persistent doubts about the real internal organisation of the *figlinae* producing terra sigillata has all the defects of extreme[1] synthesis. However, there is no doubt, as Philip M. Kenrich has pointed out in his *Cn. Ateius - The Inside Story*, that various elements seem to justify this interpretation[2].

Ateius's workshop in Arezzo, judging from the dumping site in Via Nardi, does not survive the last ten or, at the most, fifteen years of the 1st century B.C. Conversely, Pisan terra sigillata is not present on the Rhine *limes*, in the *castra* of Oberaden and Dangstetten, abandoned, respectively, around 9 B.C. and before 10/9 B.C.[3], whereas it was certainly exported to *Germania Superior* only a few years later, as witnessed since it does occur in ca. 5 B.C. at *Mogontiacum* (Mainz)[4]. If these represent more or less the chronological terms of the problem, in pratical terms, the creation of a Pisan branch with *figlinae* brought production much nearer the port, which meant a significant reduction

Se questi sono – più o meno – gli estremi cronologici del problema, la creazione di una filiale a Pisa con le connesse *figlinae* avvicinava in misura determinante la produzione al punto d'imbarco portuale: ciò voleva dire sul piano commerciale una sensibile diminuzione dei costi di trasporto, di smistamento e di stoccaggio in magazzino.

Questi vantaggi economici, di per sé facilmente intuibili, trovano un immediato riscontro nella diffusione della terra sigillata pisana bollata da *Cn. Ateius* o dai suoi liberti, tra cui emergono soprattutto *Cn. Ateius Mahes* e *Cn. Ateius Zoilus* (sia singolarmente sia associati tra loro). È una presenza che dalla Gallia e dalla Germania, dove è ben radicata, giunge nelle più lontane province dell'Impero Romano[5]. L'ampio e indiscutibile successo commerciale sfruttava verosimilmente l'effetto di uno stretto rapporto con l'annona militare maturato in età augustea e tiberiana, ma proseguito forse anche dopo. Benché si possa e si debba discutere ancora a fondo sulle forme e le modalità di tale approvvigionamento, la possibilità di rifornire accampamenti e truppe favorì senz'altro l'ingresso della sigillata pisana sui mercati provinciali, oltre che naturalmente su quelli dell'Italia. Non è escluso che all'invio delle grosse partite di vasellame destinate ad una committenza particolare e specifica, appunto quella militare, fossero collegati vantaggi indiretti: quali, ad esempio, lo sfruttamento di una diffusa distribuzione, composta da appaltatori di pubblici contratti e mercanti sia all'ingrosso sia al dettaglio – *conductores, negotiatores* specialmente *artis cretariae*. Insieme alla capillare rete commerciale è però, grazie alla qualità (e convenienza?) dei suoi prodotti, che la sigillata pisana riesce a battere la concorrenza, conseguendo nell'"export" ceramico un dominio pressoché stabile e incontrastato durato qualche decennio[6]. Questa rapida premessa rende comprensibile come dopo gli scarichi di fornaci già individuati a Pisa e nei suoi dintorni – in Via San Zeno[7], Via Santo Stefano[8] nonché nella loc.

in transportation, sorting and warehouse costs. These economic advantages, which are easily understood, are legible in the distribution of Pisan terra sigillata stamped by *Cn. Ateius* and his freedmen, esepcially *Cn. Ateius Mahes* and *Cn. Ateius Zoilus* (either singly or together). Besides Gaul and Germany, where terra sigillata is well established, it reaches the furthest provinces of the Roman Empire[5]. The great and unquestionable economic success was probably also a consequence of close ties with the military food administration established in Augustan and Tiberian times and possibly continued even after. Although one can, and no doubt should arrive at a thorough and sistematic discussion of the working of thi procurrent system, the opportunity to supply camps and troops no doubt favoured the arrival of Pisan sigillata at provincial, in addiction of course to Italian, markets. It is not to be excluded that large shipments of pottery destined for a specific and special client, and precisely the military, would bring indirect advantages: a far-flung distribution network made up of contractors working for the public administration as well as both wholesale and retail merchants - *conductores, negotiatores,* and especially *artis cretatiae*. However, Pisan terra sigillata also owes its success in beating the competition to the quality (and low cost?) of its products and it held on to its more or less undisputed leadership in ceramic exports, for decades[6]. This brief fintroduction explains how along with the kiln dumping sites already identified in Pisa and its environs – in Via San Zeno[7], Via Santo Stefano[8], as well at Isola di Migliarino[9] – and alongside the other urban and rural contexts[10], the San Rossore port site takes on a considerable importance. However, caution is necessary since the excavations are far from complete. However, given the characteristics and typology of the terra sigillata represented, the stratigraphy of this naval port of call, at the moment, would seem to offer the missing link between elements whose relationship is not understood.

Isola di Migliarino[9] – e accanto ai contesti urbani e rurali[10] l'area portuale di San Rossore rivesta un significato considerevole. La cautela è d'obbligo, a scavo ancora lungi dal concludersi. Ma per il carattere e la tipologia delle sigillate che vi sono rappresentate, i contesti stratigrafici di questo scalo navale sembrano al momento quasi l'anello che può raccordare elementi sinora disuniti tra loro.

Infatti il riflesso delle capacità imprenditoriali di Pisa e del suo "hinterland" è da tempo pienamente visibile nelle zone di commercio, vendita e uso – vale a dire sui mercati di arrivo –. Ma per misurare appieno le potenzialità, i tempi e i modi produttivi della sigillata italica e poi tardo-italica, liscia e decorata, è necessario indagare le *figlinae* pisane in parallelo con il mercato locale e con le infrastrutture portuali, la cui funzione era essenziale e – a dir poco – determinante per il successo della distribuzione su larga scala[11].

I contesti di San Rossore, pur nella loro indubbia particolarità, possono perciò offrire informazioni preziose riguardo ai flussi e ai volumi di traffico, ai momenti di crisi imprenditoriale e di contrazione dei mercati transmarini, soprattutto se, nella seconda metà del I sec. d.C., l'arrivo della sigillata sud-gallica anche a Pisa fosse la prova della perduta competitività delle officine tardo-italiche qui attive dinanzi a una concorrenza sempre più agguerrita e temibile[12].

Catalogo

A San Rossore la ceramica sigillata italica, tardo-italica e sud-gallica è presente in quantità ricca e considerevole; ma appartiene naturalmente a contesti stratigrafici assai diversi tra

In fact the impact of the entrepreneurial skills of Pisa and its hinterland, has been very evident for some time in the the areas where it was sold and used - in other words in the markets for which it was destined. However, in order to appreciate fully the capabilities, the timing and the production techniques of Italic and late Italic terra sigillata, both smooth and decorated, one must examine the Pisan *figlinae* in relation to the local market and the port infrastructure, whose role was essential, indeed crucial, to its successful large-scale distribution[11].

The archaeological contexts explored at San Rossore can, therefore, supply precious information regarding the flow and volume of trade in times of entrepreneurial crisis and shrinking overseas markets, especially if the arrival of terra sigillata from the southern Gaul at Pisa in the second half of 1st century A.D. were proof that the local late Italic industries had lost their competitivity in the face of increasingly aggressive and formidable competition[12].

Catalogue

Italic, late-Italic and south Gallic terra sigillata ceramics are to be found in San Rossore in large quantities, but they belong to strongly disparate stratigraphic contexts. Some vases probably belonged to the cargo of the ships (Ship B). Other material gives further evidence of the long and complex sequence of floods which covered the ships after they had sunk (eg. the Hellenistic Ship discovered in the South extention). Most of the terra sigillata, however, was simply dumped onto the bottom of the port and or deposited by the river as its sediments gradually filled the basin.

loro. Alcuni vasi sono attribuibili con elevata probabilità ai carichi delle navi (nave B). Altre ceramiche sembrano comprovare le complesse e ripetute fasi alluvionali che hanno sommerso gli scafi dopo il loro affondamento (nave ellenistica scoperta nell'ampliamento Sud). In massima parte però, le sigillate sono riferibili a scarichi di materiali sul fondale dello scalo navale e ai vari successivi depositi fluviali che hanno colmato il bacino portuale.

In questa fase preliminare della ricerca è possibile presentare soltanto pochi esempi; ma il numero dei casi significativi è elevato.

In particolare si deve menzionare l'esistenza di diversi graffiti sul fondo dei vasi: sono in massima parte sigle di proprietà tracciate in maniera sommaria e spesso grossolana. Altri segni, riconoscibili con certezza come lettere latine, sembrano probabili iniziali onomastiche apposte quasi sempre sui fondi. Questa categoria di incisioni varie, ma molto semplificate, potrebbe indicare il basso grado di alfabetizzazione degli ignoti *scriptores*, senz'altro marinai, artigiani e lavoratori nello scalo. Dalla serie si distacca e perciò, merita una particolare segnalazione il graffito *MARITVMI*, inciso con *ductus* molto regolare e preciso sull'esterno di un piattello in T.S.I. forma *Conspectus* 18.2 (area 1/2 US 69 stacco I).

Ai livelli alluvionali che hanno colmato e disperso il "carico della nave ellenistica" appartengono un fondo di piatto in T.S.I. (n. 158) e, soprattutto, uno splendido calice in T.S.I. decorata (n. 217), con il trionfo di Ercole e Onfale e il bollo di *M. Perennius Tigranus*.

Nel duplice corteo di carri condotti da coppie di Centauri che hanno le mani legate dietro la schiena, Ercole e Onfale esibiscono con enfasi la raggiunta inversione di ruoli. L'eroe è ormai effeminato e privato della sua forza, mentre la regina della Lidia esibisce la clava sottratta ad Ercole, che è divenuto ormai schiavo d'amore. Il tema dei Centauri *restrictis ad*

In this preliminary phase of the research, we can only present a few examples, but the number of significant cases is high.

Particularly, we have to mention the presence of graffiti on the bottom of the vases; these are for the most part owners' marks, carelessly and often crudely rendered. Other signs, recognised with certainty as Latin characters, are probably onomastic initials, almost always placed on the bottom. This category of inscriptions, varied but much simplified, could indicate the low level of literacy among the unknown *sciptores*, no doubt sailors, artisans or workers at the port of call. Of this series, one particular graffito therefore stands out and merits particular attention. The graffito *MARITVMI*, incised with a very regular and precise *ductus* on the outside of the small plate in T.S.I of the *Conspectus* 18.2 (Area 1/2, Layer 69, Artificial layer I). The bottom of a plate in T.S.I. (no. 158) and above all a splendid chali–ce in decorated T.S.I. (no. 217) portraying the triumph of Hercules and Omphale and the stamp of *M. Perennius Tigranus* were retrieved from the flood level which covered and dispersed the Hellenistic Ship's cargo.

In the double procession of chariots led by pairs of centaurs with their hands tied behind their backs, Hercules and Omphale flaunt their perfected inversion of roles. The hero is already effeminate, and his strenght sapped, while the Lydian Queen displays the club faken from Hercules, by now enslaved to love. The theme of the centaurs *restrictis ad terga manibus*, now carefully studied by V. Saladino, is particularly popular on decorated Italic terra sigillata[13].

The triumph of Hercules and Omphale is present not only in the repertoire of *M. Perennius Tigranus's*[14], but also in that of *Ateius*[15], *M. Perennius*[16], *Cerdo M. Perenni*[17] and, finally, *M. Perennius Barghates*[18]. That once considered the best representation – a complete mould for T.S.I. – is to be

terga manibus, adesso acutamente studiato da V. Saladino, ha incontrato non poca fortuna nella sigillata italica decorata[13]. Il trionfo di Ercole e Onfale è presente nel repertorio non solo di *M. Perennius Tigranus*[14], ma anche di *Ateius*[15], di *M. Perennius*[16], di *Cerdo M. Perenni*[17] e infine di *M. Perennius Barghates*[18]. Dall'elenco va esclusa, invece, quella che era stato ritenuta la migliore raffigurazione: una matrice integra di T.S.I., che è un falso realizzato con straordinaria abilità e bravura poco prima della fine dell'800[19].

In ogni caso, nel calice "firmato"[20] di San Rossore, non è difficile riconoscere il gusto per l'imitazione fedele delle preziose opere toreutiche in argento sbalzato d'età augustea, a dimostrare così che la sigillata italica decorata anche quando raggiungeva livelli eccezionali, era pur sempre "il vasellame 'di lusso' delle masse popolari"[21].

excluded from the list remarkably well-made forgery actually dates to little before the end of the 19th century[19].

In any case, it is not difficult to recognize in this "designer" chalice[20] from San Rossore the taste for close imitation of the precious relief work in embossed silver of the Augustan era , which demonstrates that decorated Italic terra sigillata, even when it reached exceptionally high levels, was always considered "'de luxe' pottery for the masses"[21].

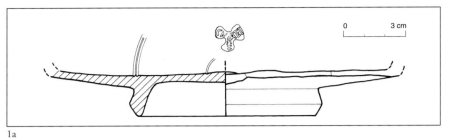

1a

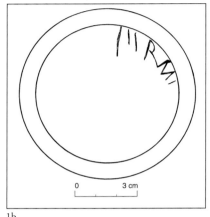

1b

2a

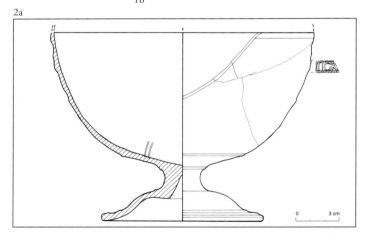

2c

2b

Fig. 1a-b
N. 158, fondo di piatto frammentario con bollo e graffito esterno.
N. 158, fragmentary stamped dish.

Figg. 2 a-c
N. 217, calice decorato a matrice con bollo esterno.
N. 217, mould-decorated chalice with external stamp.

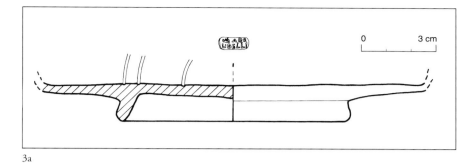

3a

Fig. 3a-b
N. 53, fondo di piatto frammentario con bollo e graffiti esterni.
N. 53, fragmentary dish with external stamp.

3b

4

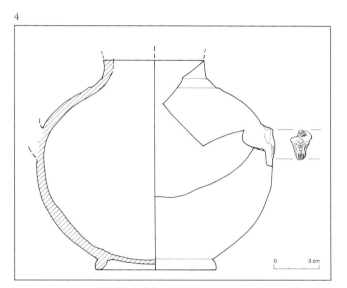

5

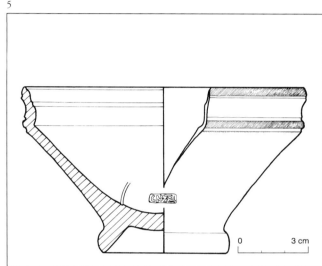

Fig. 4
N. 817, brocca con decorazione applicata.
N. 817, jug with applied decoration.

Fig. 5
N. 36, coppa troncoconica con bollo.
N. 36, stamped conical cup.

Fig. 6
N. 37, coppa troncoconica con bollo.
N. 37, stamped conical cup.

Fig. 7
N. 38, coppa carenata con bollo.
N. 38, stamped carinated cup.

6

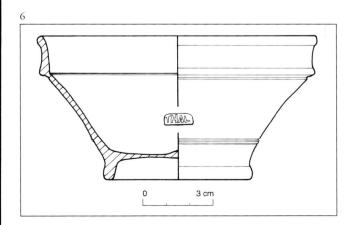

7

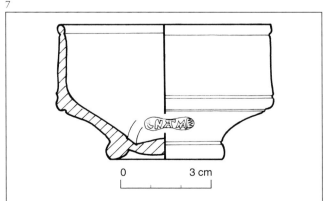

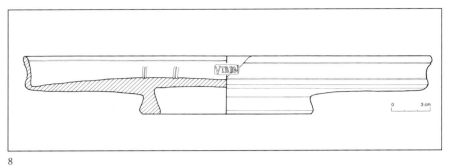

8

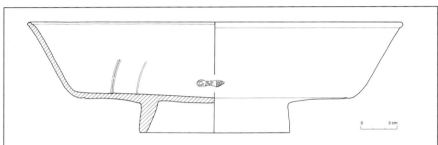

9

Fig. 8
N. 72, piatto con bollo.
N. 72, stamped dish.

Fig. 9
N. 75, piatto con bollo.
N. 75, stamped dish.

Fig. 10
N. 179, coppa emisferica biansata.
N. 179, two-handled hemispherical cup.

Fig. 11
N. 180, coppa carenata con bollo.
N. 180, stamped carinated cup.

10

11

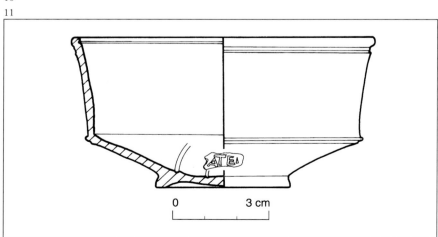

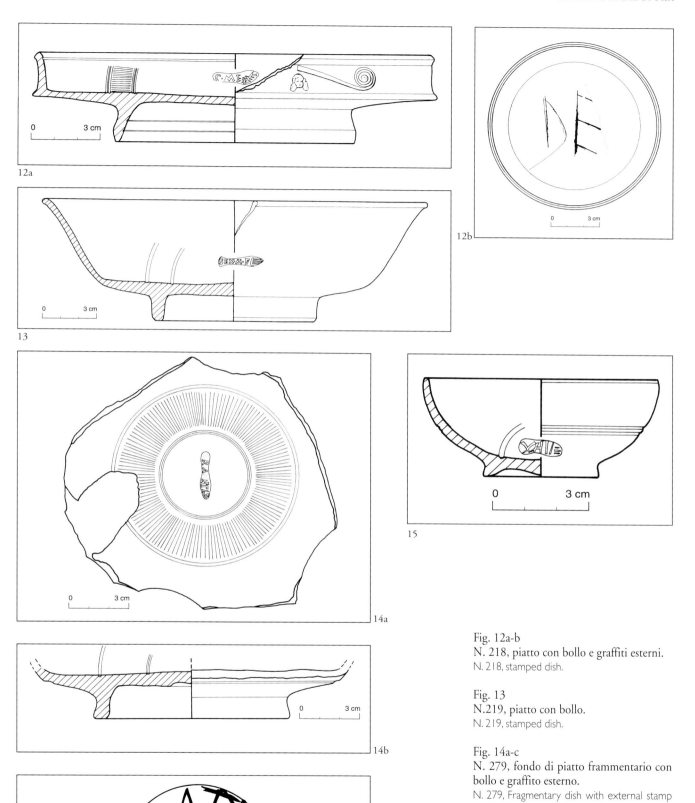

12a

12b

13

14a

14b

14c

15

Fig. 12a-b
N. 218, piatto con bollo e graffiti esterni.
N. 218, stamped dish.

Fig. 13
N. 219, piatto con bollo.
N. 219, stamped dish.

Fig. 14a-c
N. 279, fondo di piatto frammentario con bollo e graffito esterno.
N. 279, Fragmentary dish with external stamp and graffito.

Fig. 15
N. 290, coppetta emisferica con bollo.
N. 290, Small, stamped emispherical cup.

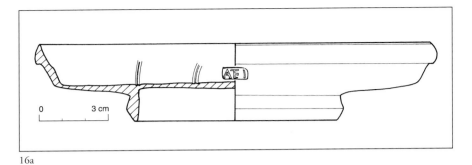

16a

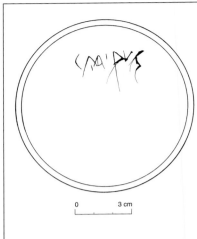

16b

17

18

19a

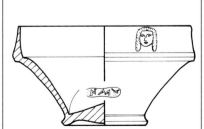

19b

Fig. 16a-b
N. 292, piatto con bollo e graffito esterno.
N. 292, dish with external stamp and graffiti

Fig. 17
N. 294, piatto con bollo.
N. 294, dish with external stamp and graffiti

Fig. 18
N. 316, coppa emisferica con decorazione a rotellatura.
N. 316, hemispherical cup with rolled decorations.

Fig. 19a-b
N. 403, coppa troncoconica con decorazione applicata e bollo.
N. 403, stamped conical cup with applied decorations.

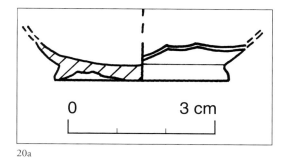

20a

20b

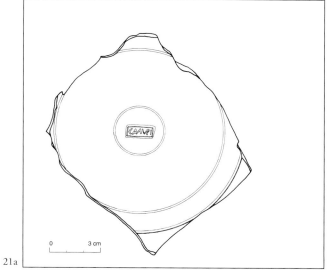

21a

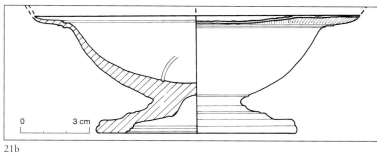

21b

22a

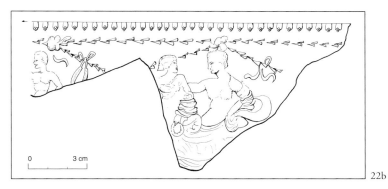

22b

Fig. 20a-b
N. 446, fondo di coppa frammentario con graffito esterno.
N. 446, fragmentary cup with external graffiti.

Fig. 21a-b
N. 821, calice frammentario con bollo.
N. 821, fragmentary stamped chalice.

Fig. 22a-b
N. 273, calice frammentario decorato a matrice.
N. 273, fragmentary mould decorated chalice.

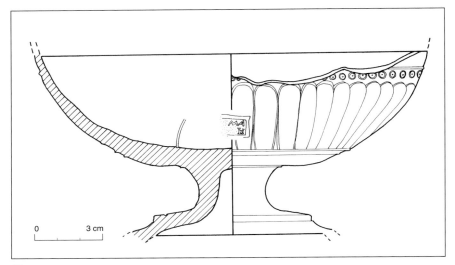

23

24

25

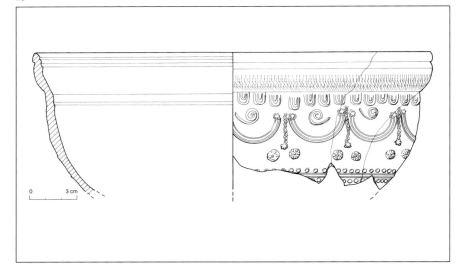

Fig. 23
N. 820, coppa frammentario decorato a baccellature, con bollo.
N. 820, fragmentary cup with bean-shaped decorations and mark.

Fig. 24
N. 143, coppa carenata frammentaria decorata a matrice con bollo esterno.
N. 143, fragmentary, carinated cup with matrix decorations and external mark.

Fig. 25
N. 274, coppa carenata frammentaria decorata a matrice.
N. 274, fragmentary carinated cup with matrix decorations.

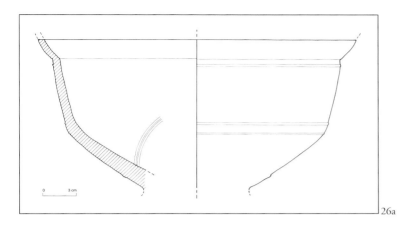

26a

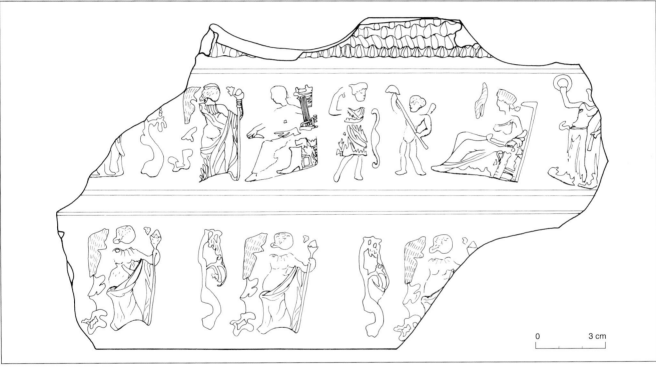

26b

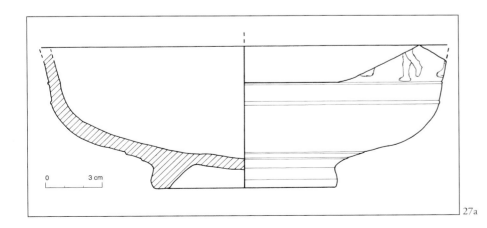

27a

Fig. 26a-b
N. 276, coppa carenata frammentaria
decorata a matrice.
N. 276, fragmentary carinated cup with
matrix decorations.

Fig. 27a-b
N. 405, coppa carenata frammentaria
decorata a matrice.
N. 405, fragmentary carinated cup with
matrix decorations.

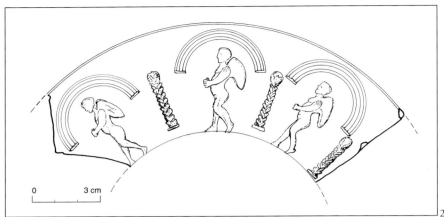

27b

28

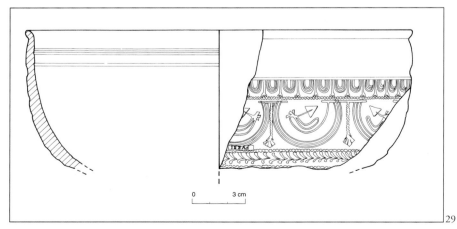

29

Fig. 28
N. 216, coppa emisferica con decorazione a matrice.
N. 216, Hemispherical cup with matrix decorations.

Fig. 29
N. 272, coppa emisferica frammentaria decorata a matrice con bollo esterno.
N. 272, Fragmentary, hemispherical cup with matrix decorations and external mark.

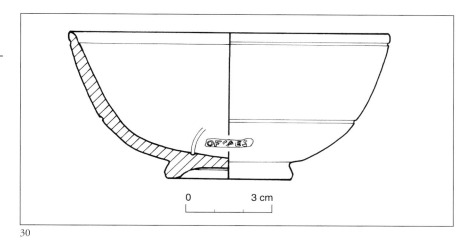

30

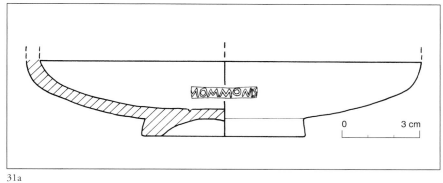

31a

31b

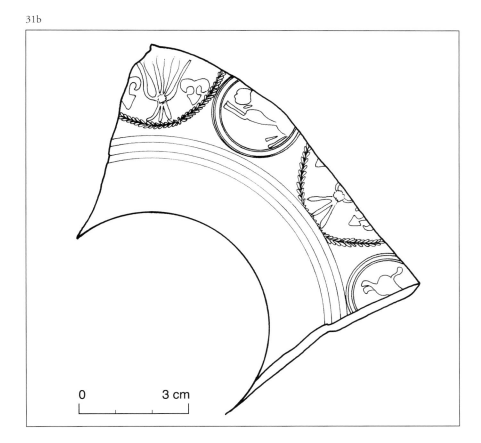

Fig. 30
N.291, coppa con bollo e graffito esterno.
N. 291, stamped cup with external graffiti.

Fig. 31a-b
N. 528, fondo frammentario di coppa
carenata decorata a matrice con bollo.
N. 528, fragmentary stamped cup with rolled
decorations.

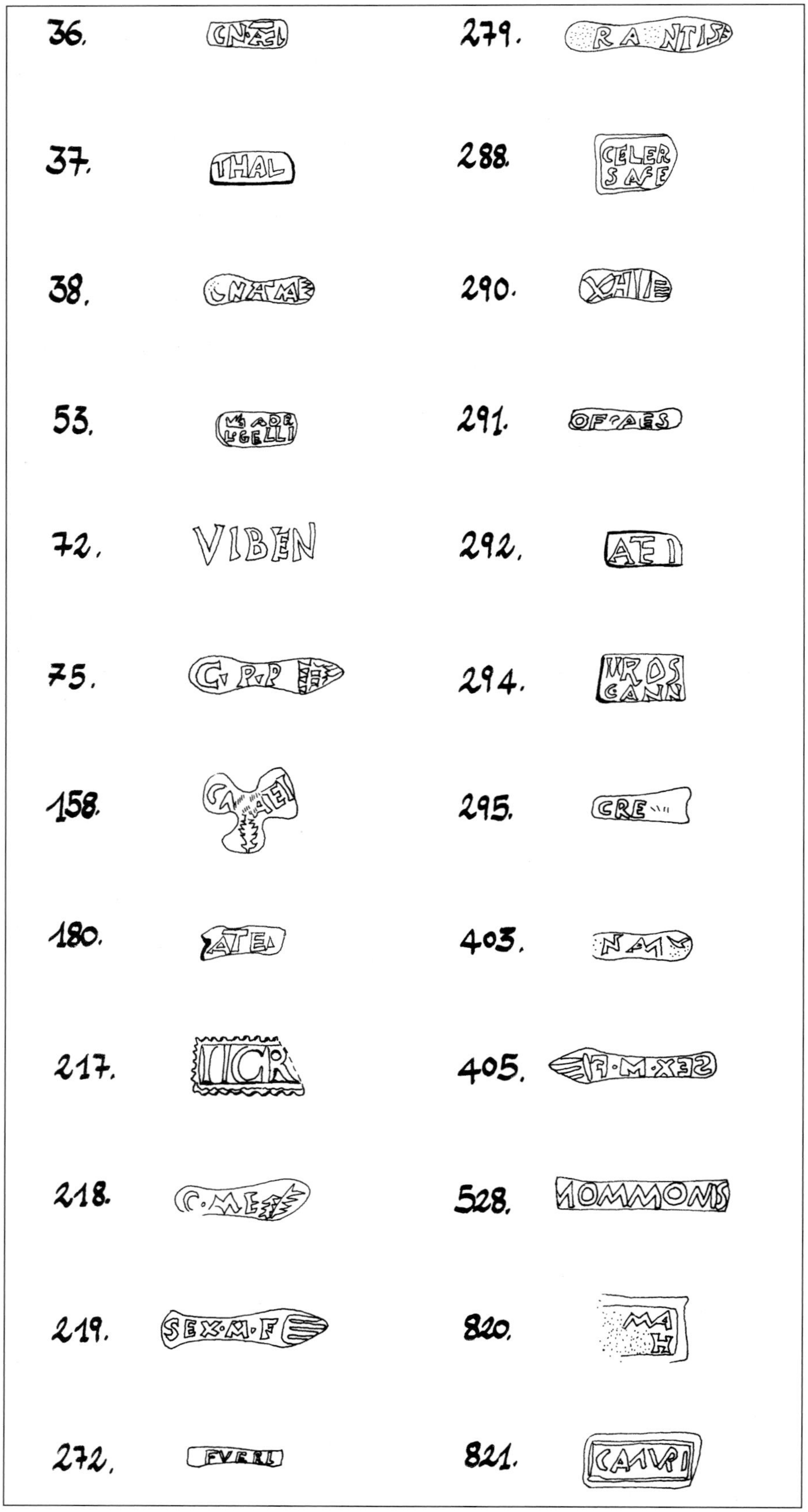

36.

37.

38.

53.

72.   VIBEN

75.

158.

180.

217.

218.

219.

272.

279.

288.

290.

291.

292.

294.

295.

403.

405.

528.

820.

821.

Scala 1:1

Fig. 32
Bolli.
Stamps.

CARICO DELLA NAVE ELLENISTICA

158. Pisa San Rossore 2 ampliamento Sud settore 1 US 50 stacco II (fig. 1a-b)
Fr. fondo di piatto in T.S.I.
Vernice marrone rossiccio, brillante.
Sul fondo è impresso il bollo: centrale, in cartiglio trifoliato (max. cm. 1,3)
CN ATEI + ramo di palma, *Cn(aei) Atei* (CVArr 145, 287 *similis*).
TE in legatura.
Sul fondo esterno è inciso, con tratti marcati e profondi, il graffito IIIRMI, che si rivela di difficile lettura nei segni iniziali (PI oppure IE?).
R con occhiello piccolo.
h max cm. 2,5   d piede cm. 8,5.
Tarda età augustea - età tiberiana.

217. Pisa San Rossore 2 ampliamento Sud settore 4 US 91 stacco II (figg. 2a-c).
Calice in T.S.I.
Calice con vasca emisferica, piede alto elaborato e modanato. Vernice marrone rossiccio, brillante. Ricomposto da frr. 6, privo dell'orlo e con ampia lacuna alla vasca.
All'esterno, nella decorazione è impresso il bollo: in cartiglio rettangolare, entro cornice a nastro puntinato (cm. 1,9 max x 0,9)
TIGR[ANI], *Tigr[ani]* (CVArr 1248).
Sulla parete esterna, sotto una fila di ovuli (?), corre un fregio figurato, di grande finezza e straordinaria qualità, con il trionfo di Ercole e Onfale (Dragendorff - Watzinger XI). La to A: guidati da un servo (1) due Centauri (2-3) *restrictis ad terga manibus* avanzano legati al carro di Ercole cui è vicina una giovane figura femminile (4), che indossa un chitone senza maniche. Ercole barbato (5) indossa una veste pieghettata senza maniche e *podéres*, intorno al braccio ha un *himation* e non la consueta *leonté*. Segue una figura femminile (6) con chitone *podéres* e pallio, che sorregge con le mani – si noti l'ardita prospettiva per rendere la d. – un ombrellino. Chiude il corteo un'altra figura femminile panneggiata (7). Lato B: si conserva solo il servo che impugna le briglie e nell'altra regge il *flagellum*.
h max cm. 13,7   d piede cm. 11.
Media età augustea.

288. Pisa San Rossore 2 ampliamento S settore 4 US 91 stacco III
Fr. piede di coppa troncoconica in T.S.I.
Vernice rossiccio arancio, brillante.

Sul fondo è impresso il bollo: centrale, in cartiglio rettangolare (cm. 1,3x1,2), CELER / SAUFE[I], *Celer / Saufe[i]* (CVArr 1688, b).
AUF in legatura.
Sul fondo esterno è inciso, mediante riprese successive e con tratti molto marcati, un graffito: contrassegno a "spiga".
h max cm. 1,5   d piede cm. 4,5.
Età augustea.

CARICO DELLA NAVE B

53. Pisa San Rossore 2 area 3 US 9/2 (fig. 3 a-b)
Fondo di piatto in T.S.I.
Rotellatura impressa male. Vernice marrone rossiccio, brillante.
Sul fondo è impresso il bollo: centrale, in cartiglio rettangolare (cm. 1,1x0,5), QUAADR / L·GELLI, *Quaadr(atus) / L(uci) Gelli* (CVArr 738)
QU in legatura, A duplicata ?, R dubbia (o simbolo ?).
Sul fondo esterno sono incisi due graffiti, che furono tracciati forse in momenti diversi. Quello centrale - SIR - presenta dei tratti piuttosto sottili, quasi a graffio con ripresa delle let-

---

CARGO OF THE HELLENISTIC SHIP

158. Pisa San Rossore 2, South extension, Sector 1, Layer 50, Artificial layer II (fig. 1a-b)
Fragment of bottom of plate in Italic terra sigillata. Glossy, reddish-brown glaze. The stamp is impressed on the bottom: in the centre, in a trifoliate cartouche (max d 1.3 cm),
CN ATEI + palm branch, *Cn(aei) Atei* (CVArr 145, 287 *similis*).
TE in ligature.
The graffito IIIRMI, the first letters of which are difficult to read (PI or IE ?) is deeply incised on the outside of the bottom.
R with small top portion.
max h 2.5 cm.   d base 8.5 cm.
Late Augustan to Tiberian.

217. Pisa San Rossore 2, South extension, Sector 4, Layer 91, Artificial layer II (figs. 2a-c)
Italic terra sigillata chalice.
Chalice with hemispherical body and tall, elaborately moulded base. Glossy, reddish-brown glaze. Recomposed from 6 fragments, with the rim missing and a large section of the body.
The stamp is impressed in the decoration on the outer surface: in a rectangular cartouche, in a dotted ribbon-like frame (max d 1.9 cm. × 0.9 cm.).
TIGR[ANI], *Tigr[ani]* (CVArr 1248).
Around the outer wall, below a row of *ovuli* (?) runs an exceptionally fine frieze depicting the triumph of Hercules and Omphale (Dragendorff – Watzinger XI). Side A: guided by a servant (1) two Centaurs (2-3) *restrictis ad terga manibus* advance tied to Hercules' chariot; nearby stands a young female (4) wearing a sleeveless chiton. The bearded Hercules (5) is wearing a sleeveless, pleated garment and *podéres*, around his arms he wears a *himation* and not the usual *leonté*. He is followed by a female figure (6) with a chiton, *podéres* and *pallium*, holding a parasol in her hands – note the bold perspective render the right side. Another draped female figure (7) brings the procession to a close. Side B: remains only the servant who holds the bridles and in the other hand holds the *flagellum*.
max h 13.7 cm.   d base 11 cm.
Mid-Augustan

288. Pisa San Rossore 2, South extension, Sector 4, Layer 91, Artificial layer III

Fragment of foot of conical cup in Italic terra sigillata.
Glossy, reddish-orange glaze.
The stamp is impressed on the bottom: in the centre, in a rectangular cartouche (1.3×1.2 cm.), CELER / SAUFE [I], *Celer/Saufe[i]* (CVArr 1688, b).
AUF in ligature.
The outer bottom is incised with an "ear of corn" in strongly marked, retouched strokes.
max h 1.5 cm.   d base 4.5 cm.
Augustan.

CARGO OF SHIP B

53. Pisa San Rossore 2, Area 3, Layer 9/2 (fig. 3a-b)
Bottom of Italic terra sigillata plate.
Rolled decoration badly impressed. Glossy, reddish-brown glaze.
The stamp is impressed on the bottom: in the centre, in a rectangular cartouche (1.1 × 0.5 cm), QUAADR / L - GELLI, *Quaadr(atus) / L(uci) Gelli* (CVArr 738)
QU in ligature, A duplicated ?, doubtful R (or symbol ?).
Two graffiti are incised on the outside of the bot-

tere e qualche probabile incertezza: si tratta di un possibile antroponimo servile *Sir ( )*. L'altro graffito che segue l'anello del piede, con un tratto marcato, netto e più largo, è di lettura molto incerta. Si riconoscono però alcune legature: forse K con A, seguito da X con U (finale –*xus* di antroponimo ?). Il bollo reca una variante significativa rispetto a CVArr 738. Per *Quadratus* cfr. LAZZERONI 1956 pp. 124-135.
h max cm. 1,6   d piede cm. 9.
Età augustea - età tiberiana.

817. Pisa San Rossore 2 area 2/3 US 45 stacco III (fig. 4)
Brocca in T.S.I., vicina alla forma *Conspectus* K f (= Pucci, XLV varietà 2).
Brocca a collo largo e distinto dal corpo globulare, basso piede ad anello. A metà del corpo, applique a protome caprina (?) con barba a punta bipartita. Vernice marrone rossiccio, brillante. Ricomposta da frr. 14, priva dell'orlo e dell'ansa.
h max cm. 14,4   d piede cm. 0,8.
Età tiberiana (o posteriore).

TERRA SIGILLATA ITALICA LISCIA

36. Pisa San Rossore 2 area 3 US 58 (fig. 5)

Coppa in T.S.I, forma *Conspectus* 22.1. (= Goudineau 27).
Coppa troncoconica con orlo verticale convesso-concavo decorato a rotellature, piede ad anello. Vernice marrone rossiccio brillante. Ricomposta da più frr., con lacune.
Sul fondo è impresso il bollo: centrale, in cartiglio rettangolare (cm. 1,2x0,4), CN·ATEI, *Cn(aei) Atei* (CVArr 145, 188). ATE in legatura; punto triangolare.
h cm. 7   d orlo cm. 12,3   d piede cm. 5,5.
Tarda età augustea - età tiberiana.

37. Pisa San Rossore 2 area 4 US 26 (fig. 6)
Coppa in T.S.I., forma *Conspectus* 22.6.
Coppa troncoconica con orlo verticale convesso-concavo liscio, piede ad anello. Vernice marrone, brillante; sul piede sono rimaste macchie chiare di polpastrello. Ricomposta da frr. 9, con lacuna.
Sul fondo è impresso il bollo: centrale, in cartiglio rettangolare (cm. 1,6x0,5), THAL, *Thal( )* (CVArr 1989, e).
L male impressa.
h cm. 6,3   d orlo cm. 11,8   d piede cm. 6,3.
Tarda età augustea - età tiberiana.

38. Pisa San Rossore 2 area 2 US 29 (fig. 7)

Coppa in T.S.I, forma *Conspectus* 26.1 (= Goudineau 20 b, 41 a; Pucci XXIX, 1).
Coppa carenata con alto orlo verticale e labbro distinto, piede ad anello. Vernice marrone. Ricomposto da frr. 7, con lacuna.
Sul fondo è impresso il bollo: centrale, in *planta pedis* (cm. 1,8x0,8), CN AT MA, *Cn(aei) At(ei) Ma(hetis)* (CVArr 149, 3).
AT in legatura, MA in legatura.
h cm. 5   d orlo cm. 7,4   d piede cm. 3,6.
Età tiberiana – età claudia.

45. Pisa San Rossore 2 area 2 US 29
Bicchiere in T.S.I., forma *Conspectus* 50.5. (= Pucci XLIII).
Bicchiere globulare, basso piede ad anello. All'esterno decorazione a scaglie di pigna *à la barbotine*. Vernice rossiccia, coprente. Ricomposto da frr. 17, con lacune e privo dell'orlo. Cfr. *Memorie Sommerse* 1998, p. 110, n. 19.
h max cm. 13,2   d piede cm. 4,9.
Età flavia.

72. Pisa San Rossore 2 area 2 US 65 (fig. 8)
Piatto in T.S.I., forma *Conspectus* 18.2 (= Goudineau 36a; Pucci X, 7).

---

tom, which were perhaps written at different times. The one in the centre – SIR – is in thin strokes, almost scratches, the letters have been retouched probably with some uncertainty. It may be an anthroponym *Sir ( )*. The other graffito running round the ring-base in more strongly marked, clearer and broader strokes is very difficult to interpret. Some ligatures, however, are recognizable: perhaps K and A, followed by X and U (the end -*xus* of an anthroponym ?).
The stamp has a significative varying in comparison with CVArr 738. For *Quaadratus* cf. LAZZERONI 1956, pp.124-135.
max h 1.6 cm.   d base 9 cm.
Augustan to Tiberian

817. Pisa San Rossore 2, Area 2/3, Layer 45, Artificial layer III (fig.4)
Italic terra sigillata jug, similar to the form *Conspectus* K f (= Pucci, XLV variety 2).
Jug with wide neck distinct from the globular body, short ring base. Halfway down the body, an *appliqué* of a goat's head (?) with pointed beard divided in two. Glossy, reddish-brown glaze. Recomposed from 14 fragments; rim and handle missing.

max h 14.4 cm.   d base 0.8 cm.
Tiberian (or later).

PLAIN ITALIC TERRA SIGILLATA

36. Pisa San Rossore 2, Area 3, Layer 58 (fig. 5)
Italic terra sigillata chalice, Form *Conspectus* 22.1. (= Goudineau 27).
Truncated cone-shaped chalice with vertical convex-concave lip, Rolled decoration, ring base. Glossy, reddish-brown glaze. Partially recomposed from several fragments.
The stamp is impressed on the bottom: in the centre, in a rectangular cartouche (1.2x0.4 cm.), CN-ATEI, *Cn(aei) Atei* (CVArr 145, 188). ATE in ligature; triangular dot.
h 7 cm.   rim 12.3 cm.   d base 5.5 cm.
Late Augustan to Tiberian.

37. Pisa San Rossore 2, Area 4, Layer 26 (fig. 6)
Italic terra sigillata chalice, Form *Conspectus* 22.6.
Conical cup with smooth, vertical convex-concave lip, ring base. Glossy, brown glaze; light finger marks on the base. Recomposed from 9 fragments, with gap.
The stamp is impressed on the bottom: in the

centre, in a rectangular cartouche (1.6x0.5 cm.), THAL, *Thal ( )* (CVArr 1989, e).
L badly impressed.
h 6.3 cm.   d rim 11.8 cm.   d base 6.3 cm.
Late Augustan to Tiberian

38. Pisa San Rossore 2, Area 2, Layer 29 (fig. 7)
Italic terra sigillata cup, form *Conspectus* 26.1 (= Goudineau 20 b, 41 a; Pucci XXIX, 1).
Carinated cup with tall vertical rim and distinct rim, ring base. Brown paint. Recomposed from 7 fragments, with gaps.
The stamp is impressed on the bottom: in the centre, in *planta pedis* (1.8x0.8 cm.), CN AT MA, *(Cn(aei) At (ei) Ma(hetis)* (CVArr 149, 3).
AT in ligature, MA in ligature.
h 5 cm.   d rim 7.4 cm.   d base 3.6 cm.
Tiberian to Claudian.

45. Pisa San Rossore 2, Area 2, Layer 29
Italic terra sigillata beaker, form *Conspectus* 50.5. (=Pucci XLIII).
Globular beaker, short ring base. Decoration of pine-cone scales *à la barbotine* on the outer surface. Thick, reddish glaze.

Piatto su piede, con orlo tendenzialmente verticale, labbro ingrossato all'esterno; solco interno sotto il labbro; piede ad anello. Vernice marrone rossiccio brillante. Ricomposto da frr. 11, con lacune all'orlo.
Sul fondo è impresso il bollo: centrale, in cartiglio rettangolare (cm. 1,8x0,9), VIBIEN, *Vibien(i)* (CVArr 2288, a-c, f).
IE in legatura e lettere apicate.
h cm. 4,5   d orlo cm. 32 d piede cm. 13,7.
Età augustea - età tiberiana.

75. Pisa San Rossore 2 area 2 US 29 (fig. 9).
Piatto in T.S.T.I., forma *Conspectus* 3.2. (= Goudineau 43; Pucci XIX, 3-7, 10, 16).
Piatto con alta parete svasata e orlo distinto, piede alto. Vernice marrone rossiccio scuro, opaca; impronta interna di impilamento e fondo esterno risparmiato. Ricomposto da frr. 5, con ampia lacuna.
Sul fondo è impresso il bollo: centrale, in *planta pedis* (cm. 2,4x0,5),
C·P·P, *C ( ) P ( ) P ( )* (CVArr 1191, 15).
Punti triangolari.
h cm. 9,4   d orlo cm. 31,5
d piede cm. 12,4.
Età flavia - inizi II sec. d.C.

179. Pisa San Rossore 2 area 2 US 29 (fig. 10)
Coppa in T.S.I., forma *Conspectus* 38.3 (= Pucci XXXII).
Coppa emisferica con orlo indistinto rientrante e 2 solchi all'esterno sotto il labbro; anse verticali ad anello, elaborate a doppio bastoncello con apofisi laterali, impostate all'orlo e sulla parete; basso piede ad anello. Sulla parete esterna decorazione composta da 2 fasce a rotellatura (cm. 2,8 - cm. 1,6) e fascia liscia intermedia. Vernice marrone rossiccio chiaro, poco brillante. Ricomposta da frr. 18., con lacune.
h cm. 6,6   d orlo cm. 8,5   d piede cm. 5,7.
Età augustea - età tiberiana.

180. Pisa San Rossore 2 area 4 US 26 (fig. 11).
Coppa in T.S.I., forma *Conspectus* 26.1. (= Goudineau 20 b, 41 a; Pucci XXIX, 1).
Coppa carenata con alto orlo verticale e labbro lievemente ingrossato, piede ad anello. Vernice marrone rossiccio, brillante.
Sul fondo è impresso il bollo: centrale, in cartiglio con lati brevi concavi (cm. 1,1x0,4),
ATEI, *Atei* (CVArr 144, 107).

h cm. 4,7   d orlo cm. 9,5   d piede cm. 4,2.
Tarda età augustea - età tiberiana.

218. Pisa San Rossore Sporadico (fig. 12a-b)
Piatto in T.S.I., forma *Conspectus* 20. 4 (= Goudineau 39 c; Pucci X, 17-21, 30-33).
Piatto con orlo verticale a fascia semplice con decorazione applicata e labbro ingrossato, piede alto. Vernice marrone rossiccio, coprente.
Sul fondo è impresso il bollo: centrale, in *planta pedis* (cm. 2,1x0,6),
C·ME + ramo di palma, *C(ai) Me( )* (CVArr 981).
Sul fondo esterno è inciso, con tratto largo e ripassato, il graffito DE.
h cm. 4,1   d orlo cm. 17,4
d piede cm. 10,5.
Età claudia - prima età flavia.

219. Pisa san Rossore 2 area 2 US 92 stacco III (fig. 13)
Piatto in T.S.T.I., forma *Conspectus* 3.2. (= Goudineau 43; Pucci XIX, 3-7, 10, 16).
Piatto con alta parete svasata e orlo distinto, piede alto. Vernice marrone rossiccio scuro, Ricomposta da frr. 3, con lacune.

Recomposed from 17 fragments, with gaps and lacking the rim.
h max 13.2 cm.   d base 4.9 cm.
Flavian.

72. Pisa San Rossore 2, Area 2, Layer 65 (fig. 8)
Italic terra sigillata plate, form *Conspectus* 18.2 (=Goudineau 36a; Pucci X, 7).
Plate on a base, with a lip tending to the vertical, outer rim thickened; inner groove below the rim; ring-base. Glossy, reddish-brown paint. Recomposed from 11 fragments, with gaps at the rim.
The stamp is impressed on the bottom: in the centre, in a rectangular cartouche (1.8x0.9 cm.), VIBIEN, *Vibien (i)* (CVArr 2288, a-c, f).
IE in ligature and apical letters.
h 4.5 cm.   d rim 32 cm.
d base 13.7 cm.
Augustan to Tiberian.

75. Pisa San Rossore 2, Area 2, Layer 29 (fig. 9)
Late Italic terra sigillata plate, form *Conspectus*, 3.2 (=Goudineau 43; Pucci XIX, 3-7, 10, 16).
Plate with tall, flared wall and distinct rim, tall base. Dull dark reddish-brown glaze; interior impression from being stacked and the outside of

the bottom bears no signs. Recomposed from 5 fragments, with large gap.
The stamp is impressed on the bottom: in the centre, in *planta pedis* (2.4x0.5 cm.),
C·P·P, *C ( )P ( ) P ( )* (CVArr 1191, 15).
Triangular dots.
h 9.4 cm.   d rim 31.5 cm.   d base 12.4 cm.
Flavian to beginning of 2nd century A.D.

179. Pisa San Rossore 2 area 2 layer 29 (fig. 10)
Italic terra sigillata goblet, form *Conspectus* 38.3 (=Pucci XXXII).
Hemispherical cup with indistinct rim curving inwards and 2 grooves in the outer surface below the lip; vertical ring-shaped double rope-like handles with protruberances, attached to the rim and the wall; short ring base. Decoration on the outer wall consisting of two rolled bands a *rotellatura* (2.8 cm. - 1.6 cm.) and smooth middle band. Slightly glossy, light reddish-brown glaze. Recomposed from 18 fragments, with gaps.
h 6.6 cm.   d rim 8.5 cm.
d base 5.7 cm.
Augustan to Tiberian.

180. Pisa San Rossore 2, Area 4, Layer 26 (fig. 11)

Italic terra sigillata goblet, form *Conspectus* 26.1 (= Goudineau 20 b, 41 a; Pucci XXIX, 1).
Carinated cup with tall vertical lip and slightly thickened rim, ring base. Glossy, reddish-brown glaze. The stamp is impressed on the bottom: in the centre, in a cartouche with short concave sides (1.1 × 0.4 cm),
ATEI, *Atei* (CVArr 144, 107).
h 4.7 cm.   d rim 9.5 cm.   d base 4.2 cm.
Late Augustan - Tiberian.

218. Pisa San Rossore, stray find (fig. 12a-b)
Italic terra sigillata plate, form *Conspectus* 20. 4 (= Goudineau 39 c; Pucci X, 17-21, 30-33).
Plate with vertical lip in the form of a simple band with applied decoration and thickened rim, tall base. Thick, reddish-brown glaze.
The stamp is impressed on the bottom: in the centre, in *planta pedis* (2.1x0.6 cm.),
C·ME + palm branch, *C(ai) Me( )* (CVArr 981).
The graffito DE is incised on the outside off the bottom in broad, retouched strokes.
h 4.1 cm.   d rim 17.4 cm.   d base 10.5 cm.
Claudian to early Flavian.

219. Pisa San Rossore 2, Area 2, Layer 92, Artifi-

Sul fondo è impresso il bollo: centrale, in *planta pedis* (cm. 2,5x0,6),
SEX·M·F, *Sext(us) M(urrius) F(estus)* (CVArr 1054, 33).
h cm. 6,9   d orlo cm. 21,4
d piede cm. 9,2.
Età flavia - inizi II sec. d.C.

279. Pisa San Rossore 2 area 2 US 2 (fig. 14 a-c)
Fr. fondo di piatto in T.S.I.
Rotellatura. Vernice marrone rossiccio scuro.
Sul fondo è impresso il bollo solo parzialmente leggibile: centrale, in *planta pedis* (cm. 2,5x0,5),
[..]A[..]NTIS.
Sul fondo esterno è inciso, con segno marcato e qualche ritocco, il graffito LATTI da interpretare forse come *L(uci) Atti* con L retrograda perché in legatura con A.
h max cm. 2,5   d piede cm. 9,8.
Età tiberiana - seconda metà I sec. d.C.

280. Pisa San Rossore 2 area 4 US 66
Fr. orlo di coppa in T.S.I. forma *Conspectus* 32 (= Pucci XXIII).
Coppa a parete biconvessa con labbro estroflesso. Rotellatura impressa male. Vernice arancio rossiccio, brillante.
All'esterno, sotto l'orlo, è tracciato con incisione sottile il graffito CAPI[-] da leggersi forse *Ca( ) Pi[-]*.
C molto ampia; P con occhiello aperto.
h cm. 4,4   larg. cm. 7,4   d orlo cm. 12,9.
Prima metà I sec. d.C.

290. Pisa San Rossore 2 area 2 US 92 stacco III (fig. 15).
Coppa in T.S.I., forma *Conspectus* 36. 4 (= Pucci XXIII, 5).
Coppetta emisferica con orlo indistinto, piccolo piede ad anello. Vernice rossiccia, brillante.
Sul fondo è impresso il bollo: centrale, in *planta pedis* (cm. 1,3x0,4),
XANT *Xant(hi)* (CVArr 177, 11a ?).
NT in legatura ?
h cm. 3,2   d orlo cm. 7,3   d piede cm. 3,6.
Età tiberiana - metà I sec. d.C.

292. Pisa San Rossore 2 area 2/3 US 90 (fig. 16a-b).
Piatto in T.S.I., forma *Conspectus* 12. 2 (= Pucci VIII).
Piatto con orlo ingrossato e pendente, piede sagomato. Vernice rosso scuro e vinaccia, poco brillante; sul piede impronte di polpastrello.
Sul fondo interno è impresso il bollo: centrale, in cartiglio rettangolare (cm. 1,1x0,6),
ATEI, *Atei* (CVArr 144).
AT in legatura.
Sul fondo esterno è inciso, con tratti sottili, mediante successive riprese e probabili correzioni, un graffito di incerta lettura (antroponimo ?). Dopo la C iniziale, molto aperta, si riconosce un gruppo centrale di 2-3 lettere in legatura (M con A / M, A con N) e forse una finale DVIS (?).
h cm. 3,5   d orlo cm. 17,1   d piede cm. 8,8.
Media e tarda età augustea.

294. Pisa San Rossore 2 area 4 US 46/2 (fig. 17)
Piatto in T.S.I., forma *Conspectus* 1. 1 (= Goudineau 1; Pucci III, 1-7).
Piatto con parete appena svasata e orlo distinto con gradino interno, piede ad anello. Vernice rossiccia, brillante. Ricomposto da frr. 5.
Sul fondo è impresso il bollo: centrale, in cartiglio rettangolare (cm. 1,3x0,7),
IIROS / C·ANNI, *Eros C(ai) Ann(i)* (CVArr 83r, 4).

---

cial layer (fig. 13). Dish in late Italic terra sigillata, form *Conspectus* 3.2. (= Goudineau 43; Pucci XIX, 3-7, 10, 16).
Dish with flaring wall and distinct rim, tall base. Dark, reddish-brown glaze. Recomposed from 3 fragments, with gaps. The stamp is impressed on the bottom: in the centre, in *planta pedis* (2.5x0.6 cm.), SEX·M·F, *Sext(us) M(urrius) F(estus)* (CVArr 1054, 33).
h 6.9 cm.   d rim 21.4 cm.   d base 9.2.
Flavian to early 2nd cent. AD.

279. Pisa San Rossore 2, Area 2, Layer 2 (fig. 14a-c)
Fragment of bottom of plate in Italic terra sigillata. Rolled decoration. Dark, reddish-brown glaze.
The stamp impressed on the bottom is only partially legible: in the centre, in *planta pedis* (2.5x0.5 cm.), [..]A[..]NTIS.
The graffito LATTI is incised on the bottom in strongly marked retouched strokes. It is perhaps to be interpreted as *L(uci) Atti* with L sloping backwards because it is in ligature with A.
h max 2.5 cm.   d base 9.8 cm.
Tiberian to second half of 1st cent. AD.

280. Pisa San Rossore 2, Area 4, Layer 66

Fragment of rim of cup in Italic terra sigillata, form *Conspectus* 32 (= Pucci XXIII).
Cup with biconvex wall and everted lip. Rolled decoration impressed badly. Glossy, reddish-orange glaze.
The graffito CAPI[-] to be read perhaps as *Ca( ) Pi[-]* is finely incised on the outer surface below the rim.
C very large; P with top portion open.
h 4.4 cm.   width 7.4 cm.   d rim 12.9 cm.
First half of 2nd cent. A.D.

290. Pisa San Rossore 2, Area 2, Layer 92, Artificial layer III (fig. 15)
Italic terra sigillata cup, form *Conspectus* 36. 4 (= Pucci XXIII, 5).
Small hemispherical cup with indistinct lip, small ring base. Glossy, reddish glaze.
The stamp is impressed on the bottom: in the centre, in *planta pedis* (1.3x0.4 cm.), XANT *Xant(hi)* (CVArr 177, 11a ?).
NT in ligature ?
h 3.2 cm.   d rim 7.3 cm.   d base 3.6 cm.
Tiberian to mid 1st cent. AD.

292. Pisa San Rossore 2, Area 2/3, Layer 90 (fig. 16a-b)

Plate in Italic terra sigillata, form *Conspectus* 12. 2 (= Pucci VIII).
Plate with thickened, overhanging rim, moulded-base. Slightly glossy, dark red and wine red glaze; fingerprints on the base.
The stamp is impressed on the inside of the bottom: in the centre, in a rectangular cartouche (1.1x0.6 cm.), ATEI, *Atei* (CVArr 144).
AT in ligature.
A graffito, difficult to decipher (name?) is finely incised, with subsequent retouching and possible corrections, on the outside of the bottom. After the initial very open C, a central group of 2 or 3 letters in ligature can be distinguished (M and A / M, A and N) and perhaps a final DVIS (?).
h 3.5 cm.   d rim 17.1 cm.   d base 8.8 cm.
Middle to late Augustan.

294. Pisa San Rossore 2 area 4 layer 46/2 (fig. 17)
Italic terra sigillata plate, form *Conspectus* 1. 1 (= Goudineau 1; Pucci III, 1-7).
Plate with slightly flared wall and distinct rim with inner ridge; ring base. Glossy, reddish paint. Recomposed from 5 fragments.
The stamp is impressed on the bottom: in the

h cm. 4,4   d orlo cm. 15,6   d piede cm. 7,3.
Prima e media età augustea.

295. Pisa San Rossore 2 area 2/3 US 90
Piatto in T.S.I., forma *Conspectus* 12. 3 (=
Goudineau 17; Pucci VIII, 2).
Piatto con orlo ingrossato e pendente appena pronunciato, parete interna con lieve gradino, piede alto. Vernice marrone rossiccio; piede risparmiato. Ricomposto da frr. 20, con lacune all'orlo.
Sul fondo è impresso il bollo incompleto: centrale, in cartiglio rettangolare (cm. 1,4x0,4), CRE[STI], *C(h)re[sti]* (CVArr 425, 3a / 72).
h cm. 4,1   d orlo cm. 24,8   d piede cm. 10,4.
Media età augustea.

316. Pisa San Rossore 2 area 2 US 29 (fig. 18)
Coppa in T.S.I., forma *Conspectus* 38.3 (=
Pucci XXXII).
Coppa emisferica con orlo indistinto rientrante e solchi all'esterno sotto il labbro; anse verticali ad anello, elaborate a doppio bastoncello e impostate all'orlo e sulla parete; basso piede ad anello. Sulla parete esterna decorazione a rotellatura. Vernice marrone, opaca. Ricomposta da frr. 5, con

qualche lacuna e priva di un'ansa.
h cm. 5,9   d orlo cm. 10,2   d piede cm. 5,5.
Età augustea - età tiberiana.

403. Pisa San Rossore 2 area 2 US 92 (fig. 19 a-b)
Coppa in T.S.I., forma *Conspectus* 23.1 (= Goudineau 20 c, 25 a, 37 a).
Coppa troncoconica con orlo verticale inclinato verso l'interno e con decorazione applicata, piede ad anello. Vernice marrone rossiccio, poco brillante. Lacune all'orlo.
Sul fondo è impresso il bollo incompleto: centrale, in *planta pedis* (cm. 1,6x0,4), [.]NAA, *Cn(aei) A(tei) A( )* (CVArr 150, 5).
h cm. 4,5   d orlo cm. 7,2   d piede cm. 3,8.
Metà I sec. d.C.

446. Pisa San Rossore 2 area 1/2 US 65 stacco I (fig. 20 a-b)
Fondo di coppa (?) in T.S.I.
Vernice marrone rossiccio, brillante.
Sul fondo è impresso un bollo illeggibile: centrale, in cartiglio rettangolare (cm. 1,5x 0,6). Sul fondo esterno è inciso, con tratto marcato e netto, un graffito: contrassegno ad "ancora" (motivo figurato o il numerale

50 in uso fino all'età augustea ?).
h max cm. 0,8   d piede cm. 3,4.
Età augustea.

821. Pisa San Rossore 2 area 2 US 45 stacco II (fig. 21 a-b)
Fr. piede e vasca di calice in T.S.I.
Piede elaborato e modanato. Vernice marrone rossiccio, brillante.
Sul fondo interno è impresso il bollo: centrale, in cartiglio rettangolare (cm. 1,7x0,8), CAMURI, *Camuri* (CVArr 397, 50 similis).
AM, UR in legatura.
h max cm. 5,3   d piede cm. 8,7.
Età augustea - età tiberiana.

TERRA SIGILLATA ITALICA DECORATA

273. Pisa San Rossore 2 area 2/3 US 90 stacco II (fig. 22 a-b)
Fr. calice in T.S.I. decorato a matrice.
Calice emisferico con orlo estroflesso e modanato. Vernice marrone rossiccio, brillante. Ricomposto da frr. 6.
Sulla parete esterna, sotto una fila di ovuli, fregio figurato con scena di simposio tra ghirlande (Dragendorff - Watzinger XIII).

---

centre, in a rectangular cartouche (1.3x0.7 cm.), IIROS / C·ANNI, *Eros C(ai) Ann(i)* (CVArr 83r, 4).
h 4.4 cm.   d rim 15.6 cm.   d base 7.3 cm.
Early to mid Augustan.

295. Pisa San Rossore 2, Area 2/3, Layer 90
Italic terra sigillata plate, form *Conspectus* 12. 3 (= Goudineau 17; Pucci VIII, 2).
Plate with thickened, slightly overhanging rim; inner wall with slight ridge; tall foot. Reddish brown glaze; reserved foot. Recomposed from 20 fragments with gaps at rim.
The incomplete stamp is impressed on the bottom: at the centre, in a rectangular cartouche (1.4x0.4 cm.),
CRE[STI], *C(h)re[sti]* (CVArr 425, 3a / 72).
h 4.1 cm.   d rim 24.8 cm.   d foot 10.4 cm.
Mid Augustan.

316. Pisa San Rossore 2, Area 2, Layer 29 (fig. 18)
Italic terra sigillata goblet, form *Conspectus* 38.3 (= Pucci XXXII).
Hemispherical cup with indistinct lip curving inwards and grooves on the outer surface below the rim; vertical ring-shaped double rope-like handles attached to the rim and the wall; short,

ring-base. Rolled decoration on the outer wall. Dull, brown glaze. Recomposed from 5 fragments, with some gaps and one handle missing.
h 5.9 cm.   d rim 10.2 cm.   d base 5.5 cm.
Augustan to Tiberian.

403. Pisa San Rossore 2, Area 2, Layer 92 (fig. 19a-b)
Italic terra sigillata cup, form *Conspectus* 23.1 (= Goudineau 20 c, 25 a, 37 a).
Conical cup with vertical lip sloping inwards and applied decoration, ring-base. Rather dull, reddish-brown glaze. Gaps at the rim.
The incomplete stamp is impressed on the bottom: in the centre, in *planta pedis* (1.6x0.4 cm.), [.]NAA, *Cn(aei) A(tei) A( )* (CVArr 150, 5).
h 4.5 cm.   d rim 7.2 cm.   d base 3.8 cm.
Mid 1st cent. AD.

446. Pisa San Rossore 2, Area 1/2, Layer 65, Artificial layer I (fig. 20 a-b)
Bottom of cup (?) in Italic terra sigillata.
Glossy, reddish-brown paint.
An illegible stamp is impressed on the bottom: in the centre, in a rectangular cartouche (1.5x0.6 cm.),
A graffito is incised on the outside of the bottom

in clear strongly-marked strokes: an "anchor" mark (a figurative motif or the numeral 50 in use until the Augustan Age?).
h max 0.8 cm.   d base 3.4 cm.
Augustan.

821. Pisa San Rossore 2, Area 2, Layer 45, Artificial layer II (fig. 21 a-b)
Fragment of base and bowl of chalice in Italic terra sigillata.
Elaborate moulded foot. Glossy, reddish-brown glaze.
The stamp is impressed at interior bottom: at the centre, in a rectangular cartouche (1.7x0.8 cm.), CAMURI, *Camuri* (CVArr 397, 50 similis).
AM, UR in ligature.
h max 5.3 cm.   d base 8.7 cm.
Augustan to Tiberian.

DECORATED ITALIC TERRA SIGILLATA

273. Pisa San Rossore 2, Area 2/3, Layer 90, Artificial layer II (fig. 22 a-b)
Fragment of mould-decorated chalice in Italic terra sigillata.

DRAGENDORFF-WATZINGER 1984, pp. 86-88, 185-186, nn. 102-105 e tav. X; PORTEN PALANGE 1966, pp. 31-33, nn. 23-27 e tav. IV; PORTEN PALANGE 1985, p. 195 (ciclo XIV di *Ateius*).
h max cm. 11,1   d orlo cm. 19,4.
Età augustea.

820. Pisa San Rossore 2 area 1/2 US 65 stacco I (fig. 23)
Fr. vasca e piede di coppa in T.S.I. decorata a matrice.
Vasca inferiore decorata a baccellature, piede alto elaborato e modanato. Vernice marrone rossiccio, brillante.
Sul fondo è impresso un bollo su due linee mal conservato: centrale, in cartiglio rettangolare (cm. 1,3 max x 0,8)
[-] MA / [-] H.
h max cm. 8,2. Età augustea.

TERRA SIGILLATA TARDO-ITALICA DECORATA

143. Pisa San Rossore 2 area 2 US 78 (fig. 24)
Frr. orlo e parete di coppa carenata Dragendorff 29 in T.S.T.I. decorata a matrice.
Vernice marrone rossiccio, poco brillante.

Frr. 5 (7) parzialmente contigui.
Sotto l'orlo, nella fascia superiore si succedono: fila di ovuli, corda in sequenza, festoni che racchiudono volute a d. con rosetta centrale alternate a pendenti cui sono appese protomi di Sileno, maschere teatrali. Nella fascia inferiore si succedono: porta urbica (?), Erote a s., erma a d., Erote a s. All'esterno, nella decorazione è impresso più volte il bollo: in *planta pedis* (cm. 02,5x 0,5), retrogrado e con lettere incise, SEX·M·F, *Sex(tus) M(urrius) F(estus)* (CVArr 1054).
Fr. maggiore: larg. cm. 12,7; lung. cm. 15,7; spessore max cm. 0,6
Cfr. 405 (area 2 US 92); Cfr. per il bollo ROSSETTI TELLA 1996, pp. 242-244 e fig.8.
Per i motivi decorativi MEDRI 1992, ad loc.: fascia superiore, motivi 9.3.1 (ovolo); 9.4.3 (corda); 8.3.2 (arco a tre linee disposto a festone); 6.1.4.04 (voluta a d. con rosetta centrale); 9.4.2. (pendaglio); 3.2.1.06 (protome di Sileno); 3.5.2.02 (maschera teatrale). Fascia inferiore, motivi 7.1.1.02 (porta urbica); 1.1.3.01 (Erote); 4.1.1.01a (Erma).
Tarda età flavia - inizi II sec. d.C.

274. Pisa San Rossore 2 area 2 US 92/78 (fig. 25)

Fr. orlo e parete di coppa carenata Dragendorff 29 in T.S.T. decorata a matrice.
Vernice marrone rossiccio, brillante. Ricomposta da frr. 5.
Sotto l'orlo, nella fascia superiore si succedono: fila di ovuli, festoni che racchiudono volute sia a d. sia a s. tra pendenti, fila di rosette, doppia fila di perle. Cfr. per i motivi decorativi MEDRI 1992, ad loc.: motivi 9.3.1 (ovolo); 8.3.2 (arco a tre linee disposto a festone); 8.3.26.1.3 (voluta a d.); 6.6.01 (voluta a s.); 9.4.2.06 (pendaglio con rosetta); 5.5.1 (rosetta); 9.5.3.04 (fila di perle).
h max cm. 11,1   d orlo cm. 25.
Tarda età flavia - primi decenni II sec. d.C.

275. Pisa san Rossore 2 area 2 US 92 stacco II (fig. 26 a-b)
Fr. coppa carenata Dragendorff 29 in T.S. T.I. decorata a matrice.
Vernice marrone rossiccio, opaca.
Sotto l'orlo, nella fascia superiore si succedono: un albero e figure di divinità (Dioniso – o Menade? –, Apollo, Diana, Erote, Giunone – o Tyche? –, Vittoria). Nella fascia inferiore, la sequenza è semplificata e alterna un albero a Dioniso. Cfr. per i motivi

---

Hemispherical chalice with moulded everted lip. Glossy, reddish-brown glaze. Recomposed from 6 fragments. On the outer wall, below a row of *ovuli*, frieze depicting a banquet scene with garlands (Dragendorff - Watzinger XIII).
DRAGENDORFF - WATZINGER 1984, pp. 86-88, 185-186, nos. 102-105 and pl.X; PORTEN PALANGE 1966, pp. 31-33, nos. 23-27 and pl.IV; PORTEN PALANGE 1985, p. 195 (Cycle XIV of *Ateius*).
h max 11.1 cm.   d rim 19.4 cm.
Augustan.

820. Pisa San Rossore 2, Area 1/2, Layer 65 artificial layer I (fig. 23)
Fragment of bowl and foot of mould-decorated cup in Italic terra sigillata decorated by using a matrix.
Lower bowl with convex fluting, tall elaborately moulded foot. Glossy, reddish-brown glaze. The stamp is impressed on the bottom on two poorly preserved lines: in the centre, in a rectangular cartouche (max 1.3 cm. x0.8 cm.),
[-] MA / [-] H.   h max 8.2 cm.
Augustan Age.

DECORATED LATE-ITALIC TERRA SIGILLATA

143. Pisa San Rossore 2, Area 2, Layer 78 (fig. 24)
Fragments of lip and wall of carinated cup Dragendorff 29 in mould-decorated late Italic terra sigillata.
Rather dull, reddish-brown glaze. Of 7 fragments 5 partially contiguous.
Below the rim, in the upper band: rows of *ovuli*, a rope pattern, festoons enclosing volutes to the right with a central rosette and alternating with suspended heads of Silenus, and theatrical masks. In the lower portion: city gate (?),
Eros on the left, a herm on the right. Eros on the left.
On the outer surface the stamp is impressed in the decoration several times: in *planta pedis* (2.5 x 0.5 cm.), sloping backwards and with incised letters,
SEX·M·F, *Sex(tus) M(urrius) F(estus)* (CVArr 1054). Largest fragment: width 12.7 cm. length 15.7 cm. max. thickness 0.6 cm.
Cf. 405 (area 2 layer 92); cf. for the stamp ROSSETTI TELLA 1996, pp. 242-244 and fig. 8. For the decorative motifs MEDRI 1992, *ad loc.*: upper band, motifs 9.3.1 (*ovoli*); 9.4.3 (rope); 6.1.4.04 (volute

on the right with central rosette); 9.4.2 (pendant); 3.2.1.06 (protome of Silen); 3.5.2.02 (theatrical mask). Lower band, motifs 7.1.1.02 (city gate); 1.1.3.01 (Eros); 4.1.1.01a (Herm).
Late Flavian to early 2nd cent. A.D.

274. Pisa San Rossore 2, Area 2, Layer 92/78 (fig. 25).
Fragment of lip and wall of carinated cup Dragendorff 29 in mould decorated late Italic terra sigillata. Glossy, reddish-brown glaze. Recomposed from 5 fragments. Below the rim in the upper band: *ovuli*, festoons enclosing volutes to the left and right between pendants, a row of rosettes, a double row of pearls.
Cf. for the decorative motifs MEDRI 1992, *ad loc.*: motifs 9.3.1 (*ovuli*); 8.3.2 (triple arcs placed as a festoon); 8.3.26.1.3 (volute to the right); 6.6.01 (volute to the left); 9.4.2.06 (pendant with rosette); 5.5.1 (rosette); 9.5.3.04 (row of pearls).
h max 11.1 cm.   d rim 25 cm.
Late Flavian.
first decades of 2nd cent. A.D.

275. Pisa San Rossore 2, Area 2, Layer 92, Artificial layer II (fig. 26 a-b)

decorativi MEDRI 1992, ad loc.: fascia superiore: motivi 1.1.3.03 (Erote con asta e faretra); 1.2.3.02 (Vittoria con palma e corona); fascia inferiore: 1.2.4.06 ("Musa"; invece Dioniso con tirso / Menade ?); 5.1.1.03 (albero con quattro rami).
h cm. 19,4x22,2.
Seconda metà I sec. d.C.

276. Pisa San Rossore 2 area 2 US 78 stacco III (fig. 27 a-b)
Fr. vasca e piede di coppa carenata Dragendorff 29 in T.S.T. decorata a matrice.
Vernice marrone, opaca.
Nella fascia inferiore si succedono Eroti cocchieri a s. all'interno di archi alternati a colonne; la fascia superiore sembra identica.
Cfr. per i motivi decorativi MEDRI 1992, ad loc.: motivi 8.3.3.02 (arco a tre linee); 1.1.3.01 (Erote cocchiere a s.); 7.2.6 (colonna con fusto embricato).
h max cm. 7,6   d piede cm. 9,5.
Tarda età flavia - primi decenni II sec. d.C.

TERRA SIGILLATA SUD-GALLICA

216. Pisa San Rossore 2 area 2 US 92 stacco II (fig. 28)

Coppa emisferica Dragendorff 37 in T.S. sud-gallica.
Vernice marrone rossiccio, poco brillante.
Ampia lacuna della vasca.
Sotto l'orlo, nella fascia superiore si succedono: fila di ovoli con freccia a d., corda, sette Eroti (tre Eroti a d. con braccio levato; 4 Eroti a s. con arco) disposti all'interno di un fregio vegetale. Nella fascia inferiore si succedono sotto la corda: archi appesi a pendenti e con volute sia a d. sia a s.
h cm. 10   d orlo cm. 22,1
d piede cm. 8,7.
Età flavia.

272. Pisa San Rossore 2 area 2 US 78 (fig. 29)
Fr. coppa emisferica Dragendorff 37 in T.S. sud-gallica.
Vernice marrone rossiccio, brillante.
Sotto l'orlo, nella fascia superiore si succedono: fila di ovoli con freccia a d., corda, archi appesi a pendenti che racchiudono nastri con terminazione a freccia, fila di frecce a d. tra corde.
All'esterno, nella decorazione è impresso il bollo: capovolto, in cartiglio rettangolare (cm. 1,4x0,3), con lettere incise,

[O]F VERI [O]f(ficina) Veri (OSWALD, 1931, pp. 331-332).
h max cm. 8   d orlo cm. 21,8.
Età claudia - età flavia.
Cfr. per l'officina Verus BÉMONT 1976, p. 83, n.410.

291. Pisa San Rossore 2 US 2/1 (fig. 30)
Coppa Ritterling 8.
Coppa a vasca quasi emisferica e orlo indistinto, piede ad anello. Vernice marrone rossiccio. Ricomposta da frr. 4.
Sul fondo è impresso il bollo: centrale, in cartiglio rettangolare (cm. 1,8x0,3), OF CREST, Of(ficina) Cres(ti) (OSWALD, 1931, pp. 95-96).
Sul fondo esterno è inciso, con tratto sottile e marcato, il graffito H.
h cm. 5,3   d orlo cm. 11,2
d piede cm. 4,4.
Età claudia - prima età flavia. Cfr. per l'officina di Cresti o / Cretus (La Graufesenque) BÉMONT 1976, p. 37, nn. 136-138; FICHES 1978, p. 64, n. 33 (bis); GUÉRY 1979, p. 51, nn. 41-42 e fig. 4; LAUBENHEIMER 1979, pp. 119-120, nn. 51-52 e figg. 6-7.

528. Pisa San Rossore 2 area 2 US 92 stacco

Fragment of carinated cup Dragendorff 29 in mould-decorated terra sigillata.
Dull, reddish-brown glaze.
Below the lip, in the upper band: a tree and figures of divinities (Dionysus, or Maenad ?, Apollo, Diana, Eros, Juno, or Tyche?, Victoria). In the lower band, the sequence is simpler depicting a tree alternating with Dionysus.
Cf. for the decorative motifs MEDRI 1992, ad loc.: upper band: motifs 1.1.3.03 (Eros with staff and quiver); 1.2.3.02 (Victoria with palm and crown); lower band: 1.2.4.06 ("Muse"; actually Dionysus with thyrsus / Maenad ?); 5.1.1.03 (tree with four branches).
h 19.4x22.2 cm.
Second half of 1st cent. A.D.

276. Pisa San Rossore 2, Area 2, Layer 78, Artificial layer III (fig. 27 a-b)
Fragment of bowl and base of carinated cup Dragendorff 29 in late moulded-decorated Italic terra sigillata.
Dull, brown glaze.
In the lower band: Erotes facing "charioteer" on left under arches and between columns; the upper band appears to be identical.

h max 7.6 cm.   d base 9.5 cm.
Cf. for the decorative motifs MEDRI 1992, ad loc.: motifs 8.3.3.02 (three-line arch); 1.1.3.01 (Erotes charioteer facing left); 7.2.6 (column with imbricate shaft).
Late Flavian to first decades of 2nd cent. AD.

SOUTH-GALLIC TERRA SIGILLATA

216. Pisa San Rossore 2, Area 2, Layer 92, Artificial layer II (fig. 28)
Hemispherical cup Dragendorff 37 in South-Gallic terra sigillata.
Rather dull, reddish-brown glaze. Large piece missing.
Below the lip, in the upper band: a row of ovuli with an arrow pointing right, a rope pattern, seven Erotes (3 Erotes to the right with an arm raised; 4 Erotes to the left with bows) arranged in a frieze of leaf motifs. In the lower band below the rope: bows hanging from pendants flanked by volutes.
h 10 cm.   d rim 22.1 cm.   d base 8.7 cm.
Flavian.

272. Pisa San Rossore 2, Area 2, Layer 78 (fig. 29)
Fragment of hemispherical cup Dragendorff 37 in

South-Gallic terra sigillata.
Glossy, reddish-brown paint.
Below the lip, in the upper band: a row of ovuli with an arrow pointing the right, a rope, bows hanging from pendants containing ribbons ending in an arrow, a row of arrows on the right between cords.
On the outer surface, the stamp is impressed in the decoration: upside down, in a rectangular cartouche (1.4 x 0.3 cm), in incised letters,
[O]F VERI [O]f(ficina) Veri (OSWALD 1931, pp. 331-332).
h max 8 cm.   d rim 21.8 cm.
Cf. for the factory of Verus BÉMONT 1976, p. 83, no. 410.
Claudian to Flavian.

291. Pisa San Rossore 2, Area ?, Layer 2/1 (fig. 30)
Cup Ritterling 8.
Cup with almost hemispherical bowl and indistinct lip, ring-base. Reddish-brown glaze. Recomposed from 4 fragments. The stamp is impressed on the bottom: in the centre, in a rectangular cartouche (1.8x0.3 cm.), OF CREST, Of(ficina) Cres(ti) (OSWALD 1931, pp. 95-96).

VI (fig. 31 a-b) Fr. fondo di coppa care-nata Dragendorff 29 in T.S. sud-gallica. Vernice marrone rossiccio, opaca.
All'esterno, fregio di medaglioni alternati: (a) elementi vegetali legati da nastro entro una cornice foliata; (b) animali in corsa (corda) (cane ?) entro una doppia cornice liscia.
Sul fondo è impresso il bollo: centrale, in cartiglio rettangolare (cm. 2,6x0,4), MOMMONIS, *Mommonis* (OSWALD, 1931, pp. 208-209, 407).
h max cm. 3   d piede cm. 6,3.
Età claudia - prima età flavia. Cfr. per l'officina di *Mommo* (la Graufesenque) ATKINSON 1914, pp. 31-32, 39-40, 42-48, 56-58 e tavv. II-V, XI-XIII; FROVA 1973, p. 303, n. 81 e tav. 106,3 = p. 329, n. 174; BÉMONT 1976, pp. 53-55, nn. 223-231; FICHES 1978, p. 66, nn. 79-81 e fig. 13; GUÉRY 1979, pp. 65-68, nn. 123-134 e fig. 4; LAUBENHEIMER 1979, pp. 143-147, nn. 132-148 e figg. 10-11; MASSA 1999, p. 282 e fig. 8, 1 (con bibliografia).

NOTE

[1] Sull'"industria" della ceramica aretina, PUCCI 1973, pp. 255-293; PRACHNER 1980; PUCCI 1985, pp. 376-377 e 406 (con ampia bibliografia). Specialmente i bolli della terra sigillata con la loro varietà onomastica lasciano intuire un complesso sistema produttivo e l'esistenza sul piano economico-giuridico di vere *societates*. *Status quaestionis* in PUCCI 1993, pp.73-80 (ma vedi anche gli altri contributi di *The inscribed economy* 1993).
[2] KENRICK 1997, pp. 179-190 (con discussione del problema e bibliografia).
[3] ROTH - RUBI 1990, pp. 39-40.
[4] ESCHBAUMER 1995, pp. 301-320.
[5] Su Pisa in relazione al "problema Ateio", VON SCHNURBEIN 1982, pp. 130-132; PUCCI 1985, pp. 368-371 e più recentemente ETTLINGER 1990, pp. 7-8. Il rapporto tra la succursale pisana e le analoghe filiali in Gallia meridionale (La Graufesenque, Lione) è affrontato con nuova documentazione da HOFFMANN 1995, pp. 389-402 e tavv. XL-XLII; PICON 1995, pp. 403-410. Sono ormai incomplete e meritevoli di un aggiornamento le utili carte con la distribuzione dei prodotti di *Ateius* e dei suoi principali liberti *Euhodus, Mahes, Xanthus, Zoilus* edite in ETTLINGER 1962, pp. 27-44 (= ETTLINGER 1977, pp. 157-167); da confrontare con quelle più generali elaborate da PUCCI 1981b, pp. 99-121 e 275-277.
[6] WELLS 1992, pp. 195-205; MENCHELLI 1997, pp. 191-198; cfr. MENCHELLI 1994, pp. 9-34 e figg. 1-3.
[7] TAPONECCO MARCHINI 1974, pp. 3-9 e tavv. I-II; PAOLETTI 1995, pp. 319-331 e tavv. XXX-XXXIII.
[8] MENCHELLI 1995, pp. 334-338, 344-346 e tav. XXXIV, 1.
[9] MENCHELLI - VAGGIOLI 1987, pp. 507, 512-516 e tavv. XI-XII; *Il fiume, la campagna, il mare* 1988, pp. 85, 95-113 e figg. 4, 8-14; MENCHELLI 1995, pp. 338-340, 347-350 e tav. XXXIV, 2. Non rientrano ovviamente in questo discorso le fornaci forse di *Ateius* e *L. Rasinius Pisanus* identificate sulla base di ricerche di "survey" nella bassa valle del Fine (loc. Poggio Fiori): l'eventuale esportazione delle ceramiche da loro prodotte non poteva gravitare che su Vada Volaterrana, lo scalo portuale più vicino, CHERUBINI - DEL RIO 1994, p. 218; CHERUBINI - DEL RIO 1995,

---

The graffito H is incised in thin, strongly marked strokes at the exterior of the bottom.
h 5.3 cm.   d rim 11.2 cm.   d base 4.4 cm.
Cf. for the factory of *Cresti* or *Cretus* (La Graufesenque) BÉMONT 1976, p. 37, nos. 136-138; FICHES 1978, p. 64, no. 33 (bis); GUÉRY 1979, p. 51, nos. 41-42 and fig. 4; LAUBENHEIMER 1979, pp. 119-120, nos. 51-52 and figs. 6-7.
Claudian to early Flavian.

528. Pisa San Rossore 2, Area 2, Layer 92, Artificial layer VI (fig. 31 a-b)
Fragment of base of carinated goblet Dragendorff 29 in South-Gallic terra sigillata.
Dull, reddish-brown glaze.
On the outer surface, a frieze of alternate medallions: (a) floral elements tied with a ribbon within a frame of foliage; (b) running animals (rope) (dogs ?) within a smooth double frame.
The stamp is impressed on the bottom: in the centre, in a rectangular cartouche (2.6x0.4 cm.), MOMMONIS, *Mommonis* (OSWALD 1931, pp. 208-209, 407).
h max 3 cm.   d base 6.3 cm.
Cf. for the factory of *Mommo* (La Graufesenque) ATKINSON 1914, pp. 31-32, 39-40, 42-48, 56-58 and pll. II-V, XI-XIII; FROVA 1973, p. 303, no. 81 and pl. 106,3 = p. 329, no. 174; BÉMONT 1976, pp. 53-55, nos. 223-231; FICHES 1978, p. 66, nos. 79-81 and fig. 13; GUÉRY 1979, pp. 65-68, nos. 123-134 and fig. 4; LAUBENHEIMER 1979, pp. 143-147, nos. 132-148 and figs. 10-11; MASSA 1999, p. 282 and fig. 8,1 (with bibliography).
Claudian to early Flavian.

NOTES

[1] On the Aretine ceramics industry, PUCCI 1973, pp. 255-293; PRACHER 1980; PUCCI 1985, pp. 376-377 and 406 (with ample bibl.). Especially the stamps of terra sigillata with their onomastic variety lead to understand that there was a complex system of production and the existence, on an economical-juridical plane, of real *societates*. *Status quaestionis* in PUCCI 1993, pp. 73-80 (but also see other contributions in *The inscribed economy*, 1993).
[2] KENRICH 1997, pp. 179-190 (with a discussion on the problem and bibl.).
[3] ROTH-RUBI 1990, pp. 39-40.
[4] ESCHBAUMER 1995, pp. 301-320.
[5] On Pisa, in relation to the "Ateius problem", VON SCHNURBEIN 1982, pp. 130-132; PUCCI 1985, pp. 368-371; and more recently ETTLINGER 1990, pp. 7-8. The rapport between the Pisan branch and similar affiliates in the south of France (La Graufesenque, Lion) is affronted with new documentation by HOFFMANN 1995, pp. 389-402 and pl. XL-XLII; PICON 1995, pp. 403-410. The useful entries are now incomplete and merit updating with the distribution of Ateius's goods and of his most important *liberti, Euhodus, Mahes, Xanthus, Zoilus* published in ETTLINGER 1962, pp. 27-44 (ETTLINGER 1977, pp. 157-167); to be compared with the more general ones elaborated by PUCCI 1981b, pp. 99-121 and 275-277.
[6] WELLS 1992, pp. 195-205; MENCHELLI 1997, pp. 191-198; cf. MENCHELLI 1994, pp. 9-34 and figs. 1-3.
[7] TAPONECCO MARCHINI 1974, pp. 3-9 and pls. I-II; PAOLETTI 1995, pp. 319-331 and pls. XXX-XXXIII.
[8] MENCHELLI 1995, pp. 334-338, 344-346 and pl. XXXIV, 1.
[9] MENCHELLI-VAGGIOLI 1987, pp. 507, 512-16 and

pp. 364-365, 378; DEL RIO *et alii*, 1996, pp. 114-116; CHERUBINI - DEL RIO 1997, pp. 133-134 e figg. 1, 1-2; 5, 1-2.

[10] Molti dati sono in corso di studio, PASQUI-NUCCI 1993, pp. 95-104; PASQUINUCCI 1995, pp. 314-317 e tavv. XXVII-XXIX. Un'attenta rilettura delle fonti medievali è in grado di offrire nuovi indizi sulla configurazione di Pisa romana, specialmente in relazione al margine settentrionale della città e all'area di San Zeno, dove erano attive le officine ceramiche, GELICHI 1998, pp. 82-86.

[11] Il ruolo svolto dallo scalo pisano nella commercializzazione del legname e, più in generale, nei grossi traffici tirrenici durante l'età augustea è sottolineato sulla base di Strabone, V, 2, 5 = C 223, un passo peraltro ben noto, da CIAMPOL-TRINI 1991, p. 257.

[12] Sulla diffusione della sud-gallica in Italia, MASELLI SCOTTI 1981, pp. 243-248 e figg. 1-8 con tavv. I-II; e soprattutto MARTIN 1985, pp. 125-129 (con carta di distribuzione e bibliografia completa). Per l'area tirrenica centro-settentrionale mi sono note le seguenti integrazioni: Populonia (informazione M.L. Gualandi che ringrazio); Sardegna, Nora (Tronchetti

1996a pp. 132, n.26, 140-141 e tav. III) e Villasalto (TRONCHETTI 1996b, p. 66); Roma (MARTIN 1991, pp. 71-80).

[13] SALADINO 1998, pp. 379-395 e tavv. CVIII-CXIII; in precedenza la scena era stata commentata da OXÉ 1933, pp. 19-20, 75-76, nn. 117-120, 87, n. 156b, 100, nn. 231-233 e tavv. XXVII-XXVIII, XLII, LIII; DRAGEN-DORFF - WATZINGER 1948, pp. 35, 81-84 (ciclo XI), 184-185, nn. 88-97 e tav. 8; cfr. altresì le revisioni stilistiche di STENICO 1960, nn. 328, 557-559, 1028 e 1032. Non è inverosimile che la fortuna del tema fosse un effetto della propaganda augustea, che per diffamare Antonio succube di Cleopatra, regina di Egitto, aveva riesumato a bella posta questa storia mitica, ZANKER 1989, pp. 64-65 e figg. 45 a-b; BOARDMAN 1994, pp. 46 e 53.

Può essere interessante, inoltre, confrontare il fastoso corteo di Eracle e Onfale con il più movimentato assalto di Eracle ad un Centauro, un soggetto abbastanza frequente sulla T.S.I. decorata, LAVIZZARI PEDRAZZINI 1990, pp. 109-124.

[14] CHASE 1916, pp. 38-40, nn. 9-10 e tavv. VII-VIII; PORTEN PALANGE 1966, p. 31, n. 22 e tav. IV; BROWN 1968, pp. 15-16, nn. 37-39 e

tav. XI; PUCCI 1981a, pp. 109-112 e fig. 14; BOARDMAN 1994, p. 49 n. 36 e tav. 36; PORTEN PALANGE 1995a, pp. 309-310. Da notare che *M. Perennius Tigranus* fa guidare il corteo trionfale dal servo con il *flagellum* invece che da un consueto Satiro retrospiciente con fiaccola e bisaccia.

[15] TAPONECCO MARTINI 1974, p. 9 e tav. II, 7; PORTEN PALANGE 1985, p. 194 (ciclo XII, nn. 1-4); PORTEN PALANGE 1995a, pp. 309-310.

[16] DRAGENDORFF - WATZINGER 1948, loc. cit.; PORTEN PALANGE 1995a, p. 307 e nn. 37, 309-310.

[17] DRAGENDORFF - WATZINGER 1948, loc. cit.; MARABINI MOEVS 1981, pp. 20-21, 53 nn. 88-91 e fig. 19; PORTEN PALANGE 1995a, pp. 309-310.

[18] DRAGENDORFF - WATZINGER 1948, loc. cit.

[19] Insieme con la matrice è falso anche un punzone, *CVA*, USA, 9, 1943, pp. 17-18, IV Bf e tavv. XXIV 1 a-d, XXXVIII 13; STENICO 1966, p. 29 e tav. 6, 12 a-b; PORTEN PALANGE 1989, p. 94, nn. 29 e 97-98, n. 94.

[20] Sulla distinzione onomastica fra *M. Perennius* e *M. Perennius Tigranus*, PORTEN PALANGE 1995b, pp. 391-400.

[21] La pregnante definizione è di DELPLACE 1978, p. 76.

---

pls. XI-XII; *Il fiume, la campagna, il mare* 1988, pp. 85, 95-113 and figs. 4, 8-14; MENCHELLI 1995, pp. 338-340, 347-350 and pl. XXXIV, 2. Unrelated, of course, are the kilns perhaps of *Ateius* and *L. Rasinius Pisanus* identified on the basis if site surveys in the lower Fine Valley (Poggio Fiori): any ceramics exported could only be drawn toward Vada Volterrana, the nearest port; CHERUBIBI-DEL RIO 1994, p. 218; CHERUBINI-DEL RIO 1995, pp. 364-365, 378; DEL RIO *et alii* 1996, pp. 114-116; CHERUBINI-DEL RIO 1997, pp. 133-134 and figs. 1, 1-2; 5, 1-2.

[10] A large amount of information is still being examined. PASQUINUCCI 1993, pp. 95-104; PASQUINUCCI 1995, pp. 314-317 and pl. XXVII. Careful re-reading of the medieval sources can offer new information about the configuration of Roman Pisa, especially the northern boundary of the city and the area of San Zeno where the potteries were active, GELICHI 1998, pp. 82-86.

[11] The role that the Pisan port of call played in the commercialisation of wood and more generally, in the great Tyrrhenian dealings during the Augustan era, is underlined in Strabone, V, 2, 5 = C 223, a well-known passage by CIAMPOLTRINI 1991, p. 257.

[12] On the diffusion of south Gallic wares in Italy, MASELLI SCOTTI 1981, pp. 243-248 and figs. 1-8 with

pls.I-II; and above all MARTINI 1985, pp. 125-129 (with map of the distribution and complete bibl.). For the north-central Tyrrhenian area, I have noted the following additions: Populonia (information from M.L. Gualandi, whom I thank); Sardegna, Nora (TRONCHETTI 1996a, pp. 132, no. 26, 140-141 and pl. III) and Villasalto (TRONCHETTI 1996b, p. 66); Rome (MARTINI 1991, pp. 71-80).

[13] SALADINO 1998, pp. 379-395 and pls. CVIII-CXIII; the scene had previously been commented by OXÉ 1993, pp. 19-20, 75-76 nos. 117-120, 87 no. 156b, 100 nos. 231-233 and pls. XXVII-XXVIII, XLII; LIII, DRAGENDORFF-WATZINGER 1948, pp. 35, 81-84 (Cycle XI), 184-185 nos. 88-97 and pl. 8; cf. and also the stylistic revisions by STENICO 1960, nos. 328, 557-559, 1028 and 1032. It is not unlikely that this theme owes its fortune to Augustan propaganda, as this myth was brought back to life to difame Anthony allegedly dominated by Cleopatra, Queen of Egypt, ZANKER 1989, pp. 64-65 and figs. 45a-b; BOARDMAN pp. 46 and 53. Moreover, it could be interesting to compare the sumptuous procession of Hercules and Omphale with the more lively attack of Hercules on a centaur, a fairly common subject on decorated T.S.I.; LAVIZZARI PEDRAZZINI 1990, pp. 109-124.

[14] CHASE 1916, pp. 38-40, nos. 9-10 and pls. VII-VIII; PORTEN PALANGE 1966, p. 31, no. 22 and pl. IV; BROWN 1968, pp. 15-16, nos. 37-39 and pl. XI; PUCCI 1981a, pp. 109-112 and fig. 14; BOARDMAN 1994, p. 49 no. 36 and pl. 36; PORTEN PALANGE 1995a, pp. 309-310. Note that *M. Perennius Tigranus* has the triumphal procession led by a servant with a *flagellum* rather than the usual standing satyr with torch and sack.

[15] TAPONECCO MARCHINI 1974, p. 9 and pl. II, 7; PORTEN PALANGE 1985, p. 194 (Cycle XII, nos. 1-4); PORTEN PALANGE 1995a, pp. 309-310.

[16] DRAGENDORFF - WATZINGER 1948, *loc. cit.*; PORTEN PALANGE 1995a, pp. 307 and n. 37, 309-310.

[17] DRAGENDORFF - WATZINGER 1948, *loc. cit.*; MARABINI MOEVS 1981, pp. 20-21, 53 nos. 88-91 and fig. 19; PORTEN PALANGE 1995a, pp. 309-310.

[18] DRAGENDORFF - WATZINGER 1948, *loc. cit.*

[19] Besides the mould a stamp is also a forgery, *CVA*, USA, 9, 1943, pp. 17-18, IV Bf and pls.XXIV 1 a-d, XXXVIII 13, STENICO 1966, p. 29 and pl. 6, 12 a-b; PORTEN PALANGE 1989, p. 94 nos. 29 and 97-98, no. 94.

[20] On the onomastic distinction between *M. Perennius* and *M. Perennius Tigranus*, PORTEN PALANGE 1995b, pp. 391-400.

[21] The definition is that of DEPLACE 1978, p. 76.

Ceramica d'impasto

Giuditta
Grandinetti

Tra il materiale rinvenuto nell'antico porto di Pisa è ben documentata una classe ceramica rappresentata da boccali d'impasto monoansati (figg. 1-2-3-5).

Il ritrovamento di questo materiale appare, per il momento, concentrato in due distinte aree dello scavo. Un primo gruppo è stato rinvenuto in apparente connessione con la seconda nave oneraria di età augustea (nave E, settore nord est); l'altro proviene dalle immediate vicinanze della nave C (settore centrale dello scavo).

Questi manufatti si caratterizzano per una sostanziale omogeneità della produzione, pur registrando leggere differenze legate alla variabilità di alcuni elementi.

Si tratta di una classe ceramica caratterizzata, nella maggior parte dei casi, da impasto grossolano lavorato sia a mano libera sia al tornio. L'uso delle diverse tecniche di fabbricazione non sembra, però, condizionare i caratteri formali e decorativi se non in relazione allo spessore dei manufatti che, ovviamente, negli esemplari torniti è minore. La forma del boccale può essere troncoconica o cilindrica; la parete presenta profilo rettilineo a volte interrotto da una carena più o meno accentuata, posta a breve distanza dal fondo piatto. L'ansa, generalmente a bastoncello schiacciato, presenta l'estremità superiore leggermente sopralevata.

Accanto ad un esiguo numero di manufatti privi di decorazione si impone, nella maggior parte dei casi, una sintassi decorativa ripetitiva costituita da fasci di linee parallele con orientamento obliquo o verticale. L'intensità del tratto è varia poiché si passa dalle spazzolature appena accennate alle solcature molto marcate. Sul fondo di un boccale è presente

CLAY POTTERY

The material found in the ancient port of Pisa included a well-represented class of ceramic ware consisting of one-handled clay jugs (figs. 1-2-3-5).

These finds appear for the moment to be concentrated in two distinct areas of the excavations. The first group was discovered in apparent connection with the second cargo ship of the Augustan age (ship E, north east sector); the other was found in the immediate vicinity of ship C (central sector of the excavations).

These artefacts are characterized by considerable homogeneity of production, though they display slight differences linked to the variability of certain elements.

This class of pottery is, in most cases, of coarse clay worked by hand or on the wheel. The use of different techniques of manufacture does not, however, seem to have influenced the shape and decorative features, except for the fact that the vessels fashioned on the wheel have thinner walls than those made by hand.

The jugs are truncated cone-shaped or cylindrical; the walls are straight, sometimes interrupted by a more or less accentuated carina, set slightly above the flat base. The generally strap-shaped handle has a slightly raised upper end.

A small number of these artefacts are not decorated, though most of the jugs display a repeated decorative motif consisting of bands of oblique or vertical parallel lines. These lines range from light brushstrokes to more marked grooves. The base of one jug is further decorated with an irregular herring-bone graffito.

un ulteriore motivo decorativo costituito da un irregolare graffito a spina di pesce. È probabile che questi oggetti fossero utilizzati come contenitori di sostanze specifiche poiché si notano, all'interno di alcuni esemplari, residui carboniosi simili a semi e, in uno in particolare, una massa dall'aspetto resinoso attualmente in corso di analisi.

Questa produzione sembra ricollegarsi a manufatti di area occidentale attestati in Corsica e nella Francia meridionale.

Inizialmente questa classe ceramica era stata avvicinata ai vasi d'impasto còrsi fabbricati dal V al II secolo a.C. e riconosciuti come produzione indigena da Jehasse che ne ha elaborato la tipologia[1]. Tale produzione risulta attestata in Italia solo sul litorale toscano tra Livorno e Follonica (Populonia, Quercianella, la Sterpaia); all'isola d'Elba, mentre in Corsica è ben documentata ad Aleria. Nei suddetti siti, sia in Corsica che in Italia, i ritrovamenti sono relativi a contesti tombali, ciò ha fatto pensare che questa classe ceramica avesse un particolare significato cultuale.

In realtà, tra i materiali di Pisa, a questa produzione può essere riferita solo un'olletta piriforme (n. 333) caratterizzata da spazzolature, variamente orientate, presenti su tutta la superficie (fig. 4)[2]; l'esemplare di confronto risulta documentato in Corsica dalla metà del III alla metà del II secolo a.C.

Sembra invece che i boccali monoansati siano da collegare ad una produzione còrsa più recente attestata in varie zone dell'isola, tra il I sec. a.C. ed il I sec. d.C., sia in contesti funerari che, seppure raramente, in abitati. Nella produzione corsa si individuano le stesse caratteristiche dei boccali monoansati di Pisa; l'unica differenza è relativa all'ansa che, nei manufatti corsi si presenta conformata in modo diverso[3]. Confronti puntuali sono riscontrabili con gli esemplari ritrovati in due necropoli[4] del dipartimento del Var nella Francia

These artefacts were probably used as containers for specific products since some of them contain carbon deposits similar to seeds and one in particular contains a resinous substance that is presently being analyzed.

These jugs appear to be connected with western artefacts documented in Corsica and the south of France.

Initially this class of pottery was associated with the Corsican clay jugs manufactured from the fifth to the second century B.C. and recognized as indigenous by L. Jehasse who developed their typology[1]. In Italy this pottery has only been found on the Tuscan coast between Livorno and Follonica (Populonia, Quercianella, la Sterpaia) and on the island of Elba, though in Corsica it is well-documented at Aleria. In the above-mentioned sites, both in Corsica and in Italy, these finds have been discovered in tombs, which suggests that this class of ceramic ware had a special cult significance.

In actual fact, only one small pear-shaped olla found in Pisa (no. 333) can be attributed to this production; its surface is entirely decorated with brushtrokes[2]. A similar jug was documented in Corsica from the mid-third century to mid-second century B.C. (fig. 4).

It appears, however, that the one-handled jugs are linked to later Corsican pottery found in various areas of the island between the firrst century B.C. and the first century A.D. in tombs and, though rarely, also in inhabited areas. The Corsican pottery has the same features as the one-handled jugs found in Pisa; the only difference being the shape of the handle.[3]

Similar jugs were found in the two necropolises[4] in the region of Var in the south of France. These are two handmade artefacts,[5] one of which is decorated, considered by the author to have been manufactured locally. The tombs in which they were found date to the first century A.D.

meridionale; si tratta di due manufatti non torniti[5], di cui uno decorato, considerati dall'Autore di produzione indigena. I contesti tombali di provenienza si datano nel corso del I sec. d.C.

L'inquadramento cronologico degli esemplari rinvenuti a Pisa può essere determinato da alcuni oggetti, relativi ai corredi di bordo, che permettono di collocare il naufragio delle navi, alle quali i boccali erano probabilmente associati, nel corso della seconda metà del I sec. a.C. (nave C) e negli ultimi decenni dello stesso (nave E) anche se lo scavo delle due imbarcazioni non è ancora terminato.

The dating of the finds at Pisa can be determined by some items from the ship's equipment that permit the wreck of the ships, with which the jugs were probably connected, to be dated to the second half of the first century B.C. (ship C) and to the last decades of the first century B.C. (ship E), even though the excavation of the two vessels has not yet been completed.

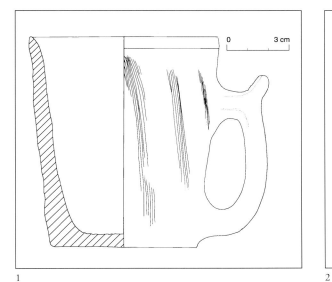

1

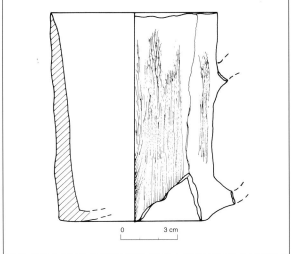

2

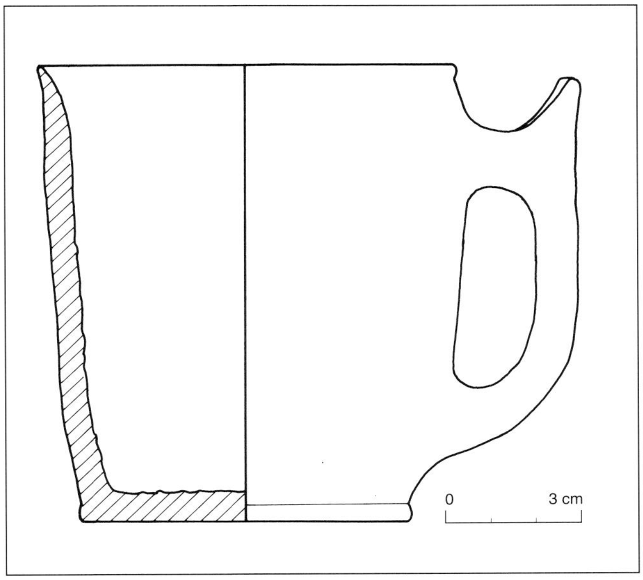

Fig. 1
N. 59, boccale monoansato decorato.
N. 59, decorated tankard with one handle.

Fig. 2
N. 702, boccale monoansato decorato.
N. 702, decorated tankard with one handle.

Fig. 3
N. 725, boccale monoansato.
N. 725, tankard with one handle.

Fig. 4
N. 333, olletta decorata.
N. 333, decorated jar.

Fig. 5
N. 401, boccale monoansato decorato.
N. 401, decorated tankard with one handle.

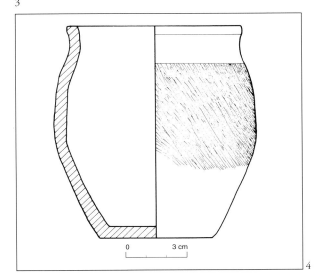

3

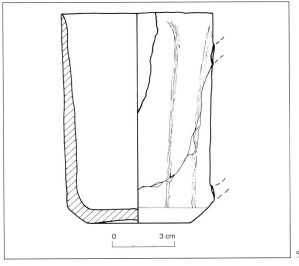

4

5

CERAMICA NON TORNITA

59. Pisa San Rossore 2 area 2 US 65
Boccale monoansato decorato.
Forma troncoconica, a parete rettilinea, con fondo piatto. Orlo diritto con bordo obliquo interno. Ansa verticale a bastoncello appiattito con estremità superiore leggermente soprelevata. Decorazione a spazzola costituita da fasce parallele con orientamento subverticale. Impasto non depurato con numerosi inclusi micacei; superfici di colore grigio nerastro con sfiammature rosse esternamente lisciate e lucidate. Gran parte della superficie esterna è abrasa. Piccola lacuna triangolare sull'orlo.
h cm. 10,5   d orlo cm. 9   d fondo cm. 0,7

62. Pisa San Rossore 2 area 2 US 65
Boccale monoansato decorato.
Forma subcilindrica, a parete rettilinea, con fondo piatto. Orlo diritto con bordo assottigliato. A cm. 1,5 dalla base la parete forma una carena arrotondata, rastremandosi verso il fondo. Ansa verticale a nastro con estremità superiore schiacciata e soprelevata fino al bordo. Tracce di decorazione a spazzola costituita da fasce parallele con orientamento subverticale. Impasto semidepurato con inclusi micacei; superfici nere con chiazze grigie, esternamente lisciate e lucidate. Ampia lacuna dall'orlo ad oltre metà del corpo.
h cm. 10   d fondo cm. 5,3

702. Pisa San Rossore 2 area 4 US 114 stacco III
Boccale monoansato decorato.
Forma leggermente troncoconica, a pareti rettilinee, con fondo piatto. Orlo diritto con bordo obliquo interno. Attacchi di un'ansa verticale a probabile bastoncello. Decorazione a spazzola costituita da fasce parallele con orientamento obliquo. Impasto non depurato con evidenti inclusi; superfici di colore bruno nerastro lisciate. Ricomposto da 4 frammenti.
h cm. 11   d orlo cm. 9   d fondo cm. 8

725. Pisa San Rossore 2 area 1/2 US 65 stacco I
Boccale monoansato non decorato
Forma leggermente troncoconica, a pareti rettilinee, con fondo piatto. Orlo diritto con bordo obliquo interno. Ansa verticale, a bastoncello appiattito, con estremità superiore leggermente soprelevata.
Impasto semidepurato con inclusi di piccole dimensioni; superfici di colore rosso lisciate. All'interno sono presenti residui carboniosi. Lacuna dall'orlo a circa metà del corpo.
h cm. 10,5   d orlo cm. 9,2   d fondo cm. 7,2

333. Pisa San Rossore 2 area 2 US 92 stacco III
Olletta decorata
Orlo leggermente everso con bordo piatto, gola cilindrica, corpo piriforme, fondo piatto.
Decorazione a spazzola posta su tutto il corpo con orientamento variabile. All'interno è presente analoga spazzolatura ma con andamento orizzontale. Impasto non depurato con inclusi evidenti; superfici, parzialmente abrase, di colore bruno arancio con sfiammature nere. Piccola lacuna triangolare sulla gola. All'interno residui di semi (?) apparentemente combusti.
h cm. 10,9   d orlo cm. 8,5   d fondo cm. 5,4

POTTERY FASHIONED BY HAND

59. Pisa San Rossore 2 area 2 layer 65
Decorated one-handled jug.
Truncated cone-shaped, straight wall, flat base. Straight rim with oblique inner edge. Vertical strap-shaped handle with upper end slightly raised. Brushstroke decoration of subvertical parallel bands. Unpurified clay with numerous micaceous inclusions; blackish-grey surface with red patches externally smoothed and polished. Many abrasions on the outer surface. Small triangular hole in the rim.
h 10.5 cm.   d rim 9 cm.   d base 0.7 cm.

62. Pisa San Rossore 2 area 2 layer 65
Decorated one-handled jug.
Subcylindrical in shape, straight wall, flat base. Straight rim with thinner edge. 1.5 cm. from the base the wall forms a rounded carina and tapers towards the bottom. Vertical strap-shaped handle with upper end flattened and raised to the rim. Traces of brushstroke decoration consisting of subvertical parallel bands. Semi-purified clay with micaceous inclusions; black surface with grey patches, externally smoothed and polished. Large hole from the rim to over halfway down the body.
h 10 cm.   d base 5.3 cm.

702. Pisa San Rossore 2 area 4 layer 114 artificial layer III
Decorated one-handled jug.
Slightly truncated cone in shape, straight walls, flat base. Straight rim with oblique inner edge. Attached ends of a vertical handle probably strap-shaped. Brushstroke decoration of oblique parallel bands. Unpurified clay with obvious inclusions, blackish-brown smoothed surface. Recomposed from 4 fragments.
h 11 cm.   d rim 9 cm.   d base 8 cm.

725. Pisa San Rossore 2 area 1/2 layer 65 artificial layer I
Undecorated one-handled jug.
Slightly truncated cone in shape, straight walls and flat base. Straight rim with oblique inner edge. Vertical strap-shaped handle, with upper end slightly raised. Semi-purified clay with small inclusions; red smoothed surface. It contains carbon remains. Hole from the rim to about halfway down the body.

h 10.5 cm.   d rim 9.2 cm.   d base 7.2 cm.

333. Pisa San Rossore 2 area 2 layer 92 artificial layer III
Small decorated olla.
Rim slightly everted with flat edge, cylindrical neck, pear-shaped body, flat base. Varied brushstroke decoration over the whole body. The inner surface has a similar horizontal brushstroke decoration. Unpurified clay with obvious inclusions; some abrasions on the orangish-brown surface with black patches. Small triangular hole in the neck. It contains the remains of apparently burnt seeds (?).
h 10.9 cm.   d rim 8.5 cm.   d base 5.4 cm.

POTTERY FASHIONED ON THE WHEEL

401. Pisa San Rossore 2 area 2/3 layer 103
Decorated one-handled jug.
Slightly truncated cone in shape, straight wall, flat base. Straight rim with oblique edge. 1 cm from the base the wall forms a carina and tapers towards the base. Attached ends of a vertical handle. The decoration consists of bands of

CERAMICA TORNITA

401. Pisa San Rossore 2 area 2/3 US 103
Boccale monoansato decorato.
Forma leggermente troncoconica, a parete rettilinea, con fondo piatto. Orlo diritto con bordo obliquo. A cm.1 dalla base la parete forma una carena, rastremandosi verso il fondo. Attacchi di un'ansa verticale. Decorazione costituita da fasci di solcature subverticali posti ad intervalli irregolari. Sul fondo, esternamente, è presente un graffito con motivo a spina di pesce irregolare. Impasto semidepurato con minuti inclusi; superfici grigie con sfiammature nere lisciate. Ampia lacuna dall'orlo a metà del corpo. Ricomposto da 5 frammenti.
h cm. 10,4   d orlo cm. 8
d fondo cm. 4,8

NOTE

[1] JEHASSE 1975.
[2] Questo esemplare può essere confrontato con la forma Jeasse 1975, F60 B1.
[3] Desidero ringraziare il dottor Ottaviani, direttore del Museo Archeologico di Aleria, per aver confermato la presenza, in Corsica, di boccali monoansati del tipo ritrovato a Pisa e, per la disponibilità dimostrata nel comunicare notizie relative a tale produzione.
[4] I ritrovamenti sono relativi a due necropoli del Fréjus: Pauvadou e Saint-Lambert.
[5] Cfr. BÉRATO 1993, p. 330, fig. 9, nn. 81, 82.

subvertical grooves set at irregular intervals. On the outer base is an irregular herringbone graffito. Semi-purified clay with minute inclusions, grey surface with smooth black patches. Large hole from the rim to halfway down the body. Recomposed from 5 fragments.
h 10.4 cm.   d rim 8 cm.   d base 4.8 cm.

NOTES

[1] JEHASSE 1975.
[2] This example can be compared with Jehasse 1975, form F60B1.
[3] I wish to thank Dr. Ottaviani, director of the Aleria archaeological museum, for having confirmed the presence in Corsica of one-handled jugs of the type found at Pisa, and for having given me information on this production.
[4] The finds were unearthed in the two necropolises at Fréjus: Pauvadou and Saint-Lambert.
[5] Cf. BÉRATO 1993, p. 330, fig. 9, nos. 81, 82.

Vetri

Daniela
Stiaffini

Nel contesto in esame, i frammenti vitrei sono stati ritrovati nei fondali sabbiosi del bacino portuale e, allo stato attuale degli studi, solo per alcuni di essi è possibile stabilire con certezza l'appartenenza al carico delle navi sia come corredo di bordo, destinato anzitutto alla mensa principale della nave, che come merce pregiata ordinata per soddisfare particolari committenze, relativa quindi a pochi ma significativi pezzi. Infatti se è vero che il commercio transmarino interessava sopratutto le derrate trasportate dentro anfore o *dolia*, è altrettanto provato che gli altri oggetti (ceramiche, vetri, metalli) viaggiassero come merce di accompagnamento che riempiva gli spazi vuoti delle stive delle navi[1].

Nonostante i limiti costituiti dalla incompletezza della ricerca, essendo lo scavo ancora in corso, e dalle incertezze derivate da una documentazione solo in parte costituita da reperti che consentono una precisa classificazione tipologica (solamente il 20% circa del materiale vitreo rinvenuto è riferibile a forme identificabili), i manufatti vitrei recuperati nelle stratigrafie del bacino portuale costituiscono un campione significativo della circolazione e della presenza di vasellame vitreo a Pisa durante la prima età imperiale romana. Sebbene i dati e le ipotesi qui presentate debbano essere considerate preliminari, le informazioni desumibili da questa indagine archeologica sono da ritenere già molto interessanti se si valuta la povertà di dati editi relativi ai reperti vitrei (per lo più ancora da pubblicare) provenienti dagli scavi condotti fino ad oggi a Pisa, in particolare nel sito urbano antico[2]. Pur con le incertezze derivate da una documentazione limitata, sembra significativa l'affinità tipologica tra il vasellame vitreo recuperato nel bacino portuale ritrovato nell'area del

Glass items

At the present stage of studies only some of the glass fragments found in the sandy bed of the harbour basin can be definitively classified as associated with life on board, primarily for use at the main table, or as especially ordered high-quality merchandise, comprising a limited number of significant items. While maritime commerce consisted mostly of foodstuffs transported in amphorae or *dolia*, other items (of pottery, glass and metal) were transported as complementary merchandise to fill up any empty spaces in the holds[1].

In describing the various glass items found, we are inevitably limited by the fact that our investigations are still incomplete. Excavation of the site is still in progress and only a limited number of the items can be precisely classified (only about 20% of the glassware recovered can be assigned to identifiable forms). Nevertheless, the glass artefacts found in the different layers of the harbour basin do constitute a significant sample of the glassware in circulation and present at Pisa during the early Roman Imperial age. While the data and hypotheses presented here must be regarded as provisional, the information to be deduced from these archaeological investigations can be considered extremely significant in view of the paucity of the existing data (in most cases still awaiting publication) on glass items recovered from the excavations thus far carried out at Pisa, in particular at the ancient city site[2]. Despite the uncertainty entailed by limited documentation, there does appear to be a significant similarity between the glassware recovered in the harbour basin in the area of the Pisa San Rossore railway station and the as yet unpublished glassware unearthed from the habitation levels of the *domus* of the early Imperial age discovered during the excavations carried out in recent years beneath Pisa's

complesso ferroviario di Pisa San Rossore e la suppellettile vitrea, ancora inedita, rinvenuta nei livelli di uso delle *domus* di prima età imperiale individuate nei saggi di scavo susseguitesi in questi ultimi anni nella piazza del Duomo di Pisa[3]. Un'affinità che può indicare una sostanziale conformità fra il vasellame vitreo rinvenuto nel bacino portuale, in parte sicuramente proveniente dal carico delle navi, e quello adoperato nella Pisa di prima età imperiale, dato che indica una sostanziale congruenza nella tipologia dei manufatti vitrei in uso in entrambi i siti.

I reperti vitrei recuperati nel bacino portuale, suddivisi in base ai contesti di rinvenimento e alla stratigrafia, ordinati in modo diacronico in base alla datazione fornita da ogni contesto e raggruppati tipologicamente, mettono in evidenza una notevole concentrazione numerica e una ragguardevole varietà di forme, soprattutto se messa in relazione alla scarsa attestazione del vasellame vitreo recuperato in altri scavi di relitti di epoca romana[4].

L'*excursus* cronologico è compreso fra il I secolo a.C. e la fine del V-VI secolo d.C. Il termine più alto è dato dalla presenza di una coppa a matrice (n. 153), rinvenuta fra il carico della nave B, che per la giacitura, le caratteristiche tecniche e la morfologia è assegnabile alla produzione del I secolo a.C.; quello più basso è costituito dalla presenza di un piede a disco di calice (n. 121)[5], rinvenuto nell'area 5, che per la qualità del vetro e gli elementi morfologici può essere attribuito alla produzione dei calici diffusi in area italiana a partire dalla fine del V-VI secolo d.C[6]. La maggior parte del vasellame vitreo fino ad oggi recuperato, tuttavia, è databile fra il I sec. a.C. e il I metà II sec. d.C., rinvenuto prevalentemente nella parte settentrionale del saggio di scavo (nelle aree 1, 1/2, 2, 2/3, 3) dove sono state ritrovate le navi B, E, F, un ambito caratterizzato da una notevole concentrazione di reperti vitrei, se messo in relazione ai pochi reperti recuperati nelle aree 4 e 5 dove sono state trovate le navi

Piazza del Duomo[3]. This may indicate a substantial degree of similarity between the glassware found in the harbour basin, some of which was certainly part of the ships' cargoes, and that in use at Pisa in the early Imperial age. There thus appears to be a substantial typological correspondence between the glass artefacts in use at the two sites.

The glass items found in the harbour basin are subdivided in terms of context of discovery and stratigraphy, arranged in diachronic order on the basis of the dating provided by each context, and placed in typological groups. The results indicate a high degree of concentration in numerical terms and a considerable variety of forms, especially in view of the comparatively few items of glassware found at other excavations of wrecks from the Roman era[4].

The items date from the first century B.C. to the late fifth and early sixth centuries A.D. The earliest artefact is a goblet produced in a mould (no. 153), which was found in the cargo of vessel B. In view of its position and its technical and morphological characteristics, this goblet may be regarded as having been manufactured during the first century B.C. The most recent artefact is a disk-shaped goblet foot (no. 121)[5] discovered in area 5. The quality and morphological characteristics of the glass, suggest that the goblet is among those manufactured in the region of Italy from the late fifth and early sixth centuries A.D. onwards[6]. However, most of the glassware recovered thus far dates from the period between the first century B.C. and the first half of the second century A.D. Most of the objects were found in the northern sector of the excavation site (in areas 1, 1/2, 2, 2/3, 3), where wrecks B, E, and F were discovered. While this part of the site has yielded a notable concentration of glass objects, relatively few have been recovered from areas 4 and 5, where wrecks C and D were found. At this stage of our research it is possible to determine which glassware belonged to the cargo

C e D. Allo stato attuale delle ricerche è possibile individuare il vasellame vitreo che apparteneva al carico della nave oneraria B; mentre per il numeroso materiale vitreo rinvenuto nelle altre aree è preferibile presentare il materiale vitreo senza attribuirlo ai singoli carichi delle navi, dividendolo tipologicamente per settori di scavo: parte settentrionale (aree 1, 1/2, 2, 2/3, 3), aree 4 e 5.

La maggior parte degli esemplari rinvenuti nei livelli sabbiosi della parte settentrionale del bacino portuale è relativa al vasellame da mensa e da dispensa (coppe, bicchieri, piatti, bottiglie monoansate) con una netta prevalenza delle forme aperte su quelle chiuse e in misura minore è riferibile ai balsamari, oggetti di ornamento e pedine da gioco.

Fra le forme aperte la maggioranza degli esemplari ritrovati è rappresentata dalle coppe. Si ha la presenza delle coppe realizzate a matrice, soprattutto quelle costolate in vetro monocromo verdeazzurro (n. 155) (fig. 1)[7] o color ambra scuro[8], di cui una integra (n. 31) (fig. 2), che trovano confronti con esemplari rinvenuti nelllo scavo della villa di Settefinestre vicino a Scarlino (Grosseto)[9] e della villa di Poggio del Molino (Piombino -Livorno)[10]. Sono decisamente più belle e ricercate le coppe costolate policrome, di cui sono attestati esemplari di vetro colorato spruzzato di bianco opaco (n. 132) (fig. 3), a nastri (n. 681), oppure marmorizzate (n. 137) che trovano confronti con il vasellame proveniente dall'area orientale del Mediterraneo[11], ma prodotte anche nelle regioni occidentali dell'Impero e ritrovate, ad esempio, a Pompei[12], a Ercolano[13] e a Brescia[14]. Si tratta di quel tipo di coppe, formatosi nel I sec. a.C. nell'ambito ellenistico, e diffuso nell'area occidentale dell'Impero dall'inizio del I ai primi decenni del II sec. d.C. Mentre gli esemplari in vetro policromo non sono attestati oltre la metà del I sec. d.C., quelli in vetro monocromo, soprattutto verdeazzurro, prodotti già in età augustea, hanno nella seconda metà del I sec. d.C. il periodo

of wreck B. As regards the numerous glass objects discovered in other areas, it is preferable to present the items without attributing them to the cargoes of individual ships but typologically classified according to excavation sector: northern part (areas 1, 1/2, 2, 2/3, 3), area 4 or area 5.

Most of the items recovered in the sandy levels of the northern part of the harbour basin are tableware and serving ware (goblets, beakers, plates and one-handled bottles). There are many more open forms than closed forms, while balsam-jars, ornamental objects and game pieces are less common.

The most numerous of the open forms is the goblet. There are examples of goblets manufactured with a mould, notably ribbed cups of monochromatic glass (no. 155) (fig. 1)[7] of a bluish-green or dark amber colour[8]. These include one intact specimen (no. 31) (fig. 2), which is similar those recovered during the excavations of the villa at Settefinestre, near Scarlino (Grosseto)[9] and of the villa at Poggio del Molino (Piombino-Livorno)[10]. The polychromatic ribbed goblets, which include examples of coloured glass with splashes of opaque white (no. 132) (fig. 3), either in the form of a relief pattern (no. 681) or marbled (no. 137), are considerably more beautiful and elaborate. These resemble the glassware that came originally from the eastern Mediterranean[11] but was also manufactured in the western regions of the Empire and has been found, for example, at Pompeii[12], Herculaneum[13] and Brescia[14]. This type of cup was first made in the first century B.C., in Hellenistic regions, becoming widespread in the western regions of the Empire from the early decades of the second century A.D. onwards. While there is no evidence for the existence of polychromatic glassware after the middle of the first century A.D., the monochromatic glass items, mostly bluish-green in colour and manufactured as early as the age of Augustus, were most widely used in the second half of the first cen-

di massima diffusione e continuano ad essere attestati sino al secolo successivo[15]. Si ritiene che gli esemplari pisani di colore verdeazzurro realizzati in un vetro di buona qualità, anche in considerazione della presenza di solcature incise sulla superficie interna, debbano essere databili alla metà del I sec. d.C., mentre gli esemplari color ambra dovrebbero essere assegnabili ai primi decenni del I sec. d.C.; la tecnica di produzione non è ancora del tutto chiarita, ma sembra che fossero realizzate con un processo di fusione a matrice[16].

Sono presenti anche alcuni frammenti di coppe a mosaico realizzate con la tecnica a nastri policromi[17]. La disposizione dei nastri che formavano il disco dal quale sarebbe derivato il recipiente (in genere una coppa emisferica) poteva essere a corsi paralleli oppure a quadranti nei quali i nastri erano disposti a spina di pesce; l'orlo, in genere, era rifinito con canne a reticelli[18]. Si ha l'attestazione di entrambi i motivi decorativi, ossia un frammento di bordo di coppa di pregevole fattura, realizzata con lo schema decorativo a nastri paralleli (n. 128) (fig. 4) con una disposizione dei nastri simile a quello adottato per due frammenti, relativi forse allo stesso esemplare, facenti parte del carico della nave B (n. 130 a-b). Si ha poi l'attestazione di un frammento di fondo di coppa con schema decorativo a settori (n. 678), mentre un frammento di bordo, relativo probabilmente a una coppa oppure ad una piccola olletta (n. 133), è realizzato con una disposizione di nastri a spina di pesce.

La maggior parte delle altre coppe, come la maggioranza dei reperti fino ad oggi rinvenuti, è riferibile ad una produzione ad ampio raggio di diffusione come il vasellame di uso comune in vetro soffiato, assegnabile, in modo prevalente, al I-II sec. d.C. Un dato che non desta meraviglia, infatti come ha già avuto modo di osservare Giandomenico De Tommaso, a partire dall'età augustea, grazie all'introduzione della tecnica della soffiatura, che consentì processi produttivi rapidi a costi relativamente bassi, il vetro venne a costituire un materiale

tury A.D. There is also evidence that their use continued into the following century[15]. The bluish-green specimens found at Pisa, which are made with high quality glass, with grooves incised on their inner surfaces, are thought to date from the middle of the first century A.D. The amber-coloured specimens are attributed to the first decades of the first century A.D. Exactly how they were made has not yet been fully established, but it appears that the process involved melting within a mould[16].

There are also fragments of mosaic cups made with a technique involving the use of polychromatic glass rods[17]. The rods forming the disk from which the vessel (generally a hemispherical goblet) was obtained could be arranged in parallel lines or in a herringbone pattern to form quadrants. The rim of the glass was generally fashioned with rods of reticular glass[18]. Both motifs are to be found in a fragment of the rim of a beautifully made goblet bearing a decorative pattern of parallel relief designs (no. 128) (fig. 4). These designs are similar to those of two other fragments, which are perhaps related to the former specimen and which was found in the cargo of wreck B (no. 130 a-b). There is also a fragment of a cup base, decorated with a pattern made up of different sectors (no. 678), and an edge fragment, probably belonging to a cup or to a small olla (no. 133), which bears a herringbone pattern.

The bulk of the other giblets, like most of the artefacts thus far discovered, are of a type of glassware that was made for large-scale distribution, such as the blown glassware for everyday use largely attributable to the first and second centuries A.D. As has previously been observed by Giandomenico De Tommaso, due to the introduction of the glassblowing technique, which made it possible to manufacture glass rapidly, and at relatively low cost, it is not surprising that from the age of Augustus onwards glass also began to be used for the manufacture of objects for vey widespread

impiegato anche per la produzione di oggetti di uso comune e di largo consumo come è stato dimostrato anche dagli scavi di Pompei e di Ercolano[19]; è quindi plausibile che un vasellame simile, nonostante la fragilità del materiale con il quale era stato realizzato, potesse essere normalmente usato per assolvere alle normali esigenze quotidiane. Nel contesto in esame si ha l'attestazione di coppe a corpo cilindrico su base apoda (n. 125)[20] che trovano confronti puntuali con esemplari rinvenuti nell'Italia settentrionale[21]; a corpo emisferico con orlo ripiegato verso l'esterno e basso piede ad anello (n. 138)[22] oppure la variante con labbro ripiegato a cordoncino (n. 547) (fig. 5)[23]; a corpo emisferico, bordo ripiegato orizzontalmente all'esterno con orlo ingrossato e arrotondato e piede ad anello (n. 553) (fig. 6)[24]; oppure a corpo cilindrico con carenatura e piede ad anello (n. 152)[25]. Si tratta di forme molto diffuse su tutto il territorio dell'impero romano fra il I e l'inizio del II sec. d.C., simili nel profilo ai tipi della Terra Sigillata derivata a sua volta da forme dell'argenteria di età augustea, utilizzate per il servizio della mensa con la funzione, a seconda delle dimensioni, di contenitori per cibi solidi e salse, oppure come vasi potori[26]. Un esemplare reso peculiare dal tipo di decorazione è una coppa emisferica di vetro incolore semitrasparente con al centro della parete una circonferenza, leggermente ellitica, realizzata in vetro trasparente (n. 682). Un tipo di coppa attestata in area italiana già nella prima metà del I sec. d.C. che costituisce la versione occidentale delle coppe "a sacco" di origine cipriota, ispirate alla forma delle coppe megaresi[27].

Fra le forme aperte sono presenti alcuni piatti (*paterae*). Di particolare bellezza, per la qualità e il colore blu del vetro, è un piatto apodo (parzialmente ricostruito da frammenti) (n. 549) (fig. 7)[28], morfologicamente vicino alle forme della ceramica fine da mensa[29]. Il tipo è frequentemente attestato in Italia settentrionale, dove probabilmente era prodotto, e

everyday use. This was also demonstrated by the excavations carried out at Pompeii and Herculaneum[19]. It is therefore conceivable that such glass, despite the fragility of the material, might normally have been used for general everyday purposes. The objects found at Pisa include cups with a cylindrical body on an apodal base (no. 125)[20] identical to specimens recovered in northern Italy[21]; with a semicircular body, rim folded outwardas and low, ring-shaped base (no. 138)[22] or the variant with a cord-shaped lip (no. 547) (fig. 5)[23]; with a hemispherical body, edge folded outwards horizontally, a thickened and rounded rim, and a ring-shaped base (no. 553) (fig. 6)[24]; and with a cylindrical, carinated body, and a ring-shaped base (no. 152)[25]. These forms were widespread throughout the Roman Empire in the first and early second centuries A.D. Their shapes are similar to those found in *terra sigillata* ware, which itself derived from silver tableware used in the age of Augustus either to hold solid foods and sauces or as drinking vessels, depending on size[26]. One item notable for its unusual decoration is a hemispherical goblet of semi-transparent glass with a circle in the centre of the wall, which is slightly elliptical in shape and made from transparent glass (no. 682). This type of cup is known to have been used in the region of Italy as early as the first half of the first century A.D., and is the western version of the "sack-shaped" cups of Cypriot origin whose shape derives from Megarian cups[27].

The open forms include a number of plates (*paterae*). Of particular beauty, due to the quality and the blue colour of the glass, is an apodal plate (partially reconstructed from fragments) (no. 549) (fig. 7)[28], similar in shape to certain items of fine ceramic tableware[29]. This type of plate has frequently been found in northern Italy, where it was probably manufactured. It was widespread from the age of Claudius to the ages of Flavius and Trajan. Unlike the clear glass plates, which are very common,

diffuso dall'età claudia a quella flavia-traianea. A differenza dei piatti in vetro naturale che sono molto comuni, quelli in vetro colorato (blu, verde scuro, ambra) sono meno frequenti; esemplari simili sono stati ritrovati a Brescia[30] e nelle necropoli zaratine in contesti di I-inizi II sec. d.C.[31].

Sono abbastanza ben rappresentati anche i bicchieri come il tipo soffiato a canna libera a corpo cilindrico e base apoda di un raffinato color violaceo (n. 134)[32], decorato sotto il bordo e a metà circa della parete da una serie di linee incise. Si tratta di un tipo di bicchiere diffuso in tutto il territorio dell'Impero soprattutto fra la seconda metà del I sec. d.C. e gli inizi del secolo successivo.

Piuttosto noto per i confronti offerti da esemplari musealizzati è il bicchiere di forma tronco-conica, soffiato a stampo con una decorazione in rilievo formata da gocce disposte su file orizzontali[33], del quale si è rinvenuto soltanto un frammento della parete di colore azzurro (n. 120). Poiché i confronti noti provengono per lo più da sepolture con corredi piuttosto ricchi, si suppone che questi bicchieri facessero parte di servizi da mensa di riguardo se non proprio di lusso, probabilmente prodotti da officine siro-palestinesi[34].

Un altro esemplare attesta la circolazione di vasellame da mensa di particolare pregio. Si tratta di un frammento di parete di vetro incolore appartenente a un bicchiere con decorazione sfaccettata, fitta e regolare, ottenuta con sfaccettature esagonali intagliate a formare il caratteristico disegno a "nido d'ape" (n. 327) (fig. 8)[35], riferibile alla classe dei *Facettenbecher* conici su piede[36]. Un tipo di bicchiere attestato fra l'età flavia e quella traianea-adrianea, un manufatto di origine orientale certamente prodotto anche in area italica, rinvenuto nello scavo della villa di Settefinestre dove costituisce, insieme a un piatto e ad un vassoio,

those made with coloured glass (blue, dark green or amber) are less frequently found. Similar examples have been discovered at Brescia[30] and in the necropolises of Zara, dating from the first and early second centuries A.D.[31].

There are also a considerable number of beakers, including those blown without a mould, with a cylindrical body, apodal base, and delicate violet colour (no. 134)[32]. They are decorated beneath the rim, and halfway down their sides, with a series of incised grooves. This type of beaker was found throughout the Empire, especially between the second half of the first century A.D. and the beginning of the following century.

Of particular note because of its similarity to certain specimens found in museums is a conical beaker blown in a mould and bearing decorative relief work in the form of *guttae* in horizontal rows[33]. Only a fragment of this glass has been discovered, with blue-coloured sides (no. 120). Since the known terms of comparison come from graves containing rich grave goods, it is generally supposed that these vessels were part of very fine, if not indeed luxurious, sets of tableware probably manufactured by workshops in Syria and Palestine[34].

The circulation of very fine tableware is documented by a fragment of colourless glass from the wall of a beaker with a closely-worked, regular pattern of hexagonal facets cut to form the characteristic "honeycomb" design (no. 327) (fig. 8)[35], which can be assigned to the conical, foot-mounted *Facettenbecher* type[36]. This type of vessel is known to have existed from the age of Flavius to the ages of Trajan and Hadrian. A product of eastern origin, it was certainly also produced in the Italian area. It was found both at the excavation of the villa at Settefinestre where, together with a plate and a tray, it forms part of the villa's most precious table service[37], and at the excavation of the villa at Pog-

il servizio da mensa più prezioso della villa[37] e nello scavo della villa di Poggio del Molino[38]. Si tratta di esemplari di grande pregio che richiedevano per la loro esecuzione maestranze altamente specializzate nell'intaglio, eseguita al tornio, partendo dalla forma a parete liscia del bicchiere[39].

Fra le forme chiuse sembra prevalere il tipo della bottiglia monoansata con corpo a sezione quadrata, ansa verticale a nastro e a gomito rialzato (n. 136)[40]. Si tratta di uno dei recipienti più comuni in tutte le regioni dell'Impero romano, prodotta da officine occidentali fra il I-II sec. d.C., usata come vasellame da mensa, da dispensa e da trasporto per contenere liquidi con valore di misura di capacità[41].

Scarsamente attestato, allo stato attuale delle ricerche, è il tipo del *dilecythos*, una bottiglia ansata a doppio o triplo corpo, ottenuta con la distinta soffiatura in stampo delle varie parti del corpo, poi unite a caldo. Si tratta di una variante della bottiglia ansata con corpo a sezione quadrata precedentemente esaminata, in cui il ventre ed il collo sono divisi in due o tre parti da sottili pareti di vetro. Il tipo sembra piuttosto raro, in Italia si conoscono i frammenti a due scomparti conservati nel Museo di Aquileia[42] e la bottiglia integra del Museo di Bologna[43]; mentre una bottiglia a due scomparti, di buona fattura, è stata ritrovata in una sepoltura dalle necropoli di Zara, Nona e Asseria[44]. Ancora più rara è la forma divisa in tre parti come l'esemplare ritrovato a Pisa, caratterizzato dall'avere le tre imboccature allineate (n. 473) (fig. 9), che trova un confronto non del tutto puntuale con una bottiglia con imboccatura a trifoglio rinvenuta a Creta[45]. Secondo la Calvi, la presenza della forma in Palestina induce a ritenere plausibile l'ipotesi del Morin Jean secondo il quale l'origine della produzione di questo tipo di bottiglia dovrebbe essere ricercata nell'area orientale del mediterraneo già durante il I sec. d.C[46]. La forma venne prodotta anche in ambito

gio del Molino[38]. These items are very valuable and required highly specialized expertise in intaglio work, which was carried out on the wheel on the smooth wall of the beaker[39].

The most common of the closed forms seems to be that of the one-handled bottle with a square body, vertical strap handle and raised elbow (no. 136)[40]. This is one of the most common vessels in all the regions of the Roman Empire. Manufactured by western workshops between the first and second centuries A.D., it was used as tableware, serving ware and as a means of transporting liquids in standard measures[41]. Thus far our excavations have yielded few specimens of the *dilecythos*, a handled bottle in two or three sections produced by blowing each part of the body separately in a mould and then joining the different parts through heating. This is a variant of the previously examined handled bottle with a square body whose belly and neck are divided into two or three parts by thin glass walls. This type of vessel would appear to be rather rare. The known Italian exampless comprise the incomplete specimens with two compartments in the Museum of Aquileia[42] and the intact specimen in the Museum of Bologna[43]. Specimens of a vessel with two compartments of excellent quality have also been found in graves at the necropolises of Zara, Nona and Asseria[44]. The variant with three compartments, an example of which has been found at Pisa, is still less common. With its three aligned openings (no. 473) (fig. 4), this vessel can to some extent be compared with a specimen with a trefoil opening found on Crete[45]. According to Calvi, the presence of this form in Palestine bears out Jean Morin's theory that this type of vessel probably originated in the eastern Mediterranean as early as the first century A.D.[46]. It was also produced in the western provinces, notably in Gaul and the Rhineland, as appears to be indicated by specimens from the third and fourth century A.D. discovered in Germany[47].

occidentale, soprattutto nelle manifatture della Gallia e della Renania, come sembrano attestare gli esemplari rinvenuti in area germanica in contesti di III-IV sec. d.C.[47].

Un discorso a parte merita per la particolare bellezza una brocca in vetro soffiato a canna libera, decorata alla base dell'ansa da una raffinata *applique* in vetro fuso a rilievo raffigurante una testa femminile (maschera teatrale) che trova un confronto puntuale con le *appliques* che ornano le anse di un'olla di vetro purpureo, proveniente dall'area campana, oggi conservata al *British Museum* di Londra[48]. La brocca pisana (n. 202) (figg. 10 a-b) per le caratteristiche morfologiche e stilistiche forma, insieme con altri tre esemplari, rinvenuti a Pompei[49], in Sardegna[50] e uno facente parte di una collezione privata italiana poi confluita al *Corning Museum of Glass* di Corning[51], un gruppo coerente e potrebbe fare parte della produzione di un'unica officina vetraria, non ancora localizzata, attiva nel I sec. d.C. Poiché tutti gli esemplari di brocche di questo tipo sino ad ora rinvenute sono in relazione con la penisola italiana e allo stesso contesto si può riferire anche l'olla purpurea biansata precedentemente citata, esistono buone probabilità, secondo Whitehouse, che questi manufatti siano stati prodotti in area italiana e non nel bacino orientale del Mediterraneo[52]. Fra i reperti rinvenuti nell'area settentrionale del bacino portuale pisano non manca l'attestazione del vetro dipinto. Di particolare bellezza è un frammento di bordo, probabilmente di coppa, reso peculiare da una fascia dipinta ottenuta con semplici spirali che corrono sotto il bordo (n. 554). Si ha anche la presenza di vasi con l'intera superficie esterna dipinta con vere e proprie scene pittoriche, purtroppo le forme e i motivi iconografici di questi reperti non sono identificabili perché relativi a frammenti di pareti molto piccoli (n. 552).

Si ha anche la presenza del vetro decorato a gocce applicate e livellate (n. 474), con i pezzi di vetro bianco attaccati al bolo, riscaldati *in situ*, marmorizzati e poi dilatati con una

Separate mention should be made of a particularly beautiful glass jug, blown without a mould and with a sophisticated glass *appliqué* decoration at the base of the handle showing a female head (theatre mask). This closely resembles the *appliqué* decorations on the handles of an olla of purple glass from the Campania region held by the British Museum[48]. The morphological and stylistic characteristics of the jug found at Pisa (no. 202) (fig. 10 a-b) make it part of a group that includes three other specimens – one from Pompeii[49], one from Sardinia[50], and one (previously in a private Italian collection) now held by the Corning Museum of Glass[51]. They form a set and may have been manufactured at a single and as yet unidentified centre of glassware production operating in the first century A.D. Since all the known specimens of this type of jug were discovered in the Italian peninsula, and since the two-handled purple olla cited above may also come from this region, Whitehouse believes it quite probable that these artefacts were manufactured in the region of Italy, and not in the eastern Mediterranean[52].

The items discovered in the northern area of the harbour basin at Pisa include a number of painted glass artefacts. Particularly striking is a fragment of a rim, probably from a goblet, which is notable for a painted band of simple spirals beneath the rim (no. 554). There are also vessels whose entire outer surface is painted with scenes. Unfortunately, it is impossible to identify the forms and the iconographic motifs of these items because they are all very small fragments of vessel walls (no. 552).

There are also specimens of glass decorated with a motif of *guttae* applied and then flattened (no. 474). Pieces of white glass are attached to the bole, heated *in situ*, marbled, and then spread flat through a further blowing of the vessel. Scholars believe that this type of marbled *guttae* ware was

successiva soffiatura del vaso. Gli studiosi ritengono probabile l'ipotesi che il vasellame con gocce marmorizzate fosse fatto a imitazione del più prezioso vetro mosaico colato a stampo e i centri di produzione fossero dislocati nell'area nord-italica[53].

Più scarsa la presenza dei balsamari realizzati in un vetro di qualità corrente e in poche forme ripetitive, utilizzati in vita come contenitori di balsami, profumi, cosmetici, aromi, ben presto associati al rito funerario. Si tratta di una delle forme più frequenti nelle regioni romanizzate, in genere rinvenuti nei contesti di I-II sec. d.C. Nati come imitazioni delle corrispondenti forme in ceramica e metallo, i balsamari vitrei tendono a sostituirle quasi completamente nel corso dei primi decenni del I sec. d.C. La ripetizione di forme e modelli nelle officine vetrarie sparse nel territorio dell'Impero ha contribuito a determinare la caratteristica uniformità tipologica e tecnologica che li caratterizza[54]. La maggiore concentrazione di balsamari si registra nei livelli sabbiosi della zona settentrionale del saggio di scavo. Le forme attestate sono tra le più diffuse nella prima età imperiale come i balsamari a corpo allungato e fondo semisferico (n. 416)[55], quelli a corpo piriforme (n. 325)[56], oppure il tipo a corpo tronco-conico dilatato verso il fondo e collo cilindrico con leggera strozzatura alla base (n. 154) (fig. 11)[57].

Nel contesto pisano, allo stato attuale delle ricerche, rara è la presenza di oggetti di ornamento realizzati in vetro: sono presenti un vago di collana (n. 215) e un ago in vetro fuso, di cui si conserva solo la parte terminale a punta (n. 417) (fig. 12). Se in contesti di epoca imperiale il ritrovamento di vaghi di collana è abbastanza usuale[58] non altrettanto si può dire per gli aghi in vetro pieno che sono da annoverare invece, fra i ritrovamenti più inconsueti. Nel mondo romano infatti sono ampiamente diffusi aghi in bronzo e osso usati sia come utensili che come oggetti da ornamento, mentre l'ago vitreo è più raro e, a causa

made in imitation of the very finest mould-formed mosaic glass, and that the centres of production were scattered throughout the area of northern Italy[53].

The comparatively few balsam-jars found are all are made of standard glass and in a few repetitive shapes. They were used to contain balsam, perfumes, cosmetics and herbs, and were associated from a very early period with burial rites. This is one of the glass forms most commonly found in areas occupied by the Romans, and has generally been discovered at sites dating from the first and second centuries A.D. Originally imitations of corresponding ceramic and metal forms, glass balsam-jars came to replace these earlier forms almost completely during the early decades of the first century A.D. Glassmaking workshops located throughout the Empire tended to repeat the same shapes and styles, and this process helped to establish their characteristic uniformity of typology and technique[54]. The largest concentration of balsam-jars was found in the sandy layers in the northern area of the excavation site. The forms unearthed are among those most commonly found during the early Imperial age, including bottles with an elongated body and a semicircular base (no. 416)[55], those with a pyriform body (no. 325)[56], and those with a conical body tapering towards the base and a cylindrical neck narrowing slightly at the bottom (no. 154) (fig. 11)[57].

Very few glass ornaments have been found so far at the Pisa site. There is a necklace (no. 215) and a needle, of which only the final pointed section survives (no. 417) (fig. 12). While it is fairly common to find necklaces from the Imperial age[58], the same cannot be said of solid glass needles, which are certainly among the most unusual discoveries. In the Roman world, bronze and bone needles were very common, and were used either as tools or ornamental objects. Glass needles, however, are rarer, and because of the fragile nature of the material, their use is somewhat uncertain. Simona

della fragilità del materiale, la sua utilizzazione è piuttosto incerta. Secondo la Biaggio Simona sembra plausibile l'ipotesi che gli aghi vitrei siano stati utilizzati dalle matrone romane per l'acconciatura dei capelli, come lascerebbe supporre il ritrovamento di aghi in osso e di vetro vicino alla testa dell'inumata di una tomba ritrovata a Samotracia[59].

Le pedine da gioco (n. 156 e 472) in vetro fuso di forma circolare con faccia inferiore piatta e superficie convessa (*latrunculi*) riferibili al gruppo di colore scuro (blu, nero, bruno)[60], attestano invece un momento di svago a bordo delle navi: il gioco. Le pedine da gioco, definite *latruncoli* (da *latro*: soldato mercenario) venivano usate su una *tabula lusoria* o *abacus*, una sorta di scacchiera, per giocare nel *ludus latruncolorum* (gioco dei soldati)[61]. Moltissimi esemplari di pedine da gioco si sono rinvenute negli accampamenti militari come a Vindonissa, dove sono stati recuperati cinquecentosettanta esemplari[62], oppure nei centri abitati come a Settefinestre[63], a Ostia[64], a Luni[65]; si rinvengono numerosi anche nei contesti funerari, date come corredo funebre all'interno delle sepolture[66]. Le pedine da gioco in vetro sono attestate in tutti i territori dell'Impero romano a partire dall'età augustea e rimangono in uso almeno sino al IV sec. d.C.[67], ma la loro origine è molto più antica, infatti sono già presenti nel periodo La Tène, nell'antico Egitto e nel mondo greco ed etrusco[68]. Il tipo oltre che in vetro fuso o vetro a mosaico, poteva essere realizzato anche in osso, pietra o apatite come attestano i ritrovamenti di Brindisi[69].

Più contenuta, allo stato attuale delle ricerche, è la presenza dei manufatti vitrei nell'area 5 (dove è stata ritrovata la nave D). Si è rinvenuta una coppa a pareti verticali decorate da ovali incisi (n. 235)[70], databile al I-II sec. d.C. In questo caso non si tratta di una vera e propria sfaccettatura che ricopre in modo uniforme senza interruzione la parete, ma di incisioni di singoli ovali; esemplari con decorazioni simili sono da ritenere di pregevole

Biaggio regards it as plausible that Roman ladies used glass needles as hair ornaments, as appears to be suggested by the discovery of bone and glass needles close to the head of a body found in a tomb excavated at Samothrace[59].

Circular game pieces (nos. 156 and 472) of molten glass, with flat lower sides and a convex surface (*latrunculi*) and found in a variety of dark colours (blue, black, brown)[60] provide evidence of leisure time aboard ship, when games were played. Game pieces, known as *latruncoli* (from *latro*: mercenary soldier) were used on a *tabula lusoria* or *abacus*, a sort of chessboard, as part of the *ludus latruncolorum* (soldiers' game)[61]. Many specimens of game pieces have been discovered at military encampments, such as Vindonissa, where five hundred and seventy were found[62], or at residential sites such as Settefinestre[63], Ostia[64] and Luni[65]. Many have also been discovered among the grave goods found inside tombs[66]. Glass game pieces are known to have been present throughout the Roman Empire from the age of Augustus onwards, and continued to be used at least until the fourth century A.D.[67]. They are, however, of far more ancient origin, and already existed during the *La Tène* period, in ancient Egypt, and in the Greek and Etruscan worlds[68]. In addition to being made from molten glass or mosaic glass, they were also made from bone, stone or apatite, as remains discovered at Brescia have shown[69].

At this point in our research, fewer glass artefacts have been discovered in area 5 (where wreck D was found). There is a goblet with vertical sides, decorated with incised oval patterns (no. 235)[70], which can be dated to the first or second century A.D. Here, instead of true faceting that covers the side of the cup in an unbroken, uniform fashion, there are individual incised ovals. Specimens decorated in this fashion may be regarded as precious, even though, like the tableware decorated with the "honeycomb" motif cited above, they were not part of the most precious table services[71]. There is

fattura anche se non fanno parte dei servizi da tavola più preziosi, come nel caso del vasellame da mensa decorato a "nido d'ape" precedentemente citato[71]. Si ha l'attestazione del piede di calice (n. 121), precedentemente citato, assegnabile alla produzione di fine V-VI sec. Si tratta di una forma vitrea molto caratteristica che compare nella penisola italica alla fine del V sec. d.C., è maggiormente attestato nel VI sec., per divenire dominante nei due secoli successivi[72]. Il tipo usato come vasellame da mensa, durante l'epoca longobarda è sovente associato al rito funerario e si rinviene associato al corredo funebre donato al defunto. Non è escluso nemmeno che il calice fosse utilizzato come lampada sospeso dentro anelli metallici.

Decisamente più numerosi sono i reperti vitrei provenienti dall'indagne svolta nell'area 4 dove è stata individuata la nave C. Si tratta in primo luogo di una coppa a corpo emisferico color ambra scuro (n. 614) (fig. 13) avvicinabile come tipologia alla coppa color ocra rinvenuta nel carico della nave B (n. 153)[73]. Si ha anche la presenza di un frammento di bordo, non assegnabile con sicurezza a una forma determinata a causa delle scarse dimensioni del frammento conservato, che si menziona per la presenza degli elementi decorativi. L'esemplare, realizzato in vetro soffiato blu, è reso caratteristico dalla decorazione a gocce bianche fuse nello spessore della parete e da sottili nervature concentriche in rilievo poste appena al di sotto del bordo (n. 557). Decisamente più comuni sono i balsamari, di cui uno a corpo piriforme (n. 555) (fig. 14)[74], un tipo diffuso ampiamente in tutta la penisola italiana tra la tarda età augustea e l'età flavia[75] e quello di piccole dimensioni con collo cilindrico a profilo continuo e corpo piriforme allungato (n. 139)[76]. Anche in questa area di scavo si ha l'attestazione di una pedina da gioco di colore scuro (n. 683) (fig. 15) simile a quelle rinvenute nella zona precedentemente esaminata. Altri reperti vitrei, fra i quali si anno-

also the goblet base (no. 121), previously cited, which may be attributed to the glass production of the late fifth to sixth centuries. This is a very characteristic form of glass, which appeared in the Italian peninsula at the end of the fifth century A.D. There is evidence to suggest that it became more common in the sixth century, and came to predominate over the following two centuries[72]. Used as tableware during the Longobard era, it is often associated with the burial rites, and is found among the grave goods. It is also possible that the goblet was used as a lamp, suspended from metal rings.

Far more numerous are the glass objects discovered during the excavation of area 4, where wreck C was located. The most notable find in this area is a goblet with a dark amber hemispherical body (no. 614) (fig. 13), which is comparable in type to the ochre-coloured cup discovered among the cargo of ship B (no. 153)[73]. There is also an edge fragment whose form cannot be identified with any certainty because it is so small, but is included because of its decorative aspects. Made in blue blown glass, this fragment is distinguished by the pattern of white guttae on the side and the delicate concentric relief ribbing just beneath the rim (no. 557). Considerably more common are the balsam-jars, including a pyriform bottle (no. 555) (fig. 14)[74] of a type that was very common throughout the Italian peninsula between the late Augustan age and the age of Flavius[75] and another, smaller specimen with a cylindrical neck, continuous profile and elongated pyriform body (no. 139)[76]. This excavation area also produced a dark-coloured game piece (no. 683) (fig. 15) similar to those discovered in the area previously described.

A number of other glass artefacts, which include one particularly fine object, were discovered at the excavation carried out during the construction of the pedestrian underpass at Pisa's San Rossore railway station. This excavation also unearthed another part of the harbour basin. The most

vera un esemplare di particolare pregio, si sono rinvenuti nello scavo effettuato per la realizzazione del sottopassaggio pedonale della Stazione Ferroviaria di Pisa San Rossore, indagine che ha riportato alla luce un altro lembo del bacino portuale. Si tratta, in primo luogo, di un bicchiere cilindrico di vetro verde chiaro avvicinabile alla tipica forma di vaso potorio prodotto in area siro-palestinese nel I sec. d.C.: orlo svasato e taglio netto, pareti lievemente inclinate verso il fondo apodo, corrispondente alla forma 30 del catalogo della Isings[77] realizzato sia in vetro soffiato a canna libera con una decorazione a linee e solcature incise[78], che in vetro soffiato a stampo con motivi geometrici o scene decorate in rilievo[79]. L'esemplare pisano, soffiato entro stampo, reca una decorazione in rilievo consistente in una fascia mediana decorata da tralci di edera fra due ampie fasce ricoperte da un motivo a losanghe (S13) (fig. 16). Il tipo di decorazione sembra riconducibile al repertorio dei *vitrarii* di formazione ellenistica, realizzato nell'ambito delle produzioni romano siriache la cui diffusione in area italica sembra raggiungere il suo apice nella seconda metà del I sec. d.C. soprattutto con le coppe che recano il marchio del *vitrarius* sidonio *Ennion*[80]. Si tratta di manufatti provenienti dall'area orientale del mediterraneo, realizzati principalmente in ambito siriano[81], ma fabbricati anche nell'area orientale dell'Italia settentrionale a seguito della migrazione dei vetrai siriani nell'area occidentale dell'Impero[82]. Si ha anche in questa area la presenza di coppe costolate monocrome e policrome e di alcuni balsamari a corpo piriforme (V1).

In conclusione il vasellame vitreo sino ad oggi rinvenuto nel bacino portuale, nel suo complesso, rispecchia le varietà tecniche (vetro fuso a matrice, soffiato entro stampo con decorazione a rilievo, soffiato entro stampo a parete liscia, soffiato a mano libera sia in vetro naturale che colorato), le tematiche decorative (gocce o striature piumate fuse nello spessore delle pareti, nervature in rilievo, applicazioni di *applique*, vetro dipinto, sfaccettature)

notable discovery was a cylindrical light-green beaker similar to the drinking vessels produced in Syria and Palestine in the first century A.D. With its flared rim and sides tapering slightly towards an apodal base, it corresponds to form 30 of the Isings catalogue[77], hand blown without a mould and decorated with incised lines and grooves[78], or with a mould and with impressed geometrical motifs or scenes in relief[79]. The specimen found at Pisa, which was blown with a mould, features elaborate decorative relief work consisting of a central relief design of trailing ivy set between two broad bands decorated with lozenges (S 13) (fig. 16). This pattern appears to derive from the objects produced by *vitrarii* or glassmakers of the Hellenistic school as part of the glass production of Rome and Syria, which reached its height in the Italic region in the second half of the first century A.D. - notably with the cups that bear the stamp of a Sidonian *vitrareus* named Ennion[80]. These artefacts are from the eastern Mediterranean, produced mostly in the Syria area[81], but also manufactured in the eastern regions of northern Italy, after Syrian glassmakers migrated to the western parts of the Empire[82]. The artefacts discovered at this excavation site also include monochromatic and polychromatic ribbed cups, and a few pyriform balsam-jars (V1).

In conclusion, the glassware discovered thus far in the harbour basin, considered as a whole, reflects the variety of techniques used (fused in a mould; blown in a mould with decorative relief work; blown in a mould with smooth sides; or hand blown either clear or coloured glass), the decorative themes (*guttae* or feathery striations melted into the thickness of the sides, relief rib work, *appliqué*, painted glass, and faceting) and the considerable stylistic variety that typified the glass production of the early Imperial age, as illustrated both by the artefacts recovered during the excavation and by the various specimens preserved in museum collections[83]. Apart from certain kinds of balsam-jars,

Fig. 1
N. 155, coppa costolata.
N. 155, ribbed cup.

Fig. 2
N. 31, coppa costolata.
N. 31, ribbed cup.

Fig. 3
N. 132, vetro colorato spruzzato di bianco opaco.
N. 132, coloured glass sprayed with opaque white.

Fig. 4
N. 128, coppa a nastri.
N. 128, ribbon-like cup.

1

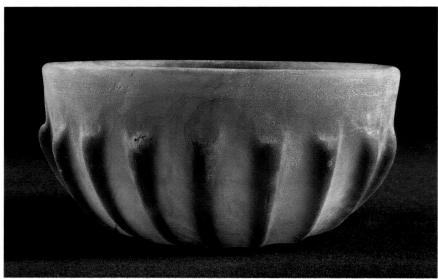

2

4

3

all blown

Fig. 5
N. 547, coppa.
N. 547, cup.

Fig. 6
N. 553, coppa.
N. 553, cup.

Fig. 7
N. 549, piatto.
N. 549, plate.

5

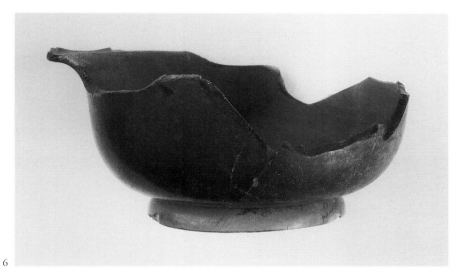

6

no basering

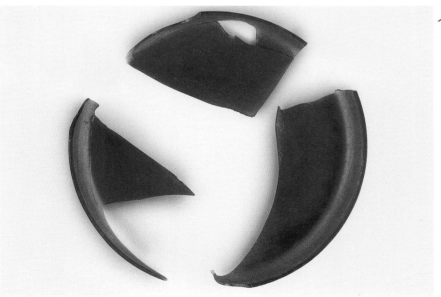

7

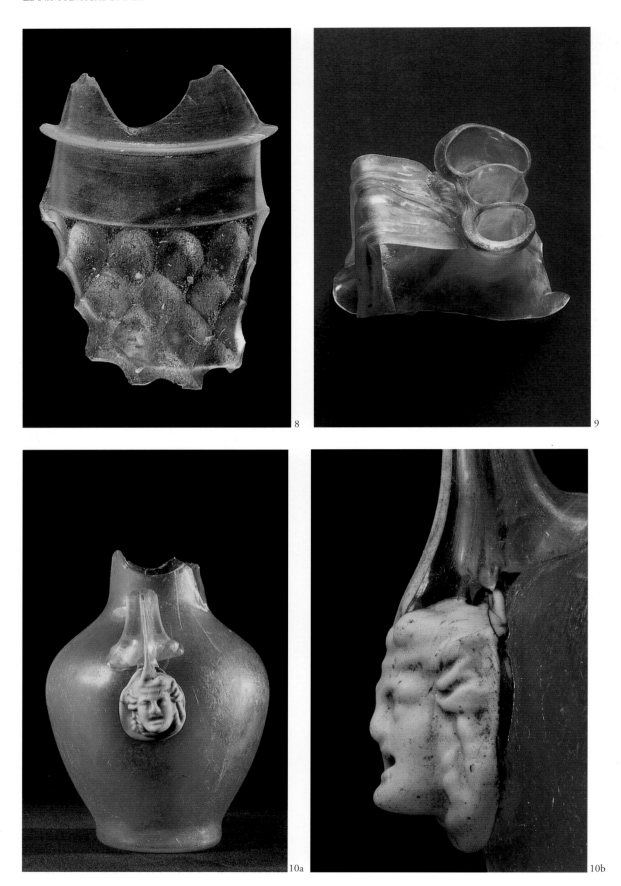

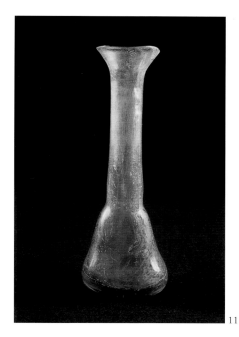

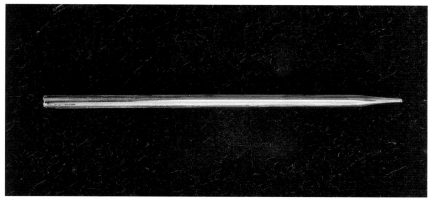

Fig. 11
N. 154, balsamario.
N. 154, balsamario.

Fig. 12
N. 417, ago in vetro fuso.
N. 417, needle in fused glass.

Fig. 13
N. 614, coppa.
N. 614, cup.

Fig. 14
N. 555, balsamario.
N. 555, *balsamario.*

Fig. 15
N. 683, pedina da gioco.
N. 683, game piece.

Nella pagina a fianco / Opposite page
Fig. 8
N. 327, bicchiere con decorazione "a nido d'ape".
N. 327, glass with honeycomb decorations.

Fig. 9
N. 473, dilecythos.
N. 473, *dilecythos.*

Fig. 10 a-b
N. 202, brocca con maschera teatrale.
N. 202, jug with theatrical mask.

16

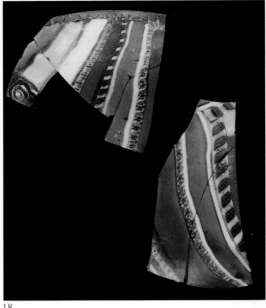

18

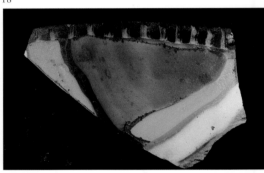

19

17

Fig. 16
S13, bicchiere con decorazione in rilievo.
S.13, glass with relief decorations.

Fig. 17 Roman not Hell
N. 153, coppa.
N. 153, cup.

Fig. 18
N. 131, coppa a nastri.
N. 131, ribbon-like cup.

Fig. 19
N. 130, coppa.
N. 130, cup.

e la ricchezza del repertorio tipologico tipico della produzione vetraria della prima età imperiale, così come è testimoniato dai reperti rinvenuti in contesto di scavo e dagli esemplari conservati nelle collezioni museali[83]. Oltre ad alcuni tipi di balsamari, oggetti da ornamento e pedine da gioco, è largamente attestato il vasellame da mensa in forme aperte e chiuse, spesso derivato da prototipi di età ellenistica con evidenti influenze toreutiche e da forme riprese dal vasellame da mensa in Terra Sigillata.

Materiale vitreo rinvenuto fra il carico della nave B

Piuttosto scarsi i reperti vitrei sicuramente assegnabili al carico della nave B, ma di pregevole fattura, sprattutto gli esemplari realizzati a matrice, assegnabili alla produzione del I sec. a.C. Si tratta di una coppa in vetro spesso color giallo ocra (n. 153) (fig. 17) che nel profilo ad orlo rientrante, come nei motivi a scanalature orizzontali, ricorda una tarda variante della coppa "megarese" di età ellenistica attestata a Delo ed attribuita a una produzione microasiatica[84]. Il tipo può essere considerato l'antecedente tipologico delle più note coppe a corpo emisferico diffuse nel I sec. d.C., realizzate prevalentemente con la tecnica della soffiatura a canna libera largamente presenti in altri livelli del bacino portuale pisano[85].

Più raro è il frammento di bordo di bicchiere di vetro celeste con riflessi madreperlacei (n. 126) che, per l'ampia dimensione del diametro del bordo, potrebbe essere avvicinato al tipo del *carchesium*[86], una forma derivata da prototipi metallici della prima età imperiale[87]. Si ha anche la presenza di alcuni frammenti di coppe a mosaico realizzate con la tecnica a nastri policromi[88]. Tra i reperti rinvenuti fra il carico della nave B sono presenti due fram-

ornamental objects and game pieces, the objects unearthed largely consist of tableware in open and closed forms, often based on prototypes of the Hellenistic age showing obvious influences of goldsmiths' chasing techniques and *terra sigillata* tableware.

Glass items found in the cargo of vessel B

The glass objects that can be attributed with certainty to the cargo of ship B are few in number but of fine workmanship, especially those produced by using moulds, which can be dated to the first century B.C.

They include a goblet of thick ochre-yellow glass (no. 153) (fig. 17) whose inverted rim and horizontal grooves are reminiscent of a late variant of the "Megarian" goblet of the Hellenistic period found in Delos and attributed to micro-Asiatic production[84]. The type can be regarded as the typological precursor of the better-known goblets with a hemispherical body that were widespread in the first century A.D. These were mainly hand-blown without a mould and are abundantly present at other levels of the Pisa harbour basin[85].

The fragment of the rim of a beaker of light blue glass with mother-of-pearl reflections (no. 126) is much more rare. The large diameter of the rim makes it comparable to the *carchesium* type[86], a form derived from metal models of the early Imperial age[87].

There are also several fragments of mosaic goblets produced by means of a technique involving polychrome glass rods[88]. The items found in the cargo of ship B include two fragments that do

menti non combacianti, ma relativi alla stesso esemplare (n. 131a-b) (fig. 18), realizzati con lo schema decorativo a corsi paralleli, alternati con canne in vetro a reticelli e l'inserimento di vetro millefiori. La disposizione dei nastri è stata eseguita con un raffinato schema geometrico che prevedeva l'inserimento di una sorta di *emblemata* riquadrato. Si ha altresì l'attestazione di un frammento di bordo di coppa eseguita con lo schema decorativo a quadranti (n. 130) (fig. 19), nel quale i nastri, disposti a spina di pesce uguali due a due, ripetono simmetricamente lo stesso motivo decorativo. Un tipo di coppa che trova un confronto puntuale con un esemplare integro rinvenuto nei pressi di Adria[89] e con numerosi frammenti appartenenti alla collezione Gorga di Roma[90]. In entrambi i casi è presente la rifinitura dell'orlo con canne a reticelli.

not fit together but belong to the same object (nos. 131a-b) (fig. 18) with a decorative pattern of parallel lines produced by alternating rods of reticulated glass and millefiori glass. The bands are arranged to form a sophisticated geometric pattern allowing for the insertion of a sort of square *emblemata*. The finds also include the fragment of the rim of a goblet with a pattern of quadrants (no. 130) (fig. 19) where the bands are arranged in pairs in a herringbone pattern that repeats the same decorative motif symmetrically. This type is similar to the intact goblet found in the vicinity of Adria[89] and to numerous fragments in the Gorga Collection in Rome[90]. Rods of reticulated glass are used in both cases to fashion the rim.

Aree 1-3

COPPE

155. Pisa San Rossore 2 area 2 US 73
Coppa (Isings 1957, forma 3a, pp. 18-19); vetro modellato a matrice; vetro semitrasparente verdeazzurro, chiazze di iridescenza. Integra, lacuna per una parte del bordo e della parete. Orlo tagliato e levigato, bordo diritto, corpo emisferico con costolature rilevate irradiate dal fondo e sviluppate sino a cm. 1 al di sotto del bordo; fondo appiattito. All'interno coppia di scanalature concentriche.
h cm. 6,5   d bordo cm. 12
d fondo cm. 7
I sec. d.C.
Cfr.: CALVI 1968, n. 163, p. 72; HAYES 1977, nn. 53-54, pp. 20-21; CZURDA RUTH 1979, n. 214, p. 33; SCATOZZA HÖRICHT 1986, nn. 3-10, pp. 27-30; MACCABRUNI 1983, n. 3, p. 25; *Vetro e Vetri* 1998, n. 2, p. 169, fig. 68.

31. Pisa San Rossore 2 area 2 US 73
Coppa (Isings 1957, forma 3a-b, pp. 18-20); vetro modellato a matrice; vetro semitrasparente marrone ambrato, chiazze iridescenti, patina di devetrificazione. Integra. Orlo tagliato e levigato, bordo diritto, corpo emisferico piuttosto profondo con costolature rilevate irradiate dal fondo e sviluppate a cm.1 al di sotto del bordo, fondo appiattito. All'interno coppia di scanalature concentriche.
h cm. 5,4   d bordo cm. 11,4
d fondo cm. 6,5
I sec. d.C.
Cfr.: MACCABRUNI 1983, n. 4, p. 25; GOETHERT POLASCHEK 1977, n. 11, p. 17, tav. 28; HAYES 1975, n. 52, p. 20, fig. 2.

132. Pisa S; Rossore 2 area 2 US 45
Coppa (Isings 1957, forma 3, pp. 18-20); vetro modellato a matrice; vetro opaco. Vetro traslucido blu e sezioni di vetrobianco opaco, bastoncini e bacchette preformati e modellati a matrice. Corpo emisferico con la parte esterna della parete decorata da una costolatura.
h cm. 4,2
I sec. d.C.
Cfr.: CIARALLO - DE CAROLIS 1999, n. 267, p. 205; KUNINA 1997, n. 88, p. 267.

128. Pisa San Rossore 2 area 2 US 45 stacco I
Coppa (Isings 1957, forma 1, pp. 15-17); vetro modellato a matrice; vetro opaco. Sezioni di vetro traslucido verde, rosso, bianco opaco, blu, giallo; bastoncini e bacchette preformati modellati a matrice (tecnica a nastri policromi) e orlo con canne a reticelli. Orlo tagliato e arrotondato mediante molatura, bordo verticale, corpo emisferico poco profondo. Il motivo decorativo è costituito da corsi paralleli con al centro nastri disposti all'interno di un riquadro.
h cm. 2,5
I a.C. - I sec. d.C.
Cfr.: HARDEN *et alii* 1988, n. 16, p. 40; RAVAGNAN 1994, p. 180.

547. Pisa San Rossore 2 area 1/2 US 65 stacco I
Coppa (Isings 1957, forma 44a, pp. 59-60); vetro soffiato a canna libera; vetro trasparente, color verde smeraldo. Integra, lacuna per una parte del corpo e del bordo. Orlo ingrossato e arrotondato ripiegato verso l'esterno, basso corpo emisferico, basso piede ad anello, fondo con leggero conoide.
h cm. 5,5 d bordo cm. 3,6 d fondo cm. 4,5
I sec. d.C.

Areas 1-3

CUPS

155. Pisa San Rossore 2, Area 2, Layer 73
Cup (Isings 1957, Form 3a, pp. 18-19); mould-made; bluish-green semi-transparent glass; iridescent patches. Missing part of the rim and wall. Rim cut and smoothed, straight edge; hemispherical body, raised ribbing radiating from base to 1 cm. below rim; flat base. Two concentric grooves in interior.
h 6.5 cm.   d rim 12 cm.   d base 7 cm.
1st cent. A.D.
Cf.: CALVI 1968, no. 163, p. 72; HAYES 1977, nos. 53-54, pp. 20-21; CZURDA RUTH 1979, no. 214, p. 33; SCATOZZA HORICHT 1986, nos. 3-10, pp. 27-30; MACCABRUNI 1983, no. 3, p. 25; *Vetro e Vetri* 1998, no. 2, p. 169, fig. 68.

31. Pisa San Rossore 2, Area 2, Layer 73
Cup (Isings 1957, Form 3a-b, pp. 18-20); mould-made; semi-transparent amber-brown glass, iridescent patches, devitrified patina. Complete. Rim cut and smoothed, straight edge; rather deep hemispherical body, raised ribbing radiating from the base to 1 cm below the rim; flat base. Two concentric grooves in interior.
h 5.4 cm.   d rim 11.4 cm.   d base 6.5 cm.
1st cent. A.D.
Cf.: MACCABRUNI 1983, no. 4, p. 25; GOETHERT POLASCHEK 1977, no. 11, p. 17, pl. 28; HAYES 1975, no. 52, p. 20, fig. 2.

132. Pisa San Rossore 2, Area 2, Layer 45
Cup (Isings 1957, Form 3, pp. 18-20; mould-made; opaque. Translucent blue glass and sections of opaque white glass; preformed rods and canes fused in or on mould. Hemispherical body; ribbed exterior.
h 4.2 cm.
1st cent. A.D.
Cf.: CIARALLO-DE CAROLIS 1999, no. 267, p. 205; KUNINA 1997, no. 88, p. 267.

128. Pisa San Rossore 2, Area 2, Layer 45, Artificial layer I
Cup (Isings 1957, Form 1, pp. 15-17); mould-made; opaque glass. Sections of translucent green, red, opaque white, blue and yellow; preformed rods and canes fused in or on mould (polychrome ribbon technique) and rim with reticulate rods. Rim cut and rounded by grinding, vertical border, shallow hemispherical body. The decoration consists of parallel lines and of bands within a central square.
h 2.5 cm.
1st cent. B.C. - 1st cent. A.D.
Cf.: HARDEN *et al.* 1988, no. 16, p. 40; RAVAGNON 1994, p. 180.

547. Pisa San Rossore 2, Area 1/2, Layer 65, Artificial layer I
Cup (Isings 1957, Form 44a, pp. 59-60); hand-blown; transparent emerald green glass. Missing a part of the body and lip. Out-turned lip thickened and rounded, low hemispherical body, low ring base, slighly pronounced cone at base.
h 5.5 cm.   d rim 3.6 cm.   d base 4.5 cm.
1st cent. A.D.
Cf. MACCABRUNI 1983, no. 46, pp. 84, 88; STELLA-BEZZI MARTINI 1987, no. 47a, p. 35, pl. XVIc; BIAGGIO SIMONA 1991, pp. 83-85, pl. 7; BONOMI 1996, no. 368-370, pp. 163-164; *Vetro e Vetri* 1998 no. 2, pp. 70-71.

Cfr.: MACCABRUNI 1983, n. 46, pp. 84, 88; STELLA - BEZZI MARTINI 1987, n. 47a, p. 35, tav. XVIc; BIAGGIO SIMONA 1991, pp. 83-85, tav. 7; BONOMI 1996, n. 368-370, pp. 163-164; *Vetro e Vetri* 1998, n. 2, pp. 70-71.

553. Pisa San Rossore 2 area 1/2 UG 5 stacco I
Coppa (Isings 1957, forma 42a, pp. 58-59); vetro soffiato a canna libera; vetro semitrasparente, color blu, bolle piccolissime e sparse, integro con lacuna per parte del corpo e del bordo. Bordo ripiegato orizzontalmente all'esterno, basso corpo emisferico, piede ad anello con ispessimento centrale all'interno.
h cm. 4   d fondo cm. 5
I sec. d.C.
Cfr.: MECONCELLI NOTARIANNI 1979, n. 28, pp. 42-43; CZURDA RUTH 1979, n. 489-491, pp. 57-58; MACCABRUNI 1983, n. 25, pp. 61 e 67; KUNINA 1997, n. 290, p. 311.

PIATTO

549. Pisa San Rossore 2 area 1/2 US 130

Piatto (Isings 1957, forma 46a, p. 61); vetro soffiato a canna libera; vetro semitrasparente, color blu, bolle piccolissime e sparse, parzialmente ricostruito da frammenti. Labbro ingrossato e arrotondato, corpo a parete verticale leggermente svasata, fondo appiattito.
h cm. 1,5   d fondo cm. 16,5
Seconda metà I sec. d.C.
Cfr.: GOETHERT POLASCHEK 1977, F.A. 10; STELLA - BEZZI MARTINI 1987, n. 68a, p. 45; RAVAGNAN 1994, n. 456-462, pp. 227-229.

BICCHIERI

327. Pisa San Rossore 2 area 2 US 92 stacco III
Bicchiere (Isings 1957, forma 21, pp. 37-38); vetro soffiato a stampo, superficie esterna decorata al tornio; vetro semitrasparente, incolore, chiazze iridescenti. Parete leggermente tronco-conica con decorazione sfaccettata.
h cm. 6,4
Seconda metà I sec. d.C. - metà II sec. d.C.
Cfr.: *Trasparenze Imperiali* 1997, n. 192, p. 193.

BOTTIGLIE MONOANSATE

473. Pisa San Rossore 2 area 2 US 92 stacco IV
Dilecythos; vetro soffiato a stampo, poi unito a caldo; ansa fusa a parte e applicata a caldo; vetro trasparente verde chiaro con iridescenze. Orlo tagliato e levigato, breve collo cilindrico, accenno del corpo cubico. Due sottili pareti di vetro dividono in tre parti (di diverse capacità e dimensioni) la bottiglia in senso verticale. L'ansa nastriforme a tre costlature, impostata sulla spalla, è saldata appena al di sotto dell'orlo.
h cm. 7,5   d bordo cm. 4,6
Seconda metà I sec. d.C.
Cfr.: CALVI 1968, pp. 75-76, tav. C, 12; MECONCELLI NOTARIANNI 1979, n. 56, p. 64; RAVAGNAN 1994, n. 255, p. 135; KUNINA 1997, n. 169, p. 287.

BROCCA

202. Pisa San Rossore 2 area 2 US 65
Brocca (Isings 1957, forma 54, pp. 71-72); vetro soffiato a canna libera con filamento blu chiaro opaco e maschera fusa a rilievo; vetro trasparente verdeazzurro con filamento opaco

---

553. Pisa San Rossore 2, Area 1/2, Layer 65, Artificial layer I
Cup (Isings 1957, Form 42a, pp. 58-59); hand-blown; semi-transparent blue glass with tiny scattered bubbles; missing a part of the body and lip. Horizontally out-turned lip, low hemispherical body, ring base thickened internally at the centre.
h 4 cm.   d base 5 cm.
1st cent. A.D.
Cf. MECONCELLI NOTARIANNI 1979, no. 28, pp. 42-43; CZURDA RUTH 1979, nos. 489-491, pp. 57-58; MACCABRUNI 1983, no. 25, pp. 61 and 67; KUNINA 1997, no. 290, p. 311.

PLATE

549. Pisa San Rossore 2, Area 1/2, Layer 130
Plate (Isings 1957, Form 46a, p. 61); hand-blown; semi-transparent blue glass with tiny scattered bubbles, partially recomposed from fragments. Thickened, rounded lip; body with slightly flaring vertical wall, flat base.
h 1.5 cm.   d base 16.5 cm.
Second half of 1st cent. A.D.

Cf. GOETHERT POLASCHEK 1977, F.A. 10; STELLA-BEZZI MARTINI 1987, no. 68a, p. 45; RAVAGAN 1994, nos. 456-462, pp. 227-229.

BEAKER

327. Pisa San Rossore 2, Area 2, Layer 92, Artificial layer III
Beaker (Isings 1957, Form 21, pp. 37-38); blown in mould and lathe-cut; colourless semi-transparent glass with iridescent patches. Slightly conical with faceted decoration.
h 6.4 cm.
Second half of 1st cent. A.D. - mid 2nd cent. A.D.
Cf.: *Trasparenze Imperiali* 1997, no. 192, p. 193.

ONE-HANDLED BOTTLE

473. Pisa San Rossore 2, Area 2, Layer 92, Artifiicial layer IV
Dilecythos; blown in a mould in sections joined while hot; ribbon-like handle fused separately and attached while hot; light green transparent

glass with iridescent patches. Rim cut and smoothed, short cylindrical neck, slightly cubical body. Two thin walls divide the bottle vertically into three compartments varying in size. The ribbon-like handle with three ribs, is attached at the shoulder and just below the rim.
h 7.5 cm.   d rim 4.6 cm.
Second half of 1st cent. A.D.
Cf.: CALVI 1968, pp. 75-76, pl. C, 12; MECONCELLI NOTARIANNI 1979, no. 56, p. 64; RAVAGNAN 1994, no. 255, p. 135; KUNINA 1997, no. 169, p. 287.

JUG

202. Pisa San Rossore 2, Area 2, Layer 65
Jug (Isings 1957, Form 54, pp. 71-72; hand-blown with applied, opaque, light blue thread and fused mask; bluish-green transparent glass with opaque light blue filament. Missing a part of upper neck and mouth. Cylindrical neck, ovoid body, concave base; strap handle of which only the part attached to the shoulder remains, decorated with a central rib made from a thread of opaque, light blue

blu chiaro. Integra, lacuna per la parte superiore del collo e dell'imboccatura. Collo cilindrico, corpo ovoidale, fondo introflesso; ansa a nastro, della quale resta solo l'attacco alla spalla, decorata da una costolatura mediana formata da un filamento di vetro blu chiaro opaco; all'attacco dell'ansa *applique* di vetro blu chiaro opaco raffigurante una testa femminile a rilievo (maschera teatrale).
h cm. 14,5   d fondo cm. 5,5
I sec. d.C.
Cfr.: ROFFIA - MARIACHER 1983, p. 170; HARDEN *et alii* 1988, p. 118.

BALSAMARI

154. Pisa San Rossore 2 area 2 US 78
Balsamario (Isings 1957, forma 28b, pp. 42-43; De Tommaso 1990, tipo 46, p. 69); vetro soffiato a canna libera; vetro trasparente, verde chiaro, bolle d'aria piccole e sparse, chiazze iridescenti. Integro. Orlo svasato con labbro tagliato e levigato, collo cilindrico di altezza superiore a quella del corpo, con leggera strozzatura alla base; corpo tronco-conico leggermente dilatato verso il fondo appiattito.

h cm. 9,2   d bordo cm. 2
d fondo cm. 2,5
Seconda metà I sec. d.C. - II sec. d.C.
Cfr.: CALVI 1968, n. 272-273, pp. 141-142; MACCABRUNI 1983, n. 194-202, pp. 158-160.

OGGETTI DI ORNAMENTO

417. Pisa San Rossore 2 area 2 US 99
Ago; vetro fuso; vetro opaco, traslucido, verde con venature spiraliformi in rosso. Parte terminale di un oggetto in vetro pieno, a sezione circolare, desinente a punta.
lungh. cm. 8   d cm. 0,3
I sec. d.C.
Cfr.: BIAGGIO SIMONA 1991, 11.3, pp. 226-228; RAVAGNAN 1994, n. 227-220, pp. 121-122.

Area 4

COPPA

614. Pisa San Rossore 2 area 4 US 114
Coppa (Isings 1957, forma 12, pp. 27-30); vetro pressato entro matrice; vetro semitrasparente, ambra scuro, chiazze iridescenti, integro con lacuna per parte del fondo e del corpo. Orlo tagliato e levigato, bordo diritto, corpo emisferico piuttosto profondo, fondo appiattito fortemente ispessito. Due alte scanalature orizzontali, incise a ruota, al di sotto dell'orlo e a metà circa della parete.
h cm. 5,5   d bordo cm. 9,3
I sec. a.C. - I sec. d.C.
Cfr.: KUNINA 1997, n. 51, p. 257; RAVAGNAN 1994, n. 351, p. 180.

BALSAMARI

555. Pisa San Rossore 2 area 4 US 114 stacco III
Balsamario (Isings 1957, forma 28, pp. 41-43; De Tommaso 1990, tipo 18, pp. 49-50); vetro soffiato a canna libera; vetro semitrasparente, color celeste chiaro, bolle piccolissime e sparse, chiazze iridescenti. Integro, lacuna per una parte del corpo. Orlo ripiegato orizzontalmente all'esterno, breve collo cilindrico con strozzatura alla base, corpo piriforme dilatato verso la base appiattita.

---

glass; where the handle is attached there is an *appliqué* of opaque light blue glass depicting a female head in relief (theatre mask).
h 14.5 cm.   d base 5.5 cm.
1st cent. A.D.
Cf.: ROFFIA-MARIACHER 1983, p. 170; HARDEN *et al* 1988, p. 118.

PERFUMED OIL CONTAINER

154. Pisa San Rossore 2, Area 2, Layer 78
Perfumed oil container (Isings 1957, Form 28b, pp. 42-43; De Tommaso 1990, Type 46, p. 69); hand-blown; transparent light green glass, small scattered air bubbles, iridescent patches. Complete. Flaring lip with cut and smoothed rim, cylindrical neck longer than the body and with slight narrowing near the base; conical body swelling slightly towards the flat base.
h 9.2 cm.   d rim 2 cm.   d base 2.5 cm.
Second half of 1st cent. A.D. - 2nd cent. A.D.
Cf.: CALVI 1968, nos. 272-273, pp. 141-142; MACCABRUNI 1983, nos. 194-202, pp. 158-160.

ORNAMENT

417. Pisa San Rossore 2, Area 2, Layer 99
Needle; fused; opaque, translucent green glass with red spiralling veining. The end portion of a circular solid glass object ending in a point.
length 8 cm.   d 0.3 cm.
1st cent. A.D.
Cf.: BIAGGIO SIMONA 1991, 11.3, pp. 226-228; RAVAGNAN 1994, nos. 227-220, pp. 121-122.

Area 4

CUP

614. Pisa San Rossore 2, Area 4, Layer 114
Cup (Isings 1957, Form 12, pp. 27-30); pressed into a mould; dark amber semi-transparent glass with iridescent patches; missing a part of the base and body. Rim cut and smoothed, straight edge, rather deep hemispherical body, flat and extremely thickened base. Two deep horizontal grooves, cut on the wheel, below the rim and about halfway down the wall.
h 5.5 cm.   d rim 9.3 cm.
1st cent. B.C. - 1st cent. A.D.

Cf.: KUNINA 1997, no. 51, p. 257; RAVAGNAN 1994, no. 351, p. 180.

PERFUMED OIL CONTAINER

555. Pisa San Rossore 2, Area 4, Layer 114, Artificial layer III
Perfumed oil container (Isings 1957, Form 28, pp. 41-43; De Tommaso 1990, Type 18, pp. 49-50); hand-blown; light blue, semi-transparent glass with tiny scattered bubbles and iridescent patches. Missing a part of the body. Projecting horizontal lip, short cylindrical neck narrowing towards the bottom, pyriform body broadening towards the flat base.
h 9 cm.   d rim 2.3 cm.   d base 3.5 cm.
1st cent. A.D.
Cf.: ZAMPIERI 1998, no. 10, p. 35; *Vetro e Vetri* 1998, no. 4, p. 54.

GAME PIECE

683. Pisa San Rossore 2, Area Layer 114
Game piece; glass fused in glass matrix; opa-

h cm. 9   d bordo cm. 2,3
d fondo cm. 3,5
I sec. d.C.
Cfr.: ZAMPIERI 1998, n. 10, p. 35; *Vetro e Vetri* 1998, n. 4, p. 54.

PEDINA

683. Pisa San Rossore 2 area 4 US 114
Pedina da gioco; vetro fuso colato a stampo; vetro opaco, nero. Integra. Pedina di forma circolare con base piatta e faccia superiore convessa.
h cm. 0,7   d cm. 2,3
I sec. d. C.
Cfr.: Roffia 1993, pp.203 e 208-209; *Vetri antichi* 1998, n. 153, p. 24; *Vetro e vetri* 1998, n. 1, p. 79.

Saggio di scavo del sottopassaggio pedonale

BICCHIERE

S13. Pisa San Rossore II US 113/2
Bicchiere; vetro soffiato con decorazione in rilievo; vetro trasparente, verde chiaro. Ricostruita da frammenti. Orlo ripiegato in fuori, con labbro tagliato e rifinito, bordo verticale, corpo cilindrico leggermente svasato, base circolare piana decorata da quattro anelli concentrici in rilievo. Decorazione in rilievo disposta in tre fasce sovrapposte: in quelle superiore e inferiore motivo di losanghe formate da sottili costolature incrociate; nelle fascia mediana, delimitata da due costolature orizzontali, tralci di edera.
h cm. 11,8   d bordo cm. 5,4
d fondo cm. 7,8
I sec. d.C.

153. Pisa San Rossore 2 area 3 US 88
Coppa; vetro pressato entro matrice, scanalature anulari sotto l'orlo e sul corpo incise a ruota; vetro semitrasparente, giallo ambra chiaro con iridescenze e patina di giacitura. Orlo tagliato e levigato, bordo diritto, corpo emisferico piuttosto profondo, fondo appiattito. Due alte scanalature orizzontali, incise a ruota, al di sotto dell'orlo e a metà circa della parete.
h cm. 6   d bordo cm. 11,2
d fondo cm. 5,8
I sec. a.C.

Cfr.: CALVI 1968, gruppo Ca, p. 65, tav. C, 5; GOETHERT POLASCHEK 1977, F. A., 30, tav. II, 121; RAVAGNAN 1994, n. 351, p. 180; KUNINA 1997, n. 51, p. 257.

131a. Pisa San Rossore 2 area 3 US 9 stacco II
Coppa (Isings 1957, forma 1, pp. 15-17); vetro modellato a matrice; vetro opaco. Sezioni di vetro traslucido verde, rosso, bianco opaco, blu, giallo; bastoncini e bacchette preformati modellati a matrice (tecnica a nastri policromi) e orlo con canne a reticelli. Orlo tagliato e arrotondato mediante molatura, bordo verticale, corpo emisferico poco profondo. Il motivo decorativo è costituito da corsi paralleli con al centro nastri disposti all'interno di un riquadro.
h cm. 3,6
I sec. a.C.
Cfr.: HARDEN *et alii* 1988, n. 16, p. 40; RAVAGNAN 1994, p. 180; SAGUÌ 1998, p. 19, fig. 18.

131b. Pisa San Rossore 2 area 3 US 49 stacco II
Coppa (Isings 1957, forma 1, pp. 15-17); vetro modellato a matrice; vetro opaco.

que, black glass. Complete. Circular piece with flat base and convex upper surface.
h 0.7 cm.   d 2.3 cm.
1st cent. A.D.   Cf.: see no. 156.

Trial excavation in the pedestrian underpass

BEAKER

S13. Pisa San Rossore II, Layer 113/2
Beaker; hand-blown glass with decoration in relief; light green transparent glass. Recomposed from fragments. Out-turned rim with cut and smoothed lip and vertical edge; slightly flaring cylindrical body; flat, circular base decorated with four concentric rings in relief. Relief decoration in three registers: in the upper and lower bands lozenges made of thin criss-crossed ribs; in the central band, bordered by two horizontal ribs, ivy tendrils.
h 11.8 cm.   d rim 5.4 cm.   d base 7.8 cm.
1st cent. A.D.
153. Pisa San Rossore 2 area 3 level 88

Goblet; glass fashioned in a mould, ring-shaped grooves below the rim and on the body incised on the wheel; semi-transparent glass, light amber yellow with iridescence and patina its lying position. Rim cut and smoothed with straight edge, rather deep hemispherical body, flat base. Two deep wheel-incised grooves below the rim and about halfway down the side.
h 6 cm.   d edge 11.2 cm.   d base 5.8 cm.
1st cent. B.C.
Cf. CALVI 1968, group Ca, p. 65, plate C, 5; GOETHERT POLASCHEK 1977, F. A., 30, plate II, 121; RAVAGNAN 1994, no. 351, p. 180; KUNINA 1997, no. 51, p. 257.

126. Pisa San Rossore 2 area 3 layer 49 artificial layer II
Carchesium; glass fashionedd in a mould, grooves and incisions made on the wheel; opaque light blue glass. Rim cut and smoothed with edge folded outwards, truncated-conical body. Horizontal grooves on the outside. Two incised lines on the inside underlining the rim edge.
h 6 cm.   d recomposed rim edge 11.8 cm.
1st cent. B.C.

131a. Pisa San Rossore 2 area 3 ayer 9 artificial layer II
Goblet (Isings 1957, form 1, pp. 15-17); glass fashioned in a mould; opaque glass. Sections of translucent green, red, opaque white, blue and yellow glass; small rods and canes fashioned in a mould (technique using polychrome glass rods) and rim fashioned with rods of reticulated glass. Rim cut and rounded by grinding, vertical rim edge, hemispherical body of no great depth. Decorative motif consists of parallel lines with bands inside a square panel in the center.
h 3.6 cm.
1st cent. B.C.
Cf. HARDEN *et al*, 1988, no. 16, p. 40; RAVAGNAN 1994, p. 180; SAGUÌ 1998, p. 19, fig. 18.

131b. Pisa San Rossore 2 area 3 layer 49 artifial layer II
Goblet (Isings 1957, form 1, pp. 15-17); glass fashioned in a mould; opaque glass. Sections of translucent green, red, opaque white, blue and yellow glass; small rods and canes fashioned in a mould (technique using polychrome glass rods) and rim fashioned with rods of reticula-

Sezioni di vetro traslucido verde, rosso, bianco opaco, blu, giallo; bastoncini e bacchette preformati modellati a matrice (tecnica a nastri policromi) e orlo con canne a reticelli. Corpo emisferico poco profondo. Il motivo decorativo è costituito da corsi paralleli con al centro nastri disposti all'interno di un riquadro.

h cm. 4,7

I sec. a.C.

Cfr.: vedi scheda n. 131a.

130. Pisa San Rossore 2 area 3 US 9 stacco II
Coppa (Isings 1957, forma 1, pp. 15-17); vetro modellato a matrice; vetro opaco. Sezioni di vetro traslucido verde, bianco opaco, blu, giallo; bastoncini e bacchette preformati modellati a matrice (tecnica a nastri policromi) e orlo con canne a reticelli. Orlo tagliato e arrotondato mediante molatura, bordo verticale, corpo emisferico poco profondo. Il motivo decorativo è costituito da quadranti nei quali i nastri, disposti a spina pesce e uguali due a due, ripetono in modo simmetrico lo stesso motivo decorativo.

h cm. 3

I sec. a.C.

Cfr.: HARDEN *et alii* 1988, n. 16, p. 40; SAGUÌ 1988, p. 19, fig. 18.

NOTE

[1] STERNINI 1995, pp. 127-130.

[2] PASQUINUCCI, STORTI 1989; LETTA 1993; BRUNI 1995, pp. 163-195.

[3] BRUNI 1995, pp. 163-195.

[4] PARKER 1992; CYGIELMAN - DE TOMMASO 1998, p. 118; DE TOMMASO 1991, pp. 132-134; BERTI 1990, pp. 65-76.

[5] ISINGS 1957, forma 111, pp. 139-140.

[6] SAGUÌ 1993, pp. 127-129.

[7] ISINGS 1957, forma 3a, pp. 18-19; MACCABRUNI 1983, pp. 23-24.

[8] ISINGS 1957, forma 3a-b, pp. 18-20; MACCABRUNI 1983, p. 24.

[9] DE TOMMASO 1985, p. 177.

[10] DE TOMMASO 1998, n. 1.1, p. 239.

[11] MATHESON 1980, n. 40-41, p. 15.

[12] CIARALLO - DE CAROLIS 1999, p. 205.

[13] SCATOZZA HÖRICHT 1986, pp. 25-31.

[14] STELLA - BEZZI MARTINI 1987, n. 89a, p. 60.

[15] MACCABRUNI 1983, p. 23; SCATOZZA HÖRICHT 1986, p. 27; ROFFIA 1993, pp. 62-63; ZAMPIERI 1998, pp. 156-159.

[16] SEGUÌ 1998, pp. 13-15.

ted glass. Hemispherical body of no great depth. Decorative motif consists of parallel lines with bands inside a square panel in the centre.

h 4.7 cm.

1st cent. B.C.

Cf. no. 131a.

130. Pisa San Rossore 2 area 3 layer 9 artificial layer II
Goblet (Isings 1957, form 1, pp. 15-17); glass fashioned in a mould; opaque glass. Sections of translucent green, opaque white, blue and yellow glass; small rods and canes fashioned in a mould (technique using polychrome glass rods) and rim fashioned with rods of reticulated glass. Rim cut and rounded by grinding, vertical rim edge, hemispherical body of no great depth. Decoration consists of quadrants where bands arranged in pairs in a herringbone pattern repeat the same decorative motif symmetrically.

h 3 cm.

1st cent. B.C.

Cf. HARDEN *et al*, 1988, no. 16, p. 40; SAGUÌ 1988, p. 19, fig. 18

NOTES

[1] STERNINI 1995, pp. 127-130.

[2] PASQUINUCCI, STORTI 1989; LETTA 1993; BRUNI 1995, pp. 163-195.

[3] BRUNI 1995, pp. 163-195.

[4] PARKER 1992; CYGIELMAN - DE TOMMASO 1998, p. 118; DE TOMMASO 1991, pp. 132-134; BERTI 1990, pp. 65-76.

[5] ISINGS 1957, form 111, pp. 139-140.

[6] SAGUÌ 1993, pp. 127-129.

[7] ISINGS 1957, form 3a, pp. 18-19; MACCABRUNI 1983, pp. 23-24.

[8] ISINGS 1957, form 3a-b, pp. 18-20; MACCABRUNI 1983, p. 24.

[9] DE TOMMASO 1985, p. 177.

[10] DE TOMMASO 1998, no. 1.1, p. 239.

[11] MATHESON 1980, no. 40-41, p. 15.

[12] CIARALLO - DE CAROLIS 1999, p. 205.

[13] SCATOZZA HÖRICHT 1986, pp. 25-31.

[14] STELLA-BEZZI MARTINI 1987, no. 89a, p. 60.

[15] MACCABRUNI 1983, p. 23; SCATOZZA HÖRICHT 1986, p. 27; ROFFIA 1993, pp. 62-63; ZAMPIERI 1998, pp. 156-159.

[16] SEGUÌ 1998, pp. 13-15.

[17] ISINGS 1957, form 1, pp. 15-17; HARDEN et al

[17] ISINGS 1957, forma 1, pp. 15-17; HARDEN et alii 1988, p. 18; RAVAGNAN 1994, p. 177; Trasparenze imperiali 1998, n. 143, p. 170.
[18] SAGUÌ 1998, pp. 15-20.
[19] DE TOMMASO 1990, pp. 19-21; 1991, pp. 132-134.
[20] ISINGS 1957, forma 12, pp. 27-30; BIAGGIO SIMONA 1991, pp. 69-70.
[21] Vetro e vetri 1998, p. 58.
[22] ISINGS 1957, forma 20, p. 37.
[23] ISINGS 1957, forma 44a, pp. 59-60; Vetro e vetri 1998, n. 2, pp. 70-71.
[24] ISINGS 1957, forma 42a, pp. 58-59; MACCABRUNI 1983, p. 53.
[25] ISINGS 1957, forma 85b, pp. 102-103; RAVAGNAN 1994, n. 39, p. 195.
[26] Vetro e vetri 1998, p. 71.
[27] BIAGGIO SIMONA 1991, p. 69, fig. 35.
[28] ISINGS 1957, forma 46a, pp. 61-62; MACCABRUNI 1983, n. 22-23, pp. 60-61; Vetro e vetri 1998, n. 1, p. 54.
[29] MACCABRUNI 1983, pp. 52-54; BIAGGIO SIMONA 1991, pp. 49-52.
[30] STELLA - BEZZI MARTINI 1987, pp. 45-54.
[31] Trasparenze imperiali 1998, pp. 88-89, 187-188.
[32] ISINGS 1957, forma 29, p. 44; RAVAGNAN 1994, p. 126.
[33] ISINGS 1957, forma 31, p. 45; RAVAGNAN 1994, p. 123; Trasparenze imperiali 1998, p. 195.
[34] BIAGGIO SIMONA 1991, pp. 97-98.
[35] Trasparenze imperiali 1998, n. 192, p. 193.
[36] ISINGS 1957, forma 21, pp. 37-38.
[37] DE TOMMASO 1985, pp. 173, 178-180.
[38] DE TOMMASO 1998, p. 238, n. 1.3, p. 240.
[39] OLIVER 1984, pp. 46-58.
[40] ISINGS 1957, forma 50, pp. 63-67; MACCABRUNI 1983, n. 54, p. 96.
[41] MACCABRUNI 1983, pp. 90-96; BIAGGIO SIMONA 1991, pp. 177-182; CIARALLO - DE CAROLIS 1999, n. 302-308, p. 45.
[42] CALVI 1968, pp. 75-76.
[43] MECONCELLI NOTARIANNI 1979, n. 56, p. 64.
[44] RAVAGNAN 1994, n. 255, p. 135.
[45] TAIT 1991, n. 74, p. 62.
[46] CALVI 1968, p. 75.
[47] TAIT 1991, p. 82.
[48] TAIT 1991, p. 68.
[49] ISINGS 1957, forma 54, pp. 71-72.
[50] ROFFIA - MARIACHER 1983, p. 170.
[51] HARDEN et alii 1988, p. 118.
[52] HARDEN et alii 1988, pp. 104-118.
[53] HARDEN et alii 1988, p. 101.
[54] MACCABRUNI 1983, p. 150; TABORELLI 1980, pp. 138-166; MASSABÓ 1999, pp. 115-122.
[55] ISINGS 1957, forma 8, p. 24; DE TOMMASO 1990, pp. 83-84.
[56] ISINGS 1957, forma 28a, pp. 41-42; DE TOMMASO 1990, tipo 41, pp. 64-65.
[57] ISINGS 1957, forma 28b, pp. 42-43; DE TOMMASO 1990, tipo 46, p. 69.
[58] RAVAGNAN 1994, pp. 173-176; Trasparenze imperiali 1998, n. 234-237, p. 215.
[59] BIAGGIO SIMONA 1991, pp. 226-228.
[60] ROFFIA 1993, pp. 208-209; Vetro e vetri 1998, pp. 78-79.
[61] ZAMPIERI 1998, p. 196; MASSABÓ 1999, pp. 142-143.
[62] RÜTTI 1988, p. 100.
[63] POGGESI 1985, p. 223.
[64] Ostia I 1953, p. 80, fig. 256; Ostia II 1970, pp. 82-83.

1988, p. 18; RAVAGNAN 1994, p. 177; Trasparenze imperiali 1998, no. 143, p. 170.
[18] SAGUÌ 1998, pp. 15-20.
[19] DE TOMMASO 1990, pp. 19-21; 1991, pp. 132-134.
[20] ISINGS 1957, form 12, pp. 27-30; BIAGGIO SIMONA 1991, pp. 69-70.
[21] Vetro e vetri 1998, p. 58.
[22] ISINGS 1957, form 20, p.37.
[23] ISINGS 1957, form 44a, pp. 59-60; Vetro e vetri 1998, no. 2, pp. 70-71.
[24] ISINGS 1957, form 42a, pp. 58-59; MACCABRUNI 1983, p. 53.
[25] ISINGS 1957, form 85b, pp. 102-103; RAVAGNAN 1994, no. 39, p. 195.
[26] Vetro e vetri 1998, p. 71.
[27] BIAGGIO SIMONA 1991, p. 69, fig. 35.
[28] ISINGS 1957, form 46a, pp. 61-62; MACCABRUNI 1983, nos. 22-23, pp. 60-61; Vetro e vetri 1998, no. 1, p. 54.
[29] MACCABRUNI 1983, pp. 52-54; BIAGGIO SIMONA 1991, pp. 49-52.
[30] STELLA - BEZZI MARTINI 1987, pp. 45-54.
[31] Trasparenze imperiali 1998, pp. 88-89, 187-188.
[32] ISINGS 1957, form 29, p. 44; RAVAGNAN 1994, p.126.
[33] ISINGS 1957, form 31, p. 45; RAVAGNAN 1994, p. 123; Trasparenze imperiali 1998, p. 195.
[34] BIAGGIO SIMONA 1991, pp. 97-98.
[35] Trasparenze imperiali 1998, no. 192, p. 193.
[36] ISINGS 1957, form 21, pp. 37-38.
[37] DE TOMMASO 1985, pp. 173, 178-180.
[38] DE TOMMASO 1998, p. 238, no. 1.3, p. 240.
[39] OLIVER 1984, pp. 46-58.
[40] ISINGS 1957, form 50, pp. 63-67; MACCABRUNI 1983, no. 54, p. 96.
[41] MACCABRUNI 1983, pp. 90-96; BIAGGIO SIMONA 1991, pp. 177-182; CIARALLO-DE CAROLIS 1999, no. 302-308, p. 245.
[42] CALVI 1968, pp. 75-76.
[43] MECONCELLI NOTARIANNI 1979, no. 56, p. 64.
[44] RAVAGNAN 1994, no. 255, p. 135.
[45] TAIT 1991, no. 74, p. 62.
[46] CALVI 1968, p. 75.
[47] TAIT 1991, p. 82.
[48] TAIT 1991, p. 68.
[49] ISINGS 1957, form 54, pp. 71-72.
[50] ROFFIA-MARIACHER 1983, p. 170.
[51] HARDEN et al 1988, p. 118.
[52] HARDEN et al 1988, pp. 104-118.
[53] HARDEN et al 1988, p. 101.
[54] MACCABRUNI 1983, p. 150; TABORELLI 1980, pp. 138-166; MASSABÒ 1999, pp. 115-122.
[55] ISINGS 1957, 8, p. 24; DE TOMMASO 1990, pp. 83-84.
[56] ISINGS 1957, form 28a, pp. 41-42; DE TOMMASO 1990, type 41, pp. 64-65.
[57] ISINGS 1957, form 28b, pp. 42-43; DE TOMMASO 1990, type 46, p. 69.
[58] RAVAGNAN 1994, pp. 173-176; Trasparenze imperiali 1998, nos. 234-237, p. 215.
[59] BIAGGIO SIMONA 1991, pp. 226-228.
[60] ROFFIA 1993, pp. 208-209; Vetro e vetri 1998, pp. 78-79.
[61] ZAMPIERI 1998, p. 196; MASSABÒ 1999, pp. 142-143.
[62] RÜTTI 1988, p. 100.
[63] POGGESI 1985, p. 223.
[64] Ostia I 1953, p. 80, fig. 256; Ostia II 1970, pp. 82-83.
[65] FROVA 1973, p. 481, no. 53; FROVA 1977, p. 289, no. 91.
[66] ZAMPIERI 1998, p. 196 and bibliography.
[67] ZAMPIERI 1998, p. 196.
[68] Vetri antichi 1998, pp. 23-24.
[69] COCCHIARO 1988, pp. 171-173.
[70] BIAGGIO SIMONA 1991, pp. 108-112.
[71] HARDEN et al 1988, p. 181.
[72] SAGUÌ 1993, pp. 127-129.
[73] ISINGS 1957, form 12, pp. 27-30; MACCABRUNI

[65] Frova 1973, p. 481, n. 53; Frova 1977, p. 289, n. 91.

[66] Zampieri 1998, p. 196 e relativa bibliografia.

[67] Zampieri 1998, p. 196.

[68] *Vetri antichi* 1998, pp. 23-24.

[69] Cocchiaro 1988, pp. 171-173.

[70] Biaggio Simona 1991, pp. 108-112.

[71] Harden *et alii* 1988, p. 181.

[72] Saguì 1993, pp. 127-129.

[73] Isings 1957, forma 12, pp. 27-30; Maccabruni 1983, n. 43, p. 83; Kunina 1997, n. 51, p. 257.

[74] Isings 1957, forma 28, pp. 41-43; De Tommaso 1990, tipo 18, pp. 49-50; Biaggio Simona 1991, pp. 130-137.

[75] *Vetro e vetri* 1998, n. 4, p. 54.

[76] Isings 1957, forma 27, p. 41; De Tommaso 1990, gruppo/tipo 19, p. 50; Maccabruni 1983, p. 112.

[77] Isings 1957, forma 30, p. 45.

[78] Hayes 1975, n. 139, p. 196; Scatozza Höricht 1986, pp. 42-43.

[79] Harden *et alii* 1988, n. 85, pp. 163-164.

[80] Harden *et alii* 1988, n. 86, pp. 164-165.

[81] Kunina 1997, n. 109-110, p. 273.

[82] Isings 1957, p. 45; Maccabruni 1983, pp. 28-30; Harden *et alii* 1988, pp. 153 e 157.

[83] Sternini 1995, pp. 99-126; Saguì 1998, pp. 13-26; *Vetri antichi* 1998, pp. 3-15.

[84] Maccabruni 1983 pp. 75-76.

[85] Isings 1957, forma 12, pp. 27-30.

[86] Isings 1957, forma 36, pp. 50-52.

[87] Harden *et alii* 1988, p. 123.

[88] Isings 1957, forma 1, pp. 15-17; Harden *et alii* 1988, p. 18; Ravagnan 1994, p. 177; *Trasparenze imperiali* 1998, n. 143, p. 170.

[89] Harden *et alii* 1988, n. 16, p. 40.

[90] Saguì 1998, p. 19, fig. 18.

1983, no. 43, p. 83; Kunina 1997, no. 51, p. 257.

[74] Isings 1957, form 28, pp. 41-43; De Tommaso 1990, type 18, pp. 49-50; Biaggio Simona 1991, pp. 130-137.

[75] *Vetro e vetri* 1998, no. 4, p. 54.

[76] Isings 1957, form 27, p. 41; De Tommaso 1990, group/type 19, p. 50; Maccabruni 1983, p. 112.

[77] Isings 1957, form 30, p. 45.

[78] Hayes 1975, no. 139, p. 196; Scatozza Höricht 1986, pp. 42-43.

[79] Harden *et al* 1988, no. 85, pp. 163-164.

[80] Harden *et al* 1988, no. 86, pp. 164-165.

[81] Kunina 1997, nos. 109-110, p. 273.

[82] Isings 1957, p. 45; Maccabruni 1983, pp. 28-30; Harden *et al* 1988, pp. 153 and 157.

[83] Sternini 1995, pp. 99-126; Saguì 1998, pp. 13-26; *Vetri antichi* 1998, pp. 3-15.

[84] Maccabruni 1983 pp. 75-76.

[85] Isings 1957, form 12, pp. 27-30.

[86] Isings 1957, form 36, pp. 50-52.

[87] Harden *et al*, 1988, p. 123.

[88] Isings 1957, form 1, pp. 15-17; Harden *et al.* 1988, p. 18; Ravagnan 1994, p. 177; *Trasparenze imperiali* 1998, no. 143, p. 170.

[89] Harden *et al*, 1988, no. 16, p .40.

[90] Saguì 1998, p. 19, fig. 18.

Strumenti chirurgici

Paola
Cillo

Nel microcosmo costituito dal complesso di Pisa San Rossore, dove praticamente ogni aspetto della vita quotidiana è attestato, non poteva mancare testimonianza di una strumentazione legata alla prassi medica e farmaceutica.

Sappiamo che i Romani ebbero una loro pratica medica, soprattutto empirica, precedente all'introduzione della medicina e dei medici greci nel loro ambiente; nel corso del II sec. a.C. cominciarono a venire a Roma regolarmente medici greci, e da quel momento si ebbe un profondo cambiamento, almeno negli ambienti più elevati dal punto di vista intellettuale. Iniziò allora tutta una trattatistica che racchiudeva classificazioni e descrizioni di malattie, le terapie affrontate, le sostanze medicinali e gli strumenti utilizzati.

Gli strumenti rinvenuti a San Rossore sono al momento quantitativamente esigui, e legati a solo due tipologie, fra l'estrema varietà attestata nel campo medico e chirurgico: *spatulae* e cucchiai, di differenti materiali, che dovevano certamente fare parte dello strumentario di bordo. Non sono stati ritrovati assieme, ma in aree attigue, e con buona probabilità sono da riferire alla nave oneraria E, tranne il cucchiaio n. 185, rinvenuto nell'area 4 (nave C), di cui forse costituivano una cassettina di pronto soccorso, come anche l'esame specifico ci consentirà di affermare con maggiore cognizione.

Riguardo alle tre *spatulae*, realizzate in bronzo (nn. 204-493-597), il termine latino oscilla fra *spathomele* (*Theodorus Priscianus*) e *spathomela* (*Marcellus*); erano così denominate per la conformazione a foglia di una delle due estremità. Si inquadrano nella categoria degli *specilla*, o sonde, atte a esplorare, dilatare, svuotare superfici cave, e medicare[1]. Il loro uso

Surgical and pharmaceutical instruments

The microcosm of the Pia San Rossore Complex provides us with evidence on practically every aspect of daily life. How, then, would it be possible to omit instuments connected with the practice of medicine and pharmacy.

We are aware that the Romans had medical procedures of their own, especially empirical ones, long before the arrival of Greek doctors and medicine on the scene. In the course of the Second Century B.C., Greek doctors began to visit Rome on a regular basis, and from that time onwards a profound change took place, at least as far as the more intellectual populace was concerned. For, from that time onwards, a treatise of treatment began which required classifications, descriptions of ailments, courses of treatment pursued and instuments used.

For the moment, those instruments which we have recovered from the Pisa San-Rossore complex are quantitively few, and are of only two specific types, used in very different fields of medicine and surgery: *spatulae* and spoons, made of an assortment of materials. These must have been part of the instruments used aboard ship. They were not found altogether, but in adjoining areas, and there is a good chance that they all belonged to Honorary Ship E, except for one spoon, n. 185, from Area 4 (Ship C), which was maybe in its first aid kit. More specific investigations will enable us to be more certain of this.

Reguarding the three *spatulae*, two are of bronze and one of copper, (nos. 204, 493 and 597) and the Latin terms for them would have varied from *spathomele* (*Theodorus Priscianus*) to *spathomela* (*Marcellus*). They were given such denominations in order to conform, on paper, to one or other of

era più propriamente farmaceutico piuttosto che medico-chirurgico, in quanto il baston-cello poteva servire a mescolare e ad applicare unguenti su parti malate; sappiamo da Leo-nida (*Aetius*, VI) che venivano usate durante le visite otorinolaringoiatriche, per tenere ferma la lingua. Un loro utilizzo chirurgico non è comunque da escludere, dal momento che *Aetius* (IV.iv.96) lo cita come strumenti usati per ovviare alle occlusioni vaginali (figg. 1-2).

La *spathomele* prevedeva anche degli usi non medici; veniva ad esempio utilizzata dai pittori per preparare e mescolare i colori, come anche nella cosmesi femminile; a tal pro-posito Bliquez, che ha studiato recentemente gli strumenti chirurgici del Museo Nazionale di Napoli, provenienti da Pompei, diffida, in mancanza di precise associazioni con altri stru-menti, dal considerare le spatole come appartenenti alla sfera medica piuttosto che a quella domestica[2]. Nel nostro caso, pur mancando tale associazione, ci sentiamo di pronunciarci maggiormente per un uso medico, visto il contesto generale di provenienza; d'altra parte lo scavo ancora in corso potrà fornire dati dirimenti sull'appartenenza ai diversi ambiti d'uso. L'oggetto, assai comune nel mondo greco e romano, ampiamente diffuso, non mutò pra-ticamente la sua tipologia; lo ritroviamo sempre a Pisa, attestato tra i reperti provenienti dalla necropoli occidentale[3], e fra gli oggetti che hanno accompagnato il ritrovamento della nave di Comacchio[4], in un contesto, quindi, analogo al nostro. Riguardo al restante strumentario rinvenuto a San Rossore, i tre cucchiai in osso non appartengono tutti alla stessa tipologia; difatti il n. 203 riconduce al tipo della *ligula*, anch'essa non strettamente legata alla sfera medica, in quanto usata come oggetto da toilette, oppure per estrarre i molluschi dalla con-chiglia[5]. Nelle applicazioni mediche era utilizzata come cauterizzatore servendosi del manico appuntito, e come misurino nella parte conformata a cucchiaino (fig. 4). Gli altri due esemplari (nn. 686-185) appartengono alla tipologia dei *cochlearia*, anche se nelle

two varieties. Under a category of *specilla,* or probes, were the instruments used for exploration, dila-tion, draining superficial boils and applying medication[1]. Strictly speaking, their use was more phar-maceutical than medical/surgical, in that the little stick could be used for mixing and applying unguents to affected parts. We know from Leonida, (*Aetius, VI*), that they were used during E.N.T. inves-tigations, to hold down the tongue. A surgical use cannot be excluded for them, however, since Aetius (in IV, iv, 96) cites their use as the instument used to obviate vaginal obstruction (figs. 1-2).

The *spathomele* was also used for non-medical purposes. Painters, for example, used it for mix-ing colours as it is used nowadays for mixing cosmetics. Concerning this, BLIQUEZ, who has recently conducted an enquiry into the sugical instruments from Pompei, now stored in the National Museum in Naples, suggests that as the spatula lacks any precise association with other medical instuments, it belongs not only in the medical, but also in the domestic sphere[2]. In this case, where no domestic associations can be involved, we must judge in favour of the medical sphere, where spatulas are gen-erally found. Excavations are, however, still going on, and could yet provide us with useful data on its appearence in diverse contexts. We know that the item was fairly common during Greek and Roman times, but that does not change its classification. They are forever being turned them up at Pisa, sometimes in the recoveries from the western necropolis[3] and at another time were among objects accompanying the discovery of Comacchio's Ship[4] in a context analagous with our own.

Regarding the remaining instruments found at San Rossore, the three bone spoons are not all of the same variety[5]. N° 203 leads us back to the *ligula* type, which is not strictly linked to medici-nal use, either, as it was also usable as an ordinary item of toilet, and also for pulling mussels out of their shells! Medically, its pointed end was used as a cauturizer, and its spoon part as a measurer (fig. 3).

classificazioni del Milne e del Bliquez, sono elencati solo come 'spoons'; non sono così usuali come le *ligulae*[6], sono realizzati in bronzo, a volte in argento (figg. 3-5). Un considerevole numero di esemplari in osso, come i nostri, fu rinvenuto negli scavi romani di Baden[7]; servivano principalmente ad operazioni di misurazione dei composti medicinali, e al trasferimento di questi dagli unguentari. Spesso vengono infatti rinvenuti fianco a fianco con unguentari vitrei, che contenevano i balsami e gli unguenti medicamentosi; a San Rossore i due balsamari vitrei delle aree 2/3 e 4 non sono stati rinvenuti nello stesso strato dei cucchiai trovati nelle medesime aree, comunque, trattandosi tuttavia di uno scavo in progress, e quindi di rapporti stratigrafici ancora in corso di definizione, ci limitiamo a segnalare lo stato della questione, rimandando ad ulteriori approfondimenti.

Anche queste due ultime forme non hanno pressoché mutato la loro tipologia durante l'arco di secoli.

Ritrovamenti di strumenti chirurgici o medico-farmaceutici in scavi subacquei non sono frequenti, e ciò stupisce considerando l'attuale numero di oltre 800 relitti pre-medievali scavati nei fondali del Mediterraneo; Parker pensa a tal proposito che ciò sia imputabile semplicemente alla scarsa cura che non ha permesso la scoperta di oggetti che dovevano necessariamente far parte dello strumentario di bordo[8]. Le scarse testimonianze si riferiscono, oltre al rinvenimento di Comacchio sopracitato, a quattro strumenti medici bronzei dalle Isole Pontine[9], ad una spatola/sonda da Capifort, Mallorca[10], e ad un *set* di scalpelli bronzei da un relitto romano, il Plemmirio B[11], interpretati come il bagaglio di un viaggiatore/chirurgo, piuttosto che come strumentario di bordo[12].

The other two examples (nos. 686 & 185) belong to a type known as *cochlearia,* even though Milne and Bliquez see fit to classify them merely as "spoons". They were not as common as the *ligulae*[6] and were made of bronze or, occasionally, silver (figs. 4-5). A considerable number of bone examples, like these of ours, were found in Roman excavations at Baden[7]. Their main use was for measuring out the contents of medicines and transferring them to the unguentaries. They are often found side by side with glass unguentaries, which had held medical balsams and unguents.

At San Rossore, the two glass balsam containers, from Areas 2/3 and 4 respectively, were not found in the same stratum as the spoons found nearby. The excavation is still on-going, however, and the exact relationship between strata still has to be worked out, so we must limit ourselves, for the moment, to describing what we have, until such time as further evidence emerges. Even these last two forms have not changed shape very greatly with the passage of time.

Discoveries of surgical or medico-pharmaceutical instruments is rare in underwater excavations. This is somewhat surprising, considering that a total of over eight hundred pe-medieval wrecks from the bottom of the Mediterranean have been excavated. Parker believes that this non-discovery of medical instuments[8], which must have been aboard every ship, is a matter of inattention. Apart from discoveries aboard the Commechio, mentioned above, what other sparse evidence has been recovered is limited to four bronze medical instuments from the Pontine Islands[9]; a spatola/sonda from Capifort, Malorca[10]; and a set of bronze scalpels from a Roman wreck, the Plemmirio B[11], described as being the kit of an itinerant merchant or surgeon, rather than as part of the standard ship's kit[12].

Gli oggetti in osso dell'area 1

Dall'area a cui appartengono gli strati più recenti dello scavo provengono due oggetti in osso tra cui lo spillone crinale n. 743 (fig. 3). Durante il periodo romano, e non solo, gli spilloni sono ben attestati. Si tratta di uno strumento costituito da tre parti: la testa, cioè un ingrossamento di varia forma e dimensione, lo stelo che può raggiungere il diametro massimo nella zona tra la testa e la parte mediana, e la punta. Il termine latino *acus* compare nelle fonti letterarie in molteplici contesti con funzione diversa, poteva infatti indicare l'ago a cruna, uno strumento da chirurgia o da agricoltura e lo spillone per la *toilette* femminile. Quest'ultimo si diversifica in tre scopi distinti: la separazione delle ciocche durante le operazioni di pettinatura e di acconciatura (*acus discriminalis* o *discerniculum*); il fissaggio e sostegno di capelli nelle acconciature (*acus crinalis* o *acus comatoria*); l'applicazione di unguenti e di altri cosmetici. Lo spillone n. 743 appartiene alla tipologia a testa ovoidale (Bèal A XX, 8). Questo tipo, rinvenuto in numerosissimi ritrovamenti, documenta la vastità e la durata della sua utilizzazione, attestato dal I al V sec. d.C.[8].

Le aree 1/2, 2 e 2/3

Queste aree hanno restituito sette esemplari in osso e corno facenti parte di sei tipologie diverse, ben quattro di questi oggetti sono stati raramente rinvenuti nel passato (nn. 141, 361, 611, 742). L'ordine nel quale saranno esposti rispecchierà la sequenza stratigrafica dell'area. Lo spillone a tre crune n. 141 (fig. 4), sporadicamente attestato in altri scavi, è stato al centro di un accurato studio per determinare la sua funzione, infatti Biró[9] ha avanzato l'ipotesi che gli aghi a tre crune, peraltro spesso piuttosto grossi, come nel nostro

evidence. This instrument consisted of three parts: the head, namely a thicker part of various shapes and sizes, the shaft that reached its maximum diameter in the area between the head and the central part, and the point. The Latin word *acus* is found in many different contexts in the literary sources, it could in fact be used to refer to the needle, a surgical or agricultural instrument, and the hairpin used for the female toilette. The latter was used for three different purposes: to separate the locks of hair during combing and hairstyling (*acus discriminalis* or *discerniculum*); to fix or fasten the hair in different styles (*acus crinalis* or *acus comatoria*); to apply unguents and other cosmetics.

The large hairpin no. 743 is of the ovoid head type (Bèal A XX, 8). This type, found in numerous excavations, is evidence of its widespread use from the 1st to the 5th century A.D.[8].

Area 1/2, 2 and 2/3

Seven objects in bone and horn of six different types were found in this area, four of these have rarely been found before (nos. 141, 361, 611, 742). The order in which they are exhibited reflects the sequence of layers in the area.

The large needle with three eyes no. 141 (fig. 4), sporadically documented in other excavations, has been the focus of intense study to determine its function, in fact Biró[9] has suggested that the needles with three eyes, which were often large like the one here, were not needles for sewing or embroidering with several threads at once, but pins used to fasten garments by cleverly passing a thread or small chain through the holes so that the pin closed like a fibula and was prevented from slipping[10].

caso, non fossero degli aghi per cucire o ricamare con più fili insieme, bensì degli spilloni usati per fissare lembi di vesti, facendo passare ingegnosamente un filo o una catenella nei fori in modo che lo spillone fosse chiuso come una fibula evitando la possibilità di scivolamento[10]. La datazione proposta per questa tipologia di oggetto comprende i secoli che vanno dal III al V d.C.[11]. La pedina n. 362 è di tipo comune con la decorazione a cerchio puntato, identificato come uno dei più antichi decori attestati su osso (fig. 5). Lo spillone crinale n. 443 rientra nella tipologia di Bèal alla classe A XX, 3, con la probabile funzione di divisione delle ciocche di capelli, durante le laboriose acconciature femminili e l'applicazione di cosmetici (fig. 6). La datazione che viene proposta varia da tutto il I sec. a.C. fino al III sec.[12] Il manico n. 361 molto particolare per l'incisione e il modellato ha un confronto quasi identico con uno proveniente dal relitto di Port-Vendes II, datato alla metà del I sec. a.C.[13] (fig. 7). La rondella n. 593, di cui una delle due facce è riccamente modellata e liscia mentre l'altra è solamente sgrossata, deve essere stata utilizzata per decorare dei mobili o degli oggetti (fig. 8). Alcune rondelle forate al centro, ritrovate in passato, vi erano solitamente inchiodate, mentre, quelle non forate, vi erano incollate. Non è indicata nessuna possibile datazione per quest'oggetto[14]. Il pomello di coltello n. 611 rientra nella categoria di impugnature di coltelli a serramanico attestati dalla fine del I sec. a.C. e per tutta l'età imperiale[15] (figg. 9-10).

Lo spillone crinale n. 742 costituisce un tipo a sé nella tipologia degli spilloni, i confronti individuabili sono generici, poiché esso è privo della parte superiore della testa cioè di un elemento che avrebbe potuto determinare la sua caratterizzazione[16] (fig. 11).

The date suggested for this type of object is from the 3rd to the 5th century A.D.[11]. The game piece no. 362 is of a common type with a dotted circle decoration, one of the most ancient decorative motifs documented on bone (fig. 5). The large hairpin no. 443 belongs to class A XX, 3 in the Bèal typology and was probably used to separate the locks of hair when creating elaborate hairstyles and to apply cosmetics (fig. 6). The date suggested varies from the 1st century B.C. to the 3rd century A.D.[12] The handle no. 361, whose shape and engraving are very unusual, is almost identical to one found in the wreck of Port-Vendes II, dated to the mid-1st. century B.C. (fig. 7)[13]. The small round disc no. 593, one of the two faces of which is elaborately worked and smooth whereas the other is simply roughly shaped, must have been used to decorate furniture or other objects (fig. 8). Some small round discs with holes in the centre, found in the past, were usually nailed onto these objects, whereas those without holes were glued on. No possible date is suggested for this item.[14] The knife pommel no. 611 is in the category of clasp-knife handles found from the end of the 1st century B.C. and throughout the Imperial age[15] (figs. 9-10). The large hairpin no. 742 is a unique type, comparisons are difficult since it is devoid of the top of the head, an element that might have enabled it to be classified[16] (fig. 11).

BONE AND HORN OBJECTS FROM AREA 4

There were three bone objects found in this area: a hairpin, a needle and a fragment of shaft. The hairpins often have small decorations on the top[17], like the stylized human head of hairpin no. 393, which is reminiscent of Celtic art[18] (fig. 12).

GLI OGGETTI IN OSSO E CORNO DELL'AREA 4

In quest'area sono tre gli strumenti in osso ritrovati: uno spillone, un ago e un frammento di stelo. Gli spilloni spesso presentano sulla sommità piccole ornamentazioni plastiche[17], come la testa a stilizzazione umana dello spillone n. 393 che evoca un'arte di tradizione celtica[18] (fig. 12). L'ago in osso, ugualmente diffuso in tutto il periodo romano, è costituito da tre parti: la cruna cioè un'estremità smussata e forata per farvi passare il filo, lo stelo che può raggiungere il diametro massimo nella zona tra la testa e la parte mediana, e la punta. Data la frammentarietà dell'ago, non possiamo stabilire alcuna datazione, ma è evidente la precarietà di una definizione cronologica precisa per oggetti la cui forma funzionale determina una lunga sopravvivenza nel tempo[19].

GLI OGGETTI IN OSSO DELL'AREA 5

Infine gli spilloni ritrovati in quest'area sono tutti e tre (nn. 406, 407, 723) molto comuni in età romana e largamente attestati. Gli oggetti nn. 406 e 407 sono ricollegabili al n. 743 dell'area 1. Lo spillone n. 723 ha anch'esso una diffusione molto larga e può aver avuto un'esistenza di durata considerevole, è attestato frequentemente dal I al III sec. d.C., ma ne esistono degli esemplari posteriori[20] (fig. 13).

The bone needle, also in widespread use throughout the Roman era, consists of three parts: the eye, namely the rounded end with a hole for the thread to pass through, the shaft that reaches its maximum diameter in the part between the head and the middle, and the point.

Given the fragmentary state of the needle, it is not possible to date it. It is obviously difficult to give a precise date for objects whose functional form means that they were in use over a long period of time[19].

BONE OBJECTS FROM AREA 5

The hairpins found in this area were all three (nos. 406, 407, 723) very common in the Roman era and well documented. The objects nos. 406 and 407 are similar to no. 743 from area 1. Hairpin no. 723 is also very widespread and may have been in existence for a very long time, it has often been documented from the 1st to the 3rd century A.D., but later examples also exist[20] (fig. 13).

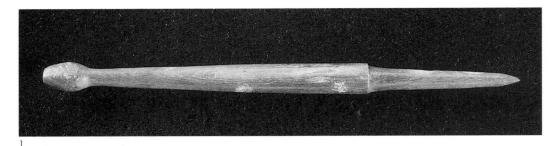

1

2

3

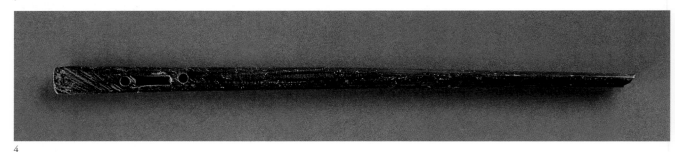

4

5

Fig. 1
N. 184, stilo in osso.
N. 184, bone stylus.

Fig. 2
N. 441, stilo in osso.
N. 441, bone stylus.

Fig. 3
N. 743, spillone crinale in osso.
N. 743, bone hairpin.

Fig. 4
N. 141, spillone a tre crune in corno.
N. 141, brooch with three eyes in horn

Fig. 5
N. 362, pedina in osso.
N. 362, game piece in bone.

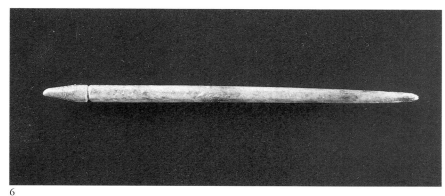

6

7

8

10

9

Fig. 6
N. 443, spillone crinale in osso.
N. 443, bone hairpin.

Fig. 7
N. 361, manico in corno.
N. 361, horn handle.

Fig. 8
N. 593, rondella in osso.
N. 593, bone washer.

Figg. 9-10
N. 611, pomello di impugnatura di coltello in osso.
N. 611, pommel of the handle of a knife in bone.

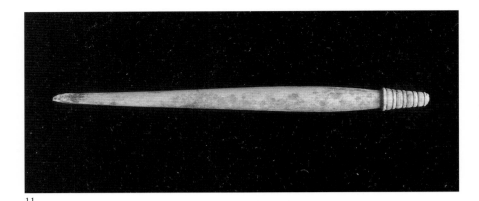

11

12

13

Fig. 11
N. 742, spillone crinale in osso.
N. 742, bone hairpin.

Fig. 12
N. 393, spillone crinale a testa antropomorfa
in osso.
N. 393, hairpin with a troncated head in bone.

Fig. 13
N. 723, spillone in osso.
N. 723, bone hairpin.

435. Pisa San Rossore 2 area 3 US 9
Osso lavorato.
Strumento a sezione trapezoidale con un perimetro che diminuisce progressivamente verso la punta che è lacunosa, la parte di maggior spessore è tagliata di netto, i lati corti sono gli unici piatti e presentano i segni trasversali del taglio per tutta la loro lunghezza; la faccia esterna è convessa poveramente lisciata, la parte interna si presenta completamente grezza.
h cm. 10,9   largh. max cm. 2,6
spessore cm. 1

184. Pisa San Rossore 2 ampl. Sud US 50
Stilo; marrone; osso.
Testa ovoidale, molto consumata da un lato e schiacciata superiormente, separata dal corpo, stelo a sezione circolare con progressivo aumento del diametro, a partire dall'alto in direzione della punta, fino a due terzi della sua lunghezza dove, drasticamente ristretto, diminuisce progressivamente il diametro fino alla punta che è conica.
h cm. 10,9   d max testa cm. 0,07
d max stelo cm. 0,6

441. Pisa San Rossore 2 ampl. Sud sett. 1 US 50 stacco II
Stilo; beige; osso.
Testa globulare ma rozzamente abbozzata, stelo a sezione circolare con progressivo aumento e poi diminuzione del diametro a partire dall'alto in direzione della punta, a circa 1,5 cm. dall'estremità della punta quattro brusche percussioni disegnano la punta a sezione piramidale.
h cm. 10,8   d max testa cm. 0,5
d max stelo cm. 0,6

743. Pisa San Rossore 2 area 1 US 145
Spillone crinale; marrone chiaro; osso.
Testa ovoidale con sfaccettature di lavorazione e base inferiore piana; stelo a sezione circolare irregolare con sfaccettature, con progressivo lieve aumento del diametro a partire dall'alto verso la parte centrale e successivo inizio della riduzione in direzione della punta.
h cm. 8,6   d max testa cm. 0,3   d max stelo cm. 0,3   d min stelo cm. 0,15

141. Pisa San Rossore 2 area 2 US 78
Spillone a tre crune; marrone scuro; corno.
Estremità superiore appiattita a sezione

ovale, cruna costituita da un foro rettangolare tra due più piccoli circolari, stelo circolare con progressiva diminuzione del diametro a partire dall'alto in direzione della punta che è lacunosa. La superficie è estremamente levigata e sull'estremità superiore sopra la cruna si trova una decorazione incisa a tre linee oblique.
h cm. 14,3   largh. max testa cm. 0,8
largh. min testa cm. 0,2
d min stelo cm. 0,15

362. Pisa San Rossore 2 area 2/3 US 95 stacco III
Pedina; beige; osso.
Pedina circolare a diametro irregolare, sezione trapezoidale, decorazione incisa a cerchio puntato nel centro, con due semicerchi incisi sul bordo in asse diametralmente opposta[21].
h cm. 0,25   d max cm. 1,4

443. Pisa San Rossore 2 area 2 US 92 stacco III
Spillone crinale; beige macchiato di nero; osso.
Testa conica allungata non distinta dallo

---

435. Pisa San Rossore 2, Area 3, Layer 9
Worked bone.
Instrument with a trapezoid cross section whose perimeter gradually decreases towards the point which is incomplete, the thickest part is cut cleanly, the short sides are the only flat ones and display the transverse signs of the cut throughout their length; the outer surface is convex and poorly smoothed, the inner surface is rough.
h 10.9 cm.   max w 2.6 cm. thickness 1 cm.

184. Pisa San Rossore 2, south extension Layer 50
Stylus; brown; bone.
Ovoid head, very worn on one side and flattened on top, separated from the body, shaft with circular cross section gradually increasing in diameter from the top towards the point, as far as two thirds of its length, where it becomes drastically reduced and gradually decreases in diameter towards the point, which is conical.
h 10.9 cm.   max d head 0.07 cm.   max d shaft 0.6 cm.

441. Pisa San Rossore 2, south extension sector 1 Layer 50, Artificial layer II

Stylus; beige; bone.
Roughly fashioned globular head, shaft with circular cross section gradually increasing and then decreasing in diameter from the top towards the point. At about 1.5 cm from the tip of the point four rough marks create the point with a pyramidal cross section.
h 10.8 cm.   max d head 0.5 cm.   max d shaft 0.6 cm.

743. Pisa San Rossore 2, Area 1, Layer 145
Large hairpin; light brown; bone.
Ovoid, faceted head and flat lower base; faceted shaft with irregular circular cross section, slightly increasing in diameter from the top to the middle and then decreasing towards the point.
h 8.6 cm.   max d head 0.3 cm.   max d shaft 0.3 cm.   min. d shaft 0.15 cm.

141. Pisa San Rossore 2, Area 2, Layer 78
Large needle with three eyes; dark brown; horn.
Flat top end with oval cross section, one rectangular eye between two smaller circular eyes, circular shaft gradually decreasing in diameter from the top towards the point, which is incomplete. The surface is extremely smooth and at

the top above the eyes there is an engraved decoration of three oblique lines.
h 14.3 cm.   max w. head 0.8 cm.   min. w. head 0.2 cm.   min. d shaft 0.15 cm.

362. Pisa San Rossore 2, Area 2/3, Layer 95 artificial layer III
Game piece; beige; bone.
Round game piece with irregular diameter, trapezoid cross section, engraved dotted circle in the centre, with two diametrically opposed semicircles engraved on the edges[21].
h 0.25 cm.   max d 1.4 cm.

443. Pisa San Rossore 2, Area 2, Layer 92 artificial layer III
Large hairpin; beige stained with black; bone.
Elongated conical head that is a continuation of the shaft. Shaft with circular cross section gradually decreasing in diameter from the top towards the point.
h 8.6 cm.   max d head 0.4 cm.   max d shaft 0.4 cm.

361. Pisa San Rossore 2, Area 2, Layer 92 artificial layer IV

stelo; stelo a sezione circolare con progressiva diminuzione del diametro a partire dall'alto in direzione della punta.
h cm. 8,6   d max testa cm. 0,4
d max stelo cm. 0,4

361. Pisa San Rossore 2 area 2 US 92 stacco IV
Manico; beige chiaro e il beige scuro; corno.
Il pezzo si inscrive in un parallelepipedo con una progressiva e lievissima diminuzione della larghezza a partire dall'alto in direzione della base; all'estremità superiore dei lati lunghi una biconcavità determina una sezione a doppia esse, mentre l'estremità inferiore presenta una smussatura adiacente i quattro vertici della base; nelle due facce è visibile una modanatura che le separa al centro secondo l'asse longitudinale. La superficie è estremamente levigata per cui il corno si presenta con un effetto marmorizzato all'apparenza molto delicato.
h cm. 6,9   largh. max cm. 1,4
spessore max cm. 0,95

593. Pisa San Rossore 2 area 2 US 65 stacco I

Rondella; beige chiaro; osso.
Rondella circolare a diametro regolare, foro passante al centro, base piatta a superficie solo sgrossata, parte superiore modellata a doppia esse con superficie estremamente liscia[22].
h cm. 0,35   d cm. 3

611. Pisa San Rossore 2 area 2 US 65 stacco. I
Pomello di impugnatura di coltello; beige; osso.
La forma globale dell'oggetto si può inquadrare in una forma a "fungo", la parte superiore, che doveva cioè restare all'esterno del manico, è circolare e convessa, vi è incisa una croce iscritta in un cerchio, la decorazione, ad effetto particolarmente mosso, è tuttavia molto semplice trattandosi di piccolissimi triangoli con apice giustapposto collocati in due file parallele, la testa presenta un foro all'incrocio della decorazione, poi chiuso da piombo; stelo a sezione circolare con progressivo aumento del diametro in direzione della base, che è forata e colmata di piombo; foro passante nello stelo a 8 mm. dalla testa.
h cm. 3,2   d max cm. 4   d min cm. 3

742. Pisa San Rossore 2 ripulitura sezione F-F1
Spillone crinale; beige maculato di beige scuro; osso.
Testa lacunosa della parte superiore costituita, nella parte inferiore rimasta, da modanatura complessa formata da nove sottili dischi sovrapposti, a pareti convesse di due altezze diverse alternate, con progressiva diminuzione del diametro verso l'alto; stelo a sezione circolare con progressivo aumento del diametro a partire dall'alto fino al punto di massima espansione, presumibilmente a circa tre quarti dell'altezza, e successiva progressiva riduzione in direzione della punta[23].
h cm. 8,5   d max testa cm. 0,6
d max stelo cm. 0,5

393. Pisa San Rossore 2 area 4 US 114 [Z5]
Spillone crinale a testa antropomorfa; beige; osso.
Testa umana stilizzata dove gli occhi e la capigliatura sono rappresentati da linee oblique, la bocca da una fenditura orizzontale, il naso da un tratto verticale; stelo a sezione circolare con progressiva diminuzione del diametro a partire dall'alto in direzione della punta che è lacunosa.
h cm. 12,9   spessore max testa cm. 0,6
d max stelo cm. 0,3   d min stelo cm. 0,25

Handle; light and dark beige; horn.
This piece is a parallelepiped slightly decreasing in width from the top to the bottom. At the top end of the long sides a double concavity creates a double "S" cross section, while the four corners of the base are smoothed. There is a moulded pattern on the two faces that separates them lengthwise in the centre. The surface is extremely smooth so the horn looks very delicately marbled.
h 6.9 cm.   max w. 1.4 cm.   max th 0.95 cm.

593. Pisa San Rossore 2, Area 2, Layer 65 artificial layer I
Small round disc; light beige; bone.
Small round disc with regular diameter, hole in the centre, flat base with rough surface, top part with double "S" pattern and extremely smooth surface[22].
h 0.35 cm.   d 3 cm.

611. Pisa San Rossore 2, Area 2, Layer 65 artificial layer I
Knife pommel; beige; bone.
This object is mushroom-shaped, the top part, that was to remain outside the handle is circular and convex, it is incised with a cross in a circle, the decoration, which is particularly lively, is, however, very simple consisting of tiny triangles with juxtaposed apexes set in two parallel rows. The head has a hole in the centre of the decoration, later filled with lead; the shaft with circular cross section gradually increases in diameter towards the base, which has a hole filled with lead; there is a hole in the shaft 8 mm from the head.
h 3.2 cm.   max d 4 cm.   min. d 1.3 cm.

742. Pisa San Rossore 2 cleaning section F-FI
Large hairpin; flecked with dark beige; bone.
Head with hole in the top, consisting in the remaining lower part of a complex pattern of nine superimposed thin discs, with convex walls of two different alternating heights, the diameter gradually decreasing towards the top. Shaft with circular cross section and diameter gradually increasing from the top to the widest point, about three quarters down the length, and then gradually decreasing towards the point[23].
h 8.5 cm.   max d head 0.6 cm.   max d shaft 0.5 cm.

393. Pisa San Rossore 2 area 4 layer 114 [Z5]
Large hairpin with anthropomorphic head; beige; bone.
Stylized human head with the eyes and hair represented by oblique lines, the mouth by a horizontal slit and the nose by a vertical line. The shaft with circular cross section gradually decreases in diameter from the top towards the fragmentary point.
h 12.9 cm.   max thickness head 0.6 cm.   max d shaft 0.3 cm.   min. d shaft 0.25 cm.

440. Pisa San Rossore 2 area 4 layer 62
Needle; black; horn.
Top part of the head above the eye missing, shaft with circular cross section gradually decreasing in diameter from the top to the fragmentary point[24].
h 10.9 cm.   max d eye 0.3 cm.   max d shaft 0.25 cm.

442. Pisa San Rossore 2 area 4 layer 89 artificial layer II
Fragmentary shaft of a needle or hairpin; dark beige; bone.
Part of shaft with circular cross section gra-

440. Pisa San Rossore 2 area 4 US 62
Ago; nero; corno.
Privo della parte superiore della testa sopra la cruna, stelo a sezione circolare con progressiva diminuzione del diametro a partire dall'alto in direzione della punta che è lacunosa[24].
h cm. 10,9   d max cruna cm. 0,3
d max stelo cm. 0,25

442. Pisa San Rossore 2 area 4 US 89 stacco II
Stelo frammentario di ago o di spillone; beige scuro; osso.
Porzione di stelo a sezione circolare con progressiva diminuzione del diametro a partire dall'alto in direzione della punta che è lacunosa.
h cm. 6,3   d max stelo cm. 0,3
d min stelo cm. 0,25

406. Pisa San Rossore 2 area 5 US 42
Spillone; beige; osso.
Testa ovoidale, stelo a sezione circolare con progressivo aumento del diametro a partire dall'alto verso la parte centrale, non è conservata la parte restante dello stelo e la punta[25].

h cm. 2,9   d max testa cm. 0,4
d max stelo cm. 0,5

407. Pisa San Rossore 2 area 5 US 42
Spillone; bruno quasi nero; corno.
Testa ovoidale con sfaccettature di lavorazione e base inferiore piana, stelo a sezione circolare irregolare con sfaccettature con progressivo lieve aumento del diametro a partire dall'alto verso la parte centrale e successivo inizio della riduzione, privo della punta.
h cm. 6,9   d max testa cm. 0,3
d max stelo cm. 0,35

723. Pisa San Rossore 2 area 5 US 137
Spillone;beige chiaro;osso.
Testa a forma di calotta sferica non distinta dallo stelo; stelo ricurvo nella zona inferiore a sezione circolare con progressiva diminuzione del diametro a partire dall'alto verso la parte inferiore, punta conica[26].
h cm. 10,9   d max testa cm. 0,5
d max stelo cm. 0,5

NOTE

[1] Ricavato dai grandi mammiferi (buoi, cavalli, maiali).
[2] GIULIANO 1994, p. 10.
[3] Durante la lavorazione venivano impiegati strumenti da taglio metallici, quali seghetti dentellati, scalpelli e bulini, nonchè il trapano che permetteva di traforare in profondità il materiale e di evidenziare i tratti delle figure, solo alcuni strumenti erano realizzati al tornio. Cfr. BARNETT 1982, pp. 60 e segg.; BIANCHI 1995, pp. 30-31. Per eseguire la manipolazione la CRUMMY (1981) propone la bollitura delle ossa, ma, poichè l'osso bollito perde il collagene, cioè la componente organica, esso perde di conseguenza la resistenza alla trazione, per cui la studiosa suggerisce una lavorazione parallela alle venature.
[4] BÈAL 1983, p. 19.
[5] BÈAL 1983, pp. 15 e segg.
[6] BIANCHI 1995, p. 15; BÈAL 1983, p. 15.
[7] BÈAL 1983, n. 361, tav. XXIX (tipologia A XVIII, 4); n. 379, tav. XXVIII (tipologia A XVIII, 6); n. 374, tav. XXVI (tipologia A

dually decreasing in diameter from the top to the fragmentary point.
h 6.3 cm.   max d shaft 0.3 cm.   min. d shaft 0.25 cm.

406. Pisa San Rossore 2, Area 5, Layer 42
Hairpin; beige; bone.
Ovoid head, shaft with circular cross section gradually increasing in diameter from the top to the middle, the remaining part of the shaft and the point have not been preserved[25].
h 2.9 cm.   max d head 0.4 cm.   max d shaft 0.5 cm.

407. Pisa San Rossore 2, Area 5, Layer 42
Hairpin; brown almost black; horn.
Faceted ovoid head and flat base, faceted shaft with irregular circular cross section slightly increasing in diameter from the top towards the middle and then beginning to decrease, point missing.
h 6.9 cm.   max d head 0.3 cm.   max d shaft 0.35 cm.

723. Pisa San Rossore 2, Area 5, Layer 137
Hairpin; light beige; bone.

Hemispherical head that is a continuation of the shaft; circular cross section shaft curved towards the bottom gradually decreasing in diameter from the top to the bottom, conical point[26].
h 10.9 cm.   max d head 0.5 cm.   max d shaft 0.5 cm.

NOTES

[1] Taken from large mammals (oxen, horses, pigs).
[2] GIULIANO 1994, p. 10.
[3] These materials were worked with metal instruments such as small serrated saws, chisels and graving tools, as well as drills that could perforate the material and outline the patterns, only some instruments were fashioned on a lathe. Cf. BARNETT 1982, pp. 60 ff.; BIANCHI 1995, pp. 30-31. CRUMMY (1981) suggests that the bones were boiled to facilitate handling, but since boiled bones lose their collagen, namely their organic component, consequently they lose their resistance to traction, so she suggests they were worked by following the grain.
[4] BÈAL 1983, p. 19.
[5] BÈAL 1983, pp. 15 ff.
[6] BIANCHI 1995, p. 15; BÈAL 1983, p. 15.
[7] BÈAL 1983, no. 361, plate XXIX (typology A XVIII, 4); no. 379, plate XXVIII (typology A XVIII, 6); no. 374, plate XXVI (typology A XVIII, 5); no. 724, plate XXIX (typology A XX, 18); DAVIDSON 1952, no. 1363, plate 83, p. 187; no. 1488, plate 89, p. 195; MERCANDO 1974, no. 122a, fig. 183, pp. 286-287; no. 51a, pp. 137-138.

XVIII, 5); n. 724, tav. XXIX (tipologia A XX, 18); DAVIDSON 1952, n. 1363, tav. 83, p. 187; n. 1488; tav. 89; p. 195; MERCANDO 1974, n. 122a, fig. 193, pp. 286-287; n. 51a, pp. 137-138.

[8] BIANCHI 1995, p. 58.

[9] BIRÓ 1987, pp. 34-38.

[10] BIANCHI 1995, p. 15.

[11] BÈAL 1983, n. 435, tav. XXXI (tipologia A XIX, 9); n. 441, tav. XXXI (tipologia A XIX, 10); MILITELLO 1961, fig. 19d, p. 346 (abitazioni di Troina, periodo tardo romano); 1982, nn. 2-3-4-5, fig. 92, pp. 222-223 (tomba 88, III sec. d.C.); DAVIDSON 1952, n. 1262, tav. 79 (periodo tardo romano); AA.VV. RICCI 1985, n. 6, tav. 18, p. 71 (seconda metà del IV sec. d.C.); AA.VV. Modena, 1989, tav. 6, scheda U 124 (seconda metà del IV sec. - inizi V sec. d.C.).

[12] BIANCHI 1995, n. 44, p. 38; BÈAL 1983, p. 186; DAVIDSON 1952, n. 2386, tav. 120; n. 2387, tav. 120.

[13] BÈAL 1983, n. 1306, tav. XII, p. 360 (tipologia B VI); Coll., 1977, fig. 49, p. 123.

[14] BÈAL 1983, p. 333.

[15] TALAMO 1992, p. 182.

[16] Per un confronto vedi BIANCHI 1995, p. 74.

[17] PELLETIER 1966, fig. 30/1, p. 134.

[18] BÈAL 1983, n. 1183, tav. LVII (tipologia A XXXVIII, 1); PELLETIER 1966, fig. 30/1, p. 134; DAVIDSON 1952, n. 2521, tav. 123.

[19] BIANCHI 1995, n. 67, p. 40; n. 79, p. 42.

[20] GIULIANO 1994, p. 11.

[21] PELLETIER 1966, fig. 31; p. 134.

[22] D'ESTE 1984, p. 341.

[23] DAVIDSON 1952, n. 1262, tav. 79; BERGAMINI 1980, n. 901, p. 150; AA.VV. RICCI 1985, nn. 4-7, tav. 18, pp. 69-70; AA.VV. MARUGGI 1988, n. 17.10e, p. 207 (tomba datata alla prima metà del I sec. d.C.).

[24] BÈAL 1983, p. 598.

[25] BÈAL 1983, n. 658, tav. XXXIV, pp. 193-199; MERCANDO 1979, n. 1, fig. 265, p. 256; MERCANDO 1982, fig. 165 a-f, pp. 255-256 (La Pineta, Porto Recanati, II sec. a.C.); n. 3a, fig. 204 (tomba 85, prima metà II sec. a.C.); n. 1a-g, fig. 204 (tomba 101); n. 4, fig. 61, pp. 182-183 (tomba 51, epoca di Adriano); *Ostia* I, n. 938, tav. LXV; *Luni* I, n. 162, tav. 168; *Luni* II, K2302; DAVIDSON 1952, n. 2327, tav. 119 (III-IV sec. d.C.); PELLETIER 1966, fig. 31, p. 134.

[26] DAVIDSON 1952, nn. 1328-1329, tav. 82; BIANCHI 1995, n. 100, p. 44; BÈAL 1983, n. 598, tav. XXXIII, pp. 186-187 (tipologia A XX 4).

[8] BIANCHI 1995, p. 58.

[9] BIRÒ 1987, pp. 34-38.

[10] BIANCHI 1995, p. 15.

[11] BÈAL 1983, no. 435, plate XXXI (typology A XIX, 9); no. 441, plate XXXI (typology A XIX, 10); *...Atti dell'accademia nazionale dei Lincei*, 1961, fig. 19d, p. 346 (houses at Troina, late Roman period); 1982, nos. 2-3-4-5, fig. 92, pp. 222-223 (tomb 88, 3rd cent. A.D.); DAVIDSON 1952, no. 1262, plate 79 (late Roman period); RICCI et al 1985, no. 6, plate 18, p. 71 (second half of 4th cent. A.D.); VARIOUS AUTHORS Modena, 1989, plate 6, entry U 124 (second half of 4th cent.-beginning of 5th cent. A.D.).

[12] BIANCHI 1995, no. 44, p. 38; BÈAL 1983, p. 186; DAVIDSON 1952, no. 2386, plate 120; no. 2387, plate 120.

[13] BÈAL 1983, no. 1306, plate XII, p. 360 (typology B VI); Coll, 1977, fig. 49, p. 123.

[14] BÈAL 1983, p. 333.

[15] TALAMO 1992, p. 182.

[16] For a comparison see BIANCHI 1995, p. 74.

[17] PELLETIER 1966, fig. 30/1, p. 134.

[18] BÈAL 1983, no. 1183, plate LVII (typology A XXXVIII, 1); PELLETIER 1966, fig. 30/1, p. 134; DAVIDSON 1952, no. 2521, plate 123.

[19] BIANCHI 1995, no. 67, p. 40; no. 79, p. 42.

[20] GIULIANO 1994, p. 11.

[21] PELLETIER 1966, fig. 31, p. 134.

[22] D'ESTE 1984, p. 341.

[23] DAVIDSON 1952, no. 1262, plate 79; BERGAMINI 1980, no. 901, p. 150; RICCI et al 1985, nos. 4-7, plate 18, pp. 69-70; MARUGGI et al 1988, no. 17.10e, p. 207 (tomb dated to the first half of 1st cent. A.D.).

[24] BÈAL 1983, p. 598.

[25] BÈAL 1983, no. 658, plate XXXIV, pp. 193-199; MERCANDO-CASTELFIDARDO, in *Atti dell'accademia dei Lincei*, 1979, no. 1, fig. 265, p. 256; 1982, fig. 165 a-f, pp. 255-256 (La Pineta, Porto Recanati, 2nd cent. B.C.); no. 3a, fig. 204 (tomb 85, first half of 2nd cent. B.C.); no. 1 a-g, fig. 204 (tomb 101); no. 4, fig. 61, pp. 182-183 (tomb 51, age of Hadrian); *Ostia* I, no. 938, plate LXV; *Luni* I, no. 162, plate 168; *Luni* II, K2302; DAVIDSON 1952, no. 2327, plate 119 (3rd-4th cent. A.D.); PELLETIER 1966, fig. 31, p. 134.

[26] DAVIDSON 1952, nos. 1328-1329, plate 82; BIANCHI 1995, no. 100, p. 44; BÈAL 1983, no. 598, plate XXXIII, pp. 186-187 (typology A XX, 4).

GIUDITTA
GRANDINETTI

ELENA ROSSI

OGGETTI IN LEGNO, CUOIO E METALLO

Tra il materiale recuperato nel porto urbano di Pisa, sono da segnalare una serie di manufatti in legno, cuoio e metallo; alcuni esemplari sono relativi all'uso personale, altri si diversificano sia per tipologia che per destinazione d'uso.

Oggetti in legno

Comprendono manufatti di uso personale quali calzature e pettini.

Le calzature sono documentate da tre suole di zoccoli, due delle quali provengono dalle aree settentrionali dello scavo ed una dal carico della cosiddetta "nave del leone". Le suole, pur mantenendo la stessa struttura, presentano varianti nella sagomatura corrispondenti, forse, a "modelli" diversi. Si riconoscono tuttavia degli elementi comuni: la presenza di listelli nella parte inferiore; l'altezza delle suole che, in tutti gli esemplari è di 3 centimetri; la tomaia conformata ad infradito e costituita, verosimilmente, da lacci di cuoio fissati alla suola tramite fori passanti (figg. 1, 2, 3, 4).

I pettini

I pettini finora ritrovati sono tre; provengono dalla zona settentrionale dello scavo e dall'area 4. Uno è frammentario ed uno, per le dimensioni, può essere assimilabile ad un "pettinino" (figg. 5-6).

OBJECTS IN WOOD, LEATHER, AND METAL

Amongst the materials discovered in the urban port of Pisa, a series of miscellaneous items in wood, leather and metal, for personal and other uses deserve consideration.

Objects in wood

These include such personal items as shoes and combs. Shoes are represented by three soles, of which two come from the northern areas of the excavation and one from the cargo of the so-called "lion ship". The soles, though analogous in structure, present differences in the corresponding shapes, perhaps reflecting different "models". Features common to the soles include: strips on the bottom; a height of three centimeters; and an upper part with a toe strap and in all likelihood leather laces fastened with holes (figs. 1-2-3-4).

The Combs

The combs that have been discovered until this time are three; they come from the northern zone of excavation and from area 4. One is a fragment and one, for its dimensions, may be considered a "small comb" (figs. 5-6).

Oggetti in cuoio

Dallo scavo proviene una considerevole quantità di manufatti in cuoio di varie dimensioni. Data la frammentarietà dei reperti, attualmente in fase di restauro, si può ipotizzare l'uso solo per alcuni di essi: sono documentati grembiuli, identificati dal ritrovamento di legature, sacche o borse riconoscibili per la presenza di bordi con fori di cuciture (fig. 7).

All'esterno della nave C, è stato ritrovato un sottopiede in cuoio a profilo anatomico pertinente ad un sandalo che presenta, lungo il perimetro, i fori di cucitura per il fissaggio alla suola[1].

Di particolare interesse è il ritrovamento di porzioni di cuoio in corrispondenza degli scalmi, di forma ovale, ricavati nella murata della nave C. La presenza di piccoli fori intorno agli scalmi fa pensare che il cuoio fosse fissato con chiodi e utilizzato come guaina di protezione per evitare sia l'attrito del remo contro lo scalmo sia il probabile ingresso dell'acqua nell'imbarcazione.

Oggetti in metallo

I reperti in metallo recuperati fino a questo momento comprendono elementi in bronzo ed in ferro. I manufatti in bronzo presentano, di norma, un ottimo stato di conservazione dovuto alle eccezionali condizioni di giacitura; quelli in ferro, al contrario, sono interessati da consistenti incrostazioni. La maggior parte degli oggetti è costituita da chiodi in bronzo relativi all'assemblaggio delle strutture navali; una parte di manufatti è

Objects in Leather

A considerable quantity of leather items of various dimensions were found at the excavation. Given the fact that many of these items are fragments, currently under restoration, we may hypothesize on the use of only a few of them. There are aprons which have been documented, identified by the bindings, and bags, recognizable by the presence of borders with stitching holes (fig. 7).

On the outside of the ship C, a foot strap has been found in leather with an anatomic profile belonging to a sandal that presents, along the perimeter, stitching holes for the attachment to the sole[1].

Of particular interest is the discovery of portions of leather in relation to the rowlocks, oval in form, within the ship C. The presence of small holes around the rowlocks offers the possibility that the leather may have been attached with nails and used as a sheath of protection as to avoid friction of the oar against the rowlock and the probable entrance of water in the boat.

Objects in Metal

The metal objects that have been discovered until this time include elements in bronze and iron. The bronze items are in an excellent state of conservation due to the exception conditions of position. Those in iron, on the other hand, are covered with encrustations.

The large part of the objects are bronze nails, which were part of the assemblage of the naval structures. Several items were part of the equipment on board[2], while a small quantity of items were

pertinente alle attrezzature di bordo²; mentre una piccola quantità è riferibile ad oggetti di uso personale che possono essere di ornamento (anelli e bracciali) o relativi all'abbigliamento (fibbie). Due esemplari in bronzo sono invece relativi al corredo da mensa. Si tratta di un cucchiaino (*cochlear*) ricoperto da una lamina d'oro (fig. 8) e di un mestolo (*simpulum*) con evidenti tracce di doratura (fig. 9). Il cucchiaino è caratterizzato da una coppetta di forma circolare con lungo manico terminante a punta che veniva probabilmente utilizzato per estrarre le lumache dai gusci, come stuzzicadenti o per rompere le uova. Il mestolo presenta vasca emisferica sormontata da due apici posti ai lati dell'attacco dell'ansa. Quest'ultima si imposta direttamente sulla parete della vasca ed è rastremata nella parte mediana.

La doratura e la laminatura in oro denotano una certa raffinatezza, evidente anche nella fattura di alcune suppellettili in vetro³ ritrovate nella stessa area. È probabile che questi oggetti costituissero parte del corredo di bordo ma, non si può escludere che fossero invece merci commercializzate di un certo pregio.

personal, ornamental in nature (such as rings and bracelets) or used items for clothing, such as buckles. Two items in bronze were cooking utensils. One is a small spoon (*cochlear*) covered with gold (fig. 8) lamination and the other is a ladle (*simpulum*) with evident gilding (fig. 9). The small spoon is characterized by a small, round circular cup with a long handle coming to a point at the end that was used most likely to extract snails from their shells, as tooth picks, or to break eggs. The ladle has a hemispherical cup with two apices placed on the sides of the handle. The handle is placed directed on the walls of the cup and is tapered in the middle.

The gilding and lamination in gold denote a certain refinement, evident also in the production of several glass³ objects found in the same area. It is probable that these objects were part of the equipment on board, however we should not exclude the possibility that they were instead objects with a certain commerical value.

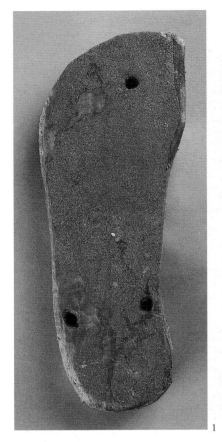

Figg. 1-2
N. 188, suola di zoccolo in legno.
N. 188, sole of clog in wood.

Fig. 3
N. 189, suola di zoccolo in legno.
N. 189, sole of clog in wood.

Fig. 4
N. 190, suola di zoccolo in legno.
N. 190, sole of clog in wood.

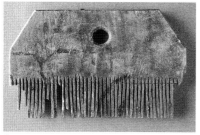

5

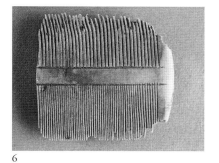

6

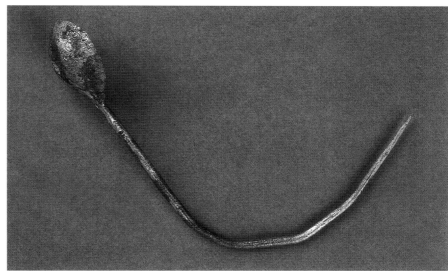

7

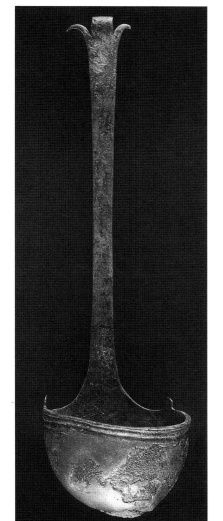

9

8

Fig. 5
N. 186, pettine in legno.
N.186, comb in wood.

Fig. 6
N. 187, pettine doppio in legno.
N. 187, double-comb in wood.

Fig. 7
N. 192, lacerto di cuoio.
N. 192, leather fragment.

Fig. 8
N. 111, cochlear.
N. 111, cochlear.

Fig. 9
N. 198, simpulum in bronzo.
N. 198, bronze simpulum.

188. Pisa San Rossore 2 ampl. Sud settore I US 50
Suola di zoccolo.
Suola sinistra a profilo parzialmente anatomico di zoccolo infradito. La parte inferiore è caratterizzata da un listello ad "u" posto in corrispondenza del tallone e da due listelli sistemati all'estremità opposta, sotto la punta. Uno di questi ha forma rettangolare ed è al di sotto dell'alluce; l'altro ha un lato arrotondato ed è posto in corrispondenza delle dita. Sono presenti tre fori per il fissaggio dell'infradito.
lungh. cm. 27   largh. cm. 10   spessore cm. 3

189. Pisa San Rossore 2 area 3 US 58
Suola di zoccolo.
Suola sinistra a profilo anatomico di zoccolo infradito. La parte inferiore è caratterizzata da due listelli rettangolari ottenuti asportando una porzione della superficie. Essi sono posti sotto al tallone e in corrispondenza dell'appoggio della pianta. Nella punta è presente un foro per il fissaggio della tomaia.
lungh. cm. 20   largh. cm. 8   spessore cm. 3

190. Pisa San Rossore 2 area 2/3 US 90
Suola di zoccolo.
Suola frammentaria di forma subrettangolare, probabilmente destra. La parte inferiore è caratterizzata da due listelli rettangolari ottenuti asportando una porzione della superficie. Uno è posto sotto al tallone, l'altro in corrispondenza dell'appoggio della pianta. Nella punta è presente un foro per il fissaggio della tomaia.
lungh. cm. 20,5   largh. cm. 7   spessore cm. 3

186. Pisa San Rossore 2 area 2 US 45
Pettine.
Forma irregolarmente esagonale con dentelli stretti posti su uno dei lati lunghi e alta impugnatura con foro centrale.
lungh. cm. 11   largh. cm. 7

187. Pisa San Rossore 2 area 2 US 45 stacco II
Pettine doppio, fr.
Forma probabilmente rettangolare priva di impugnatura. È costituita da una doppia fila di dentelli opposti e separati da un breve risparmio centrale. I dentelli sono fitti su un lato e, più radi sull'altro.
lungh. cm. 5   largh. cm. 5

850. Pisa San Rossore 2 area 4 US 94
Piccolo pettine.
Forma subquadrangolare con estremità costolate. Presenta una doppia fila di dentelli opposti, molto corti e separati da un ampio risparmio. I dentelli sono fitti su un lato e radi sull'altro.
lungh. cm. 3   largh. cm. 2,7

Note

[1] Per gli esemplari in cuoio non sono possibili, al momento, confronti puntuali ma solo generici riferimenti agli oggetti ritrovati nello scavo della nave di Comacchio. Cfr. Berti 1990.
[2] Cfr. Bigagli in questo volume.
[3] Cfr. Stiaffini in questo volume.

188. Pisa San Rossore 2, extens. south section I Layer 50
Sole of a shoe
Left sole of a toe-strap shoe with partially anatomical profile. The underside is characterized by a U-shaped strip at the heel and two strips at the extreme opposite end, under the toe. One of these is rectangular and located under the big toe. The other is rounded on the side and corresponds in position to the other toes. Three holes are present for the attachment of the toe strap.
Length 27 cm.   width 10 cm.   th 3 cm.

189. Pisa San Rossore 2, Area 3, Layer 58
Sole of a shoe
Left sole of a toe-strap shoe with partially anatomical profile. The bottom is characterized by two rectangular strips obtained by taking a portion from the surface. They are placed at the heel and correspond to the sole.
On the top there is a hole for the attachment of the upper part.
length 20 cm.   width 8 cm.   th 3 cm.

190. Pisa San Rossore 2, Area 2/3, Layer 90
Sole of a shoe
Fragment of a subrectangular sole, probably the right. The bottom is characterized by two rectangular strips obtained by taking away a portion of the surface. One is located under the heel, the other one corresponds to the sole. On the top there is a hole for attachment to the upper part.
length 20,5 cm.   width 7 cm.   th 3 cm.

186. Pisa San Rossore 2, Area 2, Layer 45
Comb
Irregular hexagonal form with narrow teeth on one of the long sides and high handle with a hole in the center.
length 11 cm.   width 7 cm.

187. Pisa San Rossore 2, Area 2, Layer 45, Artificial layer II
Double comb, fr.
Probably a rectangular form without a handle. It is composed of a double row of teeth on opposite sides and separated by a small central section. The teeth are many on one side and more sparse on the other.
5 cm.   width 5 cm.

850. Pisa San Rossore 2, Area 4, Layer 94
"Small comb".
Sub-quadrangular form with ribbed extremity. Presents a double row of opposite teeth, very short and separated by a large section. There are many teeth on one side and few on the other.
length 3 cm.   width 2,7 cm.

Notes

[1] For the items in leather, it is not possible in this moment to make precise comparisons with the objects found in the excavations of the ship of Comacchio, but only general references. Cfr. Berti 1990.
[2] Cfr. Bigagli in this catalogue.
[3] Cfr. Stiaffini in this catalogue.

TERESA
CARUSO

MONETE

L'eccezionale numero di navi antiche, sedici, recuperate negli scavi del complesso ferroviario di Pisa San Rossore costituisce uno degli eventi archeologici più imponenti ed interessanti degli ultimi anni ed è portatore di notevoli acquisizioni e precisazioni conoscitive per la storia di Pisa e del mondo antico[1].

A questa storia l'esiguo e scarno materiale numismatico rinvenuto, rappresentato da due nuclei di diversa provenienza, pur essendo perfettamente coerente al complesso degli altri dati, non aggiunge notizie nuove o insolite.

Otto monete appartengono alla zona dello scavo che ha restituito le navi, per sette delle quali sono disponibili studi preliminari; cinque sono state trovate insieme ad altri materiali nel cantiere del sottopasso[2].

I reperti della prima zona, pertinenti ai carichi assegnabili a relitti, o almeno relativi alla loro area di scavo, consentono la definizione a grandi linee dei diversi momenti di affondamento di ciascuna imbarcazione, e quindi dell'ultima fase di attività di ognuna.

I natanti si collocano tra il II sec. a.C. ed il V sec. d.C.; le monete vanno dalla fine del I sec. a.C. al II d.C. Le emissioni[3] si distribuiscono, infatti, dall'età di Augusto a quella di Adriano. Le monete sono:

a) un asse (?) di *Gades* (206-19 a.C.)[4] (n. 492, fig. 1 a-b);
b) un asse e un quadrante di Augusto (29 a.C. - 14 d.C.) (nn. 108, 106, figg. 2 a-b, fig. 3 a-b);
c) un'imitazione di moneta augustea (n. 221, fig. 4 a-b);
d) una moneta della provincia di Bitinia (n. 612, fig. 5 a-b);

COINS

An extraordinary number of ancient ships, sixteen in all, recovered on the site of the railway complex at Pisa San Rossore, constitues one of the most impressive and significant finds of recent years and offers a wealth of new knowledge concerning Pisa and the ancient world in general[1].

The scant numismatic material, in two groups with separate findspots although perfectly coherent with the other data from the site, does not add any new or unusual information.

Eight coins come from to the area where the ships were discovered, and preliminary studies have been made for seven of these; five were found together with other material in the underpass construction site[2].

The find from the first area, pertaining to cargoes attributed to specific wrecks or at least from the same area indicate, very approximately, the time at which each ship sank and therefore date the last phase of their activity.

The vessels can be dated between the 2nd century B.C. and the 5th century A.D.; the coins from Ist century B.C. to 2nd century A.D. In fact, they were issued[3] from the Augustan to the Hadrianic period. These are:

a) an *as* (?) of *Gades* (206-19 B.C.)[4] (no. 492, fig. 1 a-b);
b) an Augustan *as* and one *quadran* (29 B.C. - 14 A.D.) (nos. 108, 106, fig. 2 a-b, fig. 3 a-b);
c) an imitation Augustan coin (no. 221, fig. 4 a-b);
d) a coin of the province of Bithynia (no. 612, fig. 5 a-b);
e) a Tiberian *as* (14-37 A.D.) (no. 613, fig. 6 a-b);

e) un asse di Tiberio (14-37 d.C.) (n. 613, fig. 6 a-b);

f) un quadrante di Domiziano (81-96 d.C.) (n. 105, fig. 7 a-b);

g) un asse di Adriano (117-138 d.C.)[5] (n. 107, fig. 8 a-b).

Dalla lista si ricava facilmente che mancano esemplari ricollegabili all'epoca della nave più recente[6]. Le datazioni delle monete, soltanto per quattro delle quali è possibile, anche se non sicuro, il legame con una imbarcazione[7], corrispondono bene alla cronologia prospettata per gli altri relitti:

nave B prima età augustea,

navi C ed E I sec. a.C. - I sec. d.C.,

nave F I-II sec. d.C.,

nave A II sec. d.C.

Anche il secondo nucleo contiene pezzi in sintonia cronologica con i reperti di altra natura restituiti dallo stesso cantiere:

a/1 un quadrante e due assi di Claudio (41-54 d.C.) (figg. 9-11 a-b);

b/1 un asse di Vespasiano (69-79 d.C.) (fig. 12 a-b);

c/1 un asse di Domiziano (81-96 d.C.) (fig. 13 a-b).

Le monete romane, quelle quindi di sicura accettazione nella penisola italica di entrambi i gruppi forniscono dati analoghi e perciò suggeriscono simili conclusioni: sono di metallo vile e rappresentano bassi valori; constatazioni che, unite alla tipologia del rinvenimento, le fanno interpretare come perdite fortuite, non particolarmente dolorose per la tasca di un individuo, di circolante destinato alle spese minute.

I nominali rappresentati, infatti, assi e quadranti, sono quelli più bassi della nuova circolazione imperiale, ereditati dalla tarda età repubblicana e preservati, in quanto quel-

f) a Domitian *quadrans* (81-96 A.D.) (no. 105, fig. 7 a-b);

g) an *as* of Hadrian (117-138 A.D.)[5] (no. 107, fig. 8 a-b).

It is easily seen, by observing the list, that examples from the period of the most recent[6] ship are lacking. The dating of which only four can be more or less plausibly associated with a ship, corresponds nicely with the chronology already proposed for the other wrecks[7]:

Ship B early Augustan,

Ship C and E Ist century B.C. - Ist century A.D.

Ship F Ist to 2nd century A.D.

Ship A 2nd century A.D.

The second group contains pieces consonant with the chronology of the various finds discovered on the same site;

a/1 a *quadrans* and one *as* of Claudius (41-54 A.D.); (figs. 9-11 a-b);

b/1 an *as* of Vespasian (69-79 A.D.) (fig. 12 a-b);

c/1 a *as* of Domitian (81-96 A.D.) (fig. 13 a-b).

The Roman coins, those therefore certainly accepted in the Italian peninsula, from both groups, supply similar information and therefore arrive at similar conclusions; they are all made of base metal and are of little value- suggestions which together with the typology of the discovery lead to understand that the coins could have been lost by chance and would not have been a grievious loss of money as they were destined for small expenses[8].

The denominations represented, in fact, *asses* and *quadrantes*, are in fact the smallest of the new Imperial coinage. Inherited from the late Republic these were retained because, of the smallest of

li più idonei, tra i più piccoli, alle necessità dello scambio quotidiano[8]. Soltanto a titolo di orientamento, data la mai buona evidenza dei prezzi e la loro naturale e comprensibile variabilità nello spazio e nel tempo, si può ricordare che nel I sec. d.C. il costo di una pagnotta di pane e di un "litro" di vino è di un asse e mezzo[9]. Un quadrante, cioè un quarto di asse, consente l'ingresso al bagno pubblico[10]. Cicerone[11] taccia con sarcasmo Clodia, la Lesbia catulliana di *permutatio quadrantaria*, Clodia si vende per quattro soldi.

Le liste relative agli acquisti di nove giorni consecutivi di un nucleo familiare di Pompei, la città distrutta nell'agosto del 79 d.C., consistenti di cibi e qualche necessità occasionale, hanno consentito di valutare il mantenimento giornaliero di un individuo, appena agiato, a circa otto assi[12].

Si deve tener presente che il periodo compreso tra 200 a.C. e 200 d.C. è per il mondo romano un'epoca di relativa stabilità monetaria, quindi segnato da variazioni poco rilevanti così di valori come di prezzi[13].

Le monete ritrovate erano destinate con ogni probabilità alle piccole spese dei frequentatori del porto.

Dal gruppo si devono separare la moneta di *Gades* e quella del proconsole Granio Marcello[14], non a causa del valore – sono anch'esse di bronzo e di peso leggero – ma per altre considerazioni.

La monetazione gaditana è quella più rilevante della zona dello stretto di Gibilterra ed in alcuni periodi ha coperto un raggio di circolazione molto ampio, non limitato alla penisola iberica[15]; ciò nonostante la sua presenza a San Rossore con un'unica moneta minuta, la sola della città trovata nell'Italia peninsulare, sembra riguardare il movimento degli uomini piuttosto che quello delle monete. Un marinaio ha perduto lo "spicciolo"

which were preserved, the smaller ones, they were considered the most suitable for everyday expenses.

As it is difficult to find evidence of prices as they naturally and understandably varied in time, and as a means of orientation, we would like to recall that in Ist century A.D., the cost of a loaf of bread and a "litre" of wine was one and a half *asses*[9]. A *quadrans*, that is, a quarter of an as was the price of admission to the public baths[10]. Cicerone[11] accuses Clodia, the Catallus's Lesbia, with sarcasm, of *permutatio quadrantaria,* that she sells herself cheap!

The shopping list, for nine consecutive days for a family of Pompeii, destroyed in August of 79 A.D., consisting of food and some occasional necessity, has allowed us to calculate that the daily requirements of one individual, of barely comfortable means, would amount to about eight *asses*[12]. One should bear in mind that the period between 200 B.C. and 200 A.D. was, in the Roman world a relatively stable economical period, with little variation, therefore, in prices and values[13].

The coins found, were probably meant for small expenditures by those who frequented the port.

The coin of *Gades* and that of Granius Marcellus[14] are to be distinguished, not for their value – they too are light-weight and made of bronze – but for other considerations.

The gadatian coinage is the most important in the Strait of Gibraltar area and in some periods has circulated over a very wide area and not only in the Iberian peninsula[15], and despite the one small coin found in Italy at San Rossore, it seems as though it is related to the movement of the persons rather than the movement of money. Maybe a sailor lost the one surviving "small change" in a port of call? Did he have it just by chance?[16] Was it a keep sake? or did he keep it to remind him

superstite del denaro usato in un porto dove ha sostato la sua nave? È un resto rimastogli solo per caso? Un ricordo volutamente conservato? Come esotico *souvenir* o in ricordo della propria terra[16]? Domande destinate a rimanere senza risposta.

La moneta di Marcello, anch'essa rappresentante di una emissione di una regione lontana, la Bitinia, si autodenuncia come esclusa dalla circolazione: è accuratamente e precisamente forata, quindi, destinata ad uno scopo, non compatibile con la sua funzione primaria e può essere stata scelta per alcune sue caratteristiche che la rendono adatta alla nuova utilizzazione.

La proposta di interpretazione dei reperti numismatici in relazione allo scavo finisce qui, ma alcuni aspetti che essi presentano, indipendentemente dal contesto, possono forse interessare o incuriosire il lettore e nello stesso tempo consentirgli di comprendere, almeno in parte in quanti e quali modi la moneta antica non solo è fonte diretta ed ufficiale per la storia, ma anche inesauribile miniera di notizie per tutti gli studiosi di antichità.

Se ne possono offrire alcuni esempi.

La sigla *S C* è presente su tutte le monete prodotte dalla zecca di Roma. Da essa si apprende che anche quelle più antiche sono successive alla riforma monetaria di Augusto (23-20 a.C.?). Tale sigla, infatti, è propria ed esclusiva dei nominali in metallo vile emessi da Ottaviano Augusto dopo la costituzione dell'Impero[17] e tale resta per secoli. Il suo scioglimento è *senatus consulto*, per decreto del senato.

Nella ricostruzione diarchica, dovuta a Mommsen, del potere con l'avvento di Augusto, è ritenuta segno della competenza lasciata al senato sulle serie bronzee, la moneta minuta, necessaria ai più, ma non pericolosa.

of home? These are all questions which will never be answered. The coin of Marcellus, this too representing a far-flung coinage, that of Bitynia, has been disqualified from circulation; it is completely and precisely pierced, therefore intended for a specific use which is not compatible with its primary use. It could have been chosen owing to certain characteristics which made it suitable for other purposes.

The proposal of interpreting the numismatic findings in relation to the excavations ends here, but certain aspects that they present, apart from the context, could be of interest to the reader and at the same time allow him to understand, at least partially, how many ways ancient coins can provide not only official and direct links with history, but also an inexhaustible well of information for all scholars of antiquity.

Here are a few examples.

The initials *S C* are present on all coins originating from the mint in Rome, and the earliest of these are subsequent to the Augustan monetary reform (23-20 A.D.?). In fact these initials are typical of, and exclusive to, the denominations, in base metal issued by Augustus, after the constitution of the Empire[17] and will remained unchanged for centuries. These initials stand for *senatus consulto*, by decree of the senate.

In the framework of the twofold division of power instituted with the advent of Augustus, as first formulated by Mommsen, the delegation of bronze coinage to the Senate would be indicative, since such small denominations are necessary to most, if not all, but innocuous.

Those in precious metals are minted under the *princeps*; silver, which circulated widely, and gold, which became ordinary coinage only with Augustus but was less used due to its high value[18].

All'autorità del *princeps* restano, invece, quelle in metallo pregiato: argento di ampia circolazione e oro, entrato solo con Augusto nella coniazione ordinaria, di uso più limitato per l'alto valore[18].

L'ipotesi, molto discussa, non è più ritenuta valida. Se ne sono proposte molte in sostituzione ma la maggior parte non esenti da forti e sensate critiche. La spiegazione più plausibile è che con essa si voglia richiamare il decreto – mezzo amministrativo molto usato per i provvedimenti monetari – o più decreti emanati per introdurre i cambiamenti, decisi da Augusto, del sistema monetario[19].

Due monete portano il nome di un *tresvir aere argento auro flando feriundo*, cioè di uno dei tre membri, solo in alcuni momenti quattro, del collegio di giovani magistrati, incaricati "della fusione e della coniazione del bronzo, dell'argento e dell'oro", cioè delle emissioni in età repubblicana e dei quali le ultime attestazioni numismatiche appartengono proprio all'età augustea.

Pur essendo magistrati minori, non investiti di poteri decisionali, hanno lasciato tracce evidenti della loro esistenza sulla moneta repubblicana. I denari dalla fine del II sec. a.C. offrono, insieme ai loro nomi, immagini o scene relative alla loro famiglia, ai loro luoghi di origine, alla loro persona, ad eventi contemporanei. In un mondo con lenti e scarsi mezzi di comunicazione la moneta si trasforma in strumento di propaganda politica per i tresviri, le loro *gentes*, la parte cui aderiscono[20]. Le monete dello scavo con i nomi di Lurio Agrippa e Publio Betilieno sono tra le ultime firmate da questi magistrati, rispettivamente 7 a.C. e 4 a.C.[21]

L'imitazione ripete i tipi del dupondio, pari a due assi, emesso dai tre membri del collegio del 17 a.C. – *M. Sanquinius, P. Licimius Stolo, Ti. Sempronius Graccus* – da uno di

This hypothesis has been much criticized and it is no longer considered valid. Many others have been put forward but most of them have been strongly, and sensibly, criticised. The most plausible explanation is that this formula commemorates the decree – an administrive means much used for monetary provisions – or series of decrees issued to introduce the changes in the monetary system decided by Augustus[19].

Two coins bear the name of a *tresvir aere argento auro flando feriundo,* that is one of the three members, rarely four, of the board of young magistrates, responsible for the "fusion and coinage of bronze, silver and gold", that is for coinage the republican era. In fact, the latest numismatic evidence for this board belongs to the Augustan period.

Though lesser magistrates with no decision-making power they have left clear traces, have left clear traces on Republican coins. From the end of the 2nd century B.C. on coins present, besides their names, images or scenes regarding their families, their place of origin, their likenesses or current events. In a world with few and slew means of communication, currency became an instrument of political propaganda for the board of three, their *gentes*, and their political affiliations[20]. The coins from the site bearing the names of Lucius Agrippa and Publius Betilienus are the last ones minted by these magistates, respectively in 7 B.C. and 4 B.C.[21]

The imitations reproduce the *dupondium* equivalent to two *asses*, issued by the three members of the board of 17 B.C., *M. Sanquinius, P. Licimius Stolo, Ti. Sempronius Graccus*; by a member of 16 B.C., *C.Cassius Celer*, from one of the 15 B.C., *L. Naevius Surdinus*, and by one of the 17 B.C. – *Lucius Agrippa*[22]. Imitations are quite a frequent phenomenon in the Antique World and originate for various reasons[23]. They may be official or unofficial, and in some cases they are the work of counterfeiters.

quello del 16 – *C. Cassius Celer* – da uno di quello del 15 – *L. Naevius Surdinus* – e infine da uno di quello del 7 – *Lurius Agrippa*[22].

Le imitazioni sono un fenomeno relativamente frequente nel mondo antico e nascono da motivi diversi[23]. Possono essere produzioni ufficiali o non, in alcuni casi sono opera di falsari. Appartengono alla prima categoria le monetazioni delle popolazioni barbariche, che entrando in contatto con il mondo greco o con Roma conoscono e quindi adottano la moneta greca o romana copiandone i tipi e adeguandosi ai pesi[24].

Quelle non ufficiali, in metallo vile, rispondono spesso alla necessità di sopperire alla carenza di moneta atta a soddisfare i bisogni giornalieri, in momenti di scarsa produzione o di inattività delle zecche ufficiali.

Sono riconoscibili per la rozzezza dell'esecuzione e per lo scarso rispetto delle norme ponderali, non per tutte sono individuabili le regioni di origine ed è difficile la loro datazione[25].

L'asse di Tiberio ricorda l'apoteosi, l'ascesa tra gli dei, di Augusto dopo la morte. Alcuni imperatori romani vennero divinizzati. I loro successori, anche per sottolineare la propria legittimità al potere, emisero serie dette "di consacrazione", riconoscibili per alcune caratteristiche: l'onorato, raffigurato sul diritto indossa la corona radiata, solare, ed è nella leggenda qualificato *divus*; i tipi di rovescio, stella, aquila, tempietto circolare e vari altri, sono simboli dell'apoteosi o fanno riferimento ai rituali della divinizzazione.

L'altare è uno dei più frequenti e può essere quello sul quale si offrono sacrifici al nuovo dio o quello nel quale riposano le sue ceneri[26].

Nel secondo gruppo è presente un quadrante del primo anno di regno di Claudio. Il maggior interesse di questo pezzo è dato dal tipo di rovescio: la mano che regge la bilan-

To the first category belong the monies of the barbarian, who after entering into contact with the Greek world or with Rome they became familiar with the coins and adopted them by copying their types and adopting their units of weight[24].

The unofficial ones in base metal, often used when there was a lack of coins necessary for daily life, during the periods when few were produced or when the official mint was inactive.

They are recognisable by the coarse execution and by the weight which does not correspond to the regulation weights and it is not always possible to identify their place of origin or date them[25].

The *as* of Tiberius commemorates the apotheosis, the introduction among the gods, of Augustus after his death. Some Roman emperors were deified and their successors, in part at least to legitimize their position of power, emitted a "consacration" series recognisable by various characteristics: the individual commemorated shown on the obverse wears a radiant sun-like crown and receives the epithet *divus*. The reverse motifs include the star, the eagle, a circular temple and various other elements, each symbolizing apotheosis or refering to rites of divinization.

The altar is among one of the most frequent symbols and could represent the altar on which sacrifices to the new god are made or where the ashes[26] are put to rest.

To the second group belongs a *quadrans* of the first year of the reign of Claudius. The most interesting element of this coin is the reverse: with a hand holding a scales and the initials *P N R*, which is probably a reference to an administrative act, but not unequivocally interpretable. At least three interpretations are possible: *portorium nundiniarum remissum*, *pondus nummis restitutum* or *ponderum norma restituita*.

cia e la sigla *P N R*, riferimento molto probabile ad un provvedimento amministrativo, non univocamente interpretabile. Le proposte di scioglimento sono almeno tre: *portorium nundiniarum remissum* o *pondus nummis restitutum* o *ponderum norma restituta*.

Se è giusta la prima si tratta dell'abolizione da parte di Claudio di una tassa portuale introdotta da Caligola, se la seconda il richiamo è ad un ripristino del giusto peso della moneta, se la terza ad una generale revisione di pesi e misure[27].

Un cenno particolare infine per la moneta forata.

La sua presenza è singolare, è stata battuta in una zecca asiatica, da un'autorità locale, il proconsole, dichiara la leggenda era quindi destinata alla circolazione della lontana Bitinia. Porta sul diritto le teste affiancate di Augusto e Livia, sul rovescio l'immagine della stessa Livia seduta, con una cornucopia in ciascuna mano[28]. La cornucopia è simbolo di prosperità e fortuna; possono riferirsi al buon auspicio anche la forma tonda ed il bronzo[29].

Il foro trasforma il mezzo di scambio in un oggetto da appendere facendogli quindi assumere la funzione di ornamento/gioiello o di talismano/amuleto. Questa seconda possibilità è quella più adatta, in considerazione del tipo e del metallo, all'esemplare di San Rossore. Molto probabilmente apparteneva da un privato al quale può non aver portato la fortuna sperata. Dato il contesto di provenienza si deve accennare ad una seconda possibilità. È attestata in età romana l'usanza di collocare, sotto la scassa dell'albero della nave, monete con funzione apotropaica, volte quindi, a tenere lontano il male e a propiziare il buon esito della navigazione[30].

If the first case, one is dealing with the abolition by Claudius of a port tax introduced by Caligula; in the second, with a restoration of correct coin weights;, and in the third, with a general revision of weights and measures[27].

A word on the "punched" coin.

It is a particular coin, struck by an Asian mint, under a local official, whom the coin idenbtifies as a proconsol, and was therefore destined for circulation in far-flung Bitynia. The obverse bears portraits of Augustus and Livia, side by side, the reverse Livia seated with a cornucopia in each hand[28]. The cornucopia is a symbol of prosperity and fortune. Even the round shape and bronze[29] can also be references to good fortune.

The hole transforms the means of exchange into an object to be hang either as an ornament piece or jewelry or as a talisman or charm. This second possibility is the most appropriate to the piece os San Rossore, considering the type and the metal. Very probably it belonged to someone to whom it did not bring the good luck hoped for. However the field spot suggests another possibility the practice is attested for roman times of placing coins under the mast step for apotropaic purposes, that is to ward off ill fortune and bring the voyage to a good end[30].

Fig. 1 a-b
N. 492, asse (?) di Gades.
N. 492, as (?) of Gades.

Fig. 2 a-b
N. 108, asse di Augusto.
N. 108, Augustan as.

Fig. 3 a-b
N. 106, quadrante di Augusto.
N. 106, Augustan quadrans.

4a 4b

5a 5b

6a 6b

Fig. 4 a-b
N. 221, imitazione di moneta augu-
stea.
N. .221, imitation Augustan coin.

Fig. 5 a-b
N. 612, moneta della provincia di
Bitinia.
N. 612, coin of the province of Bythnia.

Fig. 6 a-b
N. 613, asse di Tiberio.
N. 613, Tiberian *as*.

Fig. 7 a-b
N. 105, quadrante di Domiziano.
N. 105, Domitian *quadrans*.

Fig. 8 a-b
N. 107, asse di Adriano.
N. 107, *as* of Hadrian.

Fig. 9 a-b
Esemplare A, quadrante di Claudio.
Example A, *quadrans* of Claudius.

Fig. 10 a-b
Esemplare B, asse di Claudio.
Example B, *as* of Claudius.

Fig. 11 a-b
Esemplare C, asse di Claudio.
Example C, *as* of Claudius.

Fig. 12 a-b
Esemplare E, asse di Vespasiano.
Example E, *as* of Vespasian.

13a   13b

Fig. 13 a-b
Esemplare F, asse di Domiziano.
Example F, Domitian *as*.

492. Pisa San Rossore 2 area 1/2 US 65 stacco I
D/ Testa di Eracle, con leontè, a s.
R/ Due tonni, sopra, *mbʿl* (punico); sotto, *ʾlh gdr* (punico);
tra le code, a d., lettera punica (?)
AE g. 7.3 mm. 25 asse?
Gades 49-19 a.C. (206-19 a.C.)
Cfr. SNG, München, nn. 266-270.

108. Pisa San Rossore 2 area 3 US 45
D/ [*CAESAR. AVG*] *VST.PONT.MAX.TRI-BUNIC* [*POT.*]
Testa di Augusto, a d.; cerchio di perline.
R/ *P.L VR AGRIPPA.IIIVIR. A.A.A A.F.F.*
S C, al centro; cerchio di perline.
AE g. 10.05   mm. 27 asse
AUGUSTUS c. 7 a.C.
Cfr. BMCRE I, p. 41, nn. 209 e segg.; RIC I², p. 75, n. 427.

106. Pisa San Rossore 2 US 2
D/ [*P.BE*] *TILIENVS.BASS* [*VS*]
S C, al centro; cerchio di perline.
R/ *IIIVIR. A.A.A.* [*F.F.*]
Altare, parte superiore a forma di bacinella, ghirlanda pendente.
AE g. 2.8   mm. 15 quadrante

c. 4 a.C.
Cfr. BMCRE I, p. 49, nn. 265-266; RIC I², p. 78, n. 456.

612. Pisa San Rossore 2 area 4 US 114
D/*IMP.CAESAR.AVGVS.PONTIF. MAX.TR.P.*
Teste di Augusto e Livia, a s.
R/*[M.] GRANIVS.MARCELLVS.PRO.COS.*
Livia-Ceres (?), seduta, s d., in grembo, due cornucopie.
AE g. 12,9   mm. 29
Zecca incerta di Bitinia luglio o agosto 14 d.C.
Cfr. RPC I, p. 353, n. 2097.

221. Pisa San Rossore 2 area 3 US 88
D/*AVGVS TRIBV POTES*
Su tre linee, in corona di quercia; cerchio di perline.
R/*S C*, al centro, intorno tracce di lettere.
AE g. 5.7   mm. 25
Imitazione *post* 17 a. C.
Cfr. CMER.BN I, p. 89, nn. 292-294; p. 92, nn. 327-329; p. 100, nn. 407-408; p. 122, nn. 648-649.

613. Pisa San Rossore 2 area 1/2 US 138
D/*DIVVS AVGVSTVS PATER*

Testa di Augusto, corona radiata, a s.; cerchio di perline.
R/*PROVIDENT*
Altare, porta a due battenti, sulla cima fiamme (?), a s. e a d., *S C*.
AE g. 9.8 mm. 30 asse.
TIBERIUS 22/23-30 d.C.
Cfr. BMCRE I, p. 141, nn. 146-105; RIC I², p. 99, n. 81.

105. Pisa San Rossore 2 area 2 US 29
D/*IMP.DOMIT.AVG.GERM.*
S C, al centro; cerchio di perline.
R/Rinoceronte, a d., su linea di esergo; cerchio di perline
AE g. 2   mm. 14 quadrante.
DOMITIANUS
Cfr. BMCRE II, p. 411, nn. 496-497; RIC II, p. 208, n. 434.

107. Pisa San Rossore 2 area 2 US 2/1
D/ [*IMP.CAESAR*] *TRAIANH ADRIANVS AVG*
Testa di Adriano laureata, a d.; cerchio di perline.
R/[*PM TR P*] *COS III*
Pace, drappeggiata, stante, a s.; nella mano di

---

492. Pisa San Rossore 2 area 1/2 US 65 stacco I
D/ Head of Heracle, in lion skin, l.
R/ Two tunny-fishes, above, *mbʿl* (punic script);
below, *ʾlh gdr* (punic script);
Between tails, r., punic letter (?)
As?
Gades 49-19 B.C. (206-19 B.C.)

108. Pisa San Rossore 2 area 3 US 45
D/ [*CAESAR. AVG.*] *VST.PONT.MAX.TRIBUNIC_* [*POT.*]
Head of Augustus, r.; border of dots.
R/ *P.L VR AGRIPPA.IIIVIR. A.A.A A.F.F.*
S C, large, in center; border of dots.
As.
AUGUSTUS c. 7 B.C.

106. Pisa San Rossore 2 US 2
D/[*P.BE*] *TILIENVS.BASS* [*VS*]
S C, large, in center; border of dots.
R/ *IIIVIR. A.A.A.* [*F.F.*]
Altar with bowl-shaped top, hung with garland.
Quadrans.
c. 4 B.C.

612. Pisa San Rossore 2 area 4 US 114
D/ *IMP.CAESAR.AVGVS.PONTIF.MAX.TR.P.*
Jugate heads of Augustus and Livia, l.
R/*[M.] GRANIVS.MARCELLVS.PRO.COS.*
Livia-Ceres (?), seated, r., holding a double cornucopia, on her lap.
Uncertain mint of Bithynia july or august 14 A.D.

221. Pisa San Rossore 2 area 3 US 88
D/*AVGVS TRIBV POTES*
On three lines, in oak wreath; border of dots.
R/*S C*, large, in center, around traces of letters.
Imitation *post* 17 B.C.

613. Pisa San Rossore 2 area 1/2 US 138
D/*DIVVS AVGVSTVS PATER*
Head of Augustus, radiate crown, l.; border of dots.
R/*PROVIDENT*
Altar-enclosure with double pannellet door; on the top flames (?), l. and r. *S C*.
As
TIBERIUS 22/23-30 A.D.

105. Pisa San Rossore 2 area 2 US 29
D/*IMP.DOMIT.AVG.GERM.*
S C, in center; border of dots.
R/ Rhinoceros, r., on exergue line; border of dots.
Quadrans

107. Pisa San Rossore 2 area 2 US 2/1
D/ [*IMP.CAESAR*] *TRAIANH ADRIANVS AVG*
Head of Hadrian, laureate, r.; border of dots.
R/[*PM TR P*] *COS III*
Pax, draped, standing, l.; holding branch downward in r. hand and cornucopia, in l.; on exergue line; border of bots.
As
HADRIANUS 119-121 A.D.

A. Pisa San Rossore II
D/ *TI CLAVDIVS CAESAR AVG.*
Hand l., holding pair of scales; above, *P N R*.
R/ *PON M TR P IMP COS DES IT*
S C, large, in center.
Quadrans
CLAUDIUS 41 A.D.

d. ramo verso il basso; nella s., cornucopia; su linea di esergo; a s. e a d. *S C*; cerchio di perline.
AE g. 9,3 mm. 23 asse.
HADRIANUS 119-121 d.C.
Cfr. BMCRE III, p. 426, nn. 1265-1267; RIC II, p. 420, n. 616.

A. Pisa San Rossore II
D/ *TI CLAVDIVS CAESAR AVG.*
Mano, a s., che regge una bilancia a due piatti; tra i due, in basso, *P N R.*
R/ *PON M TR P IMP COS DES IT S C*, al centro.
AE g. 2,4 mm. 15 quadrante.
CLAUDIUS 41 d.C.
Cfr. BMCRE I, p. 189, nn. 174 e segg.; RIC I², p. 126, nn. 84-85.
C e B. Pisa San Rossore II

D/ [*TI CLAVDIVS CAES*] *AR AVG P M TR P IMP*
Testa di Claudio a s.
R/ Minerva, elmata, drappeggiata; con la mano d. lancia giavellotto; sul braccio s. scudo rotondo; a s. e a d. *S C*.
AE g. 8,7 mm. 27 asse.
AE g. 3,8 mm. 20 asse.
41-50 o 50-54 d.C.
Cfr. BMCRE I, p. 130, n. 116; RIC I², p. 128, n. 100.

E. Pisa San Rossore II
D/ *IMP CAESAR VESP AVG P M T P COS* [*IIII*] *CENS*
Testa di Vespasiano, laureata, a s.
R/ *VICTORIA* [*AVGVSTI*]
Vittoria, drappeggiata, stante, su prua, a d.; nella mano d., corona; nella s., ramo di

palma, che poggia sulla spalla s.; in basso a s. e a d. *S C*.
AE g. 9,7 mm. 28 asse.
VESPASIANUS 73 d.C.
Cfr. BMCRE II, p. 152, n. 666; RIC II, p. 79, n. 550.

F. Pisa San Rossore II
D/ *IMP* [*CAES DOMIT.AVG*] *GERM COS XIIII CENS PER PP*
Testa di Domiziano, laureata, barbata, a d.
R/ [*FORTVN*] *AE AVGVSTI*
Fortuna, drappeggiata, stante, a s.; nella mano d. aratro; nella s. cornucopia; a s. e a d. *S C*.
AE g. 11,8 mm. 26 asse.
DOMITIANUS 88-89 d.C.
Cfr. BMCRE II, p. 389, n. 410; RIC II, p. 198, n. 353.

C e B. Pisa San Rossore II
D/ [*TI CLAVDIVS CAES*] *AR AVG P M TR P IMP*
Head of Claudius, l.
R/ Minerva, helmeted, draped; r. hand hurling javelin; round shield, in l. arm.; l. and r. *S C*.
41-50 or 50-54 A.D.

E. Pisa San Rossore II
D/ *IMP CAESAR VESP AVG P M T P COS* [*IIII*] *CENS*

Head of Vespasian, laureate, l.
R/ *VICTORIA* [*AVGVSTI*]
Victory, draped, standing r., on prow; holding wreath up in r. hand; palm branch over shoulder; low in field, l. and r. *S C*.
As
VESPASIANUS 73 A.D.

F. Pisa San Rossore II
D/ *IMP* [*CAES DOMIT.AVG*] *GERM COS XIIII*

CENS PER PP
Head of Domitian, laureate, bearded, r.
R/ [*FORTVN*] *AE AVGVSTI*
Fortuna, draped, standing, l.; holding rudder in r. hand and cornucopia in l.; low in field l. and r., *S C*.
As
DOMITIANUS 88-89 A.D.

NOTE

[1] Per le notizie relative a tutto lo scavo cfr. BRUNI S. in questo stesso volume.

[2] I materiali in corso di studio non sono ancora pubblicati, devo le notizie agli archeologi che vi lavorano.

[3] Le cronologie delle monete si riferiscono naturalmente alle date di emissione; le monete antiche restano in circolazione molto a lungo, il rinvenimento può perciò fornire soltanto un *terminus post quem*.

[4] La definizione come adottata dai cataloghi può essere impropria. *Gadir* (Cadice) una delle fondazioni fenice più antiche, occupata dal 501 a.C. dai Cartaginesi, entra nell'orbita romana, come *civitas foederata*, nel 206 a.C., diventa con Cesare municipio nel 49 a.C. e forse muta stato nel 19 a.C. Il centro deve la sua importanza, data la sua posizione geografica, al commercio dei metalli, alla produzione di sale e alla salazione. Le sue emissioni monetale di impronta punica comincinano solo nel III sec. a.C. Mantengono gli stessi tipi e la leggenda punica per tutta la durata della monetazione anche sotto il dominio romano. Soltanto poche ultime portano leggende latine; la fase di monetazione precedente può essere datata 49-19 a.C., cfr. ALFARO ASINS 1992, pp. 27-56. La leggenda punica formata da due elementi 1) / h gdr e 2) mbᶜl è così interpretata; 1) è un toponimo da tutti letto "muro", nel senso sembra di città fortificata; l'elemento 2) viene letto da alcuni "dai cittadini" da altri "opera", nel senso di coniazione, entrambi sono plausibili e trovano riscontro in analoghe forme usate su monete grache. Per l'insieme dei due esiste anche la proposta "del Baal di Gadir", riferito ad Eracle assimilato a Baal e all'importante tempio vicino alla città, della quale secondo alcuni studiosi controllava l'attività economica. Per essa confronta NASTER 1986, p. 277, ALFARO ASINS 1991, p. 116. Per la possibile ricostruzione della rotta seguita dalla "nave del leone" vedi Bruni S. in questo stesso volume.

[5] Le date, ad eccezione di quelle di *Gades*, si riferiscono ai periodi di regno dei relativi imperatori, per quelle delle monete si vedano le singole schede.

[6] Alla cronologia della nave "del leone" si potrebbe riferire le moneta di *Gades* che ha attualmente una datazione molto ampia. Non è possibile perciò sapere se appartiene al II o al I sec. a.C. L'ultima fase di monetazione con leggenda punica può essere datata al 49-19 a.C. Vedi nota 4.

[7] Due erano nella zavorra delle nave B, quella di L. Agrippa, che ne conferma la cronologia; per le altre le provenienze sono scarsamente indicative; la moneta di Gades e quella di Tiberio dall'area della nave E; la moneta provinciale dall'area esterna della nave C. Le altre da tutta la zona delle navi.

[8] Cfr. DUNCAN JONES 1974, pp. 244-246 per i prezzi del pane; BURNETT 1982, pp. 132-134.

[9] BURNETT 1982, p. 132.

[10] *Horatius* (65-8 a.C.), *Saturae* 1.3.137; *Martialis* (45-104 d.C.), *Epigrammata* 2.52 e 3.30.4.

[11] *Pro Caelio* 62.

[12] ETIENNE 1988, pp. 168-170.

[13] CRAWFORD 1970, p. 40.

[14] I proconsoli, governatori di provincia, bat-

NOTES

[1] For an account of the excavation as a whole, see S. BRUNI, above.

[2] The studies on the material have not been published yet. I owe the information to the archeologists who are working on them.

[3] The chronology of the coins naturally refer to the date of emission; ancient coins kept in circulation for a long time, therefore, the findings can testify any moment of their circulation.

[4] The definition as adopted in catalogues could be inaccurate. *Gadir* (Cadice) one of the most ancient Phoenician foundations, occupied by the Carthaginians in 501 B.C., falls to the Romans, as *civitas foederata*, in 206 B.C. and becomes municipium under Caesar in 49 B.C. and perhaps a mutus state in 19 B.C. The centre owes its importance to its geographical position, the commerce of metals, the production of salt and to salinization. Its monetary emissions, of Punic impression, begins only in IIIrd century B.C. They keep the same types and maintain Punic legends for all the duration of the coinage even under Roman rule. Only a few of the last ones bear Latin legends; the previous coinage phase could be dated 49-19 B.C., cfr. ALFARO ASINS 1992, pp. 27-56. The Punic legend formed by two elements 1) / h gdr and 2) mbcl is interpreted as follows; 1) is a toponym, read by all as "wall", in the sense of a fortified city; the element 2) is read by some as "by the citizens", and by others "works", in the sense of coinage and both are plausible and compare with similar forms used on Greek coins. For both, however, exists the proposal of "of the Baal of Gadir", referring to Heracles compared to Baal and to the important temple near the city, which according to some scholars controlled the economic activity. See NASTER 1986, p. 277, ALFARO ASINS 1991, p. 116. In order to reconstruct the route taken by "the lion's ship" see Bruni S. in this same volume.

[5] The dates, except those referring to *Gades*, refer to the periods of the relative emperors reigns; see the single files for the coins.

[6] The coins of *Gades* could be referred to the chronology of the Ist century ships if previous to the period 49-19 B.C.

[7] Two were found in the ballast of ship B, the one of L. Agrippa, which confirms the chronology; the origin of the others is scarsely indicated; the coin of Gades and the coin of Tiberio in the area of ship E; the provincial coin from the area outside the ship C. The others from around all the area.

[8] Cfr. DUNCAN JONES 1974, pp. 244-246 for the prices of bread; BURNETT 1982, pp. 132-134.

[9] BURNETT 1982, p. 132.

[10] *Horatius* (65-8 B.C.) *Saturae* 1.3.137; *Martialis* (45-104 ad), *Epigrammata* 2.52 and 3.30.4.

[11] *Pro Caelio* 62.

[12] ETIENNE 1988, pp. 168-170.

[13] CRAWFORD 1970, p. 40.

[14] The governors of the provinces, coins On this arguement see SUTHERLAND 1984, pp. 19-20; BURNETT 1987, pp. 17-20.

[15] ALFARO ASINS 1992, pp. 37-38.

[16] Of particular interest of this aspect is the problem relating to the reclutement and the composition of the crew.

[17] Regarding the gradual and complex transformation of the Roman State, activated by Augustus after the victory of Anzio, see for example FRASCHETTI 1998.

[18] Gold, owing to its high value was destined for large transactions and for acquiring luxury goods. SUTHERLAND 1984, p. 10; BURNETT 1987, pp. 49-50.

[19] The monetary provisions of Augustus consist of the following elements in the Roman monetary system:

tevano moneta per delega dell'imperatore. Sull'argomento cfr. SUTHERLAND 1984, pp. 19-20; BURNETT 1987, pp. 17-20.

[15] ALFARO ASINS 1992, pp. 37-38.

[16] Di particolare interesse a questo proposito è il problema relativo al reclutamento e alla composizione degli equipaggi.

[17] Per la graduale e complessa attuazione della trasformazione dello stato romano da parte di Augusto dopo la vittoria di Azio vedi ad esempio FRASCHETTI 1998.

[18] L'oro per l'alto valore era destinato alle grosse transazioni e all'acquisto di beni di lusso. SUTHERLAND 1984, p. 10; BURNETT 1987, pp. 49-50.

[19] I provvedimenti monetari di Augusto comportano la seguente articolazione del sistema monetario romano:
aureo: 1/42 di libbra d'oro (2/7 oncia) g. 7,79
quinario aureo: 1/84 di libbra d'oro (1/7 oncia) g. 3,89
denario: 1/84 di libbra d'argento (1/7 oncia) g. 3,89
quinario: 1/168 di libbra d'argento (1/14 oncia) g. 1,94
sesterzio: 1/12 di libbra d'oricalco (1 oncia) g. 27,28
dupondio: 1/24 di libbra d'oricalco (1/2 oncia) g. 13,64
asse: 1/30 di libbra di rame (2/5 oncia) g. 10,91
quadrante: 1/192 di libbra di rame (1/16 oncia) g. 1,70
1 aureo: 2 quinari aurei: 25 denari: 50 quinari: 100 sesterzi: 200 duepondi: 400 assi: 1600 quadranti.
1 quinario aureo: 12 1/2 denari: 25 quinari: 50 sesterzi: 100 duepondi: 200 assi: 800 quadranti.
1 denario: 2 quinari: 4 sesterzi: 8 dupondi: 16 assi: 64 quadranti.
1 sesterzio: 2 dupondi: 4 assi: 16 quadranti.
1 dupondio: 2 assi: 8 quadranti.
1 asse: 4 quadranti.

[20] CRAWFORD 1974, pp. 725-744.

[21] SUTHERLAND 1984, pp. 75 e 78.

[22] GIARD 1988, pp. 82, 92, 100, 107, 122.

[23] Molto imitate sono soprattutto nel V sec. a.C., nelle regioni orientali che non sentono come proprio il fenomeno monetario, le prestigiose monete ateniesi. Cfr. KRAAY 1976, pp. 73-77 e 292-295.

[24] ALFÖLDI 1977, pp. 127-143.

[25] CRAWFORD 1974, pp. 565-566; CRAWFORD 1983, pp. 139-163; SUTHERLAND 1984, pp. 114-115; GIARD 1988, pp. 19-24.

[26] Per le serie di consacrazione cfr. SCHULTEN 1979, pp. 11-43, per quelle emesse da Tiberio pp. 48-53.

[27] KING 1975, pp. 62-63; VON KAENEL 1986, pp. 5-30.

[28] Livia è spesso raffigurata come divinità, quelle che più attengono alla sfera femminile, Cerere, Giunone e Vesta. BARTMAN 1999, pp. 93-95.

[29] PERA 1993, pp. 347-359, in ptc. 348-349.

[30] PERA 1993, p. 358 e n. 65.

---

aureus: 1/42 pound of gold (2/7 ounces) g 7,79
quinarius aureus: 1/84 pound of gold (1/7 ounces) g 3,89
denarius: 1/84 pound of gold (1/7 ounces) g 3,89
quinarius: 1/168 pound of gold (1/14 ounces) g.1,94
sestertius: 1/12 pond of orichalch (1 ounce) g 27,28
dupondius: 1/24 pound of orichalch (1/2 ounces) g 13,64
as: 1/30 pound of copper (2/5 ounces) g 10,91
quadrans: 1/192 pound of gold (1/16 ounces) g 1,70
1 *aureus*: 2 *quinarii aureus*: 25 *denarii*: 50 *quinarii*: 100 *sestertii*: 200 *dupondii*: 400 *asses*: 1,600 *quadrans*:
1 *quinario aureus*: 12 1/2 *denarii*: 25 *quinarii*: 100 *dupodii*: 200 *asses*: 800 *quadrans*
1 *denarius*: 2 *quinarii*: 4 *sestertii*: 8 *depondii*: 16 *asses*: 64 *quadrans*
1 *sestertius*: 2 *dupondii*: 4 *asses* : 16 *quadrans*
1 *dupondius*: 2 *asses*: 8 *quadrans*

[20] CRAWFORD 1974, pp. 725-744

[21] SUTHERLAND 1984, pp. 75 and 78

[22] GIARD 1988, pp. 82, 92, 100, 107, 122

[23] Many imitations are found , above all, in Vth century B.C., in Oriental regions where the monetary phenomenon is not felt it as their own, the prestigious Athenian coins. Cfr. KRAAY 1976, pp. 73-77 and 292-295.

[24] ALFÖLDI 1977, pp. 127-143.

[25] CRAWFORD 1974, pp. 565-566; CRAWFORD 1983, pp. 139-163; SUTHERLAND 1984, pp. 114-115; GIARD 1988, pp. 19-24.

[26] For the series of the consacration cfr.? 1979, pp. 11-43, for those emitted by Tiberius pp. 48-53

[27] KING 1975, pp. 62-63, VON KAENEL 1986.

[28] Livia is often represented as a divinity, those which pertain to the female world, Ceres, Juno and Vesta. BARTMAN 1999, pp. 93-95.

[29] PERA 1993, pp. 347-359, in ptc. 348-349.

[30] PERA 1993, p. 358 e n. 65.

CLAUDIO
SORRENTINO

ZELIA
DI GIUSEPPE

FRANCESCO
MANZI

MATERIALE OSTEOLOGICO ANIMALE

Lo scavo nell'area del complesso ferroviario di Pisa-San Rossore ha permesso di recuperare una ingente quantità di reperti ossei animali rinvenuti sui fondali sabbiosi-argillosi del bacino: il materiale è stato trovato disseminato ovunque, sparso intorno, dentro, sopra e sotto i relitti.

Una gran parte dei reperti è verosimilmente affondata con le imbarcazioni, altri resti sono stati gettati o sono caduti in acqua durante le operazioni di carico e scarico, altri ancora sono più semplicemente legati alla vita quotidiana del luogo, altri infine sono risultati appartenere ad animali morti per cause anche naturali, depositatisi sul fondo e ricoperti successivamente.

Lo studio preliminare, condotto sul materiale recuperato fino alla fine di novembre 1999, ha riguardato 5111 reperti ossei: di questi 2069 (il 40,5%) sono risultati essere frammenti non determinabili, costituiti da 1098 frammenti di costole, 171 di vertebre, 800 di ossa lunghe. Sono state studiate anche 1989 conchiglie marine, per cui la ricerca ha finora interessato un complesso totale di ben 7000 reperti.

Lo studio ha permesso di rilevare come la gran parte del materiale osteologico sia costituita da reperti di mammiferi; sono stati trovati anche alcuni reperti di avifauna e di ittiofauna, come pochi resti di rettili sia terrestri (testuggine) che marini (tartaruga). Sono stati recuperati due reperti di fauna marina particolare: un esemplare integro di granchio di piccole dimensioni e una singola chela.

Questi animali sono stati usati sotto varie forme e nelle maniere più disparate dalle genti che hanno frequentato la località e che hanno lavorato in loco: possono essere stati

ANIMAL BONES

The excavations in the area of the Pisa-San Rossore railway station have brought to light a considerable number of animal bones in the sandy and clay soil of the harbour basin. This material was found scattered around, inside, above and below the wrecks.

It is likely that while most of the finds sank with the ships, other remains were thrown or fell into the water during loading and unloading operations, some were simply connected with local everyday life, and still others are the remains of animals that died from natural causes, were deposited on the seabed and were subsequently buried.

Preliminary study of the material found up to the end of November 1999, dealt with 5,111 pieces: 2,069 (40.5%) of these were unidentifiable fragments, including 1,098 fragments of ribs, 171 fragments of vetebrae, and 800 fragments of long bones. 1,989 seashells were also studied, thus research to date has been based on a total of 7,000 finds.

This study has revealed that most of the osteological material consists of mammal remains; some bird and fish bones were also found, as well as a few land reptile (tortoise) and sea reptile (turtle) remains. Two particular marine finds were discovered: a whole small crab and a single claw.

These animals were used in various forms and in the most diverse ways by the people who frequented the place and who worked there. They may have been animals indigenous to that particular environment or animals embarked and used on board the various ships as pets or guard animals.

Most of the fauna were doubtless a primary direct or indirect source of food in the form of durable provisions. In some cases there is evidence that animals were embarked or present on board

animali tipici frequentatori di quel particolare ambiente o imbarcati e usati a bordo delle varie imbarcazioni sia come bestie da compagnia che da guardia.

La maggior parte di questa fauna ha rappresentato sicuramente una fonte primaria alimentare sia diretta che indiretta, come provviste a lunga conservazione. In qualche caso si ha conferma precisa che vi erano animali imbarcati o presenti a bordo come mercanzia, "merce viva", a volte trasportata su lunghi percorsi, segno evidente di traffici marittimi a corto e a lungo raggio.

Lo studio, per quanto preliminare, di questa importante mole di reperti permette già di definire e di offrire un quadro delle potenzialità dell'esame completo di tutto il materiale osteologico: già ora è possibile avere una buona e ben definita visione delle presenze, della distribuzione e delle ripartizioni delle varie specie animali domestiche e selvatiche e della consistenza materiale dei loro reperti.

La determinazione delle tipologie ossee ha messo in evidenza il fatto che gli animali presenti sono rappresentati soprattutto dalle specie domestiche, 2944 reperti (il 96,8%), mentre quelle selvatiche sono presenti con scarsi e sporadici resti, a volte del tutto occasionali: essi sono infatti appena 98 (il 3,2%). La distribuzione del materiale e la ripartizione delle specie animali sono illustrate nella tabella I.

as "on the hoof" merchandise and sometimes transported long distances, which is clear proof of short- and long-haul maritime trade. The preliminary study of this considerable quantity of finds already gives an idea of the potential results that may be obtained from a complete examination of all the osteological material. It is already possible to have a good and well-defined picture of the presence, distribution and proportion of the various domestic and wild animal species and of the quantity of their remains.

Classification of the bones has revealed that the majority of remains are from domestic species, 2,944 finds (96.8%), whereas the remains of wild animals are found only sporadically, with only 98 pieces (3.2%). The distribution of the material and the proportion of the animal species are shown in table I.

Tab. I – *Le specie animali*

Fauna domestica	N.R. generale	% F.D.	%
Vertebrati			
mammiferi			
Bos taurus L.	739	25,1	24,3
Ovis vel Capra	598	20,3	19,7
Sus scrofa L.	1417	48,1	46,6
Equus caballus L	41	1,4	1,3
Equus asinus L.	2	0,1	0,1
Canis familiaris L.	97	3,3	3,2
Felis catus L.	1	0,1	0,03
uccelli			
Gallus gallus L.	49	1,6	1,61
TOTALE	2944	–	96,2

Fauna selvatica	N.R. generale	% F.S.	%
Vertebrati			
mammiferi			
Cervus elaphus L.	3	3,1	0,1
Capreolus capreolus L.	5	5,1	0,15
Pantera leo L.	1	1,0	0,03
Vulpes vulpes L.	5	5,1	0,15
Lutra lutra L.	2	2,1	0,1
Lepus europaeus Pallas	4	4,1	0,1
Oryctolagus cuniculus L.	1	1,0	0,03
rettili: Testudinati			
Testudo sp. (testuggine terrestre)	6	6,1	0,2
Caretta caretta (tartaruga marina)	6	6,1	0,2
uccelli indeterminati	29	29,6	0,9
pesci indeterminati	34	34,7	1,1
Invertebrati			
crostacei decapodi: Brachiuri			
Carcinus maenas (granchio di mare)	2	2,1	0,1
TOTALE	98	–	3,2

TOTALE GENERALE	3042		

Table I – *Animal Species*

Domestic animals	N.F. general	% D.A.	%
Vertebrates			
Mammals			
Bos taurus L.	739	25.1	24.3
Ovis vel Capra	598	20.3	19.7
Sus scrofa L.	1417	48.1	46.6
Equus caballus L	41	1.4	1.3
Equus asinus L.	2	0.1	0.1
Canis familiaris L.	97	3.3	3.2
Felis catus L.	1	0.1	0.03
Birds			
Gallus gallus L.	49	1.6	1.61
TOTAL	2944	–	96.2

Wild animals	N.F. general	% W.A.	%
Vertebrates			
Mammals			
Cervus elaphus L.	3	3.1	0.1
Capreolus capreolus L.	5	5.1	0.15
Pantera leo L.	1	1.0	0.03
Vulpes vulpes L.	5	5.1	0.15
Lutra lutra L.	2	2.1	0.1
Lepus europaeus Pallas	4	4.1	0.1
Oryctolagus cuniculus L.	1	1.0	0.03
Reptiles: Testudinates			
Testudo sp. (tortoise)	6	6.1	0.2
Caretta caretta (marine turtle)	6	6.1	0.2
unidentified birds	29	29.6	0.9
unidentified fish	34	34.7	1.1
Invertebrates			
Decapod Crustaceans: Brachyurans			
Carcinus maenas (marine crab)	2	2.1	0.1
TOTAL	98	–	3.2

GENERAL TOTAL	3042		

Dall'esame del materiale osteologico riguardante la Fauna domestica (grafico I), risulta ben chiaro che i Suini costituiscono la specie più rappresentata e più abbondante (il 48,1%), seguita a breve distanza dai Bovini (il 25,1%) e dai Capro-ovini (il 20,3%); ad essi si affiancano, in maniera diversa e in quantità a volte minime, il Cavallo, il Cane e il pollame, animali sì domestici ma utilizzati per altri scopi, mentre le altre specie sono presenti ma in maniera del tutto occasionale. Per rendere percepibili le specie animali presenti con un solo reperto, in tutti i grafici sono state arrotondate le percentuali di base, sempre tenendo ben in evidenza i reali rapporti di forza e di presenza quantitativa generale.

I Suini sono la specie animale più utilizzata e presente in loco: la mole dei reperti per quantità e tipologia è numericamente la più alta. Fra i vari tipi di resti ossei, si è potuto evidenziare un numero piuttosto consistente di mandibole e di mascellari (fig. 1), il cui esame, per quanto concerne la distribuzione per età, ha permesso di rilevare la presenza di almeno quattro gruppi: quello piuttosto consistente di lattonzoli di qualche mese, due molto più numerosi, composti da animali sui 24 mesi e sui 36 mesi e infine quello costituito da diversi esemplari adulti molto vecchi. Tuttavia il fattore "materiale", che ha destato maggior interesse, è legato alla eccezionale consistenza numerica di un singolo osso lungo, la scapola: nell'imponente massa costituita da 1417 reperti, ne sono state trovate finora ben 502 (il 35,4% di tutto il materiale), (fig. 2), ma la cosa assai più notevole ed interessante è data dal fatto che ben 443 (l'88,3%) di queste sono destre, "evento molto particolare" sia per la sua distribuzione sia per la sua "utilizzazione". Non è ancora del tutto chiaro il significato di questa scelta selettiva. Per i Bovini, si è evidenziata una serie consistente di cranii più o meno interi, con ancora le corna in posto, (fig. 3), il che ha

From an examination of the domestic animal bones (Chart 1), it can be clearly seen that pigs are the most numerous group (48.1%), closely followed by cattle (25.1%) and sheep and goats (20.3%). Also present, though sometimes in smaller quantities, are the bones of horses, dogs and poultry – domestic animals used for other purposes, whereas other species are rarely to be found. To show the animal species represented by only one find, the basic percentages have been rounded off in all the tables, whilst the general percentage of each species is also shown.

Pigs are the species most used and most extensively present *in situ*, the number of finds as regards quantity and typology is the highest. There is a considerable number of jaw-bones (fig. 1) that when examined for age revealed the presence of at least four groups: a fairly large group of sucking-pigs, only a few months old; two very much larger groups, consisting of animals of around 24 months and of around 36 months; and finally a group of much older adults. However, the "material" factor that has aroused the greatest interest is the exceptionally large number of scapulas. The 1,417 finds have so far included 502 scapulas (35.4% of all the material found), (fig. 2), but even more surprisingly 443 (88.3%) of these are right scapulas, "a very unusual occurrence" both as regards distribution and "utilization". The reason for this is not yet clear.

As regards cattle, a considerable number of virtually intact skulls, with horns still in place, (fig. 3), has been discovered, which has established the presence and utilization of animals of different breeds. There are also many intact long bones, especially scapulas. A preliminary examination has revealed that this species is represented above all by adult animals.

The range of goat and sheep finds is not very wide. It includes a group of skulls still bearing virtually intact horns and quite a number of single horns, some of them very large (fig. 4). These dis-

permesso di poter stabilire la presenza e l'utilizzazione di esemplari di animali di razze diverse. Ci sono anche molte ossa lunghe intere, con una certa preponderanza per le scapole. I primi esami hanno permesso di constatare che questa specie è rappresentata soprattutto da animali adulti.

I Capro-ovini presentano una gamma non molto variegata di reperti, fra cui si è potuta evidenziare una serie di cranii supportanti ancora corna più o meno intere e una discreta quantità di corna isolate, anche di grosse dimensioni (fig. 4). Esistono numerosi fattori di differenze morfologiche, per cui i Capro-ovini presentano esemplari di diverse razze e dimensioni. Dallo studio di circa un centinaio di mandibole e mascellari con denti, emerge come siano presenti diversi gruppi di età che vanno da individui giovanissimi a bestie molto vecchie.

Gli Equidi sono rappresentati soprattutto da reperti di Cavallo, mentre per l'Asino ci sono appena due reperti. Anche se con un numero ridotto di resti, la presenza del Cavallo è importante per la particolare distribuzione e ripartizione di alcuni suoi resti ossei estremamente significativi. Sono stati trovati ben quattro cranii interi (fig. 5) e un consistente numero di ossa lunghe intere: nelle fasi successive dello studio si potrà stabilire, con le opportune misurazioni, l'altezza e le dimensioni di questi animali, quasi tutti esemplari adulti. Tre dei quattro cranii trovati interi, accompagnati da un discreto numero di ossa lunghe, provengono dal carico del relitto della nave "punica".

Di particolare rilevanza la presenza e la consistenza numerica dei Cani, ben poco rappresentati in altri insediamenti di età romana per quantità e tipologia così consistente dei reperti: sono stati recuperati due scheletri completi, (uno di un esemplare giovane di età sui 6 mesi, l'altro di un animale adulto, caduto in acqua e trovato sepolto in una buca sul

play many morphological differences, hence the goats and sheep must have been of different breeds and different sizes. The study of about a hundred jaw bones containing teeth revealed the presence of different age groups ranging from very young to very old animals. Equids are represented above all by horse bones, while there are only two donkey bones. Though there are relatively few remains, the presence of the horse is important as regards the distribution and proportion of some of the extremely sinificant bones. Four intact skulls have been found (fig. 5) and a considerable number of intact long bones. The later stages of the research will be able to establish the height and measurements of these animals, which are all adult specimens. Three of the four skulls found intact, together with quite a large number of long bones, come from the wreck of the "Punic" Ship.

The large number of dogs is of particular interest, since they have been rarely found in such a considerable quantity in other Roman settlements. Two complete skeletons have been brought to light (one of a young specimen about 6 months old, the other of an adult animal, which must have fallen into the water and was found buried in a depression in the harbour bed, still anatomically intact and lying on its back, beside a human skeleton) (fig. 6) as well as a quite a large number of individual bones, including 14 virtually intact skulls (fig. 7). Preliminary examinations of morphology and size have revealed the presence of at least two breeds, one medium-sized and the other small with a particularly bowed radius and tibia, (measurements of the bones of the anatomically complete adult specimen result in a height at the withers of 32-35 cm; hence a "dachshund" - like breed).

There is only one find connected with the domestic cat, which indicates little more than its presence in the area. Poultry bones have been found throughout the excavation area, which is hardly surprising since roosters and hens were one of the most common sources of food.

fondo, ancora in connessione anatomica e in posizione rovesciata, accanto a uno sche-letro umano) (fig. 6) e un discreto numero di reperti ossei isolati, fra cui ci sono ben 14 cranii interi o quasi (fig. 7). Dai primi esami dai confronti morfologici e dimensionali, si è accertata la presenza di almeno due razze, una media e una piccola con radio e tibia particolarmente arcuati, (le misure prese sulle ossa dell'esemplare adulto completo in connessione anatomica danno una altezza al garrese di 32-35 cm., razza tipo "bassotto").

Il gatto domestico è presente con un solo reperto, non significativo se non della sua presenza in zona.

Ossa di "pollo" sono state rinvenute in tutta l'area di scavo, fatto naturale in quanto galli e galline erano tra le cibarie più comuni e diffuse.

Per quanto riguarda le specie selvatiche, è significativa la scarsa quantità numerica dei resti ossei, date la particolarità ambientali del luogo (grafico II). Gli animali selvatici fanno infatti solo una comparsa occasionale: alcuni di essi possono essere stati cacciati, quali la Volpe, la Lepre e il Coniglio selvatico, il Cervo e il Capriolo, essendo tipici abitatori o frequentatori delle zone boschive e palustri esistenti nei dintorni dell'area urbana della Pisa romana, mentre la Lontra sembra più appartenere all'ambiente naturale del bacino fluviale.

Evento del tutto particolare è stato il ritrovamento di un reperto osseo estraneo alla comune fauna italiana. In mezzo a un carico "ceramico" appartenente a una grande nave, denominata successivamente la nave "punica" o "del leone", frammisto a una grande massa di reperti ossei di vario tipo e appartenenti a svariate specie animali, è stato rinvenuto uno straordinario reperto osteologico. Si tratta di un frammento osseo di mascellare sinistro (lungh. 111,2 mm.; largh. 41 mm.; spess. 18 mm.) costituito dalla parte ante-

Few remains of wild animals have been found, which is significant given the particular environmental factors (Chart II). In fact, wild animals have only occasionally been discovered. Some of them may have been hunted, such as the fox, the hare and the wild rabbit, the deer and the roe, since they were indigenous to the wooded and marshy areas in the vicinity of Pisa in Roman times, while the beaver was more likely to be found in the natural habitat of the river basin.

Particularly striking was the discovery of a bone that had no place amongst Italian fauna. This extraordinary find was made amidst a cargo of pottery from a large vessel, later named the "Punic" Ship or "Ship of the Lion", in a pile of various types of bones from different animal species. It is the fragment of a left jaw (111.2 mm long; 41 mm wide; 18 mm thick) consisting of the front portion still containing a large canine tooth (86 mm long; 20.5x15.3 mm in diameter) (fig. 8), in an excellent state of preservation, belonging to a lion (Pantera Leo L.). Examination of the tooth revealed that the specimen was probably a young lioness. This discovery, given the findspot in an "African" cargo of amphorae and pottery in the wreck of the "Punic" Ship, indicates a degree of maritime trade and/or transportation of animals from the African coasts to Italy.

The tortoise is found sporadically, and one nearly intact shell has been discovered. There are also some turtle remains, though it is difficult to establish whether these are the result of human action or of the ability of some specimens to arrive by swimming up the salt-water courses. There is little evidence of birdlife. Only 29 finds have come to light, the most interesting being two fragments of long bones from large specimens, probably cranes or swans, migratory birds commonly found in the marshlands on the Pisan plain. A mere 34 remains of fish have come to light, 25 of these were contained in a small amphora (area 2 - layer 92, interior V22), while the others come from throughout

riore recante, ancora ben inserito nel suo alveolo, il grosso dente canino (lungh. 86 mm.; diam. 20,5x15,3 mm.) (fig. 8) in ottimo stato di conservazione, appartenente a un Leone (Pantera Leo L.). Dalle indicazioni degli indici misurati sul dente, si tratta, con buona probabilità, di un esemplare di femmina giovane/semi-adulta. Il ritrovamento di questo reperto, data la sua collocazione con un carico "africano" di anfore e ceramiche del relitto della nave "punica", può fare ipotizzare un certo tipo di commercio e/o trasporto marittimo di animali dalle coste africane a quelle italiane. Compare in maniera sporadica la testuggine terrestre, di cui è stato trovato anche un carapace quasi completo. Ci sono anche alcuni reperti di tartaruga marina: difficile stabilire se la sua presenza sia legata ad azioni umane o se qualche esemplare sia potuto arrivare in loco, risalendo i corsi d' acqua salmastra. Poche le testimonianze dell'avifauna: si hanno solo 29 reperti, fra cui spiccano due frammenti di ossa lunghe appartenenti a uccelli di grosse dimensioni, probabilmente gru o cicogne, uccelli migratori comuni frequentatori delle zone umide della pianura pisana. I reperti di pesce recuperati sono appena 34: ben 25 di essi erano contenuti all'interno di un'anfora (area 2 - US 92, interno V22) mentre gli altri pochi resti provengono da tutta l'area di scavo. Dato il tipo di reperti conservatisi, formati in buona parte da frammenti di spine e di vertebre, non c'è stata la possibilità di determinarne il genere o la specie, tranne che per un frammento di parte cranica, che dimensionalmente e morfologicamente sembra appartenere alla famiglia Triglidae, forse la "Trigla hirundo L." detta "gallinella di mare".

Un numero elevato di ossa presenta una grande quantità di tagli, colpi e segni di scarnificazione, dimostrazione tangibile dell'attività di macellazione al momento dell'utilizzo diretto. Ci sono anche segni evidenti di un altro tipo di uso e di lavorazioni diverse: la

the excavation area. Given the nature of these finds, mostly consisting of fragments of backbones and vetebrae, it has not been possible to establish the genus or species, except for a fragment of skull, which from its size and morphology seems to belong to the Triglidae family, perhaps the "Triglia Hirundo L." known as the "sea chicken".

A large number of the bones bear many signs of having been cut, chopped and stripped of flesh, which is tangible evidence of butchering for direct consumption. There are also signs of other uses and treatments. The morphology and typology of other traces of cutting but also of polishing, of particular abrasion and smoothing on the various surfaces of the finds, indicate that often many of these bone fragments were worked to create decorative items, handles for utensils, domestic objects, ornaments and other artefacts. The study of the techniques adopted will give further information on the treatment and utilization of this particular material. There are also holes and perforations that are even more evident signs of specific functions, which in some cases still have to be established. An intact right metacarpus of a sheep has an artificial hole in the distal section that goes right through the bone and on the dorsal surface, near the hole, a deep incision consisting of an arrow and the Roman numeral XXV. Fellow archaeologists who were consulted on the matter stated that this was an archaic form of numbering and that the number might be "75" (fig. 9).

This particular kind of natural environment, consisting of a basin and/or a fairly deep wide canal, which perhaps connected Pisa's two rivers, had become an exceptional environment for its marine and land activities, and is strongly marked by its specific and specialized uses connected with the presence of the "harbour basin" and the patterns of its social life and economic activities. It is a unique area worthy of the utmost attention. To this end, the study of the distribution of the material asso-

morfologia e la tipologia di altre tracce di tagli e di lisciature, di particolari usure e di levi-
gature sulle varie superfici dei reperti, indicano come spesso molti di questi frammenti
ossei siano stati utilizzati e lavorati per farne oggetti decorativi, manici di strumenti, oggetti di uso domestico, ornamenti ed altro. Lo studio delle tecniche di lavorazione potrà permettere di avere una più vasta gamma di informazioni sull'uso e la utilizzazione di questo
particolare materiale. Ci sono anche buchi e fori, segni ancor più evidenti di usi specifici
a volte ancora da definire. Un metacarpo destro intero di Pecora presenta nella parte dista-
le un foro artificiale che attraversa da parte a parte il corpo dell'osso e sulla superfice dor-
sale, accanto al buco, una profonda incisione composta da una freccia e dal numero romano XXV: i colleghi archeologi, interpellati in merito, hanno stabilito che trattasi di una
forma arcaica di numerazione e che il numero così formato potrebbe essere il "75" (fig. 9).

Questo particolare tipo di ambiente naturale, costituito da una conca e o da un largo
canale con profondità medie, che forse collegava tra loro i due fiumi di Pisa, divenuto un
eccezionale ambiente antropizzato per le sue attività nautiche e terrestri, a bordo e a riva,
è fortemente definito per gli usi specifici e specializzati legati alla presenza del "bacino
portuale", con i suoi usi e costumi socio-economici: esso pertanto rappresenta un *unicum*
da evidenziare e studiare con tutta la massima possibile attenzione. A questo proposito,
risulta esplicativo lo studio della distribuzione del materiale relativo a due delle imbarcazioni meglio caratterizzate, che sono la nave "punica", e la nave B.

La prima imbarcazione, presa in esame, è la cosidetta nave "punica": così sono stati
chiamati i numerosi pezzi di fasciame appartenenti a una grande nave naufragata accanto
ai resti di un pontile di legno, nello scavo dell'ampliamento Sud. Il nome le deriva dal
carico costituito da una notevole quantità di anfore e da una grande numero di cerami-

ciated with the two best-preserved vessels, which are the "Punic" Ship and Ship B, is especially illu-
minating.

The first vessel examined is the so-called "Punic" Ship, the name given to the numerous timbers
from a large ship wrecked alongside the remains of a wooden jetty, in the south extension of the excavations. This name derives from its cargo consisting of a considerable number of amphorae and pottery, which appear to come from the Punic region. This hypothesis is borne out by the bone of a lion,
most probably from Africa, which was found amongst the cargo of earthenware. For this reason the
wreck is also known as the "ship of the lion". In addition to this animal, the remains of at least three
horses, "on the hoof" merchandise, perhaps suggests that this ship served a special function. The second vessel examined is Ship B. This is the most ancient and among the best preserved of the three
cargo ships discovered to date. Its cargo is still *in situ* and consists of a series of amphorae stowed
in staggered rows one above the other, with a ballast of various materials below. These materials indicate that the cargo came from the area of the Gulf of Naples. The distribution of the material and
the proportion of the animal species in the two ships are illustrated and compared in Table II.

che, il cui insieme sembra indicare una provenienza dall'area punica. Questa ipotesi sembra confermata dalla presenza a bordo, frammisto al carico ceramico, di un esemplare di Leone, con ogni probabilità proveniente dall'Africa. Per questo fatto, il relitto viene definito anche la "nave del Leone". La presenza, oltre a questo animale, dei resti di almeno tre cavalli "merce viva" evidenzia forse una particolare funzione di questa nave. La seconda imbarcazione trattata è quella chiamata nave B: è quella più antica e tra le più conservate delle tre onerarie finora trovate. Ha conservato il carico in posto, costituito da una serie di anfore ancora stivate su filari sovrapposti e sfalsati, con al di sotto una ingente zavorra, composta da materiale eterogeneo. L'insieme e la tipologia di questi materiali comprovano che il carico proveniva dall'area del Golfo di Napoli.

La distribuzione del materiale e la ripartizione delle specie animali delle due navi sono illustrate e confrontate nella Tabella II.

Table II – *The Animals on the Two Ships*

Domestic animals	the "Punic" Ship		Ship B	
	N.F.	%	N.F.	%
Bos taurus L.	274	283	7	7,9
Ovis vel Capra	240	248	22	24,7
Sus scrofa L.	379	391	53	59,6
Equus caballus L.	18	19	–	–
Canis familiaris L.	31	32	1	1,1
Gallus gallus	12	12	2	2,2
TOTAL	954	98,5	85	95,5

Wild animals	N.F.	%	N.F.	%
Cervus elaphus L.	1	1	–	–
Pantera Leo L.	1	1	–	–
Vulpes vulpes L.	1	1	–	–
Lepus europaeus Pallas	2	2	1	1,1
Testudo sp.	3	3	–	–
Aves	6	6	3	3,4
Pisces	1	1	–	–
TOTAL	15	1,5	4	4,5

TOTAL IDENTIFIED FINDS	969	62,8	89	63,6
Unidentified Fragments	573	37,2	51	36,4
GENERAL TOTAL	1542		140	

Tab. II – *La fauna delle due navi*

Fauna domestica	la nave "punica"		la nave B	
	N.R.	%	N.R.	%
Bos taurus L.	274	283	7	7,9
Ovis vel Capra	240	248	22	24,7
Sus scrofa L.	379	391	53	59,6
Equus caballus L.	18	19	–	–
Canis familiaris L.	31	32	1	1,1
Gallus gallus	12	12	2	2,2
TOTALE	954	98,5	85	95,5
Fauna selvatica	N.R.	%	N.R.	%
Cervus elaphus L.	1	1	–	–
Pantera Leo L.	1	1	–	–
Vulpes vulpes L.	1	1	–	–
Lepus europaeus Pallas	2	2	1	1,1
Testudo sp.	3	3	–	–
Aves	6	6	3	3,4
Pisces	1	1	–	–
TOTALE	15	1,5	4	4,5
TOTALE REPERTI DETER.	969	62,8	89	63,6
Frammenti non determ.	573	37,2	51	36,4
TOTALE GENERALE	1542		140	

The osteological material in the "Punic" Ship totals 1,542 finds, 573 of which are unidentifiable splinters and fragments (37.2%). There were many species of animal on board the ship, with domestic animals well represented and the wild species "unusual". The relative proportions of domestic and wild animals and of the individual species are shown in Table III and illustrated in chart III, in chart IV (domestic animals) and in chart V (wild animals).

Table III – *The "Punic" Ship: Animal Species*

Domestic animals	N.F.	%
Bos taurus L.	274	28,7
Ovis vel Capra	240	25,2
Sus scrofa L.	379	39,7
Equus caballus L.	18	1,9
Canis familiaris L.	31	3,2
Gallus gallus	12	1,3
TOTAL	954	–
Wild animals	N.F.	%
Cervus elaphus L.	1	6,7
Pantera Leo L.	1	6,7
Vulpes vulpes L.	1	6,7
Lepus europaeus Pallas	2	13,2
Testudo sp.	3	20,0
Aves	6	40,0
Pisces	1	6,7
TOTAL	15	–
OVERALL TOTAL	969	

Il materiale osteologico della nave "punica" assomma complessivamente a 1542 reperti, dei quali 573 sono costituiti da schegge e da frammenti non determinabili (il 37,2%). Sulla nave sono presenti molte specie animali, ben rappresentate quelle domestiche, "particolari" quelle selvatiche: la ripartizione del materiale e la distribuzione tra animali domestici e selvatici vengono riportate in maniera più specifica nella Tabella III ed illustrate nel grafico III, nel grafico IV (la fauna domestica), nel grafico V (la fauna selvatica).

Tab. III – *La nave "punica": le specie animali*

Fauna domestica	N.R.	%
Bos taurus L.	274	28,7
Ovis vel Capra	240	25,2
Sus scrofa L.	379	39,7
Equus caballus L.	18	1,9
Canis familiaris L.	31	3,2
Gallus gallus	12	1,3
TOTALE	954	–

Fauna selvatica	N.R.	%
Cervus elaphus L.	1	6,7
Pantera Leo L.	1	6,7
Vulpes vulpes L	1	6,7
Lepus europaeus Pallas	2	13,2
Testudo sp.	3	20,0
Aves	6	40,0
Pisces	1	6,7
TOTALE	15	–

TOTALE COMPLESSIVO	969	

The osteological material associated with Ship B consists of a total of 140 finds, 51 of which are unidentifiable splinters and fragments (36.4%). The distribution of the material and the relative proportion of the animal species as a whole, is shown in Table II and illustrated in chart VI (animal species); the subdivision into cargo and ballast is shown in Table IV and is illustrated in chart VII (cargo animals) and in chart VIII (ballast animals).

Table IV – *Ship B: Animal Species.*

Domestic animals	cargo		ballast	
	N.F.	%	N.F.	%
Bos taurus L.	2	4,9	5	10,4
Ovis vel Capra	9	21,9	13	27,0
Sus scrofa L.	29	70,7	24	50,0
Canis familiaris L.	–	–	1	2,1
Gallus gallus	–	–	2	4,2
TOTAL	40	97,6	45	93,8
Wild animals	N.F.	%	N.F.	%
Lepus europaeus Pallas	–	–	1	2,1
Aves	1	2,5	2	4,2
TOTAL	1	2,4	3	6,2
TOTAL IDENTIFIED FINDS	41	97,8	48	49
Unidentified Fragments	1	2,3	50	51
GENERAL TOTAL	42		98	

Il materiale osteologico relativo alla nave B è costituito da un insieme di 140 reperti, dei quali 51 sono costituiti da schegge e da frammenti non determinabili (il 36,4%). La ripartizione del materiale e la distribuzione delle specie animali, nel suo insieme generale, è riportata nella Tabella II ed illustrata nel grafico VI (le specie animali); la suddivisione per carico e zavorra viene presentata nella Tabella IV ed illustrata nel grafico VII (la fauna del carico) e nel grafico VIII (la fauna della zavorra).

Tab. IV – *La nave B: le specie animali.*

Fauna domestica	carico		zavorra	
	N.R.	%	N.R.	%
Bos taurus L.	2	4,9	5	10,4
Ovis vel Capra	9	21,9	13	27,0
Sus scrofa L.	29	70,7	24	50,0
Canis familiaris L.	–	–	1	2,1
Gallus gallus	–	–	2	4,2
TOTALE	40	97,6	45	93,8
Fauna selvatica	**N.R.**	**%**	**N.R.**	**%**
Lepus europaeus Pallas	–	–	1	2,1
Aves	1	2,5	2	4,2
TOTALE	1	2,4	3	6,2
TOTALE REPERTI DETERM.	41	97,8	48	49
Frammenti non determ.	1	2,3	50	51
TOTALE GENERALE	42		98	

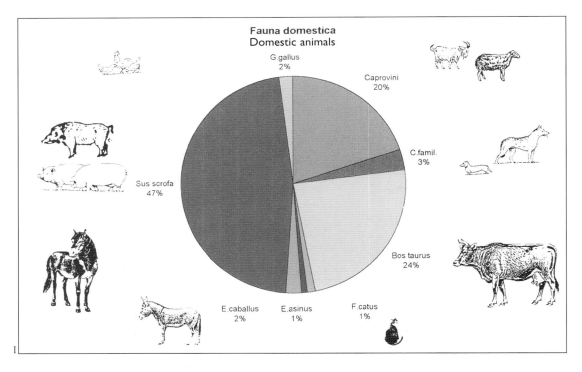

Comparison of the two "cargoes" Comparison of the two "cargoes" reveals that the "Punic" Ship was used to transport a "special cargo", whereas the finds from ship B appear to indicate that it served a more usual everyday purpose.

Confrontando tra loro i due insiemi di "carichi", è ben evidente la funzione vera e propria di "carico particolare" per la nave punica, mentre i reperti della nave B sembrano essere ed avere un ruolo di uso quotidiano e usuale.

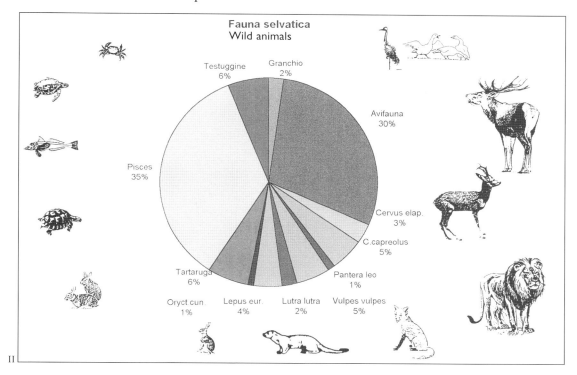

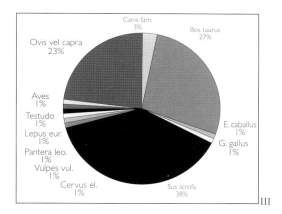

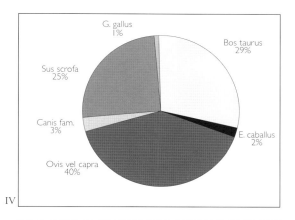

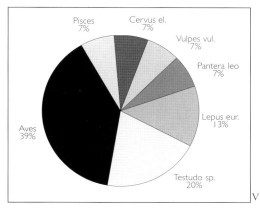

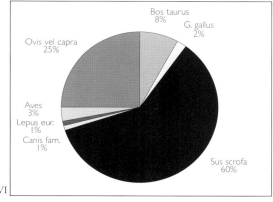

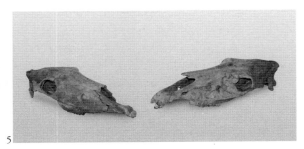

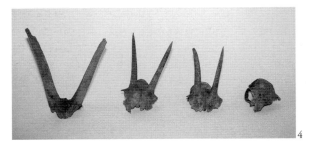

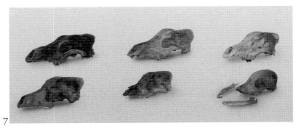

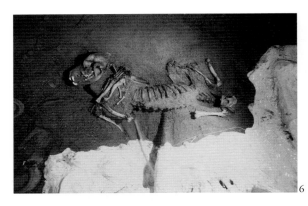

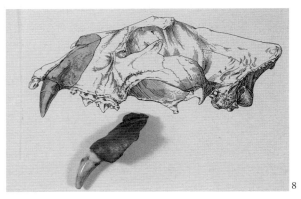

Fig. 1 I suini (Sus scrofa L.): mandibole e mascellari.
The swines (Sus scrofa L.): mandible and maxilla.

Fig. 2 I suini (Sus scrofa L.): scapole.
The swines (Sus scrofa L.): scapulas.

Fig. 3 I bovini (Bos taurus L.): cranii.
The cattle (Bos taurus L.): craniums.

Fig. 4 I capro-ovini (Ovis aries L./ Capra hircus L.): cranii.
The goat-sheep(Ovis aries L/ capra hircus L.)craniums.

Fig. 5 Il cavallo (Equus caballus L.): cranii.
The horse (Equus caballus L.) craniums.

Fig. 6 Il cane (Canis familiaris L.): lo scheletro intero.
The dog (Canis familiares L.) the whole skeleton.

Fig. 7 Il cane (Canis familiaris L.): cranii.
The dog (Canis familiares L.) craniums.

Fig. 8 Il leone (Pantera leo L.): il frammento di mascellare sinistro con il canino.
The lion (Pantera Leo L.) a fragment of the left maxilla with the canine.

Fig. 9 Il metacarpo intero lavorato di pecora (Ovis aries L.).
A sheep's whole, decorated metacarple (Ovis aries L.).

FRANCESCO
MALLEGNI

REPERTI UMANI

Durante gli scavi sono venute alla luce diverse ossa umane; esse di solito sono rappresentate da ossa uniche (un omero ed un radio appartenenti allo stesso individuo, tre femori, una tibia e due fibule che indicano altrettanti individui). Solamente in tre momenti ed in settori diversi dello scavo si è avuta la possibilità di rinvenire resti scheletrici appartenenti a tre soggetti distinti; uno è completo e riguarda l'individuo in connessione rinvenuto nelle vicinanze della nave oneraria (nave B), con scheletro di cane adagiato sulla sua mano sinistra; il secondo, rinvenuto dentro un'anfora, manca del cinto pelvico e degli arti inferiori ed è pertinente ad un neonato; il terzo è rappresentato da ossa lunghe degli arti (omero, radio e ulna destra, femore, tibia e fibula sinistra).

Le ossa rappresentano dunque 10 individui. Le diagnosi di sesso e di età alla morte sugli scheletri più o meno completi e sulle ossa uniche rivelano che esse generalmente sono pertinenti a 8 maschi, solo una è appartenuta ad una donna (rappresentata da un solo femore), il decimo individuo è il neonato di cui sopra.

Iniziamo con le nostre considerazioni proprio da quest'ultimo (fig. 1a-b): è interessante rilevare il fatto che lo scheletrino sia stato rinvenuto dentro un'anfora, tagliata *ab antiquo* al collo (si presume per farvene entrare il cadaverino); l'apertura era stata chiusa da un fastello di elementi vegetali. Questi, in seguito, erano in parte penetrati anche dentro l'anfora e ciò aveva in parte lasciato libero l'accesso alle correnti e permesso a queste ultime di asportare le parti inferiori dello scheletrino. È da presumere, allora, che il cadaverino fosse stato fatto penetrare nell'anfora dalla testa e posizionato in essa in maniera 'podalica' rispetto all'apertura del contenitore.

HUMAN REMAINS

During the excavation, various human remains were brought to light; usually these were single bones, although one humerus and one radius belonged to the same individual.,;at the same time, Three femurs, a tibia and two fibulas were all from different individuals. Only three times, in different sectors of the dig, was it possible to discover skeletal remains of three distinct individuals. One is a complete skeleton, belonging to an individual dug up in one piece in the vicinity of the honorary ship (ship B) and who had a dog's skeleton lying across his left hand. The second skeleton was retrieved from an amphora and lacks pelvc girdle and lower limbs. It belongs to a new-born baby. The third is represented by long limb-bones (right humerus, radius and ulna and left femur, tibia and fibula).

These bones have, therefore, belonged to about ten individuals altogether. A diagnosis of sex and age at time of death of these deceased (including both the more-or-less complete skeletons and also the single bones) reveals that eight were from males and only one from a female (represented by a single femur). The tenth person was the newborn baby.

We will start, then, with our findings on this last skeleton (fig. 1a-b). Interestingly, the fact emerges that this little skeleton was found inside an amphora. and had been decapitated in the manner of the ancients, presumably so that it would fit inside the amphora. The amphora's neck had been sealed originally with a bundle of twiggy vegetation. Later on, this vegetation sank part of the way inside the amphora and this allowed the currents to get inside and wash away the lower limbs of the little skeleton. That is, assuming that the corpse was placed in the amphora head-first and positioned inside it upside-down relative to the amphora's neck. So it seems that the amphora was a little cof-

L'anfora costituiva allora un piccolo sarcofago e questo era stato preparato per una sepoltura; è difficile credere che la destinazione ultima del piccolo morto fossero le acque del porto; è forse più veritiero credere che, per cause del tutto ignote, l'anfora in qualche modo scivolò nelle acque del porto (da qualche supporto o dalle mani di chi si stava preparando a dare sepoltura ai resti?) mentre veniva accompagnata, tramite un natante, alle necropoli poste al di là del porto e che rappresentava quindi per esse una parte del percorso per essere raggiunte; forse non ci si dette cura più di tanto per recuperare il povero fardello.

Lo scheletro completo rinvenuto in connessione e accompagnato dallo scheletro del cane, anch'esso in connessione, è appartenuto ad un individuo maschile dell'età apparente di 35-40 anni (figg. 2-3). Lo stato di connessione di entrambi fa presumere che i loro cadaveri rimasero sotto un cumulo di materiale dopo essere caduti in acqua e lì preservarono la loro connessione anatomica fino al momento dell'attuale scoperta.

La posizione di entrambi porta a credere che essi siano rimasti vittime di un naufragio (la natura del porto fa optare per una piena fluviale).

I loro corpi caddero in acqua da un natante (probabilmente dalla nave oneraria B che si presenta inclinata sul fondo, dal lato dei due scheletri, di uomo e di cane, con parte del suo carico al di fuori della sua fiancata).

È da considerare la posizione del collo dell'uomo; esso risulta come inchiodato al fondo da un paletto ligneo che gli sta sopra di traverso; il paletto a sua volta è trattenuto da resti del fasciame (?) del natante; si tratta di una situazione che, con l'aggiunta del carico precipitategli addosso, non ha permesso al cadavere di ritornare in superficie; il corpo si scheletrizzò lentamente insieme al cadavere del cane, rimasto a sua volta sotto il fasciame

fin prepared for burial, for it is difficult to believe that the waters of the harbour had been intended as the little corpse's final resting place. Perhaps it would be nearer the truth to believe that because of circumstances unknown to us, the amphora accidentally slipped into the waters of the harbour while it was being taken to the necropolis on the other side of the port. Who can tell how it slipped out of its support as it was making its final voyage, or what hands were about to bury it. Perhaps they went to great pains to recover the poor little burden.

The complete skeleton was dug up fully articulated, as was that of the dog which accompanied it. It was that of a man apparently around 35 to 40 years old (figs. 2-3). The state of articulation of both man and dog leads us to believe that both their bodies were left underneath a collection of other materials after they had fallen into the water. This meant that their anatomical connection was preserved right up until the moment of their discovery. From the positioning of both skeletons, we believe they may have been the victims of a shipwreck (caused, we would suggest by a flooded river, considering the nature of the port).

Their bodies fell overboard from a vessel (probably honorary ship B, which was discovered sloping downwards towards the two skeletons of man and dog, with part of its cargo slipped out beyond its broadside). We have to consider the position of the man's neck, which turns out to have been hooked onto the bottom of a wooden stake which was lying over him, cross-wise. This stake was pinned down, in its turn, by the rest of the vessel's planking. We have, here, a situation where, in addition to the cargo's having fallen on top of him, his body was not allowed to float up to the surface. Instead it slowly decomposed until only the skeleton remained, along with that of the dog, which remained at his side under the vessel's planking. Thus we are faced with a situation which is unique

del natante. Siamo di fronte ad un caso forse unico nell'archeologia; di solito i resti ossei degli annegati, una volta decomposti i loro cadaveri, vengono trascinati dalle correnti e quindi si rinvengono come ossa isolate, com'è sicuramente accaduto agli altri resti rappresentanti le altre otto entità individuali, ivi compresi i resti del terzo individuo maschile, rinvenuti in questo scavo. Il terzo individuo deve aver avuto la stessa sorte dell'altro individuo con il cane, ma le correnti hanno disarticolato lo scheletro in un secondo momento, tanto che le ossa lunghe dei suoi arti non erano troppo distanti le une dalle altre; ciò ha permesso di riconoscerle, insieme alla loro morfologia e al loro volume, come appartenenti allo stesso individuo. Interessante il fatto di aver rinvenuto principalmente individui di sesso maschile; un femore soltanto è appartenuto ad una donna. Tutto questo induce a credere che si tratti di uomini operanti nel porto e lì annegati per cause varie; se essi fossero morti sulle rive dell'Auser in tratti del fiume precedenti il porto e trasportati poi dalle correnti arenati nel bacino è da presumere che anche resti di individui di sesso femminile avrebbero avuto la possibilità di essere maggiormente rappresentati, come sono in effetti quelli maschili; si tratta ovviamente di una condizione necessaria ma non sufficiente. Lo studio, ancora preliminare, mette in evidenza una componente maschile estremamente robusta; con arti, soprattutto superiori, molto segnati da attacchi muscolari potenti; ciò avvalora l'ipotesi che si tratti di portuali avvezzi a manovrare carichi e sartiame di nave.

Si tratta di uomini con stature elevate (si va dai 168 ai 174 cm.), come non si ritrovano quasi mai nei gruppi umani del Bacino mediterraneo centromeridionale nell'ambito cronologico in cui i reperti sono compresi almeno da non ammettere che la maggior parte degli individui, almeno maschili (sei su otto si avvicinano o superano il metro e settanta di statura), facesse parte di etnie alloctone all'Italia centromeridionale e magari di origine nordica.

in the history of archaeology. Normally, once the bodies of the drowned have decomposed, the bones drift with the currents and turn up as solitary bones, as was the case with the other eight individuals, even the third male person discovered in these excavations. This third man must have met the same fate as the other fellow with the dog, but later on his skeleton was disconnected by the currents. Even so, there were enough limb-bones to be found close by others for us to realise (also from the morphology and density of the bones) that they all belonged to the same person.

Strangely enough, the remains were nearly all from males; only one femur seems to have belonged to a woman. All of which leads us to believe that we are dealing with dockers who drowned for a variety of reasons. If these had been people who had met their deaths on the rverbanks, along tracts of the Auser above the port, and had then been washed downstream and deposited in the harbour, then we should have assumed that there would have been as many female remains as male. Obviously, then, such a condition, on its own, is not sufficient to account for our evidence.

As yet, this is only a preliminary study. However, our evidence seems to suggest that the men were unusually robust, with limbs, particularly upper limbs, showing signs that powerful musculature was once attached to them. This gives weight to the theory that we are dealing with dockers here, who were accustomed to moving cargoes and rigging around. Moreover, we are dealing with taller men than were ever found in the human groupings of the Central and Southern Mediterranean. at the time when these remains were alive. They were between 168 and 174 cm.). As at least six of the eight men were over 1 metre 70 cm. tall, it may well be that they were not ethnically of Central or Southern Mediterranean origin. They may, in fact, have been of Nordic origin.

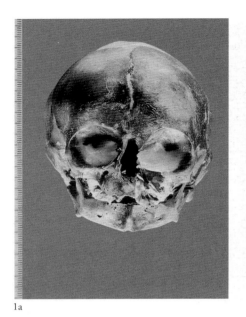
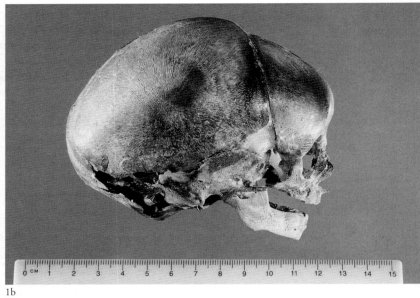

1a
1b

Fig. 1 a-b
Ricostruzione del cranio del neonato.
The reconstruction of a newborn baby's cranium.

Fig. 2 a-b
Scheletro umano e scheletro di cane al momento del rinvenimento.
Human skeleton and skeleton of a dog during recovery.

2a

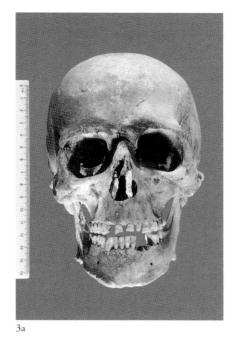

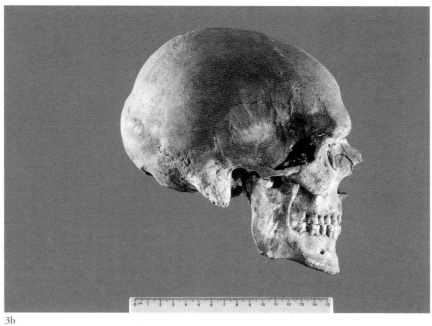

3a

3b

Fig. 3 a-b
Ricostruzione del cranio dell'adulto.
The reconstruction of the adult's cranium.

2b

0   50 cm

ANALISI PRELIMINARI SUI MATERIALI

Gianna
Giachi

Pasquino
Pallecchi

Il ritrovamento di numerosi scafi di imbarcazioni antiche nell'area del complesso ferroviario di Pisa-San Rossore costituisce un fatto di grande rilievo non solo per lo studio del legno con cui questi sono stati realizzati, ma anche per quello di tutti i materiali che li accompagnano. Le indagini analitiche coinvolgono diversi settori di competenza e comunque tempi lunghi: ci limitiamo a riportare qui alcuni risultati preliminari ottenuti mediante l'utilizzo di microanalisi a dispersione di energia (EDS) e spettroscopia micro Raman[1], per l'analisi chimica elementare, di diffrattometria RX (XRD), per lo studio delle fasi cristalline e di spettroscopia infrarossa a trasformata di Fourier (FT-IR), per la caratterizzazione delle sostanze di natura organica, oltre ad i primi risultati ottenuti dalle analisi mineralogiche-petrografiche su sezioni sottili al microscopio ottico.

Tali indagini preliminari interessano parte dei manufatti del carico, dei materiali di stivaggio dello stesso e delle sostanze impiegate per la finitura superficiale del legname delle imbarcazioni antiche, quali il calafataggio e la pittura.

Per quanto riguarda il calafataggio questo è ampiamente testimoniato sia all'esterno che all'interno degli scafi: serviva all'impermeabilizzazione del fasciame ed alla chiusura delle connettiture delle tavole; a questa funzione si accompagnava quella preservante del legno rispetto agli attacchi di tipo biologico. Per la protezione inoltre da organismi, quali molluschi, al di sopra dello stesso trattamento, nella zona dell'opera viva, gli scafi potevano essere coperti da una lamina di piombo fissata con chiodi in rame[2] come testimoniato dal ritrovamento di un frammento sporadico nell'area 2 (fig. 1).

ANALYSIS OF THE MATERIALS: PRELIMINARY RESULTS

The discovery of numerous ancient vessel in the Pisa San Rossore railway area is of great importance not only for the research on wood and shipbuilding but also for the variety of other materials found.

The analysis of these materials necessitated long-term collaboration among experts in various fields. Here, however, we have limited ourselves to the presention of some of the preliminary results of chemical analyses using energy dispersive X-ray spectrometry (EDS) and Raman[1] microspectroscopy, and of analyses applying X-ray diffractometry (XRD) to study crystalline phases and Fourier transform infrared spectrometry (FT-IR) to identify organic substances. In addition, we have the earliest results of the mineralogical and petrographical observation of thin-sections under an optical microscope.

Included in these investigations were some artifacts from the cargoes, materials used in stowage and substances used to cover the wooden surface of ancient ships such as caulking and paint.

There is ample evidence of caulking on both the inside and the outside of the ships. It was used to waterproof the planking and seal joints between planks. Another of its functions was to protect the wood against biological aggression. For added protection against such hazards as molluscs, a further protective measure was to cover the working zone of the ships with lead sheeting, which was held in place by copper nails[2]. We discovered evidence of this practice in a stray fragment from Area 2 (fig. 1).

L'analisi della componente organica del materiale di calafataggio, campionato sulle imbarcazioni B, E, F e C ha permesso di individuare una sostanza riconducibile ad una resina di natura vegetale, verosimilmente di pino, sottoposta a trattamento termico[3] e riconducibile a pece o a catrame o ad una miscela di resina e catrame[4]: informazioni più dettagliate in.proposito verranno date dalle analisi gas-cromatografiche.

L'imbarcazione C rivela una piccola zona in cui sopravvive del colore rosso (fig. 2): tale pigmento è risultato costituito da ocra rossa (ossidi di ferro e minerali argillosi). L'ocra rossa appare applicata su di uno strato bianco di carbonato di piombo (cerussite) e carbonato basico di piombo (idrocerussite) i quali risultano superficialmente trasformati, nell'ambiente di giacitura, in solfuro di piombo (galena).

I due carbonati di piombo costituiscono il pigmento bianco detto anche biacca, conosciuto nel mondo antico come 'cerussa'. Questo veniva ottenuto artificialmente per esposizione del piombo ai vapori dell'aceto e per trasformazione, mediante carbonatazione all'aria, dell'acetato così prodotto[5].

Plinio ne descrive l'utilizzo, insieme a quello di altri pigmenti, per il rivestimento delle navi mediante la tecnica ad encausto: «con questi stessi colori [e fra questi cita la *cerussa*] si tinge la cera per le pitture ad encausto, una tecnica che non è adatta per i muri e che invece è comunemente usata per le navi da guerra e perfino per quelle mercantili» (*N.H.*, libro XXXV, XXI).

L'analisi del legante dei pigmenti descritti ha rivelato la presenza di una resina vegetale, la colofonia, e di cera d'api. Sempre Plinio descrive: «allora si escogitò un terzo procedimento, servirsi cioè del pennello dopo aver fatto sciogliere la cera con il fuoco. Le pitture così applicate sulle navi non vengono intaccate né da sole né da sale o dai venti».

The analyses of the organic constituents of caulking material from vessels B, E, F and C identify it as a natural vegetable resin, most likely of pine, which has been thermally-treated[3]: either pitch, tar or a mixture of resin and tar[4]. A more precise identification must await the forthcoming gas-cromatographical analysis. Vessel C exhibits a small area where some reddish colour is still present (fig. 2). The pigment is red ochre (iron oxide and mineral clay), and this red ochre seems to have been applied on top of a white coat of lead carbonate (cerussite) and basic lead carbonate (hydrocerussite). In some areas those elements were trasformed into black lead sulphide (galena).

The two lead carbonates form a white pigment known to us as "white lead", and to the ancients as *cerussa*. This could be obtained artificially, by exposing lead to vapourised vinegar, and then trasforming acetate[5] into carbonate through contact with the air. Pliny describes its use, together with that of other pigments, in covering ships using an encaustic painting technique: «with these same colours [among which he cites "cerussa"] wax is tinted for paintwork and encaustic painting. This technique is not suited for use on walls; it is, however, commonly used for warships and even for merchant vessels» (*N.H.* XXXV, XXI).

Analysis of the pigments' binders reveals the presence of a vegetable resin, colophony and beeswax. Pliny again confirms: «then a third process is performed, wherein a brush is used after the wax has been melted on the fire. Paint thus applied to a ship weatherproofs it against sun, salt and wind».

On ship E's external planking there is evidence not only of caulking, but also of the application of white paint containing calcium carbonate and white clay (kaolinite). Here again the binders used were a mix of colophony and beeswax. Red ochre is also present on a small, stray fragment of wood: here it was spread over a calcium carbonate based primer.

Sulle fiancate esterne dell'imbarcazione E è ben evidente invece, oltre al calafataggio, l'applicazione di una pittura bianca a base di carbonato di calcio ed argilla bianca (caolinite). Anche in questo caso il legante risulta costituito da colofonia e cera d'api.

Ancora ocra rossa, stavolta stesa su uno strato preparatorio a base di carbonato di calcio, è presente su un piccolo frammento di legno sporadico, venuto alla luce in prossimità della nave D.

Lo studio del contenuto delle anfore e del materiale per il loro stivaggio è iniziato da quelle recuperate nell'area 3 dove sono state trovate molte anfore ancora integre, parte delle quali ancora adagiate all'interno dell'imbarcazione, insieme appunto al materiale utilizzato per il loro stivaggio (fig. 3). Questo era ricavato da tufo incoerente, da piccoli elementi in laterizio a forma parallelepipeda, da frammenti di ceramica, e da pietre. Le pietre appartengono a diversi tipi litologici, tra questi si evidenziano rocce sedimentarie (calcari, arenarie, travertini), rocce vulcaniche e metamorfiche (fra cui marmo). La presenza di una variabilità così rilevante di tipi litologici per lo stivaggio del carico porta a supporre, date le diverse origini delle stesse, che la nave percorresse rotte con scalo in diversi porti lungo le coste tirreniche.

Per quanto riguarda il contenuto delle anfore i campioni già analizzati indicano che una parte di esse serviva per il trasporto di materiali solidi e più precisamente di sabbia e di pigmenti. Anfore, e nel caso solo quelle del tipo Lamboglia 2 relative al carico dello scafo B, contenevano sabbie caratterizzate da elementi granulari di pirosseni, sanidino, biotite e frammenti di rocce calcaree con microfossili: da questo risulta che non si tratta di materiale locale, bensì proveniente da aree vulcaniche come verosimilmente quelle campano-laziali. Interessante sarà individuare se la sabbia trasportata rappresentasse solo

Investigations concerning the contents of the amphorae and the materials used in their stowage began with those recovered from area 3, in which many amphorae were found, some intact and still inside the vessel, along with the materials used in their stowage (fig. 3). The latter included tufas, pieces of small bricks, and chunks of ceramics and rocks. The rocks are of various types: sedimentary (limestone, sandstone and travertine), igneous and metamorphic (including marble). The use of such a variety of stones of such diverse origins for stowing cargo suggests that the ship had had numerous ports of call in its journey along the Tyrrhennian coast.

Now we come to the contentsof the amphorae. The samples analysed so far show that some of them were used to trasport solids: sands and pigments. In the cargo of Ship B, only amphorae of Lamboglia Type 2, held sands with granular elements of pyroxene, sanidine and biotite, along with fragments of a calcareous rock with microfossils. Once again we are not dealing with materials which originated locally. On the contrary, they are from a volcanic area, such as Campania or Latium. It would be interesting to discover whether the sands were being transported only as ballast, or for other purposes. Their grain size and composition are those of thinners used in the preparation of ceramics.

The pigments recovered so far from inside the amphorae take us back to realgar and red ochre. Realgar (fig. 4) is a reddish coloured arsenic sulphide (AsS) which the ancients called *sandaraca* (or *sandaracha*). According to Vitruvius[6], the best quality *sandaraca* came from Pontus, near the River Hyspanis, although Pliny[7] believed it came from the Island of Topasos in the Red Sea. Ochre was a pigment in everyday use. It could have originated elsewhere; but some writers claim that the best ochre came from the city of Sinope, in Pontus, from Lemnos in Cappadocia, from Egypt, or from the Balearic Islands.

So far, our investigations have not provided evidence of the types of liquids which were originally contained in the amphorae.

una zavorra o se ne facesse altro uso. È certo che le caratteristiche granulometriche e composizionali corrispondono allo smagrante utilizzato per la preparazione degli impasti ceramici.

I pigmenti finora ritrovati all'interno delle anfore, sono da ricondurre a realgar ed ocra rossa. Il primo è un solfuro di arsenico (AsS) di colore rosso (fig. 5) il quale era conosciuto nell'antichità col nome di "*sandaraca*" (o "*sandaracha*"). Secondo Vitruvio[6] quello di qualità migliore proveniva dal Ponto, presso il fiume Hyspanis, mentre secondo Plinio[7] dall'Isola di Topasos, nel Mar Rosso.

L'ocra era un pigmento di uso comune e poteva avere provenienze diverse, ma i tipi migliori, sempre secondo gli stessi autori, provenivano dalla città di Sinope, nel Ponto, da Lemno, in Cappadocia, dall'Egitto e dalle Baleari.

Le indagini ad oggi eseguite non hanno evidenziato tracce di contenuti originari riconducibili a sostanze liquide nelle anfore.

NOTE

[1] Le indagini in spettroscopia micro Raman sono attualmente in corso presso il Laboratorio di spettroscopie non lineari (LENS) a cura del Prof. E. Castellucci e delle Dott.sse A. Zotti, A. Perardi.

[2] DI BÉRENGER 1859-1863, p. 719.

[3] PLINIO, *Naturalis Historia*, libri XVI, XXII-XXI.

[4] DI BÉRENGER 1859-1863, pp. 630, 679, 681.

[5] PLINIO, *Naturalis Historia*, libri XXXIV, LIV.

[6] VITRUVIO, *De Architectura*.

[7] PLINIO, *Naturalis Historia*, libri XXXV, VI.

NOTES

[1] Raman micro-spectroscopy investigations are still in progress at the Non-Linear Spectroscopy Laboratory (LENS) under the supervision of Prof. E. Castellucci and Drs A. Zotti & A. Perardi.

[2] DI BÉRENGER 1859-1863, p. 719.

[3] PLINY, *Naturalis Historia*, XVI, XXII-XXI.

[4] DI BÉRENGER 1859-1863, pp. 630, 679, 681.

[5] PLINY, *Naturalis Historia*, XXXIV, LIV.

[6] VITRUVIUS, *De Architectura*.

[7] PLINY, *Naturalis Historia*, XXXV, VI.

1

2

3

4

Fig. 1
Area 2, frammento sporadico di lamina in piombo con chiodo di rame.
Area 2, sporadic fragment of lamina in lead with copper nail.

Fig. 2
Nave C, rivestimento del legno con "cerussa".
Ship C, coating of the wood with "ceruse".

Fig. 3
Area 3, parte del materiale utilizzato per lo stivaggio del carico.
Area 3, part of the material utilised for the stowage of the cargo.

Fig. 4
Immagine al microscopio ottico petrografico (Nicol +) della sezione sottile ricavata dalle sabbie contenute in alcune anfore Lamboglia 2.
Petrographic images through the optical microscope (Nicol+) of the thin section retrieved from the sand within some amphoras Lambogia 2.

Fig. 5
Realgar contenuto in un'anfora.
Realgar contained in an amphora.

Angelo
Bottini

Verso un museo delle navi di Pisa

Il cantiere dello scalo ferroviario di San Rossore ci propone in modo pressoché esemplare la complessità delle questioni che un moderno scavo archeologico di tipo estensivo solleva e della strettissima interdipendenza fra tutti gli elementi in gioco.

L'archeologia italiana, ed in primo luogo la sua componente istituzionale, il Ministero per i Beni e le Attività Culturali, è così chiamata, da subito ed in modo contemporaneo, ad affrontare e risolvere al meglio problemi che si riferiscono a temi quali la conservazione immediata (i materiali organici tendono a dissolversi molto rapidamente) ed il restauro su larga scala (in nessun altro sito è mai venuta alla luce una quantità così elevata di reperti navali), la metodologia di ricerca sul campo (nell'ambito di un cantiere perennemente alle prese con l'acqua di falda) e quella di raccolta di una mole enorme quanto disparata di dati, talora labili ed effimeri: le navi ed i loro carichi fanno parte infatti di un sistema, rappresentato da un lembo del porto in cui sono affondate, la cui conoscenza è demandata esclusivamente a quanto lo scavo fa emergere e poi di frequente cancella col suo stesso procedere, istante per istante.

Tutto questo complesso di impegni e di conseguenti attività, dovrà trovare il suo compimento naturale nella realizzazione della struttura destinata ad accogliere non solo i numerosissimi reperti, ma anche l'intero universo dei dati scientifici appena menzionati.

In virtù proprio della specificità archeologica, non si tratta infatti "solo" di predisporre uno spazio adeguato alle dimensioni dei relitti e dotarlo degli impianti tecnici e dei servizi necessari, ma di allestire dapprima un grande laboratorio di restauro (probabilmente uno dei più grandi del mondo, e per questo destinato a trasformarsi in una realtà

Plans for a museum of ancient ships in Pisa

The San Rossore site virtually epitomizes the complexity of the questions raised by large-scale modern archaeological excavation and the close interdependence of all the elements involved.

Italian archaeology, and above all its institutional component, the Ministry of National Heritage, is thus called upon to address and solve a whole range of problems simultaneously and without delay. These include immediate preservation (organic materials tend to deteriorate very quickly), large-scale restoration (in no other site has such a large quantity of naval finds come to light), the methodology of research in the field (in the context of an excavation site constantly beset by the problem of groundwater), and methods of collecting a vast and extremely varied mass of data, sometimes of an unstable and ephemeral nature. The ships and their cargoes are in fact part of a system represented by a small section of the harbour in which they sank, and which we will only be able to understand on the basis of elements brought to light by excavation and then frequently destroyed by the very processes involved.

The natural conclusion of all these efforts will be the creation of a museum to house not only the many finds but also the whole universe of the scientific data mentioned above.

Precisely because of the specific archaeological character of the finds, this is not "only" a question of identifying suitably large premises and installing the necessary technical equipment and facilities, but primarily of setting up a large-scale restoration workshop (probably one of the biggest in the world, and therefore destined to become a permanent working unit) and then creating a structure in which the materials and items brought to light are not simply exhibited for the sake of their

permanente nel tempo) e poi dare vita ad una struttura museale in cui i materiali, gli oggetti di tutti i generi rimessi in luce non siano tanto esposti, esibiti in virtù del loro intrinseco valore, quasi si trattasse di opere d'arte, ma ricollocati nella loro dimensione di testimonianze di una civiltà grande e complessa quale quella che si è sviluppata lungo le rive del Mediterraneo nell'arco di sette/ottocento anni.

Testimonianze in buona misura di eccezionale interesse intrinseco (taluni degli scafi conservano molti degli elementi della sovrastruttura di solito perduti, dai ponti agli alberi ai sedili dei rematori) ma che assurgono ad un ruolo di importanza assoluta proprio per il loro inserimento in quel tessuto complessivo di conoscenze che dovrà essrere riproposto al pubblico, certamente avvalendosi di tcniche più moderne di quelle di solito adottate nei nostri musei archeologici.

Per questo motivo, accanto alla progettazione architettonica e tecnico-impiantistica che – dovendo sorgere il museo in un complesso monumentale quale quello degli Arsenali Medicei – non può essere compito altro che della Soprintendenza pisana, uno degli elementi qualificanti sarà proprio quello della messa a punto del progetto allestitivo ed informativo-didattico.

intrinsic value, as if they were works of art, but trace the path of the great, complex civilization that developed along the shores of the Mediterranean over a span of 700-800 years.

While the items are of exceptional intrinsic interest in most cases (some of the vessels still retain many parts of the superstructure that are usually lost, such as decks, masts and benches for oarsmen), they assume vital importance as parts of the overall picture to be presented to the public by means of far more advanced techniques than those usually adopted in Italian archaeological museums.

Key importance will therefore be attached not only to the architectural and technical planning, for which the Pisan *Soprintendenza ai Beni Ambientali, Architettonici, Artistici e Storici* is naturally responsible as the museum is to be housed in the monumental complex of the Medici dockyards, but also to designing the display structure and its informational-educational component.

MARIO
CYGIELMAN

RECUPERO E RESTAURO

Il sorprendente ritrovamento, effettuato presso l'area del complesso ferroviario di Pisa San Rossore, delle numerose imbarcazioni, alcune delle quali in ottimo stato di conservazione, ha naturalmente, fin dalle prime fasi di scavo, coinvolto il Centro di restauro della Soprintendenza Archeologica.

L'esperienza acquisita dal personale del Centro sulla conservazione di materiali organici e, più in particolare, nel campo dei legni bagnati, ha fatto sì che non ci si sia trovati di fronte ad un problema del tutto nuovo, benché le dimensioni del ritrovamento abbiano imposto fin da subito ed imporranno, nelle operazioni future, l'adozione di soluzioni che dovranno essere verificate costantemente col procedere dei lavori stessi.

D'altro canto, sia in Italia che all'estero, negli ultimi anni, il recupero di natanti antichi ha contribuito a far crescere l'interesse e l'attenzione per i problemi legati alla conservazione di tali reperti, anche se, fino a questo momento, non è scaturita una tecnica di conservazione e restauro che possa essere individuata come l'unica o la migliore, senza tener conto delle peculiarità dettate dalle singole situazioni di rinvenimento.

Anche le tecniche adottate in altri paesi, quali la Francia[1] e la Germania[2] non sempre si allineano con gli indirizzi metodologici che il Centro di Restauro, conformandosi alle direttive dell'Istituto Centrale del Restauro, ha fatto suoi, come ad esempio l'assoluta reversibilità degli interventi per non precludere, nel tempo, l'applicazione di eventuali nuove tecniche. Ciò nonostante, sia queste esperienze che quelle in atto, pur se in scala ridotta, per il restauro della nave romana di Comacchio[3] o di quelle di Fiumicino[4], Ercolano[5] Marsala[6] e Ravenna, potranno fornire utili spunti di confronto sui modi di

RETRIEVAL AND RESTORATION

The astonishing discovery of numerous shipwrecks, some in an excellent state of preservation, in the vicinity of the Pisa-San Rossore railway station, has, since the start of the excavation work, naturally involved the Restoration Centre of the *Soprintendenza Archeologica*.

The experience acquired by the centre's staff in the field of the conservation of organic materials, and especially of damp wood, meant that they were not faced with a completely new problem. Nonetheless, the very scale of the discovery immediately demanded, and will continue to demand, the adoption of techniques that will have to be constantly verified as the work progresses.

In recent years, both in Italy and abroad, the retrieval of ancient ships has contributed towards increasing the interest in and concern about the problems associated with the conservation of these finds. However, a method of conservation and restoration that can be considered the only one or the best one, regardless of the particular aspects of individual situations, has not yet emerged.

Even the techniques adopted in other countries, such as France[1] and Germany[2], are not always in line with the methodological policies that the Restoration Centre, in accordance with the directives of the Central Institute of Restoration, has adopted, for example the absolute reversibility of interventions so as not to preclude the application of new techniques in the future. Nevertheless, both these experiments and the work in progress, on a smaller scale, on the restoration of the Roman ship at Comacchio[3] or those at Fiumicino[4], Herculaneum[5] Marsala[6] and Ravenna may provide a useful comparison of methods of intervention[7] for the situation at Pisa. In this case the excavation of the

intervento[7] anche per la realtà pisana. Nel nostro caso le fasi di recupero delle navi sono rese ancora più complesse dalla gran quantità di materiali che si accompagnano ad ogni imbarcazione, quali i materiali relativi al carico, oltre che dalla profondità di giacitura.

La stretta interdipendenza tra lo scavo stratigrafico ed i primi interventi conservativi alle strutture lignee ha fatto sì che i tempi di lavoro si siano dilatati, onde evitare di perdere qualunque tipo di dati ed informazioni, sia nell'uno che nell'altro campo, ma soprattutto per garantire la tutela delle delicate strutture lignee.

Di pari passo si è proceduto con un intenso programma di analisi, condotte sia sulle diverse specie legnose delle imbarcazioni, sia sugli altri materiali organici ad esse connessi (gomene, ceste, accessori personali, come le calzature in legno e cuoio, ecc.), sia sui reperti rinvenuti (contenitori fittili e loro rispettivi contenuti alimentari e non), infine sulle terre degli strati archeologici e sui sedimenti naturali del terreno.

Una delle priorità più immediate è stata quella di procedere al recupero delle imbarcazioni, senza alterarne la struttura, col distacco degli scafi dal terreno di scavo in modo da proteggere il legno e bloccarne, per quanto possibile, il degrado. Si è imposta, pertanto, la necessità di "ingabbiare" gli scafi in una struttura in vetroresina, una sorta di guscio che ne consenta un più agevole spostamento, per poter procedere, in appositi ambienti debitamente allestiti, alle varie fasi di restauro (figg. 1-2).

Resta ancora problematico, allo stato attuale delle indagini, proporre una specifica e precisa definizione delle metodologie che verranno adottate, soprattutto in considerazione delle diverse dimensioni e del differente stato di conservazione dei numerosi scafi.

Va sottolineato al proposito che, proprio per l'eccezionalità del ritrovamento e per la conseguente singolarità degli interventi da prevedere, il Ministero per i Beni e le Attività

ships is rendered even more complex by the large quantity of materials, including items of cargo, accompanying each wreck and by the depth of the deposit. The close interdependence of stratigraphic excavation and the first measures taken to conserve the wooden structures necessarily slows operations, in order to avoid the loss of any data and information, in both fields, but above all to guarantee the protection of the delicate wooden structures.

At the same time an intense programme of analyses is being conducted on the different types of wood used for the vessels, on other organic materials connected with them (hawsers, baskets, personal effects such as wooden and leather footwear, etc.), on the finds that have come to light (pottery and the foodstuffs and other substances contained), and finally on the soils of the archaeological strata and on the natural sediments of the area.

One of the most immediate priorities was to retrieve the wrecks without damaging their structure, by removing the hulls from the excavation area in order to protect the wood and prevent, as far as possible, its deterioration. Hence it was neccessary to encase the hulls in a fibreglass structure, a kind of shell that allows them to be moved more easily, in order to be able to proceed with the various stages of restoration in specially equipped laboratories (figs. 1-2).

It is still difficult, at this stage of the investigations, to give a specific and precise description of the methods that will be adopted, especially given the different sizes and different states of preservation of the many hulls.

It must be underlined in this regard that, because of the exceptional nature of the discovery and, consequently, the unusual interventions to be programmed, the Ministry of National Heritage has set up a special scientific and technical committee to evaluate the most suitable solutions.

Culturali ha infatti istituito un'apposita Commissione tecnico-scientifica che valuti le soluzioni più idonee.

Come immediato intervento conservativo dovrà essere prevista, per gli scafi, la possibilità di immersione in acqua demineralizzata con antifungini, in vasche appositamente costruite, al fine di procedere alla desalinizzazione ed alla perfetta pulitura di tutte le strutture lignee ancora ricoperte da strati fangosi.

Si proseguirà poi con l'impregnazione per il consolidamento del legno, optando per una immersione in vasca oppure procedendo alla costruzione di un guscio a tenuta stagna ma che consenta il passaggio delle sostanze impregnanti. Si procederà poi con le fasi di essiccazione del legno e con la definitiva stabilizzazione.

Se il restauro delle imbarcazioni si configura come problema prioritario e di gran lunga più complesso, tuttavia esso non è l'unico. Ampia parte degli sforzi sarà infatti dedicata al restauro dei reperti, sia quelli di natura organica che quelli ceramici, metallici, litici, vitrei, ecc.

L'intero svolgimento di tali complesse e diversificate operazioni implicherà vari campi, con l'impiego di tecniche e metodologie disparate; i lavori verranno eseguiti dal personale tecnico del Centro di Restauro della Soprintendenza ai Beni Archeologici della Toscana o da tecnici sotto l'egida di quest'ultimo.

Per la durata di una siffatta impresa si prevedono tempi obbligatoriamente lunghi; sarebbe pertanto auspicabile, nel pieno rispetto delle vigenti norme di sicurezza, poter rendere visibili fin da subito le varie fasi del restauro, per non occultare al pubblico un rinvenimento di tale entità, ed allestire quindi spazi didattici intorno ad un cantiere di lavoro che occorrerà organizzare come una struttura "aperta".

The first treatment will be the immersion of the hulls in demineralized water with a fungicide in specially constructed tanks in order to be able to proceed with the desalination and thorough cleaning of all the wooden structures still covered with layers of mud.

The wood will next be soaked in substances to consolidate it, either by immersing it in a tank or by constructing an airtight shell that would however permit the passage of these substances. It can then be dried and seasoned. Though the restoration of the ships is the highest priority and by far the most complex problem, it is not the only one. The conservation of the small finds – organic materials, ceramics, metals, stone, glass, etc. – will also be an extremely exacting task.

These complex and diversified operations will bring together various fields, and necessitate the adoption of the most varied techniques and methodologies. The work will be undertaken by the technical experts of the Restoration Centre of the *Soprintendenza ai Beni Archeologici della Toscana* or by technicians working under its aegis.

So great and complex an undertaking will inevitably take a long time, and one hopes that, from this point on the general public will be able to view the various stages of the restoration of this major discovery – in accordance with the requisite security regulations, and that information centres will be set up around a work site organized as an "open" structure.

1

Fig. 1
Interventi di resinatura.
Interventions of resin coating.

Fig. 2
La nave B con il rivestimento in resina.
Ship B with a coating of resin.

NOTE

[1] HESNARD 1994, pp. 195-216.
[2] PFERDEHIRT 1995.
[3] BERTI 1990.
[4] SANTAMARIA SCRINARI 1979.
[5] FERRONI - MEUCCI 1989.
[6] FERRONI - MEUCCI 1995-1996, pp. 282-350.
[7] MEUCCI 1992, pp. 51 e segg.

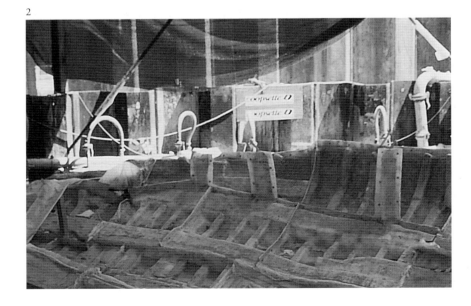

2

NOTES

[1] HESNARD 1994, pp. 195-216.
[2] PFERDEHIRT 1995.
[3] BERTI 1990.
[4] SANTAMARIA SCRINARI 1979.
[5] FERRONI-MEUCCI 1989.
[6] FERRONI - MEUCCI 1995-1996, pp. 282-350.
[7] MEUCCI 1992, pp. 51 ff.

FABIO
FIESOLI

FABRIZIO
GENNAI

TECNICHE DI RECUPERO DEI MATERIALI ORGANICI

Le particolari condizioni di giacitura hanno consentito il rinvenimento di una quantità eccezionale di materiale organico quale legno, cordame, intrecci in fibra vegetale, cuoio etc.

Il recupero di questi reperti ha posto diversi problemi dovuti, da una parte, allo stato di conservazione ed alla facile deperibilità dei materiali, dall'altra, alla composizione degli strati di giacitura costituiti prevalentemente da sabbia e argilla.

Per asportare gli oggetti sono stati praticati tagli nel terreno per mezzo di lamine metalliche.

L'asportazione dei reperti inglobati nella sabbia ha posto il problema della scarsa coesione di questa che impedisce di effettuare lo stacco dal terreno senza un adeguato contenimento. I reperti inglobati nell'argilla invece, non hanno creato problemi di stacco, data la plasticità del sedimento, ma hanno presentato successive difficoltà di pulitura.

Cordame e legni lavorati, dopo lo stacco, sono stati posizionati su assi di legno opportunamente ricoperte con pellicola in polietilene, che ha permesso di mantenere il grado di umidità originario e, di conseguenza, la conservazione fino al momento dei trattamenti di pulitura e restauro, che verranno effettuati, presso il Centro di Restauro di Firenze.

I reperti in cuoio invece, dopo le fasi di scavo e asportazione dal terreno, sono stati liberati dalla terra con lavaggi effettuati direttamente sul cantiere di scavo e immersi in vasche contenenti acqua e soluzione antifungina (Preventol R80 all'1%) in attesa dei trattamenti successivi.

TECHNIQUES USED IN THE RECOVERY OF ORGANIC MATERIAL

The particular nature of the overlying deposits has allowed the recovery of an exceptional amount of organic material, including wood, rigging, interlaced vegetable fibres, leather, etc.

Recovery of material from this dig has posed various problems. On the one hand, these were due to the state of conservation and easy perishability of finds, and, on the other, to the composition of the layers of earth, which consisted, predominantly either of sand or clay.

Objects were removed by slicing the terrain with metal blades. Removal of objects enclosed in sand posed the problem of lack of cohesion of sand particles, which hindered our attempts to remove them without adequate containment. For those objects surrounded by clay, on the other hand, there was no problem of removoval, thanks to the plasticity of this sediment. Instead, however, it presented us with later cleaning difficulties.

Once rigging or carved wooden objects had been removed, they were placed on wooden axes, previously covered with a film of polyethylene, which allowed us to conserve them at their accustomed degree of humidity. Consequently they could be conserved right up to the time of cleaning and restoration, which was carried out at the Restoration Centre in Florence.

After excavation and removal from the ground, the leather exhibits were, however washed immediately, on site, to remove earth from them before immersing them in baths of water with anti-fungal solution (Preventol R80 at 1%) where they were to await further treatment.

As regards the interlaced vegetable fibres, (purses, mats and baskets, etc.), the procedure for recovery was more complicated. Once an interlaced object was uncovered its visible surface was

Per gli intrecci in fibre vegetali (borse, stuoie, cesti etc.), il procedimento di recupero è stato più complesso.

Una volta portato alla luce l'intreccio, si è effettuata la pulitura della parte a vista sulla quale è stata applicata una pellicola in polietilene e poi realizzato un calco in vetroresina. Dopo la catalizzazione del calco, si è effettuato lo stacco dal terreno mediante una lamina metallica. Il tutto è stato successivamente capovolto per completare lo scavo e la pulitura della parte interna sulla quale si è ripetuta l'operazione di resinatura. A questo punto, tra i due gusci, prima della loro chiusura con bulloneria di acciaio inox, si sono inseriti uno o più tubi in PVC necessari per l'immissione dell'acqua indispensabile al mantenimento del contenuto d'acqua del reperto.

Particolari problemi ha presentato l'asportazione di un contenitore di forma troncoconica di cospicue dimensioni. Il manufatto è realizzato con elementi vegetali su intelaiatura di stecche verticali tenute insieme da vermene intrecciate tra loro.

Le notevoli dimensioni del cesto, rinvenuto adagiato su di un fianco in uno strato sabbioso (fig. 1), facevano temere un eventuale collasso nel caso si fosse proceduto con lo scavo, data la particolare fragilità delle sue componenti e la scarsa coesione del terreno che lo inglobava. Per il recupero di quest'oggetto è stata progettata ed utilizzata una particolare tecnica definita 'a cassa', che ha permesso di intervenire senza rischiare di arrecare danni ulteriori all'oggetto (fig. 2a-d).

Nel terreno intorno al reperto, lasciando uno spazio di cm. 10 per lato, sono stati inseriti quattro pannelli di legno collegati agli spigoli in modo da costituire i lati verticali della cassa (fig. 2a). La superficie già in luce del cesto è stata protetta con pellicola trasparente e ricoperta di sabbia fino al limite superiore del contenitore. La sabbia immessa

cleaned and a skin of polyethylene was applied to it. Then a fibre-glass cast was made. After catalyzation of the cast, the object was removed from the ground with a metal blade. The whole thing was then turned upside-down, to complete the excavation, and the underside was cleaned for the fibre-glass cast operation to be repeated. At this point, while the object was between the two sheets, but not, as yet, fixed together with stainless steel rivets, one or more P.V.C. tubes were inserted in order to allow water to enter. This is a must if the water content is to be maintained at the same level as when the object was discovered.

The removal of a conspicuously large basket, shaped like a conical trunk, caused special problems (fig. 1). This object was made of vegetable elements woven round a framework of vertical sticks and held in place by shoots which were interlaced with each other. It was discovered lying to one side of a sandy strata. The basket's unusual size meant that there would be a problem that it might eventually collapse if we carried on working to free it, as its components were especially fragile and there was little cohesion in the terrain surrounding it. In order to recover it, we worked out and put into use a special technique of encapsulation, which allowed us to work without risk of damage to it. Leaving a 10 cm. space to the side of the exhibit, we inserted four wooden panels into the earth around the object. These panels were connected by strings so that they would make up the four vertical sides of a container (fig. 2a).

The topside of the basket had already been unearthed and protected with a transparent film. It was re-covered in sand, right up to the top of the container, and the sand was then packed down and then fixed in place with an application of special preparation adapted for such situations (Primal AC 33 in a 5% solution).

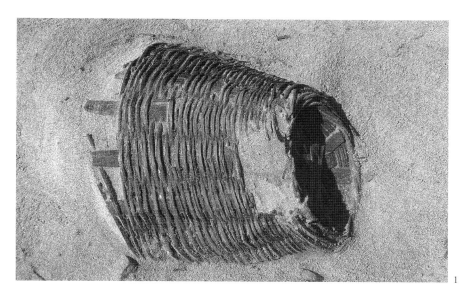

Fig. 1
Cesto al momento del rinvenimento.
Basket during recovery.

Fig. 2 a-d
Le varie fasi del recupero.
The various phases of the recovery.

Fig. 3
Cesto con rivestimento in vetroresina.
Basket with a coating of fibreglass.

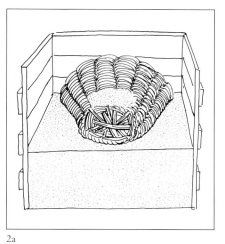

2a

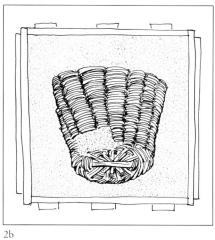

2b

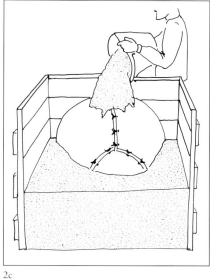

2c

2d

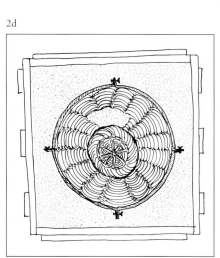

3

è stata compattata e infine consolidata con l'applicazione per imbibizione di un opportuno prodotto (Primal AC 33) al 5%.

A questo punto la cassa è stata chiusa sul lato superiore utilizzando un altro pannello in legno e tutte le parti sono state saldamente fissate tra loro con filo di ferro e viti. Per il taglio del lato inferiore è stato utilizzato un foglio di lamiera di mm 6 di spessore, il quale, una volta assicurato alla cassa per mezzo di fori precedentemente effettuati, ne ha completato la definitiva chiusura.

La struttura è stata imbracata, sollevata con l'ausilio di un mezzo meccanico e trasportata fuori dall'area di scavo, dove è stato possibile effettuare le operazioni successive: ogni lato del parallelepipedo è stato smontato singolarmente partendo dalla posizione originaria dell'oggetto ed intervenendo sempre dall'alto (fig. 2b). Il cesto è stato liberato dalla sabbia e ripulito, quindi protetto con pellicola in polietilene e fasciato con fogli di vetroresina: a questo punto è stato riempito di nuovo con sabbia (fig. 2c).

Il pannello è stato richiuso in modo da poter girare la struttura e lavorare sul lato successivo. Questa operazione è stata ripetuta sul lato che guardava l'interno del manufatto (fig. 2d). Dopo la pulitura anche la parte interna del cesto è stata chiusa in una camicia di vetroresina, costruita con parti indipendenti e smontabili (fig. 3) fissate tra loro per mezzo di bulloni. Alla fine il cesto ormai completamene protetto dal guscio di vetroresina, è stato liberato dalla sabbia e dalla cassa. Così protetto il reperto può attendere le fasi di conservazione e restauro.

At this point another wooded panel was used as the lid, and the box was closed up. All the panels were then firmly fixed together using wire and screws. In order to cut away the underside, a 6mm thick metal sheet was used. Once this had been fixed to the box by means of previously bored holes, the box was properly sealed up. The structure was put into a sling, lifted out by mechanical means and transported away from the site of the excavation, to a place where it would be possible to continue working on it. There, the object was placed in the same position that it had known while in the ground. Then the sides of the parallelepiped were removed, one at a time. All work on the basket was done from above (fig. 2b). The basket was freed from the sand and cleaned, protected with a polyethylene film and a sheet of fibre-glass and then re-supported with sand (fig. 2c). The panel was then closed up again and the structure turned so that this procedure could be repeated for the next side. Afterwards the operation was repeated for the inside of the object (fig. 2d). When the inside had been cleaned, too, it was enclosed in a coating of fibre glass armour - made up of seperate pieces which could be disconnected from each other when necessary (fig. 3).

The basket was, finally, completely protected by its fibre-glass shell. Now, at last, it could be liberated from the sand and the box. Thus protected, the exhibit may await further phases of conservation and restoration.

ARMANDO
DE VUONO

PAOLO
MACHETTI

RILIEVO E RESTITUZIONE GRAFICA DEGLI SCAFI

Il difficile recupero delle navi rinvenute a Pisa San Rossore, dovuto principalmente alle precarie consistenze strutturali e meccaniche del legno degli scafi, ha imposto agli addetti delle particolari metodologie di scavo e di rilievo.

Benché le navi si presentino con una struttura all'apparenza integra, in realtà la rimozione del terreno circostante ed il conseguente essiccamento del legno portato alla luce, rischiano di provocare il collasso sia delle strutture, che delle fibre legnose. Si è reso pertanto necessario mantenere gli elementi lignei costantemente umidi e dopo aver subito un primo intervento di pulitura del sedimento (di una piccola porzione, ampiezza massima indicativa mq. 0,5-1,5) vengono prontamente supportate da un guscio di resina.

Le operazioni di scavo e di resinatura procedono di pari passo proprio perché il guscio di resina ha l'indispensabile funzione di sostenere la struttura degli scafi permettendo così la futura rimozione degli stessi ed il trasporto in laboratorio per il consolidamento ed il restauro.

Per il rilievo degli scafi si è dovuto tenere conto principalmente dell'impossibilità di una visione completa degli elementi, della difficoltà di accesso dovuta alla loro fragilità e del pochissimo tempo che intercorre fra le operazioni di scavo e di resinatura.

La metodologia adottata, tenendo conto delle difficoltà sopracitate, che precludono tra l'altro, l'utilizzo del metodo fotogrammetrico, è stata quella dell'utilizzo di uno strumento topografico (stazione totale) che permette la collocazione spaziale dei punti significativi appartenenti agli elementi che compongono le navi, mediante la misurazione di angoli zenitali, azimutali, distanze reali e ridotte sul piano orizzontale, quote e dislivelli, rispetto ad

SURVEY AND GRAPHIC REPRESENTATION OF THE SHIPS

The structural and material fragility of the hulls and timbers of the vessels found at San Rossore have made it necessary to adopt special methods of excavation and survey.

Although the vessels appear to be intact, the removal of the surrounding earth and the consequent drying of the exposed wood could lead to the collapse both of the structures and of the wood fibres themselves. They have therefore been kept constantly moist and are being fitted with a supporting shell of fibreglass after initial cleaning to remove a small portion of sediment measuring no more than 0.5-1.5 square metres. The operation of fibreglass application is being carried out in step with excavation precisely because the shell will serve to support the structure of the vessels when they are removed and transported to the workshop for consolidation and restoration.

The fibreglass is applied in panels to the surfaces of the structures so as to form a self-supporting shell capable of supporting the entire vessel.

In surveying the vessels it has been necessary above all to take into account the impossibility of obtaining an overall view of the various elements and the limited access due both to their fragility and to the very short interval between excavation and fibreglass application.

In view of these difficulties, which also preclude photogrammetry, use is made of a topographic tool (total station) that makes it possible to plot significant points associated with the constituent elements of the ships through the measurement of zenith and azimuth angles, real distances, distances reduced on the horizontal plane, heights and differences in level with respect to a given point.

un punto. Essendo richiesta una particolare precisione nella misurazione, è stata adottata la procedura della media aritmetica che implica misurazioni ripetute automaticamente e di continuo verso il prisma durante il ciclo di misurazione, la cui durata è decisa dall'operatore. La media di tutte queste misure è aggiornata ed appare ripetutamente sul *display* dello strumento. La precisione del metodo della media è espressa in +/− 0.05-0.03 mm. per misurazioni effettuate da una distanza non superiore ai m. 10.

Lo strumento, dotato di registratore interno capace di memorizzare i dati, rende particolarmente veloci le operazioni di acquisizione dei punti e, attraverso un *software* dedicato, è inoltre in grado di trasferire gli stessi direttamente all'elaboratore elettronico in forma compatibile con l'interfacciamento con programmi C.A.D.

La mancanza di punti fissi sullo scafo per il collegamento delle porzioni rilevate in fasi successive, sia per il naturale movimento del legno sia per il loro inglobamento all'interno della resina, ha richiesto la creazione di una maglia di punti di riferimento esterna alle strutture. Sulle palancole metalliche che circondano ogni imbarcazione sono stati determinati, infatti, una serie di punti debitamente identificati ai quali far riferimento in ogni campagna di rilievo.

Sono stati inoltre realizzati particolari supporti per i prismi, dotati di bolla sferica, per garantire l'accessibilità a punti disagiati.

La fase di rilievo si articola nella preliminare realizzazione di un eidotipo accurato, sul quale viene compiuta un'operazione di discretizzazione degli oggetti da rilevare.

Si tratta di una fase molto importante in quanto l'eidotipo è lo strumento sul quale si baseranno sia le operazioni di rilievo sia quelle successive di restituzione. Data la particolarità e complessità degli oggetti in esame, il numero dei punti identificati è molto elevato,

Since particular accuracy is required, a procedure has been adopted whereby the arithmetic mean is taken of a series of measurements focused on a prism and automatically reiterated over a measurement cycle whose length is determined by the operator. The mean of all these measurements is constantly updated and appears on the instrument's display panel. The accuracy of this method can be expressed as +/−0.05-0.03 mm for measurements carried out from a distance of up to 10 metres.

The instrument is equipped with an internal recorder capable of registering data and transferring them directly to a computer, thus making data-acquisition operations particularly rapid.

In order to ensure access to awkward points, special supports have also been created for the prisms, which are equipped with a bubble level. Furthermore, the natural movement of the wood and the covering fibreglass shell result in a lack of fixed points on the hull serving to establish connections between portions surveyed at different times. It has therefore been necessary to create a grid of reference points on the sheet-metal piling around each vessel.

Before surveying commences, a precise preliminary topographical drawing is produced, which serves as a basis to pinpoint the individual objects to be surveyed.

Given the particular nature and complexity of the objects in question, a very high number of points are identified so as to ensure adequate representation of the elements surveyed.

Each day's surveying work is carried out by an operator, a draftsman and an assistant responsible for positioning the prism, and involves the acquisition of between 400 and 800 points, depending on the difficulties posed by the particular portion to be surveyed, as well as specific photographic

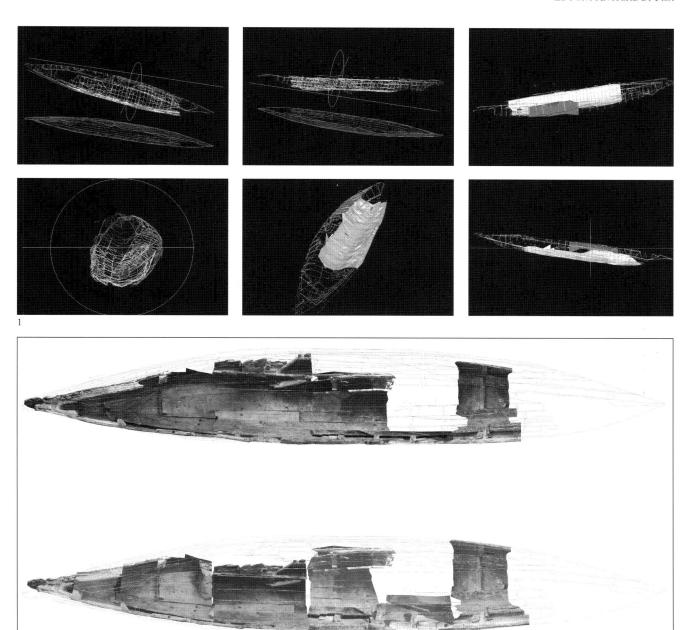

Fig. 1
Sviluppo ed elaborazione del modello 3D digitale. Vedute del modello 3d semplificato della nave F.
Development and elaboration of the digital 3D model. View of the simplified model 3d of ship F

Fig. 2
Elaborazione del modello e sua integrazione con le riprese delle varie campagne topografiche.
Elaboration and the integration of the model with the shots from the various topographical campaigns.

tale da garantire un'adeguata rappresentazione degli elementi rilevati. Ogni campagna di rilievo giornaliera, effettuata da un operatore allo strumento, un disegnatore ed un assistente addetto al posizionamento del prisma, comporta l'acquisizione di un numero di punti compreso fra i 400 e gli 800, a seconda delle difficoltà di rilievo della porzione. Complessivamente il rilievo di una nave comporta l'acquisizione di circa 80.000 punti (fig. 1). L'attività giornaliera di rilievo strumentale è accompagnata da una mirata e specifica documentazione fotografica. Tale documentazione costituisce infatti elemento essenziale per la successiva restituzione del rilievo ed è inoltre la puntuale e continua cronaca dell'avanzamento dello scavo. I dati acquisiti durante le campagne di rilievo, una volta trasferiti sul computer, vengono elaborati ed assemblati utilizzando dei *softwares* che permettono la realizzazione di disegni bidimensionali, piante e sezioni, disponibili settimanalmente, riproducibili a qualsiasi scala grafica. La metodologia di rilievo adottata permette inoltre lo sviluppo di una successiva fase di restituzione costituita dalla realizzazione di modelli tridimensionali digitali, *rendering* ed animazioni (fig. 2).

Sono già stati sviluppati, infatti, dei modelli tridimensionali di particolari delle navi mediante la creazione dei solidi "*wireframe*", realizzati sulla base del sistema dei punti rilevati, alla quale è seguita la visualizzazione solida dei modelli mediante applicazione di un effetto materico generico. La modellazione delle navi consente la definizione di riproduzioni complesse tali da permettere la visualizzazione, nella loro completezza, di ognuno degli scoff rilevati.

Il modello è pertanto in grado di fissare in una sola volta tutte le porzioni dello scafo nelle varie fasi del loro rinvenimento prima della loro necessaria chiusura all'interno dei gusci protettivi in vetroresina.

documentation. The survey of a single ship involves the acquisition of a total of around 80,000 points (fig. 1).

After being transferred to a computer, the data acquired during the survey are processed by means of software making it possible to produce two-dimensional drawings made available each week as work is in progress. They could also serve in the future as the basis for three-dimensional modelling of the objects. The model fixes all the portions of the hull in the various phases of their discovery before their necessary enclosure within the protective fibreglass shells (fig. 2).

GUGLIELMO
MALCHIODI

GLI ARSENALI

Sino ad oggi Pisa è stata famosa nel mondo per la sua Torre pendente, ma ci si sta accorgendo che c'è ancora altro da vedere e da godersi.

Tutto questo non è frutto del caso, ma della storia, dell'arte e del lavoro lungo ed appassionato di chi sa che Pisa vale e vuole conservare e valorizzare.

Già all'inizio degli anni '80 è stato predisposto da parte della Soprintendenza ai Beni Ambientali, Architettonici, Artistici e Storici e concordato con gli enti territoriali, la Primaziale ed il mondo accademico pisano, un progetto a vasto raggio di recupero e valorizzazione del sistema museale e dei Lungarni – Cittadella, Palazzo Reale, Museo Nazionale di San Matteo – da collegarsi al complesso monumentale del Duomo.

Tale progetto attende i finanziamenti conseguenti alla sua approvazione.

In questo contesto si è verificato il ritrovamento delle navi di San Rossore: contemporaneamente il consolidamento della Torre pendente si avvia a soluzione, il Giardino Scotto è in fase di avanzato recupero, la Torre di Santa Maria nel tratto di mura adiacente al Camposanto sta per essere consegnata alla fruizione pubblica, la Torre della Cittadella è stata aperta al pubblico, Piazza dei Cavalieri di Santo Stefano è finalmente illuminata in modo adeguato, Santa Maria della Spina è stata restaurata e riaperta, e così via… insomma la chiusura della Torre pendente ha scatenato una volontà di rivalsa nella città, che si sta così riscoprendo, coinvolgendo molte forze culturali, pubbliche e private. La scoperta delle navi di San Rossore deve esserne il giusto premio.

In tale clima di entusiasmo – se pur con la necessaria prudenza – stiamo lavorando a stretto contatto con la Soprintendenza Archeologica e con il Comune per sistemare in

THE DOCKYARDS

Pisa has always been famous throughout the world for its Leaning Tower, but people are now beginning to realize that there is much more to see and enjoy.

All this is not the result of chance, but of the city's history and art and of the impassioned efforts of those involved in preserving and promoting the city's heritage.

Back in the early 1980s, by agreement with the city and provincial councils, the *Primaziale* and the Pisan academic world, the *Soprintendenza ai Beni Ambientali, Architettonici, Artistici e Storici* drew up a wide-ranging project to restore and promote the city's museums and riverfront (the Cittadella, the Palazzo Reale, and the Museo Nazionale di San Matteo), and link them to the monuments in Piazza dei Miracoli.

This project now awaits the funding consequent upon its approval.

The discovery of the ships at San Rossore unfolded against this background. At the same time, the problem of consolidating the Leaning Tower is nearing completion, the Giardino Scotto has reached an advanced stage of refurbishment, the Torre di Santa Maria on the stretch of the walls adjacent to the Camposanto is about to be opened to the public, the Torre della Cittadella has been opened, Piazza dei Cavalieri di Santo Stefano has finally been equipped with proper lighting, the church of Santa Maria della Spina has been restored and reopened, and so on. In short, the closure of the Leaning Tower has spurred the city and many of its cultural organizations, both public and private, to react positively and rediscover its riches. The discovery of the ships at San Rossore could be seen as just reward for these efforts. In this climate of optimism – albeit with the necessary caution – we are

parte degli Arsenali Medicei, il Museo – Laboratorio delle antiche navi, pronti a cogliere l'occasione di ricreare concretamente e virtualmente la storia del rapporto tra la Pisa romana e medievale con il fiume e con il mare: lo stesso ha prodotto la forma del suo tessuto urbano e favorita la creazione dei suoi capolavori di architettura romanica, di scultura e pittura.

La Cittadella tornerà ad essere uno dei luoghi di Pisa di grande interesse culturale, quando sarà finito il suo recupero e ne saranno principali protagonisti proprio gli Arsenali dove convivranno il Museo delle Navi, la Soprintendenza e l'Università.

working in close contact with the *Soprintendenza Archeologica* and the City Council to set up a museum facility and workshop for the ancient ships in a part of the Medici dockyards. It is essential that we seize this opportunity to produce a physical and virtual reconstruction of the relationship of Roman and medieval Pisa with the river and the sea, which moulded the city's urban fabric and fostered the creation of its masterpieces of Romanesque architecture, sculpture and painting.

Upon completion of the restoration work, the Cittadella will resume its place as one of the city's cultural highlights, and the dockyards – which will house the ship museum, the *Soprintendenza*, and the university – will play a leading role.

Debora
Giorgi

Gli arsenali medicei

La costruzione degli Arsenali Medicei a Pisa, si colloca nell'ambito di quella politica di organizzazione territoriale, imponente e mirabile per coerenza e lungimiranza, che ha inizio con Cosimo I (1537-1574), continua con i suoi figli Francesco I (1564-1587) e Ferdinando I (1587-1609), caratterizzando il Principato per tutto il XVI secolo. La resa di Pisa nel 1509, aveva gettato la città in una condizione di decadenza e spopolamento. Fu una scelta determinante dunque quella di Cosimo, quando negli anni '40 del Cinquecento, decise di fare di Pisa un polo di sviluppo economico, complementare anziché antitetico a Firenze. La svolta ebbe inizio nel 1542 con il ripristino di Pisa nella sua funzione di prestigiosa sede universitaria, continuando con l'istituzione di franchigie a chi vi si trasferisse, l'istituzione di un'importante fiera e misure tese a ridare sviluppo all'arte della seta, consolidandosi infine nel 1562 quando Cosimo vi istituì la sede dell'ordine dei Cavalieri di Santo Stefano. Ma la rinascita di Pisa implicava importanti misure per creare le condizioni ambientali adatte perché vi si potesse insediare una popolazione abbastanza numerosa. La città infatti era assediata dalle paludi e infestata dalla malaria poiché la sua decadenza aveva portato anche quella delle opere idrauliche che disciplinavano le acque della pianura. La prima scelta di Cosimo fu dunque quella di riorganizzare l'Ufficio dei Fossi, impiegando tecnici di alto valore. Parallelamente alla bonifica idraulica si lavorò per migliorare le comunicazioni su strada tra Pisa e Firenze. Ma, dato che nel XVI secolo i trasporti per via d'acqua erano preferibili a quelli via terra, l'impegno si rivolse soprattutto allo sviluppo della navigazione interna. Fu riaperto il canale di San Giuliano, che collegava Lucca a Pisa, ma soprattutto fu scavato il canale dei Navicelli che collegava il porto di

The Medici Dockyards

The construction of the *Arsenali Medicei* or Medici dockyards in Pisa took place within a large-scale territorial policy of remarkable coherence and farsightedness launched by Cosimo I (1537-1574) and continued by his sons Francesco I (1564-1587) and Ferdinando I (1587-1609), which characterized the Principality throughout the sixteenth century. As Pisa's surrender in 1509 had thrown the city into a state of decline and depopulation, crucial importance attached to the decision taken by Cosimo in the 1540s to make Pisa a centre of economic development complementary to Florence rather than its rival. The turning point came in 1542 with Pisa's resumption of its role as the home of a prestigious university. This was followed by the introduction of incentives for people moving to the city, the creation of an important fair, and measures designed to revitalize the silk sector. The whole was consolidated in 1562, when Cosimo made Pisa the headquarters of his navy and of the Order of the Knights of St. Stephen. Pisa's rebirth also involved important measures to create suitable environmental conditions to allow a large population to settle there. The city was in fact hemmed in by marshes and infested with malaria as its decline had also led to the deterioration of the hydraulic structures regulating the waters of the plain.

Cosimo's first decision was therefore to reorganize the body responsible for drainage (the *Ufficio dei Fossi*) and staff it with highly competent technicians. Hydraulic reclamation was accompanied by work to improve communications by road between Pisa and Florence, but as waterways were preferred to overland transport in the sixteenth century, efforts focused primarily on developing inland navigation. The San Giuliano canal connecting Lucca and Pisa was reopened and, more importantly,

Livorno a Pisa. L'Arno stesso, che fino ad allora faceva una grande ansa tra Vicopisano e Bientina, fu raddrizzato nel suo corso con un lavoro iniziato da Cosimo nel 1559 e terminato da Francesco nel 1579, sotto la direzione, a quanto pare, del Buontalenti.

Infine, nel 1609, Ferdinando fece modificare lo sbocco dell'Arno al Tirreno, spostando a sud la foce e cercando di ovviare a quei problemi che rendevano pericolosa l'entrata delle navi dal mare al fiume, a causa dell'esposizione a libeccio e del costante intasamento delle sabbie portate dal vento e dalle correnti. Questa grande attenzione al rapporto tra Pisa e il mare, facilitando il collegamento con Livorno, è emblematica di una strategia che, diversamente dalla tradizionale politica fiorentina, che privilegiava le vie commerciali terrestri, intendeva dare grande risalto alle vie mediterranee. Ne sono un esempio sia la fondazione di Portoferraio, che il crescente sviluppo di Livorno[1]. Ma se soprattutto gli interventi di Ferdinando condussero Livorno a divenire il polo marittimo fondamentale, nei piani originari questo ruolo doveva spettare a Pisa e la costruzione degli Arsenali ne era il passo decisivo. Verso la metà del Cinquecento ebbe inizio la costruzione del nuovo arsenale nella parte occidentale della città, per evitare il difficile attraversamento delle navi all'interno della cerchia murata. L'edificio si va a collocare nello spazio prospiciente l'Arno tra il ponte della Cittadella, la chiesa di S. Agnese, quella di S. Vito, occupato in parte dal monastero di quest'ultima ed in parte destinato a Giardino dei Semplici[2] (fig. 1). Nel 1548 viene acquistato dalle Monache di S. Vito un pezzo di terreno per costruire nuovi capannoni dell'arsenale accanto a quelli appena costruiti. Subito dopo Cosimo, con il pagamento alle monache di mille scudi d'oro, si assicura tutti i terreni del monastero inglobando la chiesa negli edifici dell'arsenale (1551). Il nuovo complesso dell'arsenale, senza considerare le trasformazioni del XVIII secolo e successive

the Navicelli canal was built to connect Pisa with the port of Livorno. The course of the Arno, which had previously formed a great loop between Vicopisano and Bientina, was straightened through works commenced by Cosimo in 1559 and completed by Francesco in 1579, apparently under the direction of Buontalenti.

Finally, in 1609 Ferdinando had the mouth of the Arno on the Tyrrhenian shifted south and tried to eliminate the problems that made it dangerous for ships to enter the river from the sea because of exposure to the southwest wind and constant silting up due to sand carried by the wind and the currents.

This great attention to Pisa's relationship with the sea and connections with Livorno is emblematic of a strategy that broke with the traditional Florentine focus on overland trade and sought to develop the Mediterranean routes. Further examples are provided by the founding of Portoferraio and the increasing development of Livorno[1]. While it was above all the steps taken by Ferdinando that led Livorno to become the primary maritime centre, this role had been assigned to Pisa in the original plans, with the construction of the dockyards as the crucial element.

About halfway through the sixteenth century work started on the construction of the new dockyards in the western part of the city so as to avoid the difficult passage of ships inside the city walls. The yards were located on the Arno between the Cittadella Bridge and the churches of S. Agnese and S. Vito, on land occupied partly by the convent of S. Vito and partly by the Giardino dei Semplici or botanical gardens[2]. In 1548 a piece of land was bought from the nuns of S. Vito to build new sheds for the dockyards alongside those just constructed. Immediately afterwards Cosimo paid the nuns one thousand gold scudi for all the convent's remaining land, the church being incorporated

dovute alla presenza delle scuderie, oltre che alla perdita dell'ultima navata ad ovest causata dall'ultima guerra, era articolata in otto navate. Si trattava di una struttura piuttosto semplice formata da archi poggianti su pilastri, con tetto a capanna ad orditura lignea e copertura con embrici e coppi. Gli archi erano privi di catene, per non ostacolare in altezza la costruzione delle navi, mentre la spinta degli archi trasversali era contenuta da un lato dalla navata appoggiata a S. Vito, dall'altro da una navata più piccola costruita appositamente.

L'angolo acuto che si viene a creare tra la facciata, necessariamente parallela al fiume e il lato in aderenza a S. Vito, determina l'andamento delle navate, parallele fra loro ma non normali alla facciata. Le dimensioni, ben maggiori rispetto al vecchio arsenale quattrocentesco, si basavano sulle misure delle navi più grandi. Su una lunghezza media di 59 metri si hanno campate che variano dai 10.65 ai 9.20 metri, con un'altezza media di oltre 8 metri. Lo stemma mediceo posto su una vela al centro della facciata, al cui disegno contribuì, come sembra, lo stesso Buontalenti che aveva dato assistenza a buona parte della costruzione dell'arsenale, reca la data 1588, che definisce il termine della costruzione. Ma a determinare il rapido declino dell'arsenale pisano fu la stessa politica marinaresca avviata da Cosimo, che se da un lato attribuiva a Pisa un ruolo preminente quale centro produttivo e commerciale, dall'altro dava ampio spazio ad una serie di iniziative volte all'integrale sviluppo di tutto il territorio orientale del Principato. L'arsenale infatti non era ancora terminato che già si costruivano navi a Portoferraio ed a Livorno.

I tre centri di costruzione navale attivi a fine secolo, Portoferraio, Livorno e Pisa, finiscono con il creare una pericolosa concorrenza e frequentemente i migliori operai e i materiali vengono dirottati da Pisa a Livorno.

into the dockyard structures (1551). Though alterations connected with stables were made in the eighteenth century and later, the new dockyards consisted of eight sections, the westernmost of which was lost during World War II. These were fairly simple structures consisting of arches resting on pillars with a timber-frame pitched roof of pan and cover tiles. The arches were free of chains, so as not to obstruct the vertical development of the shipbuilding operations. The thrust of the transverse arches was absorbed on the one side by the section resting against the church of S. Vito, and on the other by a smaller section built specifically for this purpose. The positioning of the sections, which are parallel to one another but not at right angles to the façade, is due to the acute angle created between the façade, – necessarily parallel to the river – and the side abutting the church of S. Vito.

The structures were designed to accommodate bigger ships and hence much larger than the old fifteenth-century dockyards. Over an average length of 59 metres there are spans ranging from 10.65 to 9.2 metres with an average height of over 8 metres. The Medici crest is set on a gable in the middle of the façade and was apparently partly designed by Buontalenti, who assisted in a great deal of the construction work. It bears the date 1588, marking the year of completion. The rapid decline of the dockyards was, however, the result of the maritime policy launched by Cosimo, which assigned Pisa a predominant role as a centre of trade and production, but also gave ample space to a series of initiatives designed to develop the western territories of the Principality as a whole. Ships were in fact being built at Portoferraio and Livorno even before the Pisan dockyards were completed.

The three shipbuilding centres operating at the end of the century ended up generating dangerous competition, and the best workers and materials were frequently diverted from Pisa to Livorno. An inspection of the Pisan dockyards carried out in 1598 by Alessandro di Francesco Risal-

Un'ispezione fatta nel 1598 dal commissario generale delle galere medicee, Alessandro di Francesco Risaliti, all'arsenale di Pisa offre di quest'ultimo un'immagine ben poco entusiasmante. La manodopera abbonda ma non è sempre all'altezza, è male amministrato e mal gestito e le galere che il commissario vede in opera non gli sembrano né ben concepite, né ben costruite. Anche negli anni successivi le cose non sembrano andare meglio, e l'arsenale, per riuscire ad impiegare le sue maestranze, ripiega su lavori di falegnameria ed una parte dell'edificio viene destinata al taglio delle pietre dure. La costruzione di imbarcazioni, sebbene si tratti sempre più di barche e barconi destinati a privati continua in qualche modo fino alla metà del XVIII secolo, quando, con i Lorena, vengono vendute le due vecchie galere che ancora occupavano i locali dell'arsenale ed i suoi locali adibiti a scuderie destinate ad accogliere i cavalli del reggimento dei dragoni[3] (figg. 1-2-3-4).

1

2   3

Fig. 1
Veduta degli Arsenali di Pisa - D. Tempesti.
View of the Arsenals of Pisa - D. Tempesti.

Fig. 2 *Veduta del Lung'Arno di Pisa verso il Ponte a Mare*, Ferdinando Fambrini (1790?).
View of the Lung'Arno towards the Ponte a Mare, Ferdinando Fambrini (1790?).

Fig. 3 *Arsenale in Pisa*, Angelo Cappiardi (1823).
The arsenal in Pisa, Angelo Cappiardi (1823).

iti, general commissioner of the Medici galleys, revealed a fairly sorry state of affairs. The workforce was abundant but not always up to scratch, the yards were mismanaged, and the galleys seen in operation by the commissioner struck him as poorly designed and built. The following years appear to have seen no improvement.

The yards fell back on joinery work in order to employ their hands and part of the structure was given over to cutting semi-preciousstones.

Though focused increasingly on boats and barges for private customers, shipbuilding continued somehow until halfway through the eighteenth century, when, under the Lorraine dynasty, the two old galleys still occupying space in the yards were sold and the premises were turned into stables for the horses of a regiment of dragoons[3] (figs. 1-2-3-4).

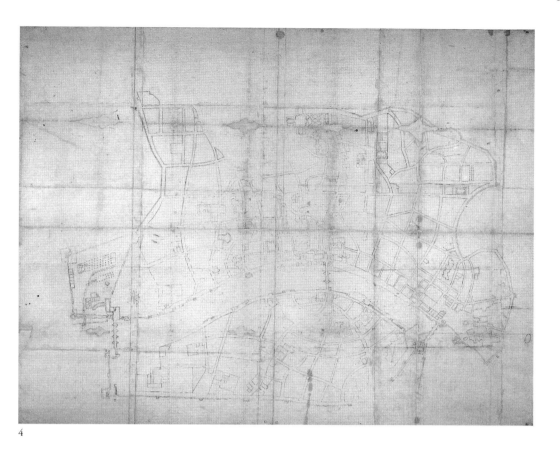

4

NOTE

[1] Nel corso di un settantennio, Livorno passa dai cinquecento abitanti dell'epoca di Cosimo ai quattromila di Ferdinando. La svolta decisiva si ebbe con la Costituzione Livornina del 1593, che concedeva larghe franchigie a chi venisse ad abitare nella città, richiamando gente di ogni provenienza, tra cui un forte numero di ebrei, che soprattutto in seguito ai problemi spagnoli, cominciarono a dar vita a quella folta comunità che ha caratterizzato Livorno fino al nostro secolo.

[2] Si veda la carta di Giuliano da Sangallo del 1509 circa. Firenze, Gabinetto dei Disegni e delle Stampe degli Uffizi, n. 7950 A.

[3] Per un approfondimento bibliografico sulle trasformazioni urbane di Pisa si veda MASETTI A.R., *Pisa. Storia Urbana*, Pisa 1964; TOLAINI E., *Forma Pisarum. Problemi e ricerche per una storia urbanistica della città di Pisa*, Pisa 1992; AA.VV., *Livorno e Pisa: due città e un territorio nella politica dei Medici*, Pisa 1980. In quest'ultimo testo, in particolare sull'arsenale mediceo, si vedano i due interessanti saggi di MAZZONI P., *Le strutture architettoniche dell'arsenale* e ANGIOLINI F., *L'Arsenale Mediceo: La politica marittima dei Medici e le vicende dell'arsenale di Pisa*.

NOTES

[1] The population of Livorno rose in the space of seventy years from the five hundred inhabitants of Cosimo's day to the four thousand of Ferdinando's reign. The crucial turning point came with the *Costituzione Livornina* of 1593, which granted substantial incentives to those prepared to settle in the city, thus attracting people from all over. These included a large number of Jews, who began to flock in especially after the outbreak of problems in Spain, and founded the flourishing community that has characterized Livorno right up to the present day.

[2] See the map drawn by Giuliano da Sangallo in about 1509. Florence, Gabinetto dei Disegni e delle Stampe degli Uffizi, n. 7950 A.

[3] For an in-depth bibliography on the urban transformation of Pisa, see MASETTI A.R., *Pisa. Storia Urbana*, Pisa, 1964; TOLAINI E., *Forma Pisarum. Problemi e ricerche per una storia urbanistica della città di Pisa*, Pisa, 1992; and the collection of essays *Livorno e Pisa: due città e un territorio nella politica dei Medici*, Pisa, 1980. In the latter, with particular reference to the Medici dockyards, see the two interesting essays by MAZZONI P., *Le strutture architettoniche dell'arsenale* and ANGIOLINI F., *L'Arsenale Mediceo: La politica marittima dei Medici e le vicende dell'arsenale di Pisa*.

Fig. 4
Carta di Giuliano da Sangallo (1509 circa), Firenze, Gabinetto dei Disegni e delle Stampe degli Uffizi - n. 7950A.
Map by Giuliano da Sangallo (1509 circa), Florence, Gabinetto dei Disegni e delle Stampe degli Uffizi - n. 7950A.

BIBLIOGRAFIA

AA. VV. 1989 - Aa. Vv., *Les bronzes antiques de Paris*, Paris 1989.

AA. VV. 1990 - Aa. Vv., *Los bronces romanos en España*, catalogo della mostra, Madrid 1990.

AA. VV., 1989 - *Il libro internazionale del Legno*, Milano 1989.

ABBATE EDLMANN *et alii* 1989 - Abbate Edlmann M. L., Dell'Amico P., Giachi G., *Un relitto romano recuperato nelle acque dell'Isola del Giglio: la struttura navale e i legni impiegati nella sua realizzazione*, in Tampone G., a cura di, *Il restauro del legno*, Firenze 1989, pp. 113-119.

ABBATE EDLMANN *et alii* 1994 - Abbate Edlmann M. L., De Luca L., Lazzeri S., *Atlante anatomico degli alberi e degli arbusti della macchia mediterranea*, Istituto Agronomico per l'Oltremare, Firenze 1994.

ABBATE EDLMANN-GIACHI 1988 - Abbate Edlmann M. L., Giachi G., *Le specie legnose del relitto navale recuperato nella Baia del Campese, Isola del Giglio*, in *Acta Naturalia dell'Ateneo Parmense*, II, 24, 1988, pp. 155-172.

ADROER 1963 - Adroer A. M., *La ceramica romana procedente da una necropolis de Barcelona (Plaza Villa de Madrid)*, *Rivista di Studi Liguri* XXIX, 1963, pp. 99-124.

AIIN - *Annali dell'Istituto Italiano di Numismatica*, Roma.

ALDERIGHI 1985 - Alderighi L., *Schede ed appendice (materiali classici)*, in *L'abitato etrusco di Montereggi. scavi 1982-1985*, catalogo della mostra, Vinci 1985.

ALDERIGHI 1987 - Alderighi L., *Ceramica a vernice nera*, in *Artimino (Firenze). Scavi 1974. L'area della Paggeria medicea: relazione preliminare*, a cura di Capecchi G., Firenze 1987, pp. 108-118.

ALEOTTI *et alii* 1983 - Aleotti R., Piccinini C., Zannoni A., *Il vasellame a vernice nera dall'abitato di Monte Bibele*, in *Monterenzio e la valle dell'Idice. Archeologia e storia di un territorio*, catalogo della mostra (Monterenzio, Casa della Cultura, 8 gennaio 1983), a cura di Vitali D., Casalecchio di Reno (Bo) 1983, pp. 147-166.

ALESSIO 1988 - Alessio A., *Le necropoli di Piazza D'Armi. Lo scavo del 1911-1914*, in *Il Museo di Taranto: Cento Anni di Archeologia*, Taranto 1988, pp. 325-370.

ALFARO ASINS 1991 - Alfaro Asins C., *Epigrafia monetal pùnica y neopùnica en España, Ensayo de sìntesis*, in *Ermanno Arslan Studia Dicata*, Milano 1991, p. 116.

ALFARO ASINS 1992 - Alfaro Asins C., *La ceca de Gadir y la acunaciones hispano-cartaginesas*, in *Numismatica hispano-punica. Estado actual de la investigacion, VII Jornadas de archeologia fenicio-punica*, Ibiza 1992, pp. 27-56.

ALFARO GINER 1984 - Alfaro Giner C., *Tejido y cesteria en la peninsula iberica*, Madrid 1984.

ALFÖLDI 1977 - Alföldi M. R., *Antike Numismatik*, Mainz am Rhein 1977.

ALMAGRO 1955 - Almagro M., *Las necrópolis de Ampurias II. Necrópolis romanas y necrópolis indigenas*, Barcelona 1955.

AMAR-LIOU 1984 - Amar G., Liou B., *Les estampilles sur amphores du golfe de Fos*, in *Archaeonautica*, 4, 1984, pp. 145-211.

AMAR-LIOU 1989 - Amar, G., Liou B, *Les estampilles sur amphores du golfe de Fos (II)*, in *SFECAG, Actes du Congrès de Lezoux (4-7 mai 1989)*, Marseille 1989, pp. 191-207.

ANDERSON-STOJANOVIC 1987 - Anderson-Stojanovic V. R., *The chronology and function of Ceramic Unguentaria*, in *American Journal of Archaeology*, 91, 1987, pp. 105-122.

ANDREWS 1977 - Andrews D., *Vetri, metalli e reperti minori dell'area sud del convento di San Silvestro a Genova*, in *Archeologia Medievale* IV 1977, pp. 162-189.

ANTONIOLI *et alii* 1999 - Antonioli F., Improta S., Nisi M. F., Puglisi C., Verrubbi V., *Nuovi dati sulla trasgressione marina olocenica della pianura Versilia, attraverso un sondaggio di 90 m.*, Convegno "Le Pianure", Ferrara 8-10 nov., Riassunti Poster, 79.

ARSLAN 1965 - Arslan E.A., *Osservazioni sull'impiego e la diffu-sione delle volte sottili in tubi fittili*, in *Bollettino d'Arte*, L, 1965, pp. 45-52.

Artimino 1987 - *Artimino (Firenze). Scavi 1974. L'area della Paggeria medicea: relazione preliminare*, a cura di Capecchi G., Firenze 1987.

Ateius e le sue fabbriche 1995 - Bruni S., a cura di, *Ateius e le sue fabbriche. La produzione di sigillata ad Arezzo, a Pisa e nella Gallia meridionale*, (Atti Convegno, Pisa 1992) "Annali della Scuola Normale Superiore di Pisa. Cl. di Lettere e Filosofia", s. III, XXV, 1995, pp. 271-461 e tavv. XIII-LVIII.

ATKINSON 1914 - Atkinson D., *A hoard of Samian ware from Pompeii*, in *The Journal of Roman Studies*, 4, 1914, pp. 26-64 e tavv. II-XVI.

Atti Bologna 1987 - *Celti ed Etruschi nell'Italia centro-settentrionale dal V sec. a.C. alla romanizzazione*, Atti del Colloquio Internazionale (Bologna 12-14 aprile 1985), a cura di Vitali D., Imola 1987.

Atti Bologna 1988 - *La formazione della città preromana in Emilia Romagna*, Atti del Convegno di Studi (Bologna-Marzabotto, 7-8 dicembre 1985), Imola 1988.

Atti Populonia 1992 - *Populonia in età ellenistica. I materiali dalle necropoli*, Atti del seminario (Firenze, 30 giugno 1986), a cura di Romualdi A., Firenze 1992.

Atti Siena 1977 - *Caratteri dell'Ellenismo nelle urne etrusche*, Atti dell'incontro di studi Università di Siena, 28-30 aprile 1976, a cura di Martelli M.,Cristofani M., in *Prospettiva* 1977, suppl. 1, Firenze 1977.

Atti Siena 1989 - *Amphores romaines et Histoire economique: dix ans de recherches. Actes du colloque de Sienne*, (20-24 mai, Rome, 1986), Rome 1989.

Bagno a Ripoli 1988 - *Bagno a Ripoli, via della Nave: i reperti mobili*, catalogo della mostra (Bagno a Ripoli, giugno 1988), Firenze 1988.

BAILEY 1975 - Bailey D. M., *A Catalogue of the lamps in the British Museum: I, Greek, Hellenistic, and early Roman pottery lamps*, London 1975.

BAILEY 1980 - Bailey D. M., *A Catalogue of the lamps in the British Museum: II, Roman lamps made in Italy*, London 1980.

BAILEY 1988 - Bailey D. M., *A Catalogue of the lamps in the British Museum: III, Roman Provincial lamps*, London 1988.

BALDACCI 1967-1968 - Baldacci P., *Alcuni aspetti dei commerci nei territori cisalpini*, in *Atti CESDIR*, I, 1967-1968, pp. 7-50.

BALDASSARRE 1967 - Baldassarre I., *Le ceramiche delle necropoli longobarde di Nocera Umbra e Castel Trosino*, in *Altomedioevo*, I, Venezia 1967.

BALFET 1952 - Balfet H., *La vannerie essai de classification*, in *L'Anthropologie*, 56, 1952.

BALIL 1968 - Balil A., *Lucernae singulares*, Bruxelles 1968.

BALLAND 1969 - Balland A., *Céramique étrusco-campanienne à vernis noir*, Fouilles de l'École Française de Rome à Bolsena (Poggio Moscini), III, 1, in *Mélanges de l'Ecole Française de Rome. Antiquité*, suppl.6, Paris 1969.

BARBIERI *et alii* 1992-1993 - Barbieri G., Catalli F., Manzi G., *Viterbo. Loc. Paliano. Saggi di scavo presso le terme romane dette "Le Masse di San Sisto"*, in *Notizie degli Scavi di Antichità*, serie IX, III-IV, 1992-1993, pp. 5-71.

BARNETT 1957 - Barnett,R. D., *A Catalogue of Nimrud Ivories*, London 1957.

BARNETT 1982 - Barnett R. D., *Ancient Ivories in the middle east and Adjacent Countries*, Jerusalem 1982.

BARONE 1974 - Barone R., *Anatomia comparata dei mammiferi domestici*, I, in *Osteologia*, Bologna 1974.

BARRA BAGNASCO 1989 - Barra Bagnasco M., *Aspetti di vita quotidiana a Locri Epizefiri*, in *Locri Epizefiri III, Cultura materiale e vita quotidiana*, a cura di Barra Bagnasco M., Firenze 1989, pp. 5-40.

BARSANTI - ROMBAI 1994 - Barsanti D., Rombai L., *Scienziati idraulici e territorialisti nella Toscana dei Medici e dei Lorena*, in *Geografia e Storia*, 2, Firenze 1994.

BARTMAN 1999 - Bartman E., *Portraits of Livia*, Cambridge 1999.

BASS-VAN DOORNINCK 1982 - Bass F. G., Van Doorninck H. F., *Yassi Ada. A seventh-Century Byzantine Shipwreck*, I, INA, Texas 1982.

BÉAL 1983 - Béal J-C., *Catalogue des objets de tabletterie du musèe de la civilisation Gallo-Romaine*, Lyon 1983.

BEBKO 1971 - Bebko W., *Les épaves antiques du Sud de la Corse*, in *Cahiers Corsica*, 1-3, Bastia, 1971, pp. 19-28.

BELTRÀN LLORIS 1970 - Beltràn Lloris M., *Las anforas romanas en España*, Zaragoza 1970.

BELTRÀN LLORIS 1977 - Beltran Lloris M., *Problemas de la morfologia y del concepto historico-geografico que recubre la notion de tipo. Aportaciones a la tipologia de las anforas betica*, in *Méthodes classiques et méthodes formelles dans l'étude des amphores*, 1977, pp. 97-131.

BELTRÀN LLORIS 1990 - Beltran Lloris M., *Guìa de la ceràmica romana*, Zaragoza 1990.

BÉMONT 1976 - Bémont C., *Recherches méthodologiques sur la céramique sigillée. Les vases estampillés de Glanum*, Bibliothèque des Écoles Française d'Athenes et de Rome, 227, Rome 1976.

BENOIT 1952 - Benoit F., *L'archéologie sous-marine en Provence*, in *Rivista di Studi Liguri*, XVIII, 1952, pp. 237-307.

BENOIT 1961 - Benoit F., *Fouilles sous-marines. L'epave du Grand Congloué a Marseille*, suppl. a *Gallia* XIV, Paris 1961.

BENOIT 1971 - Benoit F., *Pièces de gréement et d'armament en plomb, engins et pièces decorative trouvées en mer*, in *Atti del III Congresso Internazionale di Archeologia Sottomarina*, (Barcellona, 1961), Bordighera 1971, pp. 394-411.

BÉRATO 1993 - Bérato J., *Evolution de la céramique non tournée de la fin de l'Age du fer à la période gallo-romaine dans le département du Var*, in *Documents d'Archéologie Méridionale*, 16, 1993, pp. 317-336.

BERGAU 1867 - Bergau R., *Su' vasi fittili usati per la costruzione delle volte*, in *Annali dell'Instituto di corrispondenza archeologica*, 1867, pp. 405-408.

BERNABÒ BREA-CAVALIER 1965 - Bernabò Brea L.- Cavalier M., *Meligunis Lipára, II. La necropoli greca e romana nella contrada Diana*, Palermo 1965.

BERTI 1990 - Berti F., a cura di, *Fortuna Maris. La nave romana di Comacchio*, catalogo della mostra (Comacchio, 1990), Bologna 1990.

BIAGGIO SIMONA 1991 - Biaggio Simona S., *I vetri romani provenienti dalle terre dell'attuale Canton Ticino*, I, Locarno 1991.

BIANCHI 1995 - Bianchi C., *Spilloni in osso di età romana*, Milano 1995.

BIANCHI BANDINELLI 1928 - Bianchi Bandinelli R., *La tomba dei Calini Sepus' presso Monteriggioni*, in *Studi Etruschi*, II, 1928, pp. 133-176.

BIRÓ 1987 - Biró M. T., *Gorsium bone carvings*, in *Alba Regina* XXIII, pp. 25-63.

BLANCK 1978 - Blanck H., *Der Schifffund von der Secca di Capistello bei Lipari*, in *Mitteilungen des Deutschen Archäologischen Instituts, Römische Abteilung*, 85, 1978, pp. 93-97.

BLIQUEZ 1994 - Bliquez L., *Roman Surgical Instruments and other minor Objects in the National Archaeological Museum of Naples*, Mainz 1994.

BMCRE - *Coins of the Roman Empire in the British Museum*, London.

BOARDMAN 1994 - Boardman J., s.v. *Omphale*, in Lexicon Iconographicum, VII, 1994, pp. 45-53.

BOETTO 1997 - Boetto G., *Un antico ancoraggio sulla costa sud-orientale della Sicilia (Punta Braccetto-Camarina)*, in *Atti del Convegno Nazionale di Archeologia Subacquea*, (Anzio, 1996), Bari 1997, pp. 327-332.

Bologna 1982 - *Il Museo Civico Archeologico di Bologna*, a cura di Morigi Govi C., Vitali D., Ozzano 1982.

Bologna 1988 - *La formazione della città in Emilia Romagna. Prime esperienze urbane attraverso le nuove scoperte archeologiche*, III, catalogo della mostra (Bologna 26 settembre-24 gennaio

1988), a cura di Bermond Montanari G., Bologna 1988.

BONGHI-JOVINO 1984 - Bonghi-Jovino M., a cura di, *Ricerche a Pompei,* Roma 1984.

BONI 1907 - Boni G., *Roma. Esplorazione del Forum Ulpium,* in *Notizie degli Scavi di Antichità,* 1907, pp. 361-427.

BONOMI 1996 - Bonomi S., *Vetri antichi del Museo Archeologico di Adria,* in *Corpus delle Collezioni Archeologiche del Vetro del Veneto* 2, Venezia 1996.

BOYER-FEVRIER 1971 - Boyer R., Fevrier p. A., *Épave romaine à Villepey près de Fréjus,* in *Atti del III Congresso Internazionale di Archeologia Sottomarina,* (Barcellona, 1961), Bordighera 1971, pp. 160-172.

BRECCIAROLI TABORELLI 1996-1997 - Brecciaroli Taborelli L., *Jesi (Ancona). L'officina ceramica di Aesis (III a.C.-I d.C.),* in *Notizie degli Scavi di Antichità,* serie IX, 1996-1997, pp. 5-250.

BROWN 1968 - Brown A.C., *Catalogue of Terra-Sigillata in the Ashmolean Museum,* Oxford 1968.

BRUNI 1992 - Bruni S., *Presenze di ceramica iberica in Etruria,* in *Rivista di Studi Liguri* LVIII, 1992, pp. 37-65.

BRUNI 1993 - Bruni S., a cura di, *Pisa, Piazza Dante: uno spaccato della storia pisana. La campagna di scavi 1991,* Pontedera 1993.

BRUNI 1993a - Bruni S., *Ceramiche sovradipinte del V secolo nel territorio chiusino: il Gruppo Vagnonville. Una proposta di definizione,* in *La civiltà di Chiusi e del suo territorio, Atti del XVII convegno di Studi Etruschi ed Italici,* (Chianciano Terme, 28 maggio-1 giugno 1989), Firenze 1993, pp. 292 e segg.

BRUNI 1995 - Bruni S., *Prima dei Miracoli. Aspetti e problemi dell'insediamento antico nell'area della piazza del Duomo,* Conferenze 1992-1993, in *Opera della Primaziale Pisana, Quaderno, 4,* Pisa 1995, pp. 163-195.

BRUNI 1999 - Bruni S., *La tomba scoperta nel 1930, in Legoli. Un centro minore del territorio volterrano. Contributi per lo studio del popolamento etrusco nella media val d'Era,* a cura di Bruni S., Peccioli 1999, p. 149.

BRUNI-CONDE 1991 - Bruni S., Conde M.J., *Presencia ibèrica en Etruria y el mundo itàlico a través los hallazgos ceràmicos de los siglos III-I a.C.,* in *La presencia de material etrusco en la penìnsula ibèrica,* Atti della tavola rotonda (Barcellona, 24-27 aprile 1990), Barcellona 1991, pp. 543-576.

BRUNO 1995 - Bruno B., *Aspetti di storia economica della Cisalpina romana, le anfore di tipo Lamboglia 2 rinvenute in Lombardia,* Roma 1995.

BUCHI 1967 - Buchi E., *Tegole e anfore con bolli di Verona e il suo agro,* in *Archivio Veneto,* s. V, LXXXI, 1967, pp. 5-32.

BUCHI 1973 - Buchi E., *Banchi di anfore a Verona. Note sui commerci cisalpini,* in *Il territorio veronese in età romana,* Atti Convegno (Verona, 22-24 ottobre 1971), Verona 1973, pp. 531-637.

BUCHI 1974-1975 - Buchi E., *Commerci delle anfore "istriane",* in *Aquileia Nostra,* 1974-1975, coll.431-444.

BUCHI 1996 - Buchi E., *La vitivinicultura cisalpina in età romana,* in *2000 anni di cultura della vite nell'ambito alpino e cisalpino,* a cura di Forni G., Scienza A., Trento 1996, pp. 373-389.

BURNETT 1982 - Burnett A., *The Currency of Italy from Hannibalic War to the Reign of Augustus,* in *AIIN,* 1982, pp. 132-134.

BURNETT 1987 - Burnett A., *Coinage in the Roman World,* London 1987.

CALVI 1968 - Calvi M. C., *I vetri romani del Museo di Aquileia,* Aquileia 1968.

CAMILLI 1997 - Camilli A., *Note per una tipologia dei balsamari romani a fondo piatto,* in *Archivio Español de Arqueologia,* n.70, 1997, pp. 124 e segg.

CAMILLI 1999 - Camilli A., *Ampullae. Balsamari ceramici di età ellenistica e romana,* Roma 1999.

CAMODECA 1982 - Camodeca G., *Italia: Regio I (Campania: esclusa la zona di Capua e Cales), II (Apulia et Calabria), III (Lucania et Bruttii),* in *Epigrafia e Ordine Senatorio,* Atti Colloquio Internazionale AIEGL (Roma, 14-20 maggio 1981), Roma 1982, pp. 101-163.

CARRE *et alii* 1998 - Carre M. B., Hesnard A., Tchernia A., *Recueil de timbres sur amphores romaines (1989-1990 et compléments 1987-1988), Travaux du Centre Camille Jullian,* 20, Aix-en-Provence 1998.

CASSON 1971 - Casson L., *Ships and Seamanship in the Ancient World,* Princeton 1971.

CATENI 1988 - Cateni G., *Volterra. Museo Guarnacci,* Pisa 1988.

CAVAGNARO VANONI 1972 - Cavagnaro Vanoni L., *Tarquinia. Sei tombe a camera nella necropoli dei Monterozzi, località Calvario,* in *Notizie degli Scavi di Antichità,* serie VIII, XXVI, 1972, pp. 148-194.

CAVAGNARO VANONI 1986 - Cavagnaro Vanoni L., *Il linguaggio architettonico e figurativo dell'Ellenismo. Aspetti inediti della Necropoli del Calvario,* in *Gli Etruschi di Tarquinia,* catalogo della mostra (Milano, 14 aprile-26 giugno 1986) a cura di Bonghi Iovino M., Modena 1986, pp. 312-324.

CAVALIER 1985 - Cavalier M., *Discariche di scalo e relitti nei mari eoliani - Panarea e Salina,* in Archeologia Subacquea 2, Bollettino d'Arte, suppl. al n.29, 1985, pp. 79-80.

CAVALIER 1985a - Cavalier M., *Il relitto A (Roghi) del Capo Graziano di Filicudi,* in Archeologia Subacquea 2, Bollettino d'Arte, suppl. al n.29, 1985, pp. 101-128.

CAVALIERI MANASSE 1977 - Cavalieri Manasse G., *La ceramica a vernice nera, in Frova a cura di, Scavi di Luni. Relazione preliminare delle campagne di scavo, 1970-1971,* Roma 1973, pp. 78-113.

CELUZZA *et alii* 1985 - Celuzza M. G., Famà M. L., De Vos M., *Strumenti da lavoro domestico,* in Ricci A., a cura di, *Settefinestre. Una villa schiavistica nell'Etruria romana,* Modena 1985, pp. 69-71.

CERASUOLO 1984 - Cerasuolo P. R., *Pesi da telaio,* in Bonghi-Jovino M., a cura di, *Ricerche a Pompei,* Roma 1984, pp. 255-257.

CHARLIN *et alii* 1978 - Charlin G., Gassend J. M., Lequément R., *L'épave antique de la Baie de Cavalière (Le Lavandou, Var),* in Archaeonautica, 2, 1978, pp. 9-93.

CHASE 1916 - Chase H., *Museum of Fine Arts, Boston. Catalogue of Arretine Pottery,* Boston - New York 1916.

CHERUBINI - DEL RIO 1994 - Cherubini L., Del Rio A., *Le produzioni ceramiche delle basse valli del Fine e del Cecina,* in *Ceramica romana e archeometria: lo stato degli studi,* Atti Convegno, (Castello di Montegufoni, 1993), a cura di Olcese G., Firenze 1994, pp. 217-223.

CHERUBINI - DEL RIO 1995 - Cherubini L., Del Rio A., *Appunti su fabbriche del territorio pisano e volterrano,* in *Ateius e le sue fabbriche,* 1995, pp. 351-388.

CHERUBINI - DEL RIO 1997 - Cherubini L., Del Rio A., *Officine ceramiche di età romana nell'Etruria settentrionale costiera: impianti, produzioni, attrezzature,* in *Rei Cretariae Romanae Fautorum Acta,* 35, 1997, pp. 133-141.

Chianciano 1992 - Testimonianze archeologiche. Nuove acquisizioni del Museo Civico Archeologico di Chianciano Terme, Quaderni del Museo Civico Archeologico di Chianciano Terme, 2, a cura di Paolucci G., Chianciano Terme 1992.

CIAMPOLTRINI 1980 - Ciampoltrini G., *La collezione archeologica del Palazzo Comunale di S. Miniato,* in *Miscellanea Storica della Valdelsa,* LXXXVI, 1980, pp. 123-143.

CIAMPOLTRINI 1991 - Ciampoltrini G., *I porti dell'Etruria augustea,* in *Athenaeum,* LXXIX, 1991, pp. 256-259.

CIAMPOLTRINI 1996 - Ciampoltrini G., *L'insediamento etrusco nella valle del Serchio fra IV e III secolo a.C.,* in *Studi Etruschi,* LXII, 1996.

CIAMPOLTRINI *et alii* 1991 - Ciampoltrini G., Notini P., Rendini P., *Materiali tardoantichi e altomedievali dalla Valle del Serchio,* in *Archeologia Medievale,* XVIII, 1991, pp. 699-715.

CIAMPOLTRINI-RENDINI 1989 - Ciampoltrini G., Rendini P., *Un insediamento tardoantico nella Valle dell'Osa (Orbetello-GR) Indagini di superficie,* in *Archeologia Medievale,* XVI, 1989, pp. 513-522.

CIAPPI *et alii* 1995 - Ciappi S., Laghi A., Mendera M., Stiaffini

D., *Il vetro in Toscana. Strutture prodotti immagini (sec. XIII-XX),* Poggibonsi 1995, pp. 63-67.

CIARALLO-DE CAROLIS 1999 - Ciarallo A., De Carolis E., a cura di, *Homo Faber. Natura, Scienza e Tecnica nell'antica Pompei,* catalogo mostra (Napoli, 1999), Milano 1999.

CIMINO 1988 - Cimino L., *Il territorio di Casole d'Elsa nell'antichità,* in *Casole d'Elsa 1988,* Radda in Chianti 1988, pp. 21-88.

CINI 1985 - Cini S., *Vetri,* in *Archeologia urbana a Roma: il progetto della Cripta Balbi. 3; il giardino del conservatorio di Santa Caterina della rosa,* a cura di Manacorda D., II, Firenze, pp. 537-560.

CIPRIANO 1994 - Cipriano M. T., *La raccolta dei bolli sulle anfore italiche trovate in Italia,* in *Epigrafia della produzione e della distribuzione, Actes de la VIIᵉ rencontre franco-italienne sur l'épigraphie du monde romain,* (Rome, 5-6 juin 1992), Rome 1994, pp. 205-218.

CIPRIANO *et alii* 1997 - Cipriano S., Mazzocchin S., Pastore P., *Nuove considerazioni sui commerci del territorio patavino in età imperiale. Analisi di alcune tipologie di anfore da recenti scavi,* in *Quaderni di Archeologia Veneta,* XIII, 1997, pp. 99-109.

CIPRIANO-CARRE 1989 - Cipriano M. T., Carre M. B., *Production et typologie des amphores sur la côte adriatique de l'Italie,* in *Amphores romaines et Histoire economique: dix ans de recherches. Actes du colloque de Sienne,* (20-24 mai, Rome, 1986), Rome 1989, pp. 67-104.

CMER BN - Catalogue des monnais de l'empire romain, Bibliothèque Nationale, Paris 1988.

COCCHIARO 1988 - Cocchiaro A., *La necropoli,* in *La necropoli di via Cappuccini a Brindisi,* catalogo mostra, a cura di Cocchiaro A. - Andreassi G., Bari 1988, pp. 63-229.

COLETTI-PAVOLINI 1996 - Coletti C.M., Pavolini C., *Ceramica comune da Ostia,* in *Les céramiques communes de Campanie et de Narbonnaise. Iᵉ s. av. J.-C.-IIᵉ s. ap. J.-C. La vaisselle de cuisine et de table. Actes des journées d'étude organisées par le centre Jean Bérard et la Soprintendenza Archeologica per le Province di Napoli e Caserta,* (27-28 mai, Naples, 1994), a cura di M. Bats, Napoli, 1996, pp. 391-419.

COLLS *et alii* 1977 - Colls D., Étienne R., Lequément R., Liou B., Mayet F., *l'épave Port-Vendres II et le commerce de la Bétique à l'époque de Claude,* in *Archaeonautica,* 1, Paris 1977.

COLONNA DI PAOLO-COLONNA 1978 - Colonna Di Paolo E., Colonna G., *Le necropoli rupestri dell'Etruria meridionale. Norchia,* I, Roma 1978.

CONDE I BERDÒS 1992 - Conde I Berdòs M.J., *Una producció ceràmica característica del mòn ibèric tardà: el kalathos "barret de copa",* in *Fonaments* 8, 1992, pp. 117-169.

Conspectus 1990 - Conspectus formarum terrae sigillatae italico modo confectae, a cura di Ettlinger *et alii,* Bonn 1990.

CORSI SCIALLANO-LIOU 1985 - Corsi Sciallano M., Liou B., *Les épaves de Tarraconaise à chargement d'amphores Dressel 2-4,* in *Archaeonautica,* 5, 1985.

CRAWFORD 1970 - Crawford M., *Money and Exchange in the Roman world,* in *Journal of Hellenic Studies,* 1970.

CRAWFORD 1983 - Crawford M., *Unofficial Imitations and Small Changes,* in *AIIN,* 1983, pp. 139-163.

CRIMACO-PROIETTI 1989 - Crimaco L., Proietti L.M., *Vibo Valentia: necropoli in località Piercastello,* in *Annali della scuola Normale Superiore di Pisa,* serie III, XIX, 2, 1989, pp. 787-810.

CRISTOFANI 1973 - Cristofani M., *Volterra (Pisa). Scavi sull'Acropoli 1969-1971,* in *Notizie degli Scavi di Antichità,* 1973, suppl., pp. 7-245.

CRISTOFANI 1973a - Cristofani M., *Tombe ellenistiche nella necropoli del Portone,* in *Notizie degli Scavi di Antichità,* 1973, suppl., pp. 246-272.

CRISTOFANI 1975 - Cristofani M., *Volterra (Pisa). Scavi della necropoli del Portone (1971): tomba ellenistica,* in *Notizie degli Scavi di Antichità,* serie VIII, XXIX, 1975, pp. 5-35.

CRISTOFANI-MARTELLI 1972 - Cristofani M., Martelli M., *Ceramica presigillata da Volterra,* in *Mélanges de l'École française*

de Rome. Antiquité LXXXIV, 1972, pp. 499-514.

CROWFOOT 1981 - Crowfoot G. M., *Prodotti tessili, lavori d'intreccio e stuoie*, in *Storia della Tecnologia*, a cura di Singer C., 1981.

CRUMMY 1979 - Crummy N., *A Cronology of Roman-British bone Pins*, in *Britannia*, X, 1979, pp. 157-163.

CUADRADO 1977 - Cuadrado E., *Unguentarios ceramicos en el mundo iberico. Aportacion cronologica*, in *Archivio Español de Arqueologìa*, L-LI, 1977, pp. 389-404.

CUOMO DI CAPRIO-SANTORO BIANCHI 1983 - Cuomo Di Caprio N., Santoro Bianchi S., *Lucerne fittili e bronzee del Museo Civico di Lodi*, Lodi 1983.

CURTIS 1991 - Curtis R., *Garum and salsamenta. Production and Commerce in Materia Medica*, Leiden-New York-Kobenhavn-Koln 1991, pp. 6-26 e 85-96.

CVA, USA 9 1943 - CVA, USA 9, *The Metropolitan Museum of Art, New York, fasc. 1: Arretine Relief Ware*, by Alexander Ch., Cambridge, Mass. 1943.

CVArr - Corpus Vasorum Arretinorum, compiled by Oxé A., Bonn 1968.

CYGIELMAN-DE TOMMASO 1998 - Cygielman M., De Tommaso G., *Castiglion della Pescaia-Punta Ala*, in *Memorie sommerse. Archeologia subacquea in Toscana*, a cura di Poggesi G., Rendini P., catalogo mostra, Grosseto 1998, pp. 91-123.

CZURDA RUTH 1979 - Czurda Ruth B., *Die römischen Gläser vom Magdalensberg*, Klagenfurt 1979.

D'ESTE 1984 - D'Este I., *Materiali in osso*, in Bonghi-Jovino M., a cura di, *Ricerche a Pompei*, Roma 1984, pp. 341-344.

DALLEMULLE-MARZOLA 1977 - Dallemulle U., Marzola E., *Una tomba di II secolo a.C. da Adria: la 45 Ca' Cima*, in *Padusa* XIII, 1977, pp. 3-53.

DAVIDSON 1952 - Davidson G. R., *The minor objets*, in *Corinth XII*, Princeton, New Jersey, 1952.

DE CAROLIS 1996 - De Carolis E., *Ceramica comune da mensa e da dispensa di Ercolano*, in *Les céramiques communes de Campanie et de Narbonnaise. I⁰ s. av. J.-C.-II⁰ s. ap. J.-C. La vaisselle de cuisine et de table. Actes des journées d'étude organisées par le centre Jean Bérard et la Soprintendenza Archeologica per le Province di Napoli e Caserta, (27-28 mai, Naples, 1994)*, a cura di Bats M., Napoli, 1996, pp. 121-128.

DE JULIIS 1984 - De Juliis E., a cura di, *Gli ori di Taranto in Età Ellenistica*, (Milano, dicembre 1984-marzo 1985), Milano 1984.

DE MARINIS 1977 - De Marinis G., *Topografia storica della Val d'Elsa in periodo etrusco*, Firenze 1977.

DE NICOLAS 1973 - De Nicolas J.C., *Etat actuel de l'archèologie sousmarine a Minorque (Balèares)*, in *Cahiers d'Archèologie Subaquatique* 2, 1973, pp. 167-175.

DE TOMMASO 1985 - De Tommaso G., *Vetro*, in Ricci A., a cura di, *Settefinestre. Una villa schiavistica nell'Etruria romana*, Modena 1985.

DE TOMMASO 1990 - De Tommaso G., *Ampullae Vitrae. Contenitori in vetro di unguenti e sostanze aromatiche nell'Italia romana (I sec. a.C.-III sec. d.C.)*, Roma 1990.

DE TOMMASO 1991 - De Tommaso G., *Il corredo di bordo: la suppellettile vitrea*, in Rendini P., *Un relitto scavato: Giglio Porto*, in *Relitti di storia. Archeologia subacquea in Maremma*, a cura di Celuzza M.G. e Rendini P., Siena 1991, pp. 132-134.

DE TOMMASO 1998 - De Tommaso G., *Vetro*, in *La villa romana di Poggio del Molino (Piombino - LI)* a cura di De Tommaso G., in *Rassegna di Archeologia*, 15, 1998, pp. 238-244.

DEL RIO *et alii* 1996 - Del Rio A., Mannoni T., Menchelli S., Pasquinucci M., *Productions locales et importations en Haute Étrurie tyrrenienne de la periode de la Romanisation jusqu'au Vième siècle ap. J.-C. Un exemple d'étude archéometrique*, in *Actes du Colloque de Périgueux 1995, Revue d'Archéometrie*, 1996 suppl., pp. 113-118.

DELLA ROCCA *et alii* 1987 - Della Rocca B., Mazzanti R., Pranzini E., *Studio geomorfologico nella pianura di Pisa (Toscana)*, in *Geogr. Fis. Din. Quat.*, 10, 1987, pp. 56-84.

DELPLACE 1978 - Delplace Ch., *Les potiers dans la société et l'économie de l'Italie et de la Gaule au Ier siècle av. et au Ier siécle ap. J.-C.*, in *Ktema*, 3, 1978, pp. 55-76.

DELPLACE 1993 - Delplace C., *La romanisation du Picenum. L'Exemple d'Urbs Salvia*, Roma 1993.

DESBAT 1990 - Desbat A., Savay Guerraz H., *Note sur la decouverte d'amphores Dressel 2-4 italiques, tardives, à Saint-Romain-en-Gal (Rhône)*, in *Gallia*, 47, 1990, pp. 203-213.

DESBAT *et alii* 1987 - Desbat A., Lequement R., Liou B., *Inscriptions peintes sur amphores: Lyon et Saint-Romain-en-Gal*, in *Archaeonautica*, 7, 1987, pp. 141-166.

DI BÉRENGER 1859-1863 - Di Bérenger A, *Studii di Archeologia Forestale*, [ristampa a cura dell'Accademia Italiana di Scienze Forestali e della Direzione Generale dell'Economia Montana e delle Foreste, Firenze, 1965], Treviso-Venezia, 1859-1863.

DI FILIPPO BALESTRAZZI 1988 - Di Filippo Balestrazzi E., *Lucerne del Museo di Aquileia*, I-II, Fiume Veneto 1988.

DI FILIPPO BALESTRAZZI *et alii* 1979 - Di Filippo Balestrazzi E., Bertacchi L., Buchi E., Lopreato P., *La lucerna aquileiese in terracotta*, Aquileia 1979.

Dicomano 1975 - *Reperti archeologici del territorio di Dicomano*, catalogo della mostra, Firenze 1975.

DOTTA 1989 - Dotta P., *I pesi da telaio*, in *Locri Epizefiri III, Cultura materiale e vita quotidiana*, a cura di Barra Bagnasco M., Firenze 1989, pp. 185-201.

DRAGENDORFF - WATZINGER 1948 - Dragendorff H., Watzinger C., *Arretinische Reliefkeramik mit Beschreibung der Sammlung in Tübinge*, Reutlingen 1948.

DRESSEL 1879 - Dressel H., *Di un grande deposito di anfore rinvenuto nel nuovo quartiere del Castro Pretorio*, in *Bullettino della Commissione Archeologica Comunale di Roma*, VII, 1879, pp. 36-112, 143-216.

DRESSEL 1899 - Dressel H., *Corpus Incriptionum Latinarum XV, Instrumentum domesticum Urbis Romae*, Berlino 1899.

DUNCAN JONES 1974 - Duncan Jones R., *The Economy of Roman Empire*, Cambridge 1974.

DURANTE 1982 - Durante A., *La necropoli preromana di Ameglia*, in *Rivista di Studi Liguri* 48, 1982, pp. 148-164.

EGIDI 1983 - Egidi P., *Due bossoli per il gioco dei dadi da una tomba romana presso Bevagna*, in *Archeologia Classica*, XXXV, 1983, pp. 283-286.

EMILIOZZI 1974 - Emiliozzi A., *La Collezione Rossi Danielli nel Museo Civico di Viterbo*, Roma 1974.

EMPEREUR-HESNARD 1987 - Empereur J.Y., Hesnard A., *Les amphores hellénistiques du bassin occidental de la Méditerranée*, in *Céramiques Hellenistiques et Romaines* II, 1987, pp. 24-36.

ENDIZZI-MARZATICO 1997 - Endrizzi L., Marzatico F., a cura di, *Ori delle Alpi*, catalogo mostra (Trento, 1997), Trento 1997.

ERTLÈ 1968 - Ertlè R., *Le travail artisanal de l'os à l'èpoque Gallo-Romaine à Reims*, in *Bulletin de l'Association Règional pour l'education et la recherce scientifique*, 1968, pp. 13-17.

ESCHBAUMER 1995 - Eschbaumer P., *Arretina aus einer augusteischen Schicht in Mainz*, in *Provinzialrömischen Forschungen. Festschrift G. Ulbert*, Espelkamp 1995, pp. 301-320.

ETIENNE 1988 - Etienne R., *La vita quotidiana a Pompei*, Milano 1988 (1966).

ETTLINGER 1962 - Ettlinger E., *Vorbemerkungen zu einer Diskussion des Ateius-Problems*, in *Rei Cretariae Romanae Fautorum Acta*, 4, 1962, pp. 27-44 (= in *Kleine Schriften*, in *Rei Cretariae Romanae Fautorum Acta*, Suppl. 2, 1977, pp. 157-167).

ETTLINGER 1990 - Ettlinger E., *Pisa und das Ateius-Problem*, in *Conspectus*, 1990, pp. 7-8.

FACCHINI 1989 - Facchini G. M., *Una fornace di anfore Dressel 2-4 a Brigano Frascata (AL)*, in *Amphores romaines et Histoire economique: dix ans de recherches. Actes du colloque de Sienne*, (20-24 mai, Rome, 1986), Rome 1989, pp. 560-561.

Faenza 1993 - *Le ceramiche greche ed etrusche*, a cura di Sassatelli G., Faenza 1993.

FAMÀ-DE VOS 1985 - Famà M. L., De Vos M., *Strumenti da lavoro agricolo, caccia, pesca e misurazione*, in Ricci A., a cura di, *Settefinestre. Una villa schiavistica nell'Etruria romana*, Modena 1985, pp. 65-68.

FANCELLI *et alii* 1986 - Fancelli R., Grifono Cremonesi R., Mazzanti R., Menchelli S. Nencini C., Pasquinucci M., Tozzi C., *Evoluzione della pianura di Pisa*, in *Terre e paduli*, Pontedera 1986, pp. 25-39.

FAVARETTO 1982 - Favaretto I., *Ceramica greca, italiota ed etrusca del Museo Provinciale di Torcello*, Collezioni e Musei Archeologici del Veneto, Roma 1982.

FEDELI 1983 - Fedeli F., *Populonia. Storia e territorio*, Firenze 1983.

FEDELI 1989 - Fedeli F., *Tomba tardo-ellenistica in località La Sterpaia (Piombino, Li)*, in *Rassegna di Archeologia*, 8, 1989, pp. 201 e segg.

FENAROLI-GAMBI 1976 - Fenaroli L., Gambi G., *Alberi-Dendroflora Italica*. Museo Tridentino di Scienze Naturali, Trento 1976.

Ferrara 1993 - *Spina. Storia di una città tra Greci ed Etruschi*, catalogo della mostra (Ferrara, Castello Estense, 26 settembre 1993-15 maggio 1994), a cura di Berti F., Guzzo P. G., Ferrara 1993.

FERRONI-MEUCCI 1989 - Ferroni A. M., Meucci C., *Prime osservazioni sulla barca di Ercolano. Il recupero e la costruzione navale*, in *Il restauro del legno*, Atti del II Congresso Nazionale, I, Firenze 1989, pp. 105-112.

FERRONI-MEUCCI 1995-1996 - Ferroni A. M., Meucci C., *I due relitti arabo normanni di Marsala*, in *Bollettino di Archeologia subacquea*, 1-2, 1995-1996, pp. 282-350.

FICHES 1978 - Fiches J.-L., *Les coupes Drag. 29 en Languedoc-Roussillon*, in *Figlina*, pp .43-70.

Fiesole 1990 - *Archeologia urbana a Fiesole. Lo scavo di via Marini-via Portigiani*, catalogo della mostra, a cura di De Marinis G., Firenze 1990.

FIORENTINI 1963 - Fiorentini G., *Prime osservazioni sulla ceramica campana della Valle del Po*, in *Rivista di Studi Liguri* XXIX, 1963, pp. 7-52.

FIORI 1972 - Fiori P., *Études de l'épave A de La Garoupe dite des dolia*, in *Cahiers d'Archéologie Subaquatique*, 1, 1972, pp. 35-44.

FIORI-JONCHERAY 1973 - Fiori P., Joncheray J. P., *Mobilier métallique (outils, armes, pièces de grement) provant de fouilles sous-marines*, in *Cahiers d' Archéologie Subaquatique*, II, 1973, pp. 73-94.

FIRMATI 1992 - Firmati M., *Il sacello in località Pantanelli: vernice nera*, in *La fornace di Umbricio Cordo. L'officina di un ceramista romano e il territorio di Torrita di Siena nell'antichità*, catalogo della mostra, a cura di Pucci G., Firenze 1992, pp. 10-13.

FIRMATI 1997 - Firmati M., *I relitti di Cala Scirocco a Giannutri e dell'Isolotto di Porto Ercole: tra recuperi occasionali e ricognizioni mirate*, in *Atti del Convegno Nazionale di Archeologia Subacquea*, (Anzio, 1996), Bari 1997, pp. 63-74.

FIUMI 1972 - Fiumi E., *Volterra. Gli scavi degli anni 1960-1965 nell'area della necropoli di Badia*, in *Notizie degli scavi di antichità* 1972, pp. 52-136.

FOGOLARI-FREY 1965 - Fogolari G., Frey O. H., *Considerazioni tipologiche e cronologiche del II e III periodo atestino*, in *Studi Etruschi* XXXIII, 1965, pp. 237-246.

FORMENTI *et alii* 1978 - Formenti F., Hesnard A., Tchernia A., *Une amphore "Lamboglia 2" contenant du vin dans l'épave de la Madrague de Giens*, in *Archaeonautica*, 2, 1978, pp. 95-100.

FORTI 1962 - Forti L., *Gli unguentari del primo periodo ellenistico*, in *Rendiconti dell'Accademia di Napoli*, XXXVII, 1962, pp. 143-157.

FORTUNATI ZUCCALÀ 1979 - Fortunati Zuccalà M., *Groppella Cairoli (Pavia). La necropoli romana*, in *Notizie degli Scavi di Antichità*, serie VIII, XXXIII, 1979, pp. 5-88.

FRASCHETTI 1998 - Fraschetti A., *Augusto*, Bari 1998.

FRONTINI 1987 - Frontini P., *Il Castellazzo della Garolda: la ceramica a vernice nera*, in *Gli Etruschi a nord del Po*, II, catalo-

go della mostra a cura di De Marinis R., Mantova 1987, pp. 190-193.

FROST 1963 - Frost H., *From Rope to Chain. On the development of Anchors in the Mediterranean*, in *Mariner's Mirror*, 49, 1963, pp. 1 e segg.

FROVA 1973 - Frova A., a cura di, *Scavi di Luni. Relazione preliminare delle campagne di scavo, 1970-1971*, Roma 1973.

FROVA 1977 - Frova A., a cura di, *Scavi di Luni. Relazioni delle campagne di scavo 1972-1973-1974*, Roma 1977.

FUGAZZOLA DELPINO 1982 - Fugazzola Delpino M. A., *Rapporto preliminare sulle ricerche condotte dalla Soprintendenza Archeologica dell'Etruria meridionale nei bacini lacustri dell'apparato vulcanico sabatino*, in *Archeologia Subacquea 1, Bollettino d'Arte*, suppl. 4 al n.12, 1982, pp. 123-149.

GALLIAZZO 1979 - Galliazzo V., *Bronzi romani del Museo Civico di Treviso*, Roma 1979.

GAMBA 1983 - Gamba M., *Ceramica a vernice nera dallo scavo dell'area ex Pilsen a Padova*, in *Archeologia Veneta* VI, 1983, pp. 31-48.

GAMBA 1987 - Gamba M., *La ceramica a vernice nera da Este e Padova*, in *Gli Etruschi a nord del Po*, II, catalogo della mostra a cura di De Marinis R., Mantova 1987, pp. 142-145.

GAMBOGI-PALLADINO 1998 - Gambogi P., Palladino S., a cura di, *La necropoli ritrovata. Cento anni di scoperte e scavi (1896-1997)*, catalogo della mostra, Rosignano marittimo 1998.

GANDOLFI 1983 - Gandolfi D., *Il relitto di Capo Testa (Santa Teresa di Gallura, SS), Prima campagna 1978*, in *Forma Maris Antiqui*, XI-XII, 1975-1981, Bordighera 1983, pp. 40-68.

GANDOLFI 1985 - Gandolfi D., *Relazione preliminare sul relitto di Capo Testa, presso Santa Teresa di Gallura (prov. Sassari)*, in *VI Congreso Internacional de Arqueología Submarina*, (Cartagena, 1982), Madrid 1985, pp. 313-323.

GANDOLFI 1986 - Gandolfi D., *Il relitto di Capo Testa*, in *Archeologia Subacquea 3, Bollettino d'Arte*, suppl. al n.37-38, 1986, pp. 81-88.

GARCIA VARGAS 1998 - Garcia Vargas E, *La produtiòn de Anforas en la bahia de Cadiz en epoca romana (siglos II a.C.- IV d.C.)*, Ecija (Sevilla), 1998.

GAROZZO 1997 - Garozzo B., *I bolli anforari della collezione Leonora*, in *Seconde giornate internazionali sull'area elima*, Atti, 1997, II, pp. 807-844.

GELICHI 1998 - Gelichi S., *Le mura inesistenti e la città dimezzata. Note di topografia pisana altomedievale*, in *Archeologia Medievale*, XXV, 1998, pp. 75-88.

GELLINI 1973-1985 - Gellini R., *Botanica Forestale*, I, II, Padova 1973-1985.

GIANFROTTA 1980 - Gianfrotta p. A., *Ancore «romane». Nuovi materiali per lo studio dei traffici marittimi*, in *The Seaborn Commerce of Ancient Rome: Studies in Archaeology and History, Memoirs of the American Academy in Rome*, XXXVI, 1980, pp. 103-116.

GIANFROTTA 1986 - Gianfrotta P. A., *Rinvenimenti archeologici sottomarini*, in *Le Isole Pontine attraverso i tempi*, Roma 1986, pp. 213-222.

GIANFROTTA 1989 - Gianfrotta P.A., *Eracle, Peticio e il commercio marittimo*, in *Dalla villa di Ovidio al santuario di Ercole*, a cura di Mattiocco E., Sulmona 1989, pp. 177-183.

GIANFROTTA et alii 1997 - Gianfrotta P. A., Pomey P., Nieto X., Tchernia A., *La navigation dans l'Antiquité*, Aix-en-Provence 1997.

GIANFROTTA-HESNARD 1987 - Gianfrotta P. A., Hesnard A., *Due relitti augustei carichi di dolia: quelli di Ladispoli e ódel Grand-Ribaud D*, in *El vi a l'antiquitat, Economia produccioi comerç al Mediterrani occidental* (Badalona, 1985), Badalona 1987, pp. 285-297.

GIANFROTTA-POMEY 1981 - Gianfrotta P. A., Pomey P., *Archeologia subacquea. Storia, tecniche, scoperte e relitti*, Milano 1981.

GIARD 1988 - Giard J. B., *Catalogue des monnaies de l'empire romain*, I, Paris-Bibliothéque Nationale 1988.

GIBBINS 1988 - Gibbins D., *Surgical Instruments from a Roman shipwreck of Sicily*, in *Antiquity* 1988, 62, pp. 294-297.

GILBERT 1981 - Gilbert K. R., *Confezione delle funi*, in *Storia della Tecnologia*, a cura di Singer C., 1981.

GILOTTA 1986 - Gilotta F., *Appunti sulla più antica ceramica etrusca a figure rosse*, in *Prospettiva*, 45, 1986.

GIORDANO 1981a - Giordano G., *Tecnologia del Legno*, I, Torino 1981.

GIORDANO 1981b - Giordano G., *I legnami nel mondo. Dizionario enciclopedico*, II, Roma 1981.

GIOVAGNETTI 1985 - Giovagnetti C., a cura di, *Lucerne romane nel Museo di Rimini. Scavi e collezioni*, catalogo della mostra (Rimini, dicembre 1984-aprile 1985), Rimini 1985.

GIOVAGNETTI 1991 - Giovagnetti C., *Rimini-Area dell'ex Palazzo Buonadrata. Ceramiche d'importazione a vernice nera lisce e decorate*, in *Rivista di Studi Etruschi* LVII, 1991, pp. 81-103.

GIULIANO 1994 - Giuliano A., *Museo nazionale Romano. Avori e ossi*, Roma 1994.

GOETHERT POLASCHEK 1977 - Goethert Polaschek K., *Katalog der römischen Gläser des Rheinischen Landesmuseums Trier*, Mainz am Rhein 1977.

GOGGIOLI 1984 - Goggioli S., *Ceramica a vernice nera*, in *S. Martino ai Colli. Un centro rurale etrusco in Val d'Elsa*, catalogo della mostra, a cura di Cianferoni C., Roma 1984, pp. 68-79.

GREGORI 1985 - Gregori D., *Corredo di tomba a camera: schede*, in *L'artigianato artistico in Etruria*, catalogo della mostra (Volterra, Museo Guarnacci-Chiusi, Museo Archeologico, 18 maggio-20 ottobre 1985) a cura di Maggiani A., Milano 1985, pp. 67-68.

GREGUSS 1955 - Greguss P., *Xilotomishe Bestimmung der heute lebenden Gymnospermen*, Akadémiai Kiado, Budapest 1955.

GREGUSS 1959 - Greguss P., *Holzanatomie der Europäischen Laubhölzer und Sträucher*, Akadémiai Kiado, Budapest 1959.

GROSSER 1977 - Grosser D., *Die Hölzer Mitteleuropas*, Berlin 1977.

GUALANDI GENITO 1977 - Gualandi Genito M.C., *Lucerne fittili delle collezioni del Museo Civico Archeologico di Bologna*, Bologna 1977.

GUÉRY 1979 - Guéry R., *Les marques des potiers sur terra sigillata découvertes en Algérie. 1 : Sigillées provinciales (hispanique et gallo-romaine)*, in *Antiquités Africaines*, 13, 1979, pp. 23-97.

GUZZO 1972 - Guzzo P. G., *Le fibule in Etruria dal VI al I secolo*, Firenze 1972.

HARDEN et alii 1988 - Harden D. B., Hellen Kemper H., Painter K., Whitehouse D., *Vetri dei Cesari*, catalogo mostra, Milano 1988.

HASSAL 1984 - Hassal M., Tomlin R. S. O., *Inscriptions*, in *Britannia*, 1984.

HAYES 1975 - Hayes J. W., *Roman and Pre-Roman Glass in the Royal Ontario Museum*, Toronto 1975.

HELLMANN 1987 - Hellmann M.-C., *Lampes antiques de la Bibliothèque Nationale*, I-II, Paris 1987.

HERES 1972 - Heres G., *Die Römischen Bildlampen der Berliner Antiken-Sammlung*, Berlin 1972.

HESNARD 1977 - Hesnard A., *Contribution à l'établissement d'une typologie des amphores dites Dressel 2-4*, in *Méthodes classique et méthode formelles dans l'étude des amphores (27-29 mai, Rome, 1974)*, Roma 1977, pp. 179-206.

HESNARD 1980 - Hesnard A., *Un dèpot augustéen d'amphore a la Longarina, Ostia*, in *Memoires of American Academy in Rome*, XXXVI, 1980, pp. 141-156.

HESNARD 1994 - Hesnard A., *Une nouvelle fouille du port de Marseille, Place Jules Verne*, in *Académie del Inscriptions et Belles Lettres, Comptes Rendue*, 1994, pp. 195-216.

HESNARD et alii 1988 - Hesnard A., Carre M.-B., Rival M., Dangréaux B., *L'épave romaine Grand Ribaud D (Hyères, Var)*, in *Archeaonautica*, 8, Paris 1988.

HESNARD et alii 1989 - Hesnard A., Ricq M., Arthur P., Picon M., Tcheria A., *Aires de production des gréco-italiques et des Dr.1*, in *Amphores romaines et Histoire economique: dix ans de recher-*

ches. *Actes du colloque de Sienne, (20-24 mai, Rome, 1986)*, Rome 1989, pp. 21-65.

HOFFMANN 1995 - Hoffman B., *A propos des relations entre les sigillées de La Graufesenque et les sigillées d'Italie*, in *Ateius e le sue fabbriche*, 1995, pp. 389-402.

HOLWERDA 1936 - Holwerda J. H., *Het laat-grieksche en romeinsche gebruiksaardewerk uit het middellandsche-zee-gebied in het Rijksmuseum Van Oudheden te Leiden*, 'S. Gravenhage 1936.

HUBER-ROUSCHAL 1954 - Huber B., Rouschal C., *Mikrophotographischer Atlas Mediterraner Hölzer*, Berlin 1954.

HULS 1957 - Huls Y., *Ivories d'Etrurie*, Bruxelles 1957.

HULS 1988 - Huls Y., *Trèsor des Etrusques*, Rennes 1988.

I Celti 1991 - *I Celti*, catalogo mostra (Venezia, 1991), Milano 1991.

Il fiume, la campagna, il mare 1988 - *Il fiume, la campagna, il mare. Reperti, documenti, immagini per la storia di Vecchiano*, Pontedera 1988.

ISINGS 1957 - Isings C., *Roman Glass from dated Finds*, Groningen/Djakarta 1957.

IZZO 1989 - Izzo P., a cura di, *Le marinerie adriatiche tra '800 e '900*, catalogo della mostra (Museo Nazionale delle Arti e Tradizioni Popolari, Roma, novembre 1989-1990), Roma 1989.

JACQUIOT 1955 - Jacquiot C., *Atlas d'anatomie des bois des coniferes*, Centre Technique du Bois, Paris 1955.

JANE 1956 - Jane F.W., *The structure of Wood*, London 1956.

JEHASSE 1973 - Jehasse J. et L., *La Nécropole préromaine d'Aléria (1960-1968)*, in *Gallia* XXV, suppl., Paris 1973, pp. 143 e segg.

JEHASSE 1975 - Jehasse L., *La Céramique modelée d'Aleria Préromaine*, in *Etude Corses*, 3-4, 1975, pp. 143-161.

JHS - *Journal of Hellenic Studies*, Cambridge.

JOLIVET 1980 - Jolivet V., *Exportations étrusques tardives (IVe-IIIe siècles) en Méditerranée occidentale*, in *Mélanges de l'École française de Rome. Antiquité* XCII, II, 1980, pp. 681-724.

JONCHERAY 1972 - Joncheray J. P., *Etude de l'épave Dramond D*, in *Cahiers d'Archeologie Subaquatique*, 3, 1972, pp. 21-48.

JONCHERAY 1973 - Joncheray J.-P., *Contribution à l'étude de l'épave Dramont D dite "de pelvis"*, in *Cahiers d'Archéologie Subaquatique*, II, 1973, pp. 9-47.

JONCHERAY 1975 - Joncheray J.-P., *Une épave du Bas Empires: Dramont F*, in *Cahiers d'Archéologie Subacquatique*, IV, 1975, pp. 91-140.

JONCHERAY 1975a - Joncheray J.-P., *Etude de l'épave Dramont D: IV, les objets métalliques*, in *Cahiers d'Archéologie Subaquatique*, IV, 1975, pp. 5-18.

JONCHERAY 1975b - Joncheray J.-P., *L'épave C de la Chrétienne*, I suppl. a *Cahiers d'Archéologie Subaquatique*, Fréjus 1975.

JONCHERAY 1976 - Joncheray J.-P., *Nouvelle classification des amphores dècouverts lors des fouilles sous-marines*, Fréjus 1976.

KAPITÄN 1984 - Kapitän G., *Ancore litiche, tecnologia e classificazione, Lezione di corso tenuta alla Scuola Estiva del Consiglio d'Europa a Bodrum nel 1982, sulla "Conservazione del Patrimonio Culturale Nautico e Marittimo Subacqueo"*, tradotto dalla pubblicazione apparsa su *The International Journal of Nautical Archaeology*, 13, 1984, pp. 1-12.

KEAY 1984 - Keay S. J., *Late roman Amphorae in the Western Mediterranean. A typology and economic study: the Catalan evidence*, B.A.R., 196, 1984.

KEAY 1998 - Keay S.J., *African Amphorae*, in *Ceramica in Italia: VI-VII secolo*, a cura di Saguì L., Atti del Convegno in onore di W. Hayes, (Roma, 1995), Firenze 1998, pp. 141-155.

KEAY-JONES 1982 - Keay S. J., Jones L., *Differentiation of early Imperial amphora production in Hispania Tarraconensis*, in *Current Research in ceramics: thin section Studies, British Museum Occ. Papers*, 32, London, 1982, pp. 45-61.

KENRICK 1997 - Kenrick Ph.M., *Cn. Ateius - the inside story*, in *Rei Cretariae Romanae Fautorum Acta*, 35, 1997, pp. 179-190.

KING 1975 - King C. E., *Quadrantes from the River Tiber*, in *The Numismatic Chronicle*, 1975.

KRAAY 1976 - Kraay C. M., *Archaic and Classical Greek Coins*, London 1976.

KUNINA 1997 - Kunina N., *Ancient Glass in the Hermitage Collection*, San Pietroburgo 1997.

LABATE 1988 - Labate D., *Rozze terracotte e ceramica comune: una proposta tipologica*, in *Modena dalle origini all'anno mille. Studi di archeologia e storia*, II, Modena 1988.

LAMBOGLIA 1950 - Lamboglia N., *Gli scavi di Albintimilium e la cronologia della ceramica romana*, Bordighera 1950.

LAMBOGLIA 1952 - Lamboglia N., *La nave romana di Albenga*, in *Rivista di Studi Liguri*, XVIII, 1952, pp. 131-236.

LAMBOGLIA 1952a - Lamboglia N., *Per una classificazione preliminare della ceramica campana*, in Atti del I Congresso Internazionale di Studi Liguri (1950), Bordighera 1952, pp. 139-205.

LAMBOGLIA 1955 - Lamboglia N., *Sulla cronologia delle anfore romane di età repubblicana*, in *Rivista di Studi Liguri*, XXI, 1955, pp. 241-270.

LAMBOGLIA 1961 - Lamboglia N., *La nave romana di Albenga*, in *Rivista di Studi Liguri*, XVIII, 1952, pp. 131-236.

LAMBOGLIA 1964 - Lamboglia N., *Problemi tecnici e cronologici dello scavo sottomarino al Grand Congluè*, in *Rivista di Studi Liguri* XXVII, 1961, pp. 138-154.

LARESE - SGREVA 1997 - Larese A., Sgreva D., *Le lucerne fittili del Museo Archeologico di Verona*, I-II, Verona 1997.

LAUBENHEIMER 1979 - Laubenheimer F., *La collection de céramiques sigillées gallo-romaines estampillées du Musée de Rabat*, in *Antiquités Africaines*, 13, 1979, pp. 99-225.

LAUBENHEIMER 1989 - Laubenheimer F., *Les amphores gauloises sous l'Empire: recherches nouvelles sur leur production et leur chronologie*, in *Amphores romaines et Histoire economique: dix ans de recherches. Actes du colloque de Sienne*, (20-24 mai, Rome, 1986), Rome 1989, pp. 105-138.

LAVIZZARI PEDRAZZINI 1990 - Lavizzari Pedrazzini M.P., *Echi tigranei in Transpadana: frammento di coppa in terra sigillata con Ercole e il centauro*, in *Rei Cretariae Romanae Fautorum Acta*, 27-28, 1990, pp. 109-124.

LAZZERONI 1956 - Lazzeroni R., *La "geminatio vocalium" nelle iscrizioni latine*, in *Annali della Scuola Normale Superiore di Pisa. Cl. di Lettere e Filosofia*, s. II, XXV, 1956, pp. 124-135.

LETTA 1993 - Letta C., a cura di, *Archeologia di Pisa*, in Atti della Giornata di studio (Pisa, 16 aprile 1988), Pisa 1993.

LININGTON-SERRA RIDGWAY 1997 - Linington R.E., Serra Ridgway F.R., *Lo scavo nel Fondo Scataglini a Tarquinia*, in *Scavi della fondazione ing. Carlo M. Lerici del Politecnico di Milano per la Soprintendenza Archeologica dell'Etruria meridionale*, Milano 1997.

LIOU 1987a - Liou B., *L'exportation du vin de Tarraconaise d'après les épaves*, in *El vi a l'antiquitat, Economia produccioi comerç al Mediterrani occidental* (Badalona, 1985), Badalona 1987, pp. 271-284.

LIOU 1987b - Liou B., *Inscriptions peintes sur amphores. Fos (suite), Marseille, Toulon, Port-la Nautique, Arles, Saint-Blaise, Saint-Martin-de Crau, Mâcon, Calvi*, in *Archaeonautica*, 7, 1987 pp. 55-139.

LIOU-DOMERGUE 1990 - Liou B., Domergue C., *Le commerce de la Bétique au 1er siècle de notre ère. L'épave Sud-Lavezzi 2 (Bonifacio, Corse du Sud)*, in *Archaeonautica*, 10, 1990, pp. 11-123.

LIOU-TCHERNIA 1994 - Liou B., Tchernia A., *L'intérpretation des inscriptions sur les amphores Dressel 20*, in *Epigrafia della produzione e della distribuzione* (Actes de la VIIe Rencontre franco-italienne sur l'épigraphie du monde romain, Roma 1992), Roma 1994, pp. 133-156.

LIPPI-BALDESCHI 1982 - Lippi G., Baldeschi A., *Archeologia marina. Toscana. Marciana, Procchio*, in *Archeologia subacquea 4, Bollettino d'Arte*, suppl., 1982.

LIPPOLIS 1984 - Lippolis E., *La necropoli del Palazzone di Perugia. Ceramiche comuni e verniciate*, Archaeologia perusina 2, Roma 1984.

LISTA 1992 - Lista M., *Attrezzature marinare*, in *Il trasporto Commerciale Marittimo nell'Antichità, III Biennale Internazionale del Mare*, a cura di Fratta A., (Napoli, 1992), Genova 1992, pp. 93-98.

LOESCHCKE 1909 - Loeschcke S., *Keramische Funde in Haltern*, in *Mitteilungen der Altertumskommission für Westfalen*, V, 1909, pp. 256-257.

LOLLINI 1978 - Lollini D., *Serra S. Quirico*, in *I Galli e l'Italia*, catalogo della mostra, a cura di Santoro P., Roma 1978, pp. 191-195.

LUGLI 1957 - Lugli G., *La tecnica edilizia romana*, I, Roma 1957, [ristampa 1968].

LYDING WILL 1982 - Lyding Will E., *Greco-italic Amphoras*, in *Hesperia*, 51, 3, 1982, pp. 338-356.

MACCABRUNI 1983 - Maccabruni C., *Vetri romani dei Musei Civici di Pavia. Lettura di una collezione*, Pavia 1983.

MAGGIANI 1979 - Maggiani A., *Liguri Orientali: la situazione archeologica in Età Ellenistica*, in *Omaggio a N. Lamboglia* III, *Rivista di Studi Liguri* XLV, 1979, pp. 73-101.

MAIER MAIDL 1992 - Maier Maidl V., *Stempel und Inschriften auf Amphoren vom Magdalensberg*, Klagenfurt 1992.

MAIOLI 1987 - Maioli M. G., *Resti di un insediamento preromano a Rimini: lo scavo all'ex Convento di S. Francesco. Relazione preliminare*, in *Celti ed Etruschi nell'Italia centro-settentrionale dal V sec. a.C. alla romanizzazione*, Atti del Colloquio Internazionale (Bologna, 12-14 aprile 1985), a cura di Vitali D., Imola 1987, pp. 381-392.

MAIOLI-DE NICOLÒ 1995 - Maioli M. G., De Nicolò L., *Antiquarium. Museo della Marineria*, catalogo della mostra (Cattolica, 1995), Rimini 1995.

MALNATI 1984 - Malnati L., *Il territorio modenese in età preromana*, in *Misurare la terra: centuriazione e coloni nel mondo romano. Il caso modenese*, catalogo della mostra (Modena, Museo Civico Archeologico-Etnologico, 11 dicembre 1983-12 febbraio 1984) a cura di Settis S.-Pasquinucci M., Modena 1984, pp. 19-30.

MANACORDA 1986 - Manacorda D., *A proposito delle anfore cosiddette "Greco-Italiche": una breve nota*, in *Recherches sur les amphores grecques*, (XIII suppl. a *Bulletin de correspondance hellénique*), 1986, pp. 581-586.

MANACORDA 1989 - Manacorda D., *Le anfore dell'Italia repubblicana: aspetti economici e sociali*, in *Arse. Boletín del Centro arqueológico saguntino*, 1989, pp. 443-467.

MANACORDA-PANELLA 1993 - Manacorda D., Panella C., *Anfore, in The inscribed Economy. Production and distribution in the Roman Empire in the light of instrumentum domesticum* (Conf. at the American Academy in Rome 1992), a cura di Harris W.V., Ann Harbor, 1993, pp. 55-64.

MANGANI 1980 - Mangani E., *Materiali volterrani ad Adria in età preromana*, in *Studi Etruschi* XLVIII, 1980, pp. 121-140.

MANGANI 1982 - Mangani E., *Adria (Rovigo). Necropoli in località Ca' Garzoni. Prima Campagna di scavo 1966*, in *Notizie degli scavi di antichità* 1982, pp. 5-107.

MANGANI 1983 - Mangani E., *Museo Civico di Asciano. I materiali da Poggio Pinci*, Siena 1983.

MANNING 1976 - Manning W. H., *Catalogue of Romano-British ironwork in the Museum of Antiquities*, Newcastle Upon Tyne 1976.

Mantova 1987 - *Gli Etruschi a nord del Po*, II, catalogo della mostra, a cura di De Marinis R., Mantova 1987.

MARABINI - MOEVS 1981 - Marabini - Moevs M.T., *Le Muse di Ambracia*, in *Bollettino d'Arte*, s. V I, LXVI, 1, 1981, pp. 1-58.

MARTELLI 1977 - Martelli M., *Definizione cronologica delle urne volterrane attraverso l'esame dei complessi tombali*, in *Caratteri dell'Ellenismo nelle urne etrusche*, Atti dell'incontro di studi (Università di Siena, 28-30 aprile 1976), a cura di Martelli M.-Cristofani M., in *Prospettiva* 1977, suppl. 1, Firenze 1977.

MARTELLI 1981 - Martelli M., *Populonia: cultura locale e contatti con il mondo greco*, in *L'Etruria mineraria*, Atti XII Conv. St. Etr. e Italici (1979), Firenze 1981, pp. 399-427.

MARTIN 1985 - Martin A., *South Gaulish Sigillata in Italy*, in *Opus*, IV, 1985, pp. 125-129.

MARTIN 1989 - Martin A., *L'importazione di ceramica africana a Roma tra IV e V secolo*, in *Africa romana*, VI, 1989, pp. 475-490.

MARTIN 1991 - Martin A., *Rare Piece of Gaulish Sigillata from the Neighborhood of Rome*, in *Rei Cretariae Romanae Fautorum Acta*, 29-30, 1991, pp. 71-80.

MARTIN KILCHER 1993 - Martin Kilcher S., *Amphoren der späten Republik und der frühen Kaiserzeit in Karthago. Zu den Lebensmittelimporten der Colonia Iulia Concordia*, in *Mitteilungen des Deutschen Archäologischen Instituts, Römische Abteilung*, 100, 1993, pp. 269-320.

MARUGGI 1988 - Maruggi G. A., *La necropoli del Regio Arsenale*, in *Il Museo di Taranto: Cento Anni di Archeologia*, Taranto 1988, pp. 185-234.

MASELLI SCOTTI 1981 - Maselli Scotti F., *Terra sigillata della Gallia ad Aquileia*, in *Aquileia e l'Occidente*, in *Antichità Altoadriatiche*, XIX, 1981, pp. 239-257.

MASSA 1999 - Massa M., *Precisazioni in margine al relitto di Chiessi (Isola d'Elba)*, in *Rassegna di Archeologia*, 16, 1999, pp. 259-290.

MASSABÒ 1999 - Massabò B., a cura di, *Magiche trasparenze. I vetri della antica Albingaunum*, Milano 1999.

MATHESON 1980 - Matheson S. B., *Ancient Glass in the Yale University Art Gallery*, New Haven 1980.

MAZZANTI-PASQUINUCCI 1983 - Mazzanti R., Pasquinucci M., *L'evoluzione del litorale lunense-pisano fino alla metà del XIX secolo*, in *Bollettino Società Geografica Italiana*, 10-12, 1983.

MAZZANTI-RAU 1994 - Mazzanti R., Rau A., *La geologia*, in *La pianura di Pisa e rilievi contermini, Memorie della Società Geografica Italiana*, 50, 1994, pp. 31-87.

MECONCELLI NOTARIANNI 1979 - Meconcelli Notarianni L., *Vetri antichi nelle collezioni del Museo Civico Archeologico di Bologna*, Imola 1979.

MEDRI 1992 - Medri M., *Terra sigillata tardo italica decorata*, Roma 1992.

Memorie sommerse 1998 - *Memorie sommerse. Archeologia subacquea in Toscana*, catalogo mostra (Porto S. Stefano 1997), a cura di Poggesi G. e Rendini P., Pitigliano 1998.

MENCHELLI - VAGGIOLI 1987 - Menchelli S., Vaggioli A., *Ricerche archeologico-topografiche nell' ager Pisanus settentrionale: il sito costiero di Isola di Migliarino*, in *Studi Classici e Orientali*, XXXVII, 1987, pp. 495-520.

MENCHELLI 1986 - Menchelli S., *Le anfore di produzione provinciale*, in *Terre e Paludi, reperti documenti immagini per la storia di Coltano*, Pontedera 1986, pp. 173-176.

MENCHELLI 1990-1991 - Menchelli S., *Una fornace di anfore Dressel 2-4 nell'ager Pisanus e alcune considerazioni sui contenitori vinari prodotti nell'Etruria settentrionale in età romana*, in *Opus* IX-X, 1990-1991, pp. 169-184.

MENCHELLI 1994 - Menchelli S., *Da Cn. Ateius ai vasai tardo-italici: alcune considerazioni sulla terra sigillata "pisana"*, in *Bollettino Storico Pisano*, LXIII, 1994, pp. 9-34.

MENCHELLI 1995 - Menchelli S., *Ateius e gli altri: produzioni ceramiche in Pisa e nell'ager Pisanus fra Tarda repubblica e Primo Impero*, in *Ateius e le sue fabbriche*, 1995, pp. 333-350.

MENCHELLI 1997 - Menchelli S., *Terra sigillata pisana: forniture militari e "libero mercato"*, in *Rei Cretariae Romanae Fautorum Acta*, 35, 1997, pp. 191-198.

MENIS 1990 - Menis G. C., a cura di, *I Longobardi*, Milano 1990.

MENOTTI 1980 - Menotti E. M., *Ceramica a vernice nera. Necropoli della Bufolareccia. Tomba 116*, in *Gli Etruschi e Cerveteri*, catalogo della mostra (Milano, Palazzo Reale, settembre 1980-gennaio 1981), Milano 1980, pp. 237-238.

MENOTTI 1980a - Menotti E. M., *Ceramica a vernice nera. Necropoli della Bufolareccia. Tomba 118*, in *Gli Etruschi e Cerveteri*, catalogo della mostra (Milano, Palazzo Reale, settembre 1980-gennaio 1981), Milano 1980, pp. 245-246.

MENZEL 1969 - Menzel H., *Antike Lampen in Römisch-Germanischen Zentralmuseum zu Mainz*, Mainz 1969.

MERCANDO 1962 - Mercando L., a cura di, *Lucerne greche e*

romane dell'Antiquarium Comunale, catalogo della mostra, Roma 1962.

MERCANDO 1974 - Mercando L., *Portorecanati (Macerata). La necropoli romana di Portorecanati*, in *Notizie degli Scavi di Antichità*, serie VIII, XXVIII, 1974, pp. 142-430.

MERCANDO 1974 - Mercando L., Castelfidardo, in Atti dell'Accademia nazionale dei Lincei, 1979, p. 256.

MERCANDO 1982 - Mercando L., *Urbino (Pesaro). Necropoli romana: tombe al Bivio della Croce dei Missionari e a San Donato*, in *Notizie degli Scavi di Antichità*, 1982, pp. 111 e segg.

MERCANDO-ZANDA 1998 - Mercando L., Zanda E., *Bronzi da Industria*, Roma 1998.

MERLI 1991 - Merli R., *Il Museo etrusco di S. Gimignano*, Roma 1991.

MEUCCI 1992 - Meucci C., *Relitti subacquei e conservazione, dallo scavo al progetto di restauro. Il problema della conservazione dei legni archeologici in Italia*, in *Archeologia Recupero e Conservazione, La Conservazione e il restauro oggi*, 3, a cura di Masetti Bitelli L., Firenze 1992, pp. 51 e segg.

MEUCCI-BERTI 1997 - Meucci C., Berti F., *La nave di Comacchio. Documenti di un restauro, Schede di archeologia dell'Emilia Romagna*, Bologna 1997.

MEYER-STEINEG 1912 - Meyer-Steineg T., *Chirurgische Instrumente des Altertums*, Jena, 1912.

MICHELUCCI 1977 - Michelucci M., *Per una cronologia delle urne chiusine. Riesame di alcuni contesti di scavo*, in *Caratteri dell'Ellenismo nelle urne etrusche*, Atti dell'incontro di studi (Università di Siena, 28-30 aprile 1976), a cura di Martelli M., Cristofani M., in *Prospettiva* 1977, suppl. 1, Firenze 1977, pp. 93-102.

MICHELUCCI 1979 - Michelucci M., *Un contesto tombale dall'agro volterrano al Museo di S. Matteo in Pisa*, in *Studi in onore di Enrico Fiumi*, Pisa 1979, pp. 83-95.

MICHELUCCI 1979a - Michelucci M., *Appendice. Ceramica a vernice nera da Terricciola al Museo di S. Matteo in Pisa*, in *Studi in onore di Enrico Fiumi*, Pisa 1979, pp. 96-98.

MICHELUCCI 1980 - Michelucci M., *Chianni (Pisa). Tomba ellenistica in località Montevaso*, in *Notizie degli scavi di antichità* 1980, pp. 5-23.

MILANESE 1993 - Milanese M., *Mercato e città dalla tarda età repubblicana a Diocleziano degli scavi del colle di Castello (Genova-S. Silvestro 2)*, Roma 1993.

Milano 1980 - *Gli Etruschi e Cerveteri*, catalogo della mostra (Milano, Palazzo Reale, settembre 1980-gennaio 1981), Milano 1980.

MILITELLO 1961 - Militello E., *Troina - Scavi effettuati dall'Istituto di Archeologia dell'Università di Catania negli anni 1958 e 1960*, in *Atti dell'accademia nazionale dei Lincei*, 1961, p. 346.

MILNE 1907 - Milne J.S., *Surgical Instruments in Greek and Roman Times*, Oxford, 1907. Reprinted: New York, 1970.

MINETTI 1992 - Minetti A., *Materiali dall'insediamento di Casa al Vento. Ceramica a vernice nera*, in *Testimonianze archeologiche. Nuove acquisizioni del Museo Civico Archeologico di Chianciano Terme*, Quaderni del Museo Civico Archeologico di Chianciano Terme, 2, a cura di Paolucci G., Chianciano Terme 1992, pp. 50-60.

MINGAZZINI 1974 - Mingazzini P., *Sull'uso e sullo scopo dei pesi da telaio*, in *Rendiconti dei Lincei*, 1974, pp. 201-220.

MINTO 1937 - Minto A., *I materiali archeologici*, in *Studi Etruschi*, XI, 1937, pp. 341 e segg.

MLASOWSKY 1993 - Mlasowsky A., *Die antiken Tonlampen im Kestner Museum*, Hannover 1993.

Modena 1984 - *Misurare la terra: centuriazione e coloni nel mondo romano. Il caso modenese*, catalogo della mostra (Modena, Museo Civico Archeologico-Etnologico, 11 dicembre 1983-12 febbraio 1984) a cura di Settis S., Pasquinucci M., Modena 1984.

Montereggi 1985 - *L'abitato etrusco di Montereggi. scavi 1982-1985*, catalogo della mostra, Vinci 1985.

Monterenzio 1983 - *Monterenzio e la valle dell'Idice. archeologia e storia di un territorio*, catalogo della mostra (Monterenzio, Casa della Cultura, 8 gennaio 1983), a cura di Vitali D., Casalecchio di Reno (Bo) 1983.

MOREL 1965 - Morel J.P., *Céramique a vernis noir du Forum Romain et du Palatin*, Paris 1965.

MOREL 1981 - Morel J.P., *Céramique campanienne. Les formes*, Roma 1981.

MOREL 1987 - Morel J.P., *La Céramique à vernis noir en Italie septentrionale*, in *Celti ed Etruschi nell'Italia centro-settentrionale dal V sec. a.C. alla romanizzazione*, Atti del Colloquio Internazionale (Bologna, 12-14 aprile 1985), a cura di Vitali D., Imola 1987, pp. 111-134.

MOREY 1936 - Morey C., *Gli oggetti d'avorio e di osso del Museo Sacro Vaticano*, 1936.

MOUTINHO ALARCÃO-DA PONTE 1979 - Moutinho Alarcão A., Da Ponte S., *Trouvailles diverses*, in *Fouilles de Conimbriga*, VII, Paris, 1979.

MUGNAI 1979 - Mugnai M., *Necropoli di Campansi. Schede*, in *Siena: le origini. Testimonianze e miti archeologici*, catalogo della mostra (Siena, dicembre 1979-marzo 1980), a cura di Cristofani M., Firenze 1979, pp. 31-32.

NARDI BERTI 1979 - Nardi Berti R., *La struttura anatomica del legno ed il riconoscimento dei legnami italiani di più corrente impiego*, Contributi scientifico-pratici, 24, Istituto per la ricerca sul legno C.N.R., Firenze 1979.

NASTER 1986 - Naster P., *Monnaies phéniciennes et puniques*, in *Les Phéniciens et le monde méditerranéen*, Bruxelles 1986, p. 277.

Navigia 1983 - *Navigia fundo emergunt, Trentatre anni di ricerche e di attività in Italia e all'estero del Centro sperimentale di archeologia sottomarina*, Mostra di archeologia sottomarina in Liguria, (Genova, 1983), Genova 1983.

OLIVER 1984 - Oliver A. Jr., *Early Roman facetted Glass*, in *Journal of Glass Studies*, 26, 1984, pp. 35-58.

ORLANDINI 1957 - Orlandini P., *Tipologia e cronologia del materiale archeologico di Gela dalla nuova fondazione di Timoleonte all'età di Ierone II*, in *Archeologia Classica*, 9, 1957, pp. 153-173.

ORTALLI 1988 - Ortalli J., *L'abitato preromano di Sarsina*, in *La formazione della città preromana in Emilia Romagna*, Atti del Convegno di Studi (Bologna-Marzabotto), 7-8 dicembre 1985, Imola 1988, pp. 143-195.

Ostia I 1968 - Ostia I, *Le Terme del Nuotatore., Scavo dell'ambiente IV*, in *Studi Miscellanei*, 13, Roma 1968.

Ostia II 1970 - Ostia II, *Le Terme del Nuotatore. Scavo dell'ambiente I*, in *Studi Miscellanei*, 16, Roma 1970.

Ostia III 1973 - Ostia III, *Le Terme del Nuotatore. Scavo degli ambienti III-VI-VII. Scavo dell'ambiente V e di un saggio nell'area S.O.*, in *Studi Miscellanei*, 21, I-II, a cura di Carandini A., Panella C., Roma 1973.

Ostia IV 1978 - Ostia IV, *Le Terme del Nuotatore. Scavo dell'ambiente XVI e dell'area XXV*, in *Studi Miscellanei*, 23, a cura di Carandini A., Panella C., Roma 1978.

OSWALD 1931 - Oswald F., *Index of Potters' Stamps on Terra Sigillata "Samian Ware"*, Margidunum 1931 [London 1964].

OXÉ 1933 - Oxé A., *Arretinische Reliefkeramik vom Rhein*, Frankfurt 1933.

PALERMO 1988 - Palermo L., *Ceramica a vernice nera*, in *Bagno a Ripoli, via della Nave: i reperti mobili*, catalogo della mostra (Bagno a Ripoli), giugno 1988, Firenze 1988, pp. 20-27.

PALERMO 1990 - Palermo L., *Ceramica a vernice nera*, in *Archeologia urbana a Fiesole. Lo scavo di via Marini-via Portigiani*, catalogo della mostra, a cura di De Marinis G., Firenze 1990, pp. 103-114.

PALLARÉS 1971 - Pallarés F., *Tipologia y cronologia preliminar de las anclas antiguas*, in *Atti del III Congresso Internazionale di Archeologia Sottomarina*, (Barcellona, 1961), Bordighera 1971, pp. 384-393.

PALLARÉS 1981 - Pallarés F., *La nave romana del golfo di Diano Marina: relazione preliminare della campagna 1981*, in *Forma Maris Antiqui*, XI-XII, 1975-1981, pp. 79 e segg.

PALLARÉS 1983 - Pallarés F., *La nave romana di Spargi (La Maddalena): relazione preliminare delle campagne 1978-1980*, in *Forma Maris Antiqui*, XI-XII, 1975-1981, Bordighera 1983, pp. 5-39.

PALLARÉS 1986 - Pallarés F., *Il relitto della nave romana di Spargi*, in *Archeologia Subacquea 3*, Bollettino d'Arte, suppl. al n.37-38, 1986, pp. 89-102.

PALLARÉS 1989 - Pallarés F., *Il relitto di Diano Marina nel commercio vinicolo antico*, in *El vi a l'antiguitat, Economia producioi comerç al Mediterrani occidental* (Badalona, 1985), Badalona 1987, pp. 298-305.

PALLARÉS 1996 - Pallarés F., *Il relitto "a dolia" del golfo dianese: nuovi elementi*, in *Bollettino di Archeologia Subacquea*, anno II-III, 1995-1996, pp. 127-139.

PANELLA 1986 - Panella C., *Le anfore tardoantiche: centri di produzione e mercati preferenziali*, con appendice di Carignani A., *La distribuzione delle anfore africane tra III e VII secolo*, in *Società romana e impero tardoantico*, a cura di Giardina A., Bari-Roma 1986, pp. 251-272 e 273-284.

PANELLA 1986a - Panella C., *Le merci: produzioni, itinerari, destini*, in *Società romana e impero tardoantico*, a cura di Giardina A., Bari-Roma 1986.

PANELLA 1989 - Panella C., *Le anfore italiche del II secolo d.C.*, in *Amphores romaines et Histoire economique: dix ans de recherches. Actes du colloque de Sienne*, (20-24 mai, Rome, 1986), Rome 1989, pp. 139-178.

PANELLA 1998 - Panella C., *Anfore e archeologia subacquea*, in *Archeologia subacquea, come opera l'archeologo sott'acqua, storia delle acque, VIII Ciclo di lezioni sulla ricerca applicata in Archeologia*, (Certosa di Pontignano-Siena, 9-15 dicembre 1996), a cura di Volpe G., Firenze 1998, pp. 531-559.

PANELLA-FANO 1977 - Panella C., Fano M., *Le anfore con anse bifide conservate a Pompei, contributo ad una loro classificazione*, in *Méthodes classique et méthode formelles dans l'étude des amphores (27-29 mai, Rome, 1974)*, Roma 1977, pp. 133-177.

PAOLETTI 1995 - Paoletti M., *Cn. Ateius a Pisa: osservazioni preliminari all'edizione dello scarico di fornace in via San Zeno*, in *Ateius e le sue fabbriche*, 1995, pp. 319-331.

PAPÒ 1989 - Papò F., *Mare antico*, a cura di Papò C. e P. E., Catanzaro 1989.

PARIBENI 1990 - Paribeni E., *Bora dei Frati (Pietrasanta). Ceramica a vernice nera*, in *Etruscorum ante quam Ligurum. La Versilia tra VII e III secolo a.C.*, catalogo della mostra, a cura di Paribeni E., Pontedera 1990, pp. 198-204.

PARIS 1949-1950 - Paris R., *Couteaux à manche d'os ou d'ivoire trouvés à Vertillum*, in *Bulletin de la Société d'Archéologie et d'Histoire du Chatillonnais*, III, 2, 1949-1950, pp. 29-31.

PARKER 1984 - Parker A.J., *Shipwrecks and ancient trade in the Mediterranean*, in *Archaeological Review from Cambridge* 3 1984, pp. 99-113.

PARKER 1992 - Parker A. J., *Ancient Shipwrecks of the Mediterranean and the Roman Provinces*, Oxford 1992.

PARMEGGIANI 1981 - Parmeggiani G., *Monterenzio (Bologna). Relazione preliminare sulla campagna di scavo 1978 in località Pianella di Monte S. Savino*, in *Notizie degli scavi di antichità* 1981, pp. 5-19.

PASQUINUCCI 1993 - Pasquinucci M., *Le strutture romane in Piazza Dante: vecchie ipotesi e nuovi dati sull'urbanistica di Pisa romana*, in *Pisa. Piazza Dante. Uno spaccato della storia pisana. La campagna di scavo 1991*, a cura di Bruni S., Pontedera 1993, pp. 95-104.

PASQUINUCCI 1995 - Pasquinucci M., *Colonia Opsequens Iulia Pisana: qualche riflessione sulla città ed il suo territorio*, in *Ateius e le sue fabbriche*, 1995, pp. 311-317.

PASQUINUCCI et alii 1998 - Pasquinucci M. et alii, *La ceramica di VI-VII secolo da Vada Volaterrana (Horrea in loc. S. Gaetano di Vada*, in *Ceramica in Italia: VI-VII secolo*, a cura di Saguì L., Atti del Convegno in onore di W.Hayes, (Roma, 1995), Firenze 1998, pp. 611-617.

Pasquinucci-Storti 1989 - Pasquinucci M., Storti S., a cura di, *Pisa antica. Scavi nel giardino dell'Arcivescovado*, Pontedera 1989.

Pavolini 1980 - Pavolini C., *Appunti sui "vasetti ovoidi e piriformi" di Ostia*, in *Mélanges de l'École Française de Rome. Antiquité*, 92, 1980.

Pavolini 1991 - Pavolini C., *La vita quotidiana ad Ostia*, Roma 1991.

Peacock-Williams 1986 - Peacock D. P. S., Williams D.F., *Amphorae and the Roman Economy*, London 1986, pp. 68-71.

Pelletier 1966 - Pelletier A., *Les fouilles du "Temple de Cybèle" à Vienne*, in *Revue Archeologique*, 1, 1966, pp. 113-150.

Pera 1993 - Pera R., *La moneta antica come talismano*, in *Rivista italiana di numismatica e scienze affini*, XCV, 1993, pp. 347-359.

Perrone Mercanti 1979 - Perrone Mercanti M., *Ancorae Antiquae*, Roma 1979.

Pesavento Mattioli 1992 - Pesavento Mattioli S., a cura di, *Anfore romane a Padova: ritrovamenti dalla città*, Modena 1992.

Pesavento Mattioli 1998 - Pesavento Mattioli S., I commerci a Verona e il ruolo della via Postumia. Un aggiornamento sui dati delle anfore, in *Optima via. Postumia, storia e archeologia di una grande strada romana alle radici dell'Europa*, Atti del Convegno Internazionale di Studi (Cremona, 13-14 giugno 1996), Cremona 1998, pp. 311-327.

Pesavento Mattioli a - Pesavento Mattioli S., *Anfore. Problemi e prospettive di ricerca*, in *Produzione ceramica in area padana tra il II secolo a.C. e il VII secolo d.C.: nuovi dati e prospettive di ricerca*, Atti del Convegno Internazionale (Desenzano, aprile 1999) (in corso di stampa).

Pesavento Mattioli b - Pesavento Mattioli S., *Anfore betiche in Italia settentrionale: direttrici di approvvigionamento e rapporti con le produzioni locali di olio e salse di pesce (I e II secolo d.C.)*, in *Ex Baetica amphorae* (Convegno di Sevilla, dicembre 1998), (in corso di stampa).

Pferdehirt 1995 - Pferdehirt B., *Das Museum für antike Schiffhart*, Maiz 1995.

Phillips 1965 - Phillips K. M. Jr., *Relazione preliminare sugli scavi promossi dalla "Etruscan Foundation" di Detroit nella provincia di Siena durante il 1964*, in *Notizie degli Scavi di antichità* 1965, pp. 5-29.

Pianu 1986 - Pianu G., *Ceramiche figurate e verniciate: produzione, imitazione e consumo nei secoli IV e III*, in *Gli Etruschi di Tarquinia*, catalogo della mostra (Milano, 14 aprile-26 giugno 1986), a cura di Bonghi Iovino M., Modena 1986, pp. 342-346.

Picon 1995 - Picon M., *Etudes en laboratoire et production des officines d'Ateius: bilan et perspectives*, in *Ateius e le sue fabbriche*, 1995, pp. 403-410.

Pierobon 1979 - Pierobon R., *Lagynos: funzione e forma*, in *Rivista di Studi Liguri*, 45, 1979, pp. 27-50.

Pietrasanta 1990 - *Etruscorum ante quam Ligurum. La Versilia tra VII e III secolo a.C.*, catalogo della mostra, a cura di Paribeni E., Pontedera 1990.

Pisa 1989 - *Pisa antica. Scavi nel giardino dell'Arcivescovado*, a cura di Pasquinucci M., Storti S., Pontedera 1989.

Poggesi 1985 - Poggesi G., *Oggetti per scrittura, culto, toilette, ornamenti, farmacia e gioco*, in Ricci A., a cura di, *Settefinestre. Una villa schiavistica nell'Etruria romana*, Modena 1985.

Poggesi-Rendini 1998 - Poggesi G., Rendini P., a cura di, *Memorie sommerse. Archeologia subacquea in Toscana*, Pitigliano (GR), 1998.

Porten Palange 1966 - Porten Palange F.P., *La ceramica aretina a rilievo nell'Antiquarium del Museo Nazionale in Roma*, Firenze 1966.

Porten Palange 1985 - Porten Palange F.P., *Cn. Ateius di Arezzo. Introduzione al suo repertorio figurato*, in *Numismatica e Antichità Classiche. Quaderni Ticinesi*, XIV, 1985, pp. 183-209.

Porten Palange 1989 - Porten Palange F.P., *Fälschungen in der arretinischen Reliefkeramik*, in *Arcäologisches Korrespondenzblatt*, 19, 1989, pp. 91-99.

Porten Palange 1995a - Porten Palange F.P., *Alcune osserva-zioni sull'officina di Cn. Ateius di Arezzo*, in *Ateius e le sue fabbriche*, 1995, pp. 301-310.

Porten Palange 1995b - Porten Palange F.P., *M. Perennius e M. Perennius Tigranus*, in *Splendida civitas nostra. Studi in onore di A. Frova*, Roma 1995, pp. 391-400.

Prachner 1980 - Prachner G., *Die Sklaven und Freigelassenen im Arretinischen Sigillatagewerbe*, Wiesbaden 1980.

Prati 1987 - Prati L., *Tontola (Predappio). La sepoltura dal podere Gori*, in *La formazione della città in Emilia Romagna. Prime esperienze urbane attraverso le nuove scoperte archeologiche*, II, catalogo della mostra (Bologna, 26 settembre-24 gennaio 1988), a cura di Bermond Montanari G., Bologna 1987, pp. 389-390.

Pucci 1973 - Pucci G., *La produzione della ceramica aretina. Note sull'<<industria>> nella prima età imperiale romana*, in *Dialoghi di Archeologia*, VII, 1973, pp. 255-293.

Pucci 1981a - Pucci G., *La ceramica aretina: <<imagerie>> e correnti artistiche*, in *L'art decoratif à Rome à la fin dela République et au début du Principat*, (Actes de la table ronde, Rome 1979), Roma 1981, pp. 101-121.

Pucci 1981b - Pucci G., *La ceramica italica (terra sigillata)*, in *Società romana e produzione schiavistica. II*, a cura di Giardina A. e Schiavone A., Roma-Bari 1981, pp. 99-121 e 275-277.

Pucci 1985 - Pucci G., *Terra sigillata italica*, in *EAA. Atlante delle forme ceramiche. II*, Roma 1985, pp. 359-406

Pucci 1993 - Pucci G., *I bolli della terra sigillata: fra epigrafia e storia economica*, in *The inscribed economy*, 1993, pp. 73-79.

Raffaelli 1996 - Raffaelli U., a cura di, *Oltre la porta. Serrature, chiavi e forzieri dalla preistoria all'età moderna nelle Alpi orientali*, catalogo della mostra (Trento, 1996), Trento 1996.

Ravagnan 1994 - Ravagnan G. L., *Vetri antichi del Museo Vetrario di Murano. Collezioni dello Stato*, in *Corpus delle Collezioni Archeologiche del Vetro del Veneto*, 1, Venezia-Murano 1994.

Recueil II - *Recueil de timbres sur amphores romaines, II, (1989-1990 et complments 1987-1988)*, in Blanc-Bijon V., Carre M.-B., Hesnard A., Tchernia A., Aix-en-Provence 1998 (travaux du Centre Camille Jullian, n.20).

Rendini 1989 - Rendini P., *Anfore di produzione locale e d'importazione a Gortina nel periodo tardoromano e protobizantino*, in *Amphores romaines et Histoire economique: dix ans de recherches. Actes du colloque de Sienne*, (20-24 mai, Rome, 1986), Rome 1989, pp. 649-651.

Rendini 1991 - Rendini P., *Il relitto delle Scole (Isola del Giglio)*, in *Relitti di storia. Archeologia subacquea in Maremma*, a cura di Celuzza M. e Rendini P., Siena 1991, pp. 106-108.

Rendini 1991a - Rendini P., *Un relitto scavato: Giglio Porto*, in *Relitti di storia. Archeologia subacquea in Maremma*, a cura di Celuzza M.G. e Rendini P., Siena 1991, pp. 117-134.

RIC - *The Royal Imperial Coinage*, London I², 1984; II, 1926.

Ricci 1973 - Ricci M., *Per una cronologia delle lucerne tardo-repubblicane*, in *Rivista di Studi Liguri XXXIX*, 1, 1973, pp. 168-234.

Ricci 1985 - Ricci A., a cura di, *Settefinestre. Una villa schiavistica nell'Etruria romana*, Modena 1985.

RIN - *Rivista Italiana di Numismatica*, Milano.

Rodriguez-Almeida 1974 - Rodriguez-Almeida E., *Sobre el uso del anforisco "cucurbitula"*, *Mélanges de l'École Française de Rome. Antiquité*, 86, 1974, pp. 813-818.

Roffia 1993 - Roffia E., *I vetri antichi delle Civiche Raccolte Archeologiche di Milano*, Milano 1993.

Roffia-Mariacher 1983 - Roffia E., Mariacher G., *Vetri*, in *Museo Poldi Pezzoli. Ceramiche, vetri, mobili e arredi*, Milano 1983, pp. 166-307.

Roma 1978 - *I Galli e l'Italia*, catalogo della mostra, a cura di Santoro P., Roma 1978.

Romualdi 1984-1985 - Romualdi A., *Populonia (Livorno). Loc. Le Grotte. Relazione preliminare sulle campagne di scavo 1965-1697 e 1979 nella necropoli*, in *Notizie degli Scavi di antichità*, 1984-1985, pp. 5-68.

Romualdi 1992 - Romualdi A., *La ceramica a vernice nera*, in *Populonia in età ellenistica. I materiali dalle necropoli*. Atti del Seminario Firenze 30 giugno 1986, a cura di Romualdi A. (Firenze, 1992), pp. 110-151.

Romualdi 1998 - Romualdi A., *Il relitto del Pozzino a Baratti*, in *Memorie Sommerse. Archeologia subacquea in Toscana*, a cura di Poggesi G. e Rendini P., Pitigliano 1998, pp. 184-186.

Rossetti Tella 1996 - Rossetti Tella C., *La terra sigillata tardo-italica decorata del Museo Nazionale Romano*, Roma 1996.

Roth-Rubi 1990 - Roth-Rubi K., *Absolut datierte Fundplätze*, in *Conspectus*, 1990, pp. 39-40.

Rotroff 1997 - Rotroff S.I., *Hellenistic pottery. Athenian and imported wheelmade tableware and related material*, in *Athenian Agorà*, XXIX, 1997, pp. 127 e segg. e 225-229.

RPC - *Roman Provincial Coinage*, London-Paris, 1992.

Rütti 1988 - Rütti B., *Die Gläser. Beiträge zum römischen Oberwinterhur-Viturudum*, 4, Zürich 1988.

S. Martino 1984 - *S. Martino ai Colli. Un centro rurale etrusco in Val d'Elsa*, catalogo della mostra, a cura di Cianferoni C., Roma 1984.

Saguì 1993 - Saguì L., *Produzioni vetrarie a Roma tra tardo antico e alto medioevo*, in *La storia economica di Roma nell'alto medioevo alla luce dei recenti scavi archeologici*, a cura di Paroli L. e Delogu P., Atti del Seminario (Roma, 2-3 aprile 1992), Firenze 1993, pp. 113-136.

Saguì 1998 - Saguì L., a cura di, *Storie al caleidoscopio. I vetri della collezione Gorga: un patrimonio ritrovato*, catalogo mostra, Firenze 1998.

Saladino 1998 - Saladino V., *Centauri restrictis ad terga manibus: un'ipotesi sul torso Gaddi*, in *In memoria di E. Paribeni*, Roma 1998, pp. 379-395.

Salvetti 1978 - Salvetti C., *Il catalogo degli oggetti minuti conservati presso la pontificia commissione di Archeologia Sacra*, in *Rivista archeologica dell'antica provincia e diocesi di Como*, 1-2, 1978, pp. 108-116.

Salvi 1992 - Salvi D., *Cabras (Oristano). Isola di Mal di Ventre. Da Carthago Nova verso i porti del Mediterraneo: il naufragio di un carico di lingotti di piombo*, in *Bollettino di Archeologia*, 16-17, 1992, pp. 237-248 e 252-254.

Sanmarti Grego 1978 - Sanmarti Grego E., *La ceramica campaniense de Emporion y Rhode*, Barcelona 1978.

Santamaria 1995 - Santamaria C., *L'épave Dramont E a Saint Raphaël, V siècles ap. J.-C.*, in *Archeonautica*, XIII, Paris 1995.

Sapelli 1979 - Sapelli M., *Lucerne fittili delle Civiche Raccolte Archeologiche*, in *Rassegna di Studi del Civico Museo Archeologico e del Civico Gabinetto Numismatico di Milano*, suppl. II, Milano, 1979.

Scamuzzi 1940 - Scamuzzi E., *Contributi per la carta archeologica dell'Etruria. Di alcuni recenti ritrovamenti archeologici interessanti la topografia dell'Etruria*, in *Studi Etruschi* XIV, 1940, pp. 355-357.

Scatozza Höricht 1986 - Scatozza Höricht L. A., *I vetri romani di Ercolano*, Ministero per i Beni Culturali e Ambientali Soprintendenza Archeologica di Pompei, Cataloghi 1, Roma 1986.

Schippa 1990 - Schippa F., *Museo Claudio Faina di Orvieto. Ceramica a venice nera*, Perugia 1990.

Schojer 1988 - Schojer T., *La necropoli di contrada Corti Vecchie*, in *Il Museo di Taranto: Cento Anni di Archeologia*, Taranto 1988, pp. 469-522.

Schulten 1979 - Schulten P. N., *Die typologie der römischen Konsekrationprägungen*, Frankfurt 1979.

Schweingruber 1978 - Schweingruber F.H., *Mikroskopische Holzanatomie*, Kommissionsverlag Zürcher AG, Zug 1978.

Schweingruber 1990 - Schweingruber F.H., *Anatomie europäischer Hölzer*, Bern 1990.

Sciallano 1997 - Sciallano M., *Poissons de l'antiquité*, Istres 1997.

Sciallano-Sibella 1994 - Sciallano M., Sibella P., *Amphores, comment les identifier?*, Aix-en Provence 1994.

Scotti 1988 - Scotti C., *Anfore*, in *Modena dalle origini all'anno*

mille, II, Studi di archeologia e storia, Modena 1988, pp. 89-98.

SCRINARI 1989 - Scrinari S. M., *Guida al Museo delle navi nel porto di Claudio a Fiumicino*, Roma 1989.

SERRA RIDGWAY 1996 - Serra Ridgway F.R., *I corredi del fondo Scataglini a Tarquinia. in Scavi della fondazione ing. Carlo M. Lerici del Politecnico di Milano per la Soprintendenza Archeologica dell'Etruria meridionale*, I-II, Milano 1996.

SHEPERD-LAMBROU 1989 - Sheperd E. J., Lambrou V., *Anfore greco italiche da Populonia*, in *Recherches sur les amphores grecques*, (XIII suppl. a *Bulletin de correspondance hellénique*), 1989, pp. 597-599.

Siena 1979 - *Siena: le origini. Testimonianze e miti archeologici*, catalogo della mostra (Siena, dicembre 1979-marzo 1980), a cura di Cristofani M., Firenze 1979.

SILVER 1969 - Silver I. A., *The ageing of domestic animals*, in *Science in Archaeology*, London 1969, pp. 283-302.

SIMI 1961 - Simi P., *Les recherches d'archéologie sous-marine sur la côte orientale de la Corse*, in *Bulletin de la Societé des Sciences Historiques et Naturelles de la Corse*, 558, 1961, pp. 51-64.

SMALL 1992 - Small A. M., a cura di, *An Iron Age and Roman Republican Settlement on Botromagno, Gravina di Puglia. Excavations of 1965-1974, II, The Artifacts*, n.5, London 1992.

SNG - Sylloge Nummorum Graecorum – Staatliche Münzsammlung, Munich I, Berlin 1968.

SOLIN 1982 - Solin H., *Die griechischen Personennamen in Rom*, Berlin-New York 1982.

SORRENTINO 1993 - Sorrentino C., *I reperti osteologici animali*, in Bruni S., a c. di, *Pisa, Piazza Dante: uno spaccato della storia pisana. La campagna di scavi 1991*, Pontedera 1993, pp. 747-765.

SPARKES-TALCOTT 1970 - Sparches B. A., Talcott L., *Black and Plain Pottery of the 6th, 5th and 4th Centuries B. C., The Athenian Agorà XII*, Princeton 1970.

SPAWFORTH 1990 - Spawforth A.J.S., *Roman Medicine from the Sea*, in *Minerva* I, 1990, pp. 9-10.

STACCIOLI 1987 - Staccioli V., *Trieste e la cultura marinara, per una guida al Museo del Mare*, Trieste 1987.

STACCIOLI 1991 - Staccioli R.A., *Un vaso iberico da Ardea*, in *Archeologia classica XLIII*, 1991 [Miscellanea etrusca e italica in onore di Massimo Pallottino], pp. 1071-1077.

STELLA-BEZZI MARTINI 1987 - Stella C., Bezzi Martini L., *Schede di catalogo*, in *Vetri nelle civiche collezioni bresciane*, Brescia 1987, pp. 17-101.

STENICO 1960 - Stenico A., *Revisione critica delle pubblicazioni sulla ceramica aretina. Liste di attribuzioni del vasellame decorato con rilievi edito fotograficamente*, Milano 1960.

STENICO 1966 - Stenico A., *La ceramica aretina. II: Collezioni diverse. Punzoni, modelli, calchi ecc.*, Milano 1966.

STERNINI 1995 - Sternini M., *La fenice di sabbia. Tecnologia del vetro antico*, Bari 1995.

STIAFFINI 1999 - Stiaffini D., *Il Vetro nel Medioevo Tecniche Strutture Manufatti*, Roma 1999.

STIAFFINI-BORGHETTI 1994 - Stiaffini D., Borghetti G., *I vetri romani del Museo Archeologico Nazionale di Cagliari*, Oristano,1994.

STOPPIONI 1993 - Stoppioni M. L., *Le anfore*, in *Con la terra e con il fuoco. Fornaci romane del riminese*, Rimini 1993, pp. 145-154.

STORTI 1989 - Storti S., *Ceramica a vernice nera*, in *Pisa Antica. Scavi nel giardino dell'Arcivescovado*, a cura di Pasquinucci M.-Storti S., Pontedera 1989, pp. 42-57.

SUTHERLAND 1984 - Sutherland M., *Roman Imperial Coinage*, I², London 1984.

TABORELLI 1980 - Taborelli L., *Elementi per l'individuazione di un'officina vetraria e della sua produzione a Sentinum*, in *Archeologia Classica*, XXXII, 1980, pp. 138-165.

TAIT 1991 - Tait H., a cura di, *Cinquemila anni di vetro*, Cinisello Balsamo 1991.

TALAMO 1992 - Talamo E., *Gli avori e gli ossi*, in *Invisibilia. Rivedere i capolavori, vedere i progetti*, catalogo della mostra, a cura di Tittoni M. E., Guarino S., Roma 1992.

TAPONECCO MARCHINI 1974 - Taponecco Marchini P., *La fabbrica pisana di Ateio*, in *Antichità Pisane*, I, 2, 1974, pp. 3-9.

Tarquinia 1986 - *Gli Etruschi di Tarquinia*, catalogo della mostra (Milano, 14 aprile-26 giugno 1986), a cura di Bonghi Iovino M., Modena 1986.

TCHERNIA 1971 - Tchernia A., *Les amphores vinaires de Tarraconaise et leur exportation au debut de l'Empire*, in *Archivio Español de Arqueología*, 44, 1971, pp. 38-85.

TCHERNIA 1986 - Tchernia A., *Le vin de l'Italie romaine*, Rome 1986.

TCHERNIA-ZEVI 1972 - Tchernia A., Zevi F., *Amphores vinaires du Campanie et de Tarraconaise à Ostia*, in *Recherches sur les amphores romaines*, Rome 1972, pp. 35-67.

The inscribed economy 1993 - *The inscribed economy. Production and distribution in the Roman Empire in the light of instrumentum domesticum*, ed. by Harris W.V., (*Journal of Roman Archaeology*, suppl. 6), Ann Arbor 1993.

TOMASELLO 1972 - Tomasello E., *Monasterace Marina (R. Calabria) - Scavi presso il tempio dorico di Punta Stilo*, in *Notizie degli Scavi di antichità*, XXVI, 1972, pp. 561-643.

TORELLI 1997 - Torelli M., *Nuovi coloni, nuove colonie: schizzo di un modello*, in *Hispania romana. Da terra di conquista a provincia dell'Impero*, catalogo della mostra, Roma 1997.

Torrita di Siena 1992 - *La fornace di Umbricio Cordo. L'officina di un ceramista romano e il territorio di Torrita di Siena nell'antichità*, catalogo della mostra, a cura di Pucci G., Firenze 1992.

Trasparenze imperiali 1998 - *Trasparenze Imperiali. Vetri romani della Croazia*, catalogo mostra, Milano 1998.

TRONCHETTI 1996a, *Nora IV. Ceramica e cronologia.1: Il contesto dell'US 77*, in *Quaderni della Soprintendenza Archeologica per le province di Cagliari e Oristano*, 13, 1996, pp. 129-152.

TRONCHETTI 1996b- Tronchetti C., *La ceramica della Sardegna romana*, Milano 1996.

TUSA 1969 - Tusa V., *Mozia V. Rapporto preliminare della Missione congiunta con la Soprintendenza alle Antichità della Sicilia Occidentale*, Roma 1969.

TUSA 1971 - Tusa V., *I rinvenimenti archeologici sottomarini nella Sicilia nord-occidentale tra il II ed il III Congresso Internazionale*, in *Atti del III Congresso Internazionale di Archeologia Sottomarina* (Barcellona, 1961), Bordighera 1971, pp. 263-295.

TUSA 1973 - Tusa V., *Mozia VIII. Rapporto preliminare della Missione congiunta con la Soprintendenza alle Antichità della Sicilia Occidentale*, Roma 1973.

TUSA 1978 - Tusa V., *Mozia IX. Rapporto preliminare delle campagne di scavi 1972-1974*, Roma 1978.

UCELLI 1950 - Ucelli G., *Le navi di Nemi*, Roma 1954.

VAGGIOLI 1988 - Vaggioli M. A., *Anfore di produzione provinciale*, in *Il fiume, la campagna, il mare. Reperti, documenti, immagini per la storia di Vecchiano*, Pontedera 1988, pp. 139-147.

VAGGIOLI 1990 - Vaggioli M. A., *Castellaccio (Massarosa). Ceramica a vernice nera*, in *Etruscorum ante quam Ligurum. La Versilia tra VII e III secolo a.C.*, catalogo della mostra, a cura di Paribeni E., Pontedera 1990, pp. 182-185.

VAN DER MERSCH 1994 - Van Der Mersch C., *Vins et amphores de Grande Grèce et de Sicilie*, Napoli 1994.

VAN DOORNINCK 1971 - Van Doorninck H. F., *Bisanzio, signora del mare (330-641)*, in *Le Scienze*, 39, 1971, pp. 133-160.

VEGAS 1964 - Vegas M., *Clasificación tipológica preliminar de algunas formas de la cerámica común romana*, Instituto de Arqueología y Prehistoria Universidad de Barcelona, 8, Barcelona 1964.

VEGAS 1973 - Vegas M., *Cerámica comun romana del Mediterraneo occidental*, Barcelona 1973.

Vetri antichi 1998 - *Vetri antichi. Arte e tecnica*, catalogo mostra, Bologna 1998.

Vetro e Vetri 1998 - *Vetro e Vetri. Preziose iridescenze*, catalogo mostra, Milano 1998.

VITALI 1982 - Vitali D., *Bologna e il suo territorio in età gallica: schede*, in *Bologna* 1982, Ozzano 1982, pp. 319-328.

VITALI 1983 - Vitali D., *Note preliminari sul sepolcreto di Monte Bibele loc. Monte Tamburino*, in *Monterenzio e la valle dell'Idice. Archeologia e storia di un territorio*, catalogo della mostra (Monterenzio, Casa della Cultura, 8 gennaio 1983), a cura di Vitali D., Casalecchio di Reno (Bo) 1983, pp. 193-210.

VITALI 1987 - Vitali D., *Il sepolcreto di Monte Tamburino*, in *Bologna* 1987, Bologna 1987, pp. 339-349.

Volterra 1985 - *L'artigianato artistico in Etruria*, catalogo della mostra (Volterra, Museo Guarnacci-Chiusi, Museo Archeologico, 18 maggio-20 ottobre 1985), a cura di Maggiani A., Milano 1985.

VON KAENEL 1986 - Von Kaenel H. M., *Münzprägung und Münzbildnis des Claudius*, Berlin 1986.

VON SCHNURBEIN 1982 - Von Schnurbein S., *Die unverzierte Terra Sigillata aus Haltern*, Münster 1982.

WASOVICZ 1964 - Wasovicz A., *Objets antiques en bois des collections du Musée du Louvre de Paris*, in *Archéologie*, XV, 1964, pp. 117-200.

WELLS 1992 - Wells C.M., *Pottery Manifacture and Military Supply North of the Alps*, in *Rei Cretariae Romanae Fautorum Acta*, 31-32, 1992, pp. 195-205.

WILSON et alii 1982 - Wilson B., Grigson C., Payne S., *Ageing and Sex in animal bones from Archaeological sites*, B.A.R., 109, 1982.

ZACCARIA RUGGIU 1980 - Zaccaria Ruggiu A., *Le lucerne fittili del Museo Civico di Treviso*, Roma 1980.

ZAMPIERI 1991 - Zampieri G., *Ceramica greca, etrusca ed italica del Museo Civico di Padova*, I, Roma 1991.

ZAMPIERI 1998 - Zampieri G., *Vetri antichi del Museo Civico Archeologico di Padova*, in *Corpus delle Collezioni Archeologiche del Vetro nel Veneto*, 3, Venezia 1998.

ZANKER 1989 - Zanker P., *Augusto e il potere delle immagini*, Torino 1989 (trad. it., München 1987).

ZECCHINI 1982 - Zecchini M., *Relitti romani dell'Isola d'Elba*, Lucca 1982.

ZEVI 1966 - Zevi F., *Appunti sulle anfore romane*, in *Archeologia Classica*, XVIII, 1966, pp. 208-247.

ZEVI 1972 - Zevi F., *Ostia (Roma). Scoperte archeologiche effettuate casualmente nei mesi di settembre e ottobre 1968, nell'Isola sacra, presso le sponde della Fiumara grande tra il ponte della Scafa e l'ansa*, in *Notizie degli Scavi di Antichità*, serie VIII, XXVI, 1972, pp. 404-431.

ZEVI-PHOL 1970 - Zevi F., Phol I., *Ostia (Roma). Casa dalle Pareti Gialle, salone centrale. Scavo sotto il pavimento a mosaico*, in *Notizie degli Scavi di Antichità*, XXIV, suppl. I, 1970, pp. 43 e segg.

INDICE / INDEX